BECK'S HISTORISCHE BIBLIOTHEK

BHB

lung. Das Resultat waren erhebliche soziale und innenpolitische Spannungen, die durch das zunehmende militärische Engagement Roms und die damit einhergehenden Belastungen für die Masse der bäuerlichen Bevölkerung noch gesteigert wurden. Vor diesem bedrohlichen Hintergrund vollzog sich der Aufstieg mächtiger Einzelpersönlichkeiten wie Sulla, Pompeius, Crassus und Caesar, die versuchten, die führende Stellung im Staat zu erreichen, und dabei die Republik zerstörten. Am Ende dieses Prozesses stand Augustus, der die äußere Form der Republik beibehielt und von den Zeitgenossen sogar als ihr Retter gefeiert wurde, in Wirklichkeit jedoch eine Monarchie neuer Prägung schuf.

Klaus Bringmann lehrte bis zu seiner Emeritierung an der Johann Wolfgang Goethe-Universität zu Frankfurt/Main. Die Geschichte der römischen Republik, der Kaiserzeit und des Hellenismus sowie die Geschichte der Juden in hellenistischer und römischer Zeit und die Geschichte des Christentums im römischen Reich bilden seine Forschungsschwerpunkte. Im Verlag C. H. Beck ist von ihm lieferbar: *Römische Geschichte. Von den Anfängen bis zur Spätantike* (bsr 2012, ^{7}2002).

Umschlagabbildung: Etruskische Skulptur aus dem 5. Jahrhundert v. Chr. der sogenannten «Kapitolinischen Wölfin» mit den Zwillingen Romus und Remus, die Antonio del Pollaiuolo im 15. Jahrhundert hinzufügte. © AKG Berlin
Umschlagentwurf: Uwe Göbel, München

KLAUS BRINGMANN

Geschichte der römischen Republik

Von den Anfängen bis Augustus

VERLAG C.H.BECK

Mit 38 Abbildungen und Karten im Text

Die Deutsche Bibliothek – CIP-Einheitsaufnahme

Geschichte der römischen Republik : von den Anfängen bis Augustus /
Klaus Bringmann. – München : Beck, 2002
(Beck's Historische Bibliothek)
ISBN 3 406 49292 4

© Verlag C.H. Beck oHG, München 2002
Satz: Fotosatz Janß, Pfungstadt
Druck und Bindung: Ebner & Spiegel, Ulm
Gedruckt auf alterungsbeständigem, säurefreiem Papier
(hergestellt aus chlorfrei gebleichtem Zellstoff)
Printed in Germany
ISBN 3 406 49292 4

www.beck.de

VORWORT

Jeder Darstellung der Geschichte der römischen Republik ist aufgegeben, die alte Frage Montesquieus nach den Ursachen von Größe und Niedergang im Lichte der Ergebnisse der modernen Geschichtswissenschaften neu zu beantworten. Ihr vorgegeben ist der Aufstieg eines kleinen Stadtstaates in der Nähe der Tibermündung zu einer die italische Halbinsel beherrschenden Großmacht, die das letzte, dauerhafteste und folgenreichste Großreich der Antike schuf. Dies war die Leistung einer aristokratisch geprägten Republik, die aus den Anfängen eines etruskischen Stadtkönigtums hervorging und nach über 400 Jahren in der Monarchie des römischen Kaisertums endete. Der Aufstieg der Republik zu einer mediterranen Weltmacht fand unter der Führung einer Aristokratie statt, die keinen abgeschlossenen Geburtsadel darstellte und keine Herrschaftsrechte über Land und Leute ausübte, sondern sich durch Leistung und Prestige profilieren mußte, um von der Volksversammlung in die Führungsämter der Republik gewählt zu werden. Aber so sehr diese politische Klasse sich in den äußeren Herausforderungen bewährte, so unfähig erwies sie sich, den Wirkungen der Weltherrschaft auf die inneren Verhältnisse durch Reformen zu begegnen. An dieser Unfähigkeit ist sie gescheitert. Als dann Augustus, der Begründer des römischen Kaisertums, den Bürgerkrieg und die Reformunfähigkeit überwand, tat er das nicht im programmatischen Widerspruch zur Republik, sondern er schuf mit Rückgriff auf ihre Traditionen eine neue Ordnung, die dem Römischen Reich die Dauer eines halben Jahrtausends und eine Ausstrahlungskraft weit über sein Ende hinaus sicherte. Deshalb ist zum Schluß dieses Buches noch von Augustus als dem Überwinder und Vollender der Republik die Rede.

Einen historischen Prozeß dieser Größenordnung und Wirkungsmächtigkeit dem Verständnis zu erschließen kann nur unter Konzentration auf seine Hauptlinien gelingen. Deshalb steht im Mittelpunkt dieser analysierenden Darstellung die äußere und innere Dramatik der Geschichte der Republik, die schon in der Antike zum Gegenstand des

Nachdenkens über Größe und Niedergang wurde. Das aber heißt, daß weder die Vorgeschichte Italiens noch die Geschichte der Mächte, mit denen Rom sich auseinandersetzte, ausführlich und in besonderen Kapiteln exponiert werden. Ebensowenig ist diese Darstellung der politischen Geschichte der Republik als ein Handbuch konzipiert, das über alle Lebensbereiche in enzyklopädischer Weise Auskunft erteilt. Aber alles ist insoweit berücksichtigt und in die Erzählung integriert, als es zum Verständnis des historischen Prozesses unerläßlich ist. Dies gilt insbesondere für den Bereich von Wirtschaft und Gesellschaft, aber auch für Phänomene der Religion, der Akkulturation und der Mentalität.

Zum Schluß bleibt dem Verfasser die angenehme Pflicht, allen denen zu danken, die sich um die Entstehung dieses Buches verdient gemacht haben. Der erste Dank gilt meinen Lehrern, den lebenden wie den toten. Bei der Auswahl und Beschaffung der Abbildungen waren mir Frau Dr. Ursula Mandel und Herr Dr. Dirk Steuernagel vom Archäologischen Institut der Johann Wolfgang Goethe-Universität Frankfurt und Dr. Helmut Schubert von der Abteilung II des Seminars für griechische und römische Geschichte behilflich, dessen numismatische Kennerschaft diesem Buch zugute gekommen ist. Einen Teil der Karten zeichnete Dr. Peter Scholz, wissenschaftlicher Mitarbeiter am Forschungskolleg «Wissenskultur und gesellschaftlicher Wandel» in Frankfurt. Um die Endredaktion des Textes haben sich Dr. Jörn Kobes, Frau cand. phil. Martina Lange, Herr stud. phil. Dirk Wiegandt und vor allem Frau Petra Vitz M. A. verdient gemacht. Ihnen allen gilt mein aufrichtiger Dank, nicht zuletzt auch dem Lektorat des Beck Verlags und hier wiederum in erster Linie Dr. Stefan von der Lahr, der mir immer seine Hilfe und Ermutigung zuteil werden ließ.

Frankfurt, im März 2002 *Klaus Bringmann*

INHALT

Vorwort — 5

I. ROM UND ITALIEN — 9

Die Gründung der Stadt Rom — 9
Der Aufstieg zur italischen Großmacht — 33
Die Verfassung der klassischen Republik — 56
Die Entstehung der Nobilität — 72

II. ROM UND DIE MITTELMEERWELT — 83

Der Krieg mit König Pyrrhos — 87
Der Erste Punische Krieg — 92
Kelten und Illyrer — 101
Der Zweite Punische Krieg — 105
Die Kriege mit den hellenistischen Großmächten — 121
Die gereizte Weltmacht
und die Anfänge des Römischen Reiches — 134

III. DIE KRISE DER REPUBLIK UND IHRE URSACHEN — 155

Kultur und Religion unter griechischem Einfluß — 158
Die Geldwirtschaft und ihre Folgen — 169
Die Krise der Heeres- und Agrarverfassung — 187
Die gracchischen Reformversuche — 202
Der Weg in den Bürgerkrieg: Marius und Sulla — 228
Der Staat des Diktators Sulla — 265

IV. DER UNTERGANG DER REPUBLIK 279

Der Aufstieg des Pompeius	283
Caesar und der Erste Triumvirat	310
Vom gallischen Krieg zum Bürgerkrieg	320
Der Staat des Diktators Caesar	353
Der verlorene Kampf um die Republik	377

V. AUGUSTUS, ÜBERWINDER UND VOLLENDER DER REPUBLIK 395

Der zweite Triumvirat und der Kampf um die Macht	395
Prinzipat und Republik: Rückblick und Ausblick	408

ANHANG

Zeittafel	432
Hinweise zur Forschung und wissenschaftlichen Literatur	435
Bild- und Kartennachweis	449
Orts- und Personenregister	450

I. ROM UND ITALIEN

Die Gründung der Stadt Rom

Am 21. April feierten die Römer den Jahrestag der Gründung ihrer Stadt, aber in welches Jahr dieses Ereignis fiel, wußten sie sowenig wie wir. Der genaue Gründungszeitpunkt war nicht überliefert, und erst als die aufsteigende Großmacht Rom im frühen dritten Jahrhundert in das Blickfeld der griechischen Historiographie mit ihrem Interesse für Anfänge und Ursprünge geriet, begannen die Versuche, das genaue Gründungsdatum der Stadt und den Beginn der Republik in der Chronologie der griechischen Geschichte zu verankern. Ausgangspunkt aller Berechnungen war das Jahr 510, in dem der Tyrann Hippias aus Athen vertrieben worden war. In dieses Jahr wurde auch die Vertreibung des Tarquinus Superbus gesetzt, des letzten der sieben legendären Könige, dem nachgesagt wurde, daß er zum Gewaltherrscher entartet war.

Zu einem Merkdatum der griechisch-römischen Geschichte konnte das Jahr 510 werden, weil das früheste, aus Indizien erschlossene absolute Datum der römischen Geschichte den Sturz des Königtums und den Beginn der Republik in die unmittelbare zeitliche Nähe der Vertreibung des Tyrannen Hippias zu setzen schien. Im Jahre 304 wurde festgestellt, daß in die Cellawand des Iuppitertempels auf dem Capitol 204 Jahresnägel eingeschlagen waren. Daraus ergab sich, daß der Tempel im Jahre 509/508 eingeweiht sein mußte. An der Außenwand befand sich weiterhin eine Inschrift, die als Gründungsurkunde mißverstanden wurde. Sie nannte als eponymen Magistrat – d. h. jenen Beamten, nach dem das Jahr benannt wurde – den aus einer alten patrizischen Familie stammenden Marcus Horatius, der im Jahre 378, als der Tempel renoviert wurde, diese Funktion innegehabt hatte. Er trug zufällig den gleichen Namen wie einer der fiktiven Konsuln, die im zweiten Jahr der Republik amtiert haben sollen. Aus dieser Kombination eines richtig errechneten Datums mit der verkehrten Zuordnung eines inschriftlich überlieferten Personennamens ergab sich für den Anfang der Republik das kanonisch gewordene Datum des Jahres 510. Dann wurden die geschätzten Regierungszeiten der sieben Könige, deren Namen überliefert waren, einfach hinzugerechnet. Wie es nicht anders sein konnte, fielen die Berechnungen unterschiedlich aus, und entsprechend variieren in der antiken Historiographie die für die Gründung der Stadt genannten Daten zwischen den Jahren 813 und 729/28. Erst die Autorität des Marcus Terentius Varro (116–27), des großen Erforschers des römischen Altertums, sicherte dem von ihm vertretenen Ansatz auf das Jahr 753 allgemeine Anerkennung. Das ändert freilich nichts daran, daß auch dieses Datum ebenso unverbindlich ist wie die anderen, die von der sogenannten Varronischen Ära verdrängt wurden.

Wenn wir auch nie in der Lage sein werden, die Gründung der Stadt und den Beginn der Republik exakt auf das Jahr festzulegen, so ist es doch möglich, den Zeitraum näher zu bestimmen, in dem die einzelnen Siedlungen auf den Hügeln, die sich um die Senke des späteren Forums gruppierten, zu einer Stadt zusammengefaßt wurden. Unter einer Stadt ist hier nicht die amorphe Masse von Einzel- und Streusiedlungen verstanden, die sich seit dem zehnten Jahrhundert über die Hügel verteilten, sondern die Organisation einer Bürgerschaft um einen religiösen und politischen Mittelpunkt, der einen sichtbaren Niederschlag in Gestalt von öffentlichen Bauten, wie Tempeln, Versammlungsstätten und Amtsgebäuden, sowie von Brücken, Entwässerungsanlagen und befestigten Wegen gefunden hat. Derartige Überreste hat die Archäologie entdeckt und in das späte siebte und frühe sechste Jahrhundert datiert. Zuerst wurde die überschwemmungsgefährdete Senke zwischen dem Capitol, dem Cermalus und der Velia durch umfangreiche Erdbewegungen, die nach den Berechnungen der Archäologen mehr als 10 000 m³ umfaßten, zugeschüttet, planiert und mit einer Pflasterung aus Tonerde und Kieselsteinen versehen. Etwas später wurde diese Pflasterung bis zum Fuß des Capitolhügels ausgedehnt, der älteste Versammlungsplatz der Bürgerschaft, das Comitium, architektonisch gestaltet und das Amtslokal des Stadtkönigs, die Regia, auf dem Forum errichtet. An der Stelle, wo die von der Tibermündung ausgehende und ins Landesinnere führende Salzstraße das Stadtgebiet berührte, entstand der älteste Handels- und Verkehrsmittelpunkt, das Forum Boarium (zu deutsch: Rindermarkt). Dort sind die Reste eines archaischen Tempels aus der ersten Hälfte des sechsten Jahrhunderts

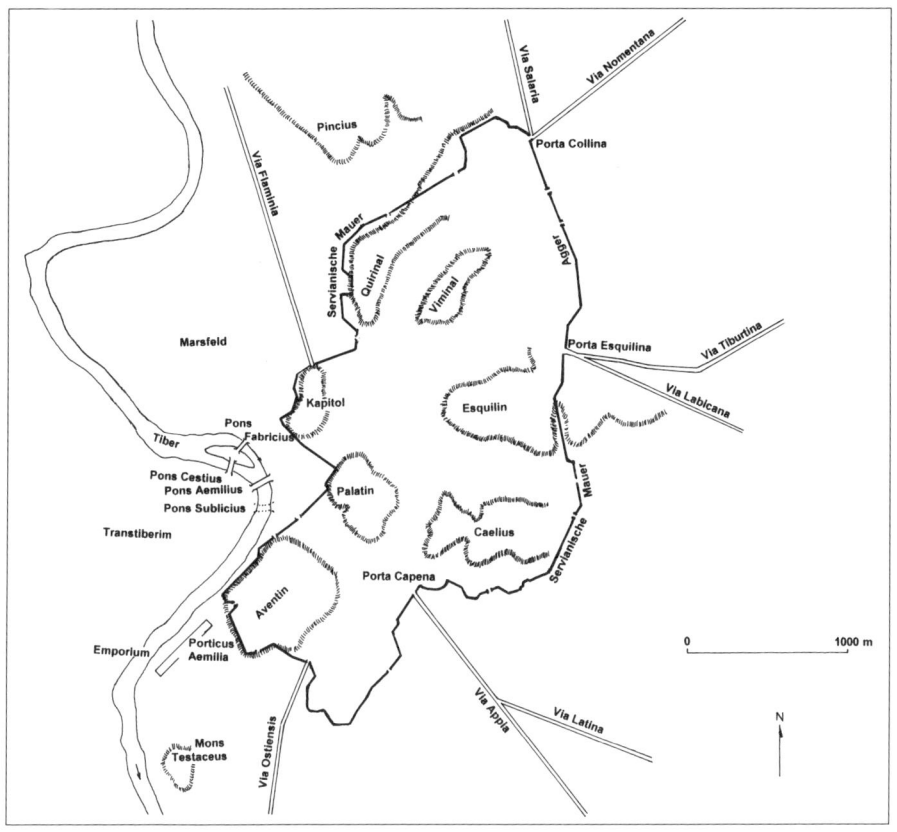

Das Areal der Stadt in den Grenzen der nach 387 v. Chr. errichteten *Servianischen Mauer*

ans Tageslicht gekommen. Erst verhältnismäßig spät, nach der schriftlichen Überlieferung im Jahre 509/8, ist der Tempel der höchsten Staatsgötter, der sogenannten capitolinischen Trias Iuppiter, Iuno und Minerva, auf dem Burgberg, dem Capitol, erbaut worden. Als Ergebnis der archäologischen Erforschung des frühen Roms bleibt also festzuhalten: Die Monumentalisierung der öffentlichen Funktionen des Staatskultes und der politischen Herrschaftsausübung, die ihren Anfang auf dem Forum Romanum und auf dem Forum Boarium am Tiber nahm, gehören in die Zeit des späten siebten und frühen sechsten Jahrhunderts. Dieser Befund erlaubt die Schlußfolgerung, daß der Akt der politischen Stadtgründung in das letzte Viertel des siebten

Jahrhunderts fällt, mehr als 100 Jahre nach dem von Varro errechneten Gründungsdatum des Jahres 753.

Eine Stadt war fraglos allen anderen damaligen Formen menschlichen Zusammenlebens weit überlegen. Ihre herrschaftliche Organisation erlaubte die volle Ausschöpfung des in der Bevölkerung vorhandenen Wehr- und Arbeitspotentials, ihr urbanisierter Mittelpunkt bot zusammen mit Befestigungsanlagen die besten Schutz- und Verteidigungsmöglichkeiten, und das Nebeneinander von städtischer und ländlicher Siedlungsform begünstigte eine ökonomische Arbeitsteilung und damit die Entwicklung von Handel und Güteraustausch. Aber so überlegen die Stadt als Organisationsform menschlichen Zusammenlebens auch war: Vorherrschend war sie auf der italischen Halbinsel im siebten und sechsten Jahrhundert keineswegs. Weder die im heutigen Piemont siedelnden Ligurer, die einem vorindogermanischen Bevölkerungssubstrat Italiens angehörten, noch die den Osten der oberitalischen Ebene bewohnenden Veneter waren in Städten organisiert. Gleiches gilt auch für die übrigen, dem indogermanischen Sprachkreis angehörenden Italiker, für die Stämme der latinisch-faliskischen Sprachgruppe zwischen dem Unterlauf des Tibers und den die Küstenebene begrenzenden Bergen im Osten, die Umbro-Sabeller in den nördlichen und mittleren Apenninen, die weiter im Süden des Berglandes siedelnden Osker sowie die im Südosten die apulische und salentinische Halbinsel bewohnenden Stämme. Sie alle waren in Sippen- und Stammesverbänden organisiert und lebten über das Land verstreut in Dörfern und Weilern. In den Personenverbänden waren mehrere der sich auf einen gemeinsamen Stammvater zurückführenden Sippen durch Heiratsbeziehungen und wechselseitigen Güteraustausch (*conubium* und *commercium*) miteinander verbunden. Darüber hinaus boten Stammesheiligtümer gewisse Ansatzpunkte für die Beratung gemeinsamer Angelegenheiten und für gemeinsame Unternehmungen.

Die entwickelte Organisationsform der Stadt brachten die Griechen im Zuge ihrer Kolonisationsbewegung seit der Mitte des achten Jahrhunderts nach Süditalien: Kyme gegenüber der Insel Ischia war die erste und zugleich die nördlichste griechische Stadt auf dem italischen Festland, und von hier aus entwickelte sich ein lebhafter Tauschhandel mit den Etruskern in der heutigen Toskana, die auf der Insel Elba und dem vorgelagerten Festland das begehrte Kupfer abbauten und vermarkteten. Die Etrusker waren kein indogermanisches Volk, und in der von ihnen bewohnten Kernlandschaft gab es eine gewachsene Siedlungsstruktur, die die Stadtbildung nach griechischem Muster stark begünstigte. Die Etrusker machten sich die Schutzfunktion hochgelegener Plateaus für ihre Siedlungen zunutze, und wie die Bestattungsbeigaben der Nekropolen zeigen, hatte sich bei ihnen auf der Grundlage einer ökonomischen und sozialen Differenzierung ein Kriegeradel ausgebildet. Aus diesen autochthonen Voraussetzungen und wohl auch unter dem Einfluß des griechischen Vorbilds entwickelte sich ein Städtewesen eigener Prägung, das im Zuge der etruskischen Expansion des siebten und sechsten Jahrhunderts im Süden die fruchtbaren Landschaften Campaniens und im Norden die Poebene vom Mündungsdelta des Flusses bis nach Mantua erreichte. Auch Latium, die Landbrücke zwischen dem etruskischen Kerngebiet und Campanien, wurde von dieser Bewegung erfaßt. Etruskische Adlige gründeten Rom (etruskisch: Ruma), Praeneste (Palestrina) und Tusculum (bei Tivoli) als Städte etruskischen Typs im späten siebten Jahrhundert. Der Name des mythischen Gründers der Stadt Rom, Romulus, hängt mit dem in Volsinii (in der Nähe von Orvieto) vorkommenden Gentilnamen (Geschlechternamen) Rumelna bzw. mit dem etruskischen Praenomen (Vornamen) Rumele zusammen.

Auch der Gründungsakt und die religiös-politischen Institutionen des frühen Rom weisen auf eine etruskische Gründung der Stadt hin. Die Etrusker bedienten sich wie auch die Römer einer aus dem griechischen Alphabet von Kyme abgeleiteten Schrift, und sie hielten ihr religiöses Wissen, das alle Lebensbereiche durchdrang, in Ritualbüchern fest. Darin stand geschrieben, «nach welchem Ritus Städte gegründet, Altäre und Tempel geweiht, mit welcher heiligen Unverletzlichkeit die Mauern (einer Stadt) ausgestattet sind, mit welchem Recht die Stadttore, wie die Einteilungen des Bürgergebiets und der Bürgerschaft vorgenommen werden sowie alles übrige, was sich auf Krieg und Frieden bezieht» (*Festus* 358 Lindsay). Den eigentlichen Gründungsakt einer Stadt bildete die Markierung der heiligen Linie, die die Stadt im engeren Sinne von dem sie umgebenden ländlichen Territorium trennte. In diesem sakralrechtlichen Akt wurde der befriedete Binnenraum einer neugegründeten Stadt, in dem kein Heer und keine Heeresversammlung zusammentreten und keine Befleckung durch Leichenbestattung stattfinden durfte, durch die geheiligte

Stadtgrenze, das sogenannte Pomerium, von der friedlosen Außenwelt geschieden.

Rom war herrschaftlich verfaßt: An seiner Spitze stand wie in den etruskischen Städten ein König (*rex*, etruskisch *lucumo*). Seine Herrschaftszeichen waren hier wie dort der Goldene Kranz, das goldbestickte Purpurgewand, der Thronsessel (*sella curulis*) und die von Amtsdienern getragenen Rutenbündel (*fasces*). Der König empfing seine Gewalt in einer Zeremonie, bei dem der höchste Gott dem künftigen König durch zustimmende Vogelzeichen die Herrschaft übertrug. Dieses Ritual, die sogenannte Inauguration, hat noch in republikanischer Zeit Verwendung gefunden. Es diente der Weihung des Opferkönigs (*rex sacrorum*), des Kultbeamten, dem die religiösen Pflichten des Königs nach dem Sturz der Monarchie oblagen. Der Kandidat wurde nicht gewählt, sondern «ergriffen» (*capere*) und in einem sorgfältig inszenierten Akt der Vogelschau in Gegenwart der Bürgerversammlung, der sogenannten Kuriatkomitien, von Iupiter, dem höchsten Gott, bestätigt. Diese Form der Königseinsetzung erklärt auch, warum in Rom keine Erbmonarchie aufkommen konnte, denn nach dem Tod eines Herrschers mußte der neue zunächst «ergriffen» und der rituellen Probe der Inauguration unterworfen werden.

Die Inauguration des Königs war Teil einer magisch-religiösen Vorstellungswelt. Sie fand ihren Niederschlag in zahlreichen Entsühnungsritualen, in religiösen Zeremonien zur Einleitung eines Krieges und in magischen Praktiken, die dazu bestimmt waren, die Götter einer feindlichen Stadt «herauszurufen», damit sie deren Schutz verliere (*evocatio*), oder den Untergang des Feindes durch eine rituelle Todesweihung der eigenen Person zu erzwingen (*devotio*). Hierher gehören auch das ausgeklügelte System der Beobachtung und Interpretation von Vorzeichen, die Befragung eines aus der griechischen Kolonie Kyme stammenden Orakelbuchs und die verbreitete Praxis, durch Zauberformeln Segen und Unsegen zu stiften. Es waren magische Kräfte, mit denen der König, den der höchste Gott als seinen Vertreter anerkannt hatte, durch sakrale Handlungen die Gemeinde vor Mißwuchs, Seuchen und Naturkatastrophen ebenso schützte, wie er den Sieg über die Feinde und die Findung des Rechts gewährleistete. Denn auch die Entscheidung über Recht und Unrecht und die Beseitigung eines Verbrechers, dessen ungestrafte Existenz die Gemeinde ebenso befleckte wie eine Mißgeburt (*portentum*), waren ursprünglich sakrale Akte. Dies waren die religiösen Wurzeln der öffentlichen Gewalt. Begründet wurde sie durch das Ritual der Inauguration, und ihrem Inhalt nach war sie das Recht, mittels der Beobachtung des Vogelflugs die Zustimmung der Gottheit zu öffentlichen Handlungen in Krieg oder Frieden und somit eine Erfolgsgarantie einzuholen (*auspicium*). Dieses Recht war die Quelle der höchsten öffentlichen Gewalt der Republik (*imperium*) und ist ihr Bestandteil auch dann geblieben, als der Begriff einer höchsten militärischen und zivilen Gewalt eigene staatsrechtliche Konturen gewann.

Mit der Gründung der Stadt wurde über Familien und Sippen (*familiae* und *gentes*) eine herrschaftliche Organisation gelegt, die zugleich Kultgemeinde, Rechtsgemeinschaft und bewaffnetes Aufgebot war. Die militärische Zweckbestimmung kommt in der Bezeichnung des Gesamtvolkes und seiner Untergliederungen zum Ausdruck. Das lateinische Wort für Volk, *populus,* ist wahrscheinlich vom etruskischen *puple, d. h. Jungmannschaft, abgeleitet, und *curiae,* d. h. Männerverbände, bezeichnen die Einheiten, in die sich das Gesamtaufgebot gliederte. Die Einteilung bestand aus drei «Dritteln» (*tribus*), die die Namen von Personalverbänden, Ramnes, Tities und Luceres, trugen sowie aus insgesamt 30 Curien, 10 in jeder Tribus. Jede der Curien soll angeblich 10 Reiter und 100 Unberittene zum Aufgebot der Gemeinde gestellt haben. So wenig Verlaß auf die absoluten Zahlen auch ist, so gesichert ist doch der Sinn der Gliederung: Sie war die Organisation des die Familien und Sippen übergreifenden militärischen Gesamtaufgebots der Gemeinde.

Das so gegliederte Aufgebot stellte nicht nur das Potential an Kriegern und Arbeitskräften dar, es fungierte auch als das Auditorium, an dessen Gegenwart die Gültigkeit bestimmter öffentlicher Akte geknüpft war. Entsprechend der religiösen Prägung des ältesten uns noch in Umrissen erkennbaren Gemeinwesens trat die Versammlung der Curien (*comitia curiata*) zusammen, wenn religiöse Akte, die die Zuständigkeit der Familien und Sippen überstiegen, sanktioniert und vor der Öffentlichkeit vollzogen werden mußten. Dies war der Fall bei der Feststellung des Monatsanfangs bei Neumond, einem Datum, das für den kultischen Festkalender von großer Bedeutung war, für den Akt der Adrogation, d. h. der Genehmigung des Übergangs einer volljährigen männlichen Person, die nicht mehr der väterlichen Gewalt unterstand, in ein anderes Geschlecht, sowie für die Einsetzung eines vom Erblasser frei bestimmten Erben außerhalb der üblichen, d. h. ohne eigenes Testament entstehenden Erbfolge (Intestaterbfolge). In beiden Fällen ging es um die sakralrechtliche Sanktionierung von Vorgängen, durch die mit der Änderung der Familienzugehörigkeit von Personen und Sachen auch eine Änderung in den Familienkulten eintrat. Eine Adoption oder die Einsetzung eines Erben außerhalb der Intestaterbfolge war mit religiösen Konsequenzen verbunden, die nicht innerhalb einer Familie oder Sippe geregelt werden konnten und durften. Die im engeren Sinne öffentliche Funktion der Curiatcomitien bestand darin, daß ohne ihre Mitwirkung die Inauguration des Königs, die bereits erwähnte rituelle Probe auf seine Gotterwähltheit, nicht vollzogen werden konnte. Auch nach der Beseitigung der Monarchie, als die Ernennung der Träger der höchsten militärisch-zivilen Gewalt an einen förmlichen Wahlakt der Volksversammlung eines neuen Typs geknüpft war, wurde weiterhin für den mit dem Heer ausziehenden Oberkommandierenden vor den Curiatcomitien die Inauguration vollzogen. Dies geschah nicht durch einen förmlichen Mehrheitsbeschluß, sondern in einem rituellen Akt in Gegenwart der Curien. Anstelle einer formellen Abstimmung begleitete die Versammlung das ordnungsgemäß vollzogene Ritual mit ihren Beifallsrufen. Dies ist der ursprüngliche Sinn des lateinischen Ausdrucks *suffragium ferre,* der erst nach Einführung eines neuen Versammlungstyps und der Abstimmung durch Handzeichen einen entsprechenden Bedeutungswandel erfuhr und dann soviel wie abstimmen bedeutete.

Die aus der religiösen Handlungsermächtigung des Königs entspringende öffentliche Gewalt war auf wenige Handlungsfelder beschränkt und ließ den Familien und Sippen einen erheblichen Spielraum der Eigengewalt. Innerhalb der Familien war das Oberhaupt, der *pater familias,* Herr über Leben und Tod der Familienangehörigen und einzig durch das Herkommen gehalten, das Hausgericht einzuberufen, wenn es um die Verhängung einer kapitalen Strafe über ein freigeborenes Familienmitglied ging. Es hat den Anschein, daß die Familie und letztlich die Sippe (*gens*) eine autonome Wirtschaftseinheit bildeten. Dafür spricht, daß das vererbbare Eigentum ursprünglich nur aus Gesinde und Vieh, *familia pecuniaque,* sowie aus einer Hofstelle mit dazugehörigem Gartenland in der Größe von zwei Morgen (in der Rechtssprache hieß dieses Landstück *heredium,* d. h. vererbliche Immobilie) bestand. Demnach unterlag die Masse des

Weide- und Ackerlandes der Gesamtherrschaft der Sippenverbände, die den einzelnen Familienoberhäuptern Land zur widerruflichen Nutzung zuwiesen. Für diese Annahme sprechen nicht nur die Anhaltspunkte in den frühesten Schichten der Rechtssprache und der Rechtsinstitutionen, sondern ebenso der Umstand, daß die ältesten ländlichen Bezirke des Territoriums der Stadt mehrheitlich nach führenden Adelsgeschlechtern des sechsten und fünften Jahrhunderts benannt sind. Auch die aus der Familientradition der altadligen Claudier stammende Erzählung, der zufolge der Stammvater dieser Sippe als Flüchtling mit einer großen Schar von abhängigen Gefolgsleuten aus dem nördlich gelegenen Sabinerland nach Rom geflohen sei und Land jenseits des Anio erhalten und verteilt habe, setzt derartige Verhältnisse voraus. Dieses Areal sei später, so heißt es, unter Zuweisung neuer Bewohner aus der Nachbarschaft zur *tribus Claudia*, zum Claudischen Bezirk, innerhalb der Einteilung des ländlichen Territoriums der Stadt geworden.

Das Nebeneinander von gentilizischen und lokalen Namen innerhalb der Bezirkseinteilung des ländlichen Territoriums gibt zusammen mit der Auswertung der Grabbeigaben noch einen zusätzlichen Hinweis auf die Gesellschaftsstruktur des archaischen Rom. Gemeint ist die Entstehung einer wohlhabenden Oberschicht, die sich aus der Masse der Bauern und Hirten heraushob. Es handelte sich um einen Geburtsadel, dessen Gewicht sich in dem Umstand spiegelt, daß ein Großteil des ländlichen Territoriums nach den Namen der betreffenden adligen Sippen benannt ist. Die Mitglieder dieser Personengruppe, in der lateinischen Bezeichnung die Patrizier, besaßen die Mittel zur Unterhaltung von Pferden, und dies war auch die Basis ihrer privilegierten Stellung; denn die Reiterei war in der Frühzeit Roms die kriegsentscheidende Waffe. Noch in späterer Zeit, als die Patrizier längst nicht mehr die Reiterei der Gemeinde stellten, wiesen ihre Standesabzeichen, die purpurnen Reiterstiefel, der kurze Reitermantel und die silbernen Schmuckscheiben des Zaumzeugs, sie als Reiteradel aus. Die Ältesten dieser adligen Familienverbände besaßen die Verfügungsgewalt über das im gentilizischen Eigentum stehende Land und teilten abhängigen Personen, den sogenannten Klienten (*clientes*), Landstücke zur widerruflichen individuellen Nutzung zu. Diese Verhältnisse sind in der Erzählung von der Ansiedlung der aus dem Sabinerland zugewanderten altadligen *gens Claudia* vorausgesetzt. Erzählt wird, daß der Stammvater Atta Clausus Land jenseits des Anio empfing und es größtenteils in kleinen Parzellen an seine Gefolgsleute verteilte. Die Häupter der Adelsreiterei besaßen nicht nur die Verfügungsgewalt über den gentilizischen Grund und Boden, sie waren zugleich auch die führende Schicht, auf die die neue Stadtgemeinde gegründet war. Dies gilt nicht nur in Hinblick auf die Wehrverfassung, sondern auch für die religiös-politische Ordnung, denn auf sie fielen beim Tod des Stadtkönigs die Auspizien zurück, d. h. das Recht, den Götterwillen mittels der Vorzeichenbefragung zu erkunden, und damit die religiöse Legitimationsgrundlage allen öffentlichen Handelns. Sie waren es auch, die aus ihrer Mitte den Zwischenkönig (*interrex*) bestimmten, dem die Aufgabe oblag, einen neuen König zu finden und zu weihen. Vor allem aber stellten sie den Ältestenrat (*senatus*), den der König zur Beratung heranzog und aus dem er seine Gehilfen rekrutierte. Die Mitglieder des Senats hießen Väter (*patres*). Damit wurde nicht nur zum Ausdruck gebracht, daß sie im Gegensatz zum König die geborenen Führer der Gemeinde waren, sondern auch gegenüber ihren Gefolgsleuten die hausväterliche Funktion der Zuteilung von Grund und Boden ausübten. So zumindest deuteten die römischen Gelehrten der späten Republik, die die ältesten Institutionen ihrer Stadt erforschten, die Bezeichnung *Väter*.

Den adligen Sippenhäuptern blieb ein weiter Handlungsspielraum, der von der übergeordneten Organisation der Stadtgemeinde ursprünglich nur wenig beschränkt war. Nicht nur in Rom, sondern auch im weiteren Umkreis der italischen Halbinsel spielte unter den Bedingungen vor- und frühstaatlicher Verhältnisse der Privatkrieg adliger Gefolgschaften eine Schlüsselrolle im Prozeß der Akkumulierung beweglicher Güter, der Entstehung des Handels und vor allem bei den Versuchen gewaltsamer Landnahme. Von einem staatlichen Kriegsmonopol konnte noch gar keine Rede sein, und hinsichtlich der Piraterie, des Privatkriegs mit Schiffen, dauerte es bis zum Ende der Republik, bis die Sicherheit der Meere von Staats wegen einigermaßen garantiert werden konnte. Im sechsten und fünften Jahrhundert war der Privatkrieg keineswegs auf das Meer und die Küstenregionen beschränkt. Es gibt deutliche Anzeichen, daß Raub- und Plünderungszüge adliger Gefolgschaften auch im Binnenland gang und gäbe waren, und diese konnten durchaus die Dimension kriegerischer Unternehmungen erreichen. Im Tempel der Mater Matuta von Satricum, das am Rande des alten Latium ungefähr 50 km südöstlich von Rom gelegen ist, hat sich eine archaische Weihinschrift (vermutlich des 5. Jahrhunderts) erhalten, auf der die Weihenden, Gefolgsleute des Publius Valerius, wahrscheinlich eines Mitglieds der berühmten patrizischen *gens Valeria*, sich nach dem Kriegsgott Männer des Mars nennen: POPLIOSO VALESIOSO/SUODALES MAMARTEI. Aus der literarischen Überlieferung ist das berühmteste Beispiel der Untergang der Fabier am Flüßchen Cremera, den die römische Annalistik in das Jahr 477 setzt. Es wird berichtet, daß die Sippe der patrizischen Fabier mit ihren Gefolgsleuten einen Kriegszug gegen die mit Rom verfeindete, jenseits des Tibers gelegene Etruskerstadt Veji unternahm und alle Teilnehmer in einen Hinterhalt gelockt wurden und den Tod fanden. Die Erzählung setzt die Existenz des Privatkriegs voraus, aber sie impliziert auch, daß der neu entstehende Gemeindestaat mit seinem Heeresaufgebot das Potential in sich trug, des Privatkriegs Herr zu werden und sich letzten Endes das Kriegsmonopol zu sichern.

Davon war das Rom der Königszeit freilich noch weit entfernt. Es hat sogar den Anschein, daß die junge, auf Initiative eines etruskischen Adligen gegründete Stadt noch mehrfach dem Zugriff etruskischer Gefolgschaftsführer ausgesetzt war. Kaiser Claudius (41–54 n. Chr.), historisch interessiert und als Erforscher der frühen Vergangenheit renommiert, berührt in dem inschriftlich erhaltenen Bruchstück seiner Rede über die Zulassung von Galliern zum Senat (*Corpus Inscriptionum Latinarum* XIII 1668) auch die römische Königszeit und sagt von König Servius Tullius:

«Nach unseren Quellen war er der Sohn einer Kriegsgefangenen namens Ocresia, nach etruskischen war er einst der treueste Gefolgsmann und Begleiter des Caelius Vibenna bei all seinen wechselvollen Unternehmungen. Nachdem er durch die Wechselfälle des Glücks (aus seiner Heimat) vertrieben worden war und mit den verbleibenden Resten der Kriegerschar des Caelius Etrurien verlassen hatte, besetzte er den (heute so genannten) Mons Caelius und benannte ihn nach seinem Führer. Dann änderte er seinen Namen (denn er hieß auf etruskisch Mastarna), benannte sich so, wie ich erwähnt habe, und übernahm die Königsherrschaft zum größten Nutzen des Staates.»

Daß dieser legendären Erzählung ein historischer Kern innewohnt, ist durch ein Wandgemälde gesichert, das in der Nekropole des etruskischen Vulci im Grab der *gens Saties* entdeckt worden ist. Auf ihm ist dargestellt, wie ein gewisser Mastarna die Fesseln des Caile Vipinnas

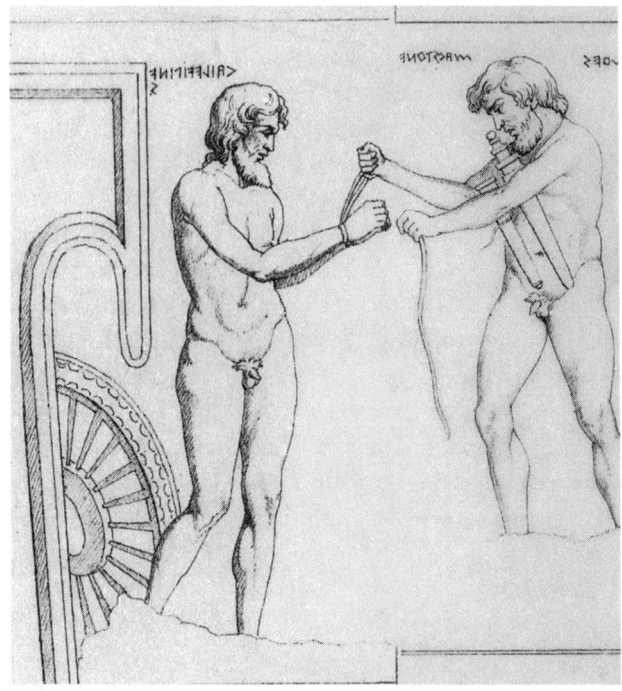

Wandgemälde der Tomba François (2. Hälfte des 4. Jhdts. v. Chr.):
Die Befreiung des Caile Vipinnas (Caelius Vibenna)

(Caelius Vibenna) durchschneidet, während dessen Bruder Avle Vipinnas und weitere Krieger aus Vulci die Führer adliger Gefolgschaften aus den etruskischen Städten Velznach (Volsinii), Sveam (Suana) und aus Plsachs (Falerii?) töten. Vorausgesetzt ist also auch hier das Phänomen des Privatkriegs zwischen Anhängern verschiedener Adelsfamilien, und dies gilt auch für die legendären Erzählungen von Tarquinius Superbus, dem letzten etruskischen Stadtkönig Roms, und dem ihm zu Hilfe kommenden Porsenna, Stadtkönig des etruskischen Clusium. Vielleicht war Porsenna tatsächlich, wie angenommen worden ist, ein adliger Condottiere, den Sagenhelden vergleichbar, die im Grab der in Vulci beheimateten *gens Saties* abgebildet sind.

Nicht nur die Raub- und Plünderungszüge adliger Gefolgschaften machten das Leben unsicher, sondern mehr noch die Versuche der Landnahme, die von den unter knappen Nahrungsressourcen leidenden Stämmen der Bergregionen ausgingen und vor allem die Küstenebenen betrafen. Neben der gewaltsamen Landnahme gab es allerdings auch andere Möglichkeiten, der Not des Berglandes zu entkommen. Den Hirten konnte gegen Abgaben gestattet werden, im Winter das Vieh in die Ebenen zu treiben und dort zu weiden. Vor allem aber bildete der Bevölkerungsüberschuß der Bergregionen ein ergiebiges Reservoir für die Rekrutierung von Söldnern, mit denen griechische Tyrannen und das seebeherrschende Karthago ihre Konflikte um Sizilien austrugen. Die saisonale Nutzung von Winterweiden und der Söldnerdienst in den reichen Städten der Ebenen konnten jedoch ebenso in die gewaltsame Inbesitznahme von Land und Städten münden, wie das bei genuinen Beute- und Plünderungszügen vorkam. Aus elementarer Not weihten Stammesverbände, die von Viehseuchen, Mißernten und Bevölkerungsüberschuß betroffen waren, im Ritual des ‹Heiligen Frühlings› (*ver sacrum*) ganze Jahrgänge von Neugeborenen, Vieh und Menschen, den Göttern: Das Vieh wurde geopfert, die Menschen mußten, nach dem Erreichen des Erwachsenenalters, auf die Gefahr hin, dabei umzukommen, außer Landes gehen und sich neue Wohnsitze suchen. Dieser Prozeß vollzog sich nicht ohne Gewalt, und so erklärt es sich, daß Italien vom sechsten bis zum fünften Jahrhundert ein Land der kriegerischen Unruhen und der Völkerverschiebungen war. Im ausgehenden sechsten Jahrhundert rettete Aristodemos von Kyme seine Heimatstadt, die älteste griechische Kolonie auf dem italischen Festland, vor den Etruskern und schwang sich zum Stadtherrn (griechisch: zum Tyrannen) auf. Nach dessen Ende geschah Ähnliches durch den syrakusanischen Tyrannen Hieron noch einmal, als er die Etrusker 474 in einer großen Seeschlacht besiegte. Aber dem Druck der italischen Bergstämme hielten auf Dauer weder die Griechen noch die Etrusker stand. Im Jahre 424 eroberte der oskische Stamm der Samniten Capua, das Zentrum der etruskischen Herrschaft in Campanien, und drei Jahre später folgte das griechische Kyme, das seitdem Cumae genannt wurde. Gegen Ende des fünften Jahrhunderts fiel Poseidonia, eine Tochtergründung der griechischen Kolonie Sybaris, an die Lukaner des Hinterlandes, die die Stadt in Paiston/Paistos (*Paestum*) umbenannten. Nicht nur in Campanien brach auf diese Weise die etruskische Herrschaft zusammen, sondern auch in Latium, der Landbrücke, die das etruskische Kernland mit Campanien verband. Dies ist möglicherweise der realhistorische Hintergrund, vor den das Ende des etruskischen Stadtkönigtums in Rom gehört. Um 400 traf die Etrusker ein weiterer schwerer Verlust, als über die westlichen Alpenpässe keltische Stammesverbände in die Poebene einfielen und auch hier der etruskischen Herrschaft ein Ende bereiteten. An der Adria umgingen sie die Apenninenlinie und besetzten den Küstenstreifen von Rimini bis Ancona, den von den Römern sogenannten *ager Gallicus*. Von dort aus verheerten sie mit ihren Raub- und Plünderungszügen das mittlere und südliche Italien. Das zweite exakte Datum der römischen Geschichte, das sich erhalten hat, ist der Tag der verheerenden Niederlage, die das römische Heeresaufgebot an dem Flüßchen Allia nördlich von Rom gegen eine dieser keltischen Scharen erlitt: Es war der 18. Juli 390. Drei Jahre später wurde Rom von den Kelten eingenommen, geplündert und zerstört. So verheerend die Schläge auch waren, die Rom hinnehmen mußte: Sie sind doch nur Episoden in einem Kampf, den die Stadt im fünften und bis tief in das vierte Jahrhundert hinein um ihr Überleben und ihre Selbstbehauptung ununterbrochen führen mußte. Im Norden wurde viele Jahre ohne Entscheidung gegen das etruskische Veji auf der anderen Seite des Tibers gekämpft, und von Nordosten bis Südosten hatte Rom sich der in die Küstenebenen vordringenden Bergstämme zu erwehren, der Sabiner, Aequer, Volsker und Herniker. Insbesondere den Volskern gelang es, in die Pomptinische und die vorgelagerte Küstenebene sowie bis an die Lepinischen und die Albanerberge vorzudringen, die das latinische Kernland begrenzen.

Von der Bedrohung, der die Stadt in dem Jahrhundert nach dem Ende der Königsherrschaft ausgesetzt war, ging ein mächtiger Zwang zur Ausschöpfung aller Kräfte aus. Die Stadt wurde von einem Sturmwind der Veränderung erfaßt, der alle Lebensbereiche durchfuhr. Am Anfang stand nach der Vertreibung des letzten etruskischen Stadtkönigs die Beschränkung der königlichen Würde (die also nicht vollständig abgeschafft wurde) auf die sakrale Funktion eines Priesters des Gottes Ianus, des Bewachers der Tiberbrücke, über die das Heer gegen die Etrusker zum Kampf auszog. Allein mit den magisch-sakralen Funktionen des altrömischen Königtums waren die öffentlichen Aufgaben, die sich in einer Zeit äußerer Bedrohungen und innerer Umbrüche stellten, ohnehin nicht mehr zu bewältigen. Arbeitsteilung war unumgänglich, und diese setzte sich bald im Bereich des Kultes und der Religion durch. Für die altertümlichen Rituale, die bei einer Kriegserklärung und einem Friedensschluß zu vollziehen waren, wurde das besondere Kollegium der Fetialen (*fetiales*) gebildet, und ebenso wurden für den Kult der höchsten Staatsgötter Iuppiter, Mars und Quirinus die Ministranten des Königs zu selbständigen Opferpriestern bestimmt. Hinzu traten religiöse Sachverständigengremien, deren wichtigste die Kollegien der für den Gesamtbereich der Religion zuständigen Pontifices und die hauptsächlich mit der Deutung der Vorzeichen des Vogelflugs befaßten Auguren waren. Vor allem aber machte sich das sachliche Eigengewicht der Bereiche geltend, in denen die Gemeinde vor schweren Herausforderungen stand: der Kriegführung und der Wahrung des sozialen Friedens. Der König und die religiösen Rituale mochten die Gunst der Götter verbürgen, aber Menschen mußten handeln und kämpfen, oft auf mehreren Schauplätzen. Es mußten also Aufgaben delegiert werden, und dabei wird sich herausgestellt haben, daß es unter Umständen sinnvoller war, anstelle des einen Königs das Heereskommando unter mehreren Amtsträgern aufzuspalten und im Austausch für einen wenig befähigten Inhaber der höchsten Gewalt auf Lebenszeit das Oberamt unter den Mitgliedern des patrizischen Adels wechseln zu lassen. Die Patrizier waren ohnehin ein militärisch erfahrener Reiteradel, und ihr Stand hatte zudem das korporative Recht, den Götterwillen zu erkunden und bei Ausfall des Königs den Zwischenkönig zu stellen. In diesen sachlichen Zusammenhängen muß der Übergang von der Königsherrschaft zur Adelsrepublik gesehen werden (die kontigenten Umstände, von denen die Überlieferung berichtet, sind dagegen legendär). Die Patrizier bestimmten aus ihrer Mitte für jeweils ein oder anfangs vielleicht auch für mehrere Jahre als Inhaber der höchsten Kommandogewalt einen ‹obersten Befehlshaber›, den *praetor maximus*, oder ‹Führer des Aufgebots›, *magister populi*, und gaben ihm als Stellvertreter den ‹Führer der Reiterei› (*magister celerum* oder *equitum*) bei. Hinzu kamen noch untergeordnete Gehilfen, die *tribuni celerum*, so daß den Bedürfnissen der Stellvertretung und der Aufgabendelegation entsprochen werden konnte. Dies war nicht nur deswegen notwendig, weil je nach Lage und Umständen das militärische Kommando auf verschiedenen Schauplätzen ausgeübt werden mußte, sondern auch weil dem Inhaber des neuen Oberamtes die wichtige, den inneren Frieden verbürgende Aufgabe der Rechtsprechung zufiel und der oberste Befehlshaber des Aufgebots zugleich als höchster Gerichtsherr fungieren mußte. Denn ähnlich dem Kriegswesen löste sich auch die Entscheidung über Recht

Grabstein aus Clusium (Chiusi): Hopliten um 500 v. Chr.

und Unrecht aus dem Erdreich ihrer religiösen Wurzeln: Verfahrensrecht und materielles Recht wurden wie auch die Kriegführung zunehmend als Aufgaben begriffen, die ihrer eigenen sachlichen Logik folgten (ohne daß freilich eine radikale Trennung von den sakralen Ursprüngen erfolgte). Die Methoden der Modernisierung, mit denen das archaische Rom den Herausforderungen der militärischen Bedrohung und des sozialen Friedens begegnete, wurden direkt oder indirekt der fortgeschritteneren griechischen Welt Unteritaliens entlehnt. Von dort stammen ursprünglich die Phalanx, d. h. die in geschlossener Formation kämpfenden, mit Schild, Rüstung, Speer und Schwert ausgerüsteten Fußsoldaten, und die Kodifizierung des Rechts als der objektiven Grundlage friedlicher Streitbeseitigung.

Unserer Überlieferung zufolge waren es die Etrusker, die den Römern die Bronzeschilde und die griechische Phalanxtaktik unmittelbar vermittelten. Indirekt bedeutete die Einführung dieser überlegenen Form des Massenkampfes eine militärische Deklassierung der Adelsreiterei, und dies zog notwendig erhebliche politische und soziale Folgen nach sich, in Rom ebenso wie in den Städten der Griechen. Aristoteles hat in seiner *Politik* diese Folgen knapp und präzise so beschrieben:

«Bei den Griechen stützte sich die erste politische Ordnung nach dem Königtum auf die Krieger, zu Anfang auf die (Adels-)Reiterei (denn damals wurde der Krieg durch die Kraft und Überlegenheit der Reiterei bestimmt, ohne feste Ordnung sind nämlich Kämpfer zu Fuß wertlos, bei den Alten aber gab es darin noch keine Erfahrung und geordnete Aufstellung); als aber die Städte größer wurden und die zu Fuß Kämpfenden die Überlegenheit gewannen (sc. durch ihre Zahl und die Phalanxtaktik), da wuchs auch die Zahl der an den politischen Entscheidungen Beteiligten» (1297b 16–23).

Dem ist nichts hinzuzufügen, denn was hier für Griechenland gesagt ist, gilt auch für Rom.

Aufgewertet wurde also die Bedeutung der bäuerlichen, nichtadligen ‹Masse› (dies ist die Bedeutung des lateinischen Begriffs *plebs*), zumindest ihrer verhältnismäßig wohlhabenden Schicht, die sich die erforderliche Bewaffnung leisten konnte, denn eine Ausrüstung von Staats wegen war nicht möglich, da dieser über keine entsprechenden Einnahmen verfügte. Die Plebs bestand sicherlich nicht nur aus den Abhängigen der patrizischen Geschlechter. Es gab schon früh eine Reihe ländlicher Bezirke, die nicht nach adligen *gentes* benannt waren. So ist nicht damit zu rechnen, daß sie dort den bestimmenden Einfluß ausübten und über eine große Zahl von *clientes* geboten, die von ihnen auch wirtschaftlich abhängig waren. Wie dem aber auch sei: Von der bessergestellten Schicht der ländlichen Bevölkerung, die sich für den Kampf in der Formation der Phalanx selbst ausrüsten konnte, hing in den kriegerischen Zeiten das Überleben der Stadt ab, und deshalb mußten auch die Patrizier ein vitales Interesse daran haben, daß diese Schicht nicht nur erhalten, sondern gestärkt wurde. Vielleicht war es eine der Folgen, die sich aus der Umwälzung der Kampftaktik und der Heeresverfassung ergaben, daß die Auflösung der adligen Gentilverfassung beschleunigt wurde (ein Wissen besitzen wir darüber freilich nicht) und Land, das abhängigen Clienten auf Widerruf überlassen war, die Qualität von Eigentum gewann. Jedenfalls ging im fünften Jahrhundert die Rolle des adligen Gefolgschaftswesens als Träger des Privatkriegs zu Lande allmählich zu Ende. Der Untergang, den das städtische Aufgebot des etruskischen Veji den Fabiern mit ihrer Gefolgschaft bereitete, war hierfür ein Menetekel.

Die neue Kampfesweise zog nicht nur eine Wandlung der Heeresverfassung nach sich, sondern hatte auch politische Folgen. Die Veränderungen warfen die Frage nach der Beteiligung der Hopliten an der Macht im Staate wenigstens insoweit auf, als sie durch jede Entscheidung über Krieg und Frieden und durch die Wahl der Personen, die das Aufgebot führten, unmittelbar und persönlich mitbetroffen waren. Das militärische Kommando und die Entscheidung über Krieg und Frieden waren noch immer Sache der Patrizier, obwohl sie nicht mehr die wichtigste Waffengattung stellten. In Gestalt des Ältestenrats, des Senats, und der Magistrate besaßen sie das Monopol der politisch-militärischen Führung der Gemeinde. Hatten sie auch die eine der diese Stellung legitimierenden Funktionen eingebüßt, nämlich mit der Reiterei die kriegsentscheidende Waffengattung zu stellen, verfügten sie doch immer noch über die andere: Bei allem Wandel der Kampfesweise und der Heeresverfassung blieb ihnen als Erbe der Königszeit das *auspicium*, das Recht, den Götterwillen einzuholen, und damit die religiöse Vollmacht zu öffentlichem Handeln in Krieg und Frieden. Aus dieser Konstellation ging ein Kompromiß zwischen dem alten Recht und den neuen Ansprüchen hervor. Wie er im einzelnen zustande kam, wissen wir nicht, aber immerhin ist das Ergebnis hinreichend klar.

Das Gesamtaufgebot der bäuerlichen Hopliten und der Adelsreiterei wurde als eine Heeresversammlung konstituiert, ohne deren Zustimmung der jeweilige Inhaber des höchsten Amtes, der *praetor maximus* oder der *magister populi*, seinen Nachfolger nicht ernennen konnte. Dies ist der Ursprung des Rechts der Heeresversammlung, die Obermagistrate zu wählen, die das militärisch-zivile Oberkommando, das *imperium*, ausübten. Noch in der Zeit der späten Republik, als diese Heeresversammlung längst in ein nach Vermögensklassen gegliedertes politisches Wahl- und Abstimmungsgremium umgewandelt war, hafteten diesem Züge seiner Herkunft aus dem bewaffneten Aufgebot an. Die Versammlung wurde außerhalb der durch das Pomerium gebildeten geheiligten Stadtgrenze auf das Marsfeld einberufen, und sie war in 193 ‹Hundertschaften› (*centuriae*), eigentlich also in taktische Einheiten des Heeres, eingeteilt. Aus der Herkunft dieser Versammlung erklärt es sich auch, daß diese sogenannten Centuriatcomitien über Krieg und Frieden sowie über Militärallianzen entschieden. Noch im Laufe des fünften Jahrhunderts gewannen sie in der sich differenzierenden Ordnung des Staates möglicherweise ein weiteres bedeutendes Recht. In dem ältesten geschriebenen Recht der Gemeinde, dem

451/50 verfaßten Zwölftafelgesetz, findet sich die Bestimmung, daß nur die ‹Große Versammlung›, der *comitiatus maximus*, über einen Bürger, der wegen einer kapitalen Straftat gegen die Gemeinde angeklagt war, gemäß den gesetzlich fixierten Strafrechtsnormen die Todesstrafe verhängen dürfe. Die das Fußvolk stellende wohlhabende Schicht der Plebs drang darüber hinaus in die Reihe der militärischen Unterführer vor. Aus ihrer Mitte wurden im fünften Jahrhundert (der Tradition zufolge schon im Jahr 493) die drei Tribunen der drei Abteilungen der Phalanx in der Sonderversammlung der Plebs bestellt. Hieraus ging der Volkstribunat hervor, der neben seiner militärischen Funktion von Anfang an die Schutzinteressen und die politischen Forderungen der Plebejer gegenüber der patrizischen Staatsspitze vertrat. Da die Sonderversammlung der Plebs die schlagkräftige Masse des Heeres repräsentierte, bildete sie zugleich die solide Machtbasis der Volkstribune. Die Versammlung verpflichtete sich mit einem heiligen Eid, für die Sicherheit ihrer Führer einzustehen, und die patrizischen Obermagistrate beugten sich der latenten Gewalt, die in der Selbstverpflichtung der Mehrheit zum Ausdruck kam. Dies ist der Ursprung der Unantastbarkeit (*sacrosanctitas*) und des Einspruchsrechts der Volkstribunen gegen magistratische Akte und gegen Senatsbeschlüsse.

Er wäre allerdings verfehlt, den Gegensatz zwischen Plebejern und Patriziern als einen Kampf um die Macht im Staate zu begreifen, der nur mit dem Untergang der einen oder der anderen Seite enden konnte. Unstrittig blieb die religiöse Basis der höchsten militärisch-zivilen Gewalt, das Recht, die Auspizien einzuholen. Vor allem aber ließ die äußere Gefährdung der Gemeinde, die zwischen den Etruskern und den in die Ebenen drängenden Bergvölkern eingeklemmt war, bei Strafe des Untergangs keine bürgerkriegsähnlichen Verhältnisse zu. Die späte, erst in nachgracchischer Zeit entstandene Ausmalung der Ständekämpfe ist unter dem Eindruck der Zustände des späten zweiten und des ersten Jahrhunderts entstanden und hat noch die moderne Geschichtswissenschaft in die Irre geführt. Die nach der Mitte des fünften Jahrhunderts erfolgte Umwandlung des einstelligen Oberamtes in ein Dreierkollegium und die um 400 vorgenommene Verdoppelung der Zahl der Oberkommandierenden auf sechs Mitglieder waren nicht das Ergebnis von Ständekämpfen, sondern folgten pragmatischen Motiven. Die erste Maßnahme war durch den Zwang zur Arbeitsteilung angesichts eines Mehrfrontenkrieges verursacht, und die zweite war zusätzlich eine Reaktion auf die Verdoppelung des Heeresaufgebots. Die patrizischen Amtsträger hießen Militärtribune (*tribuni militum*). Erst die spätere Überlieferung hat sie, um sie von den gleichnamigen Legionsoffizieren der mittleren und späten Republik zu unterscheiden, durch den anachronistischen Zusatz ‹mit konsularischer Amtsgewalt› (*consulari potestate*) gekennzeichnet. Den Konsulat und die konsularische Amtsgewalt gab es aber erst seit der Reorganisation des Regierungssystems im Jahre 366. Im übrigen können diese Maßnahmen schwerlich auf die Opposition der Plebejer gestoßen sein, denn im Zusammenhang mit der Verdoppelung des Heeresaufgebots erhöhte sich auch die Zahl der *tribuni plebis* von drei auf sechs.

Für die bäuerliche Bevölkerung des fünften Jahrhunderts gab es noch andere und, wie auf der Hand liegt, wichtigere Probleme als die Teilnahme an der Auswahl ihrer militärischen Führer: die tägliche Nahrung zu gewinnen, dem Elend der Verschuldung zu entkommen und dem Verbrechen und den Vergehen gegen Leben und Eigentum zu wehren. Einen authentischen Einblick in die Lebensverhältnisse des fünften Jahrhunderts und die Methoden, die gesellschaftlichen Konflikte mit den Mitteln des Rechts zu lösen, gewähren die Überreste des Zwölftafelgesetzes, der ersten und einzigen Rechtskodifikation der römischen Republik. Der Tradition zufolge wurde das Gesetz in den Jahren 451 und 450 von zwei aufeinander folgenden Zehnerkommissionen, den *decemviri legibus scribundis*, aufgezeichnet, die ersten zehn Tafeln von der ersten, die folgenden von der zweiten Kommission. Rom folgte mit der Verschriftlichung des Rechts der von den Griechen entwickelten Methode, den komplizierter werdenden Problemen des Zusammenlebens in einer frühstaatlichen Ordnung mit der schriftlichen Fixierung von Rechtsvorschriften zu begegnen. Das war schon deshalb notwendig, weil deren schierer Umfang sich der genauen Bewahrung durch mündliche Überlieferung entzog. Im griechischen Mutterland und in den Kolonien gab es neben einer großen Zahl von schriftlich fixierten Einzelregelungen auch Zusammenfassungen des materiellen und des Verfahrensrechts, entweder im Bereich des Strafrechts oder, darüber hinausgreifend, auch des Personen- und Sachenrechts (wie wir uns ausdrücken würden). Das Blutrecht des athenischen Gesetzgebers Drakon (um 624) oder die Rechtsordnung des Atheners Solon (594/93), des Entdeckers der sozialen Dimension des

Rechts, sind die berühmtesten, aber keineswegs die einzigen Beispiele aus der Welt des archaischen Griechenland. Drakon gab seiner Heimatstadt ein primitives, aber für die damaligen Lebensverhältnisse völlig ausreichendes Strafrecht mit dem Ziel, die ausufernde Eigengewalt der Privatrache einzudämmen, und Solon machte den Versuch, mit Hilfe des verschriftlichten Rechts den Gefährdungen des Zusammenlebens entgegenzuwirken, die sich aus dem doppelten Problem der sozialen Differenzierung und der Vermehrung der hauptsächlich vom Ackerbau lebenden Bevölkerung ergaben. Im Umkreis der griechischen Kolonien Siziliens und Unteritaliens gewannen vor allem die Gesetze des Zaleukos aus Lokroi (siebtes Jahrhundert) und des Charondas von Katane (sechstes Jahrhundert) überregionale Bedeutung, ohne daß wir, bedingt durch die schlechte Überlieferungssituation, eine präzise Vorstellung von ihrem Inhalt gewinnen können. Inhaltliche Entlehnungen aus den Solonischen Gesetzen oder anderen griechischen Gesetzeskodifikationen sind für das römische Zwölftafelgesetz zwar behauptet, aber nicht eigentlich nachgewiesen worden. Das Entscheidende ist allerdings auch nicht die Übernahme materieller Rechtsvorschriften, sondern die Nutzanwendung der in der griechischen Welt praktizierten Methode, das Zusammenleben der Bürger mittels einer geschriebenen Rechtsordnung zu regeln und damit die Sicherung des inneren Friedens auf eine feste, überprüfbare Grundlage zu stellen.

Das Zwölftafelgesetz ist sowohl Indiz als auch Motor der fortschreitenden Verstaatlichung in einer Welt, die noch von privater Eigengewalt und schon von sozialen Problemen heimgesucht war. Selbst die wenigen Überreste, die von dem Zwölftafelgesetz auf uns gekommen sind, vermitteln von diesen Verhältnissen einen anschaulichen Eindruck. Die Lebensgrundlage der Gemeinde bildeten im wesentlichen Ackerbau und Viehzucht. Vieh und Metallbrocken aus Kupfer, zugleich Wertmaßstab und Rohmaterial für die Herstellung von Geräten und Rüstungen, waren die primitiven Zahlungsmittel. Was die Besitz- und Agrarstruktur anbelangt, so ist mit überwiegend bescheidenen Hofgrößen zu rechnen. Es gab extensive Landnutzung und entweder kümmerliche Kommunwirtschaft, die in fortgesetzter Hauswirtschaft der Erben geübt wurde, oder starke Besitzersplitterung durch Erbteilung. Gewissermaßen von selbst versteht es sich, daß bei natürlicher Vermehrung und sozialer Differenzierung die Gesellschaft des archaischen Rom mit Verschuldung und Kriminalität wie Diebstahl, Raub oder Besitzaneignung, beispielsweise durch eigenmächtiges Versetzen von Grenzsteinen, zu kämpfen hatte. Verschärft wurden die wirtschaftlichen Probleme durch den Wandel der Kampftaktik und der Heeresverfassung. Die Ausrüstung für den Kampf in der geschlossenen Formation der Phalanx war teuer, und der einzelne mußte sie aus eigenen Mitteln aufbringen. Die notwendigen Ausrüstungsgegenstände waren Bronzeschild und -helm, Brustpanzer und Beinschienen sowie als Angriffswaffen Schwert und Lanze, und dies alles stellte, wie einem athenischen Zeugnis aus dem späten sechsten Jahrhundert zu entnehmen ist, den Gegenwert einer Herde von 30 Schafen dar. Auch für die Wohlhabenderen unter den Bauern bedeutete die Selbstausrüstung eine kostspielige, unter Umständen nur durch Verschuldung aufzubringende Investition, von der nicht vorausgesagt werden konnte, ob und wann sie durch Anteile an beweglicher Kriegsbeute einen Ertrag abwerfen würde. Schulden wurden auf die Person aufgenommen, und wenn sie nicht mit Zinsen zurückgezahlt wurden, so galt dies als ein Delikt, das dem Eigentumsentzug durch Diebstahl gleichgesetzt wurde. In letzter Konsequenz war dem Gläubiger gestattet, den zahlungsunwilligen oder -unfähigen Schuldner in Vollstreckungshaft zu nehmen und ins Ausland jenseits des Tibers zu verkaufen. Wirtschaftliche Not zwang Hausväter, die eigenen Kinder auf Zeit zu verkaufen, und Habgier konnte einen adligen Patron dazu bringen, seine Clienten auszubeuten. Unrecht wurde durch Eigengewalt abgewendet und geahndet. Der Staat, der in den Anfängen seiner Entwicklung stand, war noch gar nicht in der Lage, sich das Gewaltmonopol zu sichern, so daß der Mächtige und der Starke einen natürlichen Vorteil vor dem Schwächeren bei der Abwehr und der Ahndung von Unrecht hatte. Auch war es kaum zu verhindern, daß der Stärkere seine Überlegenheit zu Repressalienexzessen mißbrauchte. Auf alle diese Probleme einer frühstaatlichen Gesellschaft suchte das schriftlich fixierte Recht des Zwölftafelgesetzes eine Antwort zu geben.

Die ersten zehn Tafeln des Gesetzes weisen eine systematische Disposition des Rechtsstoffes auf. Die ersten drei enthalten verfahrensrechtliche Vorschriften, und zwar über die Einleitung eines Prozesses vor dem Gerichtsmagistrat (Tafel I), über das Verfahren vor dem Richter (Tafel II) und über die auf dem Prinzip der Selbsthilfe fußende

Vollstreckung der richterlichen Entscheidungen (Tafel III). Die folgenden sieben Tafeln sind dem materiellen Recht gewidmet. Tafel IV und V handeln vom Familienrecht: von der Gewalt des Familienoberhauptes (*pater familias*), von der Vormundschaft und vom Erbrecht. Tafel VI behandelt Fragen des Vertrags- und Nutzungsrechts, VII die Rechtsprobleme, die sich aus den Nachbarschaftsverhältnissen in einer agrarischen Gesellschaft ergaben. Gegenstand der beiden folgenden Tafeln ist das Strafrecht, das private (VIII) und das öffentliche (IX). Tafel X regelt die Totenbestattung und beschränkt insbesondere den Grabluxus der Oberschicht. Schließlich bringen die beiden letzten Tafeln eine Nachlese verschiedenen Inhalts, unter anderem wurde hier das Eheverbot zwischen Patriziern und Plebejern bekräftigt.

Was das Strafrecht anbelangt, so ging das Zwölftafelgesetz zwar noch von dem Racherecht des Geschädigten aus, aber es legte schon das Strafmaß für die einzelnen Straftatbestände fest und band den Vollzug der Privatrache an die Autorisierung durch einen richterlichen Schuldspruch. Ein Bluträcher, der ohne Urteilsspruch tötete, wurde seinerseits als Mörder angesehen und verfiel der Ächtung, so daß er straflos getötet werden konnte. So wurden Racheexzesse verhindert, unter anderem auch dadurch, daß zwischen Mord, Notwehr und unabsichtlicher Tötung genau unterschieden wurde. Während im ersten Fall der Schuldige dem racheberechtigten nächsten männlichen Verwandten zur Tötung ausgeliefert wurde, erfolgte im letzten nur eine religiöse Ahndung für das vergossene Blut durch das Opfer eines Schafbocks. Die Tötung des auf frischer Tat ertappten Diebs war nur unter bestimmten Voraussetzungen statthaft: Bei nächtlichem Einbruch wurde dem Überfallenen das Notwehrrecht zugebilligt, bei Tage ging er jedoch nur dann straflos aus, wenn er durch laute Hilferufe die Nachbarn herbeiholte, damit durch ihr Zeugnis kein Zweifel an der Rechtmäßigkeit der Tötung aufkommen konnte.

Das Gesetz war darauf bedacht, dem Mißbrauch rechtlicher oder sozialer Überlegenheit zu wehren. Besonders im Schuldrecht tritt diese Intention in Erscheinung. Der Gläubiger war unter Strafandrohung gehalten, für einen Kredit nicht mehr Jahreszinsen als ein Zwölftel des ausgeliehenen Kapitals zu nehmen. Durch den Empfang eines Darlehens begab sich der Schuldner förmlich in die Gewalt des Gläubigers (deswegen hieß das Rechtsgeschäft ‹Fesselung›, *nexum*). Konnte er sich nicht durch fristgerechte Rückzahlung lösen, verfiel er der

Schuldknechtschaft, und der Gläubiger konnte sich an seiner Person schadlos halten. An diesem Schuldrecht hielt das Gesetz fest, aber es war bemüht, Vorkehrungen gegen den Mißbrauch des Selbsthilferechts des Gläubigers zu treffen. Erst wenn der Schuldner 30 Tage nach der richterlichen Feststellung seiner Rückzahlungspflicht nicht nachgekommen war, wurde der Gläubiger ermächtigt, den säumigen Schuldner für 60 Tage in Privathaft zu nehmen. Innerhalb dieser Frist mußte der Verhaftete an drei aufeinanderfolgenden Markttagen im Abstand von jeweils acht Tagen öffentlich feilgeboten werden, die beiden ersten Male zur Auslösung und erst das letzte Mal zum Verkauf ‹über den Tiber›, d. h. in das Gebiet der wohlhabenden Etruskerstadt Veji. Ebenso wurde dem aus wirtschaftlicher Not resultierenden Mißbrauch der väterlichen Gewalt entgegengetreten. Zwar war es dem Familienoberhaupt gestattet, zweimal den Sohn unter dem Vorbehalt des Rückkaufrechts zu verkaufen, aber bei der dritten Wiederholung wurde dieser der väterlichen Gewalt entzogen. Das Gesetz ging davon aus, daß der Vater damit den Beweis geführt hatte, gar nicht in der Lage zu sein, den eigenen Erben mitzuernähren. In anderen Zusammenhängen wurde die Ausnutzung einer Überlegenheit zum Schaden des Schwächeren unter strenge Strafe gestellt. Da im Gerichtsgang der Zeugenaussage entscheidende Beweiskraft zukam und dementsprechend eine unrichtige Aussage existenzvernichtend sein konnte, wurde der falsche Zeuge mit dem Tod bedroht. Die Ausnutzung der überlegenen Stellung des Patrons zum Nachteil des abhängigen Clienten zog die Ächtung nach sich, d. h., der Schuldige konnte straflos getötet werden.

Das Zwölftafelgesetz begünstigte also nicht den patrizischen Patron, und es war dem Prinzip der Rechtsgleichheit ohne Berücksichtigung der Standesunterschiede zwischen Patriziern und Plebejern verpflichtet. Standesunterschiede hatten ohnehin nur in Hinblick auf die Ausübung der höchsten Gewalt eine rechtliche Bedeutung, und derartige staatsrechtliche Fragen lagen im allgemeinen außerhalb des Gesichtskreises des Zwölftafelgesetzes. Allein dort, wo das Familienrecht an das Privileg des alleinigen patrizischen Zugangs zur höchsten militärisch-zivilen Gewalt rührte, wurde dem Rechnung getragen, wenn im Nachtrag zu den zehn ersten Tafeln die Eheschließung zwischen Patriziern und Plebejern ausdrücklich verboten wurde. Die Absicht war zu verhindern, daß Angehörigen der plebejischen Führungsschicht auf diesem Umweg der Zugang zu dem patrizischen Herrschaftsrecht, den Willen der Götter zu erkunden, geöffnet wurde. In diesem einen Falle wurde über eine familienrechtliche Bestimmung doch eine indirekte Stabilisierung des politisch bedeutsamen Standesunterschieds in das Gesetz eingefügt. Gemessen an der großen Zahl von Regelungen, die sich auf private Rechtsverhältnisse beziehen, gab es nur wenige Bestimmungen öffentlich-rechtlichen Inhalts. Sie betrafen Verbrechen gegen die Gemeinde wie Landesverrat, den Mißbrauch des Richteramtes, das Gerichtsverfahren im öffentlichen Strafprozeß oder das Verbot, in einem Verfahren auf die Person zugeschnittene Sondernormen, sogenannte Privilegien, anzuwenden.

Das Zwölftafelgesetz war gewiß nicht in dem Sinne innovativ, daß es, wie beispielsweise die solonische Gesetzgebung in Athen, die bestehende Verschuldung zu Lasten der Forderungen der Gläubiger beseitigte oder die Darlehensvergabe auf die Person und die Personalexekution aufhob. Gemessen an diesem Modell einer Gesetzgebung in archaischer Zeit blieb das Zwölftafelgesetz stärker an den bestehenden Rechtsinstituten orientiert. Aber unverkennbar ist die Tendenz, der Willkür und dem Mißbrauch der Eigengewalt zu wehren, indem sie an richterliche Ermächtigung und an feste Strafnormen und Regeln gebunden wurde. Das geschriebene Recht diente in der sich ausbildenden frühstaatlichen Ordnung als die objektive Grundlage einer kontrollierten Streitbeseitigung in einer von Konflikten heimgesuchten Gesellschaft. Wie sehr den Römern auch später bewußt blieb, daß mit dem Zwölftafelgesetz eines der Fundamente ihrer Staatlichkeit gelegt war, zeigt sich daran, daß es noch in der Zeit des Kaisers Traian (98–117 n. Chr.) dem Historiker Tacitus als Endpunkt einer zur Rechtsgleichheit führenden Entwicklung galt.

Der Aufstieg zur italischen Großmacht

Die Verschuldung und ihre harten Folgen für den einzelnen und für die Gemeinschaft konnte die Kodifizierung des Rechts nicht beseitigen. Es war vor allem der Gewinn neuen Siedlungslandes, der die Lage der bäuerlichen Bevölkerung allmählich verbesserte. Dieser Erfolg stellte sich nicht schnell ein, er wurde in zähen, sich über ein ganzes Jahrhundert hinziehenden Kämpfen errungen, die zunächst in erster

Linie der Selbstbehauptung in gefährdeter Lage dienten. Rom hat in dieser Zeit mehrfach schwere Rückschläge hinnehmen müssen, bis sich in der zweiten Hälfte des vierten Jahrhunderts der Erfolg abzeichnete. Äußeres Indiz der sich in diesem Zusammenhang einstellenden Besserung der ökonomischen Lage der Bauern ist die in das letzte Viertel des vierten Jahrhunderts fallende Milderung des harten Schuldrechts, das im Zwölftafelgesetz noch beibehalten worden war (allenfalls gegen mißbräuchliche Anwendung hatte das Gesetz den Schuldner geschützt). Im Jahre 326 brachten die Konsuln Gaius Poetelius Libo und Lucius Papirius Cursor eines der frühesten Einzelgesetze überhaupt ein, das verbot, Schuldner nach den Vorschriften des Zwölftafelgesetzes beim Vollzug der Schuldhaft anzuketten. Dreizehn Jahre später führte der Diktator Gaius Poetelius Libo das Reformwerk seines Vaters zum Ziel, indem er das Institut der Schuldknechtschaft durch das von ihm beantragte Gesetz überhaupt aufheben ließ.

Der Weg von der Selbstbehauptung zur Expansion zog auch Konsequenzen für die innere Ordnung des römischen Staates nach sich. Neue, d. h. ärmere Schichten der bäuerlichen Bevölkerung mußten für den Kriegsdienst herangezogen werden, und sie gewannen damit ein Stimmrecht in der Heeresversammlung. Ebenso bedeutsam war, daß die Führer der Plebejer als Tribune des Aufgebots zu Fuß und Interessenvertreter ihres Standes sich ein Kapital an militärischer und politischer Erfahrung und damit auch an Ansehen erwarben und so die Voraussetzung ihrer Zulassung zum höchsten Staatsamt schufen. Nachdem sie dieses Ziel erreicht hatten (367/66), bildete sich eine neue Aristokratie, deren Führungsanspruch nicht auf dem Vorrecht der Geburt, sondern auf dem Verdienst um den Staat, die *res publica*, beruhte. Diese neue Aristokratie, die Nobilität (von *nobilitas*), setzte sich aus Patriziern und Plebejern zusammen und stand im Zuge der Ausweitung des römischen Bürgerrechts auf latinische und campanische Gemeinden prinzipiell auch den Aristokratien der Neubürgergemeinden offen. Schließlich wurden im Verlauf der von Rückschlägen unterbrochenen Expansion auch die politischen Mittel geschaffen, die das militärische Potential Roms weit über das Maß hinaus steigerten, das die demographische Entwicklung der Bürgerschaft vorgab. Die römische Stadtgemeinde entwickelte Möglichkeiten, fremdstämmige Gemeinden in das eigene Staatsgebiet zu inkorporieren, ohne sie in den Bürgerverband aufzunehmen, und sie bediente sich der Mittel der

Kolonisation und des Bündnisses mit dem Ziel und dem Ergebnis, daß sie mit deren Wehrkraft die eigene vervielfältigte. Indem die politische Führung der Stadt die Institute der Annexion, der Kolonisation und des völkerrechtlichen Vertrags entsprechend den vorgefundenen Umständen einsetzte und zu Mitteln der politischen Herrschaft ausgestaltete, gelang Rom eine einzigartige politische Leistung: Auf der Grundlage des Stadtstaates wurde eine in ihren Formen vielgestaltige, gleichwohl effiziente Territorialherrschaft aufgebaut, die zunächst Latium und Campanien, am Ende die ganze italische Halbinsel umfaßte.

Dieses Ergebnis, das im späten vierten und frühen dritten Jahrhundert Gestalt annahm, entsprach keineswegs der Ausgangslage in den Anfängen der Republik. Damals umfaßte das Bürgergebiet der vier Stadt- und sechzehn Landbezirke (*tribus*) nach einer glaubwürdigen Schätzung ungefähr 822 km². Über die Stärke der Bürgerschaft liegt keine zuverlässige Überlieferung vor, doch dürfte sie unter Einschluß der Frauen und Kinder die Zahl von 15 000 bis 20 000 Personen kaum überschritten haben. Das ganze fünfte Jahrhundert war ausgefüllt mit Kämpfen gegen die mächtige und reiche Etruskerstadt Veji. In einem zähen Ringen gelang es zunächst, die Vorposten Vejis auf dem linken Tiberufer, die kleinen Gemeinden Fidenae, Ficulea und Crustumeria zu erobern und einen neuen Landbezirk, die *tribus Crustumeria*, zu besiedeln (der Tradition nach im Jahre 426). Eine Generation später, im Jahre 396, wurde Veji selbst erobert und vernichtet. Auf dem Territorium der Stadt entstanden vier neue Bürgerbezirke, die *tribus Arnensis, Tromentina, Stellatina* und *Sabatina*. Darüber hinaus fielen dem römischen Staat mit der Eroberung Vejis die ertragreichen Salinen an der Tibermündung und damit eine bedeutende ständige Einnahmequelle zu. Insgesamt wuchs das römische Staatsgebiet auf rund 1500 km², und das muß die Landnot, unter der die Bauern Roms zur Zeit der Rechtskodifikation um die Mitte des fünften Jahrhunderts gelitten hatten, nicht unerheblich gelindert haben. Aber kurze Zeit später erlitt das römische Aufgebot am 18. Juli 390 an dem Flüßchen Allia eine schwere Niederlage gegen eine der Mittel- und Süditalien verheerenden keltischen Kriegerscharen, und drei Jahre später nahmen die Kelten – wie bereits erwähnt – Rom ein und plünderten die Stadt.

Etrusker und Kelten waren nicht die einzigen gefährlichen Gegner, mit denen sich Rom im fünften und frühen vierten Jahrhundert auseinanderzusetzen hatte. Latium stand unter dem Druck der landnehmenden Bergstämme des Hinterlandes. Im Osten hatten die Aequer den Anio erreicht, und im Süden waren die Volsker auf breiter Front bis an die Küste durchgebrochen. Auf sich gestellt konnte Rom, solange es in Kämpfe mit Veji und den Etruskern verwickelt war, dieser Situation nicht Herr werden. Es war auf Kooperation mit den stammesverwandten latinischen Gemeinden angewiesen. Einen organisatorischen Anknüpfungspunkt boten die miteinander ausgeübten Stammeskulte des Iuppiter Latiaris auf den Albanerbergen, an den Quellen der Göttin Ferentina oder im Hain der Diana von Aricia. Kultbünde von Völkern und Stämmen waren eine verbreitete Erscheinung. In Etrurien besaß der Bund der Zwölf Städte, als dessen Mitglieder Arretium, Caere, Clusium, Cortona, Perusia, Populonia, Rusellae, Tarquinii, Vetulonia, Veji (bis zu seiner Zerstörung), Volaterrae, Volsinii und Vulci genannt werden, ein zentrales Heiligtum der Göttin Voltumna im Gebiet von Volsinii (in der Nähe von Orvieto). Dort versammelten sich alljährlich die Stadtkönige und ihr Gefolge unter dem Vorsitz des ›Führers von Etrurien‹ (*praetor Etruriae*). An die Ausübung kollektiver Kulte konnten sich je nach Umständen Beratungen über gemeinsame Angelegenheiten und entsprechende Unternehmungen anknüpfen. Während dies für den etruskischen Städtebund nicht belegt werden kann, ist für den latinischen ausdrücklich bezeugt, daß er angesichts der bedrängten Lage des Stammes über die Kultausübung hinaus für Beratungen und Kriegführung den Rahmen gab. Es hat sich ein Textstück erhalten, in dem das Ritual der Bestimmung eines latinischen Bundesfeldherrn beschrieben wird, das auf das genaueste der Inauguration des altrömischen Königs und der Übertragung der Auspizien an den mit dem Heer ausziehenden Obermagistrat der römischen Republik gleicht. Der Text lautet:

«Von der Zerstörung Albas (Alba longa, der älteste Vorort des Latinischen Bundes, war nach der Überlieferung in der Königszeit von Rom zerstört worden) bis auf den Konsulat des Publius Decius Mus (340, das Jahr, in dem die Latiner sich gegen Rom erhoben) sei es Brauch gewesen, daß die latinischen Gemeinden an den Quellen der Ferentina, am Fuße der Albanerberge, Beratungen abhielten und durch gemeinsamen Beschluß Regelungen über den militärischen Oberbefehl trafen. In einem Jahr also, in dem die Römer im Auftrag des Latinerbundes den Feldherrn zum (Bundes-)Heer zu entsenden hatten, hätten sich mehrere der Unseren vom Sonnenaufgang an um günstige Auspizien bemüht. Sobald der Vogelflug günstig ausgefallen sei, habe der Krieger, der vom Latinischen Bund hierher (d. h. nach Rom) gesandt worden sei, denjenigen, dem der Vogelflug günstig ausgefallen sei, dem Brauche gemäß als ‹Führer› begrüßt, so daß er sein Amt mit dem Titel eines Praetors antrat» (*Cincius* bei *Festus* 276 Lindsay).

Auf der Grundlage der so organisierten gemeinsamen Feldzüge wurden bei günstigem Ausgang latinische Kolonien angelegt, nach der Überlieferung bereits zu Beginn des fünften Jahrhunderts Signia, Cora, Suessa Pometia und Norba, dann 442 Ardea, nachdem die in unmittelbarer Nähe des Meeres gelegene Stadt den Volskern entrissen worden war. Als sich Rom von den Verheerungen des Keltensturms erholt und durch den Bau der Servianischen Mauer gegen Angriffe gesichert hatte, folgte im Süden die Anlage der latinischen Kolonien Satricum (385) und Circei (383), im Norden nach siegreich bestandenen Kämpfen gegen die Etrusker die von Caere und Tarquinii sowie gegen das faliskische Falerii die von Sutrium (383) und Nepete (373). Hauptnutznießer der gemeinschaftlich errungenen Erfolge war freilich Rom. Die Stadt arrondierte das eigene Bürgergebiet und damit ihr eigenes Siedlungsland in der Pomptinischen Ebene um die *tribus Pomptina* und *Publilia* (385), und im Norden wurde die mächtige Etruskerstadt Caere unter Wahrung ihrer Selbstverwaltung Teil des römischen Staatsgebiets. Gewonnen wurden auch die volskischen Küstenstädte Antium und Tarracina, in die später zur Kontrolle der Küste römische Bürgerkolonien, nicht latinische, deduziert wurden (338 und 329). Rom gewann so eine Vormachtstellung, und dies hat seinen Niederschlag in zwei völkerrechtlichen Verträgen gefunden, die dieser Zeit und nicht, wie die Überlieferung behauptet, dem späten sechsten und dem frühen fünften Jahrhundert angehören: Gemeint sind der sogenannte Vertrag des Cassius mit den Latinern, das *foedus Cassianum*, und der erste römisch-karthagische Vertrag. Von beiden hat sich der ungefähre Wortlaut in griechischer Übersetzung erhalten. Den Vertrag mit den Latinern datiert die späte annalistische Überlieferung in das Jahr 493 und schreibt seinen Abschluß dem Konsul Spurius Cassius Vecellinus zu. Das kann schon deshalb nicht stimmen, weil es zu dieser Zeit den Konsulat nicht gab und der Vertrag ein Übergewicht des römischen Vertragspartners voraussetzt, das den Verhältnissen des frühen fünften Jahrhunderts nicht entspricht. Eher ist damit zu rechnen, daß die von Livius zum Jahr 359 erwähnte ‹Erneuerung› des alten Bundesverhältnisses mit den Latinern das richtige Datum für den Abschluß des *foedus Cassianum* angibt. Noch im ersten Jahrhundert war der auf eine eherne Tafel geschriebene Vertragstext auf dem Forum zu sehen, und dies spricht ebenfalls für die Annahme, daß er erst nach der Eroberung und Plünderung Roms durch die Kelten (387) aufgezeichnet wurde. Der Vertragstext hat folgenden Wortlaut:

«Zwischen Römern und Latinern soll Friede sein, solange Himmel und Erde bestehen. Und sie sollen weder gegeneinander kämpfen noch Feinde herbeiholen noch denen sicheren Weg gewähren, die in feindlicher Absicht kommen. Vielmehr sollen sie den Angegriffenen mit aller Macht Hilfe leisten, und jede Seite soll von der gemeinsamen Kriegsbeute die Hälfte erhalten. Das Urteil in privaten Rechtsstreitigkeiten soll innerhalb von zehn Tagen ergehen, und zwar in der Gemeinde, in der der betreffende Vertrag geschlossen wurde. Zu diesem Vertrag soll weder etwas hinzugesetzt noch aus ihm etwas getilgt werden, es sei denn, die Römer und die Latiner faßten (darüber) einen gemeinsamen Beschluß» (Dionysios von Halikarnaß, *Römische Altertümer* 5,95,2).

Auffallend ist, daß in diesem völkerrechtlichen Vertragswerk Rom dem Latinischen Bund als selbständiger Vertragspartner gegenübertritt. Dem Verbot des Krieges, des Stellvertreterkrieges und der Unterstützung der Feinde eines der Vertragspartner tritt eine Defensivallianz zur Seite mit der zusätzlichen Bestimmung über die Teilung der anfallenden Kriegsbeute. Hinsichtlich des von altersher bestehenden privatrechtlichen Verkehrs zwischen den Angehörigen des Latinischen Bundes werden Gerichtsort und Fristen der gerichtlichen Entscheidung festgelegt. Am Schluß des Vertrags steht die übliche Revisionsklausel. Bemerkenswert ist nicht nur, daß Rom mit den Latinern und nicht alle Gemeinden untereinander diesen Vertrag abschließen, sondern auch, daß Rom sich den Löwenanteil der anfallenden Kriegsbeute, die Hälfte, ausbedingt und die Gemeinden des Latinischen Bundes sich mit dem Rest zufriedengeben müssen. Mit anderen Worten: Rom tritt mit dem Bund formal in ein gleichberechtigtes Bündnis und erscheint zugleich ihm und jeder einzelnen latinischen Gemeinde gegenüber in einer überlegenen Position, die faktisch der einer Hegemonialmacht gleichkommt. Es ist vor allem Rom, das aufgrund des Vertrags Hilfe im Krieg verlangte und gewährte, und es war dann eine Folge der im vierten Jahrhundert entstandenen Machtverhältnisse, daß Rom die Bundeskriege führte und die Latiner dazu ihre Aufgebote stellten. So stellt Livius die Verhältnisse dar, wie sie sich aus der ‹Erneuerung› des Bundesvertrags im Jahre 359 ergaben.

Dieses Bild einer römischen Hegemonie findet seine urkundliche Bestätigung in den Bestimmungen des ersten römisch-karthagischen

Vertrags, der entgegen der von dem griechischen Historiker Polybios um die Mitte des zweiten Jahrhunderts angegebenen Datierung auf das Jahr 510 wohl ebenfalls in die Zeit nach dem Kelteneinfall anzusetzen ist. In diese Zeit, genauer in das Jahr 348/47, setzt ihn auch die annalistische Überlieferung, repräsentiert durch Livius und Diodor von Tauromenion. Der Vertrag gehört einem Typus an, der nach dem Zeugnis des Aristoteles in vielen zwischen Karthago und den etruskischen Seestädten geschlossenen Abmachungen faßbar war. Darin ging es um den Schutz der Händler und um die Begrenzung der Piraterie. Es liegt auf der Hand, daß derartige Vereinbarungen nur zwischen Partnern möglich waren, die Zugang zum Meer hatten. Darüber hinaus geben die in den Verträgen genannten Küstenzonen, in denen Plünderungen und die Gründung fester Niederlassungen untersagt waren, auch Aufschluß über Herrschafts- und Interessenzonen der vertragschließenden Partner. Was nun den ersten römisch-karthagischen Vertrag anbelangt, so ist seine grundlegende sachliche Voraussetzung die Ausbreitung der römischen Herrschaft von der Tibermündung bis nach Tarracina: Die dort gelegenen Seestädte, für die der Seeraub ebenso wie für Etrusker und Karthager eine Hauptquelle des Erwerbs und des Handels war, sind ausdrücklich in den Vertrag miteingeschlossen. Genannt werden in diesem Zusammenhang als Untertanen Roms – eine hegemoniale Stellung gewann die Stadt zwischen 387 und 340 – Ardea, Antium, Lavinium, Circei und Tarracina. Am Beispiel von Antium, das für seine Piraten berüchtigt war, lassen sich die vorausgesetzten Verhältnisse am besten verdeutlichen. Alexander der Große oder sein Onkel, der König der Epeiroten Alexander I. (die Quelle läßt nicht deutlich werden, welcher Alexander gemeint ist), protestierte in Rom gegen die Piraterie der Antiaten. Noch zu Beginn des dritten Jahrhunderts forderte der makedonische König Demetrios Poliorketes Rom zum Eingreifen auf und bewirkte, daß den Seeräubern von Antium endlich das Handwerk gelegt wurde. Nach unserer Überlieferung war die Stadt im Jahre 377 unter römische Herrschaft gekommen, sie befreite sich noch einmal für kurze Zeit während des Latinerkrieges (340–338), und erst nach dessen Ende ist sie auf Dauer unterworfen worden und mußte eine römische Bürgerkolonie aufnehmen.

Abgesehen von den Bestimmungen zum Schutz der Händler in fremdem Land ist es das Hauptanliegen des Vertrags, die Interessen der vertragschließenden Parteien zu wahren, die sich aus der Existenz der von beiden Seiten betriebenen Piraterie ergaben. Karthago ging es darum, den Kaperern aus Rom und aus den Seestädten des römischen Untertanengebiets die karthagischen Gewässer südlich von Kap Farina zu verschließen. Dafür verpflichteten sich die Karthager, sich von den unter römischer Herrschaft stehenden Städten fernzuhalten oder sie für den Fall, daß diese bei einem Plünderungszug an der Küste in karthagische Hände fielen, unversehrt zu übergeben. Untersagt wird karthagischen Kaperern auch, sich an der latinischen Küste niederzulassen, und sei es auch nur für eine Nacht, wenn sie in feindlicher Absicht an Land gegangen sind. Diese Bestimmungen werden vor dem Hintergrund verständlich, daß Seefahrt vor allem Küstenschiffahrt war und Piraterie dementsprechend Plünderung der Küstenregionen bedeutete. Somit barg Piraterie immer die Gefahr, daß Seeräuber feste Stützpunkte an fremden Küsten besetzten und so aus ihren Beutezügen Kolonisation entstand. Auf diese Weise hatte Karthago auf Westsizilien, Sardinien, Korsika, den Balearen und an der südspanischen Küste Fuß gefaßt. Im vierten Jahrhundert machte Rom, so ist überliefert, ebenfalls Versuche, sich an der überseeischen Kolonisation zu beteiligen. Im Jahre 378/77 wurden angeblich 500 Kolonisten nach Sardinien entsandt, und um die Mitte des vierten Jahrhunderts kam es, so wußte Theophrast, der bedeutendste Schüler des Aristoteles, zu berichten, zu einem gescheiterten römischen Kolonisationsunternehmen nach Korsika.

Die karthagische Reaktion auf die überseeischen Kolonisationsversuch Roms ließ nicht lange auf sich warten. Als Rom Krieg gegen seine abgefallenen latinischen Bundesgenossen führen mußte (340–338) und vorübergehend die Kontrolle über die Küste Latiums zumindest teilweise verloren hatte, schlossen Rom und Karthago mit Rücksicht auf die veränderte Lage einen neuen Vertrag, der einer überseeischen römischen Kolonisation im westlichen Mittelmeer generell einen Riegel vorschob und die Küstenstädte Latiums, soweit sie Rom nicht untertan waren, karthagischen Kaperern öffnete. Insofern enthielt die Vertragserneuerung Elemente eines bedingten Kooperationsabkommens. Der Vertrag selbst ist komplizierter als der erste, und er ist dementsprechend in drei Sachrubriken gegliedert, in denen die Rechte und Pflichten der vertragsschließenden Parteien einander gegenübergestellt werden. Der erste Abschnitt betrifft den Zugang der beiden Vertragspartner zu den beiderseitigen Herrschafts- und Interessengebieten. Den Römern und ihren Bundesgenossen wird die gegenüber dem ersten Vertrag verschärfte Auflage gemacht, weder in Afrika jenseits von Kap Farina noch in Spanien jenseits von Mastia Tarseios (wohl in der Nähe von Cartagena gelegen) Piraterie oder Handel zu treiben bzw. eine Stadt zu gründen. Auf der anderen Seite wird den Karthagern ausdrücklich zugestanden, in Latium Städte einzunehmen, soweit sie den Römern nicht untertan sind, und in diesem Zusammenhang wird stipuliert, daß den Karthagern die mobile Beute zufallen, den Römern aber die eingenommene Stadt ausgeliefert werden soll. Die zweite Sachrubrik enthält Vorkehrungen gegen mögliche sich aus dem Vertrag ergebende Verletzungen von Verpflichtungen, die jede der beiden vertragschließenden Seiten gegenüber Dritten eingegangen ist. Bezeichnend für die allgemeinen Lebensverhältnisse und die besondere Lage zur Zeit des Vertragsabschlusses ist vor allem die Bestimmung, die den Karthagern untersagt, Gefangene aus Städten, mit denen Rom einen Friedensvertrag in Schriftform geschlossen hat, in römisch kontrollierte Häfen zum Verkauf in die Sklaverei zu bringen. Anderenfalls soll es Römern erlaubt sein, die betreffenden Personen durch den Akt der Handanlegung für sich zu beanspruchen und so zu befreien. Der dritte Hauptteil des Vertrags betrifft den Handel beider Seiten. Er wird für die Römer und ihre Bundesgenossen auf Karthago und das karthagische (West-)Sizilien beschränkt, für Karthago auf Rom. Der römischen Seite wird ausdrücklich auferlegt, weder in Afrika noch auf Sardinien Handel zu treiben oder eine Kolonie anzulegen (wie aus der Piraterie konnten sich also auch aus dem Handel feste Ansiedlungen entwickeln). Die Landung eines römischen Schiffes in den bezeichneten Sperrgebieten war nur zum Zweck der Verproviantierung oder der Ausbesserung von Sturmschäden gestattet. Der zweite Vertrag enthielt also einerseits eine Verschärfung der den Römern auferlegten Beschränkungen und ließ andererseits der karthagischen Seite einen erweiterten Spielraum in Latium, soweit es nicht unter römischer Kontrolle stand. Vom römischen Standpunkt aus betrachtet war es sicher ein Hauptzweck des erneuerten Vertrags, sich indirekter karthagischer Unterstützung im Kampf gegen abgefallene Seestädte zu versichern. Rom war bereit, dafür einen hohen Preis zu zahlen: Es mußte den karthagischen Kaperern die mobile Beute für die Auslieferung eingenommener Städte überlassen und rigide Beschränkungen der eigenen Seefahrt im westlichen Mittelmeer hinnehmen. Vor allem aber mußte Rom auf alle Versuche verzichten, überseeische Kolonien in dem erweiterten Interessengebiet Karthagos zu gründen.

Der Rückschlag, den Roms Machtstellung durch den Abfall der Latiner vorübergehend erlitt, erklärt sich mühelos aus dem Umstand, daß Rom im vierten Jahrhundert der Hauptnutznießer der gemeinsamen Kriegsanstrengungen geworden war. Die daraus notwendig entspringende Unzufriedenheit der Latiner war, auch wenn die Streitpunkte im einzelnen nicht zuverlässig überliefert sind, sicher der tiefere Grund für den Abfall eines großen Teils der latinischen Bundesgenossen und der römischen Untertanen. Nach dem mühsam errungenen Sieg über die Abtrünnigen löste Rom den Latinischen Bund auf und inkorporierte die meisten latinischen Gemeinden unter Wahrung ihrer Selbstverwaltung in das römische Staatsgebiet. Aufgrund der gemeinsamen lateinischen Sprache erhielten ihre Bürger im Unterschied zu den etruskischen Caeriten auch das volle römische Bürgerrecht. Nur wenige treugebliebene Gemeinden des alten Latinerbundes wie Tibur oder Praeneste behielten, wie übrigens auch die latinischen Kolonien, ihre Selbständigkeit und ein Bundesverhältnis mit Rom. Die abgefallenen Untertanenstädte in der Küstenebene von Antium bis Tarracina wurden wieder unterworfen und durch römische Bürgerkolonien gesichert (338 und 329). Darüber hinaus wurden in dem eroberten Land zwischen Aricia und der Pomptinischen Ebene zwei neue Landbezirke des Bürgergebiets, die *tribus Scaeptia* und *Maecia* (332), eingerichtet und besiedelt.

Mit dem siegreich beendeten Latinerkrieg war Rom endgültig die bedeutendste Macht Mittelitaliens und zudem unmittelbarer Nachbar der von den oskischen Bergstämmen erneut bedrohten Gemeinden des reichen Campaniens geworden. Schon im fünften Jahrhundert waren die etruskischen Städte Capua, Nola und Nuceria sowie Pompeii und Herculanum oskisiert worden, und von den griechischen Städten hatte sich nur Neapel halten können. Ihren aus den Bergregionen nachdrängenden Stammesgenossen waren die oskischen Städte Campaniens jedoch so wenig gewachsen wie Neapel. Capua und Neapel suchten die Hilfe der aus dem Latinerkrieg gestärkt hervorgegangenen neuen Großmacht im Norden, und Rom ging auf die Hilfegesuche ein. Damit begann die lange Phase der Samnitenkriege, die ihren Namen von dem großen Stammesverband erhalten haben, der als Hauptgegner Roms in Erscheinung trat. Aber die Samniten blieben nicht die einzigen Feinde Roms. Am Ende der sich schließlich auf den Süden und den Norden ausdehnenden kriegerischen Verwicklungen stand die Errichtung der römischen Hegemonie über die gesamte italische Halbinsel bis zur Apenninenlinie im Norden. Dieses Ergebnis stand im Jahre 272 endgültig fest. Erhärtet wurde es durch die römische Selbstbehauptung gegen einen der hellenistischen Könige des griechischen Ostens, den Molosserkönig Pyrrhos, der dem Hilferuf der griechischen Stadt Tarent Folge leistete und in einem Krieg von fünfjähriger Dauer (280–275) die römische Herrschaft über Süditalien rückgängig zu machen versuchte, bevor sie sich verfestigte. Somit bildete das Ende der italischen Phase der römischen Herrschaftsbildung zugleich den Auftakt zu den Verwicklungen Roms in die großen Zusammenhänge der mediterranen Mächtekonstellation des dritten und zweiten Jahrhunderts.

Als Rom sich mit Capua und Neapel verbündete, lagen der Annahme des Hilfsgesuchs selbstverständlich keine rein altruistischen Motive zugrunde. Rom wollte nach den Erfahrungen, die es in den langen Kämpfen mit den Bergstämmen des latinischen Hinterlandes gemacht hatte, der erneut drohenden Völkerbewegung an seiner Südflanke einen Riegel vorschieben, und es rechnete, wie vermutet werden darf, damit, daß es seine Macht auf Campanien ausdehnen könne. Wohin die Intervention zugunsten Neapels und der Campaner führen würde, war freilich bei Ausbruch des Krieges mit den Samniten nicht im entferntesten absehbar. Rom rettete Capua und Neapel, doch der Krieg zog sich in die Länge. Der Versuch, die Entscheidung im Kernland der Samniten selbst zu suchen, endete mit der schmählichen Kapitulation in den Caudinischen Pässen (321), nach der sich beide Seiten auf einen Frieden unter Wahrung des Status quo einigten. Immerhin war Campanien damit der samnitischen Expansion verschlossen. Eine mittelbare Folge dieses Ergebnisses war, daß Capua sich dem auf Dauer geschlossenen Bündnis mit der übermächtigen Hegemonialmacht wieder entziehen wollte. Rom antwortete mit der Annexion der Stadt, und Capua wurde eine untertänige Gemeinde innerhalb des römischen Staatsgebiets. Mit Ausnahme der Aristokratie waren die Capuaner vom römischen Vollbürgerrecht ausgeschlossen. Darüber hinaus mußte die Stadt einen Teil ihres großen Territoriums an Rom abtreten, das dort im Jahre 318 einen neuen Bürgerbezirk, die *tribus Falerna*, gründete. Zugleich wurde im Interesse einer territorialen Verbindung des

Latinische Kolonien

1	Ardea	442 v.Chr.
2	Satricum	385 v.Chr.
3	Circei	383 v.Chr.
4	Nepet	383 v.Chr.
5	Sutrium	383 v.Chr.
6	Setia	382 v.Chr.
7	Cales	334 v.Chr.
8	Fregellae	328 v.Chr.
9	Luceria	314 v.Chr.
10	Suessa Aurunca	313 v.Chr.
11	Saticula	313 v.Chr.
12	Pontia	313 v.Chr.
13	Interamna Liris	312 v.Chr.
14	Alba Fucens	303 v.Chr.
15	Sora	303 v.Chr.
16	Narnia	299 v.Chr.
17	Carseoli	298 v.Chr.
18	Venusia	291 v.Chr.
19	Hadria	289 v.Chr.
20	Castrum Novum	283 v.Chr.
21	Cosa	273 v.Chr.
22	Paestum	273 v.Chr.
23	Ariminum	268 v.Chr.
24	Beneventum	268 v.Chr.
25	Firmum	264 v.Chr.
26	Aesernia	263 v.Chr.
27	Brundisium	244 v.Chr.
28	Copia	193 v.Chr.
29	Vibo	192 v.Chr.
30	Bononia	189 v.Chr.
31	Aquileia	181 v.Chr.

Bürgerkolonien

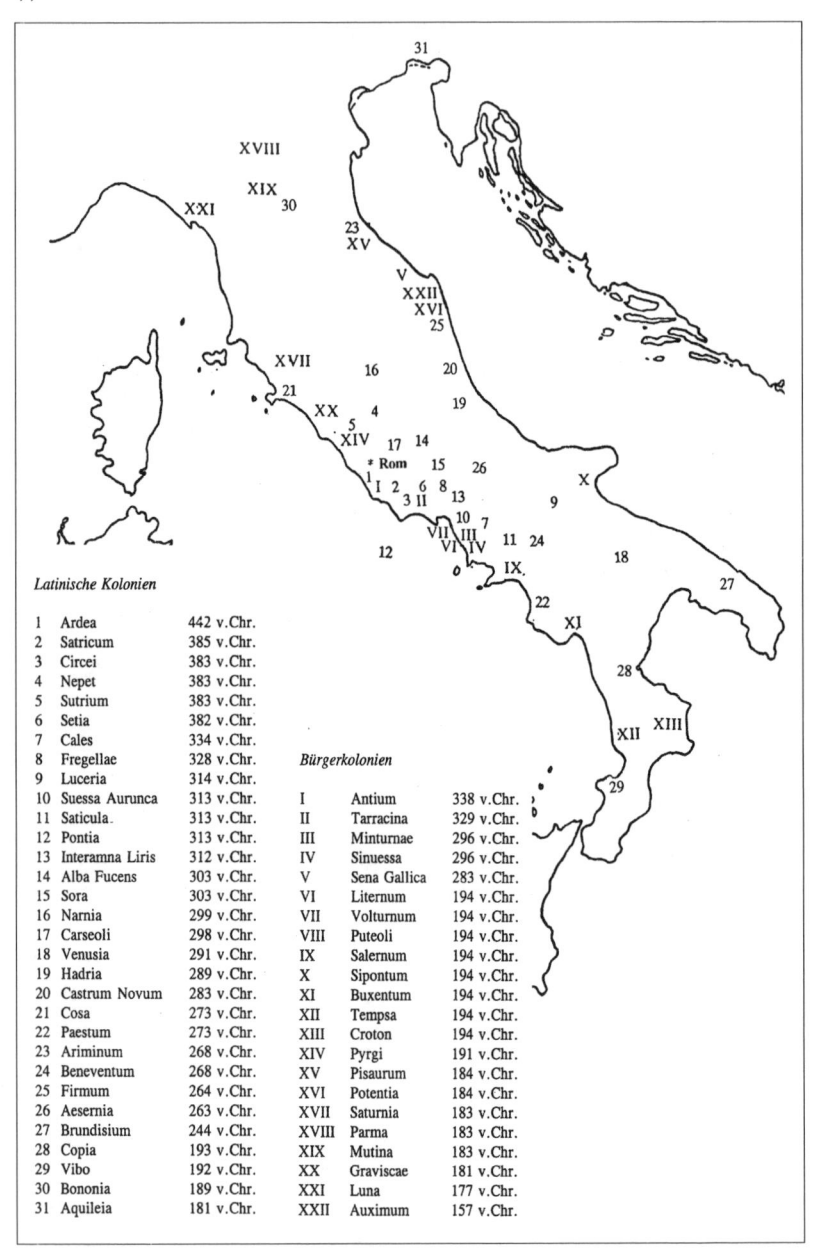

I	Antium	338 v.Chr.
II	Tarracina	329 v.Chr.
III	Minturnae	296 v.Chr.
IV	Sinuessa	296 v.Chr.
V	Sena Gallica	283 v.Chr.
VI	Liternum	194 v.Chr.
VII	Volturnum	194 v.Chr.
VIII	Puteoli	194 v.Chr.
IX	Salernum	194 v.Chr.
X	Sipontum	194 v.Chr.
XI	Buxentum	194 v.Chr.
XII	Tempsa	194 v.Chr.
XIII	Croton	194 v.Chr.
XIV	Pyrgi	191 v.Chr.
XV	Pisaurum	184 v.Chr.
XVI	Potentia	184 v.Chr.
XVII	Saturnia	183 v.Chr.
XVIII	Parma	183 v.Chr.
XIX	Mutina	183 v.Chr.
XX	Graviscae	181 v.Chr.
XXI	Luna	177 v.Chr.
XXII	Auximum	157 v.Chr.

Die römische Kolonisation vom 5. bis zum 2. Jhdt. v. Chr.

latinischen Kernlandes und der campanischen Neuerwerbung ein weiterer Bürgerbezirk, die *tribus Oufentina*, zwischen der Pomptinischen Ebene und der Bürgerkolonie Tarracina gegründet.

Nachdem den Samniten der Zugang nach Campanien versperrt war, wandten sie sich nach Osten und versuchten, in der apulischen Ebene Fuß zu fassen. Im Jahre 315 nahm Rom den Hilferuf und das Bündnisgesuch apulischer Gemeinden an, und damit begann die zweite Phase der Samnitenkriege, die sich auf Latium sowie auf die im Osten und Norden benachbarten Völkerschaften der Sabiner und Aequer ausdehnten. Selbst die Treue alter römischer Bundesgenossen und Untertanen geriet unter dem Eindruck der wechselvollen Kämpfe zeitweise ins Wanken. Trotzdem gewann Rom mit der vollen Ausschöpfung seines Wehrpotentials und aufgrund eines klaren politisch-strategischen Konzepts entscheidende Vorteile. An der Grenze zwischen Apulien und Samnium wurde im Jahre 314 die latinische Kolonie Luceria angelegt, eines der großen Bollwerke römischer Herrschaft, mit denen Rom in der Folgezeit die italische Halbinsel überzog. Im Westen wurde das samnitische Kernland durch eine ganze Kette solcher Kolonien geradezu abgeriegelt. Auf die Deduktion von Militärsiedlern nach Cales (334) und Fregellae (328) folgte die Gründung der Kolonien Suessa Aurunca, Saticula und Pontia auf der gleichnamigen Insel (313) sowie Interamna Liris (312). Die Ausweitung des Krieges nach Norden brachte es mit sich, daß Rom sein Bundesgenossensystem von den Abruzzen bis zur Adria ausdehnte, auf die Stämme der Marser, Paeligner, Marruciner und Frentaner. Auf den von ihnen abgetretenen Territorien wurden später die latinischen Kolonien Alba Fucens und Sora (303), Narnia (299) und Carsioli (298) angelegt. Auch das Bürgergebiet wurde noch einmal um zwei Bezirke erweitert. Im Jahre 299 erfolgte die Errichtung der *tribus Aniensis* zwischen den Stammesgebieten der Sabiner und Marser sowie der *tribus Teretina* im südlichen Latium.

Mit den Samniten war schon im Jahre 304 auf der Grundlage des für Rom erheblich verbesserten Status quo Frieden geschlossen worden. Wenige Jahre später, 298, entzündete sich jedoch ein neuer Waffengang an dem Versuch der Samniten, die ihnen einzig verbliebene Ausdehnungsmöglichkeit zu nutzen und nach Lukanien im Süden einzudringen. Dort gab es heftige innere Konflikte, getragen von verschiedenen Gruppierungen, die einerseits mit Hilfe der Samniten und

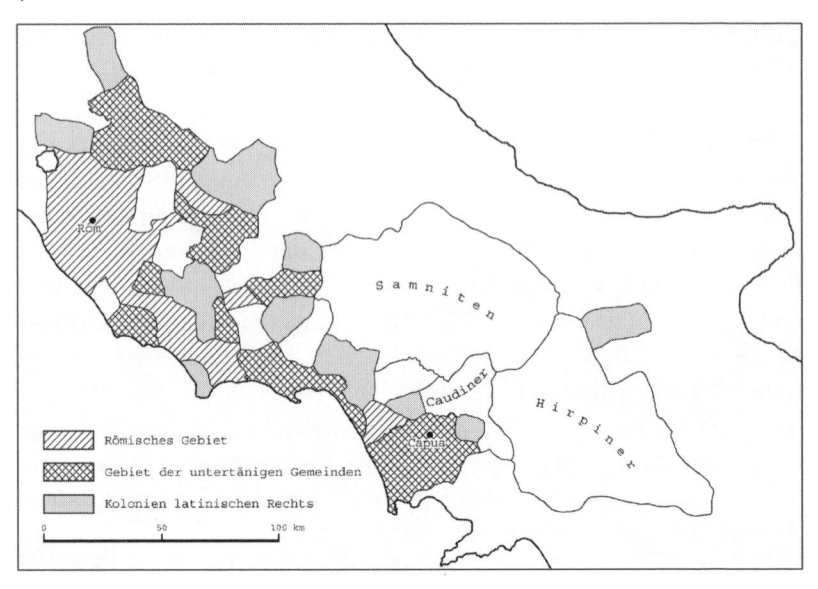

Legende:
- Römisches Gebiet
- Gebiet der untertänigen Gemeinden
- Kolonien latinischen Rechts

Mittelitalien um das Jahr 298 v. Chr.

andererseits mit Hilfe der Römer die Macht gewinnen oder bewahren wollten. Rom nahm das Hilfegesuch an, und es nahm damit in Kauf, einen Zweifrontenkrieg führen zu müssen, zunächst gegen die Samniten im Süden und die Sabiner im Norden. Die Lage wurde noch komplizierter, als drei Jahre später die Kelten aus Norditalien, von den Sabinern zu Hilfe gerufen, nach Mittelitalien einbrachen. Nach der römischen Niederlage bei Camarinum erhoben sich auch die etruskischen Städte gegen Rom, an ihrer Spitze das mächtige Volsinii (nahe Orvieto). Unter Aufbietung aller Kräfte errangen die Römer im Jahre 295 den entscheidenden Sieg über die Koalition der Gegner bei Sentinum im Grenzgebiet zwischen Umbrien und dem *ager Gallicus* an der Adria. Die antirömische Koalition löste sich auf, und Rom konnte seitdem die Gegner in Mittelitalien einzeln niederringen, zuerst die Sabiner: Im Jahre 290 wurden sie von dem Konsul Manius Curius Dentatus endgültig unterworfen. Sie mußten in den römischen Untertanenverband eintreten und einen Teil ihres Territoriums abtreten. Allein die Samniten konnten nicht vollständig niedergerungen werden. Als im Jahre 290 auch mit ihnen Frieden geschlossen wurde, war aber immerhin erreicht, daß ihnen auf allen Seiten ihres Territoriums die Möglichkeit zur Expansion genommen war. Im Grenzgebiet zwischen Lukanien, Apulien und dem Stammesgebiet der samnitischen Hirpiner hatten die Römer ein Jahr vor dem Friedensschluß die große latinische Kolonie Venusia (später die Heimat des Dichters Horaz) gegründet und damit den Samniten den Weg nach Süden und Südosten verschlossen.

Im Norden zogen sich die Kämpfe dagegen weiter hin. Noch im Jahre 284 mußten die Römer bei Arretium (Arezzo) eine Niederlage gegen Etrusker und Kelten hinnehmen. Aber zwei Jahre später wurden die Verbündeten am Vadimonischen See vernichtend geschlagen. Der keltische Stamm der Senonen mußte seine Wohnsitze an der Adria, den sogenannten *ager Gallicus*, räumen. Bis zum Jahr 280 war auch das nördliche und mittlere Etrurien unterworfen, Volsinii und Vulci mußten an der toskanischen Küste ein großes Territorium abtreten und alle Gemeinden zu Rom in ein Bundesverhältnis treten. Die Ernte der in einem zähen Kampf errungenen Erfolge wurde schon seit dem Jahre 291/90 eingefahren. Der Anlage der latinischen Kolonien Venusia im Süden (291) und Hadria an der mittleren Adriaküste (289) folgten die als Bürgerkolonien konstituierten Flottenstützpunkte Castrum Novum (289) und Sena Gallica (283). Sie bildeten an der adriatischen Küste das Gegenstück zu den bereits früher gegründeten Bürgerkolonien in den campanischen Seestädten Minturnae und Sinuessa (296). Später wurden in der Phase des weiteren Ausbaus der römischen Herrschaft auf abgetretenen Territorien noch mehrere weitere latinische Kolonien angelegt: An der toskanischen Küste Cosa und in Lukanien Paestum (273), dann Ariminum (Rimini) an einer strategisch wichtigen Position, wo die Apenninen eine bequeme Passage zwischen der Poebene und Mittelitalien freigeben (268), sowie im Süden des *ager Gallicus* die Kolonie Firmum (264). Weiter im Süden wurden zur Sicherung der im Gefolge des Krieges gegen König Pyrrhos (280–275) endlich errungenen Herrschaft über die Samniten die latinischen Kolonien Beneventum (268) und Aesernia (263) errichtet.

Die Unterwerfung Italiens war durch Anspannung aller Kräfte errungen worden. Rom mußte das eigene Wehr- und Führungspotential, das in der Bürgerschaft steckte, ausschöpfen und ausweiten. Aber mindestens ebenso wichtig war die ingeniöse und schöpferische Instrumentalisierung der vorgefundenen Institute der Annexion, der Kolonisation und vor allem des völkerrechtlichen Bündnisabschlusses. Erst

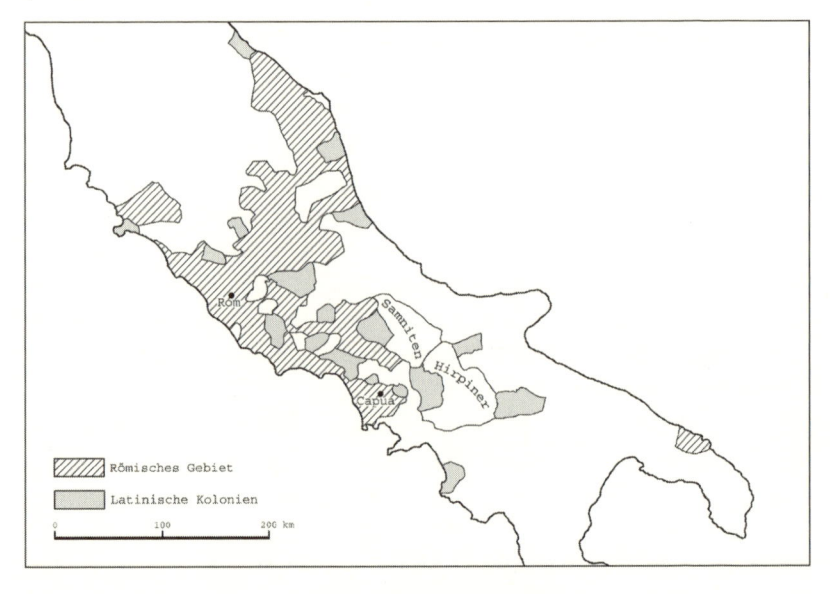

Italien im Jahre 263 v. Chr.

die flexible Anwendung dieser verschiedenen Mittel erlaubte die Beherrschung eines komplex zusammengesetzten Territoriums von rund 130 000 km² durch einen Stadtstaat. Den 24 000 km² des römischen Staatsgebiets standen 12 000 km² der latinischen und 94 000 km² der übrigen Bundesgenossen in Italien gegenüber. Die modernen Schätzungen der freien Gesamtbevölkerung der italischen Halbinsel gehen von einem Verhältnis von 900 000 römischen Bürgern zu 2,1 Millionen Bundesgenossen aus. In engem Zusammenhang mit der Ausbildung der römischen Herrschaft über Italien entstanden die Gesellschaft und die Verfassung der klassischen Republik sowie die differenzierte Binnengliederung des römischen Staatsgebiets und des Bundesgenossensystems. Beides waren entscheidende Voraussetzungen für den Aufstieg Roms zu einer mediterranen Weltmacht, und von beiden Aspekten soll im Folgenden die Rede sein.

Die römische Expansion und Herrschaftsbildung fanden unter den Bedingungen andauernder Völkerbewegungen statt, deren Motor die Suche nach Beute und Siedlungsland war. Dazu trug die Vermehrung der Bevölkerung ebenso bei wie die aus der sozialen Differenzierung resultierende ungleiche Verteilung von Grundbesitz und anderen Gütern. Geführt wurde der Kampf um Beute und Land mit den Mitteln

Der Aufstieg zur italischen Großmacht 49

des Privatkriegs und in der Form des ihn begrenzenden und ablösenden verstaatlichten Krieges. In dieser von Gewalt erfüllten Welt Italiens vollzog sich der Aufstieg Roms, der weder selbstverständlich noch unaufhaltsam war. Der jahrzehntelange Kampf gegen Veji hätte auch verlorengehen können, und noch der Abfall des Latinischen Bundes hätte bei einem Erfolg der Abtrünnigen die Machtstellung Roms so geschwächt, daß es wohl niemals in die Lage gekommen wäre, dem mächtigen Stammesverband der Samniten entgegenzutreten. Um von kontingenten Umständen des römischen Erfolgs abzusehen: Die Hauptursachen für den Aufstieg Roms lagen in der Ausschöpfung aller Mittel zur Vergrößerung des Machtpotentials der Stadt, und hier wiederum spielt, wie erwähnt, neben der Annexion und der Kolonisation die Ausgestaltung des völkerrechtlichen Instituts des Bündnisvertrags zu einem Instrument der Herrschaft über die sprachlich, ethnisch und politisch zersplitterte italische Halbinsel eine herausragende Rolle.

In den Anfängen seines Aufstiegs scheute Rom keineswegs vor der brutalsten Form der Expansion zurück. Nach der Eroberung von Fidenae und Veji wurde die indigene Bevölkerung getötet, versklavt oder vertrieben, und römische Bauern besiedelten das Land. Aber dann kamen andere, weniger brutale Formen der Expansion auf. Den Besiegten wurden Landabtretungen auferlegt, und dabei blieb ihnen eine, freilich geschmälerte Lebensgrundlage erhalten. So wurden einerseits in bestehende, am Meer gelegene Städte kleine römische Bürgerkolonien deduziert (frühe Beispiele sind Antium und Tarracina) und andererseits auf abgetretenem offenen Land römische Bürgerbezirke eingerichtet (wie beispielsweise die *tribus Pomptina* und *Poblilia*). Daneben trat bereits im vierten Jahrhundert eine andere Form der Annexion, die den Rechtsstatus, aber nicht die Besitzverhältnisse der Betroffenen veränderte. So hat Rom nach dem Latinerkrieg zwar den Latinischen Bund aufgelöst und die abgefallenen Gemeinden annektiert, aber sie weder zerstört noch mit Gebietsabtretungen bestraft. Ja, ihre Bürger wurden sogar mit vollen Rechten in den römischen Bürgerverband aufgenommen. Ermöglicht wurde diese großzügige Lösung zum einen durch die gemeinsame Sprache und durch die von alters her bestehende privatrechtliche Gemeinschaft zwischen Römern und Latinern. Aber hinzu kam noch ein anderes Mittel zur Verknüpfung verschiedener Städte zu einer politischen Einheit: Die Erfindung eines doppelten Bürgerrechts, das des Gesamtstaates und das partikulare der einzelnen Gemeinde. Dieses Mittel fand in modifizierter Form auch auf annektierte Gemeinden Anwendung, die anderer ethnischer Herkunft waren und sich einer fremden Sprache bedienten. Sie wurden als Untertanengemeinden in den römischen Staatsverband aufgenommen. Rom inkorporierte ihr militärisches Potential dem eigenen Aufgebot, beließ ihnen aber ihr Territorium ebenso wie die eigene Selbstverwaltung und die eigene Rechtsordnung. Ihre Bürger wurden im Gegensatz zu denen der latinischen Gemeinden auch nicht gleichberechtigte Mitglieder des römischen Bürgerverbandes. So hatten sie teil an den militärischen Lasten, aber nicht an den politischen Mitwirkungsrechten der römischen Bürger. Frühe Beispiele dieser Kategorie untertäniger Gemeinden im römischen Staatsverband sind das etruskische Caere und das volskische Arpinum, später die Heimat Ciceros. Sie besaßen, wie etwas mißverständlich gesagt wurde, lediglich das ‹Bürgerrecht ohne Stimmrecht› (*civitas sine suffragio*). Die Bezeichnung rührt daher, daß in späterer Zeit die Zensoren diejenigen Römer, die sie mit dem Entzug des Stimmrechts bestraften, in die Liste der Bürger von Caere eintragen ließen.

Für diese Untertanengemeinden im römischen Staatsverband wurde der Begriff des Munizipiums geprägt. Er bringt zum Ausdruck, daß die betreffenden Gemeinden die Lasten der römischen Bürger zu übernehmen hatten (*munus capere*), aber keinen Anteil an deren politischen Rechten hatten. In einem kaiserzeitlichen Lexikon wird dieser Sachverhalt so ausgedrückt:

«Servius der Sohn sagte, ursprünglich seien die Bürger von Munizipien (*municipes*) diejenigen gewesen, die unter der Bedingung (römische) Bürger waren, daß sie für immer ein von der römischen Bürgergemeinde getrenntes Gemeinwesen hatten (wie) die Cumaner, Acerraner und Atellaner, die wie die Römer in den Legionen dienten, aber Amt und Würden (des römischen Staates) nicht bekleiden durften» (*Festus* 126 Lindsay).

In einem Punkt hat der Lexikograph freilich nicht recht: Die betreffenden Gemeinden waren keineswegs für immer auf den Untertanenstatus fixiert. Hatten sie sich in Sprache und Sitte den Römern angeglichen, konnten auch sie Vollbürgergemeinden unter Wahrung ihrer Selbstverwaltung werden und damit den Status erreichen, der den Latinern bei ihrer Inkorporation in den römischen Bürgerverband verliehen worden war. Wie der Historiker Livius berichtet, kam eine solche Statusverbesserung für die Untertanengemeinden Arpinum, Formiae und Fundi im Jahre 188 auf Antrag eines Volkstribunen und auf Beschluß des Volkes zustande. Er schreibt:

«Bezüglich der Munizipien Formiae, Fundi und Arpinum brachte der Volkstribun Gaius Valerius Tappo den Gesetzesantrag ein, daß sie das Stimmrecht – vorher gehörten sie zur Kategorie der Bürger ohne Stimmrecht – bekommen sollten. Als gegen diesen Antrag vier Volkstribune Einspruch erheben wollten, weil er nicht mit Zustimmung des Senats eingebracht werde, wurden sie dahingehend belehrt, daß die Erteilung des Stimmrechts Sache des Volkes, nicht des Senats sei, und so nahmen sie von ihrem Vorhaben Abstand. Der Antrag wurde angenommen (mit der Maßgabe), daß die Formianer und Fundaner in der *tribus Aemilia* ihre Stimmen abgeben sollten, die Arpinaten in der *tribus Cornelia,* und zwar wurden sie damals zum ersten Mal in die Bürgerlisten dieser Bürgerbezirke aufgrund des von Valerius beantragten Plebiszits eingetragen» (*Livius* 38,36,7–9).

Neben dem römischen Bürger- und Untertanenverband stand die Masse der Bundesgenossen. Sie alle waren nicht untereinander, sondern ausschließlich mit Rom verbündet und der Hegemonialmacht nach Maßgabe ihres Wehrpotentials zur Heeresfolge verpflichtet. Um einen Bundesstaat handelt es sich also nicht. Die früher gebräuchliche Bezeichnung «Italischer Bund» weckt falsche Assoziationen und ist deshalb aufgegeben worden. Angemessener ist es, von einem römischen Bundesgenossensystem zu sprechen. Entstanden ist es aus der latinischen Kolonisation und aus dem Abschluß zahlreicher völkerrechtlicher Verträge mit Städten und Stammesverbänden Italiens. Dementsprechend bestand die Gesamtorganisation aus zwei verschiedenen Bestandteilen: aus latinischen Kolonien, die Rom zusammen mit dem Latinischen Bund (vor 340) oder allein gegründet hatte, und aus der Masse der übrigen Bundesgenossen. Dieser großen Gruppe gehörten etruskische und griechische Städte sowie zahlreiche italische Stammesverbände an. Entsprechend groß waren die Sprachenvielfalt und die Unterschiede der politischen Verfassungen. In der offiziellen Bezeichnung des von Rom beherrschten Italien ist die Struktur des Gesamtgebildes genau und umständlich zum Ausdruck gebracht. Unterschieden wurde das römische Volk von Latinern und Bundesgenossen, denen in Italien die Stellung von Militärkontingenten nach Maßgabe des Verzeichnisses der Wehrfähigen auferlegt war (*populus Romanus socii nominisve Latini quibus ex formula togatorum milites in terra Italia imperari solent*).

Die latinischen Kolonien waren selbständige Gemeinden, die auf abgetretenem Territorium besiegter Feinde errichtet wurden und einen befestigten städtischen Mittelpunkt besaßen. Zu Recht bezeichnet sie Cicero als Bollwerke römischer Herrschaft (*Für Fonteius* 13). Sie dienten als Festungen im Feindesland und waren nach Herkunft, Rechtsstellung und Funktion Rom aufs engste verbunden. Die Kolonisten waren ihrer Herkunft nach Römer, und auch als Bürger neugegründeter latinischer Kolonien waren sie den Römern zivilrechtlich gleichgestellt, d. h., sie waren durch das Recht der Eheschließung und des geschäftlichen Verkehrs (*conubium et commercium*) miteinander verbunden. Bei einer Übersiedlung nach Rom lebte sogar ihr originäres römisches Vollbürgerrecht wieder auf. Diesen engen Bindungen zwischen Römern und latinischen Kolonisten entsprach ihre Funktion: Sie waren Militärsiedler in einer ursprünglich feindlichen Umgebung, und sie brauchten den Rückhalt an die Mutterstadt ebensosehr, wie diese auf die befestigten Kolonien als Bollwerke ihrer Herrschaft angewiesen war. Im Gegensatz zu den Latinern besaßen die italischen Bundesgenossen weder die zivilrechtliche Gleichstellung mit den Römern noch ein potentielles römisches Vollbürgerrecht. Sie bildeten selbständige Gemeinden mit eigener Verfassung und Rechtsordnung, hatten jedoch durch die vertragliche Übernahme der Verpflichtung, auf Anforderung Rom Truppenkontingente zu stellen, das souveräne Recht auf eigene Kriegführung verloren.

Die Heeresverfassung Roms und seiner Bundesgenossen beruhte auf dem Milizsystem und nicht auf der Anwerbung von Söldnern. Zwar wiesen die aus Söldnern bestehenden Berufsheere eine größere Professionalität und Effizienz auf als Milizaufgebote, aber ihr Unterhalt war kostspielig, und schon deshalb waren ihr Umfang und die Möglichkeiten der Ersatzbeschaffung verhältnismäßig gering. Im Gegensatz zu den anderen mediterranen Großmächten der Zeit verfügten Rom und das römische Bundesgenossensystem auch nicht über die Mittel zur Unterhaltung von Söldnerheeren, denn es fehlte die Voraussetzung einer entwickelten Münzgeldwirtschaft. Aber auch wenn bäuerliche Milizen geschulten Berufssoldaten qualitativ unterlegen waren, so besaß das Milizsystem doch den Vorteil des größeren Rekrutierungsreservoirs. Rom verfügte somit über ein Wehrpotential, mit dem keine der mediterranen Mächte, weder Karthago noch die großen hellenistischen Königreiche, im entferntesten konkurrieren konnte. Mit welcher Größenordnung für das römische Potential zu rechnen ist, geht aus einer statistischen Aufstellung für das Jahr 225 hervor, die der griechische Historiker Polybios überliefert hat. Damals ordnete Rom anläßlich eines bevorstehenden Kelteneinfalls eine große Mobilisierung anhand der Listen an, in denen die waffenfähige Mannschaft Italiens verzeichnet stand. Die von Polybios mitgeteilten Daten erlauben es, das Wehrpotential Italiens auf rund 900 000 Mann zu beziffern, davon mehr als ein Drittel Römer und römische Untertanen (325 000 Mann), der Rest Bundesgenossen, darunter 85 000 Latiner. Von der Gesamtzahl der in die Verzeichnisse Aufgenommenen waren im Jahr 225 in einer Art Generalmobilmachung über 210 000 einberufen worden. Das römische Kontingent betrug rund 52 000, das bundesgenössische mehr als 158 000 Mann. Das Gesamtverzeichnis enthielt eine bemerkenswert hohe Zahl von Leuten, die sich aufgrund ihrer Vermögensverhältnisse den Dienst zu Pferde erlauben konnten, über 70 000.

Diese Größenordnungen erreichte keine der mediterranen Großmächte, mit denen Rom im dritten und zweiten Jahrhundert Kriege ausfocht. Das gesamte Bürgeraufgebot von Karthago ist auf etwa 25 000 bis 55 000 geschätzt worden (mehr als eine grobe Schätzung ist freilich nicht möglich), und so war die Stadt gezwungen, ihre großen Kriege vor allem mit geworbenen Söldnerheeren zu führen. Auch von den beiden hellenistischen Königreichen, mit denen Rom im zweiten Jahrhundert die Waffen kreuzte, dem makedonischen und dem seleukidischen in Vorderasien, verfügte keines über eine annähernd vergleichbare Rekrutierungsbasis. Die makedonischen Könige konnten in ihrem dünnbesiedelten Reich aus der bäuerlichen Bevölkerung höchstens 30 000 Mann für ihre gefürchtete Phalanx ausheben und waren zur Verstärkung ihres Heeres auf die kostspielige Anwerbung von Söldnern angewiesen. Unter Ausschöpfung aller Mittel konnte im zweiten Jahrhundert König Perseus für den Krieg mit den Römern rund 43 000 Mann mobilisieren, das größte Heer, das ein makedonischer Herrscher jemals aufgebracht hat. Darüber hinaus standen keine Reserven zur Verfügung. Das Seleukidenreich war Rom und seiner Bundesgenossenorganisation zwar an Bevölkerungszahl und finanziellen Ressourcen überlegen, aber es konnte diese potentielle Überlegenheit nicht zur Geltung bringen. Der König stützte seine Herrschaft auf die Minderheit der in seinem Reich angesiedelten oder in Sold genommenen Griechen und Makedonen, von der ungeheuren Mehrheit der orientalischen Bevölkerung wurden im Bedarfsfall deshalb nur verhältnismäßig geringe Kontingente zu den Waffen gerufen. Den Kern des seleukidischen Aufgebots stellten die makedonische Phalanx und griechische Söldner, hinzu kamen Einheimische mit ihren speziellen Waffengattungen. Seleukidische Heere waren somit nicht nur sehr heterogen zusammengesetzt (was ihren Kampfwert minderte), sie verschlangen auch große Geldsummen. Zwar konnten die Seleukiden große Heere ins Feld stellen. In der Schlacht bei Raphia (218) etwa trat Antiochos III. dem ägyptischen Herrscher Ptolemaios IV. mit einer Armee von 62 000 Mann zu Fuß, 6000 Reitern und über 100 Elefanten entgegen, und in der Schlacht bei Magnesia am Sipylos (190) stand den Römern eine zahlenmäßig überlegene, heterogen zusammengesetzte Armee von rund 70 000 Mann gegenüber. Aber Reserven, aus denen Verluste ausgeglichen werden konnten, standen eigentlich nicht zur Verfügung. Entweder war wie im Fall Makedoniens die Bevölkerungsbasis viel zu schmal, oder die Fremdherrschaft verbot wie im Fall des Seleukidenreiches die Ausschöpfung des indigenen Bevölkerungspotentials. So entschied bereits eine große Schlacht meist über Sieg oder Niederlage im Krieg. Demgegenüber war Rom aufgrund der andersartigen Struktur der italischen Heeresverfassung in der Lage, auch verheerende Niederlagen zu verkraften und am Ende einen langwierigen Krieg zu gewinnen. Auch die Anwerbung von Söldnern vermochte die Unterlegenheit der hellenistischen Reiche nicht wirklich auszugleichen. Das Rekrutierungsreservoir an griechischen Söldnern war gemessen an der Stärke des italischen viel zu klein, und die Kostspieligkeit der Unterhaltung von Söldnerheeren setzte diesem Aushilfsmittel ohnehin verhältnismäßig enge Grenzen. Anderenfalls mußte der Steuerdruck so erhöht werden, daß die Loyalität der tributpflichtigen Untertanen darunter zusammenbrach. Die Seleukiden verloren seit den Königen Antiochos III. und Antiochos IV. in dieser Hinsicht jedes Maß und verlegten sich mit verheerenden Folgen für die innere Stabilität ihres Reiches auf eine räuberische Ausbeutung ihrer Untertanen.

Mit derartigen Problemen hatte Rom nicht zu kämpfen. Es verfügte, gemessen an den Möglichkeiten der anderen Großmächte der Mittelmeerwelt, dank seiner Heeresverfassung und seiner Bundesgenossenorganisation über ein – so mochte es scheinen – beinahe unerschöpfliches Potential, und es war nicht auf das problematische Mittel der Söldneranwerbung und der dafür notwendigen Besteuerung angewiesen. Im dritten Jahrhundert erwies sich das römische Bundesgenossensystem trotz der eintretenden Belastungen in den beiden ersten Punischen Kriegen als im wesentlichen stabil. Die Gründe sind vielfältig. Die Furcht vor römischen Strafmaßnahmen, die abtrünnigen Bundesgenossen drohten, spielte nach den Erfahrungen, die in dem gewaltsamen Prozeß der Unterwerfung der italischen Halbinsel gemacht worden waren, mit Sicherheit eine Rolle. Aber es war nicht allein die Furcht, die hier ausschlaggebend war, sondern es gab durchaus Gründe, die zu einer Identifikation mit den Ergebnissen der römischen Herrschaftsbildung einladen konnten. Die Errichtung der römischen Bundesgenossenorganisation bedeutete für Italien das definitive Ende des Krieges aller gegen alle. Völkerbewegungen und gewaltsamen Landnahmen war der Freiraum entzogen. Der Preis, der dafür von den italischen Bundesgenossen gezahlt werden mußte, war auf die Abtretung der Militärhoheit an Rom beschränkt. Respektiert wurden die unterschiedlichen ethnischen Prägungen und die sprachliche Vielfalt. Da es Eingriffe in Sprache, Verfassung und Rechtsordnung ebensowenig gab wie eine Besteuerung, blieb die vergiftete Atmosphäre moderner Sprachen- und Nationalitätenkämpfe dem römisch beherrschten Italien erspart. Wohl aber vollzog sich, langfristig gesehen, auf seiten der Unteranen und der Bundesgenossen ein allmählicher Prozeß der Anpassung an Rom wie umgekehrt auf Seiten der Hegemonialmacht die vorsichtige Bereitschaft, Anpassung mit Integration zu belohnen. Hierher gehört die oben erwähnte Verleihung des vollen römischen Bürgerrechts an die Untertanengemeinden Formiae, Fundi und Arpinum. Es fehlte dieser Welt der Stachel eines ‹nationalen› Antagonismus, der die römische Herrschaftsbildung zum Scheitern verurteilt hätte, und umgekehrt war sie erst recht nicht, wie Theodor Mommsen gemäß dem nationalen Axiom des 19. Jahrhunderts urteilte, die Einigung der italischen Nation (die es schlechterdings gar nicht gab). Gemessen an anderen Herrschaftsorganisationen der antiken Welt besaß die römische in Italien den großen Vorzug, daß sie nicht auf die finanzielle Ausbeutung der Bundesgenossen ausgerichtet war und Rom weder Steuern noch Tributzahlungen erhob. Dafür fehlten alle Voraussetzungen. Die Geldwirtschaft steckte zu Beginn des dritten Jahrhunderts in weiten Teilen Italiens noch in primitiven Anfängen, und die Heeresverfassung des römischen Italien bedurfte nicht der Erhebung finanzieller Tribute. Was das kostenintensive Herrschaftsmittel einer Flotte anbelangt, so bedurfte Rom ihrer sowenig wie der Söldnerheere. Im Unterschied zum Attischen Seebund oder den hellenistischen Reichen fehlten also diejenigen Gefährdungen einer Herrschaft, die aus der Erhebung von Steuern und Abgaben resultierten. Hinzu kommt, daß die römische Herrschaft auch abgesehen von der Sistierung des Krieges aller gegen alle für die einzelnen Bundesgenossen noch besondere Vorteile nach sich ziehen konnte. Rom wurde bei äußeren Bedrohungen und bei inneren Konflikten um Hilfe angerufen, und es konnte sich solchen Hilferufen nicht gut entziehen, wenn es nicht das Vertrauen seiner Bündnispartner verlieren wollte. Die Bürger des griechischen Rhegion, die von einer in die Stadt gelegten campanischen Besatzung vertrieben worden waren, riefen Rom um Hilfe an und wurden von den Römern im Jahre 270 zurückgeführt und wieder in ihre Rechte eingesetzt. Sechs Jahre später wurde die verbündete Aristokratie des etruskischen Volsinii, die einer Erhebung des Volkes hatte weichen müssen, in einem regelrechten Feldzug restituiert. Und als die unteritalischen Seestädte wiederholt Rom um Hilfe gegen die illyrischen Seeräuber in der Adria und im Ionischen Meer angingen, intervenierte Rom und setzte im Jahr 229/228 der zu staatlichen Unternehmungen ausufernden illyrischen Piraterie ein gewaltsames Ende.

Die Verfassung der klassischen Republik

Rom hatte es verstanden, dem militärischen Erfolg, den es in den Samnitenkriegen errungen hatte, mit politischen Mitteln, in Gestalt des Bundesgenossensystems, Dauer und Stabilität zu verleihen. Was die Voraussetzung des militärischen Erfolgs anbelangt, so wurde die Grundlage durch eine Änderung der Kampfesweise und, damit verbunden, durch eine Heeresreform gelegt, und dies wiederum zog eine bedeutende Veränderung der politischen Ordnung nach sich. Der erste Anstoß zu allen Reformen ergab sich aus der Notwendigkeit, den kriegerischen Herausforderungen zu begegnen. Dies geschah durch eine Anpassung an die Kampfesweise der Samniten und eine stärkere Ausschöpfung des Reservoirs an Wehrfähigen. Aus der überlieferten Beschreibung der nach Zenturien gegliederten Heeresversammlung ist ablesbar, daß zu der ursprünglichen Klasse der Hopliten sukzessive vier zusätzliche Aufgebote mit jeweils geminderter Anforderung an die Selbstbewaffnung aufgestellt worden sind. Diese vier neuen Klassen rüsteten sich zunächst nach Maßgabe fallender Vermögenssätze selbst aus. Nach Einführung des Münzgeldes im dritten Jahrhundert wurden die betreffenden Vermögenssätze in den Einheiten des jeweils geltenden Währungssystems ausgedrückt. Die so erreichte Stärkung des Wehrpotentials wurde nun mit einer Veränderung der Kampftechnik verknüpft, von der feststeht, daß sie in das vierte Jahrhundert zu datieren ist. Die Phalanxtaktik erlaubte wegen der Kostspieligkeit der Ausrüstung nur die Heranziehung der wohlhabendsten Schicht der Bauern zum Kriegsdienst, und sie war im Fall einer Niederlage verheerenden Verlusten ausgesetzt. Es konnte vorkommen, daß sich eine Gemeinde dann so lange in einem nahezu wehrlosen Zustand befand, bis eine neue Generation von Hopliten herangewachsen war. Hinzu kam noch, daß der Aktionsradius der militärischen Unternehmungen Roms sich bis in das Bergland ausdehnte, wo für die Hoplitentaktik naturgemäß keine oder nur höchst ungünstige Entfaltungsmöglichkeiten gegeben waren. Den Erfordernissen des Kampfes im Bergland paßte sich die neu eingeführte sogenannte Manipulartaktik an, die die Beweglichkeit des Manövrierens in unebenem Gelände mit der Möglichkeit kompakter Kampfesweise verband. Es gab nun nicht mehr die Aufstellung in einer dicht geschlossenen Masse, sondern das Heer wurde in drei aufeinander folgenden Formationen aufgestellt, deren Zusammenwirken die Gefahr einer katastrophalen Niederlage deutlich verminderte. Die Einführung dieser Technik hat schließlich die Vereinheitlichung der Waffen gefördert und letzten Endes zur Bewaffnung der Heere durch den Staat geführt. Der bronzene Rundschild wurde durch den ovalen Langschild aus Holz mit metallbeschlagenem Rand und bronzenem Schildbuckel ersetzt, und die Hauptangriffswaffen waren Lanzen und Wurfspeere. Die zunehmende Vereinheitlichung der Bewaffnung brachte auch eine Neubewertung der Stellung mit sich, die der einzelne in der nach Manipeln gegliederten Gefechtsordnung einnahm. Nicht mehr die vom (Grund-)Vermögen abhängige Qualität der Bewaffnung, sondern Alter, Erfahrung und Bewährung wurden zu den entscheidenden Auswahlkriterien. In augusteischer Zeit hat der Historiker Livius eine Schilderung der Manipulartaktik gegeben, die die Hauptgesichtspunkte der neuen Kampfesweise gut zur Anschauung bringt. Er schreibt:

«Die Römer benutzten vorher Rundschilde (*clipei*), dann fertigten sie Langschilde (*scuta*) anstelle der Rundschilde an; und was vorher eine Phalanx ähnlich der makedonischen war, das wurde danach eine nach Abteilungen (Manipel, von *manipulum*) geordnete Aufstellung zum Kampf. Das erste Treffen bildeten die ‹Lanzenträger› (*hastati*), zehn Manipel stark, die in mäßigen Abständen voneinander Aufstellung nahmen. Jedes Manipel hatte 20 Leichtbewaffnete, der Rest bestand aus Schildträgern; die Leichtbewaffneten trugen lediglich eine Lanze und Wurfspeere. Dieses Treffen umfaßte die Blüte der Jugend, die gerade zum Kriegsdienst herangereift war. Dann folgte das fortgeschrittenere Alter in ebenso vielen Abteilungen; sie hießen die ‹Ersten› (*principes*) und waren alle mit Langschilden und den besten Waffen ausgerüstet. Die Gesamtheit der 20 Manipel wurden *antepilani* genannt, weil hinter ihren Feldzeichen weitere zehn Abteilungen aufgestellt waren, von denen sich jede in drei Unterabteilungen gliederte – die jeweils erste hieß (nach dem speziellen Wurfspeer, mit dem sie ausgerüstet waren) *pilum*. Die Abteilung bestand aus drei ‹Banner› (*vexillum*) genannten Unterabteilungen, jedes ‹Banner› umfaßte 60 Mann, 2 Zenturionen und einen Bannerträger, die Abteilung also 189 Mann. Das jeweils erste Banner bildeten die ‹Triarier› (d. h. die Männer des dritten Treffens), altgediente Soldaten von erprobter Tüchtigkeit, das zweite die ‹Rorarier› (d. h. die Leichtbewaffneten), nach Alter und Erfahrung eher zweitklassig, das dritte die ‹Accensi› (d. h. die zusätzlich Ausgehobenen), denen am wenigsten zugetraut wurde. Deshalb wurden sie auch in die hinterste Reihe gestellt. Sobald nun das Heer in dieser Anordnung aufgestellt war, wurde die Schlacht von den ‹Hastati› eröffnet. Konnten sie den Feind nicht besiegen, zogen sie sich langsam zurück und wurden von den ‹Principes› durch die Zwischenräume ihrer Abteilungen durchgelassen. Dann kämpften die ‹Principes›, und die ‹Hastati› standen hinter ihnen. Die Triarier knieten neben ihren Feldzeichen, den linken Unterschenkel nach vorn angewinkelt, die Schilde an die Schultern angelehnt und die Wurfspeere mit der Spitze nach oben in den Boden gerammt, so daß ihre Front wie mit einem waffenstarrenden Wall umgeben war. Kämpfte nun auch das Treffen der ‹Principes› nicht mit durchschlagendem Erfolg, zogen sie sich allmählich auf die Kampflinie der ‹Triarier› zurück. Von daher kam das Sprichwort auf, daß eine Sache bei den ‹Triariern› angekommen ist, wenn etwas schwierig wird. Die ‹Triarier› erhoben sich dann und schlossen, sobald sie durch die Zwischenräume ihrer Abteilungen die ‹Principes› und die ‹Hastati› durchgelassen hatten, sofort ihre Reihen und damit sozusagen den Weg und stürzten sich, ohne auf einen Rückhalt hinter sich hoffen zu können, in kompakter Masse auf die Feinde. Das war für diese der am meisten gefürchtete Moment, wenn sie bei der Verfolgung derjenigen, die sie schon für besiegt hielten, ein neues, sich plötzlich vom Boden erhebendes und an Zahl größeres Treffen (es umfaßte ca. 1800 Mann, die beiden ersten jeweils nur 1600) erblickten» (*Livius*, 8,8,3–13).

Mit der fortschreitenden Vereinheitlichung der Bewaffnung und mit der Ausrüstung der Soldaten durch den Staat (sie ist für das dritte Jahrhundert ausdrücklich bezeugt) vollzog sich die Trennung der Heeresverfassung von der nach Vermögensklassen organisierten Volksversammlung, den Zenturiatkomitien, die ihren den Hundertschaften des Heeres entlehnten Namen gleichwohl ebenso beibehielten wie die Funktion der Heeresversammlung, über Krieg und Frieden zu entscheiden und die Inhaber der obersten Befehlsgewalt zu wählen. Diese im späten vierten oder vielleicht auch erst im frühen dritten Jahrhundert vollzogene Trennung von Heeresverfassung und der aus ihr hervorgegangenen Volksversammlung war der um das Jahr 200 entstehenden römischen Historiographie nicht mehr gegenwärtig. So ist es gekommen, daß die aus augusteischer Zeit erhaltenen Beschreibungen die Zenturiatkomitien nicht nur als Servianische Verfassung in die Königszeit (als Schöpfung des legendären Königs Servius Tullius) zurückdatieren, sondern auch eine anachronistische Zusammenstellung von Bewaffnungsformen des fünften und vierten Jahrhunderts mit den Vermögenssätzen der einzelnen Klassen vornehmen und diese in der zwischen 210 und 155 gültigen Münzgeldeinheit angeben. Doch kann aus diesen Texten die von der Heeresverfassung emanzipierte Form der Zenturiatkomitien in der Gestalt zurückgewonnen werden, wie sie vor und nach einer zwischen den Jahren 241 und 218 erfolgten Reform dieser Volksversammlung existiert hat.

Die Versammlung der Zenturiatkomitien bestand vor 241 aus insgesamt 193 Zenturien, die wie folgt auf die einzelnen (Vermögens-)Klassen verteilt waren. 18 Reiterzenturien waren denen vorbehalten, die so vermögend waren, daß sie Pferde unterhalten konnten. Es folgten 80 Zenturien der ersten Klasse, aus deren Mitte sich einst die Hoplitenklasse der auf die Phalanxtaktik zugeschnittenen älteren Heeresverfassung rekrutiert hatte, dann die Zenturien, die im Zusammenmenhang mit der Einführung der Manipulartaktik entstanden waren, je 20 der zweiten bis vierten und 30 der fünften Klasse. Hinzu traten vier Zenturien, deren Name verrät, daß ihre Angehörigen ursprünglich Spezialfunktionen im Heeresdienst erfüllten: je zwei Zenturien Zimmerleute sowie Horn- und Signalbläser. Eine letzte Zenturie wurde aus der Masse der vermögens- und funktionslosen Proletarier gebildet. In der so organisierten Versammlung gab nicht die Mehrheit der Anwesenden, sondern die Mehrheit der Stimmkörperschaften den Ausschlag. Da nun die Zenturien in der Abfolge der Vermögensklassen (mit einer unwesentlichen, die Reiterzenturien betreffenden Abweichung) nacheinander abstimmten, konnten Entscheidungen bereits durch das Votum der ersten 97 fallen. War dies der Fall, wurden die restlichen 96 Zenturien gar nicht mehr zur Abstimmung aufgerufen. Die darin zum Ausdruck kommende starke Begünstigung der beiden wohlhabendsten Klassen bedeutete, daß Beschlüsse meist durch das

Votum einer Minderheit der Stimmberechtigten zustande kamen. Dieser Effekt wurde noch durch das Anciennitätsprinzip gesteigert: Von den Zenturien, die auf die fünf Vermögensklassen entfielen, bestand jeweils die Hälfte aus den Altersklassen der ‹Älteren› und der ‹Jüngeren› *(seniores* und *iuniores).* Das bedeutete bei dem demographischen Aufbau vorindustrieller Gesellschaften, daß die Minderheit der über Fünfundvierzigjährigen genau das gleiche Stimmgewicht besaß wie die Mehrheit der Siebzehn- bis Fünfundvierzigjährigen.

Die sich von der Heeresverfassung emanzipierenden Zenturiatkomitien sind also bewußt so gestaltet worden, daß die Wohlhabenderen vor den weniger Vermögenden und die Älteren vor den Jüngeren den Vorrang besaßen. Aber neben diesem gewollten Effekt besaß die Organisation bei der zunehmenden Ausdehnung der Bürgerschaft auch einen unerwünschten. Die in Rom und in unmittelbarer Nähe der Stadt lebenden Bürger waren in der Versammlung über- und diejenigen, die in den entfernter gelegenen Bürgerbezirken wohnten, wegen der Entfernung vom politischen Zentrum der Gemeinde unterrepräsentiert. Dies wurde angesichts der bäuerlichen Struktur der Heeresverfassung und der Bürgerschaft offenbar als ein Mißstand empfunden. Unmittelbar nachdem im Jahre 241 zwei neue, entlegenere Bürgerbezirke, die *tribus Velina* und *Quirina,* eingerichtet worden waren, kam es zu einer Reform der Zenturiatkomitien, die den Vorrang der ländlichen vor den städtischen Tribus durch eine Verknüpfung der Bezirks- mit der Klasseneinteilung der Bürgerschaft sicherte. Dies geschah durch einen einfachen Kunstgriff. Die Zahl der Zenturien der ersten Klasse wurde von 80 auf 70 verringert und in der Weise mit den 35 Bezirken verbunden, daß jeweils eine Tribus zwei Zenturien stellte, eine der ‹Älteren› und eine der ‹Jüngeren›. Da die Gesamtzahl von 193 Zenturien beibehalten wurde, gestaltete sich bei den übrigen Klassen die Verknüpfung der lokalen und der Vermögenseinteilung weitaus schwieriger. Sie wurde vermutlich in der Weise gelöst, daß die zweite Klasse einen Zuwachs von 20 auf 30 Zenturien erhielt. Vor einer Abstimmung entschied dann das Los über die Verteilung der Tribus auf die einzelnen Zenturien. Verfügte eine Klasse über 30 Zenturien (dies galt für die zweite und fünfte), so wurden durch das Los zehnmal zwei Tribus und fünfmal drei Tribus jeweils zwei Zenturien zugeteilt. Bei den 20 Zenturien der dritten und vierten Klasse wurde die Zuordnung in der Weise erreicht, daß fünfmal drei und fünfmal vier Tribus auf je zwei Zenturien ausgelost wurden. Die erste Klasse, die bei dieser Reform 10 Zenturien einbüßte, wurde für den Verlust in der Weise entschädigt, daß der Abstimmungsvorgang mit einer aus ihrer Mitte erlosten Zenturie, der *centuria praerogativa*, begann. Das Ergebnis ihres Votums wurde sofort öffentlich bekanntgegeben und gewann so oftmals eine richtungsweisende Bedeutung für das weitere Abstimmungsverhalten der Versammlung.

Diese reformierte Zenturienordnung sicherte das Übergewicht der 31 Landbezirke über die vier städtischen, und zwar unabhängig davon, wie viele ihrer Angehörigen in den betreffenden Zenturien bei Abstimmungen tatsächlich anwesend waren. Die komplizierte Verteilung der Tribus auf die Zenturien war auch der Grund, warum die späteren Erweiterungen des Bürgergebiets, das am Ende der Republik ganz Italien bis zum Alpenrand umfaßte, sich nicht mehr in einer Vergrößerung der Zahl der Bürgerbezirke niedergeschlagen hat. Neu hinzukommende Gebiete wurden durch Gesetz oder Verwaltungsakt der Zensoren einfach den bestehenden Tribus zugeschlagen. Einberufung und Abstimmung der Zenturiatkomitien waren schwerfällig und kompliziert, und deswegen traten sie selten zusammen: zur Wahl der mit dem militärisch-zivilen Oberkommando, dem *imperium*, betrauten Jahresmagistrate sowie anläßlich der anfallenden Entscheidungen über Krieg und Frieden. Doch spielten sie seit dem späten vierten Jahrhundert – wenn auch nur vorübergehend – eine Rolle bei der Entstehung der Gesetzgebung, als es darum ging, die politischen Konsequenzen aus der Beilegung der Auseinandersetzung zwischen Plebejern und Patriziern zu ziehen. Aber auf diesem Feld gewann später, wie noch zu zeigen sein wird, die Sonderversammlung der Plebejer unter Leitung der Volkstribune die weitaus größere Bedeutung. Von ihr gingen die wesentlichen Impulse zur Anpassung der politischen und gesellschaftlichen Ordnung an die größeren und komplizierteren Verhältnisse aus, in die der römische Staat durch die Expansion hineinwuchs.

Im Zusammenhang mit dem Wachsen der Bürgerschaft und der Ausbreitung der römischen Herrschaft über die italische Halbinsel bildete sich eine neue, aus Patriziern und Plebejern bestehende Aristokratie, die sogenannte Nobilität, und als Antwort auf die doppelte Herausforderung der Vervielfältigung staatlicher Aufgaben einerseits und der Forderung der Plebejer nach Verbesserung ihrer Lage und nach politischer Gleichberechtigung andererseits entstand die Verfassung der klassischen Republik. Beide Aspekte hängen aufs engste miteinander zusammen, insofern als die Vermehrung und Differenzierung der staatlichen Aufgaben eine Vergrößerung des Führungspersonals notwendig machte. Die schließlich gefundenen Lösungen stellten sich jedoch gewiß nicht von selbst ein. Über die Sachfragen ist gestritten worden, und dies um so mehr, als der Streit um die besten Lösungen, wie es meist zu geschehen pflegt, mit Machtfragen verquickt war. Worum es dabei ging, ist der spätrepublikanischen Historiographie nicht ohne weiteres zu entnehmen, denn sie hat die Schilderung des sogenannten Ständekampfes mit Erfindungen und Ausmalungen bestritten, die der vergifteten Atmosphäre und den Streitthemen der späten Republik entlehnt sind. Ganz gewiß stritten Patrizier und Plebejer im fünften und vierten Jahrhundert nicht über die Frage der Okkupation und der Verteilung von Staatsland. Dennoch sind die erreichten Lösungen und in Umrissen auch die Rolle erkennbar, die einzelne Protagonisten bei der Neugestaltung des Staates gespielt haben. Davon und nicht von den Erfindungen einer fiktiven Konfliktgeschichte soll im Folgenden die Rede sein.

Das im späten fünften Jahrhundert eingeführte Kollegium der sechs patrizischen Militärtribune als gleichberechtigte Inhaber der höchsten Amtsgewalt war dem Problem mangelnder Kompetenzabgrenzung ausgesetzt, und der Ausschluß der Plebejer aus diesem Kollegium war um so weniger zu rechtfertigen, als in Gestalt der Volkstribune ein kompetentes Führungsreservoir zur Verfügung stand. Wie bereits dargelegt wurde, entsprach die Zahl der Volkstribune der der Militärtribune, und als Unterführer der Fußtruppen und als Interessenvertreter der Plebs waren sie längst ein, freilich zurückgesetzter, Teil der militärischen und politischen Funktionselite des Staates. Im zivilen Bereich übten sie durch ihr Veto gegen Zwangsmaßnahmen der Obermagistrate eine anerkannte Schutzfunktion und bei Streitigkeiten unter Plebejern auch eine niedere Gerichtsbarkeit aus. Auf diese Weise sammelte sich im Kreis der führenden plebejischen Familien ein hohes Maß an militärischer und politischer Kompetenz, das dem Anspruch auf Zulassung zu den höchsten Kommandostellen sachliches Gewicht gab, und mit Hilfe der Sonderversammlung der Plebs waren die Volkstribune in der Lage, auf die Staatsspitze, den patrizischen Senat und die Obermagistrate, Druck auszuüben. Politisch denkenden Köpfen mußte sich ohnehin die Erkenntnis eröffnen, daß mit der Integration der Plebejer die Gefahr der Entstehung eines Staates im Staat gebannt und die Stärkung der inneren Einheit das Ergebnis sein würde. Tatsächlich ist dies in der Zeit zwischen 366 und 287 im wesentlichen auch erreicht worden.

Im Jahre 366 wurde zusammen mit der Einführung der Konsulatsverfassung zum ersten Mal ein Plebejer, Lucius Sextius Lateranus, an der Seite eines patrizischen Kollegen zu einem der beiden Oberkommandierenden des militärischen Aufgebots gewählt. Gleichzeitig wurde das neugeschaffene Doppelamt des Konsulats um eine dritte Stelle erweitert. Dessen Inhaber trug den alten Titel eines ‹Heerführers› (*praetor*), doch wurde ihm als regulärer Aufgabenbereich die Funktion eines obersten Gerichtsherrn in Rom zugewiesen. Diese Kompetenzabgrenzung wurde nicht starr gehandhabt. Im Bedarfsfall konnte jeder der drei Obermagistrate mit dem militärischen oder dem zivilen Aufgabenbereich betraut werden. Damit war die Reorganisation des Regierungssystems noch nicht abgeschlossen. Es wurde Vorsorge dafür getroffen, daß sich aus Meinungsverschiedenheiten der Amtsinhaber keine Blockierung der Handlungsfähigkeit der Regierungsspitze ergab. Zur Vermeidung dieser Gefahr war vorgesehen, daß einer der Konsuln, unter Umständen auf Druck des Senats, auf sechs Monate (die Frist entsprach der Regeldauer eines Feldzugs) einen Diktator ernennen konnte, dem ein Stellvertreter, der sogenannte ‹Reiterführer› (*magister equitum*), und die regulären Amtsträger unterstellt waren. Als Notstandsverfassung lebte so das alte nichtkollegiale Amt des ‹obersten Heerführers› (*magister populi*) wieder auf. Daneben wurde das reguläre Oberamt um weitere Magistraturen in der Weise ergänzt, daß dem erweiterten Umkreis der öffentlichen Aufgaben des Staates Rechnung getragen war. Jedem der beiden Konsuln wurde unter dem alten Titel der Quaestoren (er bezeichnet ursprünglich Gehilfen des Gerichtsherrn bei der Untersuchung von Tötungsdelikten) ein Adjutant und Helfer zur Seite gestellt, dessen reguläre Zuständigkeit sich später auf das Kassenwesen des Staates spezialisierte. Aus dem zivilen Zuständigkeitsbereich der Obermagistrate wurden die umfangreicher werdenden niederen Verwaltungsaufgaben innerhalb der Stadt Rom ausgegliedert. Zwei Ädilen erhielten die Aufsicht über die öffentliche Sicherheit, die mit dem Kult verbundenen öffentlichen Spiele, die Getreideversorgung und die Wochenmärkte in der Stadt. Wahrscheinlich wurde das Ädilenamt nach dem Vorbild des benachbarten Tusculum, das die Römer im Jahre 381 in ihren Staatsverband eingegliedert hatten, in Rom eingeführt. Auch damit war die Auffächerung magistratischer Funktionen noch nicht abgeschlossen. Aufgrund der Entwicklung der Heeresverfassung war es längst üblich, in periodischen Abständen die Zahl und den Vermögensstand der Bürger festzustellen, damit alle wehrfähigen Männer erfaßt und in die verschiedenen Klassen eingewiesen werden konnten. Seit dem Jahr 443 hatten diese Aufgabe zwei der sechs patrizischen Militärtribune übernommen. Aber diese Regelung war durch die im Jahre 366 erfolgte Reorganisation des Oberamtes obsolet geworden und aus diesem Grunde wurde damals auch das Zensorenamt geschaffen. Aus dem Kreis der Patrizier bestimmten die Zenturiatkomitien von Zeit zu Zeit zwei Zensoren und wiesen ihnen den mit dem Wachstum der Bürgerschaft aufwendiger werdenden Aufgabenbereich zu. Er bestand neben der Erhebung des Zensus in der Verpachtung der in staatlichem Eigentum stehenden Liegenschaften, vor allem der ertragreichen Salinen an der Tibermündung, und der Vergabe von Staatsaufträgen wie Bauleistungen und Waffenlieferungen. Mit der Zulassung von Plebejern zu den höchsten Staatsämtern wurde den Zensoren dann auch die politisch wichtige Funktion zugewiesen, den Senat, das zentrale Beratungs- und Regierungszentrum der klassischen Republik, durch die Einweisung neuer – vor allem plebejischer – Mitglieder neu zu konstituieren und so der Vergrößerung der aristokratischen Führungsschicht anzupassen.

Von einem Epochenjahr 366 zu sprechen ist nicht zuletzt deshalb gerechtfertigt, weil damals in der Person des Lucius Sextius Lateranus zum ersten Mal ein Plebejer Zugang zu dem neuen regulären Oberamt, dem Konsulat, gewann. Die historiographische Überlieferung behauptet, daß auf Antrag der Volkstribune Gaius Licinius Stolo und Lucius Sextius Lateranus diese Regelung durch einen Beschluß der Sonderversammlung der Plebs, ein sogenanntes Plebiszit (*plebiscitum*), zustande gekommen sei und Gesetzeskraft erlangt habe. Aber der Versammlung der Plebs wurde erst im Jahre 287 das förmliche Recht zuerkannt, Beschlüsse zu fassen, die den Gesamtstaat mit Gesetzeskraft banden. Tatsächlich lag denn auch dem epochalen Ereignis des Jahres 366 gar keine gesetzliche Regelung zugrunde. Die Konsullisten weisen für die Zeit zwischen 365 und 321 immerhin noch zehn patrizische Doppelkonsulate auf, und erst danach stellte sich als Regel

Sog. Altar des Domitius Ahenorbabus (um 100 v. Chr.):
Erhebung des Zensus

die patrizisch-plebejische Doppelbesetzung des höchsten Amtes ein. Diese Regel wurde nicht durch einen normativen Gesetzgebungsakt geschaffen, sondern setzte sich auf dem Weg des Gewohnheitsrechts durch. Aber so viel ist sicher richtig: Ein Beschluß der Plebejerversammlung hat der Forderung, einen der Ihren in das höchste Staatsamt aufzunehmen, Nachdruck verliehen und so den Durchbruch bewirkt, der allmählich Gewohnheitsrecht entstehen ließ. Aus diesen Anfängen, d. h. aus der faktischen Anerkennung der Forderungen der Plebejerversammlung, ging dann das Gesetzgebungsrecht hervor, das der Versammlung durch den Beschluß der Zenturiatkomitien im Jahre 287 dann förmlich zuerkannt wurde. Im übrigen wurde auch das Führungsamt der Plebejer von der Differenzierung der Ämterfunktionen im Jahre 366 betroffen. Indem die führenden plebejischen Familien Zugang zum militärisch-zivilen Oberamt gewannen, emanzipierte sich der Volkstribunat von seinen militärischen Wurzeln, dem untergeordneten Kommando über die Fußtruppen, und spezialisierte sich auf seine zivilen Funktionen zum Schutz des kleinen Mannes in Rom und zur Vertretung der Interessen des Plebejerstandes. In diesem Zusammenhang stellte sich nach dem Epochenjahr 366 unter Berücksichtigung der mit dem Wachstum der Gemeinde steigenden Arbeitsbelastung des Tribunats die Gewohnheit ein, zehn Volkstribune anstelle von sechs durch die Versammlung der Plebejer wählen zu lassen.

Mit der Integration plebejischer Familien in die regierende Aristokratie war, wie schon angedeutet worden ist, auch die Entstehung der normativen Gesetzgebung als ein Mittel zur endgültigen Lösung politischer und gesellschaftlicher Probleme verknüpft. Bis zum Jahre 367/66 hat, von dem Sonderfall des Zwölftafelgesetzes einmal abgesehen, keines der vielen Gesetze, von denen die späte Überlieferung zu berichten weiß, der kritischen Nachprüfung seiner Authentizität standgehalten. Die Überwindung des patrizisch-plebejischen Gegensatzes war der Sachzusammenhang, in dem dieses neue Mittel der Politik erfunden und erprobt wurde. Sein Vorläufer waren die zu Schwurgemeinschaften zusammentretenden Volksversammlungen, die sich eidlich zur Durchsetzung von Forderungen verpflichteten. Den Anfang hatten die Plebejer gemacht, die sich schon im fünften Jahrhundert durch einen Schwurakt zu einer Gemeinschaft mit dem Ziel verbunden hatten, für die Unverletzlichkeit (*sacrosanctitas*) ihrer Führer, der Volkstribune, einzutreten und sie zu unterstützen. Die latente Gewalt, die hinter der eidlichen Selbstverpflichtung stand, erzwang zunächst die faktische und schließlich die rechtliche Anerkennung des so zum Ausdruck gebrachten Willens der Plebejer. In einer speziellen, das Heer betreffenden Angelegenheit bedienten sich im Jahre 342 auch die Zenturiatkomitien des Mittels der eidlichen Selbstverpflichtung (*lex sacrata*). Auf Antrag des Diktators Marcus Valerius Maximus schwor die Versammlung, nicht zuzulassen, daß ein Soldat gegen seinen Willen aus der Aushebungsliste gestrichen und ein ehemaliger Legionstribun gezwungen würde, in der rangniederen Position eines Zenturio zu dienen. Schon drei Jahre später erhielt der plebejische Konsul Quintus Publilius Philo, nachdem er zum Diktator ernannt worden war, die Zustimmung der Zenturiatkomitien zu zwei Forderungen, die dazu bestimmt waren, die Gleichberechtigung der plebejischen Führungsschicht hinsichtlich der Besetzung der höchsten Magistraturen und hinsichtlich ihrer Amtsführung zu fördern. Die erste betraf die Zulassung von Plebejern zum Zensorenamt, die zweite diente dazu, den Patriziern des Senats die Möglichkeit zu nehmen, unter Hinweis darauf, daß einem plebejischen Oberbeamten das patrizische Recht zur Einholung der Auspizien fehle, die unter dessen Leitung zustande gekommenen Versammlungsbeschlüsse zu kassieren. Der patrizische Senat hatte sich offenbar als der kollektive Träger der Auspizien auf diese Weise das Recht zur Bestätigung der von plebejischen Obermagistraten beantragten Beschlüsse vorbehalten, die sogenannte *patrum auctoritas*. Als ein religiös fundiertes Vorrecht konnte diese *patrum auctoritas* nicht geradezu abgeschafft werden. So wurde sie durch einen einfachen Kunstgriff um ihre politische Wirkung gebracht. Die Zenturiatkomitien machten sich die Forderung zu eigen, daß die Patrizier vor jedem Zusammentritt der Versammlung alle etwaigen Beschlüsse sanktionierten und damit deklarierten, daß sie unter Wahrung der sakralrechtlichen Voraussetzungen zustande kämen. Nach vorangegangenen Konflikten, die sich an die Wahl eines plebejischen Konsuls knüpften, wurde nach dem Jahr 292, vielleicht 287, die von Publilius durchgesetzte Regelung auf Antrag eines Angehörigen der plebejischen Familie der Maenier und auf Beschluß der Zenturiatkomitien auch auf die Wahl der Obermagistrate ausgedehnt (die Überlieferung spricht bezeichnenderweise von einem Gesetz, der *lex Maenia*).

Was Quintus Publilius Philo anbelangt, so wurde er der erste Nutznießer seiner ‹Gesetzgebung›. Im Jahre 332 wurde er Zensor, nachdem er schon vier Jahre zuvor, ebenfalls als erster Plebejer, zum Praetor und damit zum obersten Gerichtsherrn der Gemeinde gewählt worden war. Mit der Durchsetzung der Vorschrift, nach der die Patrizier durch Erteilung der *patrum auctoritas* Beschlüsse der Zenturiatkomitien im voraus zu sanktionieren hatten, war praktisch ein formelles Gesetzgebungsrecht geschaffen worden, und dieses wurde in den folgenden Jahren auch schnell zur Beseitigung drückender Mißstände und zur Vollendung der Gleichberechtigung der Plebejer genutzt. Ein konsularisches Gesetz des Jahres 326, die *lex Poetelia Papiria* (benannt nach den beiden Antragstellern Gaius Poetelius Libo Visolus und Lucius Papirius Cursor) milderte das harte Schuldrecht des Zwölftafelgesetzes insoweit, als es die Fesselung eines der Personalexekution verfallenen Schuldners verbot. Dreizehn Jahre später setzte der Diktator Gaius Poetelius Libo Visolus das Reformwerk seines Vaters fort, indem er ein Gesetz einbrachte, dem zufolge nur noch die Güter und nicht mehr die Person des Schuldners für die Rückzahlung des aufgenommenen Kapitals und der Zinsen haftbar waren. Und im Jahre 300 veranlaßte der Konsul Marcus Valerius Corvus, auch er ein Patrizier, die Volksversammlung zur Annahme einer Resolution, die innerhalb des Stadtgebietes die härtesten Zwangsmittel der Obermagistrate zur Durchsetzung von Gehorsam, nämlich die Tötung und Auspeitschung, unter das Verdikt der Ächtung stellte. Eigentliche Sanktionen gegen entsprechende magistratische Maßnahmen wurden sowenig angeordnet wie ein ausdrückliches Verbot. Es ging, wohl aus gegebenem Anlaß, um die gesellschaftliche Ächtung der exzessiven Anwendung eines magistratischen Rechts, aber daraus entwickelten sich der generelle Verzicht auf die Anwendung der inkriminierten Koerzitionsmittel (*coercitio* hieß die Zwangsgewalt der Obermagistrate) und die Vorstellung, daß die Resolution ein Recht der Bürger begründet habe, gegen die Verhängung der betreffenden magistratischen Zwangsmittel die Hilfe der Volkstribune anzurufen. In diesem und nicht in dem Sinne, daß der Bürger das Recht erhalten hätte, gegen ein magistratisches Urteil an die höhere Instanz der Volksversammlung zu appellieren, ist in den Quellen von einem Provokationsrecht (*provocare*, d. h. anrufen, appellieren) die Rede. Dieses ‹Recht› galt als das Palladium der Bürgerfreiheit, sozusagen als römische *Habeas-Corpus-Akte*.

Schließlich wurde im Jahre 287 auf Initiative des Diktators Quintus Hortensius ein Gesetz, die *lex Hortensia*, von den Zenturiatkomitien angenommen, nach dem fortan auch die Beschlüsse der Sonderversammlung der Plebs unmittelbar geltendes Recht sein und den Gesamtstaat binden sollten. Damit erhielten Plebiszite (*plebiscitum*, d. h. Beschluß der Plebs) den gleichen Rang wie die Gesetzesbeschlüsse der Zenturiatkomitien. Da die Einberufung der nach den Bürgerbezirken der Tribus gegliederten Plebejerversammlung weniger umständlich und die Abstimmungsprozeduren nicht so schwerfällig wie bei den Zenturiatkomitien waren, wurde schon wegen der Vereinfachung des Gesetzgebungsverfahrens die normative Gesetzgebung zu einer Domäne der ‹Tributkomitien› genannten ehemaligen Sonderversammlung der Plebejer. Damit wuchs auch den Volkstribunen die neue Aufgabe der magistratischen Initiative im regulären Gesetzgebungsverfahren zu.

Eine revolutionäre Neuerung brachte die *lex Hortensia* des Jahres 287 freilich nicht, sondern eher die notarielle Beglaubigung einer Entwicklung, in der die Willensäußerungen der Plebs immer stärker faktische Anerkennung seitens der Staatsspitze, des Senats und der Obermagistrate, gewonnen hatten. Diese Entwicklung hatte im Grunde ihren Anfang schon mit der Respektierung der Unverletzlichkeit der Volkstribune und ihrer durch die faktische Macht der plebejischen Mehrheit sanktionierten Hilfeleistungen für einzelne Plebejer genommen. Fortgesetzt wurde diese Linie durch die zunehmende Berücksichtigung der plebejischen Forderungen nach politischer Gleichberechtigung. Einen Durchbruch bedeutete in dieser Hinsicht das Licinisch-Sextische Plebiszit, das die Wahl des ersten Plebejers zum Konsul zur Folge hatte. Später kamen zwei weitere folgenreiche Resolutionen der Plebejerversammlung, das *plebiscitum Ovinium* und *Ogulnium*, hinzu. Beide stellten Forderungen, die sich aus dem Aufstieg von Plebejern zu den höchsten Staatsämtern ergaben. Sie betrafen den Sachverhalt, daß es ungeachtet der plebejischen Vertretung in den magistratischen Kollegien noch immer politisch bedeutsame Reservatrechte der Patrizier gab. Sie waren es, die den Senat stellten, und sie besetzten die religiösen Sachverständigengremien der *pontifices* und der Auguren (um nur die wichtigsten zu nennen). Angesichts der aus den Anfängen des römischen Staates herrührenden Verknüpfung von Religion und Herrschaftsausübung kam diesen Gremien weiterhin ein großes politisches Gewicht zu. Noch im ausgehenden vierten Jahrhundert wurden die betreffenden patrizischen Bastionen auf Initiative der Volkstribunen Ovinius (sein Vorname ist nicht überliefert) sowie der Brüder Quintus und Gnaeus Ogulnius geschleift.

In der Zeit zwischen den Jahren 318 und 312 erhob auf Ovinius' Antrag die Versammlung der Plebejer die Forderung, daß die Zensoren den Senat aus beiden Ständen, Patriziern und Plebejern, neu zusammensetzen sollten. Das hieß nach Lage der Dinge, daß die führenden Männer der Plebs, die in die hohen Ämter des Staates gelangt waren, durch einen zensorischen Verwaltungsakt Aufnahme in den alten Adelsrat, das eigentliche Machtzentrum des Patriziats, finden sollten. Indem dieser Forderung nachgegeben wurde, hörte der Senat auf, ein Organ patrizischer Herrschaft zu sein, und den Zensoren wuchs die bedeutende Aufgabe zu, die Senatsliste von Zeit zu Zeit zu überprüfen, neue Mitglieder einzuschreiben und für unwürdig befundene alte aus dem Senat zu entfernen. Jedenfalls bestand der Senat seit dem *plebiscitum Ovinium* aus Patriziern und Plebejern, und in der neuen Anrede für die Senatoren wurde die alte und neue Zusammensetzung des Gremiums genau zum Ausdruck gebracht: *patres conscripti*, d. h. Väter und in die Liste des Senats Eingeschriebene.

Im Jahre 300, demselben Jahr, in dem die Zenturiatkomitien das sogenannte Provokationsgesetz verabschiedeten, erhob auf Antrag der Brüder Quintus und Gnaeus Ogulnius die Plebejerversammlung die Forderung, daß in einem Kooptationsverfahren Plebejer in die beiden bedeutendsten religiösen Sachverständigengremien der *pontifices* und der Auguren aufgenommen werden sollten. So wurde eines der letzten Herrschaftsmonopole des Patriziats gebrochen und doch die Kontinuität mit den patrizischen Ursprüngen der religiösen und staatlichen Ordnung gewahrt. Schon daraus erhellt, daß es in dem sogenannten Ständekampf gar nicht darum ging, eine herrschende Klasse in einem revolutionären Akt durch eine andere zu ersetzen. Worum es ging, war, nach der subjektiven Seite gewendet, der Aufstieg führender plebejischer Familien in den inneren Führungszirkel des Staates, nach der objektiven, die Vergrößerung der Basis, aus der sich das Führungspersonal des in größere Dimensionen wachsenden Staates rekrutieren konnte. Am Ende der Auseinandersetzung um diese Fragen blieben den Patriziern nur wenige, politisch unbedeutende Reservatrechte, die auf das engste mit den religiösen Wurzeln der ältesten römischen Herrschaftsordnung zusammenhingen: das Recht, den ‹Zwischenkönig› zu stellen, der für den unwahrscheinlichen Fall, daß alle Obermagistrate durch Tod oder Rücktritt ausfielen, die Prozedur der Neubestimmung ordentlicher Magistrate in Gang zu setzen hatte, und die routinemäßige Erteilung der *patrum auctoritas* vor dem Zusammentritt der Zenturiatkomitien. Hinzu kam noch die Besetzung von Priestertümern auf Lebenszeit: des Opferkönigs (*rex sacrorum*) und des Iupiterpriesters (*flamen Dialis*). Für eine politisch-militärische Laufbahn waren diese Kultämter wegen der Anwesenheitspflicht in Rom und wegen des Zwangs, zahlreiche religiöse Tabus zu beachten, jedoch eher hinderlich als förderlich.

Der Ausgleich der Stände, dessen Hauptnutznießer zweifellos ein Kreis führender plebejischer Familien war, setzt einen Veränderungsdruck voraus, der nicht zuletzt von den militärischen Notwendigkeiten des Kampfes um die Selbstbehauptung und schließlich um die Gewinnung der Herrschaft über die italische Halbinsel gespeist wurde. Dies wiederum brachte die bäuerliche Masse der Plebejer, die die Rekrutierungsbasis des Milizheeres stellte, in die Rolle der entscheidenden Kraft, mit deren Einsatz die Veränderungen in Staat und Gesellschaft durchgesetzt worden waren. Den Bauern ging es ebensowenig wie ihren Führern um revolutionäre, die überlieferte Staatsordnung umstürzende Ziele, sondern neben einer Verbesserung ihrer wirtschaftlichen Lage um dasjenige Maß an politischer Mitwirkung, das ihrer kollektiven Leistung für den Staat entsprach. Dies wurde auf evolutionärem

Weg erreicht, indem zuerst mittels der aus dem Heeresaufgebot hervorgegangenen Zenturiatkomitien, dann in der Anerkennung des Gesetzgebungsrechts der aus der Sonderversammlung der Plebs entstandenen Tributkomitien ein politisches Mitspracherecht verankert wurde. Noch der im Jahre 241 beziehungsweise in den folgenden Jahren durchgeführten Zenturienreform lag unter anderem gewiß auch der Gedanke zugrunde, den politischen Einfluß der ländlichen gegenüber den städtischen Bezirken zu erhöhen, mochten die Urheber der Reform auch eher an die Stärkung der Einflußmöglichkeiten der ländlichen Aristokratie als an das Gewicht der bäuerlichen Masse denken. Aber das Leben der kleinen Leute ging in Rom so wenig wie anderenorts in der Politik auf. Für den einzelnen war im täglichen Leben anderes sicher wichtiger: der Schutz vor dem Mißbrauch der Amtsgewalt, die Sicherung der Nahrung oder, was auf das Gleiche hinausläuft, die Verbesserung der wirtschaftlichen Lage. Was den ersten Punkt anbelangt, so konnte der einfache Bürger den Schutz der Volkstribune anrufen, wenn er sich von magistratischen Akten, etwa bei der Aushebung oder durch eine vom Gerichtsherrn formulierte Prozeßinstruktion, beschwert fühlte, und vor einem exzessiven Gebrauch der magistratischen Zwangsmittel war er wenigstens in Rom aufgrund des sogenannten Provokationsrechts geschützt. Eine Besserung der wirtschaftlichen Lage der bäuerlichen Bevölkerung scheint indessen weder das Ziel noch das Ergebnis des sogenannten Ständekampfes gewesen zu sein. Allenfalls die nicht zuletzt auch den Bauernstand bedrückende Härte des Schuldrechts ist durch die gegen Ende des Ständekampfes aufkommende Reformgesetzgebung gemildert worden, aber bestehende Schulden sind zu keiner Zeit ganz oder teilweise niedergeschlagen worden. Die Erzählungen der römischen Historiographie über den Kampf der Plebejer um Schuldenerlaß und Begrenzung des Okkupationsbesitzes auf Staatsland sind Rückspiegelungen der Verhältnisse des zweiten und ersten Jahrhunderts in die römische Frühzeit, über die man nicht viel wußte. Dennoch hat es im vierten und frühen dritten Jahrhundert eine Verbesserung der wirtschaftlichen Lage des vorher unter Landnot leidenden Bauerntums gegeben. Diese Verbesserung war aber nicht das Ergebnis innerer Reformen, sondern die Folge der römischen Expansion in Italien. Um von der Teilhabe der Soldaten an der mobilen Beute, von der wir nichts Konkretes wissen, einmal abzusehen: Die Zunahme der Zahl der ländlichen Bürgerbezirke und der latinischen Kolonien ist ein zuverlässiger Indikator für erfolgte Landzuteilungen und damit für die Verbesserung der Lage der bäuerlichen Bevölkerung.

Die Entstehung der Nobilität

Die Entstehung der Nobilität (*nobilitas*, d. h. soviel wie ‹Vornehmheit›) war mit dem Aufstieg einer plebejischen Elite in das höchste Amt des Staates verknüpft. Sie war, obwohl der geschlossene Kreis der patrizischen Geschlechter zu ihr gehörte, im Gegensatz zu diesem kein reiner Geburtsadel, sondern eine Aristokratie, die prinzipiell offen war für die Aufnahme von Aufsteigern (*homines novi*, d. h. ‹neue Leute›). Wer es durch Volkswahl bis zum Konsulat gebracht hatte, gehörte für seine Person ebenso wie seine Nachkommen zum Kreis der Nobilität und damit zum eigentlichen Führungszirkel der römischen Republik. In einem strengen Sinn wurden nur die Familien zur Nobilität gerechnet, die unter ihren Vorfahren auf einen oder mehrere Konsuln verweisen konnten. Nicht altadlige Herkunft, sondern die in den höchsten Ämtern erbrachten Leistungen, vor allem die militärischen, waren die Legitimation der neuen, aus Patriziern und Plebejern bestehenden Aristokratie. Und es waren diese Leistungen, die eigenen und die der Vorfahren, die den Anspruch auf Berücksichtigung bei den Volkswahlen begründeten. Die hohen Staatsämter galten als Prämien der Tüchtigkeit und des Verdienstes, und nicht zufällig wurden sie als ‹Ehren› (*honores*) bezeichnet. Wie in allen aristokratischen Gesellschaften antwortete dem ‹Verdienst› und der ‹Wohltat› (*beneficium*) als Gegengabe die Ehre, in Rom vor allem in Gestalt der vom Volk vergebenen hohen Staatsämter. Es war in den Verhältnissen der Zeit begründet, daß die Leistungen im Krieg die höchste Anerkennung genossen. Von daher rührt die Privilegierung des Kriegsruhms in Rom, die ihren höchsten und sichtbaren Ausdruck im Triumph erfuhr, den der Senat dem siegreichen Feldherrn bewilligte. So kam es, daß der altetruskische Entsühnungsritus des Heeres, das Blut vergossen hatte, und der Dank an den siegverleihenden höchsten Gott von der Demonstration der gottähnlichen Sieghaftigkeit des Feldherrn überlagert wurde. Dem Ethos der Leistung und der Ehre konnten und wollten sich auch die Angehörigen des patrizischen Geburtsadels nicht entziehen, sonst hätten sie mit ihren neuen plebejischen Standesgenossen nicht mehr Schritt halten können und wären in die politische Bedeutungslosigkeit abgesunken.

Authentischer Ausdruck der auch die Patrizier erfassenden Mentalität der neuen Aristokratie sind die Grabinschriften der Scipionengräber, die im 18. Jahrhundert in Rom an der *via Appia* vor der Porta Capena entdeckt worden sind. Der älteste hier Bestattete ist Lucius Cornelius Scipio Barbatus, Konsul des Jahres 298. Die Inschrift ersetzt eine ältere und knappere, die getilgt wurde, und ist in einem altertümlichen italischen Versmaß, dem sogenannten Saturnier, verfaßt. In der Übersetzung Theodor Mommsens lautet das Grabgedicht:

«Cornelius Lucius – Scipio Barbatus,
Des Vaters Gnaevos Sohn, ein – Mann, so klug wie tapfer,
Deß' Wohlgestalt war seiner – Tugend angemessen,
Der Consul, Censor war bei – euch wie auch Aidilis,
Taurasia, Cisauna – nahm er ein in Samnium,
Bezwingt Lucanien ganz und – führet weg die Geiseln.»

Die Grabinschrift seines Sohnes, Lucius Cornelius Scipio, der Konsul im Jahre 259 war, ist in einer älteren Sprachform abgefaßt als die nachträglich auf den Sarkophag des Vaters eingemeißelte. Sie lautet:

«Dieser eine nach der vielen Römer Urteil
War unter den guten der beste Mann,
Lucius Scipio, des Barbatus Sohn.
Konsul, Censor, Aedil ist er bei euch gewesen,
Den Stürmen gab er zum Dank den Tempel.»

Was den Patriziern recht war, war den Plebejern billig. Aulus Atilius Calatinus, der sich im Ersten Punischen Krieg bewährt hatte, verewigte auf seiner Grabinschrift das Andenken an seinen Ruhm: «Dieser eine war nach dem Urteil vieler Völker der Erste seines eigenen Volkes.» Allen Angehörigen der Nobilität war aufgegeben, den Ruhm und die Ehre der Vorfahren zu bewahren und zu mehren. Im zweiten Jahrhundert wurde einem Mitglied der Familie der Scipionen, dem es nicht vergönnt war, Konsul zu werden, eine Grabinschrift gesetzt, die den Verstorbenen an diesem Anspruch mißt und ihn nicht zu leicht befindet:

«Durch meinen Wandel mehrt' ich der Familie Rang,
Ich zeugte Nachwuchs, des Vaters Taten zu erreichen war mein Streben.
Der Vorfahren Ruhm hab' ich bewahrt, daß sie sich freun,

daß ich der Sippe Sproß gewesen: Ehre empfing ich,
und dies ist meiner Erben Ruhm.»

Den Verstorbenen, denen ein früher Tod die Bewährung und den Tatenruhm verweigert hatte, wurden die der Vorfahren würdigen Anlagen zu großen Taten um so wortreicher bezeugt. Eines der Scipionengräber trägt die folgende Inschrift:

> Lucius Cornelius, des Gnaeus Sohn, des Gnaeus Enkel, Scipio.
> Große Weisheit und große Tugenden
> bei jugendlichem Alter dieser Stein enthält.
> Sein Leben, nicht sein Wert ermangelte der Ehre.
> Hier liegt er, dessen Tugend unbesiegt,
> Nur zwanzig Jahre, diesem Ort anheimgegeben.
> So fraget nicht nach Ämterehrung, die ihm fehlt.»

Jede Generation unterlag der Verpflichtung, durch Leistung den Ruhm der Familie zu mehren, und umgekehrt beruhten auf dem Kapital von Verdienst und Ehre, das in der Folge der Generationen akkumuliert worden war, der Rang der Familie und ihr öffentlicher Geltungsanspruch. Am anschaulichsten kommt dies alles in der Inszenierung der Leichenzüge zum Ausdruck, mit denen die Verstorbenen der großen Familien zu Grabe getragen wurden. Um die Mitte des zweiten Jahrhunderts wurde der griechische Historiker Polybios Augenzeuge dieser großartigen Vergegenwärtigung ruhmvoller Familiengeschichte, die zugleich die Erfolgsgeschichte der römischen *res publica* war. In seinem Geschichtswerk hat er uns folgende Beschreibung hinterlassen:

«Wenn in Rom ein Angehöriger der großen Familien stirbt, wird er im Leichenzug in vollem Schmuck auf das Forum zur Rednertribüne, der sogenannten *rostra*, getragen, meist sichtbar und aufrecht stehend, manchmal auch liegend. Während das Volk in Massen ringsum steht, betritt entweder ein Sohn im Erwachsenenalter, wenn er einen hinterläßt und dieser (in Rom) anwesend ist, oder ein anderer aus der Familie die Rednertribüne und spricht über die Tugenden des Toten und über die Taten, die er in seinem Leben vollbracht hat. Dieser Auftritt ruft in der Menge, die auf diese Weise an das Geschehene erinnert und es vor Augen gestellt bekommt, und zwar nicht nur bei den Teilnehmern an den Feldzügen, sondern auch bei den Unbeteiligten, eine solche innere Bewegung hervor, daß der Trauerfall nicht als persönlicher Verlust der Leidtragenden, sondern als ein Verlust für das ganze Volk erscheint. Wenn sie ihn dann begraben und die üblichen Zeremonien vollzogen haben, stellen sie das Bild des Verstorbenen an der am besten sichtbaren Stelle des Hauses in einem hölzernen Schrein auf. Es handelt sich um eine Maske, die mit erstaunlicher Treue die Züge des Gesichts wiedergibt. Diese Schreine öffnet man bei Gelegenheit öffentlicher Opferfeste und schmückt die Bilder, so schön man kann, und wenn ein prominentes Mitglied der Familie stirbt, führt man sie im Trauerzug mit und setzt sie Personen auf, die an Größe

Die Entstehung der Nobilität

und Gestalt den verstorbenen Vorfahren möglichst ähnlich sehen. Diese tragen dann, wenn der Betreffende Konsul oder Praetor gewesen ist, Kleider mit einem Purpursaum, wenn Zensor, ganz aus Purpur, wenn er einen Triumph gefeiert oder Entsprechendes geleistet hat, goldbestickte Gewänder. Sie werden auf Wagen gefahren, denen Rutenbündel mit Beilen und andere Amtsinsignien, je nach der Würde oder Rang, den ein jeder im Leben bekleidet hat, vorangetragen werden; und wenn man dann zu den Rostren gekommen ist, nehmen alle in einer Reihe auf elfenbeinernen Amtssesseln Platz. Man kann sich nicht leicht ein großartigeres Schauspiel vorstellen für einen jungen Mann, der nach Ruhm verlangt und für alles Große begeistert ist. Denn die Bilder der wegen ihrer Taten hochgepriesenen Männer dort alle versammelt zu sehen, als wären sie noch am Leben und beseelt, wem sollte das nicht einen tiefen Eindruck machen? Und was könnte es für einen schöneren Anblick geben? Wenn nun der Redner über den, den man zu Grabe trägt, gesprochen hat, geht er zu denen über, die oben auf den Rostren versammelt sind, und berichtet, mit dem Ältesten beginnend, von den Erfolgen und Taten jedes einzelnen. Indem auf diese Weise die Erinnerung an die Verdienste der großen Männer immer wieder erneuert wird, ist der Ruhm derjenigen, die Großes vollbracht haben, unsterblich, und das ehrende Gedächtnis an die Wohltäter des Vaterlandes bleibt im Volke lebendig und wird weitergegeben an Kinder und Kindeskinder. Vor allem aber wird die Jugend angespornt, für das Vaterland alles auf sich zu nehmen, um ebenfalls des Ruhmes, der dem verdienten Manne folgt, teilhaftig zu werden» (*Polybios*, 6,53,1–54,3).

Dies eindrucksvolle Schauspiel wiederholte sich immer von neuem und gab dem ungeheuren Prestige, das die Nobilität genoß, sichtbaren Ausdruck. Es verband Vergangenheit und Gegenwart, war Medium der öffentlichen Erinnerung und pflanzte der Jugend der großen Familien das Leistungsethos und das Ruhmesstreben ein, das seine Mitte in einem der *res publica* gewidmeten Leben fand. Dieses Ethos brachte den aristokratischen Wetteifer, immer der erste zu sein, hervor und damit nicht nur Leistungen für den Staat, sondern auch die Gefahr, daß sich das persönliche Geltungsstreben des einzelnen absolut setzte. Aber solange Rom vor schweren äußeren Herausforderungen stand, fanden der Wettbewerb und das Streben nach Ruhm ein Feld, auf dem dies alles sich in allgemein anerkannte Verdienste um die *res publica* umsetzen konnte. So blieb das prekäre Gleichgewicht zwischen dem Willen des einzelnen, sich zu profilieren, und der Standessolidarität, ohne die keine Aristokratie bestehen kann, unter den gegebenen Umständen erhalten und fand seinen sichtbaren Ausdruck in der Konstituierung des neuen Standes der Nobilität.

Die Erweiterung des patrizischen Geburtsadels zur Aristokratie der Nobilität vollzog sich durch den Aufstieg von Angehörigen der plebejischen Führungsschicht zu den höchsten Ämtern des im Jahre 366 reorganisierten Regierungssystems. Dies entsprach der sachlichen

Angehöriger der Nobilität mit Ahnenmasken (aus augusteischer Zeit)

Notwendigkeit in einem Gemeinwesen, das durch Expansion und Vervielfältigung der öffentlichen Aufgaben gekennzeichnet war. So ist denn die Entstehung der Nobilität auch nicht in einem bis aufs Messer geführten Ständekampf, der nur mit dem Untergang des Patriziats hätte enden können, zustande gekommen, sondern durch einen politischen Ausgleich, dem der private vorausging. Führende Plebejer, die sich als Volkstribune und im Heeresdienst ausgezeichnet hatten, heirateten in patrizische Familien ein, nachdem das Heiratsverbot des Zwölftafelgesetzes gefallen war. Das geschah wahrscheinlich im ersten Drittel des vierten Jahrhunderts und nicht, wie die annalistische Tradition behauptet, schon in einem Gesetz des Jahres 445 (aufgrund der sogenannten *lex Canuleia*). Für eine der großen plebejischen Familien, die Licinier, sind entsprechende Eheschließungen ausdrücklich überliefert, und eines ihrer Mitglieder, Gaius Licinius Calvus, gehörte zusammen mit Lucius Sextius Lateranus sowie Lucius und Gnaeus Genucius zu den ersten Plebejern, die sechs Jahre hintereinander, von 366 bis 361, eine der beiden Konsulstellen besetzten.

In den folgenden Jahren bis 356 traten dann ‹neue Männer› als Konsuln in Erscheinung: Gaius Poetelius, Marcus Popilius, Gaius Plautius und Gaius Marcius. Letzterer bekleidete in der Zeit zwischen 357 und 342 sogar viermal den Konsulat, und das Gleiche tat Marcus Popilius Laenas zwischen 359 und 348. Offenbar waren neben der Bewährung im Krieg Familienbündnisse, die die Standesgrenzen überwanden, eine wichtige Prämisse des Aufstiegs und der Integration. Naturgemäß waren diese Voraussetzungen nicht in jedem Einzelfall gegeben. Es gab im vierten Jahrhundert noch mehrere Jahre, in denen kein Plebejer in das höchste Amt gelangte. Aber mit der Zeit setzte sich die Regel der patrizisch-plebejischen Doppelbesetzung des Konsulats durch, und damit war dem Aufstieg weiterer plebejischer Familien in die Nobilität Tür und Tor geöffnet. Quintus Publilius Philo wurde 339 als erster Plebejer zum Diktator ernannt und bekleidete in der Zeit zwischen 339 und 315 viermal den Konsulat. Mit der Ausweitung des Bürgergebiets vergrößerten die Aristokratien der Neubürgergemeinden auch die Rekrutierungsbasis der Nobilität. Die Familie der Plautier, die zwischen 358 und 318 mit fünf ihrer Angehörigen sieben Konsulate besetzte, stammte wohl aus Praeneste. Die Coruncanier, deren berühmtestes Mitglied, Tiberius Coruncanius, im Jahre 280 Konsul und im Jahre 254 als erster Plebejer Vorsteher der

Staatsreligion (*pontifex maximus*) wurde, stammten aus Camerinum und waren von dort nach Tusculum gekommen.

Als Campanien in den Gesichtskreis Roms trat, stieg eine Familie oskischer Herkunft, die Decier, in die Nobilität auf. Publius Decius Mus war der erste, der im Jahre 340 bis zum Konsulat gelangte. Sein Sohn bekleidete das höchste Amt insgesamt viermal und errang im Jahre 295, in seinem vierten Konsulat, durch Selbstaufopferung, nachdem er sein Leben den Göttern geweiht hatte, den entscheidenden Sieg gegen die Kelten und Etrusker bei Sentinum. Mit dem Mittel der Adoption wurden die Bande auch zwischen den aufsteigenden plebejischen Familien enger geknüpft: Gaius Plautius Decianus, ein gebürtiger Decier, wurde so in die Familie der Plautier aufgenommen. Mit Marcus Regulus gelangte die aus Capua stammende Familie der Atilier im Jahre 335 zum ersten Mal in die Konsularfasten. Sie war eng mit den patrizischen Fabiern verbunden und erreichte im Bündnis mit diesen im dritten Jahrhundert mehrfach das höchste Amt. Manius Curius Dentatus, dem Überwinder der Samniten und Sabiner, wird sabinische Herkunft nachgesagt. In der Zeit zwischen 290 und 274 bekleidete er viermal den Konsulat, und im Jahre 272 begann er in seiner Zensur mit dem Bau der *Anio vetus*, der zweitältesten Wasserleitung Roms. Aus Tusculum stammten die Fulvier und Mamilier, die im Bündnis mit den patrizischen Fabiern in die Nobilität gelangten. In den Nöten des Samnitenkrieges wurde im Jahre 322 Lucius Fulvius Curvus als erster seiner Familie zusammen mit Quintus Fabius Maximus Rullianus zum Konsul gewählt. Durch Einheirat in das Geschlecht der Fabier begann der Aufstieg des samnitischen Adelsgeschlechts der Otacilier in die römische Nobilität. Zwei Angehörige dieser Familie begegnen zu Beginn des Ersten Punischen Krieges in den Jahren 263 und 261 als Konsuln und Heerführer in Sizilien. Um das Jahr 300 begann der Aufstieg der aus etruskischem Adel stammenden Familie der Ogulnier. Auch sie ist in Anlehnung an die Fabier emporgekommen, die offenbar auf patrizischer Seite eine bedeutende Rolle beim Ausgleich der Stände spielten. Die Brüder Quintus und Gnaeus Ogulnius sicherten in ihrem Volkstribunat mit ihrer Initiative den Plebejern den Zugang zu den beiden großen religiösen Sachverständigengremien der Pontifices und der Auguren und damit die Gleichberechtigung auf einem auch politisch wichtigen Feld, das bis dahin ein Reservat des Patriziats geblieben war.

Die Entstehung der Nobilität

Die Vorstellung von der Plebejerfeindlichkeit der Patrizier ist ebenso wie die korrespondierende Annahme der Adelsfeindlichkeit der Plebs ein Klischee von eher begrenztem Wahrheitsgehalt. Selbst für die Claudier, die in dem Ruf hochfahrenden Adelsstolzes standen, ist das Klischee nicht generell zutreffend, wie das Beispiel des Appius Claudius Caecus lehrt. Er war wie der Patrizier Marcus Valerius Corvus einer der führenden Repräsentanten einer Reformpolitik, die den Ausgleich der Stände als Teil der Anpassung von Staat und Gesellschaft an die veränderten Verhältnisse der neuen italischen Großmacht begriff. Zusammen mit Gaius Plautius, seinem engsten Gefolgsmann aus dem Kreis der plebejischen Nobilität, wurde Appius Claudius im Jahre 312 zum Zensor gewählt und entfaltete in diesem Amt seine epochemachende Wirksamkeit. Er zog die Konsequenz aus dem zweifachen Wachstum Roms, dem der Stadt und dem des Staates, und mobilisierte die materiellen und organisatorischen Ressourcen für die Errichtung einer großzügig bemessenen Infrastruktur: den Bau der ersten großen Wasserleitung, der *aqua Appia*, die das Wasser aus den Sabinerbergen über eine 12 km lange, meist unterirdisch verlaufende Leitung in die Stadt führte, und der *via Appia*, der ersten der auf festem Untergrund erbauten strategischen Straßen, mit denen Rom in der Folgezeit die italische Halbinsel überzog. Diese erste Fernstraße führte von Rom nach Capua und verband so das Zentrum mit dem Neubürgergebiet, dem in der Auseinandersetzung mit den Samniten eine Schlüsselrolle zukam. Wie die Mittel für diese Maßnahmen im einzelnen aufgebracht wurden, wissen wir nicht. Neben den Arbeits- und Vermögensleistungen der Bürger wurden wohl auch die Erträge der Salinen an der Tibermündung zur Finanzierung dieser großen Bauvorhaben verwendet. Für das Jahr 204 ist ihr Ertrag mit immerhin vier Tonnen Silber angegeben.

Aber Appius Claudius widmete sich während seiner Amtszeit nicht nur der Realisierung der beiden Großbauten, er trug auch dafür Sorge, daß die Integration aller Schichten der Bürgerschaft in den patrizisch-plebejischen Staat vorangetrieben wurde. Mit dem Wachstum der Stadt war auch die Zahl der grundbesitzlosen Bürger gewachsen, und Appius Claudius ordnete ihre großzügige Verteilung auf alle Bezirke der Bürgerschaft an. Er zog die praktische Konsequenz aus der plebejischen Forderung des *plebiscitum Ovinium* und schrieb Angehörige plebejischer Familien in die Senatsliste ein. Die Überlieferung geht sogar so weit zu behaupten, daß er auch Söhne von Freigelassenen in den Senat aufnahm. Diese Nachricht der ihm eher feindlich gesinnten Überlieferung mag aus dem besonderen Fall des Gnaeus Flavius herausgesponnen sein. Dieser Sohn eines Freigelassenen diente Appius Claudius als Schreiber – als solcher war er Mitglied einer Zunft wichtiger Helfer der Zensoren bei der Anlage schriftlicher Verzeichnisse – und gelangte mit Hilfe seines Patrons in einer Aufsehen und Ressentiments erregenden Wahl in das Ädilenamt.

Auf Anregung des Appius Claudius veröffentlichte Gnaeus Flavius den Kalender der Gerichtstage und ein Verzeichnis der Prozeßformeln, deren Kenntnis bis dahin zu den wohlgehüteten Geheimnissen des religösen Sachverständigengremiums der *pontifices* gehört hatte. So wurde ein Herrschaftswissen öffentlich gemacht und eine wesentliche Voraussetzung für eine von der Religion emanzipierte Rechtswissenschaft geschaffen. Tiberius Coruncanius, der im Jahre 254 als erster Plebejer zum *pontifex maximus* aufstieg, ging auf diesem Weg weiter und begann damit, ratsuchenden Bürgern öffentlich mündliche Rechtsgutachten zu erteilen. Die Ausweitung des römischen Staatsgebietes und der geschäftlichen Beziehungen zu Menschen, die einem anderen als dem römischen Recht unterstanden, gab der entstehenden Jurisprudenz einen mächtigen Auftrieb. Für den Rechtsverkehr mit Fremden wurde im Jahr 242 eigens die Stelle eines zweiten Gerichtsherrn, des *praetor peregrinus*, geschaffen. Seine Aufgabe war es, durch Formulierung von Prozeßprogrammen den besonderen Problemen gerecht zu werden, die sich aus dem Umstand ergaben, daß die Prozeßparteien verschiedenen Rechtskreisen angehörten. Der Praetor besaß in der Regel keine juristische Vorbildung. Er bedurfte der Hilfe von Rechtskennern, die er in seinen Beirat (*consilium*) berief und mit deren sachkundiger Unterstützung er im Einvernehmen mit den Prozeßparteien das Prozeßprogramm formulierte, um dann die Entscheidung in der Sache an Einzelrichter zu überweisen. Vor allem auf diesem Feld vollzog sich mittels der Rechtsprechung die schöpferische Weiterentwicklung und Modernisierung des Privatrechts. Besehen auf seine Langzeitwirkung war auch dies ein Mittel der flexiblen Anpassung des römischen Staates an die sich wandelnden Bedürfnisse und Verhältnisse und kam dem allmählichen Zusammenwachsen der nach verschiedenen Rechtsordnungen lebenden Gemeinden und Stämme der italischen Halbinsel zugute.

Appius Claudius hatte der Entwicklung von der pontifikalen zur säkularen Jurisprudenz entscheidende Impulse gegeben, und es tut seiner Bedeutung keinen Abbruch, daß er auf Widerstände stieß und eine seiner Maßnahmen teilweise wieder rückgängig gemacht wurde. Der Überlieferung zufolge hoben die Zensoren des Jahres 304 die von ihm vorgenommene Verteilung der nicht-grundbesitzenden Bürger auf alle Tribus, also auch auf die ländlichen, wieder auf und wiesen sie in die vier städtischen Bezirke ein. Aber daß er wegen seiner Neuerungen auf einhellige Ablehnung gestoßen wäre, ist eine der Legenden der Überlieferung, die ihre Entstehung dem Klischee eines verbissenen Ständekampfs verdankt. Schließlich wurde Appius Claudius nach seiner Zensur zweimal Konsul (306 und 296) und bekleidete unmittelbar nach seinem zweiten Konsulat auch noch die Praetur.

Alles in allem war nicht der Konflikt, sondern die Integration der Stände das Kennzeichen des Zeitalters. Dies ist seine spezifische und in die Zukunft weisende Leistung. Ja, man ist berechtigt, in der Fähigkeit zur Integration – auf allen Gebieten, mag es sich um die Ausweitung des Bürgerrechts, die politische Herrschaftsorganisation in Italien oder die regierende Klasse handeln – eine der Hauptursachen der Größe Roms zu sehen. Schon den Römern selbst war dies im Rückblick auf ihre Vergangenheit vollkommen bewußt. Als im Jahre 48 n. Chr. Kaiser Claudius den gallischen Haeduern das Vorrecht verschaffen wollte, sich in Rom um Ämter zu bewerben und so in den Senat zu gelangen, da rechtfertigte er seinen Plan gegen Einwände mit der Berufung auf die Geschichte. Wie das große in Lugdunum (Lyon) gefundene Bruchstück seiner Rede lehrt, tat er das mit richtiger Einsicht, wenn auch mit abstruser Gelehrsamkeit und ungelenker Gedankenführung. Ein Historiker wie Tacitus mußte kommen, um dem großen, richtigen Gedanken des Kaisers die ihm gemäße Form zu geben. In seiner Version liest sich die Rede des Claudius so:

«Meine Vorfahren, deren ältester Clausus, seiner Herkunft nach Sabiner, zur gleichen Zeit in die römische Bürgerschaft und unter die Patrizier aufgenommen wurde, ermutigen mich, daß ich mit meinen politischen Maßnahmen von den gleichen Grundsätzen ausgehe, indem ich hierher (nämlich den Senat) hole, was sich wo auch immer hervorgetan hat. Denn ich weiß sehr wohl, daß die Iulier aus Alba (longa), die Coruncanier aus Camerinum, die Porcier aus Tusculum und, um nicht im Längstvergangenen herumzustöbern: aus Etrurien und Lukanien, ja, aus ganz Italien Männer in den Senat berufen worden sind. Schließlich ist Italien selbst bis an die Alpen vorgeschoben worden, damit nicht nur einzelne, Mann für Mann, sondern Länder und Völker zu dem

Ganzen verwüchsen, das unseren, den Namen Roms trägt. Damals herrschte im Inneren vollkommene Ruhe und wir standen auf dem Höhepunkt unserer Macht, als unter der Fassade der weltweit verteilten Legionen dem erschöpften Reich unter Hinzuziehung der tüchtigsten Provinzialen aufgeholfen wurde. Bereuen wir etwa, daß die Balbi aus Spanien und nicht weniger bedeutende Männer aus dem Narbonensischen Gallien hierher gekommen sind? Ihre Nachfahren leben hier noch heute und stehen uns in der Liebe zu unserem (gemeinsamen) Vaterland nicht nach. Was sonst wurde den Lakedaimoniern und den Athenern trotz ihrer militärischen Machtmittel zum Verhängnis, wenn nicht dies, daß sie die Besiegten als Fremdstämmige von sich fernhielten? Demgegenüber hat Romulus, der Begründer unseres Reiches, so viel Klugheit besessen, daß er nicht wenige Gemeinden an einem einzigen Tag von Feinden zu Bürgern machte. Zugewanderte haben über uns als Könige geherrscht. Den Söhnen von Freigelassenen Staatsämter anzuvertrauen ist nicht, wie sehr viele fälschlich meinen, neu, sondern ist bereits in der Vergangenheit von unserem Volk so gehandhabt worden. Alles, Senatoren, was jetzt für uralt gehalten wird, war einmal neu: Plebejische Magistrate folgten den patrizischen, latinische den plebejischen, den übrigen Völkern Italiens entstammende den latinischen. Zu etwas Altem wird auch die jetzige Neuerung werden, und was wir heute mit Berufung auf Beispiele verteidigen, wird selbst dereinst zu den Beispielen gehören» (*Annalen* 11, 24).

Tacitus fügt dieser Rede nichts hinzu, sie steht für sich selbst, und ihr ist, blickt man auf das Wesentliche, auch nichts hinzuzufügen.

II. ROM UND DIE MITTELMEERWELT

Als Rom im Jahre 290 die Sabiner endgültig unterworfen und mit den Samniten Frieden geschlossen hatte, war die grundsätzliche Entscheidung gefallen, daß Rom die Hegemonie über Italien ausüben würde. Aber so richtig diese Aussage im Rückblick auch erscheinen mag: Abgeschlossen war damals die Unterwerfung der italischen Halbinsel noch nicht. Das Vordringen Roms in den äußersten Süden, nach Lukanien und Bruttium (dem heutigen Kalabrien), brachte Rom in ein Spannungsgebiet der damaligen ‹Weltpolitik›, in dem sich griechische und karthagische Herrschaftsinteressen kreuzten. Politisch und nicht nur geographisch gesehen, hing der tiefe Süden des italischen Festlandes mit Sizilien, der größten Insel des Mittelmeeres, eng zusammen, und dieser Zusammenhang war dadurch gegeben, daß beide Teile von der griechischen Kolonisation erfaßt worden waren. Aber die griechischen Städte waren hier wie dort gefährdet, auf dem italischen Festland durch die in die Ebenen drängenden Bergvölker des Hinterlandes, auf Sizilien durch die karthagische Reichsbildung im westlichen Mittelmeer. Das westliche Sizilien war das Kernstück dieses Reiches. Es umfaßte neben dem Herrschaftsgebiet in Nordafrika Sardinien, die Balearen und einen Küstenstreifen im südöstlichen Spanien, der von der Gegend des heutigen Cadiz im Westen der Küste in Richtung Osten folgte. Wie aus dem zweiten römisch-karthagischen Vertrag hervorgeht, war um die Mitte des vierten Jahrhunderts die nordöstliche Grenze des karthagischen Interessengebiets Masteia Tarseios, das in der Gegend von Cartagena lokalisiert wird. Diesem und dem vorangehenden ersten Vertrag ist auch ein erster Hinweis darauf zu entnehmen, daß Karthagos Herrschaft im westlichen Sizilien eher locker gefügt war. Die Stadt besaß dort offenbar nicht die Möglichkeit, fremden Händlern die vertragsgemäße Abwicklung von Kauf und Verkauf zu garantieren, und konnte nur die Teilhabe an den Rechten anbieten, die in den einzelnen Städten des Untertanengebiets die eigenen Händler genossen. Im westlichen Sizilien war es Karthago offenbar nicht gelungen, den eigenen Herrschaftsbezirk nach außen und nach innen so zu stabilisieren, daß es hier seinen Vertragspartnern die Bedingungen des Zugangs diktieren oder ihn generell verweigern konnte. Der Hauptgrund lag in der Präsenz der Griechen im größeren Ostteil der Insel und in den Herrschaftsaspirationen der Stadtherren von Syrakus, die sich in gleicher Weise auf die griechischen Städte der Insel wie Unteritaliens erstreckten. Freilich konnte weder in Syrakus noch in den anderen griechischen Städten die Tyrannis Stabilität und Kontinuität gewinnen, und es blieb nicht aus, daß mit der Labilität der inneren Verhältnisse auch eine Instabilität der Grenzziehung zwischen dem griechischen und dem karthagisch beherrschten Teil Siziliens verknüpft war. Welche Konstellationen sich seit dem frühen fünften Jahrhundert, der Zeit der Perserkriege und des Tyrannen Gelon von Syrakus, aus dieser Lage der Dinge ergaben, kann und muß hier nicht im einzelnen verfolgt werden. Es mag genügen, kurz die komplizierten Verhältnisse zu schildern, die Rom antraf, als es nach Süditalien vordrang.

Im Sommer 405 begründete Dionysios I. in Syrakus eine bis zu seinem Tod im Jahre 367 dauernde Tyrannis. Er vereinte den ganzen griechischen Ostteil Siziliens unter seiner Herrschaft und schloß nach wechselvollen Kämpfen mit Karthago den Frieden von 374, der den karthagischen Westen durch eine Linie begrenzte, die im Süden durch den Halykos (Platani) und im Norden durch den Himeras (Imera settentrionale) gebildet wird. Aber seine Herrschaftsaspirationen griffen weiter aus. Im Bündnis mit dem unteritalischen Kroton faßte er in Bruttium, dem heutigen Kalabrien, Fuß, und sicherte sich durch die Eroberung von Rhegion die Kontrolle der Straße von Messina (387/86). Wenig später gründete er an der dalmatischen Küste die Kolonien Lissos und Issa (384/83), an der italischen Gegenküste Ancona und, an der Pomündung, Hadria. Alle diese Neugründungen dienten als Stützpunkte der Piraterie und des Handels. An der Westküste Italiens führte Dionysios einen Schlag gegen die Konkurrenz der gefürchteten etruskischen Seeräuber und eroberte nördlich der Tibermündung Pyrgi, den Hafen von Caere. Doch sein Reich zerfiel nach seinem Tod. In den folgenden Wirren unterwarf sich Karthago von neuem die griechischen Städte an der Südküste Siziliens, Akragas, Gela und Kamarina. Als Korinth, die Mutterstadt von Syrakus, auf Bitten der bedrängten Gegner des Tyrannen Dionysios II. eine kleine Streitmacht unter Führung des Timoleon zu Hilfe schickte (346/45),

II. Rom und die Mittelmeerwelt

stellte Karthago sogleich klar, daß es nicht gewillt war, eine Intervention einer fremden Macht in Sizilien hinzunehmen. Doch Timoleon gelang nicht nur die Beseitigung der Tyrannenherschaft in den griechischen Städten und die Errichtung einer informellen syrakusanischen Hegemonie: Er gewann auch im Krieg mit Karthago die mit Dionysios I. vereinbarte Grenzlinie zwischen dem griechischen und dem karthagischen Sizilien zurück. Nachdem Timoleon die politische Führung niedergelegt hatte (337/36), brachen in Syrakus erneut Parteikämpfe zwischen Oligarchen und Demokraten aus, und dies gab dem syrakusanischen Condottiere Agathokles die Chance zur Machtergreifung (317/16). Karthago intervenierte, als er seine Herrschaft über die anderen griechischen Städte auszuweiten versuchte. In dem folgenden Krieg landete Agathokles sogar im nordafrikanischen Kernland Karthagos (310–307), doch scheiterte er und schloß einen Frieden, der den alten Status quo bestätigte. Im Jahre 304 nahm er den Königstitel an. Sein Vorbild waren die Nachfolger Alexanders des Großen, die sich ein Jahr zuvor zu Königen gemacht hatten. Mit einem der neuen Königsgeschlechter knüpfte er ein dynastisches Band, indem er mit Theoxene, der Stieftochter Ptolemaios' I., der aus der Konkursmasse des Alexanderreichs Ägypten und die Kyrenaika behauptet hatte, die Ehe einging. Kurz darauf erreichte ihn ein Hilfegesuch Tarents, der bedeutendsten griechischen Stadt in Unteritalien, und er war willens, diese Chance zur Vergrößerung seiner Herrschaft ebenso zu nutzen, wie dies Rom eine Generation vorher aus Anlaß des Hilferufs von Neapel getan hatte.

Der Grund für die Hilferufe war in beiden Fällen der gleiche. Die griechischen Städte konnten sich aus eigener Kraft nicht des Ansturms der in die Ebenen vordringenden italischen Bergvölker erwehren. Im Falle Tarents hatten Hilfegesuche an griechische Mächte außerhalb Italiens schon eine längere Tradition. In den Jahren 344 und 343 kämpfte der spartanische König Archidamos II. mit einem kleinen Söldnerheer für die von Lukanern und Messapiern bedrängte Tochterstadt. Einige Jahre nachdem er gefallen war, rief Tarent den epirotischen König Alexander I., den Onkel Alexanders des Großen, zu Hilfe. Dieser nahm mit Ermutigung durch seinen Neffen das Gesuch in der Absicht an, sein an der Adria (im heutigen Albanien) gelegenes Reich durch Unteritalien zu arrondieren. Er errang in Lukanien, Bruttium und Apulien große Anfangserfolge (seit 334/33), doch fiel er schon im Jahre 331 in der Schlacht bei Pandosia. Die ohnehin unvollendete Reichsbildung zerfiel mit seinem Tod, und die alten Probleme stellten sich wieder ein. Die Lukaner griffen das griechische Herakleia an, die Bruttier weiter im Süden Kroton, das um das Jahr 325 Syrakus um Hilfe bat. Tarents Lage verschlechterte sich gegen Ende des vierten Jahrhunderts so sehr, daß es wieder Hilfe bei seiner Mutterstadt suchte. Sparta schickte im Jahre 303 den Prinzen Kleonymos, der sich mit einem Söldnerheer der Insel Korkyra und der Stadt Metapont bemächtigte und den Plan verfolgte, im Kampf mit den italischen Feinden Tarents eine eigene Herrschaft an der Straße von Otranto und am Golf von Tarent zu begründen. Dazu reichten seine Mittel freilich nicht, nach Mißerfolgen zog Kleonymos sich nach Griechenland zurück, und so wandten sich die Tarentiner an einen Mächtigeren, an Agathokles, den neuen König in Syrakus und Sizilien.

Agathokles eroberte im Jahre 300 Korkyra, ein Jahr später nahm er in Unteritalien Kroton ein und kämpfte zusammen mit Tarent gegen Lukaner und Messapier. Im Jahre 293 eroberte er Hipponion und brachte Rhegion und Lokroi auf seine Seite. Der große Abenteurer war im Begriff, ein hellenistisches Königreich des Westens zu errichten, das von Sizilien über Unteritalien bis zu den Inseln des Ionischen Meeres reichen sollte. Sein Tod im Jahre 289 vereitelte den Plan. Vom Standpunkt des hilfesuchenden Tarents waren es ohnehin zweischneidige Erfolge, die er errungen hatte. Denn der willkommene Schutz vor Lukanern und Messapiern war durch die Absicht dieses (und der anderen) Hilfeleistenden schwer belastet, in Unteritalien eine persönliche Herrschaft zu errichten. Mit dem Tod des Schutzherrn lebte freilich der Druck der italischen Stämme auf die griechischen Städte wieder auf. Die Bruttier eroberten Hipponion und griffen zusammen mit den Lukanern Thurioi, die alte panhellenische Kolonie des Perikles, an. Diese Stadt war mit Tarent, der griechischen Vormacht in Unteritalien, verfeindet und mußte sich deshalb nach anderen Bundesgenossen umsehen. Nach Lage der Dinge kam nur Rom in Frage, das bereits im Jahre 298, zu Beginn des Dritten Samnitenkrieges, durch den Konsul Lucius Cornelius Scipio Barbatus eine Befriedungsaktion in Lukanien hatte durchführen lassen. Das Hilfegesuch von Thurioi wurde angenommen. Der Konsul Gaius Fabricius Luscinus erzwang den Abbruch der Belagerung und empfing dafür von der dankbaren Bürgerschaft der verbündeten Stadt die Ehre der Aufstellung seiner Statue auf dem

Forum in Rom (282). Zum Schutz gegen Angriffe der Italiker legte Rom Besatzungen nach Thurioi, Lokroi und Kroton, vielleicht auch schon nach Rhegion. Damals trat auch Elea/Velia, das sich durch den Ausbau der Stadt zu einer eindrucksvollen, an die Befestigungen von Syrakus erinnernden Landfestung zu schützen versuchte, in ein Bundesverhältnis zu Rom.
Damit war eine Entwicklung eingetreten, die Tarent verständlicherweise aufs höchste alarmieren mußte. Und es war diese Konstellation, die Rom in den ersten Krieg mit einer außeritalischen Macht, mit dem hellenistischen König Pyrrhos I. von Epirus, verwickelte.

Der Krieg mit König Pyrrhos

Im Zuge der militärischen Operationen, mit denen Rom die griechischen Städte Unteritaliens zu ihrem Schutz mit Besatzungen belegte, war auch ein kleines römisches Flottengeschwader vor Tarent erschienen. Das war ein Bruch des zwischen beiden Mächten geschlossenen Vertrags, der es römischen Schiffen untersagte, über das Vorgebirge Lakinion (Capo delle Colonne) hinaus in den Tarentinischen Golf einzufahren. Der Vertrag stammte aus der Zeit, als der spartanische Prinz Kleonymos an der Seite Tarents in Unteritalien gekämpft hatte (303), und hatte seinerzeit der Abgrenzung der beiderseitigen Operationsgebiete gedient. Die Tarentiner nahmen das Erscheinen römischer Kriegsschiffe zum Anlaß, sie anzugreifen und darüber hinaus das benachbarte Thurioi einzunehmen, wo die römische Besatzung unter der Bedingung eines freien Abzugs kapitulierte. Daraufhin forderte Rom Genugtuung, die Freilassung der Besatzung des Schiffes, das die Tarentiner aufgebracht hatten, und die Räumung von Thurioi. Diese Forderungen wurden abgelehnt, angeblich unter Ausfällen des tarentinischen Mobs gegen die römischen Gesandten. Damit war der Krieg eröffnet.

Tarent war jedoch aus eigener Kraft und selbst mit der Unterstützung von süditalischen Gegnern Roms gar nicht in der Lage, einen Krieg gegen die führende Macht Italiens durchzustehen, und so griff es sogleich auf das alte Mittel zurück, Unterstützung bei einer außeritalischen Macht zu suchen. Von Syrakus war nach dem Tod des Agathokles keine Hilfe zu erwarten. So wandten sich die Tarentiner an den Molosserkönig Pyrrhos I., der wie seine Vorgänger zugleich als Bundesfeldherr (griechisch *Hegemon*) an der Spitze der übrigen Epiroten stand. Damit versuchten sie an die Kooperation anzuknüpfen, die bereits mit König Alexander I. zwischen den Jahren 334/33 und 331 bestanden hatte. Pyrrhos nahm das Hilfegesuch an, und er wird dies in der Absicht getan haben, wie Agathokles ein hellenistisches Königreich im Westen der griechischen Welt zu begründen.

König Pyrrhos war auch insofern der Erbe des Agathokles, als er den Typus des großen politischen Abenteurers repräsentierte, der nach dem Tod Alexanders des Großen im Kampf um die Konkursmasse des von diesem hinterlassenen Reiches im Osten in Erscheinung getreten war. Pyrrhos war freilich auch einer der größten Feldherren des Altertums, und er hatte, als ihn das tarentinische Hilfegesuch erreichte, in beiderlei Hinsicht trotz seiner Jugend bereits eine bewegte Vergangenheit hinter sich. Geboren im Jahre 319/18, war er schon als Zwölfjähriger unter Vormundschaft zum König proklamiert worden. Im Jahre 302 mußte er vor Kassander, einem der Nachfolger Alexanders des Großen, der sich selbst zum König der Makedonen gemacht hatte, aus seinem Reich zu seinem Schwager Demetrios, dem Städtebelagerer (griechisch *Poliorketes*), einem der anderen Könige von eigenen Gnaden, nach Griechenland fliehen. Ein Jahr später verloren Demetrios und sein Vater, Antigonos der Einäugige (griechisch *Monophthalmos*), bei Ipsos in Kleinasien die entscheidende Schlacht gegen die große Koalition, die von den anderen Diadochen Alexanders des Großen, Kassander, Lysimachos, Ptolemaios I. und Seleukos I., gebildet wurde. Pyrrhos hatte an der Seite des Demetrios an der Schlacht teilgenommen, und der Achtzehnjährige wurde von ihm danach zum Strategen über die griechischen Städte gemacht, die in der Hand des Besiegten geblieben waren. Als Demetrios dann mit Ptolemaios, dem Herrscher Ägyptens, Frieden und Bündnis schloß, ging Pyrrhos als Geisel an den Hof von Alexandrien (299/98). Dort heiratete er die ptolemäische Königstochter Antigone und gewann mit Hilfe seines Schwiegervaters nach dem Tod Kassanders sein Reich an der Adria zurück. Nach dem Tod der Antigone heiratete er im Jahre 295 Lanassa, eine Tochter des syrakusanischen Königs Agathokles, die ihm als Mitgift die Insel Korkyra einbrachte. Durch Krieg und durch Heirat mit Töchtern illyrischer und päonischer Dynasten vergrößerte und gefährdete er sein Reich, denn Lanassa war nicht bereit, die Polygamie ihres Mannes als politisches Mittel zum Zweck hinzunehmen. Im Jahre 291 suchte sie Zuflucht bei Demetrios Poliorketes, der inzwischen den makedonischen Thron gewonnen hatte. Demetrios nahm Korkyra in Besitz und fiel nach Epirus ein, aber schon kurze Zeit später, im Jahre 288, setzten die Makedonen ihn ab und riefen Pyrrhos, den Verwandten Alexanders des Großen (dessen Mutter Olympias war eine epirotische Prinzessin), zum König aus. Ganz Makedonien konnte er freilich nicht in Besitz nehmen, der Osten fiel an einen Mächtigeren, an König Lysimachos, den Herrscher über Thrakien und Kleinasien. An diesen verlor Pyrrhos im Jahre 284 auch den Westen Makedoniens. Drei Jahre später bereitete Seleukos I., dessen Reich sich von Syrien bis an die Grenzen Indiens erstreckte, Lysimachos in der Schlacht von Kurupedion den Untergang, und sofort erhob sich der Streit um den makedonischen Thron von neuem. Ptolemaios Keraunos, ein Sohn Ptolemaios' I., ermordete Seleukos, gewann Makedonien und fand den Thronprätendenten Pyrrhos mit der Überlassung eines Truppenkontingents von 5000 Mann und 20 Kriegselefanten für dessen geplanten Kriegszug nach Großgriechenland ab.

Schon im Jahre 281 hatte Pyrrhos eine Vorausabteilung nach Tarent geschickt, im folgenden ging er selbst mit 20 000 Phalangiten, 5500 Reitern und Leichtbewaffneten sowie den 20 Kriegselefanten nach Italien und errang bei Herakleia am Siris gegen das Heer des Konsuls Publius Valerius Laevinus einen verlustreichen Sieg. Die Folge war, daß Lukaner, Bruttier und Samniten auf seine Seite traten und auch Lokroi von Rom abfiel. In Rhegion kam die aus Campanern bestehende Besatzung den Abfallplänen der Bürger zuvor, tötete oder vertrieb alle männlichen Einwohner und führte den Krieg auf eigene Rechnung. Für Rom ging es in dieser Lage um nichts Geringeres als um die Abwendung der Gefahr, daß das Ergebnis der Samnitenkriege revidiert wurde und ein hellenistischer König seine Herrschaft in Süditalien etablierte. Es setzte den Krieg fort. Pyrrhos' Plan, die Stadt durch seinen Marsch auf Rom friedensbereit zu machen, scheiterte. Die römische Bundesgenossenorganisation in Campanien und Mittelitalien war nicht zu erschüttern, und er konnte weder Neapel noch Capua gewinnen. Als Alternative blieb ihm im folgenden Jahr nur eine Offensive nach Apulien. Hier trat ihm bei Ausculum ein konsularisches Heer unter dem Kommando des Publius Decius Mus entgegen, und wieder errang der König einen verlustreichen Sieg. Danach bot er den Römern auf der Grundlage des Status quo den Frieden an. Wäre er angenommen worden, hätte er in Unteritalien eine Machtbasis gewonnen, die ihn in die Lage versetzt hätte, zwischen zwei aussichtsreich erscheinenden Optionen zu wählen. König Ptolemaios, genannt der Blitz (griechisch *Keraunos*), fiel im Kampf gegen die Kelten, der Thron Makedoniens war wieder frei, und auf Sizilien wurde Syrakus so hart von den Karthagern bedrängt, daß es Pyrrhos zu Hilfe rief. So eröffnete sich dem König die Perspektive einer Reichsbildung, die sich vom Balkan über Großgriechenland bis nach Sizilien erstreckte. In Rom war der Senat offenbar zunächst bereit, auf das Friedensangebot einzugehen. Aber dann wurde der bereits geschlossene Präliminarfriede doch verworfen (angeblich nach einer eindrucksvollen Senatsrede des erblindeten Appius Claudius, der wegen des Verlust seines Augenlichts den Beinamen Caecus – der Blinde – trug). Tatsächlich hätte die Annahme des Friedensangebots den Verzicht auf die politischen Ergebnisse des letzten Samnitenkrieges bedeutet und Süditalien der römischen Herrschaft verschlossen. Mitausschlaggebend für die römische Entscheidung, den Krieg bis zum siegreichen Ende fortzusetzen, war der zufällige Umstand, daß damals das von Pyrrhos' Plänen bedrohte Karthago Rom ein Bündnisangebot machte. Das Bündnis kam zustande. Beide Seiten verpflichteten sich darin, keinen Separatfrieden mit Pyrrhos zu schließen und sich im Bedarfsfall gegenseitig Hilfe zu leisten. Darüber hinaus wurde stipuliert, daß die Karthager den Transport von Hilfskontingenten zur See übernehmen und den Römern mit ihrer Flotte zu Hilfe kommen sollten, wenn dies nötig sei. Der von Polybios in griechischer Sprache mitgeteilte Text der entscheidenden Vertragsbestimmung lautet:

«Wenn sie (sc. Karthager oder Römer) schriftlich einen (Friedens-)Vertrag mit Pyrrhos schließen, so sollen sie dies zusammen tun. Damit sie einander im Land des angegriffenen Teils Hilfe leisten können, welcher Teil es auch sei, der Hilfe benötigt: Die Karthager sollen die Schiffe stellen für den Hin- und Rücktransport; für den Unterhalt seiner Truppen aber soll jeder Teil selbst sorgen. Und die Karthager sollen den Römern im Bedarfsfall Hilfe zur See leisten. Aber niemand soll die Besatzungen zwingen, gegen ihren Willen an Land zu gehen» (*Polybios*, 3,25,3–5).

Auf der Grundlage dieses Abkommens brachten karthagische Schiffe eine römische Heeresabteilung nach Rhegion, um zu verhindern, daß Pyrrhos sich in den Besitz der die Straße von Messina beherrschenden Stadt setzte. Trotzdem gelang Pyrrhos der Übergang nach Sizilien. In

Syrakus wurde er zum bevollmächtigten Strategen für den Krieg gegen Karthago gewählt, und binnen kurzem eroberte er die Insel mit Ausnahme der an der Westspitze gelegenen befestigten Hafenstadt Lilybaeum. Diesen Stützpunkt der Karthager konnte er ebensowenig einnehmen wie Messana an der nordöstlichen Spitze Siziliens. Dort hatten sich die verabschiedeten campanischen Söldner des Agathokles (sie nannten sich nach dem Kriegsgott Mars Mamertiner) der Stadt bemächtigt, die männlichen Einwohner getötet oder vertrieben und den an einer strategischen Schlüsselstellung gelegenen Platz zum Ausgangspunkt ihrer Raubzüge zu Wasser und zu Lande gemacht. Zu Pyrrhos' Unvermögen, sich der beiden befestigten Städte zu bemächtigen, kamen Schwierigkeiten mit seinen griechischen Bundesgenossen, die nicht gewillt waren, sich seinen Herrschaftsambitionen zu unterwerfen, und alarmierende Nachrichten aus Italien. Dort konnten sich seine Verbündeten gegen die Römer nicht behaupten. Sie benötigten dringend Hilfe, und so entschloß sich Pyrrhos im Herbst 276, das sizilische Unternehmen abzubrechen und nach Italien zurückzugehen. Sein Versuch, Rhegion einzunehmen, scheiterte an der karthagischen Flotte und an den Mamertinern von Messana. Pyrrhos' Flotte erlitt so große Verluste, daß er von Sizilien endgültig abgeschnitten war. Der Zusammenstoß mit den Römern fand im folgenden Jahr in Lukanien auf den Arusinischen Feldern am unteren Silarus statt. Die Schlacht endete unentschieden, und das bedeutete für Pyrrhos, daß er keine Chance mehr auf einen Sieg hatte. Seine Hilfsmittel waren erschöpft, die der Römer waren es nicht. Im Herbst 275 verließ er Italien, um den Kampf um den makedonischen Thron wieder aufzunehmen – dieses Mal gegen Antigonos Gonatas, den Sohn des Demetrios Poliorketes, der durch einen Sieg über die Kelten gerade Makedonien für sich gewonnen hatte. Einige Jahre später rief Pyrrhos auch die Besatzung zurück, die er bei seinem Abzug unter dem Befehl seines Sohnes Helenos zum Schutz der Bundesgenossen in Italien zurückgelassen hatte. Damit war der Versuch, die hellenistische Monarchie in Großgriechenland und Sizilien zu etablieren, gescheitert. Pyrrhos selbst errang einen großen Sieg über Antigonos Gonatas, aber fiel im Jahre 272 bei dem Versuch, dessen Herrschaft in Griechenland zu beseitigen, in einem Straßenkampf in Argos.

In Italien war das Ergebnis des Pyrrhoskrieges eine Bestätigung und Erweiterung der römischen Herrschaft in Italien. Die griechischen

Städte Unteritaliens einschließlich Tarents traten ebenso wie die Bruttier und Lukaner in die römische Bundesgenossenorganisation ein. Am schwersten trafen die Konsequenzen des Krieges die Samniten, die Rom so lange mit relativem Erfolg Widerstand geleistet hatten. Ihr Stammesverband wurde aufgelöst, und mit den einzelnen Teilstämmen schloß Rom dann zweiseitige Bündnisverträge. Fast ein Drittel ihres Territoriums mußten die Samniten an Rom abtreten, das dort große latinische Kolonien gründete: im Süden Benevent (268) und im Norden Aesernia (263). Obwohl mit Pyrrhos' Abzug Roms Herrschaft unvermeidlich geworden war, mußten noch einzelne Widerstandszentren niedergerungen werden. Im Jahre 268 wurden an der Adria die südlich von Ancona siedelnden Picenter unterworfen, weiter im Süden die Salentiner und Japyger. Zur Sicherung der römischen Herrschaft in diesen Gebieten wurden die Kolonien Ariminum (268) und Firmum (264) angelegt. Später, im Jahre 244, folgte noch Brundisium.

Ein weiteres Problem, das der Pyrrhoskrieg hinterlassen hatte, war die Existenz der sich gegenseitig stützenden Räubergemeinden der Mamertiner in Rhegion und Messana. Während des Krieges hatten sie für die miteinander verbündeten Römer und Karthager eine nützliche Funktion erfüllt. Aber nach dem Rückzug des Pyrrhos konnte davon keine Rede mehr sein, zumal die Mamertiner von Rhegion in Unteritalien zur offenen Kriegführung auf eigene Rechnung übergegangen waren. Sie zerstörten Kaulonia und eroberten Kroton. Daraufhin schritten die Römer ein, belagerten Rhegion und zwangen die Eingeschlossenen, vielleicht mit Unterstützung eines syrakusanischen Flottengeschwaders, zur Übergabe (270). Die Mamertiner wurden hingerichtet, und die Stadt erhielten die überlebenden griechischen Bürger zurück. Übrig blieben auf der anderen Seite der Straße von Messina ihre sizilischen Bundesgenossen, die Mamertiner von Messana. An ihnen sollte sich wenige Jahre später der große Konflikt mit Karthago entzünden, der Erste Punische Krieg.

Der Erste Punische Krieg

Die Raub- und Plünderungszüge der Mamertiner von Messana brachten in Syrakus einen Condottiere namens Hieron an die Macht. Im Jahre 269 machte er sich zum Tyrannen der Stadt und drängte die

Mamertiner in wechselvollen Kämpfen in die Nordostecke der Insel zurück. Schließlich errang er fünf Jahre später einen großen Sieg am Longanos in der Ebene südlich von Kap Mylai (Capo di Milazzo). Hieron nahm nach dem Vorbild hellenistischer Herrscher den Königstitel an und begann unverzüglich mit der Belagerung von Messana. In ihrer Bedrängnis wandten sich die Mamertiner an die Römer, die Herren Italiens, denen sie im Pyrrhoskrieg wertvolle Dienste geleistet hatten. Sie baten um Hilfe und boten dafür ihre Unterwerfung (*deditio*) an, d. h., sie waren bereit, der römischen Bundesgenossenorganisation zu den von Rom angebotenen Bedingungen beizutreten. Auf die Gefahr eines Krieges mit Karthago deutete bei dieser Ausgangskonstellation eigentlich nichts hin. Nur König Hieron trat als möglicher Kriegsgegner von Anfang an in das Blickfeld Roms. Syrakus und Karthago waren traditionell miteinander verfeindet, und erst kürzlich hatten Rom und Karthago ein Kooperationsabkommen gegen König Pyrrhos, den Verbündeten von Tarent und Syrakus, geschlossen. Außerdem war Rom, als das Hilfegesuch der Mamertiner eintraf, noch mit dem Ausbau seiner Herrschaft in Italien beschäftigt und in dieser Angelegenheit auch militärisch in Anspruch genommen. Das Volk von Volsinii hatte sich gegen seine Aristokratie erhoben, und ein römisches Zweilegionenheer belagerte die Stadt. Eingenommen wurde Volsinii erst gegen Ende des Jahres 264: Am 1. November dieses Jahres feierte der Sieger, der Konsul Marcus Fulvius Flaccus, seinen Triumph über die Stadt. So dachte der Senat sicher an nichts weniger als an einen großen Krieg mit Karthago in Übersee. Aber gerade weil das politische Hauptinteresse damals auf der Sicherung der Herrschaft über Italien lag, ist es nach den Erfahrungen nicht nur des Pyrrhoskrieges, sondern auch der vorangegangenen Interventionen griechischer Tyrannen und Könige in Unteritalien leicht einzusehen, daß das Unterwerfungsangebot der Mamertiner als günstige Gelegenheit betrachtet wurde, dem neuen syrakusanischen König die Festsetzung an der strategischen Schlüsselposition der Straße von Messina zu verwehren.

Jedenfalls war Rom bereit, das Risiko eines begrenzten Krieges mit König Hieron einzugehen. Der Konsul Appius Claudius sollte mit einem Zweilegionenheer nach Rhegion gehen, um der Forderung nach Aufhebung der Belagerung von Messana Nachdruck zu verleihen. Aber die römischen Vorbereitungen kamen nur langsam voran, und so wandten sich die Mamertiner in ihrer Not an Karthago. In buchstäblich letzter Minute – die Mamertiner waren schon bereit, die Stadt an Hieron zu übergeben – legte der karthagische Admiral Hanno eine Besatzung in die Stadt, und daraufhin hob Hieron, der einen Konflikt mit Karthago vermeiden wollte, die Belagerung auf. Als Appius Claudius verspätet vor Rhegion erschien, fand er die Straße von Messina durch eine karthagische Flotte gesperrt und die Stadt Messana selbst von einer karthagischen Besatzung bewacht. Aber ein römischer Offizier, der nach Messana gelangte, veranlaßte die Mamertiner, die Besatzung zu vertreiben und sich im Vertrauen auf die römische Hilfe den Römern zu unterwerfen. Sicher spielte dabei auch die Überlegung eine wichtige Rolle, daß die Zugehörigkeit zur römischen Bundesgenossenorganisation sich nach aller Erfahrung als weit weniger belastend erweisen würde als die Herrschaft der Karthager.

Damit war eine Lage eingetreten, die für die düpierten Syrakusaner und Karthager so alarmierend war, daß die alten Feinde ein Bündnis gegen Rom schlossen, um zu verhindern, daß die Italien beherrschende Großmacht sich auf Sizilien festsetzte. Die Verhandlungen, die der Konsul mit den Verbündeten anknüpfte, führten zu keiner Einigung. So wagte er die riskante Überfahrt und verteidigte die Stadt gegen das neu zusammengezogene, aus syrakusanischen und karthagischen Kontingenten bestehende Belagerungsheer (Frühjahr 263). Wie mit Recht gesagt worden ist (E. Ruschenbusch), waren alle Beteiligten in einen Krieg «hineingeschlittert», den sie weder gewünscht noch erwartet hatten.

Aus der Retrospektive stellten später die antiken Historiker des dritten und zweiten Jahrhunderts die sogenannte Kriegsschuldfrage. Für Philinos von Akragas, der als erster die Geschichte des Krieges, und zwar mit prokarthagischer Parteistellung, schrieb, waren die Herrschsucht und die Beutegier der Römer die auslösenden Faktoren des großen Konflikts, den sie unter Mißachtung von Moral und Vertragsrecht angezettelt hatten – er las aus dem gegen Pyrrhos gerichteten römisch-karthagischen Abkommen heraus, daß sich die Römer verpflichtet hatten, sich von Sizilien fernzuhalten. Der karthagerfreundlichen Version antwortete eine Generation später, um 200, der erste römische Historiker Fabius Pictor. Er behauptete, der Senat habe trotz der gefährlichen «Einkreisung» Italiens durch die Karthager im westlichen Mittelmeer wegen seiner moralischen Bedenken gegen eine Unterstützung des Raubstaates der Mamertiner keine Entscheidung über das eingegangene Hilfsgesuch getroffen, und er wies die

Verantwortung für die Annahme und die sich daraus ergebenden Folgen dem Konsul Appius Claudius und der Volksversammlung zu. So antworten den parteiischen Anschuldigungen die den Senat exkulpierenden Ausreden und eine machtpolitische Analyse, die den Stempel des Anachronistischen trägt: Sie setzt für die Entstehung des Krieges eine Lage voraus, die erst der Krieg geschaffen hat.

Auch nachdem der Krieg ausgebrochen war, hat es noch längere Zeit gedauert, bis er von Rom und Karthago unter Einsatz aller Machtmittel mit dem Ziel geführt wurde, den Kriegsgegner aus Sizilien zu verdrängen. Der Nachfolger des Appius Claudius, der Konsul Manius Valerius, erzwang zunächst im Sommer 263 die Aufhebung der Belagerung von Messana (und erwarb sich damit für seine Person und seine Nachkommen den von der befreiten Stadt abgeleiteten Siegesbeinamen Messalla). Dann unterwarf er mit seinem Kollegen Manius Otacilius die Städte im griechischen Ostteil Siziliens und begann mit der Belagerung von Syrakus. Hieron bat um Frieden, und er wurde ihm gewährt: Er zahlte eine Kriegsentschädigung von 100 Talenten (das entsprach 600 000 Drachmen) und mußte mit Rom ein Bündnis schließen. Dafür behielt er sein verkleinertes, auf Syrakus, Tauromenion und den Südosten der Insel beschränktes Königreich. Die Mamertiner von Messana wurden in die römische Bundesgenossenorganisation aufgenommen, und damit hatte Rom das Ziel, um dessentwillen es in den Krieg eingetreten war, erreicht. Noch im Jahre 263 wurde die römische Truppenstärke um die Hälfte verringert, und Manius Valerius feierte in Rom seinen Triumph.

Dieses Ergebnis des Krieges, das den ganzen Ostteil der Insel in römische Abhängigkeit gebracht hatte, war für die karthagische Seite absolut unannehmbar. In Karthago wurde der Entschluß gefaßt, große Kriegsanstrengungen zu unternehmen, um die römische Präsenz auf Sizilien rückgängig zu machen. Die Karthager warben iberische, keltische und ligurische Söldner und machten Akragas an der Südküste der Insel zu ihrer Operationsbasis. Die Römer nahmen die Herausforderung an, belagerten Akragas und nahmen die Stadt schließlich ein (262). Aber es war ein unvollständiger Sieg. Den Karthagern gelang es, den Belagerungsring zu durchbrechen, und sie machten in der Folgezeit den Römern mit ihrer Flotte schwer zu schaffen. Diese mußten die Erfahrung machen, daß eine meerbeherrschende Seemacht den Krieg überallhin an die Küsten tragen konnte. Mochte das römische Landheer auch Städte im Binnenraum des karthagischen Herrschaftsbezirks in Sizilien einnehmen: An den Küsten verloren sie, wie der Historiker Polybios sagt, mehr Städte, als sie im Inneren eroberten. Auch die Küste Italiens war dem Zugriff der karthagischen Flotte ausgesetzt, und auf Sardinien landeten die Karthager mit starken Kräften, um die Römer von Sizilien abzulenken. So stellte sich auf römischer Seite die Einsicht ein, daß mit der gewohnten Kriegführung zu Lande der Krieg mit der karthagischen Seemacht nicht zu gewinnen war. Der Konflikt entfaltete seine eigene Dynamik: Rom mußte selbst Seemacht werden, um Karthago schlagen zu können. Im Zusammenhang mit der Erfahrung der karthagischen Überlegenheit erfolgte die Änderung der römischen Kriegsziele. Es ging nicht länger mehr nur um die Sicherung des Ergebnisses der ersten Phase des Krieges, das in der Friedensregelung mit König Hieron fixiert worden war, sondern um die Beendigung der karthagischen Präsenz auf Sizilien und den vorgelagerten Inseln, die die Basen der karthagischen Kriegführung zur See darstellten.

Die nächste Konsequenz dieser Umorientierung war das noch im Jahre 261 aufgelegte erste römische Flottenbauprogramm – eine große materielle und organisatorische Leistung, an der die Küstenstädte Unteritaliens namhaften Anteil hatten. Der Auftakt der römischen Flottenoperationen war ein Mißerfolg. Der Flottenbefehlshaber, der Konsul Gnaeus Cornelius Scipio Asina, wurde von den Karthagern auf der Insel Lipara blockiert und zur Kapitulation gezwungen. Aber sein Kollege Gaius Duilius gewann in der folgenden Seeschlacht am Kap Mylai dank der Erfindung einer Enterbrücke (des ‹Raben›, corvus), die den Römern erlaubte, wie zu Lande mit dem Schwert zu kämpfen, einen großen Seesieg, bei dem zahlreiche gegnerische Schiffe in römische Hand fielen (260). In den folgenden Jahren dehnte Rom dann den Seekrieg nach Sardinien und Korsika aus und unternahm Expeditionen gegen Lipara und Malta, aber ein durchschlagender Erfolg blieb aus. Auf Sizilien gewannen die Karthager sogar Städte zurück, und im Jahre 257 standen die Römer etwa an dem Punkt, an dem sie mit ihrer neuen Strategie begonnen hatten. Ihre Antwort auf diesen Mißerfolg bestand in der Erhöhung des Einsatzes. Die Konsuln Marcus Atilius Regulus und Lucius Manlius Vulso Longus errangen im Jahre 256 an der Südküste Siziliens den Seesieg bei Eknomos und sicherten so dem auf Sizilien zusammengezogenen Expeditionsheer den Übergang nach Nordafrika. Doch endete dieses Unternehmen nach großen Anfangserfolgen mit einer Katastrophe. Der in Nordafrika kommandierende Oberbefehlshaber Marcus Atilius Regulus stellte den friedensbereiten Karthagern so harte Bedingungen, daß diese den Kampf fortsetzten. In der Person eines spartanischen Söldnerführers namens Xanthippos gewannen sie einen Feldherrn, der der römischen Kriegführung gewachsen war. Regulus geriet in Gefangenschaft, das Landheer und die Flotte gingen zum größten Teil verloren.

Doch Rom gab nicht auf. Der Krieg verlagerte sich wieder zurück nach Sizilien, und die römische Strategie diente dem Ziel, den Karthagern durch methodische Kriegführung alle festen Stützpunkte auf der Insel zu entreißen. Im Jahre 254 gelang die Einnahme der bedeutenden Hafenstadt Panormus (Palermo). Doch die Fortschritte, die in den folgenden Jahren bis 249 errungen wurden, wurden mehr als aufgewogen durch den Verlust mehrerer Flotten und das Scheitern der kombinierten See- und Landoperation gegen Drepanum und Lilybaeum. Rom mußte die kostspielige Seekriegsführung ganz einstellen. Das hatte zur Folge, daß in den folgenden Jahren die Küsten Italiens wieder von karthagischen Flotten heimgesucht wurden und Rom über kein wirksames Gegenmittel mehr verfügte. Auf Sizilien verwickelte der karthagische Feldherr Hamilkar, der ‹Blitz› (dies ist die Bedeutung seines Beinamens Barkas), die Römer von seiner festen Stellung am Berg Eryx (Monte San Giuliano) aus jahrelang in einen zähen Stellungskrieg, den sie nicht gewinnen konnten, solange Karthago das Meer beherrschte und die Stützpunkte auf Sizilien, Drepanum und Lilybaeum, auf dem Seeweg mit Nachschub versorgen konnte. Ohne den Bau einer neuen Flotte war keine Wende des Krieges zu erzwingen, aber dazu war der durch den langen Kampf erschöpfte römische Staat nicht mehr in der Lage. Private Spender sprangen ein, und mit ihrer Hilfe wurde dann die benötigte Flotte gebaut. Mit ihr besiegte am 10. März 241 der Konsul Gaius Lutatius Catulus die Karthager bei den Aegatischen Inseln, und das bedeutete: Die auf Sizilien gehaltenen Positionen waren von allem Nachschub abgeschnitten, Karthago konnte den Krieg um die Insel nicht mehr weiterführen.

Den Präliminarfrieden handelten der siegreiche Konsul und der unbesiegte Hamilkar Barkas aus. Er enthielt folgende Bestimmungen:

«Unter diesen Bedingungen soll Freundschaft zwischen Karthago und Rom sein, vorausgesetzt, daß auch das römische Volk es gutheißt: Die Karthager sollen ganz Sizilien räumen und keinen Krieg gegen Hieron führen noch gegen die Syrakusaner oder die

Bundesgenossen der Syrakusaner die Waffen ergreifen. An Geld sollen die Karthager den Römern in 20 Jahren 2200 euboiische Talente zahlen» (*Polybios*, 1,62,8–9).

In der vorgelegten Form wurde jedoch der Frieden in Rom nicht angenommen. Eine aus zehn Männern bestehende Senatskommission ging zu Nachverhandlungen nach Sizilien und verschärfte in einigen Punkten die im Präliminarfrieden formulierten Bedingungen. Alle Inseln zwischen Sizilien und Italien mußten zusätzlich geräumt werden, die Kriegsentschädigung wurde um 1000 euboiische Silbertalente (die betreffende Gewichtseinheit wog 26,2 kg) heraufgesetzt, die Zahl der Jahresraten um die Hälfte auf zehn vermindert. Auf dieser Grundlage kam der Friedensschluß im Jahre 241 nach mehr als zwanzigjährigem Kampf zustande.

Rom hatte den Krieg um Sizilien bis an den Rand der Erschöpfung geführt, und es fragt sich, warum es diesen Weg wählte und sich nicht mit der aus der langen Geschichte der karthagisch-syrakusanischen Auseinandersetzungen erprobten Kompromißlösung einer Teilung der Insel in zwei Herrschaftsgebiete zufriedengab. Diese Frage ist vielfach mit Rekurs auf den ebenso vieldeutigen wie voraussetzungsreichen Imperialismusbegriff beantwortet worden. Nimmt man den Begriff in einem unspezifischen, allgemeinen Sinn und versteht man unter Imperialismus Macht- und Herrschaftsstreben, so stellt sich sogleich die weitere Frage, aus welchen Motiven sich dieses römische Streben speiste, mit dem ein Maximalziel auf Biegen und Brechen verfolgt wurde. Namhaft gemacht werden vielfach zwei Motive, denen ein erheblicher Realitätsgehalt auch gar nicht zu bestreiten ist: die Beutegier, die Hoch und Niedrig in der militarisierten Gesellschaft Roms miteinander verband, und die Ruhmsucht einer Aristokratie, deren Angehörige in den Werken des Krieges das wichtigste Mittel im Konkurrenzkampf um Ansehen und informelle Macht sahen. Das große Ehrenmonument, das Gaius Duilius nach der Erringung des ersten römischen Seesiegs im Jahre 260 auf dem Forum gesetzt wurde, eine mit Schiffsschnäbeln geschmückte Säule, trug eine Inschrift, die ein sprechender Beleg für das die Nobilität kennzeichnende elementare Streben nach Ruhm, Beute und Ehre ist. Der Text hat folgenden Wortlaut:

«… und die Segestaner befreite er von der Belagerung, und alle karthagischen Einheiten flohen samt ihrem obersten Befehlshaber nach neun Tagen bei hellem Tageslicht aus ihrem Lager, und die Stadt Macela nahm er im Sturme. Und in demselben Amt hat er als Konsul zum ersten Mal mit Schiffen auf dem Meer eine große Tat vollbracht, als erster hat er Besatzungen und Schiffe ausgerüstet und eingeübt, und mit diesen

Schiffen schlug er die gesamte mächtige Streitmacht der Punier in Gegenwart ihres Oberbefehlshabers Hannibal. Mit Gewalt erbeutete er zusammen mit ihren Besatzungen folgende Schiffe: einen Siebenruderer, 30 Fünf- und Dreiruderer, 13 versenkte er. Erbeutetes Gold 3600 (?) Stücke, erbeutetes Silber und (Erlös aus anderer) Beute: 100000 (?) Stücke. Gesamtbeute (gerechnet) nach römischem Kupfergeld: 2100000 (?) Stücke. Als erster auch machte er dem Volk das Geschenk der in einer Seeschlacht gewonnenen Beute, und als erster führte er freigeborene Karthager mit in seinem Triumphzug ...» (A. Degrassi, *Inscriptiones liberae rei publicae* 319).

Aber so real die Motive der Ruhmsucht und der Beutegier auch waren: Sie erklären nicht alles, und schon Polybios siedelte das den Römern unterstellte Streben nach Machterweiterung, das er für das erweiterte Kriegsziel der Vertreibung der Karthager aus Sizilien verantwortlich macht, eben nicht auf der Ebene dieser ihm keineswegs unbekannten Motive an. Aber Polybios hat sich in diesem Punkt nicht näher erklärt, und so ist es der modernen Geschichtswissenschaft aufgegeben, hier näher nachzufragen.

Gewiß wäre es ein modernes Mißverständnis, das von Polybios konstatierte Streben nach Machterweiterung in dem Sinne aufzufassen, daß die Römer eine Art Kolonialkrieg mit dem Ziel geführt hätten, ein Ausbeutungsobjekt zur Erzielung höherer Staatseinkünfte zu gewinnen. Im Lichte der späteren Geschichte der römischen Provinz Sizilien mag ein solcher Eindruck naheliegen. Aber erst nachdem die Römer das Reich des Königs Hieron annektiert hatten, gingen sie daran, dessen rationelles Steuer- und Abgabensystem, das dem Vorbild der ptolemäischen Staatswirtschaft in Ägypten folgte, auf ganz Sizilien zu übertragen. Noch im Zweiten Punischen Krieg konnte Rom bemerkenswerterweise das auf Sizilien stationierte Heer nicht aus den Beiträgen der Gemeinden des sizilischen Untertanengebiets unterhalten und war auf die Lieferungen des verbündeten Königs von Syrakus angewiesen. Am Ende des Ersten Punischen Krieges besaß der Senat noch gar keine Erfahrung in der Organisation und der Besteuerung überseeischer Gebiete. Die erst ganz rudimentäre Administration, die nach dem Abzug der Karthager auf Sizilien eingerichtet wurde, beschränkte sich auf die Stationierung eines Magistrats ohne militärische Kommandogewalt (*imperium*) in Lilybaeum. Auf seinen Aufgabenbereich verweist der Amtstitel eines Flottenquaestors (*quaestor classicus*). Er war mit der Organisation der maritimen Verteidigung der Insel und dem Einsammeln der dazu notwendigen Beiträge der Untertanen befaßt.

Das politische Motiv für die Entschlossenheit, den Krieg unter größten Opfern an Gut und Blut bis zur Vertreibung der Karthager aus Sizilien zu führen, war nicht die Gewinnung eines Ausbeutungsobjekts, sondern die Absicherung der römischen Herrschaft über Süditalien, die noch keineswegs gefestigt war, als der Krieg ausbrach. Der Ausbau des Netzes latinischer Kolonien, mit dem Rom die italische Halbinsel überzog, war noch nicht abgeschlossen. Im Jahre 263 war Aesernia gegründet worden, und in der schweren Endphase des Krieges, als der Sieg noch keineswegs feststand, erfolgte im Jahr 244 die Anlage der Kolonie Brundisium. Daß der Krieg das römische Bundesgenossensystem auf eine schwere Probe stellte, steht außer Frage, auch wenn die am Kriegsgeschehen orientierte Überlieferung nur wenige Notizen über die internen Schwierigkeiten in Italien enthält. Im Jahre 259, zur Zeit der ersten römischen Flottenrüstungen, kam es in Rom zu einer Verschwörung der für den Flottendienst ausgehobenen Samniten mit den Sklaven der Stadt sowie zu einem ernsthaften Konflikt mit den Bundesgenossen über die Frage der Beuteverteilung. Im letzten Kriegsjahr erhob sich in unmittelbarer Nähe von Rom die bundesgenössische Gemeinde Falerii. Sie mußte in einem regelrechten Feldzug unterworfen werden. Die auf einem Berg gelegene Stadt wurde zerstört, sie verlor die Hälfte ihres Territoriums an Rom, und die überlebenden Einwohner wurden in der Ebene neu angesiedelt. Dies alles waren nur die spektakulärsten Auswirkungen einer Unzufriedenheit, die aus den Belastungen des langen Krieges resultierte. Keinesfalls darf vergessen werden, daß die Küsten Italiens den Plünderungszügen der karthagischen Flotten meist schutzlos preisgegeben waren. Angesichts dieser Verhältnisse durften die Römer nicht den Ruf verlieren, daß sie zwar Niederlagen erleiden könnten, aber letzten Endes noch jeden Krieg gewannen. Denn auf diesem Ruf beruhte ihre Herrschaft über Italien. Zu Recht ist deshalb gesagt worden, daß der Senat im Interesse der Wahrung und der Absicherung dieser Hegemonie sich nicht mit einem halben Erfolg begnügen durfte. Insofern hängt der Beginn der mediterranen Phase der römischen Geschichte noch auf das engste mit der italischen des Ausbaus der römischen Herrschaft zusammen.

Das politische Interesse Roms war weniger auf das positive Ziel des Erwerbs eines überseeischen Untertanengebiets als auf das negative gerichtet, der karthagischen Präsenz auf den Italien vorgelagerten Inseln und damit der aktuellen und der potentiellen Gefährdung der römischen Herrschaft in Italien ein Ende zu bereiten. Dies zeigt nicht zuletzt der Umstand, daß der Senat wenige Jahre nach dem Friedensschluß eine Notlage der Karthager zu einer schamlosen, dem Völkerrecht hohnsprechenden Erpressung ausnutzte. Karthago hatte nach Beendigung des Krieges erhebliche Schwierigkeiten, seine demobilisierten Söldner abzufinden. Es kam zu einem gefährlichen Aufstand, der sich auf die libyschen Untertanen in Nordafrika und selbst auf phoinikische Untertanenstädte und das verbündete Utica ausweitete. In dreijährigen Kämpfen gelang es schließlich Hamilkar Barkas, des Aufstandes in Nordafrika Herr zu werden – einen bis auf den heutigen Tag eindrucksvollen rezeptionsgeschichtlich-literarischen Reflex dieses Konflikts bietet Gustave Flauberts *Salambô*. Aber auf dem sardinischen Nebenschauplatz kam es anders. Die dort stationierten Söldner hatten sich dem Aufstand angeschlossen, und als Karthago in Begriff stand, ihn gewaltsam niederzuschlagen, wandten sie sich an Rom und baten um Hilfe. Unter dem Vorwand, daß die karthagischen Rüstungen nicht den Aufständischen, sondern Rom gälten, wurde der Krieg gegen Karthago beschlossen. Um ihn abzuwenden, blieb der in die Enge getriebenen Stadt nichts anderes übrig, als Sardinien aufzugeben und eine Rüstungsentschädigung in Höhe von 1200 Talenten zu zahlen. Eine effektive römische Herrschaft wurde auf Sardinien noch weniger als auf Sizilien durchgesetzt. Der springende Punkt, um den es der damaligen römischen Politik ging, war hier wie dort, daß der karthagischen Präsenz ein Ende bereitet wurde. Im Fall Sardiniens schreckte die römische Seite vor einem Akt der Erpressung nicht zurück. Die verlogene Begründung, mit der er mitten im Frieden in Szene gesetzt wurde, hat das Verhältnis der ehemaligen Kriegsgegner nachhaltig vergiftet. Nicht zu Unrecht war der Historiker Polybios der Meinung, daß mit diesem perfiden Akt letztlich der Grund zum Zweiten Punischen Krieg gelegt wurde.

Kelten und Illyrer

Unmittelbar nach dem Ende des Ersten Punischen Krieges wurden auf dem von den Sabinern abgetretenen Territorium die beiden letzten ländlichen Bürgerbezirke eingerichtet, die *tribus* Quirina und Velina, und auf der Grundlage der damit erreichten Zahl von 35 Tribus erfolgte damals oder in den folgenden Jahren die oben beschriebene Reform der Zenturiatkomitien. Aber nicht ein innerer Reformbedarf, sondern äußere Herausforderungen bestimmten auch nach dem Sieg im Ersten Punischen Krieg den Gang der Ereignisse. Diese Herausforderungen gingen von den Kelten der Poebene und den an der dalmatischen Küste ansässigen Illyrern aus, deren Piraterie dem Seeverkehr zwischen Unteritalien und Griechenland schweren Schaden zufügte. Sowenig der Süden der italischen Halbinsel gegenüber den Konflikten und Herrschaftsambitionen der Nachbarn auf Sizilien und in Epirus isoliert gewesen war, sowenig bildeten das Adriatische Meer und der steil gegen die Poebene abfallende Apenninenkamm eine wirksame Abgrenzung des römischen Italien nach Norden und Osten.

Im Jahre 237 rief der Adel der keltischen Boier (Hauptort des Stammes war das heutige Bologna) Stammeskrieger aus dem Rhonegebiet, sogenannte Gaesaten (*gaesum* ist die Bezeichnung für einen keltischen Wurfspeer), zu einem gemeinsamen Kriegs- und Plünderungszug nach Italien. Er kam jedoch nur bis Ariminum; dann machte eine Erhebung der Volksmenge bei den Boiern dem Unternehmen des Adels und seiner Gefolgschaft aus dem jenseitigen Gallien ein Ende. Fünf Jahre später setzte dann der Volkstribun Gaius Flaminius gegen heftigen Widerstand im Senat die Aufteilung des *ager Gallicus* südlich von Ariminum an römische Einzelsiedler durch. Warum der Siedlungsplan so heftig umstritten war, ist nicht leicht zu erkennen. Das betreffende Territorium der keltischen Senonen war vor über 50 Jahren von Rom annektiert und durch die Kolonie Ariminum (268) nach Norden gesichert worden. Der erste römische Historiker, Fabius Pictor, scheint Gaius Flaminius den Vorwurf gemacht zu haben, durch die gegen den Willen des Senats erzwungene Siedlungsaktion eine Entfremdung zwischen Senat und Volk eingeleitet zu haben und Urheber eines gefährlichen Keltenkrieges geworden zu sein. Tatsächlich war die Besiedlung des *ager Gallicus*, von dem die Senonen bereits bei der Annexion vertrieben worden waren, das Signal zu einer großen Erhebung der Kelten in der Poebene. Den Boiern schlossen sich die Insubrer an (Hauptort des Stammes war das heutige Mailand), und gemeinsam riefen sie die Gaesaten von jenseits der Alpen zu Hilfe. Noch vor dem drohenden Kelteneinfall hatten die Römer eine umfassende Mobilmachung Italiens angeordnet und unter anderem ein großes bundesgenössisches Aufgebot zum Schutz Etruriens an den toskanischen Apenninen stationiert. Diesem Aufgebot bereiteten die Kelten eine Niederlage, doch dann wurden sie von zwei konsularischen Heeren vernichtend bei Telamon geschlagen (225). Unmittelbar nachdem die aktuelle Gefahr von Italien abgewendet worden war, wurde der Entschluß gefaßt, der Furcht vor den Einfällen der Kelten ein für allemal ein Ende zu bereiten und die Poebene der römischen Herrschaft zu unterwerfen. Damit war eine lange, mit Unterbrechungen zwei Generationen dauernde Phase von Unterwerfungsfeldzügen, Befriedungsaktionen und Koloniegründungen im Norden eröffnet, an deren Ende die römische Herrschaft und der Name Italien bis zum Rand der Alpen ausgedehnt waren. Der erste Anlauf zur Unterwerfung der Poebene mußte freilich im Jahre 218 bei Ausbruch des Zweiten Punischen Krieges abgebrochen werden. Aber bis zum Jahre 222 gelang es immerhin, der Insubrer, die wiederum die Gaesaten zu Hilfe riefen, in wechselvollen Kämpfen Herr zu werden und ihren befestigten Hauptort Mediolanum (Mailand) einzunehmen. Zwei Jahre später ließ Gaius Flaminius in seiner Zensur eine feste Straßenverbindung von Rom nach Ariminum, die *via Flaminia*, errichten. Dann wurden zur Sicherung des am Fuße der Apenninen entlanglaufenden Verbindungsweges von Ariminum nach Mediolanum die eine strategische Schüsselposition einnehmende ehemalige Etruskerstadt Mutina (Modena) befestigt und am Übergang über den Po die beiden großen latinischen Kolonien Placentia (Piacenza) und Cremona mit je 6000 Siedlern gegründet. Mit dem Ausbruch des Zweiten Punischen Krieges wurden alle diese Erfolge wieder hinfällig. Noch bevor Hannibal mit seinem Heer im Herbst 218 in Norditalien erschienen war, erhoben sich die Boier und Insubrer, und die gerade in Cremona und Placentia eingetroffenen Kolonisten mußten Zuflucht in Mutina suchen.

Etwa zur selben Zeit wie in Norditalien war Rom in militärischen Operationen an der dalmatischen Küste engagiert. Sie waren die Antwort auf die dort endemische Piraterie, die unter Führung einer Stammeskönigin der illyrischen Ardiaier namens Teuta in die Dimensionen staatlich gelenkter Unternehmungen übergegangen war. Davon betroffen waren zunächst und in erster Linie die griechischen Seestädte an der Adria von Epidamnos bis zum Korinthischen Golf sowie in Unteritalien. Die letzteren, die traditionelle Handelsverbindungen mit

Griechenland unterhielten, waren Mitglieder der römischen Bundesgenossenorganisation geworden, und so wurden sie wegen der illyrischen Piraterie wiederholt im Senat vorstellig. Schließlich unternahm Rom im Interesse seiner Bundesgenossen eine diplomatische Demarche bei Königin Teuta, doch wurden die Gesandten schroff zurückgewiesen (einer soll sogar ermordet worden sein). Daraufhin erschienen im Jahre 229 beide Konsuln mit Heer und Flotte an der dalmatischen Küste, und dieser Demonstration der Stärke konnte Teuta keinen wirksamen Widerstand entgegensetzen. Sie mußte im folgenden Jahr Frieden schließen und die Verpflichtung eingehen, daß die Ardiaier nicht mit Kriegsschiffen die Stadt Lissos (Alessio) in Richtung Süden passierten und daß nur zwei Handelsschiffe diese Fahrtgrenze überschreiten durften. Von den ihr auferlegten Gebietsabtretungen profitierte der Dynast Demetrios von Pharos (Hvar). Er selbst, die Städte Kerkyra, Apollonia, Epidamnos und Issa (Lissa) sowie die Stämme der Atintanen und Parthiner traten in freundschaftliche Beziehungen zu Rom, ohne daß damit ein festes Bundesgenossenverhältnis begründet worden zu sein scheint. Römische Gesandtschaften teilten das Ergebnis des Krieges interessierten griechischen Gemeinden sowie dem Ätolischen und Achäischen Bund mit, und auf Beschluß der Korinther wurden die Römer mit der Zulassung zu den Isthmischen Spielen, die in einem panhellenischen Rang standen, geehrt. Ein festes, wie auch immer organisiertes Protektorat hatte Rom zwar nicht errichtet, aber es war als Ordnungsmacht in einem Raum erschienen, der auch zum Interessengebiet der makedonischen Monarchie gehörte. Ein Zusammenstoß beider Mächte blieb jedoch zunächst aus.

Zehn Jahre später begann sich jedoch eine Konfrontation zwischen Rom und Makedonien abzuzeichnen. Der Hauptnutznießer der römischen Intervention, Demetrios von Pharos, begann seinerseits, Piraterie in großem Stil zu betreiben, als Rom in Norditalien militärisch engagiert war, und griff mit Rückdeckung durch den makedonischen König Antigonos Doson die Küstenstädte an der dalmatischen Küste an. Im Jahre 219 begann Rom deshalb einen Feldzug gegen Demetrios. Auch er konnte sich nicht behaupten und suchte Zuflucht bei dem neuen makedonischen König, dem jungen Philipp V. Die Römer forderten im Jahre 217 die Auslieferung des Demetrios. Doch Philipp lehnte ab und griff den illyrischen Stammesfürsten Skerdilaidas an, der ebenfalls organisierte Piraterie in der Adria betrieb und das westliche Makedonien auf einem Plünderungszug verheert hatte. Philipp beabsichtigte dabei, Demetrios von Pharos als abhängigen Dynasten wieder in seine Herrschaft einzusetzen.

Skerdilaidas begegnete dem durch einen Hilferuf an Rom, und als gemeldet wurde, daß ein römisches Flottengeschwader zu seiner Unterstützung ausgelaufen sei, trat Philipp, der sich auf der Fahrt nach Apollonia befand, eilends den Rückzug an (216). Allein und auf sich gestellt wollte er den Konflikt mit Rom doch nicht wagen. Aber wie der Keltenkrieg sich schon im Jahre 218 mit dem Zweiten Punischen Krieg verknüpft hatte, so sollte es nicht mehr lange dauern, bis Philipp die Stunde gekommen sah, im Schutz des Zweiten Punischen Krieges und mit Hilfe des in Italien zunächst siegreichen karthagischen Feldherrn Hannibal seine illyrischen Pläne gegen Rom zu verfolgen.

Der Zweite Punische Krieg

Der Zweite Punische Krieg brach im Jahre 218 über einen Konflikt aus, der auf der iberischen Halbinsel angesiedelt war. Er setzt also voraus, daß die Karthager nach den schweren Verlusten, die ihr Reich durch den Ersten Punischen Krieg und im Gefolge des anschließenden Söldneraufstands erlitten hatte, eine Kompensation in Spanien gesucht und gefunden hatten.

Hamilkar Barkas, der den Römern auf Sizilien so lange erfolgreich Widerstand geleistet und anschließend den Söldneraufstand niedergeschlagen hatte, ging unmittelbar danach im Jahre 237 mit einer aus libyschen Söldnern und numidischen Reitern bestehenden Armee nach Spanien und begann mit der Ausweitung des karthagischen Herrschaftsbereichs von den Küstenplätzen im Süden bis zu den Flüssen Guadalquivir und Segura im Binnenland. Als er im Jahre 229/28 bei der Belagerung von Helike (wahrscheinlich das heutige Elche de la Sierra am oberen Segura) starb, setzte sein Schwager und Nachfolger Hasdrubal mit militärischen und mehr noch mit den Mitteln der Diplomatie und der dynastischen Heirat den Ausbau der karthagischen Herrschaft in Richtung auf die südöstliche Mittelmeerküste fort. Dort gründete er an dem Platz des besten natürlichen Hafens an der spanischen Mittelmeerküste Neukarthago (*Carthago nova*, Cartagena) als Hauptstadt des neuen karthagischen Reiches auf der iberischen Halbinsel. Dieses umfaßte um das Jahr 226/25, dem Gründungsdatum von Neukarthago, am unteren und mittleren Guadalquivir die landschaftlich fruchtbarsten Teile Spaniens und in den gebirgigen Regionen zwischen der Seguramündung und dem Oberlauf des Guadalquivir die reichsten Minendistrikte der Halbinsel. Die Minen am Rio Tinto beim heutigen Huelva, die großen Lagerstätten von Kupfer, Eisenerz und Silber in der Gegend von Castulo, das Minengebiet an der Sierra Almugrera bei Villaricos und die sehr ertragreichen Silbervorkommen bei Neukarthago gehörten, wie zu Recht gesagt worden ist, zu den bedeutendsten Bezirken der Erzgewinnung in der Antike. Die neugegründete Hafenstadt war ebenso günstig zu diesen Erzabbaugebieten wie für den Seeverkehr mit der Mutterstadt in Nordafrika gelegen, und der Ertrag der Erzvorkommen war um so wertvoller, als Silber (und in geringerem Maße auch Kupfer) der Stoff war, aus dem Geld gemacht wurde. So gewannen die Barkiden (wie die Familie des Hamilkar Barkas genannt wird) Karthago einen reichen materiellen Ersatz für die Verluste, die die Friedensregelungen der Jahre 241 und 237 der Stadt auferlegt hatten.

Rom war über die karthagische Expansion auf der iberischen Halbinsel unterrichtet. Daran hatte schon das befreundete Massalia (Marseille), eine griechische Kolonie, die auch an der spanischen Küste nördlich des Ebro Handelsstationen unterhielt, ein verständliches Interesse. Im Jahre 231 hatte Rom sogar eine Erkundungsgesandtschaft zu Hamilkar geschickt, aber keinerlei Beschwerden oder Forderungen erhoben. Als sich jedoch die große Auseinandersetzung mit den Kelten der Poebene und ihren Verbündeten aus dem Rhone- und Alpengebiet anbahnte, ergriff die römische Seite die diplomatische Initiative, um die Möglichkeit einer militärischen Konfrontation mit den Barkiden auszuschließen. Im Jahre 226/25 suchte eine römische Gesandtschaft Hasdrubal in Neukarthago auf und schloß mit ihm ein Abkommen, einen sogenannten Feldherrnvertrag, der ihn persönlich, aber wie sich zeigen sollte, nicht den karthagischen Staat band. In diesem Vertrag verpflichtete sich Hasdrubal, den Ebro nicht in kriegerischer Absicht mit einem Heer zu überschreiten. Damit war der karthagischen Seite nicht nur eine Beschränkung auferlegt, sondern zugleich auch ein weiter Raum künftiger Expansionsmöglichkeiten gelassen. Der Vertrag gehört einem Typus an, der zum Schutz vor Seeraub und Kolonisation entwickelt worden war. Die beiden ersten römisch-karthagischen Verträge, aber auch die analoge Bestimmung der im Jahre 228 mit der Piratenkönigin Teuta getroffenen Friedensregelung gehören diesem Typus an. Aber während dort Fahrtverbote für Kriegs- und Kaperschiffe festgelegt wurden, ist in dem Vertrag mit Hasdrubal eine sinngemäße Übertragung der ursprünglich für den (privaten und staatlichen) Seekrieg entwickelten Bestimmung auf die Verhältnisse zu Lande vorgenommen worden. Was Rom damit bezwecken wollte, liegt auf der Hand: Es wollte am Vorabend eines Keltenkrieges auf jeden Fall die Möglichkeit ausschließen, daß die Karthager von Spanien aus in den Krieg eingriffen, und dies geschah in der Weise, daß mit dem Ebro eine Sperrlinie vertraglich festgelegt wurde, die weit entfernt von dem Vorfeld des von Rom in Aussicht genommenen Operationsgebiets lag. Daß der Senat so sehr daran interessiert war, die karthagische Seite aus dem Konflikt mit den Kelten herauszuhalten, erklärt sich zum guten Teil aus den Erfahrungen des Ersten Punischen Krieges, der unvermittelt aus der Konfrontation mit einer dritten Macht, König Hieron von Syrakus, entstanden war, aber auch aus der einem schlechten Gewissen entspringenden Furcht, daß Karthago aus verständlicher Erbitterung über die perfide Erpressung des Jahres 237 die Gelegenheit der keltischen Auseinandersetzung zu einem Revanchekrieg nutzen könnte.

Hasdrubal hatte sich ohne römische Gegenleistungen zu dem Ebrovertrag verstanden, weil er in der gegebenen Lage an nichts weniger als an einen Krieg mit Rom dachte und ihm in Spanien militärische Operations- und damit Expansionsmöglichkeiten gelassen waren, die weit über die engen Grenzen des von dem Barkiden beherrschten Südens der Halbinsel hinausgingen. Aber als Hannibal, der Sohn des Hamilkar Barkas, im Jahre 221 die Nachfolge des einem Mordanschlag zum Opfer gefallenen Hasdrubal antrat, sollte eine neue Konstellation eintreten. Rom nahm Beziehungen zu der südlich des Ebro gelegenen Gemeinde Sagunt auf, indem es auf deren Bitte hin in einem inneren Konflikt Vermittlerdienste leistete. Sagunt gehörte zwar nicht zum karthagischen Untertanengebiet, lag aber doch innerhalb des Gebiets, das der Ebrovertrag karthagischen Heeren nicht verschlossen hatte. Rom hatte mit seinem Engagement in Sagunt den Ebrovertrag in keiner Weise verletzt, aber sich immerhin eine Möglichkeit zu weiteren Interventionen geschaffen. Dazu gab die andere Seite bald Anlaß. Der junge Hannibal, einer der größten Feldherren des Altertums, ging unmittelbar nach seinem Amtsantritt als karthagischer Feldherr daran, den spanischen Herrschaftsbereich durch großangelegte Feldzüge auszuweiten. Im Sommer des Jahres 220 stieß er mit seinem Heer über die innerspanischen Flüsse Tajo und Duero vor und errang am mittleren Tajo einen spektakulären Sieg über den mächtigen Stamm der Carpetaner und ihre Verbündeten. Das hatte, wie der Historiker Polybios zu berichten weiß, zur Folge, daß niemand mehr südlich des Ebro den Karthagern zu trotzen wagte – mit Ausnahme der Saguntiner, die in Vertrauen auf ihre römische Schutzherren den Konflikt mit Hannibal nicht scheuten. Sie wandten sich an den Senat in Rom, und dieser ordnete eine Gesandtschaft zu Hannibal ab, die im Winterhalbjahr 220/19 mit ihm in Neukarthago verhandelte. Die Gesandten sollten Hannibal darauf festlegen, sich von Sagunt fernzuhalten und gemäß dem mit Hasdrubal geschlossenen Vertrag den Ebro nicht zu überschreiten. Hannibal antwortete teils ausweichend, teils mit Vorwürfen an die Adresse der römischen Seite und ließ sich auf keine der Forderungen ein. Jedenfalls war er auf das höchste alarmiert über die Rolle, die Sagunt plötzlich in der Politik Roms zu spielen begann, und holte sich Rückendeckung bei der karthagischen Regierung (der die römischen Gesandten ebenfalls ihre Forderungen präsentierten) für seine Absicht, Sagunt als einen Störfaktor der karthagischen Expansionspläne und möglichen Ansatzpunkt für eine römische Intervention zu eliminieren. Er vertraute wohl darauf, daß Rom angesichts der kriegerischen Verwicklungen in der Poebene und an der dalmatischen Küste mit der Forderung, Sagunt nicht anzugreifen, nur gebluftt hatte, und tatsächlich hatte er sich nicht getäuscht. Im Frühjahr 219 schritt er zum Angriff auf Sagunt und nahm die Stadt nach achtmonatiger Belagerung ein. Rom dachte gar nicht daran, sich wegen Sagunt in einen gefährlichen Krieg auf einem weitentfernten Schauplatz mit einem dort längst präsenten Gegner einzulassen, und ließ Belagerung und Eroberung ruhig geschehen. Aber dann begann Hannibal, seinen Spielraum zu überschätzen. In der Erwartung, daß Rom auch das geschehen lassen würde, überschritt er im Frühjahr 218 mit einem großen Heer den Ebro, um die iberischen Stämme bis zu der natürlichen Grenze der spanischen Halbinsel, den Pyrenäen, zu unterwerfen.

Aber mit der Überschreitung der Ebrolinie verletzte Hannibal das essentielle Interesse der römischen Politik an einer Begrenzung der karthagischen Expansion und an der Verhinderung einer möglichen karthagischen Intervention in die römisch-keltische Auseinandersetzung. Hinzu kam, daß der Senat in Gestalt des Ebrovertrags eine gesicherte Rechtsgrundlage für eine ultimative Forderung an Karthago zu haben glaubte. So ging denn eine römische Gesandtschaft nach Karthago und forderte den Rückzug auf die Ebrolinie und als Wiedergutmachung für den vermeintlichen Vertragsbruch die Auslieferung Hannibals und der übrigen, die für die Überschreitung der Ebrolinie verantwortlich waren. Aber zur nicht geringen Überraschung der Gesandten wurde ihnen im Rat von Karthago die Lektion erteilt, daß der Ebrovertrag mit dem Feldherrn Hasdrubal, aber nicht mit dem karthagischen Staat abgeschlossen war und folglich eine Berufung auf dieses Abkommen nicht statthaft sei. Da ihnen damit die Möglichkeit genommen war, den eigentlichen Kriegsgrund, die Überschreitung der Ebrolinie, als Rechtsgrund für die Kriegserklärung vorzubringen, behalfen sie sich mit der Bezugnahme auf die im Vorjahr stillschweigend hingenommene Eroberung Sagunts, obwohl die karthagische Seite darauf hinwies, daß der bestehende Friedensvertrag des Jahres 241, der auch die namentlich genannten Verbündeten beider Seiten mit einschloß, die Saguntiner gar nicht erwähnte.

Die römische Kriegsplanung war darauf ausgerichtet, einen schnellen Sieg durch die Invasion der beiden Zentren karthagischer Macht, Nordafrika und Spanien, zu erringen. Zu diesem Zweck wurden unter dem Befehl des einen Konsuls, Tiberius Sempronius, eine Flotte und eine Expeditionsarmee nach Sizilien verlegt, und der andere Konsul, Publius Cornelius Scipio, erhielt den Auftrag, ein Heer von Oberitalien entlang der gallischen Mittelmeerküste nach Spanien zu führen. Auf der Gegenseite erkannte Hannibal sofort, daß er dem Aufmarsch der Feinde zuvorkommen und den Krieg seinerseits nach Italien tragen mußte, um den römischen Kriegsplan zu vereiteln. Er ließ einen Teil seines Heeres in Spanien und brach mit rund 60 000 Mann im Spätsommer 218, als es für eine Alpenüberquerung fast schon zu spät war, zum Marsch nach Italien auf. Ende September erzwang er in der Nähe des heutigen Avignon gegen den Widerstand einheimischer Stämme den Übergang über die Rhone, nur fünf Tagesmärsche von dem Heer Scipios entfernt, das inzwischen in Massalia gelandet war. Beide Seiten vermieden eine Konfrontation und setzten ihren Weg fort: Publius Scipio schickte seinen Bruder Gnaeus mit dem Gros des Heeres nach Spanien, er selbst ging mit dem Rest nach Norditalien zurück, um dort Hannibal zu erwarten. Dieser überquerte zu vorgerückter Jahreszeit die Alpen, und zwar nahm er den Weg über das Isère- und Arctal und dann über einen Nebenpaß des Mont Cenis, den Col de Savine-Coche. Das Heer, mit dem er Norditalien erreichte, bestand nur noch aus etwa 20 000 Mann zu Fuß und 6000 Reitern. Am Ticinus (Ticino) südlich von Mediolanum traf Hannibal auf den Konsul Publius Scipio und fügte den Römern die erste Niederlage zu. Die Folge war, daß der andere Konsul, Tiberius Sempronius, eilends von Sizilien nach dem nördlichen Kriegsschauplatz beordert wurde. Zur Zeit der Wintersonnenwende kam es zur Schlacht an der Trebia, bei der den vereinigten Truppen der beiden Konsuln das durch den Zuzug der Kelten Norditaliens verstärkte Heer Hannibals gegenüberstand. Mit Hilfe seiner überlegenen Reiterei faßte Hannibal die Römer in der Flanke und im Rücken und errang den Sieg. Diese räumten die gesamte Poebene und zogen sich nach Ariminum zurück. Hannibal hatte durch die beiden Eröffnungsschlachten des Krieges somit eine sichere Operationsbasis diesseits der Alpen und in den Kelten der Poebene loyale Bundesgenossen gewonnen, die nach Lage der Dinge ihr Interesse mit dem seinen verbanden. Der große Erfolg des Feldzugs in Norditalien wurde freilich durch die Fortschritte getrübt, die das römische Heer unter Gnaeus Scipio in Spanien gemacht hatte. Die Römer besetzten die Hafenstädte Emporia im Norden und Tarraco im Süden und brachten der nördlich des Ebro stationierten karthagischen Heeresabteilung unter Hanno eine vernichtende Niederlage bei. Alles kam für die karthagische Seite darauf an, daß Hannibal in Italien die Initiative behielt. Zum Schutz Mittelitaliens hatten die Römer zwei konsularische Heere aufgestellt, das eine unter Befehl des Gnaeus Servilius bei Ariminum, das andere unter Gaius Flaminius bei Arretium (Arezzo) in Etrurien. Hannibal überschritt zu Beginn des Frühjahrs die Apenninen und zwang Flaminius durch einen Umgehungsmarsch im Westen, ihm zu folgen. An der Stelle, wo die Straße zwischen dem Ufer des Trasimenischen Sees und den Bergen hindurchführte, ging Flaminius Hannibal in die Falle. Das römische Heer wurde von vorne, von hinten und von den Bergen herab angegriffen und aufgerieben, unter den Toten war auch der Konsul. Als Reformpolitiker schon lange nicht unumstritten, verfiel er nach der militärischen Katastrophe vollends dem Verdikt der historiographischen Überlieferung: Durch Mißachtung der Vorzeichen und der Religion habe er das Unglück der

römischen Waffen provoziert. Und um das Unglück voll zu machen, wurden einige Tage nach der Niederlage am Trasimenischen See auch noch Teile der anderen römischen Armee geschlagen, die Servilius von Ariminum aus seinem Kollegen zu Hilfe geschickt hatte.
In äußerster Bestürzung traf der Senat in Rom erste Gegenmaßnahmen. Die ersten betrafen wie immer in Katastrophenfällen die Religion. Den erzürnten Göttern wurde Sühne geleistet – unter anderem durch das Gelöbnis eines ‹Heiligen Frühlings›: Ein ganzer Frühlingsertrag an Vieh sollte den Göttern geopfert werden, wenn sie die drohende Gefahr des Untergangs von Rom gnädig abwendeten. Quintus Fabius, der später wegen seiner Strategie der ‹Zauderer› (cunctator) genannt worden ist, wurde zum Diktator ernannt, neue Aushebungen wurden durchgeführt und für die Verteilung der Truppen auf die verschiedenen Kriegsschauplätze gesorgt. Hannibal drang unterdessen an der Adria bis nach Apulien vor und hinterließ dabei einen breiten Streifen verheerten Landes zurück. Fabius folgte ihm mit einem Vierlegionenheer, ohne sich auf eine Schlacht einzulassen, und verhinderte auf diese Weise, daß Hannibal Städte der Bundesgenossen und latinische Kolonien einnehmen konnte. Auf dem spanischen Kriegsschauplatz hatte Gnaeus Scipio den Versuch des Hasdrubal, eines Bruders von Hannibal, Nordspanien zurückzugewinnen, in einer Schlacht an der Ebromündung verhindert, und als im Jahre 217 sein Bruder Publius, der Konsul des Jahres 218, mit 8000 Mann Verstärkung in Spanien eintraf, unternahm er zusammen mit diesem einen erfolgreichen Vorstoß nach Süden. Aber in Rom wuchsen trotz der Erfolge auf dem spanischen Kriegsschauplatz Ungeduld und Unzufriedenheit mit der scheinbar erfolglosen Kriegführung des ‹Zauderers› Fabius in Süditalien, und so beschloß der Senat, den Krieg durch eine große offensive Kraftanstrengung siegreich zu beenden. Ein Heer von acht Legionen wurde aufgestellt, das zusammen mit den Kontingenten der Bundesgenossen mehr als 80000 Mann umfaßte. Unter dem Befehl beider Konsuln, Aemilius Paullus und Terentius Varro, rückte diese Armee im Frühjahr 216 ins Feld, und Anfang Juni kam es in Apulien in der Nähe von Cannae zu einer der berühmtesten Kesselschlachten der gesamten Militärgeschichte. Hannibal gelang die Meisterleistung, die Unterlegenheit seiner Infanterie durch eine überlegene Aufstellung seiner Truppen zu kompensieren. Er schob sein Zentrum halbmondförmig nach vorne und stellte rückwärts sowie an den Flügeln des Zentrums

seine bewährten libyschen Söldner auf. Als das Zentrum, dem Stoß der Legionen ausweichend, zurückging, griffen die Libyer von den Flanken in den Kampf ein. Dadurch verlangsamte sich der Stoß der Legionen, und in diesem Stadium der Schlacht griff die karthagische Reiterei von hinten an. Die ganze Menschenmasse der Römer wurde zusammengedrängt und Reihe um Reihe zusammengehauen. Von den Konsuln fiel Aemilius Paullus, Terentius Varro konnte sich retten und gelangte mit wenigen Reitern nach Canusium, wo sich nach und nach Versprengte einfanden. Es war die größte und verheerendste Niederlage, die Rom in seiner Geschichte jemals erlitten hat. Trotzdem gab der Senat nicht auf, und die Bürgerschaft folgte ihrer Führung in dem Willen durchzuhalten.

Um von den umfangreichen religiösen Sühnemaßnahmen abzusehen: Zunächst und bis auf weiteres war nichts anderes als die Rückkehr zur Strategie des Fabius möglich. Er wurde zum zweiten Mal zum Diktator ernannt, und auch dieses Mal stellte er nach einem Wort des Dichters Ennius durch Zaudern die Lage wieder her (Ennius, *Annalen* 363 Skutsch). Er verweigerte Hannibal die große Entscheidungsschlacht, die dieser herbeisehnte, und richtete alle Energie darauf zu verhindern, daß Hannibal tiefe Einbrüche in die römische Bundesgenossenorganisation gelangen und er so eine tragfähige Operationsbasis in Süditalien gewann. Ihm kam es darauf an, die überlegenen Kraftquellen Roms zu erhalten und Hannibals Kräfte sich abnutzen zu lassen. Umgekehrt war es Hannibals Strategie, das überlegene römische Potential entscheidend auszuhöhlen, indem er versuchte, dessen Grundlage, die Bundesgenossenorganisation, dort aufzubrechen, wo sie vermutungsweise am schwächsten war – in Süditalien, wo Rom seine Ordnung den Samniten, Lukanern, Bruttiern und Apuliern vor nicht allzu langer Zeit und zum Teil gegen erbitterten Widerstand aufgezwungen hatte. Ergänzt wurde diese Strategie durch zwei Bündnisse mit außeritalischen Mächten, mit Philipp V. von Makedonien und Hieronymos von Syrakus, dem Nachfolger König Hierons. Beide versprachen sich Vorteile von der vermeintlich absehbaren Niederlage Roms und wollten rechtzeitig den Übertritt auf die Seite des präsumtiven Siegers vollziehen. Hannibal hoffte, auf diese Weise römische Kräfte auf Nebenschauplätzen binden zu können und die Überlegenheit dort zu gewinnen, wo die Entscheidung fallen mußte: in Italien. Diese Strategie war mit den Kriegszielen Hannibals eng verknüpft.

Der Zweite Punische Krieg

Durch einen glücklichen Zufall besitzen wir darüber authentische Kunde, denn der Wortlaut des Bündnisvertrags, den Hannibal im Jahre 215 mit Philipp V. von Makedonien schloß, ist erhalten geblieben. Der Text, die griechische Version des punischen Originals, fiel den Römern in die Hände, als die römische, die kalabrische Küste bewachende Flotte das Schiff aufbrachte, das den Gesandten des Königs zusammen mit karthagischen Bevollmächtigten nach Makedonien bringen sollte. Das Dokument enthielt das Protokoll des Eides, mit dem die karthagische Seite den Vertrag beschworen und so in Kraft gesetzt hatte. Im zweiten Jahrhundert nahm der griechische Historiker Polybios in Rom eine Abschrift und fügte den Text in sein Geschichtswerk ein. Er lautet:

«Dies ist der Eid, den der Feldherr Hannibal, Mago, Myrkan, Barmokar und alle Mitglieder des Rates von Karthago, die mit ihm im Felde stehen, gegenüber Xenophanes, dem Sohn des Kleomachos aus Athen, den König Philipp, der Sohn des Demetrios, als seinen Bevollmächtigten zu uns geschickt hat, abgelegt haben:

Vor Zeus, Hera und Apollo, vor dem Genius von Karthago, Herakles und Iolaos, vor Ares, Triton und Poseidon, vor den Göttern, die auf unserem Feldzug mit uns sind, und vor Sonne, Mond und Erde, vor den Flüssen, Häfen und Wassern, vor allen Göttern, die über Karthago gebieten, vor allen Göttern, die über Makedonien und das übrige Griechenland gebieten, vor allen Göttern, die uns auf dem Feldzug begleiten, so viele über diesen Eid wachen: Der Feldherr Hannibal und alle Mitglieder des karthagischen Rates, die bei ihm sind, und alle Karthager, die mit ihm im Felde stehen, erklären, nachdem es euch und uns so gut erschienen ist, daß wir diesen Eid ablegen für Freundschaft und aufrichtiges Wohlwollen, Freunde, Verbündete und Brüder zu sein unter dieser Bedingung: Es sollen König Philipp, die Makedonen und alle übrigen Griechen, soweit sie ihre Bundesgenossen sind, Schutz und Beistand gewähren den Karthagern, dem Feldherrn Hannibal und denen, die bei ihm sind, den unter karthagischer Hoheit Stehenden, die die gleichen Gesetze haben wie die Karthager selbst, den Einwohnern von Utica, allen den Karthagern untertänigen Städten und Stämmen, den Soldaten und Bundesgenossen und allen Städten und Stämmen in Italien, dem Keltenland und Ligurien, mit denen wir Freundschaft haben und mit denen wir dort noch Freundschaft und Bündnis schließen werden. Ebenso soll König Philipp, den Makedonen und den anderen Griechen, die ihre Bundesgenossen sind, Schutz und Beistand zuteil werden von den Karthagern, die mit uns im Felde stehen, den Einwohnern von Utica und von allen Städten, die den Karthagern untertan sind, von den Bundesgenossen und Soldaten, von allen Städten und Stämmen in Italien, dem Keltenland und Ligurien, und von allen, die dort noch unsere Bundesgenossen werden. Wir wollen gegeneinander keine Ränke schmieden, uns keinen Hinterhalt legen, sondern in aufrichtiger Gesinnung und mit allem Eifer ohne Arglist und böse Gedanken denen feind sein, die gegen die Karthager Krieg führen, ausgenommen die Könige, Städte und Stämme, mit denen wir beschworene Verträge und Freundschaft haben. Aber auch wir werden Feinde denen sein, die gegen König Philipp Krieg führen, ausgenommen die Könige, Städte und Stämme, mit denen wir beschworene Verträge und Freundschaft haben.

Ihr werdet für euren Teil uns auch Bundesgenossen in dem Krieg sein, den wir mit den Römern führen, bis die Götter uns und euch den Sieg geben, und ihr werdet uns helfen, wie es erforderlich sein wird und wir darüber eine Übereinkunft treffen. Wenn die Götter uns aber den Sieg im Krieg gegen die Römer und ihre Bundesgenossen gegeben haben: Wenn dann die Römer um einen Vertrag über Freundschaft (und Frieden) bitten, dann werden wir ihn so abschließen, daß dieselbe Freundschaft mit euch bestehen soll und zwar unter der Bedingung, daß die Römer nicht Herren sein sollen über Kerkyra, Apollonia und Epidamnos noch über Pharos, Dimale, die Parthiner und die Atintanen. Die Römer sollen Demetrios von Pharos alle seine Untertanen zurückgeben, die jetzt zum römischen Herrschaftsbereich gehören. Wenn aber die Römer dann (von neuem) Krieg gegen euch oder gegen uns beginnen, werden wir einander in diesem Krieg helfen, wie es für jede Seite erforderlich ist, ebenso wenn irgendwelche andere Krieg anfangen, ausgenommen Könige, Städte und Stämme, mit denen wir beschworene Verträge und Freundschaft haben. Wenn es uns aber gut scheint, von diesem Vertrag etwas wegzunehmen oder etwas hinzuzusetzen, dann werden wir wegnehmen oder hinzusetzen, wie es uns beiden gemeinsam gut erscheint» (*Polybios*, 7,9,1–17).

Der politische Kern des Vertrags ist, abgesehen von der generellen Verpflichtung beider Seiten, einander Beistand zu gewähren, soweit es mit bestehenden Vertragsverpflichtungen gegenüber Dritten vereinbar ist, eine Vereinbarung in Hinblick auf den römisch-karthagischen Krieg, den Hannibal in Italien führte. Hannibal war zum Zeitpunkt des Vertragsabschlusses offenbar siegesgewiß. Er versicherte sich zwar der Hilfe des makedonischen Königs für den Fall, daß dies notwendig erscheint, denn das Hilfsversprechen Philipps sollte erst auf Anforderung und nach zusätzlicher Absprache wirksam werden. Aber der Status eines gleichberechtigten Bundesgenossen wurde Philipp nicht zugesprochen. Weder versprach Hannibal dem König Hilfe im Bedarfsfall, noch wurde er als Verhandlungspartner für einen künftigen Friedensschluß mit den Römern in Aussicht genommen. Hannibal behielt der karthagischen Seite das souveräne Recht vor, zu ihren Bedingungen den Frieden abzuschließen, und machte seinem Bündnispartner nur das Zugeständnis, daß diese Friedensregelung eine Klausel enthalten solle, die Philipps Interessen an der Adria berücksichtigte. Darüber hinaus sicherten sich die Vertragspartner für den Fall eines künftigen, von Rom ausgehenden Revanchekriegs gegenseitige Hilfe zu. Implizit geht aus dem Vertragstext hervor, daß Hannibal beabsichtigte, in Italien eine gegen Rom gerichtete Bundesgenossenorganisation zu schaffen, und daß es nicht das karthagische Kriegsziel war, Rom zu vernichten. Als karthagische Bundesgenossen in Italien werden die Städte und Stämme des Keltenlandes und Liguriens genannt, also Norditaliens, und was den Hinweis auf Alliierte anbelangt, die in Zukunft mit Karthago einen Bündnisvertrag abschließen werden, so ist, wie sich zeigen wird, an Süditalien zu denken, dem Hannibals Kriegsanstrengungen nach der Schlacht von Cannae galten. Rom sollte also auf eine mittelitalische Macht reduziert werden, von der immerhin nicht ausgeschlossen wurde, daß sie dereinst zu einem Revanchekrieg in der Lage sein würde. Die Einbeziehung künftiger italischer Bundesgenossen Karthagos in den Vertrag zeigt deutlich, daß Hannibal mit einem weiteren Ausbau der karthagischen Bundesgenossenorganisation rechnete. Das Kriegsziel, das er sich setzte, lief also auf eine Revision der Ergebnisse hinaus, die die letzten hundert Jahre der römischen Expansion in Italien erbracht hatten. Es versteht sich von selbst, daß diese Revision auch die Wiedererrichtung der karthagischen Herrschaft über die Italien vorgelagerten Inseln bedeutet hätte und Karthago die das westliche Mittelmeer beherrschende Macht geworden wäre.

Zur Realisierung dieser Kriegsziele kam alles darauf an, daß Hannibal die spektakulären Siege der ersten Phase des Krieges zu einer Auflösung der römischen Bundesgenossenorganisation in Süditalien nutzen konnte. Tatsächlich stellten sich nach der Schlacht von Cannae auch Erfolge ein. Die meisten Gemeinden im nördlichen Apulien und einzelne Gaue der Hirpiner im südlichen Samnium traten auf seine Seite. Ein spektakulärer Erfolg war es auch, daß die zum römischen Staatsverband zählende bedeutende Gemeinde Capua ihm zufiel und ein Bündnis mit ihm schloß (Herbst/Winter 216). Gleiches geschah dann in Bruttium und Lukanien, wo der karthagische Unterfeldherr Hanno erfolgreich operierte. Unter anderem fielen hier die griechischen Hafenstädte Kroton und Lokroi in karthagische Hand, und für Lokroi ist der Abschluß eines Bündnisvertrags mit Hannibal bezeugt. Die karthagischen Siegeschancen schienen sich noch zu verbessern, als im Frühjahr 214 nach dem Tod König Hierons von Syrakus sein Enkel und Nachfolger Hieronymos sich auf einen Bündniswechsel einließ. Obwohl er bald darauf ermordet wurde und das karthagisch-syrakusanische Bündnis wieder in Frage gestellt war, wurde es im Herbst des Jahres doch noch wirksam. Von Karthago aus landete eine Invasionsarmee auf Sizilien und eroberte den größten Teil der Insel. Auch in Italien selbst stellten sich weitere Erfolge ein. Hannibal schloß im Jahre 212 ein Bündnis mit Tarent, das ihm durch Verrat in die Hände gespielt worden war. Im selben Jahr traten weitere Lukaner, die bisher Rom treu geblieben waren, auf die karthagische Seite über, nachdem der römische Befehlshaber in dieser Region, Tiberius Sempronius Gracchus, einem Hinterhalt zum Opfer gefallen war. Äußerlich gesehen hatte es den Anschein, als sei Hannibal im Begriff, in Süditalien eine große, zusammenhängende Operationsbasis zu gewinnen und hier das römische Bundesgenossensystem zum Einsturz zu bringen.

Dieser Eindruck täuscht jedoch. In den vier Jahren, die dem Sieg bei Cannae folgten, errang Hannibal zwar Einzelerfolge, doch der Durchbruch blieb aus. Die politische Führung in Rom war entschlossen durchzuhalten und setzte darauf, daß Hannibals Ressourcen sich in einem zähen Stellungskrieg in Süditalien erschöpfen würden. Zunächst gelang es zu verhindern, daß Hannibal ganz Campanien gewann. Capua blieb ein isolierter Außenposten. Hannibals Angriffe auf Neapel, Cumae und Nola scheiterten. Erst recht gelang es ihm nicht, die großen latinischen Kolonien in Süditalien zu erobern, und Mittelitalien, in dem Roms Kraftquellen lagen, blieb Hannibal unerreichbar. Im selben Jahr, in dem Hannibal in Süditalien noch einzelne Erfolge zufielen (212), eroberte auf Sizilien der Konsul Marcus Claudius Marcellus Syrakus zurück (dabei kam der berühmte Mathematiker und Physiker Archimedes ums Leben) und entschied damit den Krieg auf dem sizilischen Schauplatz zugunsten Roms. Ebenso gelang es Rom, der Gefahr entgegenzutreten, daß die vertraglich vereinbarte Hilfeleistung König Philipps V. für Hannibal realisiert wurde. Als Philipp im Jahre 214 bis an die Adria vordrang und Apollonia und Orikos angriff, reagierte die römische Seite mit der Stationierung einer Flottenabteilung in Orikos. Aber als der König an der Adriaküste Lissos einnahm und nicht mehr auszuschließen war, daß Philipp entsprechend dem Vertrag mit Hannibal auf dem süditalischen Schauplatz eingreifen könnte, beschloß der Senat, im Osten einen Krieg zu eröffnen, den vor allem griechische Mächte, der Ätolische Bund, König Attalos I. von Pergamon, Sparta, Elis und Messenien, sowie illyrische und thrakische Dynasten gegen Philipp und seine Verbündeten führen sollten. Dies geschah aufgrund einer Vereinbarung mit den Ätolern, in der unter anderem stipuliert wurde, daß Rom den Krieg gegen Makedonien mit einer Flotte von mindestens 25 Kriegsschiffen unterstützen solle und im Falle eines Separatfriedens der friedenschließende Teil verpflichtet sei, vertraglich Vorkehrungen dagegen zu treffen, daß Philipp den Krieg gegen den Partner fortsetzen könne. So gelang es, mit verhältnismäßig geringem Kraftaufwand Philipp aus dem Krieg in Italien herauszuhalten. Auch in Italien trat eine allmähliche Wende des Krieges ein. Im Jahre 211 eroberten die Römer Capua zurück und beseitigten damit den nördlichsten Vorposten, den die Karthager in Süditalien gewonnen hatten. Hannibals Entlastungsvorstoß, sein spektakulärer Marsch auf Rom, löste zwar eine Panik aus, blieb aber ohne praktische Wirkung. Die Einnahme Capuas und die folgende Bestrafung der abtrünnigen Gemeinde, deren reiche Feldgemarkung zugunsten des römischen Staates eingezogen wurde, demonstrierte den Bundesgenossen beider Seiten, daß Rom wohl letzten Endes doch der Sieger in diesem Krieg sein könnte und die Abtrünnigen eine strenge Bestrafung zu gewärtigen hatten, und damit war Hannibals mühsamer Versuch, in Süditalien eine karthagische Bundesgenossenorganisation zu begründen, zum Scheitern verurteilt. In den folgenden Jahren mußte er Stück für Stück die karthagischen Positionen in Samnium, Apulien und Lukanien räumen. Als die Römer schließlich im Jahre 209 auch Tarent zurückgewannen, war Hannibal auf Bruttium, das heutige Kalabrien, beschränkt. Der Krieg in Italien war trotz einzelner kleiner Erfolge, die Hannibal noch errang, im Grunde verloren.

Der Krieg war insgesamt auch deshalb nicht erfolgreich, weil Karthago selbst zu den Kriegsanstrengungen nichts Entscheidendes beitragen konnte und auch Spanien, die einzige der karthagischen Seite verbleibende Kraftquelle, nach dem Jahre 211 verlorenging. Zwar schien in diesem Jahr der große karthagische Sieg über das römische Heer der beiden Brüder Publius und Gnaeus Scipio, die beide fielen, alle bis dahin erreichten römischen Erfolge zunichte zu machen. Doch mit der Ernennung des jungen, erst fünfundzwanzigjährigen Publius Cornelius Scipio, des gleichnamigen Sohnes des einen der gefallenen Brüder, zum römischen Oberkommandierenden in Spanien traf der Senat eine glänzende Wahl. Die durchschlagenden Erfolge, die er aus unterlegener Ausgangsposition in den folgenden Jahren gewinnen sollte, wurden begünstigt durch den Streit der beiden karthagischen Feldherren mit Namen Hasdrubal. Der eine war ein Bruder Hannibals, der andere, der Sohn des Giskon, entstammte ebenfalls einer der führenden Familien Karthagos. Der junge Scipio verstand es, die beiden zerstrittenen karthagischen Feldherren nacheinander auszumanövrieren, und er nahm Neukarthago ein, wo ihm die reich gefüllten Magazine und, was für die Gewinnung weiterer Verbündeter eine grundlegende Voraussetzung war, eine große Zahl von Geiseln iberischer Stämme, das Unterpfand ihrer Loyalität, in die Hände fielen. Hannibals Bruder, der sich Scipio allein entgegenstellte, wurde geschlagen. Mit den Resten seines Heeres verließ er daraufhin Spanien, um seinem Bruder auf dem kriegsentscheidenden Schauplatz, in Italien, Hilfe zu bringen. Rom gelang es jedoch, dieser Gefahr zu begegnen. Im Jahre 207 stellte der Konsul Marcus Livius Salinator das karthagische Heer des Hasdrubal weit im Norden und vernichtete es in der Schlacht am Metaurus im *ager Gallicus*.

Ein Jahr später fiel auch auf dem spanischen Kriegsschauplatz die endgültige Entscheidung. Publius Scipio besiegte Hasdrubal, den Sohn des Giskon, in der Schlacht bei Ilipa am Unterlauf des Guadalquivir. Sowohl Hasdrubal als auch Hannibals Bruder Mago verließen daraufhin Spanien. Der eine ging nach Karthago, der andere in der Hoffnung, seinem Bruder in Italien Entlastung bringen zu können, nach Ligurien. Auch auf dem anderen Nebenschauplatz, Illyrien und Griechenland, ging damals der Krieg für Rom zu Ende. Die Ätoler schlossen im Jahre 206, ohne vertragsgemäß Rücksicht auf ihre römischen Verbündeten zu nehmen, Frieden mit Philipp V., und so war Rom frei, seinerseits mit dem makedonischen König ein Jahr später den Frieden von Phoinike zu schließen. Das bedeutete bis auf weiteres, daß die Eroberungen, die Philipp in Illyrien im Laufe des Krieges gemacht hatte, in seiner Hand verblieben.

Die Endphase des Krieges spielte sich in Nordafrika ab. Die in Rom durchaus strittige Frage, ob der entscheidende Schlag gegen Hannibal in Italien oder gegen Karthago in Nordafrika geführt werden sollte, wurde auf Betreiben des Konsuls Publius Scipio, des Eroberers von Spanien, zugunsten der zweiten Option entschieden. Nachdem Lokroi in einem Handstreich genommen und Hannibal auf Kroton und Umgebung beschränkt worden war, setzte Scipio im Jahre 204 nach Nordafrika über. Da jedoch der Hauptverbündete der Römer auf dem neuen Kriegsschauplatz, König Syphax von Numidien, auf die karthagische Seite wechselte, geriet Scipio mit seiner Armee zunächst in eine ernste Lage. Er wurde im Winter 204/3 auf einer kleinen Halbinsel in der Nähe von Utica blockiert. Zum Schein ließ er sich auf Verhandlungen mit Hasdrubal, dem Sohn des Giskon, ein. Dieser war nach seiner Rückkehr aus Spanien in Karthago der einflußreichste Politiker, und das Angebot, das er Scipio als Verhandlungsgrundlage machte, sah den gegenseitigen Abzug aus Italien und Nordafrika vor. Scipio schloß sogar, um eine Atempause in der schwierigen Jahreszeit zu gewinnen, einen Waffenstillstand ab. Doch mit Anbruch des Frühjahrs kündigte er ihn auf, überfiel das karthagische Lager und gewann am mittleren Medjerda die Schlacht auf den ‹Großen Feldern›. Daraufhin brach Karthagos Machtstellung in Nordafrika zusammen. Masinissa, ein numidischer Rivale des Syphax und Bundesgenosse der Römer, nahm die Königswürde in Numidien an sich, und Karthago bat in aussichtsloser Lage um Frieden. Scipio handelte einen Vorfrieden aus, der bestimmte, daß Karthago auf alle Außenbesitzungen verzichten, seine Kriegsflotte auf zwanzig Schiffe reduzieren und eine Kriegsentschädigung in Höhe von 5000 euböischen Talenten zahlen mußte. Schon hatte eine karthagische Gesandtschaft in Rom die Zustimmung des Senats eingeholt, als Hannibal mit seinem Heer in Nordafrika eintraf. Daraufhin wurde in Karthago der noch nicht ratifizierte Frieden wieder verworfen und die Fortsetzung des Krieges beschlossen. Hannibal brachte das karthagische Heer auf eine Stärke von 40000 Mann. Freilich war dieses letzte Aufgebot heterogen zusammengesetzt, und der Kampfwert der einzelnen Kontingente fiel höchst unterschiedlich aus. Mit diesem Heer ging Hannibal im Jahre 202 in die Entscheidungsschlacht bei Zama, nachdem Scipio es abgelehnt hatte, einen Vorfrieden unter Verzicht auf jede Kriegsentschädigung und auf eine Reduzierung der karthagischen Flottenstärke zu schließen. Noch einmal bewährte Hannibal sein taktisches Genie in der Anlage der Schlacht, aber da er nicht mehr über das Instrument verfügte, das zur Ausführung seiner Planung notwendig gewesen wäre, ging die Schlacht für ihn verloren. Karthago war damit wehrlos dem Sieger ausgeliefert und mußte um Frieden bitten.

Der endgültige Frieden enthielt nicht nur eine erhebliche Verschärfung der vor der Wiederaufnahme des Krieges ausgehandelten Bedingungen, er nahm auch Karthago den Rang einer Macht mit dem souveränen Recht der Kriegführung. Von den verlorenen Außenbesitzungen auf der iberischen Halbinsel war in dem Friedensinstrument mit keinem Wort mehr die Rede. Karthago selbst wurden wie einem abhängigen Staat Autonomie und traditionelle Verfassung von Rom ausdrücklich garantiert, und es wurde der Stadt generell untersagt, außerhalb Afrikas Krieg zu führen. Innerhalb Afrikas sollte das nur mit römischer Genehmigung möglich sein. Die Kriegsflotte mußte auf zehn Einheiten reduziert werden, und die Kriegsentschädigung wurde auf das Doppelte, auf 10 000 Talente, zahlbar in 50 Jahresraten, heraufgesetzt. Als folgenreich sollte sich die Bestimmung erweisen, daß Karthago allen Besitz, auf den König Massinissa, der Verbündete Roms, berechtigten Anspruch erheben werde, zurückzugeben habe. Die merkwürdige Klausel war nicht so sehr der Heimtücke als der Besonderheit der Besitzverhältnisse geschuldet. In einem Land, in dem Ackerbaugebiete und nomadische Weidegründe eine Gemengelage bildeten, erschien im Jahre 201 eine letztgültige Grenzziehung nicht möglich. Aber indem diese Frage offengehalten wurde, sollten sich aus der Friedensregelung noch schwerwiegende Konflikte ergeben.

Was Hannibal anbelangt, so griff er mit Hilfe der Volksversammlung nach der Macht in Karthago, doch die Aristokratie vertrieb ihn im Bunde mit Rom aus der Stadt. Er floh im Jahre 195 an den Hof des seleukidischen Herrschers Antiochos III. Nach dessen Niederlage gegen Rom in der Schlacht bei Magnesia (190) mußte er fliehen, um nicht ausgeliefert zu werden. Schließlich fand er Zuflucht bei König Prusias I. von Bithynien. Als eine römische Gesandtschaft auch von diesem seine Auslieferung verlangte, tötete er sich im Jahre 183 selbst.

Das Ergebnis des Krieges war genau das Gegenteil von dem, was Hannibal als Kriegsziel vorgeschwebt hatte: Nicht Karthago, sondern Rom war zur führenden Macht im westlichen Mittelmeer aufgestiegen, und nicht Rom war auf Mittelitalien mit dem Gegengewicht einer Nord- und Süditalien umfassenden karthagischen Bundesgenossenorganisation beschränkt worden, sondern Karthago sah sich auf Nordafrika verwiesen und war hier mit einem gefährlichen Rivalen in Gestalt des neuen numidischen Königs Massinissa, der Roms Bundesgenosse war, konfrontiert. Der große Sieg, mit dem für Rom der Kampf auf Leben und Tod gegen Hannibal zu Ende gegangen war, bedeutete jedoch nicht das Ende der äußeren Herausforderungen. Die Unterwerfung Norditaliens, die im Jahre 218 bei Ausbruch des Zweiten Punischen Krieges hatte abgebrochen werden müssen, war neu zu beginnen, und ebenfalls erzwang der schwere Rückschlag, den die römische Herrschaft in Süditalien im Krieg erlitten hatte, umfangreiche Stabilisierungsmaßnahmen. Deshalb ist im ersten Drittel des zweiten Jahrhunderts die italische Linie der römischen Politik einschließlich der Kolonisation beharrlich und energisch weiterverfolgt worden. Aber das Gleiche gilt auch für die mit dem Ersten Punischen Krieg eröffnete mediterrane Dimension der Außenpolitik. Ja, der Zweite Punische Krieg erwies sich in dieser Hinsicht als ein Wendepunkt innerhalb der römischen Geschichte. Mit der Gewinnung der karthagischen Besitzungen auf der hispanischen Halbinsel und der Wiedereroberung Siziliens (einschließlich des ehemaligen syrakusanischen Reiches) waren die Anfänge eines überseeischen Provinzialreiches verbunden, und ebenso entsprang aus der Wurzel des Zweiten Punischen Krieges der unmittelbar anschließende Krieg mit König Philipp V. von Makedonien, der seinerseits weitere Folgekriege nach sich ziehen sollte. In diesen großen, durch außenpolitische Prioritäten bestimmten Verhältnissen stellten sich ökonomische, gesellschaftliche und kulturelle Wandlungen ein, die die zunächst noch verdeckten Voraussetzungen für die Krise und den Untergang der im Krieg unbesiegten und in der Mittelmeerwelt expandierenden Republik bildeten. Dies alles stellt einen komplizierten Wirkungszusammenhang dar, der nur in der analysierenden Darstellung seiner einzelnen Faktoren verständlich gemacht werden kann. Aus Gründen einer sinnvollen Ökonomie der Darstellung soll die Erzählung mit dem unmittelbaren Nachfolgekrieg des Zweiten Punischen Krieges, dem Zweiten Makedonischen, und den sich aus beiden Kriegen ergebenden Weiterungen fortgesetzt werden, bevor die Rückwirkungen der römischen ‹Weltpolitik› auf den inneren Zustand der neuen Weltmacht geschildert werden können.

Die Kriege mit den hellenistischen Großmächten

Der Friede mit Karthago war gerade geschlossen, als Gesandtschaften aus Rhodos und von König Attalos I. von Pergamon im Herbst 201 vor dem Senat erschienen, um Rom zu einer Intervention gegen Philipp V. zu veranlassen, mit dem beide Mächte bereits im Krieg lagen. Schon ein Jahr vorher – der Krieg mit Karthago war noch nicht beendet – hatte eine ätolische Gesandtschaft Rom zu einer Wiederaufnahme des Krieges gegen Makedonien aufgefordert, war aber mit dem Hinweis auf den vertragswidrigen Sonderfrieden zurückgewiesen worden, den der Ätolische Bund im Jahre 206 mit König Philipp geschlossen hatte. Aber die Abgesandten der Rhodier und des Königs Attalos erhielten eine andere Antwort: Der Senat werde sich um die Angelegenheit kümmern. Tatsächlich ordnete der Senat zum Frühjahr 200 eine Gesandtschaft nach Griechenland ab, die im April/Mai in Athen mit den Gesandten der Rhodier und mit König Attalos I. zusammentraf. Athen befand sich damals bereits in einem Konflikt mit Philipp V., der aus einem nichtigen Anlaß entstanden war und mit dem von Attalos und Rhodos geführten Koalitionskrieg gegen Makedonien nichts zu tun hatte. König Attalos und die rhodischen Gesandten gewannen die Stadt für den Beitritt zu der antimakedonischen Koalition, und zu diesem Erfolg trugen auch die römischen Gesandten bei, die den Eintritt Roms in den Krieg in Aussicht stellten. Tatsächlich ließ der Senat etwa zur selben Zeit den Zenturiatkomitien den Kriegsbeschluß gegen König Philipp vorlegen, doch erhielt er von der kriegsmüden Volksversammlung ein ablehnendes Votum. Dennoch wurden die diplomatischen Kriegsvorbereitungen in Griechenland fortgesetzt.

Warum der Senat an seiner Entschlossenheit festhielt, in den Krieg einzutreten, ist nicht eindeutig überliefert, kann aber erschlossen werden. Der Krieg, den Attalos I. und Rhodos sowie ihre Bundesgenossen führten, zu denen seit dem Frühjahr 200 auch Athen gehörte, war Teil eines größeren Konflikts, der die hellenistische Staatenwelt nach dem Tod des Königs Ptolemaios IV. (204) erschütterte. Während in Alexandrien die einander ablösenden vormundschaftlichen Regierungen in ihre inneren Machtkämpfe verwickelt waren, gingen die Flügelmächte, das Seleukidenreich unter Antiochos III. und Makedonien unter Philipp V., daran, die ptolemäischen Außenbesitzungen an sich zu reißen. Antiochos III. annektierte im Jahre 200 nach seinem Sieg an den Jordanquellen das sogenannte Koilesyrien (den Libanon und Palästina), ein zwischen den Ptolemäern und den Seleukiden seit langem umstrittenes wichtiges Durchgangsland, während es Philipp V. auf die ptolemäischen Besitzungen in der Ägäis und im südwestlichen Kleinasien sowie auf die strategische Schlüsselregion an den Meerengen von Hellespont und Bosporus abgesehen hatte. Nachdem er einige Städte an den Meerengen, darunter das an den Dardanellen gelegene Lysimacheia sowie das ptolemäische Samos, erobert hatte, schlossen sich Rhodos, die führende See- und Handelsstadt der hellenistischen Welt, König Attalos I., Byzanz, Kyzikos und Kios zu einem militärischen Bündnis gegen

Philipp zusammen. Dieser hatte mit Antiochos III. ein Kooperationsabkommen geschlossen, das freilich keine gemeinsame Kriegführung vorsah und in Kleinasien im übrigen keineswegs dazu führte, daß sich Philipp der aktiven Unterstützung seitens des seleukidischen Vizekönigs Zeuxis sicher sein durfte. Ohnehin geriet sein Eroberungszug schnell ins Stocken. In der Seeschlacht bei Chios (201) konnte er keinen Sieg erringen, und sein Feldzug in Karien (d. h. im südwestlichen Kleinasien) endete im folgenden Winter damit, daß er von der rhodischen und pergamenischen Flotte in Bargylia blockiert wurde. Obwohl die rhodischen und attalidischen Gesandten dem Senat in Rom schon im Herbst 201 die Gefahren, die von dem Kooperationsabkommen zwischen Philipp V. und Antiochos III. angeblich ausgingen, aus verständlichen taktischen Gründen in ein dramatisches Licht gerückt hatten, ließ sich der Senat von diesem Aspekt kaum beeindrucken. Die Expansion des Seleukiden im Osten kümmerte ihn überhaupt nicht. Anders aber hielt er es im Falle des makedonischen Königs, obwohl dessen aggressives Vorgehen, wie sich im Laufe der Jahre 201 und 200 herausstellte, gar nicht zu einem durchschlagenden Erfolg führte. Auch in Anbetracht der Erfahrungen, die Rom im Ersten Makedonischen Krieg (212/11–205) gemacht hatte, ist es eher unwahrscheinlich, daß den Senat die Furcht vor einer wachsenden Macht Makedoniens zum Kriegseintritt hätte bewegen können. Vielmehr war der von Philipp ausgelöste Krieg im Osten eine günstige Gelegenheit, mit einem Herrscher abzurechnen, der in kritischer Lage Roms ein Bündnis mit Hannibal abgeschlossen hatte.

Günstig war die Gelegenheit insofern, als sie den Vorwand lieferte, daß Rom für die von Philipp bedrohten Griechen das Schwert zu ziehen bereit war. Auf diesen Tenor waren die diplomatischen Kriegsvorbereitungen im Jahre 200 gestimmt. Da Philipp bereits in einen Krieg verwickelt war, in dem er keinen schnellen Sieg erringen konnte, sprach zudem viel dafür, daß Rom bei einem Kriegseintritt mit einem verhältnismäßig geringen Kraftaufwand eine Niederlage des Königs bewirken könne. Anders als in der Situation des Jahres 212/11 trat Rom damals in einen bereits geführten Krieg griechischer Staaten gegen Philipp V. ein. Ein weiterer Unterschied bestand darin, daß die römischen Kriegsziele sich nach der Niederlage Karthagos geändert hatten. Während Rom im Jahre 212/11 nur sicherstellen wollte, daß Philipp nicht in den Krieg in Italien eingreifen konnte, ging es im Jahre

200 darum, dem ehemaligen Verbündeten Hannibals die Rechnung für sein Zusammengehen mit Hannibal in Gestalt einer ähnlichen Souveränitätsminderung zu präsentieren, wie sie Karthago nach dem verlorenen Krieg hatte hinnehmen müssen. Der Senat forderte von Philipp nicht mehr und nicht weniger, als daß er gegenüber Griechen auf das Mittel des Krieges verzichtete und sich in allen Streitfragen einem internationalen Schiedsgericht unterwarf. Ein hellenistischer König aber konnte sich einem solchen Ansinnen nicht fügen, wenn er nicht auf das Prestige des Königs verzichten wollte. Für die römische Seite, die entschlossen war, Philipp zu demütigen oder ihre Forderung durch Krieg durchzusetzen, hatte der eingeschlagene Kurs den Vorteil, die griechische Öffentlichkeit, die vom aggressiven Vorgehen des makedonischen Königs schockiert war, für ihr politisches Ziel zu gewinnen. Rom konnte sich so als eine wohltätige, griechenfreundliche Macht präsentieren, und es sollte in die Lage versetzt werden, die philhellenische Karte in seiner Griechenlandpolitik auszuspielen. Diesem Zweck diente die lange diplomatische Vorbereitung des römischen Kriegseintritts. Die römischen Gesandten hatten die Forderung des Senats zuerst im Frühjahr 200 einem in Attika operierenden Feldherrn des Königs namens Nikanor mitgeteilt. Aber erst nachdem die diplomatischen Vorbereitungen abgeschlossen waren und auch die Zenturiatkomitien dem Kriegsbeschluß zugestimmt hatten, wurde im Sommer Philipp selbst das römische Ultimatum präsentiert. Es lautete:

«Der Senat habe beschlossen, den König aufzufordern, mit keiner griechischen Macht Krieg zu führen, nicht Hand an das Reich des (Königs) Ptolemaios zu legen und sich hinsichtlich der (König) Attalos und den Rhodiern zugefügten Schäden einem Schiedsgericht zu stellen: Wenn er dies tue, könne er Frieden haben – wenn er sich darauf nicht auf der Stelle einlassen wolle, befinde er sich im Krieg mit Rom» (*Polybios* 16,34,3–4).

Philipp wählte, wie er mußte. Er lehnte ab, und im Herbst des Jahres landete ein Zweilegionenheer unter dem Kommando des Konsuls Publius Sulpicius Galba in Apollonia an der illyrischen Küste.

Die beiden ersten Kriegsjahre vergingen ohne Entscheidung. Philipp hielt mit dem Vorteil der inneren Linie eine starke Verteidigungsposition im westlichen Vorfeld Makedoniens. Erst dem Konsul Titus Quinctius Flamininus, der im Jahre 198 das Kommando übernommen hatte, gelang es, Philipp auszumanövrieren und zum Rückzug nach Thessalien zu zwingen. Im Herbst desselben Jahres vollzog auch der

Achäische Bund, Philipps wichtigster Verbündeter in Griechenland, den Übertritt zur antimakedonischen Koalition (der Ätolische Bund, der alte Gegner Makedoniens, war schon im Vorjahr in den Krieg gegen Philipp eingetreten). Philipps Lage hatte sich erheblich verschlechtert, und so trat auf seine Bitten im lokrischen Nikaia eine Friedenskonferenz zusammen (November 198). Sie scheiterte jedoch an den überhöhten Forderungen, die die griechischen Verbündeten Roms stellten. So mußten die Waffen entscheiden. Im Juni 197 unterlag Philipp in der Schlacht bei den ‹Hundsköpfen› (griechisch Kynoskephalai) in Thessalien den Verbündeten. Der König mußte um Frieden bitten, und bei den Friedensverhandlungen der Koalition war es Flamininus, der sich der Forderung der Ätoler nach der Vernichtung der makedonischen Monarchie mit dem Argument erfolgreich widersetzte, daß Makedonien mit dem Schutz der Griechen vor den illyrischen und thrakischen Barbaren eine unersetzliche Funktion erfülle. Die mit Philipp ausgehandelten Bedingungen, die unter anderem auch seinen Verzicht auf die ererbten Besitzungen in Griechenland – Thessalien mit Demetrias, Chalkis auf Euböa und Korinth – vorsahen, wurden vom Senat akzeptiert, und die Zenturiatkomitien ratifizierten den Frieden.

Eine senatorische Zehnerkommission ging nach Griechenland und brachte den Senatsbeschluß, auf dessen Grundlage der Friede geschlossen worden war, als Instruktion zu seiner Ausführung mit in Flamininus' Hauptquartier. Über seinen Inhalt informiert der Historiker Polybios:

«Sein Hauptinhalt war, alle übrigen Griechen in Europa wie in Asien sollten frei sein und nach ihren eigenen Gesetzen leben. Philipp solle seine griechischen Untertanen, bei denen er eine Besatzung unterhielt, bis zu den Isthmischen Spielen den Römern übergeben, Euromos, Pedasa, Bargylia, Iasos, ferner Abydos, Thasos, Myrina und Perinthos freilassen und die Besatzungen abziehen. Wegen der Befreiung von Kios solle Titus (Flamininus) im Auftrag des Senats an (König) Prusias (von Bithynien) schreiben. Alle Kriegsgefangenen und Überläufer solle Philipp innerhalb der gleichen Frist zurückgeben, ebenso seine Kriegsschiffe außer fünf Fahrzeugen und den Sechzehnruderer ausliefern, 1000 Talente zahlen, davon eine Hälfte sofort, die andere in zehn Jahresraten» (*Polybios*, 18,44,2–7).

An der unterschiedlichen Formulierung der beiden Bestimmungen über die Räumung der Städte in Griechenland und an der kleinasiatischen bzw. thrakischen Küste entzündete sich sofort ein Konflikt mit den Ätolern. Diese waren unzufrieden mit der Friedensregelung, weil ihre weitergehenden territorialen Forderungen unberücksichtigt geblieben waren, und benutzten die besagte Formulierungsdifferenz dazu, den Römern die böse Absicht zu unterstellen, daß sie sich in Griechenland an die Stelle des Makedonenkönigs setzen wollten, indem sie die von ihm geräumten Städte ihrerseits besetzt hielten. Die Verdächtigung war auf das Mißtrauen berechnet, das aus der Erfahrung von Jahrhunderten resultierte. Seit dem Königsfrieden des Jahres 386 war es ein probates Mittel der Außenpolitik von Großmächten, mit der Losung «Freiheit und Autonomie für alle griechischen Staaten» die hegemoniale Vorherrschaft einer rivalisierenden Macht zum Einsturz zu bringen – um selbst an deren Stelle zu treten. Aber so dachten weder der Senat noch Flamininus. Die römische Seite beabsichtigte, das Prinzip der griechischen Freiheit allein zur Verdrängung Makedoniens aus Griechenland zu gebrauchen. Darüber hinaus verfolgte Rom keine weiteren politischen Ziele. Flamininus trat deshalb mit Nachdruck dafür ein, durch eine öffentliche Deklaration der ätolischen Propaganda den Wind aus den Segeln zu nehmen, und er setzte sich auch durch. Auf den Isthmischen Spielen ließ er im Sommer 196 bekanntgeben, daß alle Griechen ohne fremde Besatzungen und Tribute frei sein sollten. Der Enthusiasmus der Versammelten überstieg jedes Maß, und es fehlte nicht viel und der römische Wohltäter der Griechen wäre im Gedränge der von ihm ausgelösten Begeisterung zum Opfer gefallen.

Aber mit der Begeisterung waren die Probleme nicht abgetan, die die praktische Verwirklichung des Prinzips der Freiheit aller griechi-

In Griechenland um 196 v. Chr. geprägter Goldstater mit dem Bild des Titus Quinctius Flamininus, im Gewicht einer Doppeldrachme (8,47 gr.)

schen Staaten stellte. Sie sollten Rom binnen kurzem in unvorhergesehene und ungewollte Kriege mit den Herrschern Spartas und des Seleukidenreiches, dem ‹Tyrannen› Nabis und König Antiochos III., sowie mit dem Ätolischen Bund verwickeln.

Das Prinzip der Freiheit aller griechischer Staaten war mit der Zugehörigkeit einer Stadt zu einem Bundesstaat vereinbar, aber nicht mit der Untertänigkeit in einem monarchischen Herrschaftsverband. Der aus einer Seitenlinie der spartanischen Königsfamilie der Eurypontiden stammende ‹Tyrann› Nabis hatte in Sparta die Königswürde okkupiert und in der Nachfolge der Könige Agis und Kleomenes gewaltsame soziale Reformen mit dem Ziel durchgeführt, die alte spartanische Machtstellung auf der Peloponnes zurückzugewinnen. Dazu schien der Zweite Makedonische Krieg beste Gelegenheit zu geben. Als Spartas natürlicher Gegner, der Achäische Bund, einen Bündniswechsel vollzog und auf die Seite der Römer und ihrer Bundesgenossen trat, ging Nabis ein Bündnis mit Philipp V. ein und eroberte Argos, das er auch nach dem Übertritt zur antimakedonischen Koalition und der Freiheitserklärung des Flamininus zum Trotz nicht freigab. Der römische Feldherr sah sich gezwungen, einen panhellenischen Kongreß nach Korinth einzuberufen, und exekutierte dann den Beschluß, daß Nabis Argos auf Grund der Freiheitsproklamation zu räumen habe. Weiterhin mußte Nabis die spartanischen Periökenstädte in die Freiheit entlassen, seine Flotte abrüsten, eine Kriegsentschädigung zahlen und auf das Souveränitätsrecht der Kriegführung verzichten. Alle diese Verwicklungen bewirkten, daß Flamininus, dessen Kommando der Senat verlängert hatte, und die römische Armee noch das ganze Jahr 195 in Griechenland blieben. Aber nach dem Friedensschluß mit Nabis hielt Flamininus den Zeitpunkt für gekommen, die gegen die römische Politik gerichtete Propaganda der Ätoler Lügen zu strafen. Die römische Armee räumte im Frühjahr 194 alle besetzten Plätze und kehrte nach Italien zurück.

Der Zeitpunkt war jedoch denkbar schlecht gewählt. Denn die Ätoler hielten nun die Gelegenheit für gekommen, endlich ihre eigenen Expansionspläne mit Hilfe des ‹Tyrannen› Nabis und des Königs Antiochos III. in die Tat umzusetzen. Der Seleukide hatte inzwischen mit der ptolemäischen Regierung seinen Frieden gemacht, der ihn im Besitz seiner Eroberungen beließ, und ging völlig unbefangen – ganz so, als hätten sich die Römer nicht auf das Prinzip der Freiheit aller

Griechen in Europa und Asien festgelegt – im westlichen Kleinasien, an den Meerengen und in Thrakien daran, in die von Philipp V. geräumten Positionen einzurücken. Das mußte ihn in Konflikt mit Rom bringen, und schon im Jahre 196 hatte es deshalb eine scharfe Konfrontation zwischen einer römischen Gesandtschaft und dem König bei einem Treffen in Lysimacheia gegeben. Seitdem herrschte, wie mit Recht gesagt worden ist, kalter Krieg zwischen beiden Seiten. Schon im folgenden Jahr ging Hannibal in der Erwartung, daß aus dem kalten ein heißer Krieg entstehen könnte, an den seleukidischen Hof.

Obwohl die von Flamininus' Philhellenismus inspirierte Griechenlandpolitik des Senats durch das Vorgehen des Antiochos auf das peinlichste desavouiert wurde und griechische Staaten wie Lampsakos, Smyrna und Alexandreia Troas an Rom appellierten, wäre der Senat wohl letzten Endes bereit gewesen, den König in Asien gewähren zu lassen. Aber Antiochos ließ sich ebenso wie Nabis von den Ätolern dazu verleiten, den Bogen zu überspannen. Sie stachelten den spartanischen König zu dem Versuch auf, die für frei erklärten lakonischen Küstenstädte zurückzuerobern, um so den natürlichen Gegner der ätolischen Expansionspläne, den Achäischen Bund, auf der Peloponnes festzuhalten. Dazu nahmen sie Kontakt mit den Königen Philipp und Antiochos auf. Aber während der makedonische König klug genug war, sich nicht zu kompromittieren, ließ sich Antiochos auf ein Zusammenspiel mit den Ätolern ein, obwohl die römische Reaktion auf den Bruch des Friedens durch Nabis nicht lange auf sich warten ließ. Zwei Praetoren erhielten Anweisung, nötigenfalls den Achäischen Bund gegen Sparta zu unterstützen, und unter Führung des Flamininus ging im Frühjahr 192 eine römische Gesandtschaft zur Rettung der gefährdeten Friedensordnung nach Griechenland. Aber die Ätoler ließen sich von ihrem Kurs nicht abbringen. Unter der falschen Anschuldigung, die Römer beabsichtigten das thessalische Demetrias an Philipp auszuliefern, brachten sie im Zusammenspiel mit Parteigängern die Stadt in ihre Gewalt und luden König Antiochos dazu ein, Griechenland von der Vorherrschaft der Römer zu befreien. So verbanden sich die beiden Aggressoren unter der Parole der griechischen Freiheit. Die Ätoler glaubten, im Bündnis mit dem König ihren Expansionsplänen in Griechenland ungestraft nachgehen zu können, und dieser hoffte, an die durch die Niederlage Makedoniens ausgesparte

Stelle der Hegemonialmacht in Griechenland einzurücken und so der beabsichtigten Wiederherstellung des Reiches, das der Dynastiegründer Seleukos I. nach der Schlacht von Kurupedion (281) für kurze Zeit geschaffen hatte, Absicherung und Vollendung zu geben. Auf der ätolischen Bundesversammlung ließ er die Parole ausgeben, daß es gelte, die griechische Freiheit gegen römische Bevormundung durchzusetzen. Vergeblich schlug Flamininus vor, in der Frage der Territorialforderungen des Ätolischen Bundes ein neutrales Schiedsgericht einzusetzen oder sich an den Senat in Rom zu wenden. Die Ätoler forderten Antiochos auf, Griechenland zu ‹befreien› und Schiedsrichter zwischen ihnen und den Römern zu sein. Daraufhin landete der König im Spätherbst 192 mit einem kleinen Heer in Demetrias, und die ätolische Bundesversammlung wählte ihn zum obersten Strategen. Sein Versuch, unter der Parole der griechischen Freiheit alle zu sammeln, die mit der Friedensregelung des Jahres 196 unzufrieden waren, hatte einigen Erfolg, erwies sich aber im ganzen als Fehlschlag. Der Achäische Bund, Philipp von Makedonien, Eumenes von Pergamon und Rhodos, also die wichtigsten Staaten, blieben auf der Seite Roms, und auch Athen ließ sich nach kurzem Schwanken nicht zum Übertritt auf die Seite des Königs verleiten.

Im Frühjahr 191 landete ein römisches Heer unter dem Kommando des Konsuls Manius Acilius Glabrio in Apollonia, und im April wurde Antiochos bei den Thermopylen geschlagen und zum Verlassen Griechenlands gezwungen. Den Feldzug in Asien führte im folgenden Jahr Publius Cornelius Scipio, der Sieger von Zama, unter dem nominellen Oberkommando seines Bruders Lucius. Bei Magnesia am Sipylos besiegten die Alliierten – besonderen Anteil an dem Sieg hatte die pergamenische Reiterei Eumenes' II. – die numerisch weit überlegene Armee des Königs. Antiochos bat um Frieden, doch wurde der endgültige Frieden erst im Jahre 188 nach einem Beute- und Unterwerfungsfeldzug, den Scipios Nachfolger, der Konsul Gnaeus Manlius Vulso, gegen die keltischen Galater führte, im phrygischen Apameia geschlossen und in Kraft gesetzt. Vorausgegangen waren intensive Verhandlungen in Rom, in deren Verlauf der Senat die Richtlinien für alle sich aus dem Friedensvertrag ergebenden Regelungen festlegte.

Antiochos III. mußte Verzicht auf alle Gebiete nördlich und westlich des Taurosgebirges leisten und eine Kriegsentschädigung von insgesamt 15 000 euböischen Talenten zahlen, 3000 sofort und den Rest in

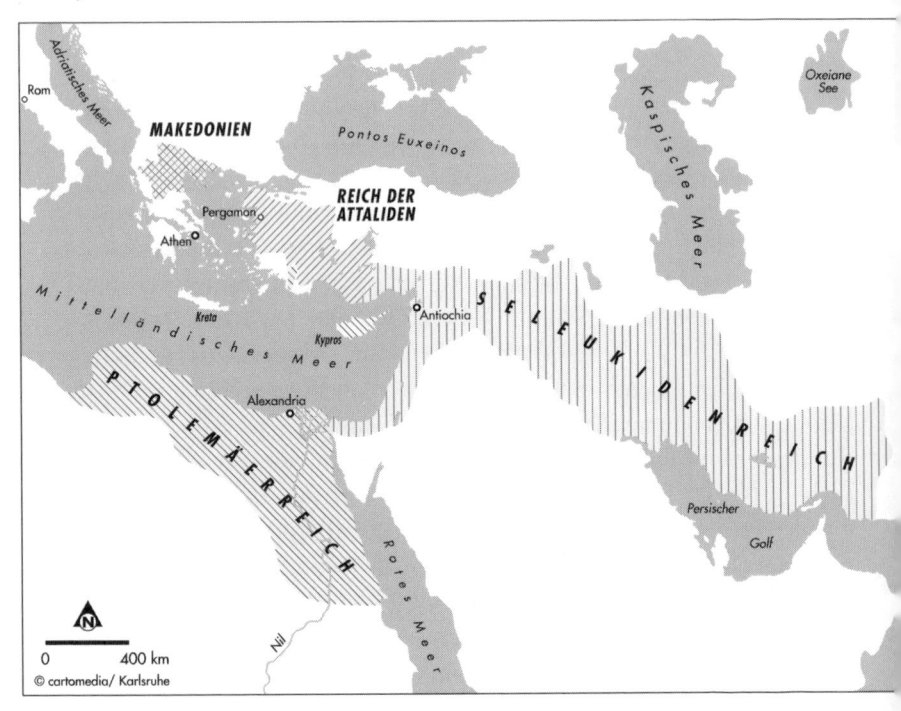

Die hellenistische Welt um 185 v. Chr.

zwölf Jahresraten. Alle Kriegselefanten und die Flotte bis auf zehn Einheiten mußten ausgeliefert werden. Weiterhin wurden dem König Auflagen gemacht, die dem Verbot der Kriegführung im griechischen Raum gleichkamen: Es wurde ihm untersagt, Krieg gegen die Bewohner der Ägäisinseln zu führen oder nach Europa überzusetzen, und der verbleibenden Kriegsflotte wurde die Auflage gemacht, Kap Sarpedon (Lisan el Kabbeh) an der Mündung des Sarpedon (Gjök-Su) nicht in westlicher Richtung zu passieren. Was die Ätoler anbelangt, so war ihnen bereits im Jahre 189, freilich nur widerwillig und nach mehrfachen Vermittlungsbemühungen Athens, der Friede gewährt worden. Neben territorialen Einbußen und einer Kriegsentschädigung von insgesamt 500 Talenten mußten sie einen ungleichen Bündnisvertrag mit Rom hinnehmen, der den Bund zur Anerkennung der römischen Superiorität und zur Heeresfolge im Kriegsfall verpflichtete.

Den Friedensschlüssen folgten zahlreiche Verfügungen über die territoriale Dispositionsmasse, die durch die den Besiegten auferlegten

Gebietsabtretungen entstanden war. Rom selbst beanspruchte nicht einen einzigen Quadratkilometer. In Europa erhielten der Achäische Bund und König Philipp einen bescheidenen Zuwachs, in Kleinasien waren die Hauptnutznießer der Umverteilung König Eumenes II. von Pergamon und Rhodos. Abgesehen von einzelnen Städten, die wegen ihres rechtzeitigen Übertritts auf die Seite Roms für frei erklärt wurden, erhielten die Attaliden in Europa die thrakische Chersones, in Kleinasien das hellespontische Phrygien, Großphrygien, Mysien, Lykaonien, Lydien sowie die Städte Tralleis, Ephesos und Telmessos. Rhodos kam in den Genuß einer großzügigen Erweiterung seiner kleinasiatischen *terra ferma*. Es erhielt Lykien und Karien südlich des Mäander. Diese territorialen Regelungen konnten nicht alle nach der reinen Lehre der Freiheit aller griechischen Staaten erfolgen. König Eumenes hatte die Römer mit Erfolg gemahnt, das Prinzip nicht allzu wörtlich zu nehmen. Im Jahre 189 warnte er bei den Verhandlungen in Rom den Senat, der Freiheitsparole, die die Rhodier nach der Schlacht bei Magnesia nicht ohne Hintergedanken ausgegeben hatten, vorbehaltlos zu folgen: «Wenn die Städte, wozu die Rhodier aufrufen, frei werden, wird ihre Macht um ein Vielfaches steigen, aber unsere wird in gewisser Weise aufgelöst» (*Polybios* 21,19,8). Der Senat verstand, und es wurden Mittel und Wege gefunden, die Herrschaft der mit Rom verbündeten Königsdynastie über griechische Städte aufrechtzuhalten und beträchtlich zu erweitern.

Die Kriege, die Rom in der Zeit zwischen 200 und 189/88 im Osten führte, sind mit verhältnismäßig geringem Kraftaufwand gewonnen worden. Um so bedeutender aber war ihr politisches Ergebnis. Durch sie wurde (im Rahmen der um das Mittelmeer gruppierten Staaten und Völker) die Weltmachtstellung Roms begründet. Alle Welt richtete sich seitdem auf das neue Machtzentrum aus, und jeder Konflikt von einiger Bedeutung, wo immer er ausbrach, wurde früher oder später auch ohne römisches Zutun vor den Senat gebracht. Die mediterrane Welt wuchs zusammen, und diese Tatsache fand ihren Reflex im politischen Bewußtsein kluger Beobachter des Zeitgeschehens. Der Historiker Polybios faßte den Sachverhalt in der Vorrede zu seinem Geschichtswerk in folgende Worte:

«In den vorausgehenden Zeiten lagen die Ereignisse der Welt gleichsam verstreut auseinander, da das Geschehen hier und dort sowohl nach Planung und Ergebnis wie räumlich geschieden und ohne Zusammenhang blieb. Von diesem Zeitpunkt an aber

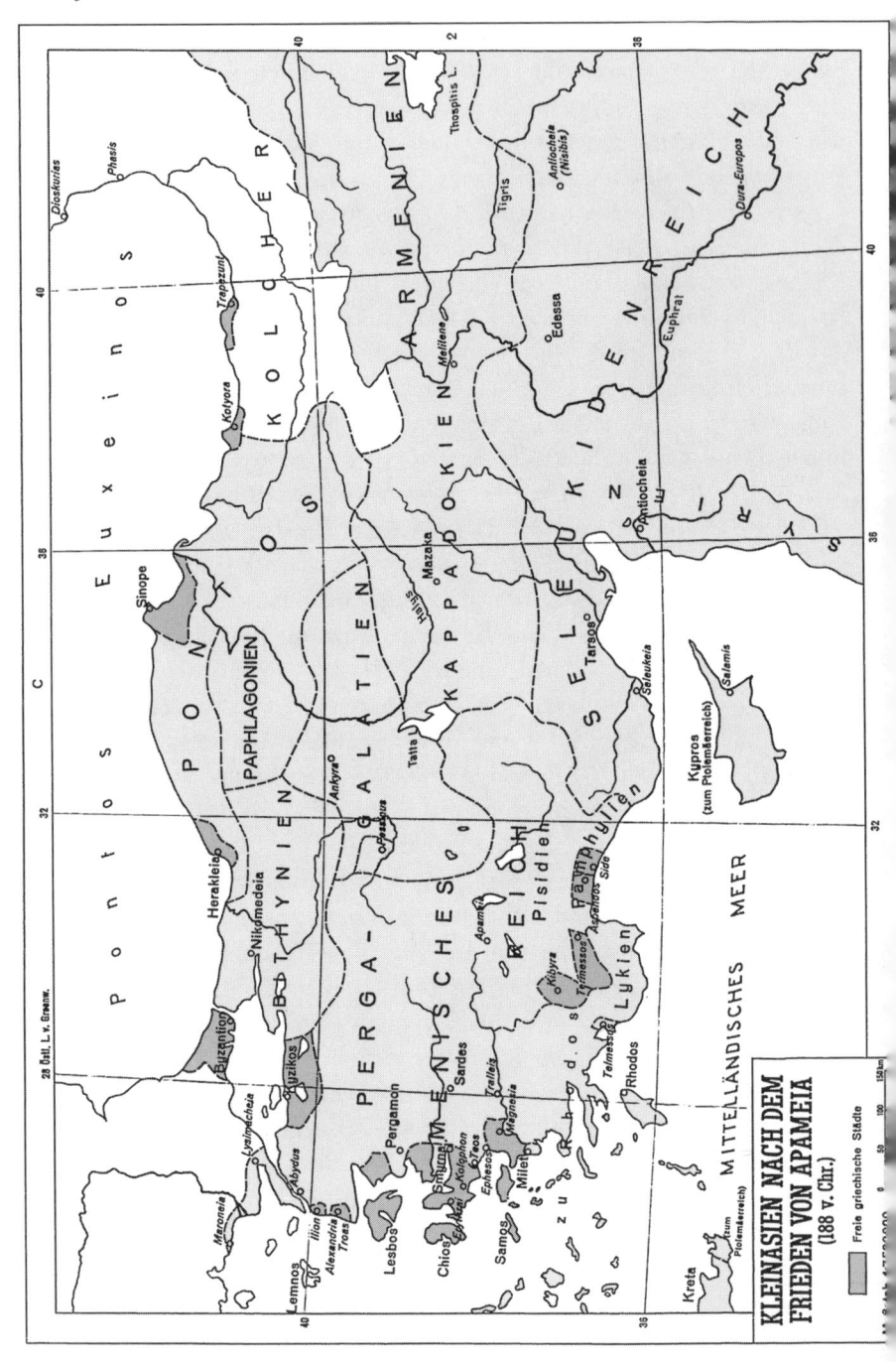

KLEINASIEN NACH DEM
FRIEDEN VON APAMEIA
(188 v. Chr.)

Freie griechische Städte

Die Kriege mit den hellenistischen Großmächten

wird die Geschichte ein Ganzes, gleichsam ein einziger Körper, es verflechten sich die Ereignisse in Italien und Afrika mit denen in Asien und Griechenland, und alles richtet sich auf ein einziges Ziel aus. Daher haben wir auch diesen Zeitpunkt (d. h. das Jahr 218) als Anfang unseres Geschichtswerkes gewählt. Denn nachdem die Römer in dem erwähnten Krieg (dem Zweiten Punischen) die Karthager besiegt hatten und damit den größten, den entscheidenden Schritt auf dem Wege zur Weltherrschaft glaubten getan zu haben, da wagten sie es, ihre Hände nach dem übrigen auszustrecken und mit Heeresmacht nach Griechenland und (Klein-)Asien hinüberzugehen» (*Polybios*, 1,3,3–6).

Aber so richtig die Beobachtung ist, daß die Mittelmeerwelt durch den Aufstieg Roms zu einem politischen Ganzen zusammenwuchs, so verkehrt erscheint die Vorstellung, daß dies das Ergebnis des zielgerichteten Willens zur Weltherrschaft war. Die Dynamik der seit dem Jahr 218 geführten Kriege führte zu Ergebnissen, die weder voraussehbar noch planbar waren, und dies gilt insbesondere auch für die von Polybios so stark herausgehobene Epoche, in der Rom, wie er schreibt, in der Verfolgung eines Weltherrschaftsplanes es wagte, mit Heeresmacht nach Griechenland und Kleinasien hinüberzugehen. Als der Senat im Jahre 201 den Entschluß faßte, in den Krieg gegen Philipp V. von Makedonien einzutreten, hat er nicht im entferntesten gewußt, wohin dieser Entschluß führen würde, und der Historiker hat hier wie auch sonst allen Anlaß, die jeder Planung hohnsprechende Dynamik der durch den Krieg ausgelösten Veränderungen in Anschlag zu bringen.

Als Rom in den Krieg eintrat, den eine Koalition griechischer Staaten gegen Philipp V. bereits führte, da wollte der Senat die noch offene Rechnung mit dem Verbündeten Hannibals begleichen und ihm für immer den Weg zur Expansion in Griechenland, Illyrien und in der Ägäis verlegen. Durch Titus Flamininus wurde dann die römische Griechenlandpolitik auf das Prinzip der Freiheit aller Staaten festgelegt. Daraus erwuchsen neue, unvorhergesehene Probleme, die in den Krieg gegen Antiochos III. und die Ätoler mündeten. Aber auch nach dem Sieg über diese beiden Störenfriede der im Jahre 196 begründeten Friedensordnung ließ sich die reine Lehre der griechischen Freiheit nicht ohne erhebliche Abstriche in die Tat umsetzen. Immerhin waren die Mächte, die Rom herausgefordert hatten, so in die Schranken verwiesen worden, daß sie nach menschlichem Ermessen der im griechischen Raum etablierten Staatenordnung nicht mehr gefährlich werden konnten. Makedonien und das Seleukidenreich waren aus Griechenland und dem westlichen Kleinasien verdrängt, ihr Souveränitätsrecht der Kriegführung beschnitten und der Ätolische Bund auf den Status eines von Rom abhängigen Bundesgenossen herabgedrückt. Eine sich selbst tragende Ordnung der griechisch-hellenistischen Staatenwelt war damit freilich nicht geschaffen. Falls der Senat geglaubt haben sollte, künftig nicht mehr mit Konflikten des Ostens behelligt zu werden, hatte er sich getäuscht. Ob Rom dies nun wollte oder nicht: Es war in die Stellung eines Schiedsrichters in den großen und kleinen Streitigkeiten der griechisch-hellenistischen Staaten und Reiche hineingewachsen. Diese Rolle hat Rom schließlich überfordert und immer tiefer in eine ausweglose Lage verstrickt. Das System einer informellen Kontrolle der in den Friedensschlüssen von 201, 196 und 188 geschaffenen Ordnung brach stückweise und schließlich um die Mitte des zweiten Jahrhunderts vollständig zusammen. Der letzte Ausweg aus diesem Zusammenbruch war die Errichtung einer direkten römischen Herrschaft in Nordafrika, Makedonien und Griechenland im Jahre 146.

Die gereizte Weltmacht und die Anfänge des Römischen Reiches

Als die römischen Truppen nach Italien zurückkehrten, hatte der Senat alle seine politischen Ziele im Osten bis auf eines erreicht: im griechischen Raum eine sich selbst tragende politische Ordnung zu etablieren. Rom hatte demonstriert, daß es allen Mächten der griechisch-hellenistischen Welt überlegen war, aber es wollte sich dort nicht aus eigener Initiative als Ordnungs- und Hegemonialmacht engagieren. Es waren griechische Herrscher, Bundesstaaten, Städte und Privatleute, die sich zur Wahrung der eigenen Interessen der Unterstützung der Mächtigsten, eben der Römer, zu versichern suchten. Aus dieser Konstellation erwuchs eine gefährliche Mischung aus Unzufriedenheit, Erbitterung und Geringschätzung, die den Boden für den römischen Gewaltschlag des Jahres 168 bereitete. Dieser brachte der makedonischen Dynastie das definitive Ende und unterwarf alle in römischen Augen unzuverlässigen Elemente, ob zu Recht oder zu Unrecht, einem drakonischen Strafgericht. Unmittelbare Voraussetzung für diesen brutalen Gewaltschlag war das Wiedererstarken der makedonischen Monarchie, das die Ergebnisse des Zweiten Makedonischen Krieges ins Wanken zu bringen schien.

Die gereizte Weltmacht

Was die vorausgehende Phase einer schleichenden Entfremdung zwischen Römern und Griechen anbelangt, so kann dieser Prozeß nicht bis in alle Einzelheiten verfolgt werden. Nur einige typische Fälle, die die Zerfahrenheit der griechischen Verhältnisse und die Unmöglichkeit beleuchten, zu Lösungen zu gelangen, die alle Beteiligten zufriedenstellten, sollen Erwähnung finden. Unmittelbar nachdem die Römer der Herrschaft der Ätoler über Delphi und das Heiligtum des Delphischen Apoll ein Ende bereitet hatten, beklagte sich die Bürgerschaft in Rom wegen räuberischer Übergriffe der Ätoler und erbat die Garantie der Unverletzlichkeit, der Freiheit und der Befreiung von Abgaben. Dies wurde gewährt, aber auf der Rückreise wurden die delphischen Gesandten ermordet. Eine zweite Gesandtschaft der Delphier überbrachte den offiziellen Dank der Gemeinde in Gestalt eines Dekrets über die Stiftung eines Agons und von Opfern zu Ehren Roms, führte erneut Beschwerde über die Übergriffe der Ätoler und bat um Abhilfe: Dieses Mal ging es um die Ermordung der Gesandten, um die Räubereien der Ätoler und um Unruhen, die unerwünschte Ausländer (gemeint waren vornehmlich Ätoler) in der heiligen Stadt stifteten. Daraufhin wurde Marcus Fulvius Nobilior, nach der Eroberung von Same bei Kephallenia, angewiesen, den Gesandtenmord zu untersuchen. Die Ätoler wurden aufgefordert, den Delphiern das geraubte Gut zurückzuerstatten und von ihren Übergriffen abzulassen. Schließlich wurde der klageführenden Gemeinde gestattet, die unerwünschten Ausländer auszuweisen. Aber Rom ging nicht so weit, sich selbst um die Umsetzung dieser Entscheidung zu kümmern, und was dann die beteiligten griechischen Parteien taten oder tun konnten, stand auf einem anderen Blatt. Die Ausweisung unerwünschter Fremder, sprich Ätoler, war eng mit einem anderen Problem verknüpft: mit der von den Römern angeordneten Rückerstattung von Häusern und Liegenschaften, die Ätoler in der Zeit ihrer Herrschaft in Delphi erworben hatten. Aus dieser Anordnung ging, wie leicht zu begreifen ist, eine Fülle von Rechtsstreitigkeiten hervor. Die Römer mochten in diesem Fall ihre ganze Autorität in die Waagschale werfen: Eine alle Seiten zufriedenstellende Regelung konnten sie nicht erreichen.

Ein anderer, zufällig überlieferter Fall aus Böotien, wo seit langem vorrevolutionäre Zustände herrschten, gibt ein anschauliches Bild von den Schwierigkeiten, mit denen der Senat konfrontiert wurde. Eine ordentliche Rechtspflege gab es in Böotien seit einem Vierteljahrhundert nicht mehr, und zahlreiche Bürger waren in der Folge der inneren Auseinandersetzungen verbannt worden. Für einen dieser Verbannten, einen prominenten Mann namens Zeuxippos, verwandte sich Titus Flamininus persönlich, weil er ihm in Griechenland wertvolle Dienste geleistet hatte, und er erreichte, daß der Senat einen offiziellen Brief an den Böotischen Bund wegen der Restitution des Zeuxippos und anderer Verbannter schrieb. Aber um die Rückkehr des Zeuxippos zu verhindern, eröffneten die Böoter ein Gerichtsverfahren wegen Tempelraubs, und Zeuxippos wurde *in absentia* wegen dieses kapitalen Verbrechens verurteilt. Die böotischen Behörden teilten dem Senat dann mit, einen wegen Religionsfrevels Verurteilten könnten sie nicht zurückrufen. Daraufhin erschien der Protegé des Flamininus persönlich vor dem Senat, um seine Sache zu führen. Dieses Mal sandte der Senat ein Schreiben an den Ätolischen und Achäischen Bund mit der Aufforderung, die erwünschte Restitution des Zeuxippos bei den Böotern durchzusetzen. Die Achäer betrieben die Sache auf diplomatischem Wege. Dabei ersuchten sie die böotischen Behörden um die Erledigung der in Böotien seit langem anhängigen Rechtsstreitigkeiten zwischen Bürgern der beiden Bundesstaaten. Trotz einer entsprechenden Zusage geschah jedoch nichts, und so erteilte der achäische Stratege allen betroffenen Bürgern das Recht der Selbsthilfe, damit sie sich an böotischem Eigentum schadlos halten konnten. Daraus wäre beinahe ein regelrechter Krieg entstanden. Nach dem Urteil des Polybios wurde er nur vermieden, weil der Senat die Sache fallen ließ und nicht weiter auf der Rückführung des Zeuxippos bestand. Der Senat mochte sich fragen, ob es sich lohnte, mit solchen Lappalien seine Zeit zu verschwenden, und ob es nicht besser sei, die Griechen sich selbst zu überlassen.

Es gab ernstere Probleme, die zum Teil auf Spannungen zwischen Reich und Arm beruhten. Solche sozialen Konflikte waren weitverbreitet, so vor allem in Ätolien, Thessalien und Böotien sowie in Sparta und Messenien, den sozialen Brennpunkten auf der Peloponnes. Was diese beiden Staaten betraf, so stellte ihre Eingliederung in den Achäischen Bund noch zusätzliche politische Probleme, die zu Appellen an Rom und innerhalb der politischen Führung des Achäischen Bundes zu einer Spaltung in zwei Gruppen führten: eine, die sich Rom bedingungslos unterwerfen, und eine andere, die einen nach Möglichkeit selbständigen Kurs steuern wollte. Probleme zeigten sich auch in

Kleinasien. Dort löste die Herrschaft der Rhodier in Lykien und Karien Widerstand und Proteste der Betroffenen aus, die in Rom darauf hinwiesen, daß die Rhodier ihr Regiment in Widerspruch zu den in Apameia getroffenen Regelungen ausübten. Kurz: Ob der von den griechischen Parteien angerufene Senat eine Entscheidung fällte oder vermied, ob er ihre Durchsetzung energisch betrieb oder verschleppte: Notwendigerweise bewirkte er, wie immer er sich auch verhielt, Enttäuschung und Unzufriedenheit. Da kaum vorausgesagt werden konnte, ob und wie stark sich Rom in den Streitfragen Griechenlands und Kleinasiens engagieren würde, kamen eine Atmosphäre der Unsicherheit und die Suche nach einem Gegengewicht auf. Diese Rolle konnte in Griechenland nach Lage der Dinge nur der alten Hegemonialmacht Makedonien zufallen, die durch den Frieden des Jahres 196 aus Griechenland herausgedrängt worden war.

Das Wiedererstarken Makedoniens begann noch unter König Philipp. Sein Versuch, im thrakischen Raum einen Ersatz für die Verluste zu finden, die er durch den Frieden des Jahres 196 hatte hinnehmen müssen, rief jedoch Eumenes II. von Pergamon, der um seine Besitzungen am Hellespont fürchtete, auf den Plan. Er wurde in Rom vorstellig, und der Senat zwang Philipp im Jahre 183, die Städte Ainos und Maroneia zu räumen. Als Philipp vier Jahre später starb, wurde Perseus sein Nachfolger – der ursprünglich für die Thronfolge bestimmte romfreundliche Prinz Demetrios war wegen Hochverrats hingerichtet worden. Ohne es auf eine Konfrontation mit Rom abgesehen zu haben, setzte Perseus den Kurs einer Konsolidierung Makedoniens fort. Er nahm freundschaftliche Beziehungen zu den Rhodiern auf, gab König Prusias II. von Bithynien seine Schwester Apame zur Frau und heiratete selbst Laodike, eine Tochter Seleukos' IV. Diese dynastische Politik alarmierte König Eumenes, und er tat alles, um Perseus zu schaden. Als Seleukos IV. ermordet wurde, verhalf er im Jahre 175 dem in Athen lebenden seleukidischen Prinzen Antiochos, einem Bruder des Ermordeten, entgegen der Thronfolge zur Königswürde. Vor allem schürte er in Rom das aufkommende Unbehagen an dem spürbaren Prestigegewinn, den der neue makedonische König in Griechenland verbuchen konnte. Denn die wachsende Partei der mit den herrschenden Verhältnissen Unzufriedenen setzte auf Perseus und Makedonien. Selbst im Achäischen Bund, einem der Hauptnutznießer der römischen Griechenlandpolitik, wurden Stimmen laut, die für eine

Wiederbelebung der alten achäisch-makedonischen Allianz plädierten. So weit kam es nicht, aber daß Perseus Erfolge verzeichnete, war unverkennbar. Er unterwarf den Stamm der Doloper, dehnte den makedonischen Einfluß in Thrakien und Illyrien aus und tat sich mit dem Böotischen Bund zusammen. Als ein typisch hellenistischer König war Perseus nicht gewillt, sein Licht unter den Scheffel zu stellen: Im Jahre 174 demonstrierte er die zusammen mit den Ätolern neugewonnene führende Rolle im Rat der Amphiktyonen – ihm oblag die Leitung des dem Apoll geweihten panhellenischen Heiligtums in Delphi –, indem er, freilich ohne kriegerische Absicht, mit einem Heer in der heiligen Stadt auftrat. So gab er dem römischen Unbehagen an den griechischen Verhältnissen einen festen Anhaltspunkt, und wieder war es ein attalidischer Herrscher, dieses Mal Eumenes II., der wie sein Vater im wohlverstandenen pergamenischen Partikularinteresse Rom in einen Krieg mit dem Herrscher Makedoniens verwickeln wollte. Eumenes erschien persönlich vor dem Senat, und dieser schenkte den gegen Perseus erhobenen Vorwürfen und Verleumdungen Gehör – unter anderem auch der Aussage, daß Perseus Mordanschläge gegen den Senat und König Eumenes geplant habe. Römische Gesandte, die zur diplomatischen Kriegsvorbereitung nach Griechenland geschickt wurden, verbreiteten dort eine Propagandaversion der Perseus zur Last gelegten Verfehlungen, die sich größtenteils auf einer in Delphi gefundenen Inschrift erhalten hat. Sie hat folgenden Wortlaut:

«... daß Perseus in unziemlicher Weise mit seinem Heer nach Delphi zur Zeit der wegen der Pythischen Spiele herrschenden Waffenruhe zog. Es war aber überhaupt völlig ungerechtfertigt, ihn kommen, am Orakel, an den Opfern und Spielen sowie an der Amphiktyonischen Tagessatzung der Hellenen teilnehmen zu lassen. Denn er hatte die jenseits der Donau wohnenden Barbaren ins Land gebracht, die schon früher sich zu nichts Gutem, sondern zur Unterjochung aller Hellenen zusammengefunden hatten und nach Griechenland eingefallen waren (damit ist auf den Kelteneinfall des Jahres 279 angespielt). Auf ihrem Zug nach dem Heiligtum des Pythischen Apoll in Delphi, das sie zu plündern und zu zerstören beabsichtigten, empfingen sie jedoch von dem Gott die gebührende Strafe, und die meisten waren zugrunde gegangen. – Perseus verstieß aber auch gegen die Eide und Verträge zwischen uns und seinem Vater, die er erneuert hatte. – Und Thraker, die unsere Freunde und Bundesgenossen waren, hat er vernichtet. Abrupolis (ein thrakischer Dynast), den wir in einem mit ihm geschlossenen Vertrag unter unsere Freunde und Bundesgenossen aufgenommen hatten, hat er aus seinem Reich vertrieben. – Von den Gesandten, die von den Griechen und den Königen wegen eines Bündnisses nach Rom geschickt worden waren, hat er die der Thebaner auf dem Meer versenken lassen, und andere versuchte er auf andere Weise zu beseitigen. – Darüber hinaus verstieg er sich zu dem Wahnsinn, daß er den Senat zu vergiften beabsichtigte. – Durch seine Angriffe verloren die Doloper ihre Freiheit. – In Ätolien stiftete er Krieg und Morde an und versetzte den ganzen Bund in Unruhen und Bürgerkrieg. – In ganz Griechenland richtete er ohne Unterlaß das Schlimmste an, indem er andere schlimme Pläne verfolgte, besonders aber die Verbannten aus den (griechischen) Städten bei sich aufnahm. – Und indem er die Vornehmen zugrunde richtete und so die Massen hinter sich brachte, verkündete er Niederschlagung der Schulden und (sozialen) Umsturz und machte so deutlich, welche Absichten er gegenüber Hellenen und Römern verfolgte. Daraus entsprang den Perrhaibern, den Thessalern und den Ätolern heilloses Unglück, und die Barbaren wurden den Hellenen noch fürchterlicher. – Da er gegen uns seit langem Krieg plante, wollte er uns isolieren, um widerstandslos alle griechischen Staaten unterjochen zu können. Zu diesem Zweck brachte er den Illyrer Genthios (einen Dynasten) durch Geldzahlungen gegen uns auf. – König Eumenes, unseren Freund und Verbündeten, plante er durch Euandros zu beseitigen, als dieser nach Delphi zur Einlösung eines Gelübdes reiste ...» (W. Dittenberger, *Sylloge Inscriptionum Graecarum* 643).

Verhandlungen, ja selbst die Möglichkeit der Rechtfertigung wurden dem König verweigert. Der Senat wollte die Vernichtung der makedonischen Monarchie – nicht wegen der fadenscheinigen oder böswillig erfundenen Anschuldigungen, die in dem Kriegsmanifest stehen, aber nicht ohne politisches Kalkül: Die Gefahr einer schleichenden Erosion der Friedensordnung von 196 sollte ein für allemal beseitigt werden und damit die vermeintliche Quelle aller Schwierigkeiten, auf die Rom in der griechischen Welt stieß.

Als es ernst wurde, konnte Perseus nicht viel von den promakedonischen Sympathien mobilisieren, die sich im Vorfeld des Krieges gezeigt hatten. Selbst der Sieg bei Kallinikos, den der König kurz nach Ausbruch der Feindseligkeiten errang, änderte daran nichts, zumal Perseus sich letztlich scheute, die Karte des sozialen Umsturzes zugunsten der Armen auszuspielen. Nach längerem Stellungskrieg, in dessen Verlauf es vorsichtige Friedenssondierungen seitens Eumenes' II. und der Rhodier gab, intensivierten die Römer unter dem Kommando des Lucius Aemilius Paullus ihre Kriegsanstrengungen, und am 22. Juni 168 wurde die makedonische Phalanx in der Schlacht bei Pydna in Thessalien vernichtet. Der König floh und ergab sich kurze Zeit später auf Samothrake. Er wurde auf dem Triumphzug des Aemilius Paullus mit seinen Angehörigen in Rom zur Schau gestellt und dann in der Nähe Roms, in Alba Fucens, interniert. Dort ist er einige Jahre später gestorben.

Über die hellenistische Staatenwelt erging nach dem römischen Sieg ein beispielloses Strafgericht. Makedonien wurde zerschlagen und in vier Republiken mit den Vororten Amphipolis, Thessalonike, Pella und Pelagonia aufgeteilt. Diesen Nachfolgestaaten wurden harte Beschränkungen auferlegt: Jedweder privatrechtlicher Verkehr untereinander, Handel und Eheschließung (*commercium* und *conubium*), war verboten, ebenfalls die Ausbeutung der ökonomisch und strategisch bedeutendsten Ressourcen des Landes, der Gold- und Silberbergwerke sowie der Wälder, die den Rohstoff für den Flottenbau lieferten. Davon nahm Rom nichts für sich. Es ging einzig und allein darum, das zerteilte Makedonien schwach und wehrlos zu halten, und es war schon viel, daß den an die illyrischen und thrakischen Barbaren grenzenden Republiken die knapp bemessene Möglichkeit der Selbstverteidigung belassen wurde. Erst nachdem sich die neuen Verhältnisse eingespielt hatten, war Rom zu einzelnen Zugeständnissen bereit. Seit dem Jahre 158 durften die Gold- und Silbervorkommen wieder ausgebeutet werden. Weiter wurde mit allen abgerechnet, die sich tatsächlich oder angeblich während des Krieges gegen Rom gestellt hatten. Am schlimmsten traf es die epirotischen Molosser, die von Rom abgefallen waren und damit eine kurzfristige Krise der römischen Kriegführung heraufbeschworen hatten. Auf Befehl des Senats wurden 70 Ortschaften des Landes verwüstet und die Bevölkerung – die Rede ist von 150000 Menschen – in die Sklaverei verkauft. In den treugebliebenen Staaten sahen die römischen Parteigänger die Stunde gekommen, sich mit römischer Hilfe oder römischer Rückendeckung ihrer politischen Gegner zu entledigen oder offene private Rechnungen zu begleichen. Auf der Konferenz von Amphipolis, auf der eine Senatskommission den politischen Willen des Senats zu vollstrecken hatte, präsentierten sie ihre Rechnungen. Daß sie honoriert wurden, ist an dem, was dann geschah, abzulesen. In Ätolien ließ der Vertrauensmann Roms Lykiskos angeblich 550 Angehörige der politischen Elite des Landes liquidieren, und allein aus dem Achäischen Bund überstellte Kallikrates 1000 prominente Männer der Führungsschicht den Römern zur Internierung in Italien – unter anderen Lykortas aus Megalopolis mit seinem Sohn Polybios, der in Rom zum Historiker der neuen Weltmacht werden sollte.

Auf die Bestrafung der offenen und versteckten Gegner folgte die Abrechnung mit den angeblich falschen Freunden, die Roms Kalkül durch unerwünschte Friedensinitiativen zu stören gewagt hatten. König Eumenes wollte sich persönlich vor dem Senat rechtfertigen, aber

Die gereizte Weltmacht

er wurde nicht einmal angehört, sondern schon bei der Landung in Italien sofort des Landes verwiesen. Um ihn fühlen zu lassen, was es bedeutete, in Rom in Ungnade gefallen zu sein, erklärte der Senat seine Feinde, die keltischen Galater, mit denen er im Kriege lag, für frei. Noch schlimmer erging es den Rhodiern. Sie verloren Karien und Lykien, ihren Anteil an der Konkursmasse des Seleukidenreiches in Kleinasien, aber auch ältere Besitzungen auf der *terra ferma*, die Städte Kaunos und Laodikeia, aus denen sie jährliche Einnahmen in Höhe von 150 Talenten bezogen hatten. Hart traf sie auch die Errichtung des Freihafens auf Delos, der dem rhodischen Zwischenhandel großen Abbruch tat. Anfangs gingen die Einnahmen der Stadt aus den Hafengebühren von einer Million, so erfahren wir, auf 150 000 Drachmen zurück. Nutznießer war Athen, dem neben anderen Gnadenerweisen Delos, das seine Unabhängigkeit verlor, unterstellt wurde. Es fehlte nicht viel, und der Senat hätte sich in seinem Siegesrausch dazu hinreißen lassen, den unglücklichen Rhodiern den Krieg zu erklären. Das konnte gerade noch verhindert werden durch das Eingreifen des Marcus Porcius Cato, der als erster seiner Familie in die Nobilität aufgestiegen war und sich durch Mut, Schlagfertigkeit und Mutterwitz auszeichnete. Aus der Einlassung, mit der er im Senat seinen Standesgenossen ins Gewissen redete, sind große Bruchstücke erhalten geblieben. Weil sie auf den Mann wie auf die politische Situation ein scharfes Licht werfen, sollen sie im Wortlaut zitiert werden:

«Ich weiß, daß den meisten Menschen, wenn ihr Glück guten und reichen und gesegneten Fortgang hat, der Sinn in die Höhe schnellt und Stolz und Übermut in ihnen gedeihen und wachsen. Darum bin ich jetzt sehr besorgt, da dieser Krieg so glücklich vonstatten gegangen ist, daß nicht in der Beratung etwas Widriges herauskomme, was unserem guten Glück zum Schaden gereiche, und daß dieser Freudenrausch nicht allzu üppig ausschlage. Unglück zwingt und lehrt, was zu tun vonnöten ist; Glück berauscht und drängt den Menschen oft querab von richtigem Rat und Einsicht. Um so dringlicher beantrage und rate ich, daß wir diese Angelegenheit um einige Tage verschieben, bis wir aus dem Übermaß der Emotionen wieder zur Beherrschung unserer selbst gelangt sind.

Ich bin freilich der Meinung, daß die Rhodier nicht gewollt haben, daß wir einen Sieg gewönnen, wie wir ihn gewonnen haben, auch nicht daß der König unterläge. Aber nicht die Rhodier allein haben das nicht gewollt, sondern nach meiner Meinung haben es viele Völker und viele Staaten auch nicht gewollt. Und zwar nehme ich an, daß ein Teil von diesen, nicht um uns zu kränken, diesen Ausgang nicht gewollt hat, sondern sie fürchteten gewiß, wenn wir keinen Menschen zu fürchten hätten und wir ganz nach unserem Belieben handeln könnten, daß sie dann allein unter unserer Herrschaft, in unserer Knechtschaft sein würden. Ich meine also, daß sie um ihrer Freiheit willen so gesinnt waren, und doch haben die Rhodier Perseus niemals von Staats wegen unterstützt. Bedenkt doch, wieviel vorsichtiger wir miteinander im Privatleben umgehen; denn da ist keiner, der nicht mit aller Macht, wenn er meint, daß etwas zu seinem Nachteil im Werk ist, dagegen arbeitet: Sie aber haben das über sich ergehen lassen.

All die großen Wohltaten herüber und hinüber, eine so feste Freundschaft, das alles sollen wir mit einem Schlage aufgeben? Wir sollen zuerst anfangen, das wirklich zu tun, wovon wir behaupten, daß sie es wohl gerne getan hätten? Denn der schwerste Vorwurf, der gegen sie vorgebracht worden ist, ist eben dieser, daß sie unsere Feinde hätten werden wollen. Ist denn irgendeiner von euch, der es in eigener Sache für billig hielte, daß er Strafe dulden sollte, weil er überführt wäre, etwas Unrechtes tun gewollt zu haben? Ich meine, keiner; ich wenigstens, was mich angeht, danke dafür. Was nun weiter? Gibt es in aller Welt ein Gesetz so böse, das bestimmt: ‹Wenn einer dies und das zu tun wünscht, soll er um die Hälfte seines Vermögens gestraft werden; wenn einer mehr als 500 Joch (entspricht 500 Morgen) Landes in Besitz zu haben wünscht, soll er so und so viel Buße zahlen; wenn einer einen größeren Viehstand wünscht (als erlaubt ist), soll er zu so und so viel verurteilt werden›? Es gibt nichts, wovon wir nicht mehr haben möchten, und niemand straft uns darum. Wenn es aber nicht billig ist, einem Ehre zu erweisen, weil er behauptet, er habe einmal etwas Rechtes tun wollen, es aber nicht getan hat, so darf es auch den Rhodiern nicht zum Schaden sein, daß sie etwas Unrechtes nicht getan haben, sondern gewollt haben sollen.

Man sagt, die Rhodier seien hochmütig – ein Vorwurf, von dem ich freilich nicht möchte, daß er mir oder meinen Kindern gemacht würde. Aber laßt sie doch hochmütig sein. Was hat das mit euch zu tun? Wollt ihr euch darüber entrüsten, wenn jemand hochmütiger als ihr ist?» (Gellius, *Attische Nächte* 6,3 in der Anordnung und nach der Übersetzung des Textes von F. Leo).

Darüber hinaus war Rom von nun an entschlossen, keine Machtverschiebung innerhalb der hellenistischen Staatenwelt mehr zuzulassen. Der erste, der von dem neuen harten Kurs getroffen wurde, war König Antiochos IV. Im Schutz des Dritten Makedonischen Krieges hatte er einen Präventivkrieg gegen das Ptolemäerreich eröffnet, das seinerseits die Rückgewinnung von Koilesyrien plante. Er hatte große Teile Ägyptens erobert und im Sommer 168 mit der Belagerung von Alexandrien begonnen. Unmittelbar nach der Schlacht von Pydna wurde er jedoch jäh aus seinen Siegesträumen geweckt. Eine römische Gesandtschaft unter Leitung des Gaius Popilius Laenas suchte ihn in seinem Feldlager auf und forderte ultimativ und in demütigenden Formen den sofortigen Abzug aus Ägypten. Dem König blieb nichts anderes übrig, als zu gehorchen. Unmittelbarer Ausdruck des römischen Mißtrauens waren die vielen Gesandtschaften, die der Senat in den folgenden Jahren zur Kontrolle der Verhältnisse in die Reiche und Staaten des Ostens schickte. Dies alles war von dem Willen getragen, keine unerwünschte Veränderung und erst recht keinen Machtzuwachs zuzulassen, sondern alles zu tun, was zur Schwächung der verbliebenen Großreiche beitragen konnte. Als sich die Juden unter Führung des Judas Makkabaios gegen ihren seleukidischen Oberherrn erhoben, ging der Senat im Jahre 161 sogar auf Judas' Bitte ein, mit den Aufständischen ein Bündnis abzuschließen.

Die Erfahrung der Überlegenheit und Unberechenbarkeit Roms führte verständlicherweise zu einer tiefen Resignation und lähmte jede außenpolitische Eigeninitiative hellenistischer Mächte, wenn eine römische Intervention nicht auszuschließen war. Attalos II. hat diese Befindlichkeit in dem Brief vom Jahre 159 an den Hohenpriester der Großen Mutter von Pessinus unverblümt und in aller Klarheit zum Ausdruck gebracht:

«König Attalos grüßt Attis, den Priester. Wenn es Dir gut geht, verhielte es sich so, wie wir wünschen. Als wir nach Pergamon kamen und ich nicht nur Athenaios, Sosandros und Mengenes zusammenbrachte, sondern auch viele (andere) Verwandte, stellte ich ihnen die Angelegenheit vor, bezüglich der wir in Apameia Pläne gemacht hatten, und ich erzählte ihnen, welche Entschlüsse wir in Hinblick auf sie gefaßt hatten. Daraufhin gab es außerordentlich viele Reden, und anfangs neigte jeder der gleichen Meinung zu wie wir, aber Chloros stellte uns eindringlich den römischen Standpunkt vor Augen und riet uns, in keiner Weise etwas ohne die Römer zu unternehmen. Zuerst teilten nur wenige seine Meinung, aber später, in unseren täglich wiederholten Beratungen, machte es immer mehr Eindruck auf uns, und es schien große Gefahr zu enthalten, wenn wir ohne sie einen schnellen Entschluß faßten. Denn erfolgreich zu sein würde uns Neid erzielen, eine Annullierung des Erfolgs und haßerfüllten Verdacht, so wie sie ihn gegen meinen Bruder gefaßt hatten, und im Fall des Mißerfolgs den Zusammenbruch schlechthin. Denn im letzteren Fall würden sie sich nicht wieder uns zuwenden, sondern es würde ihnen ein Vergnügen sein, unser Unglück zu sehen, weil wir ohne sie solche Dinge in Bewegung setzten. So wie die Dinge also stehen, würden wir bei Mißerfolg (was nicht geschehen möge), nachdem wir alles und jedes mit ihrer Billigung getan haben, ihre Hilfe erhalten und könnten eine Niederlage wiedergutmachen, mit dem Wohlwollen der Götter. Deshalb habe ich beschlossen, in jedem Einzelfall Männer nach Rom zu schicken mit dem Auftrag, dort über die Angelegenheiten zu berichten, über die wir in Zweifel sind, und für uns selbst sorgfältig Vorbereitungen zu treffen, daß wir nötigenfalls uns selbst helfen können …» (C. B. Welles, *Royal Correspondance* 61).

Trotz aller Vorsichtsmaßnahmen konnte der Senat jedoch nicht verhindern, daß sich noch vor der Mitte des zweiten Jahrhunderts ein Zusammenbruch der Ordnung anbahnte, die Rom nach der Schlacht bei Pydna Griechenland und Makedonien auferlegt hatte. Was Griechenland anbelangt, so führte eine skandalöse Bestechungsaffäre zu politischen Weiterungen, die kurz nach der Jahrhundertmitte Rom in einen Krieg mit dem Achäischen Bund verwickelte. Die Vorgeschichte dieses Krieges verdient hier erzählt zu werden, nicht zuletzt weil sie ein bezeichnendes Licht auf den Zustand der griechischen Welt nach dem Dritten Makedonischen Krieg wirft. Um das Jahr 157/56 überfiel Athen – aus welchen Gründen das geschah, ist unbekannt – die böotische Grenzstadt Oropos. Daraufhin wandte sich diese mit der Bitte, ihr Genugtuung zu verschaffen, an den Senat in Rom, und der verwies die Sache zur schiedsgerichtlichen Regelung an das achäische Sikyon. Athen wurde zu der extrem hohen Wiedergutmachungssumme von 500 Talenten verurteilt und nahm folglich den Spruch nicht an. Vielmehr appellierte es nun seinerseits an den Senat und ließ seine Sache im Jahre 155 von einer Philosophengesandtschaft vertreten, die aus den Häuptern der drei berühmten Schulen der Akademiker, der Stoiker und der Peripatetiker bestand. Die Strafsumme wurde auf 100 Talente ermäßigt, aber die Athener verstanden es, auch diese Zahlung zu verschleppen. Sie bewerkstelligten es sogar – wir wissen nicht wie –, daß sie eine Besatzung nach Oropos legten. Die Bürger erhoben nun Klage in Athen wegen der Schäden, die sie durch die Besatzung erlitten hatten, und als dort auch diese Klage auf die lange Bank geschoben wurde, wandten sie sich hilfesuchend an den Achäischen Bund. Die Athener reagierten, indem sie, etwa im Jahr 151/50, die Oropier oder doch den Teil der Bürgerschaft vertrieben, der sich dem athenischen Vorgehen nicht fügen wollte. Da der Achäische Bund keine Anstalten machte, helfend einzugreifen, nahmen die Vertriebenen Zuflucht zu dem Mittel der Bestechung. Sie versprachen dem aus Sparta stammenden Bundesstrategen Menalkidas zehn Talente, damit er die Achäer für eine Intervention zu ihren Gunsten gewinne. Dieser zog auf der Basis einer finanziellen Beteiligung den mächtigsten Mann des Bundes, den bereits erwähnten ‹Römerfreund› Kallikrates, ins Vertrauen, und so kam es zu einer achäischen Intervention, vor der die Athener zurückwichen. Aber damit fand die schmutzige Affäre nicht ihr Ende. An der Bestechungssumme sollte auch der Nachfolger des Menalkidas, der aus Megalopolis stammende Diaios, teilhaben. Doch kam es, wie es kommen mußte. Die Kumpane gerieten in Streit, und dieser Streit mündete in einen politischen Konflikt zwischen dem Bundesmitglied Sparta, bei dem es ohnehin Selbständigkeitsbestrebungen gab, und dem Bund. Im Winter 149/48, als die Römer in Makedonien schon im Krieg gegen Andriskos standen, der den Thron der Antigoniden usurpiert hatte, brachten die streitenden Parteien ihre Sache in Rom vor.

Die römische Vermittlung ließ auf sich warten, und bevor sie zustande kam, brach eine Art Bürgerkrieg aus, in dessen Verlauf Menalkidas gezwungen wurde, sich selbst zu töten. Nun verlor der Senat die Geduld und forderte von den Achäern, die Bundesmitglieder Sparta, Argos und Korinth aus ihrem Staatsverband zu entlassen. Die Achäer reagierten mit der Kriegserklärung an Sparta, und als Rom eingriff, führten die Achäer und ihre Verbündeten unter Führung des Diaios, der sich nicht scheute, zum sozialen Umsturz und zur Befreiung der Sklaven aufzurufen, einen Verzweiflungskampf, der mit dem Untergang des Bundes endete. Die Stadt Korinth, in der vor Kriegsausbruch eine römische Gesandtschaft beleidigt und angepöbelt worden war, bildete das letzte Widerstandszentrum. Lucius Mummius nahm sie im Jahre 146 ein und ließ sie völlig ausplündern.

Diesen dramatischen Ereignissen war in Makedonien die bereits erwähnte Usurpation des Andriskos vorausgegangen. Dieser gab sich als Sohn des letzten makedonischen Königs aus und brachte es nach einer abenteuerreichen Laufbahn tatsächlich dahin, daß er von den unzufriedenen Makedonen, unter denen die Erinnerung an die antigonidische Dynastie hochgehalten wurde, in Pella auf den Thron gehoben wurde. Im Jahre 148 errang er sogar einen Sieg über den Praetor Publius Iuventius, aber dem verstärkten römischen Engagement war er nicht gewachsen. Er unterlag dem Praetor Quintus Caecilius Metellus, der damit für sich und seine Nachkommen den Siegesbeinamen Macedonicus erwarb. Das Gebiet der vier makedonischen Republiken, die sich als ein gefährliches Widerstandszentrum gegen Rom erwiesen hatten, wurde der direkten römischen Herrschaft unterworfen. Nach dem Ende des Achäischen Krieges wurden dem Statthalter der neuen Provinz Macedonia auch die griechischen Staaten unterstellt, die gegen Rom die Waffen erhoben hatten. Dies waren die Gemeinden des Achäischen Bundes einschließlich des alten Korinth, das seine Eigenstaatlichkeit einbüßte, dazu Theben, Chalkis, das östliche Lokris, Phokis und Megara.

Im selben Jahr, in dem die politische Existenz von Korinth vernichtet wurde, zerstörten die Römer Karthago und verkauften die überlebende Bevölkerung in die Sklaverei. Und wie Makedonien und die griechischen Staaten, die gegen Rom im Krieg gestanden hatten, unter direkte römische Herrschaft gestellt wurden, so erhielt auch das Territorium von Karthago, von einigen Ausnahmen abgesehen, den Status einer römischen Provinz. Hier wie dort provozierte die Unmöglichkeit, die von Rom diktierte Ordnung mit diplomatischen Mitteln aufrechtzuerhalten, das brutale Mittel der politischen bzw. physischen Vernichtung und den Übergang von der – ineffektiven – indirekten Kontrolle zu einem System der direkten Herrschaft. Auch in Nordafrika hatte dieser Paradigmenwechsel der römischen Politik eine längere Vorgeschichte, und von dieser muß zunächst die Rede sein.

Der Friede des Jahres 201 hatte zwar die Großmachtstellung Karthagos vernichtet und die Stadt einer indirekten römischen Kontrolle unterworfen, aber an eine physische Auslöschung Karthagos war nicht im entferntesten gedacht worden. Der erste römische Historiker, Fabius Pictor, der sein Geschichtswerk um das Jahr 200 verfaßte, machte Hasdrubal und Hannibal für den Ausbruch des Zweiten Punischen Krieges verantwortlich, aber die karthagische Aristokratie nahm er von dem Vorwurf der Kriegsschuld aus. Mit ihr zusammenzuarbeiten lag anfangs auch durchaus auf der vom Senat verfolgten politischen Linie. Als Hannibal im Jahre 195 in seiner Funktion als Sufet, d. h. als höchster Magistrat der Stadt, daranging, mit Hilfe des Volkes die Aristokratie zu stürzen, kam der Senat mit einer Gesandtschaft den bedrohten karthagischen Standesgenossen zu Hilfe: Hannibal mußte in die Verbannung gehen. Dreimal, in den Jahren 195, 193 und 181/80, gingen römische Gesandtschaften nach Karthago, um Gebietsstreitigkeiten zwischen der Stadt und König Massinissa von Numidien zu schlichten. Ernste Belastungen der römisch-karthagischen Beziehungen scheinen daraus nicht erwachsen zu sein. Aber am Vorabend des Dritten Makedonischen Krieges traute sich der numidische König gegenüber Karthago zur offenen, nicht mehr durch Rechtsansprüche bemäntelten Aggression überzugehen, und als daraufhin Karthago in Rom Beschwerde führte, schob er den Vorwurf nach, daß die Karthager Perseus unterstützten. Aber diese Behauptung verfing nicht, und der Senat entschied, auf völkerrechtliche Korrektheit bedacht, in Übereinstimmung mit dem Friedensvertrag von 201 gegen Massinissa zugunsten Karthagos. Damit war der Aggressivität des verbündeten Königs jedoch auf Dauer kein Riegel vorgeschoben. Im Jahre 161 griff er, ohne einen Rechtsanspruch vorweisen zu können, das an der Kleinen Syrte gelegene Emporia an, und dieses Mal entschied Rom aus politischen Rücksichten gegen Karthago, weil die Stadt einem abtrünnigen Vasallen des Königs namens Aphther Asyl gewährt hatte. Wie der

Historiker Polybios den Fall kommentierte, folgten die Römer damit nicht dem Recht, sondern dem Gesichtspunkt des Nutzens. Dieser bestand darin, daß sie ihren Verbündeten vor der Gefahr der inneren Auflösung seines locker gefügten und auf der Loyalität von Stammeshäuptlingen beruhenden Reiches schützen wollten.

Aber wie nur allzu verständlich ist, war in Karthago durch diese Ereignisse die Politik einer loyalen Friedenserfüllung zutiefst diskreditiert. Auch auf karthagischer Seite wuchs die Bereitschaft, den Aggressionen des numidischen Herrschers unter Mißachtung des Friedensvertrags mit gleicher Münze heimzuzahlen. Im Jahre 154/53 beging Karthago Grenzverletzungen, und Rom konnte keine Genugtuung erlangen. Diese Erfahrung löste zusammen mit gewissen Schwächeerscheinungen des Numidischen Reiches eine antikarthagische Hysterie in Rom aus, die auf die Forderung hinauslief, die einseitig als Störenfried der Ordnung von 201 verteufelte Stadt zu vernichten. Selbst Marcus Porcius Cato, der im Jahre 167 angesichts der drohenden Überreaktion gegen Rhodos die Stimme der Vernunft erhoben hatte, verlor angesichts der ins Wanken geratenden Verhältnisse in Ost und West jedes Augenmaß und beendete jede seiner Senatsreden mit der stereotypen Formel: «Im übrigen bin ich der Meinung, daß Karthago zerstört werden muß.» Auch die Gegenstimme des Publius Cornelius Scipio Nasica war nicht von grundsätzlicher Ablehnung des Krieges mit Karthago motiviert und schon gar nicht von der Absicht, Rom im Interesse der inneren Eintracht die Furcht vor einem gefährlichen äußeren Feind, der übrigens Karthago längst nicht mehr war, zu erhalten. Dies sind alles spätere Überlegungen antiker Historiker, die mit der Erfahrung der inneren Krise nach dem Epochenjahr 146 zurechtkommen mußten. Was Scipio zu seinem Widerspruch veranlaßte, waren die Scheu vor der Heiligkeit der Eide, die den Frieden begründet hatten, und die Auffassung, daß der Friede solange einzuhalten war, wie er von der Gegenseite nicht offen gebrochen war.

Doch der gesuchte triftige Kriegsgrund war schnell gefunden. Als im Jahre 150 unter dem Druck der Volksmassen Parteigänger Massinissas aus Karthago vertrieben wurden, griff der König an, und die Karthager antworteten mit Krieg, ohne sich um die Vermittlung Roms zu bemühen oder um die Genehmigung zum Krieg nachzusuchen. Damit war der Friedensvertrag tatsächlich gebrochen, und die Karthager hatten endlich den gewünschten Vorwand geliefert. Als die Römer ernst machten, begriffen sie jedoch sofort, daß sie einlenken mußten. Sie verurteilten die für den Friedensbruch verantwortlichen Politiker zum Tode, aber Rom war nicht bereit, dies als hinreichende Genugtuung anzuerkennen. Deshalb ergaben sich die Karthager formell auf Gnade und Ungnade, d. h., sie vollzogen den Akt der *deditio*, und überließen es den Römern, die Bedingungen festzulegen, unter denen sie künftig zu leben hatten. Als ihnen aber die Forderung präsentiert wurde, ihre Stadt am Meer zu verlassen und sich im Landesinneren anzusiedeln, nahmen sie den Verzweiflungskampf auf, der ihnen keine Chance ließ. Nach dreijähriger Belagerung ließ Publius Cornelius Scipio Aemilianus im Jahre 146 die Stadt stürmen und dem Erdboden gleichmachen.

Die Weltmacht Rom hatte sich in Afrika ebenso wie in Griechenland und Makedonien unfähig gezeigt, mit politischen Mitteln eines dynamischen Prozesses Herr zu werden, der das durch Friedensverträge scheinbar gesicherte System der indirekten politischen Kontrolle ins Wanken brachte. Diese Erfahrung – und nicht, wie im Fall Karthagos von modernen Historikern, die in den Kategorien ihrer Zeit dachten, behauptet worden ist, der Konkurrenzneid römischer Händler – war der Grund, warum die gereizte Weltmacht den Ausweg aus dem Dilemma in brutalen Gewaltschlägen suchte. Auf beiden Schauplätzen stand am Ende der Entwicklung ein Repressalienexzeß, der durch überschießende Wut vorangetrieben wurde und der doch von einem harten Interessenkalkül bestimmt war. Auf diesem Wege wurde das zusammengebrochene politische Konzept einer indirekten Kontrolle der mediterranen Staatenwelt dort, wo es in eine ausweglose Krise geraten war, auf dem Balkan und in Nordafrika, von einem System direkter römischer Herrschaft abgelöst.

Blickt man von dem Epochenjahr 146 auf die 125 Jahre zurück, die seit der ersten Konfrontation mit einer außeritalischen Macht, dem epirotischen König Pyrrhos, vergangen waren, so hat man allen Anlaß zu der Feststellung, daß der scheinbar unaufhaltsame Aufstieg Roms zur mediterranen Weltmacht nicht das Ergebnis eines zielgerichteten Willens zur Weltherrschaft war, sondern sich aus der Dynamik einer Entwicklung ergab, die durch eine Reihe siegreich bestandener Herausforderungen bestimmt wurde. Soweit dabei eine Konstante der römischen Politik erkennbar wird, so lag sie in dem festen Willen des

Die gereizte Weltmacht 149

Senats, diese äußeren Herausforderungen anzunehmen und sich fremdem Willen niemals zu unterwerfen. Diese Haltung war der politischen Klasse Roms, der Nobilität, in der Zeit ihrer Formierung, als unter ihrer Führung in den Samnitenkriegen die Herrschaft über Italien gewonnen wurde, zur zweiten Natur geworden. Als sich zeigte, daß die Friedensordnungen von 201 und 196 einer mit politischen Mitteln nicht beherrschbaren Erosion unterlagen, entschloß sich der Senat, diesen Prozeß durch Gewaltschläge zu beenden. Mit dieser Entwicklung sind die Anfänge des Römischen Reiches verknüpft. Auch das außeritalische Untertanengebiet war nicht das Ergebnis eines zielgerichteten Herrschaftswillens, und das Motiv zur Errichtung von Provinzen war ursprünglich nicht das Streben nach materiellen Gewinnen. Sizilien und Sardinien sowie der Süden und Osten der iberischen Halbinsel sind der römischen Herrschaft in der Absicht unterstellt worden, der rivalisierenden Großmacht Karthago die Positionen und Ressourcen zu entziehen, die sie im dritten Jahrhundert zu einem gefährlichen Gegner gemacht hatten. Im Osten, wo Rom keine Kriege auf Leben und Tod auszufechten hatte, ging die römische Politik denn auch einen völlig anderen Weg. Selbst nach der Vernichtung der makedonischen Monarchie im Jahre 168 vermied es Rom, direkte Herrschaft auf der Balkanhalbinsel zu begründen. Als dann im Jahre 146 doch die Provinzen Macedonia und Africa geschaffen wurden, war dies die Antwort auf den vollständigen Zusammenbruch des Systems der indirekten Kontrolle, auf der die Friedensordnungen von 201 und 196 gründeten.

Was direkte Herrschaft freilich bedeutete, stand keineswegs von Anfang an fest. Im Unterschied zur römischen Bundesgenossenorganisation in Italien wird das außeritalische Untertanengebiet Roms nach der Amtsgewalt, die römische Amtsträger dort ausübten (*imperium*), als das in Provinzen gegliederte Römische Reich bezeichnet. Unter Provinz (*provincia*) wird von Haus aus der Amtsbereich eines mit der höchsten militärischen Amtsgewalt ausgestatteten Magistrats, also eines Konsuls oder Praetors, verstanden, ebenso auch der Operationsbezirk, auf den sich sein militärisches Kommando erstreckte. Von daher nahm das Wort Provinz die territoriale Bedeutung an, die er im heutigen Sprachgebrauch ausschließlich besitzt. Da die oberste Amtsgewalt des *imperium* sowohl das militärische Oberkommando als auch die zivilen Funktionen des Gerichtsherrn und der Administration umfaßte, hing es von den Umständen ab, welcher Aspekt in den verschiedenen Bezirken des Untertanengebiets im Vordergrund stand. Überhaupt waren mit der Entstehung außeritalischer Herrschaftsbezirke Fragen aufgeworfen, auf die neue Antworten gesucht und gefunden werden mußten. Die knapp bemessene Zahl der Imperiumträger – neben den beiden Konsuln zwei in der Regel mit Rechtsprechung beauftragte Magistrate, der Stadtpraetor (*praetor urbanus*) und der Fremdenpraetor (*praetor peregrinus*) – reichte für die Übernahme der höchsten Amtsgewalt in den vom politischen Zentrum Rom weitentfernten Provinzen des neuen Typs nicht im entferntesten aus. Zunächst behalf man sich mit der Vermehrung der Praetorenstellen. Zehn beziehungsweise vierzehn Jahre nachdem Karthago Sardinien und Sizilien hatte räumen müssen, wurden im Jahre 227 zwei neue Praetorenstellen eingerichtet und den Stelleninhabern die Inseln als Amtsbezirke zugewiesen. Ebenso wurde nach einer Übergangszeit mit dem Untertanengebiet auf der iberischen Halbinsel verfahren. In den eigens konstituierten Provinzen des Diesseitigen (sich im Osten von den Pyrenäen bis nach Neukarthago erstreckenden) und des Jenseitigen (am Guadalquivir gelegenen) Spanien erhielten seit dem Jahre 196/95 zwei Praetoren die höchste Amtsgewalt – das Praetorenkollegium bestand seitdem aus sechs Mitgliedern. Damit waren die Möglichkeiten der Stellenvermehrung jedoch erschöpft. Bei der Gründung der neuen Provinzen Africa und Macedonia behalf sich der Senat mit Notmaßnahmen, indem er entweder die Konsuln mit der Kriegführung in den Provinzen beauftragte oder die Amtsgewalt der Obermagistrate über das Amtsjahr hinaus verlängerte. Dies war schon früher, vor allem im Zweiten Punischen Krieg, geschehen. Aber unter den Bedingungen des sich vergrößernden Provinzialreiches wurde es zu einer üblichen Aushilfsmaßnahme, daß ehemalige Konsuln und Praetoren unter der Bezeichnung von Prokonsuln und Propraetoren die höchste Amtsgewalt in den Provinzen des Reiches ausübten. Unterstützt wurden sie von Quaestoren, den rangniedrigsten vom Volk gewählten Magistraten, deren Zahl im Zusammenhang mit der Entstehung eines Provinzialreiches ebenfalls erhöht wurde, sowie von Angehörigen ihres Stabes. Neben den überseeischen Provinzen gab es seit dem Ende des Zweiten Punischen Krieges auch eine Norditalien zwischen den Apenninen und den Alpen umfassende Provinz, die bis zum Ende der Republik Bestand haben sollte. Sie verdankte ihre Entstehung der wiederaufgenommenen Unterwerfung der Kelten und Ligurer, die nach dem Jahr 218 Hannibal unterstützt hatten.

Wie bereits gesagt, hing es von den Umständen ab, ob die praktische Tätigkeit eines Provinzstatthalters eher von dem militärischen oder dem administrativen Aufgabenfeld der höchsten Amtsgewalt bestimmt wurde. In Norditalien, in den spanischen Provinzen und auch in der Provinz Macedonia, wo entweder Einfälle von benachbarten Stämmen oder Aufstände der unterworfenen Bevölkerung eine starke militärische Präsenz auf Zeit oder auf Dauer erforderlich machten, war Kriegführung die Hauptaufgabe. Aber auf Sizilien, das seit dem Zweiten Punischen Krieg nicht mehr von äußeren Feinden bedroht war, war die Administration des Praetors vor allem mit der inneren Sicherheit, dem Rechtsfrieden und der Erhebung der den Untertanen auferlegten Abgaben befaßt.

Dies waren neue Aufgaben für Rom, für deren Bewältigung die italische Bundesgenossenorganisation keinerlei Vorbild bot. So ist es verständlich, daß der Senat, dem mit der Entstehung des Römischen Reiches auch neue Aufgabenfelder zuwuchsen, sich nach Möglichkeit an vorgefundenen Ordnungen orientierte. Dies gilt insbesondere für die Erhebung von Steuern und Abgaben. Auf Sizilien wurde nach der Einziehung des Königreichs von Syrakus die Mehrzahl der Gemeinden, über fünfzig an der Zahl, nach dem hellenistischen Steuergesetz, das König Hieron eingeführt hatte, der sogenannten *lex Hieronica*, besteuert. Dieses Gesetz beruhte auf dem Grundsatz, daß der gesamte private Grundbesitz steuerpflichtig war und lokale Steuerpächter mit Unterstützung der städtischen Behörden den sogenannten Zehnten, d. h. ein Zehntel des Ernteertrags, einzogen. Neun Gemeinden, darunter Syrakus, die Rom hartnäckig Widerstand geleistet hatten, wurden mit der Einziehung ihrer Gemarkungen bestraft, doch war ihnen das Nutzungsrecht gegen Zahlung einer Abgabe, mit deren Einziehung die Zensoren römische Steuerpächter, die sogenannten *publicani*, beauftragten, zurückgegeben worden. Abgesehen davon war dem Statthalter das Recht eingeräumt, für seine Bedürfnisse Getreide liefern beziehungsweise zur Vermeidung der hohen Transportkosten, die zu Lasten der betroffenen Gemeinden gingen, dies durch Geldzahlungen ablösen zu lassen. Daneben gab es auf Sizilien drei verbündete Gemeinden, unter anderem Messana, die Stadt der Mamertiner, die zu Beginn des Ersten Punischen Krieges in die italische Bundesgenossenorganisation aufgenommen worden war, und weitere fünf, die einseitig von Rom für frei erklärt worden waren. Sie alle waren von den auf Sizilien praktizierten Abgabensystemen ausgenommen. Auf der iberischen Halbinsel (und später in der Provinz Africa) führten die Römer das karthagische Abgabensystem, die Erhebung eines Fixums vom Ernteertrag, fort. Nachdem zuerst nach dem Bedarf der in Spanien unterhaltenen Armee Abgaben und Leistungen in unterschiedlicher Höhe eingefordert worden waren, erfolgte im Jahre 180/79 nach karthagischem Vorbild die Umstellung auf einen Tribut in feststehender Höhe. Auch hier war dem Statthalter das Recht eingeräumt, einen Zusatz, und zwar in Höhe von fünf Prozent, für seine Bedürfnisse zu fordern und durch Geldzahlungen ablösen zu lassen. Dies war wie auch in Sizilien eine der Hauptquellen des Mißbrauchs zur persönlichen Bereicherung, indem die Statthalter eigenmächtig einen wucherischen Ablösekurs für das geforderte Getreide festsetzten. Als im Jahre 171 Gesandte aus beiden spanischen Provinzen in Rom Klage über die erpresserischen Praktiken der Provinzstatthalter führten, da wurden die Verfahren gegen die Beschuldigten zwar verschleppt, doch unternahm der Senat einen Versuch, künftigen Mißbrauch zu verhindern – allerdings ohne durchschlagenden Erfolg.

Die Römer waren nicht nach Spanien gekommen, um die Reichtümer des Landes auszubeuten, sondern um den Karthagern die Basis ihrer Kriegführung zu nehmen. Aber nachdem sie sich im Verlauf des Zweiten Punischen Krieges im Lande festgesetzt und die Karthager vertrieben hatten, verschob sich das Interesse an der Halbinsel von militärisch-strategischen Gesichtspunkten auf den ökonomischen Zweck der Ausbeutung ihrer reichen Ressourcen. Noch während der Endphase des Krieges gegen die Karthager hatte Publius Cornelius Scipio Africanus im Jahre 206 Veteranen des Spanienfeldzugs in der Gemeinde Italica in der Nähe des heutigen Sevilla angesiedelt und damit zum Ausdruck gebracht, daß das karthagische Spanien auf Dauer römisch bleiben sollte. Dann folgten Graccurris, eine Gründung des Tiberius Sempronius Gracchus (178), Carteia (Algeciras), eine latinische, aus Freigelassenen gebildete Kolonie (171), und im Jahre 152 Corduba. Das Hauptobjekt der Begierde waren die reichen Metall- und besonders die Edelmetallvorkommen der Halbinsel. Wir erfahren, daß allein in den Silberminen bei Neukarthago 40 000 Minenarbeiter dem römischen Staat eine tägliche Ausbeute von 25 000 Drachmen einbrachten, also etwa 1450 Talente im Jahr. Die Kehrseite dieser glänzenden Medaille waren die unbeschreiblichen Lebensbedingungen und das Massensterben der in den Minen arbeitenden Sklaven. Von diesen Verhältnissen hat ein griechischer Augenzeuge die folgende Beschreibung gegeben:

«Die in den (spanischen) Metallbergwerken Arbeitenden schaffen ihren Herren (d. h. den Bergwerkpächtern) riesige Gewinne, sie selbst aber müssen sich, Tag und Nacht arbeitend, aufreiben, und viele sterben infolge des Übermaßes der Leiden. Eine Unterbrechung oder eine Pause beim Arbeiten gibt es nicht, sondern angetrieben von den Schlägen der Aufseher müssen sie fürchterliche Strapazen ertragen und verlieren so auf elende Weise ihr Leben. Die wenigen aber, die aufgrund ihrer körperlichen Stärke und seelischen Widerstandskraft durchhalten können, sind gezwungen, die Qualen länger (als die übrigen) auszuhalten» (Diodor, 5,38,1).

Was die Abgaben vom Ernteertrag, den sogenannten Tribut, anbelangt, so läßt sich der Geldwert des Gesamtaufkommens nicht berechnen. Aber wir erfahren immerhin, daß im Jahre 152/51 Marcus Claudius Marcellus den Tribut der unterworfenen Keltiberer auf 600 Talente im Jahr festsetzte. Die Unterwerfung der keltiberischen Stämme unter den Steuer- und Abgabenstaat mußte gegen harten Widerstand erzwungen werden. Hinzu kommt, daß beide Provinzen den Einfällen von Stammeskriegern aus den freien Teilen der Halbinsel ausgesetzt waren. Der Krieg wurde unter diesen Umständen zu einem Dauerzustand. Allein in der Zeit zwischen 197 und 175 wurden acht Triumphe gefeiert, und im Jahre 154 begann auf der iberischen Halbinsel ein zwanzigjähriger Krieg, der die römische Heeresverfassung auf eine schwere Belastungsprobe stellte und wesentlich zum offenen Ausbruch der Krise der römischen Republik beitragen sollte. Davon wird noch ausführlich zu reden sein. Freilich waren die Römer nicht die einzige Ursache für das Unglück des Landes. Auf der iberischen Halbinsel herrschten Verhältnisse, wie sie auch auf der italischen bestanden hatten, bis Rom ihnen ein Ende bereitete. Wie sie beschaffen waren, hat ein griechischer Augenzeuge geschildert, den in augusteischer Zeit der Geograph und Historiker Strabon von Amaseia benutzt hat. Die betreffende Stelle (Strabon, *Geographika* C 154) lautet:

«Ungefähr dreißig Völker bewohnen das Land zwischen dem Tajo und Kantabrien. Das Land ist reich an Feldfrüchten und Tieren, an Gold, Silber und dergleichen, und dennoch haben es die meisten aufgegeben, von den Erträgen des Landes zu leben, und haben sich auf ständige Raubzüge und Kriege gegeneinander und, indem sie den Tajo überschreiten, gegen ihre Nachbarn verlegt – bis die Römer ihre Macht brachen, die meisten ihrer Städte zu offenen Siedlungen machten, manche auch an günstigerer Stelle zu neuen Städten zusammenführten. Begonnen hatten mit der allgemeinen Gesetzlosigkeit offensichtlich die Bergbewohner. Sie bewohnten ein hartes, unfruchtbares Land und besaßen wenig; deshalb begehrten sie fremdes Eigentum, die Angegriffenen aber konnten notwendigerweise bei ihrer Abwehr nicht ihrer Arbeit nachgehen, und so kam es, daß das vernachlässigte Land (auch hier) den angestammten guten Ertrag nicht mehr erbrachte und von Räubern bewohnt wurde.»

Bis die Römer diesen Zuständen ein Ende bereiteten, verging eine lange Zeit: Erst Augustus gelang die endgültige Befriedung der iberischen Halbinsel und ihre vollständige Unterwerfung unter römische Herrschaft. Zumindest im zweiten Jahrhundert und darüber hinaus war die römische Präsenz ein Teil der Misere, die die gewalttätigen und kriegerischen Verhältnisse für die Bewohner der iberischen Halbinsel bedeuteten.

III. DIE KRISE DER REPUBLIK UND IHRE URSACHEN

Im Jahre 133 begann mit dem Konflikt um das von dem Volkstribunen Tiberius Sempronius Gracchus eingebrachte Agrargesetz ein Jahrhundert gewaltsam ausgetragener innerer Konflikte, die mit dem Untergang der aristokratischen Republik endeten. Dieser Prozeß der Auflösung einer politischen Ordnung strafte die bei Griechen und Römern verbreitete Meinung Lügen, daß die ‹gemischte›, aus monarchischen, aristokratischen und demokratischen Elementen zusammengesetzte Verfassung Roms nicht nur eine grundlegende Voraussetzung für den Aufstieg der Stadt zur Weltmacht war, sondern zugleich die Garantie ihrer eigenen Stabilität in sich trage. So begannen schon bald nach Ausbruch der Krise die Versuche, dem Unerwarteten, das allen Voraussagen über Roms Zukunft zuwiderlief, mit Erklärungen beizukommen. Es sind vor allem zwei Gesichtspunkte, die das Nachdenken über den Zusammenhang von Weltherrschaft und innerem Niedergang bestimmten. Der erste bezieht sich auf den Zustrom von Geld und Luxusgütern, der im Gefolge der siegreichen Kriege im Osten eintrat, und unterstellt, daß durch diesen Umstand die Werte und Verhaltensnormen der Nobilität, die Rom groß gemacht hatten – in der Terminologie der Römer: die Sitte der Vorfahren (*mos maiorum*) –, in ihren Grundfesten erschüttert und der Korruption Tür und Tor geöffnet wurden. Der zweite Gesichtspunkt knüpft an die sukzessive Beseitigung aller vermeintlich gefährlichen Gegner im Laufe des zweiten Jahrhunderts an, zuletzt und definitiv an die Zerstörung Karthagos: Durch die Beseitigung der Furcht vor dem äußeren Feind sei der Zwang zur inneren Eintracht aufgehoben worden, und so habe die alte Tugend des Wetteifers, sich um das gemeine Wohl verdient zu machen, ihren Fixpunkt verloren und sei in den gemeinen Ehrgeiz (*ambitio*) des Kampfes um die Macht im Staat umgeschlagen. In dieser Erklärung rückten die Jahre 146 und 133, die Zerstörung Karthagos und das Tribunatsjahr des Tiberius Gracchus, in den Rang aufeinander bezogener Schlüsseldaten der römischen Geschichte, und es war die Autorität des Historikers Sallust,

III. Die Krise der Republik und ihre Ursachen

der diesem Geschichtsbild kanonische Anerkennung in der römischen Kaiserzeit verschaffte.

Daneben gab es in der Zeit der späten Republik andere Datierungen. Sie bezogen sich auf das Ergebnis siegreicher Feldzüge im Osten, die Geld und gewaltige Beute nach Rom gebracht und so dem Einbruch von Geldgier, Luxus und Korruption Vorschub geleistet hatten. Die Reihe derartiger Epochejahre, die die antike Historiographie erfand, reichte von 197 bis 60. Wie immer man aber über die Schlüssigkeit derartiger Urteile denken mag, die den Beginn des moralischen Niedergangs der politischen Klasse Roms auf bestimmte Daten zu fixieren suchen, so allgemein verbreitet war das Bewußtsein, daß mit dem Verlust der traditionellen Wertmaßstäbe auch die politische Ordnung, die *res publica*, verlorengegangen sei. In seinem Werk *Über den Staat* hat Cicero, ausgehend von einem berühmten Vers des Dichters Ennius, einem solchen Krisenbewußtsein bleibenden Ausdruck verliehen:

«‹Auf der Väter Sitte und Männern ihrer Art ruht der römische Staat.›
Diesen Vers scheint er mir, sei es wegen seiner Kürze, sei es wegen seines Wahrheitsgehalts, wie aus einem Orakel verkündet zu haben. Denn weder hätten die Männer, wenn dies nicht die Sitte der Bürgerschaft gewesen wäre, noch die Sitte, wenn nicht solche Männer an der Spitze gestanden hätten, den Staat begründen oder eine so große und eine so weit ausgebreitete Herrschaft ausüben und so lange bewahren können. Also verfügte vor unserer Zeit die Sitte der Vorfahren über herausragende Männer, und an der Sitte und den Einrichtungen der Vorfahren hielten diese herausragenden Männer fest. Obwohl unsere Zeit den Staat wie ein vorzügliches, jedoch altershalber schon verblassendes Gemälde empfangen hatte, hat sie es nicht nur versäumt, es in den Farben zu erneuern, mit denen es gemalt war, sondern hat nicht einmal dafür gesorgt, daß es wenigstens die Form und die äußeren Umrisse bewahrte. Denn was bleibt von der Sitte, von der der Dichter gesagt hat, daß auf ihr der römische Staat ruht? Wir sehen, daß sie so in Vergessenheit geraten ist, daß nach ihr nicht nur nicht gelebt, sondern sie nicht einmal mehr gekannt wird. Und was soll ich noch von den Männern reden, denn die Sitte selbst ist aus Mangel an entsprechenden Männern zugrunde gegangen. Für dieses große Übel haben wir nicht nur Rechenschaft zu geben, sondern müssen uns wie Angeklagte in einem Kapitalprozeß verteidigen. Denn durch unsere Verfehlungen, nicht aus irgendeinem Zufall bewahren wir den römischen Staat nur noch dem Namen nach, in Wahrheit haben wir ihn längst aufgegeben» (Cicero, *Über den Staat* 5,2 f.).

An die antike Deutung der Krise und des Untergangs der Republik knüpfte im Jahr 1734 Charles de Secondat de Montesquieu mit seinen epochemachenden *Betrachtungen über die Ursachen von Größe und Niedergang der Römer* an und übte zugleich Kritik an ihr. Er machte geltend, daß innere Uneinigkeit und Streitigkeiten nicht erst

III. Die Krise der Republik und ihre Ursachen

mit dem Ende äußerer Bedrohungen aufgekommen seien, und er sah in der Größe des Weltreichs und dem Wachstum der Stadt Rom die Ursache dafür, daß die Republik nicht überleben konnte. Denn die Feldherren und ihre Heere, so argumentierte er, waren nicht länger mehr Werkzeuge des Staates, sondern verfolgten eigene Interessen und entwickelten sich zu partikularen Mächten, die der Republik die Bedingung ihrer Existenz, die Unterordnung des einzelnen unter das Prinzip des Gemeinwohls, entzogen. In dieser Modifikation der antiken Deutungstradition schlug sich der Erfahrungshorizont des Achtzehnten Jahrhunderts nieder, das als Republiken nur die Schweizer Kantone und Stadtrepubliken wie Genf kannte, und aus dem Beispiel Rom wurde ein politischer Lehrsatz abstrahiert, der noch am Ausgang des Jahrhunderts die Gründungsväter der amerikanischen Demokratie beunruhigte und dessen allgemeine Gültigkeit von ihnen mit nachhaltigem Erfolg widerlegt wurde. Aber was Rom anbelangt, so verdanken wir Montesquieu doch die tiefe Einsicht, daß die römische Republik am Römischen Reich gescheitert ist. Auch eine an der modernen Begrifflichkeit der Politologie orientierte Analyse dieses Scheiterns, wie sie Christian Meier unter dem Titel *Res publica amissa* vorgelegt hat, ist letztlich noch immer dem Ansatz Montesquieus verpflichtet.

Warum aber die Ausweitung der römischen Herrschaft über die Mittelmeerwelt der Republik letztlich den Untergang bereitet hat, vermag eine ausschließlich politische Strukturanalyse allein, und mag sie noch so sehr auf der Höhe der Zeit stehen, nicht hinreichend erklären. Die Krise des politischen Systems, die im Epochenjahr 133 so schlagartig in Erscheinung trat, war in eine lange und komplexe Vorgeschichte eingebettet, die alle Lebensbereiche, Kultur, Ökonomie und Gesellschaft, veränderte und revolutionierte. Diesen Veränderungen war die politische Ordnung so wenig gewachsen, daß sie schließlich an einem unbewältigten Reformstau zerbrach. Dies alles ist von der Ausweitung des politisch-militärischen Aktionsfeldes und von der Begegnung mit der fortgeschrittenen Geldwirtschaft und der überlegenen Kultur der hellenistischen Welt ausgelöst worden, aber nicht alle Aspekte dieses Prozesses haben in gleicher Weise zum Ausbruch der politischen Krise der späten Republik beigetragen. Es gab Bereiche, in denen der fremde Einfluß zu einer eigentümlichen Gemengelage von Bereicherung und Gefährdung der traditionellen Ordnung und ihres

Wertesystems führte. Am Beispiel von Kultur und Religion soll davon zunächst die Rede sein.

Kultur und Religion unter griechischem Einfluß

Griechischer Einfluß hat Rom von den Anfängen der Stadt an entscheidend mitgeprägt. Die städtische Organisationsform, die Schrift, die Rechtskodifikation als Grundlage des Zusammenlebens der Bürger, das Orakelbuch der Sibylle von Kyme, der griechische Gott des Heilens Apollo und die Kampfesweise in der geschlossenen Formation der Phalanx – dies alles waren direkte oder durch die Etrusker vermittelte Übernahmen aus der griechischen Welt Unteritaliens. Umgekehrt hatten die Griechen im Zuge ihrer Westkolonisation die Völker und Stämme Italiens in den Horizont ihrer mythischen Genealogie eingefügt, indem sie deren Stammväter von den Heroen des trojanischen Sagenkreises, von flüchtenden Trojanern oder den griechischen Eroberern Ilions, herleiteten, die auf dem Weg in die (neue) Heimat lange Irrfahrten auf dem westlichen Meer zu bestehen hatten. Das früheste Zeugnis dieser genealogischen Verknüpfung der griechischen, trojanischen und italischen Frühgeschichte stammt aus der *Theogonie* des Hesiod, der um die Wende vom achten zum siebten Jahrhundert im böotischen Askra dichtete. Es heißt dort:

> «Den Aineias gebar Kythereia, die herrlich bekränzte,
> Als sie dem Helden Anchises in zärtlicher Liebe verbunden,
> Auf den waldigen Höhen des schluchtendurchzogenen Ida.
> Kirke, des Helios Tochter, des leuchtenden Hyperionen,
> Schenkte dem großen Dulder Odysseus, in Liebe verbunden,
> Agrios und Latinos, den starken, herrlichen Helden,
> Und den Telegonos auch, durch Aphrodite bezwungen.
> Diese weit in der Ferne im Schoße der heiligen Inseln
> Wurden Gebieter von all den edlen, berühmten Tyrsenern»
> (Hesiod, *Theogonie* 1008–1016, in der Übersetzung von Th. von Scheffer).

Von Aeneas und Latinus, dem König der Latiner, leitete sich Romulus, der legendäre Stadtgründer Roms, her, und Telegonos figuriert in der Sage als Gründer von Tusculum und Praeneste, die wie Rom als etruskische Stadtgründungen im fernen, noch als Inselwelt vorgestellten Italien galten. Im dritten Jahrhundert hat dann ein Grieche, Diokles von Peparethos, eine Gründungsgeschichte Roms verfaßt und der römischen Stadtgründungslegende die Form gegeben, in der sie Roms erster Historiker, Fabius Pictor, am Ende des Jahrhunderts in sein Geschichtswerk übernahm. Zu dieser Zeit war die Stadt am Tiber längst in den Gesichtskreis der Griechen getreten. Nach gelegentlichen Erwähnungen der Stadt bei Aristoteles und seinem Schüler Theophrast verfaßte der letzte der großen Historiker Siziliens, Timaios von Tauromenion (ca. 350–250), noch im hohen Alter die Geschichte der Kriege, die der epirotische König Pyrrhos mit Römer und Karthagern geführt hatte, und er ging in diesem Zusammenhang ausführlich auf die Institutionen und die Gründungsgeschichte der aufsteigenden neuen Großmacht des Westens ein. So gewann die Vorstellung von der Vorbildlichkeit der politischen Ordnung Roms Raum in der griechischen Welt, lange bevor Polybios in der Verfassung und im Militärwesen die Ursache der römischen Fähigkeit dingfest machte, die verheerende Niederlage in der Schlacht bei Cannae zu überstehen. Im vierten Jahrhundert hatte Aristoteles die Verfassung der Karthager als einzige nichtgriechische unter diejenigen gerechnet, die sich eines guten Rufes erfreuten: Um die Mitte des dritten rückte Eratosthenes, einer der großen Gelehrten am Museion von Alexandrien, die römische neben der karthagischen in den Rang der Vorbildlichkeit.

Mit dem Vordringen nach Unteritalien und Sizilien, dem Siedlungsraum der Westgriechen, begann für Rom eine neue Phase der Begegnung mit der griechischen Welt. Auf kulturellem Gebiet war sie durch eine erstaunlich schnelle und vielseitige Aneignung der Formen und Inhalte der griechischen Literatur bestimmt. Diese Aneignung betraf Drama, Epos und Geschichtsschreibung, und sie war von Anfang an darauf ausgerichtet, in den von den Griechen übernommenen Gattungen eigene Anliegen in eigener Sprache (nur die entstehende Historiographie bediente sich anfangs des Griechischen) zu Wort kommen zu lassen. Träger dieser neuen Literatur waren, wiederum mit Ausnahme der Historiker, keine Römer, sondern Griechen oder Halbgriechen, aber sie schrieben für ein römisches Publikum, dessen Interessen und dessen politisches Selbstbewußtsein ihren Werken die Richtung vorgab. Ihre Ansatzpunkte fand die römische Literatur in den Bedürfnissen der Schule und der Unterhaltung. Die italische Tradition der Stegreifspiele wie der Fezenninen, der Atellane und des Mimus hatten der Übernahme der griechischen Bühnendichtung vorgearbeitet, und die intensive Begegnung mit der fortgeschrittenen griechischen

Kultur Unteritaliens und Siziliens bereitete den Boden für die Aneignung der literarischen Gattungen, die ihren Platz im Schulunterricht und auf der Bühne hatten.

Der Archeget der neuen römischen Literatur war Livius Andronicus (ca. 280–200), ein Grieche aus Tarent, der als Sklave nach Rom gekommen und von seinem Herrn, einem Angehörigen der Nobilität, freigelassen worden war. Er verdiente seinen Unterhalt als Lehrer, und entsprechend dem griechischen Brauch, dem Sprachunterricht die Homerischen Epen zugrunde zu legen, schuf er eine lateinische Übersetzung der Odyssee in einem vorliterarischen Versmaß, das in Rom für Lieder, Grab- und Ehreninschriften eingebürgert war. Mit Recht ist vermutet worden, daß er die Odyssee und nicht die Ilias wählte, weil der Stoff und der Schauplatz, vor allem aber der Held der Dichtung enge Beziehungen mit der Welt der legendären Ursprünge der Römer und Latiner aufwies. Ein Jahr nach dem Ende des Ersten Punischen Krieges beauftragten die für die Abhaltung von Spielen zuständigen Ädilen den Dichter, für die Aufführung an den *ludi Romani* im September 240 erstmals eine Tragödie und eine Komödie nach griechischen Vorbildern zu bearbeiten. Dieses literaturgeschichtliche Epochenjahr steht am Anfang einer umfangreichen literarischen Produktion für die Bühne. Livius Andronicus scheint wie seine Nachfolger auch für die Tragödien Vorlagen bevorzugt zu haben, deren Stoff aus dem trojanischen Sagenkreis stammte und so in Beziehung zu den legendären Ursprüngen Roms stand. Im Alter wurde ihm öffentliche Anerkennung zuteil. Im Jahre 207 dichtete er das Sühnelied, das der Senat nach dem Auftreten schlimmer Vorzeichen den Göttern darzubringen beschlossen hatte, und zum Dank wurde der neu konstituierten Zunft der Dichter und Schauspieler (*collegium scribarum histrionumque*) der Tempel der Minerva auf dem Aventin als Vereinslokal zugewiesen.

Wie die Konstituierung einer Zunft anzeigt, blieb Livius Andronicus nicht der einzige Dichter Roms. Sein Hauptkonkurrent war der Campaner Naevius (ca. 280/70–200). Er hatte im Ersten Punischen Krieg mitgekämpft, und er wagte die kühne Neuerung, aus diesem zeitgeschichtlichen Stoff ein ‹nationalrömisches› Epos zu gestalten, das *Bellum Poenicum*, in dem er den Krieg der Gegenwart mit der legendären Vorgeschichte Roms verknüpfte. Auch in der dramatischen Dichtung konkurrierte Naevius mit Livius Andronicus, und wiederum ging er über seinen Vorgänger hinaus. Er blieb nicht bei der Bearbeitung griechischer Vorlagen stehen, die einen stofflichen Bezug zur legendären Vorgeschichte der Gründung Roms hatten, sondern er schuf die neue Gattung der Praetexta, die Stoffe der römischen Geschichte auf die Bühne brachte, so den *Romulus*, die Geschichte des Stadtgründers, und aus der Geschichte der eigenen Zeit das Stück *Clastidium*, genannt nach dem Ort, an dem im Jahre 222 Marcus Claudius Marcellus seinen spektakulären Sieg über den Keltenfürsten Viridumarus errungen hatte. In der nächsten Generation folgte der aus dem kalabrischen Rudiae stammende Ennius (239–169) den Bahnen seines Vorgängers und suchte ihn zu übertreffen. In seinem historischen Epos, den *Annalen*, stellte er die ganze römische Geschichte vom Fall Trojas bis zum Jahre 171 dar, und er tat dies, indem er die Dichtersprache und das Versmaß des griechischen Epos, den Hexameter, dem Lateinischen adaptierte. Neben der Bearbeitung griechischer Dramen verfaßte auch Ennius Stücke mit nationalrömischen Inhalten. Seine *Ambracia* brachte die Eroberung der Stadt in Ätolien, mit der Ennius' Förderer Marcus Fulvius Nobilior seinen Feldzug des Jahres 189 gekrönt hatte, auf die Bühne, und auf dieser Linie schritten noch seine Nachfolger in der dramatischen Dichtung fort. Pacuvius, der Neffe des Ennius (ca. 220–130), bearbeitete nicht nur griechische, hauptsächlich nachklassische Tragödien, sondern schrieb auch den *Paullus*, in dem er den Sieger über den letzten makedonischen König verherrlichte. Und schließlich dichtete der gelehrte Dramatiker Accius (ca. 170–85), der unter anderem auch die erste Geschichte des römischen Dramas schrieb, zu Ehren der Triumphspiele seines Gönners Decimus Iunius Brutus (Konsul des Jahres 138) den *Brutus*, das Drama der Befreiung Roms von der Tyrannei des letzten Königs Tarquinius Superbus, sowie das Stück *Die Aeneiden oder Decius*, in dem er die Geschichte vom Selbstopfer des jüngeren Publius Decius Mus in der Schlacht von Sentinum (295) dramatisierte.

Das Epos und, bis zu einem gewissen Grade, auch die Tragödie wurden so zu nationalrömischen Literaturgattungen, und dies gilt auch für die nach dem griechischen Obergewand *pallium* benannte Gattung der Palliata, mit der die Neue Komödie der Griechen in der römischen Welt eingebürgert und dem römischen Geschmack anverwandelt wurde. Die Gattung wurde von Livius Andronicus und vor allem von Naevius begründet und in der folgenden Generation von Titus Maccius

Plautus (ca. 250/40–184), der seine literarische Produktion auf die Palliata konzentrierte, zu höchstem Ansehen geführt, indem er seine griechischen Vorlagen der Neuen Komödie mit dem italischen Stegreif- und dem hellenistischen Singspiel verschmolz. Fortgesetzt wurde die Palliata von zwei Freigelassenen, die in ihrer Jugend als Sklaven nach Rom gekommen waren: Der aus dem keltischen Norditalien stammenden Insubrer Caecilius Statius (ca. 230/20–168) verband in der Art des Plautus die freie Nachbildung griechischer Vorlagen mit italischer Urwüchsigkeit. Demgegenüber drängte der aus Libyen stammende Publius Terentius Afer (ca. 200–159; der Beiname bezieht sich auf seine afrikanische Herkunft) die Singspieleinlagen und die derbe Komik zurück und versuchte, die Feinheit der Dialogführung und der Charakterzeichnung nachzubilden, die seine griechischen Vorlagen auszeichnete. Alle diese Dichter schrieben für die Bühne, die sich nach griechischem Vorbild einen festen Platz im Leben erobert hatte. Ihre Stücke wurden nicht nur von Staats wegen anläßlich der öffentlichen Spiele, sondern auch bei solchen aufgeführt, die von großen Familien anläßlich von Totenfeiern ausgerichtet wurden. So sind zwei Komödien des Terenz, *Hecyra* und *Adelphoe*, bei den Leichenspielen für den Überwinder des Königs Perseus, Lucius Aemilius Paullus, im Jahre 160 auf die Bühne gebracht worden. Von Terenz ist ebenso wie von Ennius bekannt, daß sie von Angehörigen der Nobilität gefördert wurden. Aber unumstritten war dieses durchaus nicht immer uneigennützige Mäzenatentum nicht. Cato griff Marcus Fulvius Nobilior, der Ennius als den Künder seiner Ruhmes auf seinen Feldzug nach Ätolien mitgenommen hatte, deswegen heftig an, und in seiner Rede fiel das abfällige Wort, daß bei den Vorfahren die Dichtkunst nicht in Ehren gestanden habe und jemand, der ihr nachging, ein Tagedieb genannt worden sei.

Anders stand es mit der Geschichtsschreibung, die überhaupt innerhalb der unter griechischem Einfluß entstehenden römischen Literatur eine Sonderstellung einnahm. Nicht Fremde, Sklaven oder Freigelassene waren die ersten römischen Historiker, sondern Angehörige der politischen Klasse Roms, und nicht das Lateinische, sondern das Griechische war die Sprache der ersten römischen Geschichtswerke. Urheber der römischen Historiographie wurde der Patrizier Quintus Fabius Pictor, der nach der Katastrophe von Cannae zur Befragung des Delphischen Orakels nach Griechenland geschickt worden war. Danach schrieb er sein Geschichtswerk, das sich wohl nicht ausschließlich, aber doch vor allem an ein griechisches Publikum zu dessen Belehrung und Beeinflussung wandte. Das Werk behandelte im Anschluß an die griechische Gattung der Gründungsgeschichten ausführlich die legendären Ursprünge und die Institutionen des römischen Staates, durchstreifte dann die Zeit von der Mitte des fünften Jahrhunderts bis zum Ausbruch des Ersten Punischen Krieges nur ganz summarisch und stellte schließlich die ‹Zeitgeschichte› in Auseinandersetzung mit karthagerfreundlichen Werken griechischer Historiker ausführlich dar. Tendenz und Absicht des Werkes sind in Umrissen deutlich, und was die ungleichmäßige Dichte der Darstellung anbelangt, so ist sie der Reflex der spezifischen Quellenlage, vor der Roms erster Historiker stand. Eine eigenständige historische Überlieferung, die der griechischen vergleichbar gewesen wäre, existierte in Rom schlechterdings nicht, wohl aber unterhielt der Vorsteher des Pontifikalkollegiums eine Chronik, in der nach Jahren und Tagen geordnet alle Bekundungen eines gestörten Götterfriedens, zu denen auch katastrophale Niederlagen wie die an der Allia oder bei Cannae gehörten, festgehalten waren. Aber diese Quelle enthielt nur wenig, was dem an der griechischen Historiographie orientierten Interesse an der Geschichte entgegenkam. Als Marcus Porcius Cato im zweiten Jahrhundert das erste römische Geschichtswerk in lateinischer Sprache verfaßte, da wandte er sich unwillig von der Pontifikalchronik ab. Seine Worte lauten: «Ich habe keine Lust zu schreiben, was bei dem *Pontifex maximus* auf der Tafel steht: wie oft das Getreide teuer war, wie oft eine Finsternis oder sonst etwas den Schein des Mondes oder der Sonne verdüsterte» (Cato, *Origines* F 77 Peter). Daneben gab es Verzeichnisse der Taten und Ämter der Vorfahren, die die Familien der Nobilität zu Hause verwahrten. Sie dienten als Quelle der Information und waren allerdings auch, wie man wußte, der Ort für Fälschungen zum höheren Ruhm der großen Geschlechter. So blieben, von der Kenntnis der Institutionen des Staates und der allgemeinen Lebensverhältnisse abgesehen, als Quellen der Geschichte im wesentlichen die Werke der griechischen Historiographie, die sich mit Rom befaßten: Timaios von Tauromenion, Diokles von Peparethos, Philinos von Akragas und die Historiker des Hannibalkrieges, Chaireas und Sosylos von Lakedaimon. Für die Zeitgeschichte im engeren Sinne kann mit eigener Erinnerung und der Befragung von Zeitzeugen gerechnet werden – freilich nicht in dem Umfang und mit dem Maß an methodischer Bewußtheit, die das unerreichte Vorbild einer Zeitgeschichte in der Antike, der *Peloponnesische Krieg* des Thukydides, aufweist. Den Spuren des Fabius Pictor folgten zwei weitere senatorische Historiker: Lucius Cincius Alimentus, der im Jahre 207 in Süditalien in karthagische Kriegsgefangenschaft geraten war, und Aulus Postumius Albinus (Konsul des Jahres 151).

Postumius schrieb zu einer Zeit, in der es nicht länger ein Anliegen senatorischer Historiker sein konnte, der griechischen Öffentlichkeit mit griechisch geschriebenen Geschichtswerken die römische Sicht der Vergangenheit zu vermitteln. Den überfälligen Paradigmenwechsel hatte bereits, kurz bevor Postumius Albinus seine Geschichte Roms verfaßte, Marcus Porcius Cato vollzogen. Er schrieb ausschließlich für ein römisches Publikum, und er bediente sich konsequenterweise der lateinischen Sprache. Was er beabsichtigte, war nichts Geringeres, als seine originelle Sicht der römischen Geschichte im Medium der Historiographie zur Geltung zu bringen. In den ersten drei Büchern des erst postum herausgegebenen Werks verfolgte er Roms Geschichte von den Ursprüngen bis zum Ende ihrer italischen Phase, indem er mit der Darstellung der Unterwerfung Italiens seine Erkundungen über die Anfänge der italischen Städte und Stämme verwob – von daher erklärt sich der Titel, der seinem Werk gegeben wurde: *Origines*, das heißt Ursprünge. Dann folgte in zwei weiteren Büchern die Darstellung der römischen Geschichte vom Ersten Punischen bis zum Dritten Makedonischen Krieg. Deren Ende, die Vernichtung der makedonischen Monarchie, scheint er in dem Sinne als Epochengrenze aufgefaßt zu haben, daß seitdem alle Staaten der Mittelmeerwelt sich dem Willen Roms zu beugen hatten. Die Darstellung der Kriege selbst war knapp gehalten, und sie war darin originell, daß der *homo novus*, der als erster seiner aus Tusculum stammenden Familie bis in die Spitze der regierenden Aristokratie aufgestiegen war, wie in der Politik so auch in seinem Geschichtswerk der Ruhmredigkeit der großen alten Familien ebenso entgegentrat wie der um sich greifenden Gräkomanie. Besonders deutlich treten diese Züge in dem Fragment zutage, mit dem Cato dem Opfergang eines einfachen Kriegstribunen im Ersten Punischen Krieg ein Denkmal gesetzt hat:

«Die unsterblichen Götter gaben dem Tribunen Glück entsprechend seinem Mannesmut. Denn es kam so: Obwohl er von Wunden bedeckt war, hatte er doch keine tödliche

Verletzung empfangen; so erkannte man ihn unter den Leichen, von Wunden und Blutverlust ermattet, und hob ihn auf. Er wurde gesund und hat später oft dem Staat tapferen und tüchtigen Dienst geleistet, nachdem er durch jene Tat das ganze Heer gerettet hatte. Aber gar viel kommt darauf an, wie hoch man diese Heldentat stellt. Der Lakone Leonidas hat bei den Thermopylen etwas Ähnliches getan; darum hat ganz Griechenland den Glanz und das vorzügliche Ansehen seines Heldentums mit Denkmälern strahlenden Ruhms geschmückt: mit Bildern, Bildsäulen, Lobreden, Geschichtswerken und anderen Dingen haben sie ihm seine Tat reichlich gedankt. Aber dem Tribunen ist geringer Dank geblieben, der dasselbe getan und sich für unsere Rettung geopfert hatte» (F 83 Peter in der Übersetzung von F. Leo).

Sein eigenes Licht hat Cato freilich nicht unter den Scheffel gestellt. Das fünfte Buch endete mit einer seiner eigenen Ruhmestaten, der Rhodierrede, mit der er im Senat der herrschenden Kriegshysterie entgegengetreten war. Und als er dann den Plan faßte, das Geschichtswerk über den zunächst anvisierten Endpunkt hinauszuführen, da wurden ihm sein Hausarchiv und seine eigenen Taten die Hauptquelle und der Leitfaden der historischen Darstellung.

Einer der besten Kenner der archaischen römischen Literatur, Friedrich Leo, hat geurteilt: «Das Griechische war unentrinnbar, aber das Lateinische war stark und ließ sich nicht bezwingen. Cato selbst wurde der Begründer der römischen Prosa und mußte sie doch auf griechischem Grunde aufbauen.» Dieser schöpferische Prozeß verlief nicht ohne Spannungen und schwere Irritationen. In einer eigentümlichen Gemengelage antworteten der Attraktion, die die griechische Kultur ausübte, der Widerwille und die Ablehnung des Fremden. Es gab eine ehrliche Begeisterung für die Herrlichkeiten der griechischen Kunst – sie war seit dem Zweiten Makedonischen Krieg eine unversiegbare Quelle des römischen Kunstraubs in Griechenland –, und in Rom und Italien öffnete sich für Künstler und für die Lehrer der griechischen Bildungsdisziplinen, Grammatiker, Rhetoren und Philosophen, ein neuer, unerschöpflicher Markt. Der griechische Hauslehrer, ob Sklave, Freigelassener oder Freigeborener, wurde eine vertraute Erscheinung in den vornehmen Häusern Roms, und gelegentlich kam es zu freundschaftlichen Beziehungen zwischen Angehörigen der römischen Nobilität und der gebildeten Elite Griechenlands. Der Historiker Polybios von Megalopolis schildert in seinem Geschichtswerk den Anfang der engen Beziehung, die ihn zeitlebens mit dem jüngeren Scipio Africanus verband, und er tut dies in einer Weise, daß sowohl die allgemeinen Verhältnisse als auch die spezielle Prägung des individuellen Falles anschaulich hervortreten. Dem jungen Scipio war daran gelegen, daß der Grieche ihm bei seinem Bemühen behilflich sei, sich einmal seiner Vorfahren würdig zu erweisen, und dieser erklärte sich mit folgenden Worten dazu bereit:

«Ich will dir gerne meine Kraft anbieten und dein Helfer und Beistand werden, daß du in Wort und Tat deiner Vorfahren wert wirst. Denn in den Wissenschaften, um die ich euch jetzt voller Eifer bemüht finde, werdet ihr an bereitwilligen Helfern keinen Mangel haben; denn eine große Schar solcher Leute strömt gegenwärtig aus Hellas hierher. Aber für das, was dir jetzt am Herzen liegt, wie du sagst, glaube ich keinen Mitstreiter und Mitarbeiter ausfindig machen zu können, der geeigneter wäre als ich» (*Polybios*, 31,24,5–8, nach der Übersetzung von F. Leo).

Aber Philhellenismus konnte sich zur Gräkomanie steigern, und die führte zu heftigen Gegenreaktionen gegen die tatsächliche oder vermeintliche Gefährdung der traditionellen Werte der Vätersitte. Derselbe Cato, der die Zeichen der Zeit erkannte, Griechisch lernte und griechische Bücher las, griff selbst zur Feder, um seinem Sohn in Werken lateinischer Sprache die notwendigen Kenntnisse zu vermitteln. Was die Griechen betraf, so schrieb er ihm eine nachdrückliche Warnung vor dem fremden Wesen ins Stammbuch:

«Über deine Griechen, mein Sohn, werde ich sagen, was ich in Athen für Erfahrungen gesammelt habe und daß es gut ist, in ihre Bücher einen Blick zu tun, nicht sie durchzuarbeiten; ich werde erweisen, daß ihre Art höchst nichtsnutzig ist und unbelehrbar; und glaube nur, dies ist ein Prophetenwort: Sobald dies Volk uns seine Bücher gibt, wird es alles ruinieren» (Plinius, *Naturalis Historia* 29,14, in der Übersetzung von F. Leo).

Am meisten haßte Cato die griechischen Ärzte, die sich angeblich dazu verschworen hatten, alle Nichtgriechen umzubringen. Aber mit den Philosophen stand es nicht viel besser. Er sah in ihnen Leute, die Sitte und Moral unterminierten. Sokrates, den Vater der Philosophie, nannte er einen Schwätzer und Aufrührer, der die alten Sitten und Gesetze seiner Vaterstadt untergraben hatte und deshalb zu Recht mit dem Tode bestraft worden war.

Die bereits erwähnte Philosophengesandtschaft des Jahres 155 war Cato ein besonderer Stein des Anstoßes. Die Mitglieder dieser Gesandtschaft, der Akademiker Karneades, der Peripatetiker Kritolaos und der Stoiker Diogenes von Babylon, mußten in Rom warten, bis der Senat sie anhörte, und sie nutzten die Wartezeit, indem sie der römischen Jugend Vorträge hielten. Dabei erregte Karneades einen Skandal, als er an einem Tag über Gerechtigkeit als Prinzip der zwischenstaatlichen Politik sprach, am anderen aber das Gegenteil vertrat und der staunenden Jugend demonstrierte, daß sie, wenn es denn gerecht zugehen sollte, zu den Hütten ihrer Vorfahren auf dem Palatin zurückkehren müsse. Für alle diejenigen, denen es feststand, daß Rom immer nur gerechte Kriege geführt habe, war das eine arge Provokation. Cato schritt ein und sorgte für eine schnelle Abfertigung der bedenklichen Gäste: Er führte im Senat sarkastisch Klage darüber, daß Gesandte, die ihre Hörer von allem und jedem überzeugen könnten, so lange unverrichteterdinge in Rom zu bleiben genötigt seien. Man solle sie doch schnellstens anhören, damit sie nach Athen in ihre Philosophenschulen zurückkehren und mit Griechenknaben debattieren könnten, die römische Jugend aber wieder nach Vätersitte den Gesetzen und den Magistraten gehorche. Es gab noch andere Versuche, die römische Jugend vor den verführerischen Künsten griechischer Rhetoren und Philosophen zu bewahren. Im Jahre 161 ließ der Senat alle Griechen, die öffentlich lehrten, durch den Stadtpraetor ausweisen, und ein Jahr nachdem die Philosophengesandtschaft abgefertigt worden war, wurden auf Senatsbeschluß zwei Epikureer mit der Begründung ausgewiesen, daß sie ein jugendverderbliches Lebensziel predigten. Das alles waren begrenzte und vorübergehende Aktionen, die nicht verhindern konnten, daß griechische Intellektuelle nach Rom strömten und Aufnahme in den Häusern der Aristokratie fanden. Aber es blieben Vorbehalte gegen die fremde Bildung und die Spaltung, die sie in der römischen Gesellschaft bewirkte. Gewiß fand griechische Bildung in der römischen Oberschicht Eingang, aber sich als Grieche zu gebärden und mit Versatzstücken griechischer Bildung zu prunken galt als unschicklich und konnte zu scharfen Zurechtweisungen führen.

Der kulturelle Einfluß der Griechen wurde als Bereicherung und als Gefährdung der Vätersitte erfahren, und ähnlich stand es mit der Übernahme griechischer Kulte. In der Endphase des Zweiten Punischen Krieges hatte sogar der Kult einer anatolischen Muttergottheit offiziell Aufnahme in Rom gefunden. Auf Geheiß der Sibyllinischen Bücher wurde im Jahre 204 mit Hilfe des pergamenischen Königs Attalos I. das Kultbild der Großen Mutter, ein Meteorstein, vom Berg Ida in der Troas nach Rom gebracht und dort feierlich eingeholt. Die Ankunft der fremden Gottheit war der Unterpfand des Sieges über Hannibal, und so wurde das Kultmal zunächst im Tempel der Victoria, der Siegesgöttin, aufgestellt. Erst im Jahr 191 wurde es in den am 11. April der Göttin geweihten Tempel überführt. Seitdem fanden auf dem Vorplatz am Fest der Großen Mutter vom 4. bis 10. April zu ihren Ehren Spiele mit szenischen Aufführungen statt, die *ludi Megalenses*. Aber die Öffentlichkeit der Spiele und der Umzüge und Rituale, die am Fest der Göttin veranstaltet wurden, standen in scharfem Gegensatz zu der vollständigen Isolierung des von Verschnittenen, den sogenannten *galli*, ausgeübten orgiastischen Kultes. Wegen seiner schokkierenden, den römischen Moralvorstellungen zuwiderlaufenden Zügen wurde er aus der Öffentlichkeit verbannt. Römischen Bürgern war die Teilnahme an diesem Kult ebenso verboten wie der Eintritt in das Priesterkollegium der Göttin, und ihre orientalischen Priester durften sich nur an bestimmten Tagen in der Öffentlichkeit zeigen und der Bettelei nachgehen. Die fremdartige Religion hatte in den Nöten und Ängsten des Krieges Einlaß in Rom gefunden, aber im übrigen traf die religiöse und politische Autorität alle Vorkehrungen gegen ihre unkontrollierte Verbreitung unter der Bevölkerung Roms.

An und für sich war entsprechend den religiösen Anschauungen des antiken Polytheismus jeder einzelne frei, persönlich die Götter der eigenen Wahl zu verehren. Aber anders stand es, wenn mit einem Kult unkontrollierbare Gemeinschaftsbildungen, Verstöße gegen die herrschenden Moralvorstellungen oder gar gegen die bestehenden Gesetze tatsächlich oder vermeintlich verbunden waren. Dann wurde von Staats wegen eingeschritten, so in zwei Fällen, die griechisch-hellenistische Kulte betrafen. Sowohl die sich von Sizilien aus verbreitende Verehrung der Aphrodite vom Berg Eryx als auch die dionysischen Mysterien, die ohne staatliche Autorisierung in geheimen Kultvereinen unter Beteiligung beider Geschlechter ausgeübt wurden, riefen die Behörden auf den Plan. Im ersten Fall wurde verfügt, daß kein römischer Bürger Mitglied eines der betreffenden orgiastischen Kultvereine sein dürfe. Weitaus schärfer ging der Senat vor, als im Jahre 186 eine Untersuchung der Verbreitung und der Aktivitäten der dionysischen Kultvereine stattfand. Angeblich wurden dabei Unsittlichkeit, Verführung Minderjähriger, ja sogar Verbrechen wie Ritualmorde zutage gefördert. Das angeordnete Strafgericht, das unter dem Begriff der *Bacchanalienprozesse* in die Geschichte eingegangen ist, soll etwa 7000 Personen getroffen haben. Der Kult selbst wurde zwar auch in diesem Falle nicht generell verboten, aber seine Ausübung bei Androhung kapitaler Strafe an die Autorisierung durch den Senat und an die Einhaltung strenger Auflagen gebunden. Diese Regelung wurde auch auf das Gebiet der italischen Bundesgenossen ausgedehnt, und es hat sich inschriftlich eine Ausfertigung des magistratischen Briefes erhalten, in dem den Bundesgenossen der betreffende Beschluß des Senats zur Beachtung übermittelt wurde.

Die engen und vielfältigen Kontakte mit der hellenistischen Welt brachten Entwicklungen in Gang, die nicht nur als Bereicherungen, sondern auch als Gefährdung traditioneller Werte erfahren wurden. In Einzelfällen schritten deshalb der Senat und die Magistrate mit Ausweisungen, Verboten und Strafen ein. Aber im ganzen war der alle Lebensbereiche durchdringende Prozeß der Veränderung mit staatlichen Zwangsmitteln nicht aufzuhalten. Dies gilt auch für Ökonomie, Agrar- und Heeresverfassung, für die Bereiche also, die unmittelbarer als Religion und geistige Kultur auf die Gesellschaft und die politischen Verhältnisse einwirken.

Die Geldwirtschaft und ihre Folgen

Eine der nachhaltigsten Wirkungen, die die Expansion Roms und die Begegnung mit der hellenistischen Welt auf die inneren Verhältnisse ausübten, wurde durch die Übernahme der Münzgeldwirtschaft vermittelt. Für die agrarwirtschaftlichen Verhältnisse, wie sie bis zur Wende vom vierten zum dritten Jahrhundert in Mittelitalien herrschten, ist es bezeichnend, daß Vieh und Metallbrocken (*aes rude* oder *infectum*) zugleich als Gebrauchsgüter den wichtigsten mobilen Besitz darstellten und als Tausch- und Zahlungsmittel fungierten. Roherz bzw. Rohkupfer wurde für die Fertigung von Geräten in Vorrat gehalten und als Zahlungsmittel gewogen und gegebenenfalls in Stücke zerhackt, damit die gekaufte Ware mit dem Metallwert in Einklang gebracht werden konnte. Es versteht sich von selbst, daß dieses primitive und schwer handhabbare Zahlungsmittel ökonomische Verhältnisse voraussetzt, die durch bäuerliche Subsistenzwirtschaft mit geringem Handelsvolumen gekennzeichnet waren. Aus den Fundstatistiken ergibt sich, daß dieses *aes rude* zwischen dem neunten/achten und dem vierten Jahrhundert in Italien, Sizilien und auf dem Balkan als Zahlungsmittel Verwendung fand. Eine Sonderform dieses primitiven

170   III. Die Krise der Republik und ihre Ursachen

Aes rude oder *aes infectum*. Roherz oder Rohkupfer.
Es handelt sich um Brocken von unregelmäßiger Form und ohne normiertes Gewicht (2 gr – 2,5 kg). Die Verwendung als Geld wird durch die Vergesellschaftung mit Münzen oder durch das Vorkommen als Brunnen- oder Quellopfer und Grabbeigabe belegt. *Aes rude* findet sich vom 9/8. bis 4. Jhdt. v. Chr. in Mittelitalien, Sizilien und auf dem Balkan.

Ramo secco (ital.), «trockener Zweig», ist die Bezeichnung
für die mit diesem Zeichen versehenen Bronzebarren. Das abgebildete Stück hat ein Gewicht von 690 gr. *Ramo secco*-Barren sind in Etrurien vom 6. bis 3. Jhdt. v. Chr. verbreitet.

Metallgelds waren die gegossenen, mit einem Muster in Form eines trockenen Zweigs (deshalb die italienische Bezeichnung *ramo secco*) versehenen Barren. Sie wurden wohl in Etrurien in der Zeit vom sechsten bis zum dritten Jahrhundert hergestellt. Auch dieses Geld wurde nicht nach einem festen Gewichtstandard ausgebracht und mußte folglich ebenfalls nach Bedarf gewogen und zerhackt werden.

Einen großen Fortschritt stellten die in Rom hergestellten Emissionen rechteckiger gegossener Bronzebarren mit festem Gewichtstandard dar (*aes signatum*). Sie wogen 1,5–1,6 kg, das entspricht fünf römischen Pfund zu ca. 324 gr, und sie waren mit unterschiedlichen Bildzeichen versehen. Eine Emission ist bereits nach dem Vorbild des griechischen Münzgeldes mit der Beischrift ROMAN – eine Abkürzung für *Romanorum* (d. h. der Römer) – versehen, mit der kenntlich gemacht wird, daß das römische Volk die betreffenden Stücke herausgegeben hat. Produziert wurde *aes signatum* in der Zeit zwischen 320/300 und der Mitte des dritten Jahrhunderts. Etwa zur gleichen Zeit, seit 320/300, sind in Unteritalien die ersten Serien von Bronze- und Silbermünzen griechischer Machart im römischen Namen und für den Bedarf der im Raum der griechischen Münzgeldwirtschaft operierenden römischen Heere geprägt worden. Die schweren gegossenen Metallbarren waren dort weder für Soldzahlungen noch für die Beschaffung von Heeresbedarf zu gebrauchen. So wurde Rom durch sein Vordringen nach Süditalien zum ersten Mal in die entwickelte Münzgeldwirtschaft der hellenistischen Welt hineingezogen.

Seit der Zeit des Pyrrhoskrieges begann Rom damit, sein Geld zu modernisieren und den neuen Verhältnissen anzupassen. Die schweren Bronzebarren wurden zunehmend durch gegossene runde Bronzemünzen im Gewicht von einem römischen Pfund (*aes grave*) ersetzt. Diese Stücke waren auf Vorder- und Rückseite mit einem Bild versehen. Ihre Funktion als reines Münzgeld kommt vor allem darin zum Ausdruck, daß die als As bezeichnete Grundeinheit entsprechend dem Duodezimalsystem auch in der Teilung von Halb-, Drittel-, Viertel-, Sechstel- und Zwölftelstücken ausgegeben wurde. Weiterhin wurde damit begonnen, Silbermünzen in griechischer Machart im Standard von zwei Drachmen zu prägen, anfangs im Gewicht von ca. 7,2 gr, dann, leicht sinkend, von 6,6 bzw. 6,5 gr. Der zuletzt emittierte Typ, nach dem auf der Rückseite abgebildeten Viergespann (*quadri-*

Aes signatum, mit Bildern versehene, in Rom geprägte Bronzebarren:
Der Elefant und das Schwein nehmen Bezug auf den Krieg gegen Pyrrhos.
Das abgebildete Stück wiegt 1535 gr.

Die Geldwirtschaft und ihre Folgen 173

Aes grave, As im Gewicht von 230 gr, gegossen um 230/220 v. Chr.
Auf der Vs. ist der Kopf des doppelgesichtigen Gottes Ianus abgebildet,
auf der Rs. ein Schiffsschnabel mit Rammsporn, eine Anspielung auf römische
Seesiege im Ersten Punischen Krieg.

Silberne Doppeldrachme, ab 280 v. Chr. geprägt, Gewicht 6,56 gr.
Auf der Vs. des abgebildeten Stückes ist der Kriegsgott Mars zu sehen,
auf der Rs. ein Pferdekopf mit Kornähre (in Nachahmung karthagischer Münzen).

ga) Quadrigat genannt, wird in die Jahre unmittelbar vor und nach Ausbruch des Zweiten Punischen Krieg datiert.

Unter den finanziellen Belastungen dieses Krieges brach das noch unfertige römische Währungssystem vollständig zusammen. Der Staat war nach der Niederlage von Cannae zahlungsunfähig und darauf angewiesen, den hohen Kriegsbedarf durch private Leistungen auf Kredit zu decken. Schließlich wurde seit 212 ein neues System eingeführt. Die Standardmünze in Silber wurde der Denar (*denarius* heißt soviel wie Zehnerstück), so genannt, weil er im Wert zehn Asses im Sextantarstandard, d. h. im Gewicht von 1/6 römischen Pfund (ca. 54 gr), entsprach. Daneben wurde für den unteritalischen und den illyrisch-makedonischen Kriegsschauplatz der sogenannte Victoriat (nach dem Bild der Siegesgöttin auf der Rückseite) nach einem makedonischen metrologischen Standard im Gewicht von ca. 3,3 gr ausgeprägt. Im zweiten Jahrhundert stieg dann das Volumen der römischen Münzprägung stark an. Dies war die Folge des Zuflusses großer Mengen an Silber und anderen Metallen wie Gold und Kupfer, die aus Kriegsbeute und -entschädigungen, aus Minenerträgen und Tributen stammten. Dabei wurde das Gewicht des Denars (und entsprechend das des Victoriats) leicht von 1/72 Pfund (4,5 gr) auf 1/84 (3,86 gr) gesenkt, und um 140 folgte dann eine Neutarifierung des Verhältnisses der Silber- zu den Kupfermünzen. Das Gewicht des As wurde auf 1/12 Pfund (Unzialstandard, 27 gr) gesenkt, so daß anstelle von zehn Asses sechzehn dem Wert eines Denars entsprachen. Damit war der Wertrelation von 1 zu 120 von Silber und Kupfer wieder Rechnung getragen. In dieser Form bestand das römische Währungssystem, von einzelnen Irritationen abgesehen, bis tief in die römische Kaiserzeit und wurde zur Leitwährung der mediterranen Welt.

Der eher zögerliche Beginn der römischen Münzprägung bedeutete, daß der römische Staat im dritten Jahrhundert noch gar nicht über genug Zahlungsmittel verfügte, um allen finanziellen Verpflichtungen nachzukommen, die sich aus der langwierigen und kostspieligen Kriegführung gegen Karthago ergaben. Der Bau großer Flotten im Ersten Punischen Krieg wurde, so erfahren wir, durch private Beiträge und auf Kredit finanziert. Und nach der Schlacht von Cannae konnte die Versorgung der in Spanien operierenden Armeen nur dadurch gesichert werden, daß sich drei Gruppen privater Unternehmer, die bis dahin durch ihre Lieferungen an den Staat gut verdient hatten, bereit

Die Geldwirtschaft und ihre Folgen 175

Victoriat: Auf der Vs. ist der Kopf Iuppiters abgebildet,
auf der Rs. bekränzt die Siegesgöttin ein aus erbeuteten Waffen errichtetes
Siegesdenkmal (sog. Tropaion).

Denar zu 10 Asses im Gewicht von 4,4 gr.
Die Vs. zeigt den Kopf der Roma, die Rs. die Dioskuren Castor und Pollux,
die nach der Legende den Römern in der Schlacht am Regillersee
zu Hilfe gekommen waren.

Denar des Jahres 140 v. Chr. zu 16 Asses.
Die Vs. bildet wiederum den Kopf der Roma ab,
die Rs. Iuppiter im Viergespann (Quadriga).

erklärten, Kleidung und Getreide auf Kredit zu liefern und unter der Bedingung nach Spanien zu transportieren, daß der Staat das Transportrisiko trage. Die betreffenden Unternehmer waren damit einverstanden, daß ihre Forderungen aus diesem Geschäft mit dem Staat erst nach Friedensschluß fällig würden. Gleiches geschah mit den Leistungen für Opfer und Spiele. Auch hier erklärten sich Unternehmer bereit, sie auf Kredit mit der Maßgabe zu erbringen, daß die Bezahlung nach Kriegsende erfolge. Für die Finanzierung des Krieges wurden auch die Rücklagen herangezogen, die für die Versorgung von Witwen, Waisen und alleinstehenden Frauen angesammelt worden waren, und die im Felde stehenden Offiziere, die sich aus den wohlhabenderen Schichten rekrutierten, verzichteten für die Dauer der Finanzkrise des Staates auf die Auszahlung des Soldes. Diese Kriegführung auf Kredit zog einen hohen staatlichen Geldbedarf nach sich, der durch die übliche Umlagenerhebung nicht mehr gedeckt werden konnte. Im Jahre 215 verwarf der Senat ausdrücklich den Gedanken, sich die notwendigen Geldmittel für die Kriegführung dadurch zu verschaffen, daß er von der schwer belasteten Bevölkerung eine weitere Vermögensabgabe erhob. Es wurde argumentiert, daß nach den großen Menschenverlusten in den Anfangsschlachten des Krieges die Zahl der Leistungsfähigen ohnehin gemindert sei und eine neue finanzielle Belastung auch diese noch ruinieren und so weiteres Unheil anrichten würde. So kam es, daß eine riesige Staatsschuld angehäuft wurde. Sie belief sich zwischen 215 und 187 auf das Fünfundzwanzigeinhalbfache des einfachen Anschlags der Vermögensabgabe von 150 Talenten, also 3,6 Mio. Sesterzen (*tributum simplex*), das sind insgesamt 3825 Talente, also 91,8 Mio. Sesterzen. Daraus erklärt sich, daß zum ersten Mal in der antiken Geschichte dem besiegten Feind im Friedensvertrag die Kriegskosten in Gestalt von Entschädigungszahlungen auferlegt wurden. Nur so konnten die Zahlungsfähigkeit des Staates wiederhergestellt und die Ansprüche seiner privaten Gläubiger befriedigt werden. Dies war freilich nur mittelfristig möglich, da die Entschädigungszahlungen nur ratenweise eingingen und der Finanzierungsbedarf für die Kriege, die dem Zweiten Punischen folgten, unverändert hoch blieb.

Allein aus der Quelle der Kriegsentschädigungen flossen große Mengen an Silber und Gold nach Rom, nach dem Ersten Punischen Krieg insgesamt 3200 Talente, das sind 19,2 Mio. Drachmen oder, in Sesterzen ausgedrückt, etwa 76,8 Mio., und dann in dem halben Jahrhundert zwischen 201 und 151, in dem unter anderem die Zahlungen der Karthager und der Könige Philipp und Antiochos fällig wurden, insgesamt 27 000 Talente, das sind 648 Mio. Sesterzen. Hinzu kamen andere Einkünfte von außen, vor allem aus der Ausbeute der spanischen Minen. Wie hoch sie insgesamt waren, ist unbekannt. Wir erfahren nur, daß die in der Nähe von Neukarthago gelegenen Silberminen dem römischen Staat täglich 25 000 Drachmen einbrachten. Diese Summe entspricht einem jährlichen Gewinn im Wert von ungefähr 36 Mio. Sesterzen. Die hohen Zuflüsse an Silber ermöglichten dem Staat die Ausprägung so großer Geldmengen, daß damals der Grundstock der im zweiten und ersten Jahrhundert umlaufenden Zahlungsmittel geschaffen worden ist. Dennoch blieb im ersten Drittel des zweiten Jahrhunderts die Staatsschuld noch immer auf einem hohen Niveau. Unmittelbar auf den Zweiten Punischen folgte der Zweite Makedonische Krieg, und da für die karthagische Kriegsentschädigung Ratenzahlungen vereinbart waren, war es unmöglich, alle Zahlungsansprüche nach dem Friedensschluß mit Karthago zu befriedigen. Wir erfahren, daß im Jahre 200 die Zeichner einer Kriegsanleihe die Rückzahlung einer fälligen Rückzahlungsrate anmahnten, weil sie zum Verkauf stehendes Land erwerben wollten. Der Staat war nicht zahlungsfähig und überließ den Petenten statt der fälligen Geldrate Staatsland im Umkreis von 75 km um Rom mit dem Versprechen, das einträgliche Pfand auf Wunsch zu einem späteren Zeitpunkt wiedereinzulösen. Ob das jemals geschehen ist, wissen wir nicht. Jedenfalls wird die im Jahre 200 geschaffene Kategorie von Staatsschuldnern, die eine Abfindung durch Landzuweisung erhalten hatte, noch in einem Agrargesetz des Jahres 111 erwähnt. Der größte Teil der Schulden, der nach dieser Teilabfindung von Gläubigern verblieb, konnte erst im Jahre 187 aus der Beute getilgt werden, die Gnaeus Manlius Vulso von seinem kleinasiatischen Feld- und Plünderungszug mitbrachte. Seitdem sind große Summen aus den laufenden Einnahmen für Bauten in Rom und Italien von Staats wegen ausgegeben worden. Nach dem Dritten Makedonischen Krieg lieferte der Sieger von Pydna, Lucius Aemilius Paullus, aus der eingebrachten Beute 120 Mio. Sesterzen an die Staatskasse ab, und außerdem wurde den vier Republiken Makedoniens, die Rom nach der Beseitigung der Monarchie errichtete, ein Jahrestribut in Höhe von 2,4 Mio. Sesterzen auferlegt. Damit waren die Staatsfinanzen auf eine so sichere Grundlage gestellt, daß auf die

Erhebung der Vermögensabgaben von römischen Bürgern verzichtet werden konnte.

Nach dem Krieg gegen König Antiochos III. flossen mehrere Jahre Entschädigungsraten in Höhe von 36 Mio. Sesterzen in die Staatskasse. Seitdem konnte viel Geld in den Ausbau des italischen Straßennetzes und in stadtrömische Bauprogramme investiert werden. Die Zensoren des Jahres 184, Marcus Porcius Cato und sein patrizischer Förderer Lucius Valerius Flaccus, gaben 24 Mio. Sesterzen für den Ausbau des Kanalsystems der Stadt aus, und fünf Jahre später konnte der Senat die Einnahmen aus dem staatlichen Grundbesitz den Zensoren für öffentliche Baumaßnahmen zuweisen. Ähnliches geschah in den folgenden Zensusperioden. Die wahrscheinlich kostspieligste Baumaßnahme war die zur Sicherung des steigenden Wasserbedarfs errichtete Fernleitung, die *aqua Marcia*. Dafür wurden in den Jahren 144–140 insgesamt 180 Mio. Sesterzen aufgewendet. In dieselbe Zeit fällt der Bau der ersten vollständig aus Stein errichteten Brücke über den Tiber, des *pons Aemilius*. Die staatlichen Baumaßnahmen wurden durch die großen Aufwendungen ergänzt, die die Feldherren aus Teilen der eingebrachten Beute machten. So errichtete Quintus Caecilius Metellus Macedonicus, der in Makedonien den Aufstand des Andriskos niedergeworfen hatte, den ersten vollständig aus Marmor errichteten Tempel der Stadt, den des Iupiter Stator auf dem Marsfeld. Zur gleichen Zeit verwendete Lucius Mummius, der Zerstörer Korinths, den größten Teil der Beute zur Ausschmückung Roms und anderer Städte in Italien und Griechenland. Damit folgte er der aristokratischen Sitte, Geld, Kunstwerke und Sachwerte durch Schenkungen in Prestige und informelle Macht umzusetzen.

Die aus Beute, Kriegsentschädigungen, Erträgen der Verpachtung von Minen und staatlichem Grundbesitz und Tributen der Provinzen gespeiste öffentliche Bautätigkeit setzte große Massen freier und unfreier Arbeitskräfte in Lohn und Brot, und sie bereicherte eine Schicht von Unternehmern, die ohnehin die Hauptnutznießer der neuen Geldwirtschaft waren. Ohne sie konnte der Staat seine Aufgaben weder im Krieg noch im Frieden erfüllen. Die privaten Unternehmer im Dienst des Staates, die sogenannten *publicani*, bewirtschafteten die Salinen und Minen, zogen Pachten und Abgaben ein, übernahmen die Lieferung und den Transport von Kriegsmaterial und Nachschub, organisierten und erbrachten Bauleistungen und richteten

Feste und öffentliche Spiele aus. Anläßlich der oben erwähnten Finanzkrise des Jahres 215 ist bereits darauf hingewiesen worden, daß diese *publicani* sich für die Abwicklung von Großaufträgen zu Gesellschaften (*societates*) zusammenschlossen. Staatliche Aufträge wurden in der Regel im Auktionsverfahren vergeben, und dabei hatten einzelne Unternehmer bzw. einzelne Gesellschaften gegeneinander ihre Gebote abzugeben. Unter den Bedingungen der Geldwirtschaft entstand auf diese Weise ein enges Geflecht zwischen dem für das staatliche Finanzgebaren zuständigen Senat und dem die staatlichen Aufträge abwickelnden privaten Unternehmertum, das bis in die breiten Schichten des Volkes hineinreichte. Eine durch Anschaulichkeit ausgezeichnete Skizze dieser Verhältnisse verdanken wir dem Geschichtswerk des Polybios:

«Für alle öffentlichen Arbeiten, die in ganz Italien von den Zensoren vergeben werden zur Wiederherstellung oder Neuerrichtung von Bauten – es wäre nicht leicht, sie alle aufzuzählen –, für alle Pachtungen von Zöllen an Flüssen und Häfen, von Gärten, Bergwerken, Ländereien, kurz: allem, was der römischen Herrschaft untersteht, für all dies kommen die Unternehmer aus der Masse des Volkes, und sozusagen fast jeder Bürger ist an den betreffenden Submissionen und Pachtungen beteiligt. Die einen erstehen selbst von den Zensoren die ausgebotenen Projekte und Pachtungen, die anderen treten als Teilhaber ins Geschäft, andere leisten dafür Bürgschaft, wieder andere zahlen aus ihrem Vermögen in die Staatskasse. Die Entscheidung über all diese Dinge liegt beim Senat. Er kann Zahlungsaufschub bewilligen, bei einem Unglück Nachlaß gewähren, oder wenn ein Hindernis die Ausführung der Arbeit gänzlich unmöglich macht, von den Verpflichtungen aus dem Werkvertrag ganz entbinden» (*Polybios* 6,17,1–5).

Es liegt auf der Hand, daß die fortgeschrittene Geldwirtschaft, die sich nach dem Vorbild der hellenistischen Welt der Münze als Zahlungsmittel bediente, die Grundvoraussetzung der wirtschaftlichen Konjunktur und des ausgebreiteten Geschäfts mit dem Staat war. Dieser wurde so in die Lage versetzt, Anleihen zurückzuzahlen, Flotten zu bauen und Heeresbedarf zu beschaffen und zu transportieren, Sold zu zahlen, öffentliche Bauten zu errichten, Staatseigentum zu bewirtschaften sowie Zölle und Abgaben einzuziehen. Diesen Geschäftsbeziehungen folgten wie der Schatten dem Licht der Betrug und die Korruption. Vermutlich sind die Fälle, die zu Skandalen und öffentlichen Untersuchungen Anlaß gaben und deshalb Eingang in die historiographische Überlieferung gefunden haben, nur die sichtbare Spitze des Eisbergs. Im Jahre 212 wurde ein Betrugsfall aufgedeckt, der bei der Belieferung der in Spanien operierenden Armeen mit Nachschubgütern aufgetreten war. Er betraf Unternehmer, die sich drei Jahre zuvor bereit erklärt hatten, Lieferungen und Transporte unter der Bedingung auf Kredit zu übernehmen, daß der Staat das Risiko des Seetransports trage. Daraufhin steigerten einzelne Unternehmen ihr Guthaben beim Staat durch einen dreisten Versicherungsbetrug. Sie meldeten den Verlust fiktiver Schiffe oder sie beluden alte, seeuntüchtige Fahrzeuge mit minderwertigen Gütern, ließen sie versenken und präsentierten dem Staat hohe Ersatzforderungen.

Senatoren war das Geschäft mit dem Staat verboten. Aber die Feldherren und Provinzstatthalter hatten auf andere Weise Anteil an den Profiten, die der Krieg und die Herrschaft über Untertanen abwarfen. Die anfallende Beute, in Gestalt von Geld, Edelmetall, Luxusgütern und versklavten Menschen, gehörte im Prinzip dem Staat, aber die Feldherren besaßen ein großzügig bemessenes Verfügungsrecht, und sie waren gewohnheitsmäßig gehalten, ihre Soldaten am Verkaufserlös zu beteiligen. Es gab auch Feldherren, die sich persönlich nicht oder eher unwesentlich bereicherten. Aber sie stellten offenbar die Ausnahme dar, so daß ihre Uneigennützigkeit der besonderen Erwähnung für wert befunden wurde. Dies gilt für Lucius Aemilius Paullus, dem nachgerühmt wurde, aus der makedonischen Beute nur die königliche Bibliothek für sich genommen zu haben, oder für den jüngeren Scipio Africanus nach der Zerstörung des reichen Karthago im Jahre 146. Cato stellte sich selbst das lobende Zeugnis aus, daß von der spanischen Kriegsbeute nichts auf ihn selbst gefallen sei, außer was er gegessen und getrunken habe, aber dieses Selbstlob geschah vor dem Hintergrund ganz anderer Verhaltensweisen, wie aus der sich anschließenden Bemerkung Catos hervorgeht: «Und ich mache denen keinen Vorwurf, die sich bei solchen Gelegenheiten zu bereichern suchen, aber ich will lieber um den Preis der Tugend mit den Besten als um Geld mit den Reichsten wetteifern» (Plutarch, *Cato der Ältere* 10). Diese Bemerkung mag gegen die beiden Scipionen, die Sieger über Antiochos III., gerichtet gewesen sein, die Cato leidenschaftlich bekämpfte. Ihnen wurde vorgeworfen, Beute- und Entschädigungsgelder unterschlagen zu haben, und schließlich brachte Cato die Brüder durch den von ihm initiierten Prozeßkrieg zur Strecke. Ein ähnlicher, wohl nicht unbegründeter Verdacht haftete auch an Gnaeus Manlius Vulso, der den Feldzug gegen die Galater und andere Verbündete Antiochos' III. zur Ausplünderung Kleinasiens und zu schamlosen Erpressungsmanövern ausgenutzt hatte. So mußte der Dynast Moagetes von Kibyra in Phrygien für den Frieden, das heißt: für die Verschonung vor Plünderung, 100 Talente Silber zahlen und eine große Menge Getreide liefern, den Städten Termessos und Kyrmana wurden je 50 Talente abverlangt, und der König Ariarathes V. von Kappadokien hatte gar 600 Talente zu entrichten. Und was die Verwaltungspraxis in Spanien anbelangt, so führten im Jahre 171 die berechtigten Klagen der spanischen Gemeinden über den Mißbrauch des den Statthaltern eingeräumten Rechts, für ihren Bedarf einen Zuschlag von 5 % auf die Getreideabgabe zu erheben, zwar nicht zu einer Verurteilung, aber immerhin zu der Verfügung, daß künftig kein Statthalter mehr die Untertanen zwingen dürfe, die Naturallieferung durch einen von ihm selbst angesetzten (natürlich überhöhten) Schätzpreis abzulösen. Aber damit war diese Methode der Bereicherung nicht abgestellt. Aus Ciceros Rede gegen Verres, den Provinzstatthalter Siziliens, ist ersichtlich, daß sie sich noch um das Jahr 70 größter Beliebtheit bei korrupten Statthaltern erfreute.

Es gab zahlreiche Methoden der unrechtmäßigen Bereicherung, und es ist leicht zu begreifen, daß sich damit das Konfliktpotential innerhalb der regierenden Klasse erheblich vergrößerte. Die teilweise mit krimineller Energie betriebene Anhäufung großer Vermögen stellte nicht nur eine Herausforderung des traditionellen Wertekanons, des *mos maiorum*, dar, sie veränderte auch die relative Gleichheit innerhalb der Nobilität und drohte die politischen Aufstiegschancen im Konkurrenzkampf um die Ämter auf eine bis dahin unerhörte Weise neu zu verteilen. Denn der Reiche konnte mit Hilfe des Geldes eine große Klientel aufbauen und so Vorteile bei Wahlen über den ärmeren Konkurrenten erringen, und diese Vorteile beruhten eben nicht auf der von alters her anerkannten Norm der Verdienste um die *res publica*. So wurde der Vorwurf der widerrechtlichen Erpressung von Geld, Naturalien und Leistungen, mochte er zu Recht oder Unrecht erhoben werden, zu einer scharfen Waffe im Konkurrenzkampf und zum Anlaß schwerer Verfeindungen innerhalb der Aristokratie. An vorderster Stelle in diesem Kampf, in dem es um die Selbstreinigung des Standes und um die Austragung von persönlichen Feindschaften zugleich ging, stand Marcus Porcius Cato. In einem Prozeß gegen einen der spanischen Statthalter, dessen kriminelle Energie das übliche Maß an Korruption und Gewalttätigkeit überstieg, gab er folgende sarkastische Schilderung von der Ausarbeitung seiner Prozeßrede:

III. Die Krise der Republik und ihre Ursachen

«Ich ließ das Buch aus dem Schrank holen, auf dessen Holztafeln die Rede aufgeschrieben war, die ich im Sponsionsprozeß mit Marcus Cornelius gehalten hatte. Es wurde gebracht. Ich ließ mir die Taten der Vorfahren vorlesen, dann, was ich selber für den Staat getan hatte. Nachdem das beides zu Ende gelesen war, stand in der Rede geschrieben: ‹Ich habe niemals weder mein noch der Bundesgenossen Geld verschenkt, um Anhänger zu gewinnen›. ‹Halt›, rief ich da, ‹nur ja nicht, beileibe nicht das, sie wollen's nicht hören›. Darauf las er: ‹Niemals habe ich Präfekten über die Städte eurer Bundesgenossen geschickt, um ihre Güter zu plündern und ihre Kinder zu rauben›. Auch das streich aus, sie wollen's nicht hören. Lies weiter›. ‹Niemals habe ich die Beute oder die Gefangenen oder das Beutegeld unter ein paar gute Freunde verteilt und die darum gebracht, die es gewonnen hatten›. Auch das streich aus, nichts wollen sie weniger hören als das; das braucht's nicht, lies weiter›. ‹Niemals habe ich Scheine für staatliche Transporte an gute Freunde vergeben, damit sie auf meinen Namen große Profite machten›. ‹Nur weiter, gestrichen, und das ganz besonders›. ‹Niemals habe ich Geld für Weinspenden an meine Diener und Freunde verteilt und sie zum öffentlichen Schaden bereichert›. ‹Um Himmels willen, das kratze weg bis aufs Holz›. Nun möget ihr sehen, wie weit es mit dem Staat gekommen ist: Was ich dem Staat zum Wohle getan hatte, wofür man mir damals dankte, dasselbe wage ich jetzt nicht zu erwähnen, damit es nicht Übelwollen wecke. So ist es aufgekommen, daß man ungestraft unrecht handeln, nicht ungestraft recht handeln darf› (Cato F 41 Malcovati nach der Übersetzung von F. Leo).

Ganz unempfindlich gegen die Gefahren, die von der um sich greifenden Korruption und der ungehemmten Geldgier ausgingen, war die regierende Klasse nicht. Bei ihrer Abwehr war sie im wesentlichen mit den Problemen befaßt, die in ihren eigenen Reihen auftraten. Dies ist vor allem an der Gesetzgebung der Zeit abzulesen. Woher der Wind wehte, zeigt das Gesetz des Jahres 218, das Senatoren nur den Besitz eines kleinen seetüchtigen Schiffes mit einer Ladekapazität von 300 Amphoren, das sind umgerechnet ca. 7 Tonnen, erlaubte. Der Zweck des Gesetzes war, Senatoren zwar die Vermarktung der eigenen Ernte zu ermöglichen, ihre Beteiligung an dem Seetransportgeschäft jedoch zu verhindern (*lex Claudia de nave senatoris*). Das kann nach Lage der Dinge nur bedeutet haben, daß dem Stand, der über Staatsaufträge an Unternehmer entschied, verwehrt werden sollte, Geschäfte mit dem Staat zu machen. Das Gesetz war also, indem es der Interessenkollision und der Korruption im Interesse des Staates vorbeugte, ein Akt der politischen Hygiene. Gegen Ende des Zweiten Punischen Krieges, im Jahre 204, machte der Volkstribun Cincius Alimentus den Versuch, der Macht des Geldes Grenzen zu setzen. Sein Gesetz verbot die Bezahlung von Rechtsbeiständen vor Gericht und begrenzte das Maß von Spenden und Geschenken (*lex Cincia de donis et muneribus*). Dann folgten in den Jahren 193/92 zwei Gesetze, die kriminellen Exzessen der Geldgier bei privaten Geschäften steuern sollten: Sie richteten sich gegen Zinswucher (*lex Sempronia de pecunia credita*) und gegen die Übervorteilung Jugendlicher bei Geschäftsabschlüssen (*lex Plaetoria de circumscriptione adulescentium*). Das erste Gesetz dehnte den für römische Bürger geltenden Höchstzinssatz auch auf Latiner und Bundesgenossen aus. Der Grund war, daß Kreditgeber Nichtbürger als Strohmänner vorgeschoben hatten, um einen höheren als den erlaubten Zinssatz für die Kreditvergabe zu erzielen. Und das Gesetz zum Schutz der Jugend band die volle Geschäftsfähigkeit an die Vollendung des fünfundzwanzigsten Lebensjahres und machte für Jüngere den Abschluß eines Darlehensvertrags von der Zustimmung der Vormundschaft abhängig.

Was den Mißbrauch der magistratischen Amtsgewalt in den Provinzen anbelangt, so war Cato der erste, der in seinem Konsulatsjahr (195) einen Vorstoß dagegen unternahm, indem er die Leistungen der Provinzialen für die Statthalter begrenzte. Nach dem Antiochoskrieg wurde im Jahr 187 durch eine *lex Petilia* eine Kommission eingesetzt, die Nachforschungen nach dem Verbleib der von den beiden Scipionen nicht an die Staatskasse abgeführten Entschädigungszahlungen des Königs anstellen sollte, und im Jahre 171 ordnete der Senat Schadenersatzverfahren gegen mehrere spanische Statthalter an, die erpresserischer Praktiken beschuldigt waren. Diese wurden zwar verschleppt, aber immerhin zeigte der Senat seinen guten Willen, indem er künftigen Manipulationen bei der Festlegung der Höhe von finanziellen Leistungen einen Riegel vorzuschieben suchte. Mehr als zwanzig Jahre später wurde dann, im Jahre 149, durch den Volkstribunen Lucius Calpurnius Piso der erste ständige Gerichtshof überhaupt konstituiert, der den Provinzialen die Möglichkeit eröffnete, ihre Schadenersatzansprüche gegen erpresserische Statthalter in zivilrechtlichen Erstattungsverfahren klären zu lassen (*lex Calpurnia de repetundis*). Dieses Gesetz, dessen Bestimmungen durch eine wenig später erlassene *lex Iunia de repetundis* novelliert wurden, ließ noch keine Bestrafung der Verurteilten, sondern nur die Rückerstattung rechtswidrig erpreßter Gelder zu. Der ständige Gerichtshof zur Schadensregulierung war denn auch nur das schwache Surrogat eines überfälligen Strafgerichts. Der Versuch, ihn zu schaffen, war im Jahre 149 gerade gescheitert. Servius Sulpicius Galba hatte als Statthalter im Jenseitigen Spanien ein schwerwiegendes Verbrechen gegen das Völkerrecht begangen, indem er die Lusitaner, die sich ihm bereits freiwillig ergeben hatten, teils niedermetzeln, teils in die Sklaverei verkaufen ließ. Bei seiner Rückkehr brachte er jedoch den Antrag, gegen ihn einen Strafgerichtshof zu konstituieren, durch Bestechung und Redegabe zu Fall. Erst als sich in Rom der Skandal ereignet hatte, daß der einem Gericht zur Aburteilung von Mörderbanden vorsitzende Praetor Lucius Hostilius Tubulus sich hatte bestechen lassen, war die weitgezogene Toleranzgrenze gegenüber dem Fehlverhalten von Standesgenossen überschritten, und Hostilius Tubulus wurde im Jahre 141 durch einen von dem Volkstribunen Publius Mucius Scaevola beantragten Sondergerichtshof verurteilt.

Man mag darüber streiten, welches das Hauptmotiv bei der allmählich in Gang kommenden Verfolgung der Übergriffe gegen die Provinzialen war, die Verhinderung einer Gefährdung der römischen Herrschaft oder die Aufrechterhaltung des auf dem *mos maiorum* beruhenden Lebensstils und der Chancengleichheit bei der Amtsbewerbung. Jedenfalls ist deutlich genug, daß nach innen gegen die fortschreitende Ungleichheit vorgegangen wurde, die sich aus der Differenzierung der Vermögen ergab. Eine *lex Orchia* des Jahres 181 begrenzte die Zahl der Gäste bei Banketten, und ein konsularisches Gesetz desselben Jahres, die *lex Cornelia Baebia de ambitu*, stellte zum ersten Mal das Delikt der Wahlbestechung unter Strafe, indem es den Überführten zehn Jahre lang von einer erneuten Bewerbung ausschloß. Damit wurde eine Kette von Gesetzen eingeleitet, die bis an das Ende der Republik und noch darüber hinaus den betreffenden Übeln durch genauere Umschreibung der Tatbestände und durch Strafverschärfungen vergeblich beizukommen suchten. Im Jahre 161 begrenzte ein weiteres Aufwandgesetz, die *lex Fannia sumptuaria*, die Ausgaben für Bewirtungen, nachdem ein Senatsbeschluß vorausgegangen war, der die Angehörigen der Nobilität zur Sparsamkeit bei den Banketten zu Ehren der Großen Muttergottheit, der Magna Mater, aufgerufen hatte. Im Jahre 159 verschärfte ein konsularisches Gesetz, die *lex Cornelia Fabia de ambitu*, die Strafen, mit dem das Vorläufergesetz des Jahres 181 das Delikt der Wahlbestechung belegt hatte, und 143 erfolgte die Novellierung des Aufwandgesetzes von 161 durch eine *lex Didia sumptuaria*. Am Rande sei der für eine verbreitete Mentalität stehende Widerstand erwähnt, mit dem Cato im Jahre 195 die *lex Valeria Fundania* bekämpfte. Dieses Gesetz diente allein der Aufhebung der Bestimmungen der *lex Oppia* des Jahres 215, die in der Not des Hannibalkrieges den Frauen verschiedene Aufwandbeschränkungen auferlegt hatte. Die vornehmen Frauen waren begreiflicherweise für die Aufhebung der *lex Oppia*, und da es keinen Grund für die Aufrechterhaltung dieses Kriegsgesetzes gab, schlug Catos Protest nicht durch.

Der Sicherung aristokratischer Chancengleichheit diente auch die Normierung der Ämterlaufbahn, die im Jahre 180 nach einem zunächst gescheiterten Versuch durch die *lex Villia annalis* vorgenommen wurde. Sie legte das Mindestalter der Bewerber fest und fixierte den Zeitabstand, der zwischen den einzelnen Stufen der Ämterlaufbahn einzuhalten war. Und als im Jahre 152 durch die Wahl des Marcus Claudius Marcellus zum Konsul gegen die Bestimmung des zehnjährigen Iterationsverbots verstoßen worden war (Marcellus hatte den Konsulat zuletzt drei Jahre zuvor bekleidet), kam auf Betreiben Catos ein Gesetz zustande, das die Wiederwahl zum Konsul generell verbot (*lex de consulatu non iterando*). Nachdem sich erwiesen hatte, daß die Macht des Geldes das Abstimmungsverhalten bei Wahlen und Urteilssprüchen beeinflußte und die Gesetze zur Bekämpfung von Wahlbestechung dagegen nicht ankamen, wurde der Abstimmungsmodus der Volksversammlung bei Wahlen und Gerichtsentscheidungen verändert. An die Stelle der offenen Abstimmung per Handzeichen, die Geldgebern eine Kontrolle erlaubte, trat die geheime per Stimmstein. Zuerst wurde dies für Wahlversammlungen durch das Gesetz des Volkstribunen Aulus Gabinius im Jahre 139 angeordnet (*lex Gabinia tabellaria*), dann folgte zwei Jahre später das umstrittene Gesetz des Volkstribunen Lucius Cassius Longinus über die Abstimmung des Volksgerichts (*lex Cassia tabellaria*).

So sehr also die Nobilität einen Kampf um die Begrenzung der negativen moralischen und politischen Folgen der Geldwirtschaft führte und gegen die verschiedenen Erscheinungsformen der Korruption in ihren Reihen, ohne durchschlagenden Erfolg übrigens, zu Felde zog, so sehr wurde sie von der auf Gewinnmaximierung ausgerichteten Wirtschaftsgesinnung erfaßt, die eine notwendige Folge des Sieges der Geldwirtschaft war. Auch hierfür ist Cato das beste Beispiel. Aus Überzeugung ging er rücksichtslos gegen die Mißstände innerhalb der regierenden Klasse vor, aber im übrigen war er in seinem Wirtschaftsgebaren ebenso wie in seinem Umgang mit dem neuen Medium des

Buches vollkommen ein Kind seiner Zeit, richtete die Produktion seiner Güter auf den sich entwickelnden städtischen Markt aus und diversifizierte sein Vermögen mit der Absicht der Erzielung größtmöglicher Gewinne.

Wie alle Angehörigen der Nobilität war Cato Gutsbesitzer, aber nur aus Grundbesitz bestand sein Vermögen nicht. Er verlieh Geld gegen Zinsen, und er investierte einen Teil seines verfügbaren Geldvermögens in das risikoreiche, aber gewinnträchtige Seedarlehensgeschäft (das Verbot der *lex Claudia*, daß sich Senatoren am Seehandel beteiligten, ließ sich so auf elegante Weise umgehen). Er ließ Sklaven in verschiedenen Berufen ausbilden, um sie mit Gewinn zu verkaufen oder auf eigene Rechnung arbeiten zu lassen. Soweit er seine Gewinne in Immobilien investierte, sah er darauf, daß die betreffenden Liegenschaften in Stadtnähe lagen und sich aus ihnen höhere Gewinne als aus Ackerland erwirtschaften ließen. Er kaufte Fischteiche, warme Quellen, Plätze für Walker und für die Erzeugung von Pech sowie natürliches Weideland. In seiner Schrift vom Landbau legte er seine Erfahrungen als erfolgreicher Landwirt in Gestalt von Vorschriften nieder, die von der Wahl des Standortes über die Arbeitsorganisation bis zur Landnutzung und Viehhaltung reichen und alles vom Standpunkt der Gewinnmaximierung ins Auge fassen:

«Gutes Klima soll das Gut haben, nicht Wetter und Hagel ausgesetzt sein. Von gutem Boden, durch seine Natur ertragreich soll es sein. Womöglich soll es am Fuß eines Gebirges liegen, nach Süden blicken, in gesunder Lage, freie Arbeiter sollen verfügbar sein, und eine gute Tränke; in der Nähe sei eine volkreiche Stadt oder das Meer oder ein Fluß, auf dem Schiffe verkehren, oder eine gute, vielbegangene Straße ... Wenn du mich fragst, was für ein Gut allen voransteht, so sage ich: von aller Art Land und bestem Boden hundert Morgen; Weinland ist das erste, wenn es guten und viel Wein trägt, an zweiter bewässertes Gartenland, an dritter Weide, an vierter Ölbaumland, an fünfter Wiese, an sechster Getreidefeld, an siebenter schlagfähiger Wald, an achter Baumpflanzung, an neunter Waldweide ... Der Hausherr soll eine öffentliche Auktion abhalten: Öl, wenn es einen guten Preis bringt, Wein, Getreide, soviel übrig ist, soll er verkaufen, alte Ochsen, entwöhntes Großvieh, entwöhnte Schafe, Wolle, Felle, altes Fahrzeug, altes Eisenzeug, altgewordene Sklaven, kränkliche Sklaven, und was es sonst Überflüssiges gibt, soll er verkaufen. Ein Hausherr soll verkaufslustig, nicht kauflustig sein» (Cato, *Über die Landwirtschaft* 1,2 f., 7; 2,7).

Die Geldwirtschaft und die Entstehung eines großen städtischen Marktes begünstigten die von Cato beschriebene Form einer rationell betriebenen Gutswirtschaft, und diese veränderte allmählich die Agrarverfassung in weiten Teilen Italiens. Aber auf der überkommenen kleinbäuerlichen Struktur der Landwirtschaft beruhte die römische Wehrverfassung. Sie war durch die Kette der großen Kriege in Italien und in Übersee seit langem schlicht überfordert. Wegen der engen Verknüpfung von Agrar- und Heeresverfassung bildete sich im Laufe des zweiten Jahrhunderts ein Problemstau, und aus dem gescheiterten Versuch, ihn durch Reformen aufzulösen, geriet das politische System in eine Krise, der die Republik nicht mehr Herr geworden ist.

Die Krise der Heeres- und Agrarverfassung

Schon im Ersten, aber vor allem im Zweiten Punischen Krieg fanden Aushebungen für den Heeres- und Flottendienst statt, die einer totalen Mobilisierung der wehrfähigen Bevölkerung gleichkamen. Man hat geschätzt, daß im Zweiten Punischen Krieg bis zu zehn Prozent der Gesamtbevölkerung Italiens unter Waffen standen und damit ein Mobilisierungsgrad erreicht war, der dem deutschen in den Weltkriegen entsprach. Für die Flotte sind auch Sklaven rekrutiert worden, und für das Heer, das zeitweise den Höchststand von 25 Legionen erreichte, wurden Jugendliche ausgehoben, die das Mindestalter von siebzehn Jahren noch nicht erreicht hatten. Für die hohen Menschenverluste, die die beiden Punischen Kriege kosteten, geben die erhaltenen Zensuszahlen einen gewissen Anhaltspunkt. Zu bedenken sind dabei freilich die Einschränkungen der demographischen Aussagekraft, denen diese Zahlen unterliegen. Sie registrieren die Männer der fünf Vermögensklassen, soweit sie das wehrdienstpflichtige Alter erreicht hatten, und sie berücksichtigen weder die Eingezogenen noch diejenigen, die wegen Abwesenheit nicht von der alle vier Jahre stattfindenden Zensuserhebung erfaßt werden konnten. Immerhin stellen die für das dritte und zweite Jahrhundert überlieferten Zahlen Richtwerte für die Tendenz der demographischen Entwicklung unter den Bedingungen der großen verlustreichen Kriege dar. Unmittelbar vor Ausbruch des Ersten Punischen Krieges, im Jahre 265/64, wurden in der Fortführung der leicht ansteigenden Bevölkerungszahlen 292 234 Köpfe gezählt, gegen Ende des Krieges, im Jahr 247/46, war die Zahl auf 241 712 gesunken. In der Zwischenkriegszeit stieg sie wieder auf 270 713 an (234/33). Doch dann folgten die schweren Menschenverluste in der Frühphase des Hannibalkrieges. Im Jahre 204/3 wurden nur noch 214 000 Köpfe registriert. Vermutlich wäre der Rückgang noch höher ausgefallen, wenn nicht in der Notzeit des Hannibalkrieges zur Verbreiterung der Rekrutierungsbasis der Mindestzensus der fünften Klasse von 11 000 auf 4000 Asse gesenkt worden wäre. Auf der Grundlage dieser Neutarifierung stiegen nach Kriegsende die Zensuszahlen wieder an, erst langsam auf 258 794 Köpfe bis zum Jahr 179/78, danach schneller auf den Höchststand von 328 316 im Jahre 164/63. Dies ist auf den ersten Blick um so erstaunlicher, als auch nach dem Ende des Zweiten Punischen Krieges das Wehrpotential von Rom und Italien stark ausgeschöpft wurde. Im ersten Drittel des zweiten Jahrhunderts standen zwischen sechs und dreizehn Legionen unter Waffen, im Durchschnitt zwischen acht und neun, und hinzu kamen die Kontingente der Bundesgenossen in entsprechender Stärke. Die Ursache dieser Dauerbelastung waren nicht die in der Historiographie gut überlieferten, spektakulären Kriege mit den hellenistischen Mächten des Ostens. Diese Kriege dauerten jeweils nur wenige Jahre, und sie wurden mit verhältnismäßig geringen Kräften, die zwischen zwei und vier Legionen variierten, ausgefochten. Demgegenüber erforderten die beiden spanischen und die norditalische Provinz eine starke militärische Dauerpräsenz. In Spanien wurde während der fraglichen Zeit (200–167) fast ständig eine Armee von drei bis vier Legionen unterhalten, das sind unter Einschluß der bundesgenössischen Kontingente rund 48 000 Mann, und der historiographischen Überlieferung ist zu entnehmen, daß in knapp dreißig Jahren insgesamt 215 300 Mann aus der wehrfähigen Bevölkerung Italiens allein für Spanien mobilisiert worden sind. Ähnliches gilt für Norditalien. Hier operierten fast Jahr für Jahr vier Legionen, in den Jahren 192, 182 und 176 sogar sechs. Nimmt man die für die Flotte ausgehobenen Mannschaften hinzu, so ergibt sich, daß jährlich zwischen 94 000 und 212 000 aus der wehrfähigen Bevölkerung Italiens mobilisiert worden sind. Mit welcher Spitzenbelastung zu rechnen ist, zeigt das Beispiel des Jahres 189/88. Damals standen den rund 60 000 Mann der zwölf in Dienst gestellten Legionen nur 258 000 Registrierte in den Zensuslisten gegenüber.

Diese starke Belastung der bäuerlichen Bevölkerung Italiens mit Kriegsdienst entzog der Landwirtschaft Arbeitskräfte, und unter Umständen konnte eine bäuerliche Familie in den Ruin gestürzt werden

Die Krise der Heeres- und Agrarverfassung 189

– wenn ein junger Familienvater, dessen Eltern gestorben oder arbeitsunfähig waren, mehrere Jahre hintereinander Legionär war. Kriegsdienst war ja entweder in Übersee oder in Norditalien zu leisten, und er ließ sich nicht mehr auf einen Sommerfeldzug zwischen Ernte und Winteraussaat zusammendrängen. Im Prinzip war jeder Dienstfähige zwischen dem 17. und 46. Lebensjahr zum Kriegsdienst verpflichtet. Aber das bedeutete keineswegs, daß er ausschließlich oder auch nur vorwiegend auf Familienvätern lastete. Einberufen wurden vor allem die Jüngeren, die noch der väterlichen Gewalt unterstanden, und das heißt die Söhne und unter Umständen die Enkel von Hofbesitzern. Als im Jahre 169 ein zensorisches Edikt die beurlaubten Soldaten auf den makedonischen Kriegsschauplatz zurückrief, richtete es sich nicht zuletzt an die Väter und Großväter der Einberufenen, die dafür zu sorgen hatten, daß die unter ihrer väterlichen Gewalt Stehenden dem Aufruf Folge leisteten. Zwar konnte jeder Dienstpflichtige theoretisch bis zu sechzehn Jahre zum Waffendienst herangezogen werden, doch wurde dies in der Praxis nach Möglichkeit vermieden. Je professioneller das Kriegshandwerk wurde, desto lieber griffen die Konsuln bei der Aushebung neuer Einheiten auch auf Freiwillige mit Kriegserfahrung zurück. Für den Dritten Makedonischen Krieg – so erfahren wir – meldeten sich, angelockt von der Aussicht auf Beute, zahlreiche Veteranen freiwillig. Einen zugegebenermaßen extremen Fall stellt ein gewisser Spurius Ligustinus dar. Von ihm wird berichtet, daß er insgesamt auf 22 Dienstjahre kam. Ausgehoben wurde er zuerst, im Rahmen der allgemeinen Dienstpflicht, im Jahre 201 und diente dann drei oder vier Jahre auf dem makedonischen Kriegsschauplatz. Dann meldete er sich zweimal hintereinander freiwillig: für Spanien unter Cato im Jahre 195 und dann für die Feldzüge gegen Antiochos III. und die Ätoler. Nach zwei weiteren freiwillig geleisteten Dienstjahren folgte er im Jahre 182 dem Praetor Fulvius Flaccus nach Spanien, und schließlich verpflichtete er sich auf Bitten des Vaters der beiden Gracchen zu weiterem Dienst in Spanien. In seinen 22 Dienstjahren war er vom einfachen Rekruten bis zum ranghöchsten Zenturio einer Legion aufgerückt und hatte zahlreiche Auszeichnungen erhalten. Trotz der zunehmenden Zahl der Freiwilligen konnte auf das herkömmliche Aushebungssystem selbstverständlich nicht verzichtet werden. Aber es konnte flexibel gehandhabt und unter Umständen auch einmal außer Kraft gesetzt werden. So verbot der Senat dem älteren Scipio Africanus, für den Feldzug in Nordafrika neue Truppen auszuheben, und Gleiches geschah, als der jüngere Scipio Africanus im Jahre 134 den Oberbefehl in Spanien übernahm. Gewisse Symptome der Überforderung waren unübersehbar. Als der Senat im Jahre 200 von der Volksversammlung die Ermächtigung zum Krieg gegen Philipp V. von Makedonien forderte, wurde sie ihm zunächst verweigert, und im Jahre 193 appellierten die für den Feldzug in Norditalien ausgehobenen Soldaten an die Volkstribune und verlangten die Entlassung der Kranken und aller derjenigen, die mindestens sechs Jahre gedient hatten. Nach Möglichkeit sind denn auch Härten bei der Aushebung vermieden worden. Den Konsuln stand es frei, Entschuldigungsgründen stattzugeben. Im Jahre 169 sind die vom Senat angeordneten Aushebungen für den Feldzug gegen Perseus von Makedonien beinahe an der großzügigen Gewährung von Dienstbefreiungen durch die Konsuln gescheitert. Der von dem Historiker Sallust geschilderte Fall des Bauern mit kleinen Kindern und nicht mehr arbeitsfähigen Eltern, der Kriegsdienst leisten mußte und darüber Haus und Hof verlor, war sicherlich nicht die Regel. Die Einberufung der jungen Haussöhne, die Anwerbung kriegserfahrener Freiwilliger und das System der Dienstbefreiungen waren die Mittel, die den möglichen Folgen der starken Ausschöpfung des Rekrutierungspotentials, der Vernichtung des Bauernstandes, entgegenwirkten. Davon kann ohnehin keine Rede sein. Die im Hannibalkrieg tief gesunkene Zahl der in den Zensuslisten registrierten Bürger stieg im ersten Drittel des zweiten Jahrhunderts wieder an, und diese Entwicklung war von einer intensiven Kolonisation und Landverteilung begleitet, die der Stärkung der bäuerlichen Bevölkerung zugute gekommen ist.

Unbestreitbar ist, daß vor allem die Landwirtschaft Italiens unter den Verheerungen gelitten hatte, die der in Italien ausgefochtene Krieg gegen Hannibal mit sich gebracht hatte. Auf seinem Zug nach Süditalien hatte Hannibal das Land geplündert und verwüstet. Die angerichteten Schäden waren aber nur von kurzer Dauer, und seitdem war Mittelitalien, abgesehen von Hannibals Marsch auf Rom im Jahre 211, von allen Kriegshandlungen verschont geblieben. Der Krieg fand südlich einer Linie statt, die durch Campanien, Samnium und Apulien lief. Hannibals Armee lebte im Süden Italiens aus dem Ertrag des Landes, aber davon war das römische Bürgergebiet, sieht man von Campanien ab, gar nicht betroffen. Aber aus Roms Außenpositionen, zu denen vor allem die über ganz Italien verteilten latinischen Kolonien gehörten, gab es in erheblichem Ausmaß eine Landflucht nach Rom. Im Jahre 206, als Hannibal bereits auf den äußersten Süden der italischen Halbinsel beschränkt war, ordnete der Senat die Rückkehr der Flüchtlinge in ihre Heimatgemeinden an. Anlaß war die Klage der beiden Kolonien in Norditalien, Cremona und Placentia, daß ein großer Teil der Siedler vor den Überfällen der feindlichen Kelten die Flucht ergriffen habe. Mit der bloßen Anordnung war freilich den Schwierigkeiten einer Rückkehr nicht beizukommen. Es heißt: «Die Angelegenheit war für das Volk keineswegs einfach, da freie Bauern durch den Krieg dahingerafft, ein Mangel an Sklaven zu verzeichnen war, das Vieh geraubt, die Bauern- und Gutshäuser zerstört oder niedergebrannt waren» (*Livius*, 28,11,9). Dennoch ließ sich angeblich ein großer Teil der Betroffenen zur Rückkehr bewegen, aber sicher keineswegs alle. Die Fluchtbewegung und die großen Menschenverluste bewirkten, daß nach Kriegsende viel Land zum Verkauf stand. Damals wurden die Zeichner einer Kriegsanleihe beim Senat wegen einer fälligen Rückzahlungsrate vorstellig, weil sie das Angebot zum Landerwerb nutzen wollten. Das waren alarmierende Zeichen einer Krise, aber sie wurde überwunden. Die Retablierung des Bauernstandes fand im Zuge einer Landverteilung statt, die der Belohnung für geleisteten Kriegsdienst und dem Neuausbau der römischen Herrschaft über die italische Halbinsel diente.

In der Poebene und in Ligurien mußte die unmittelbar vor dem Zweiten Punischen Krieg begonnene Unterwerfung des Landes neu in Angriff genommen werden, und in Süditalien, wo Städte und Stämme zu Hannibal abgefallen waren, waren Dispositionen über die großen Areale zu treffen, die Rom von den Abgefallenen annektiert hatte. Nach einer notgedrungen summarischen Schätzung beliefen sie sich auf etwa 10 000 km². Unmittelbar nach Kriegsende empfingen aus dieser Dispositionsmasse 42–43 000 Veteranen Land in Samnium und Apulien, und zwar erhielt jeder einzelne zur Belohnung für den geleisteten Kriegsdienst zwei Morgen pro Dienstjahr. Wenige Jahre später (194) wurden zur Sicherung der süditalischen Küsten die römischen Bürgerkolonien Volturnum, Liternum, Puteoli, Salernum, Buxentum, Tempsa, Croto und Sipontum gegründet und jeweils mit 300 Siedlern belegt. Dann folgten in den Jahren 193 und 192 die beiden großen latinischen Kolonien auf der bruttischen Halbinsel in Copia

Bürgerkolonien

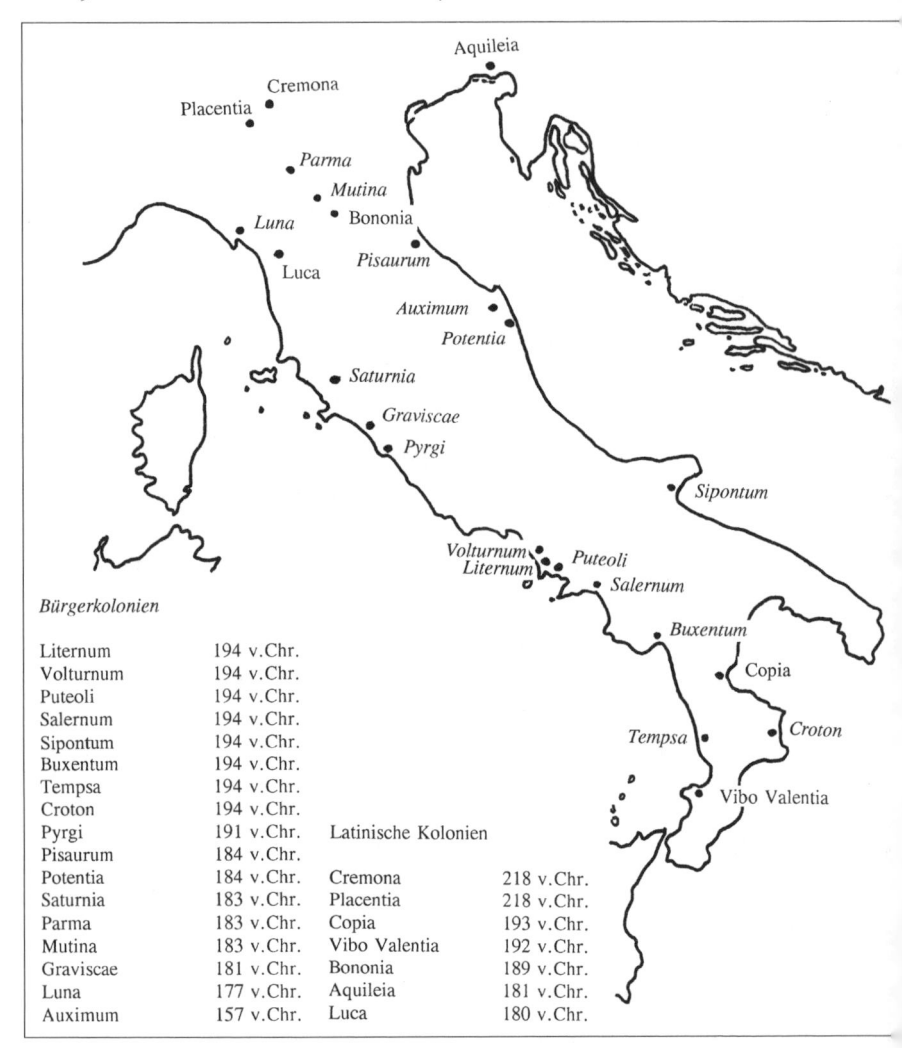

Liternum	194 v.Chr.		
Volturnum	194 v.Chr.		
Puteoli	194 v.Chr.		
Salernum	194 v.Chr.		
Sipontum	194 v.Chr.		
Buxentum	194 v.Chr.		
Tempsa	194 v.Chr.		
Croton	194 v.Chr.		
Pyrgi	191 v.Chr.	Latinische Kolonien	
Pisaurum	184 v.Chr.		
Potentia	184 v.Chr.	Cremona	218 v.Chr.
Saturnia	183 v.Chr.	Placentia	218 v.Chr.
Parma	183 v.Chr.	Copia	193 v.Chr.
Mutina	183 v.Chr.	Vibo Valentia	192 v.Chr.
Graviscae	181 v.Chr.	Bononia	189 v.Chr.
Luna	177 v.Chr.	Aquileia	181 v.Chr.
Auximum	157 v.Chr.	Luca	180 v.Chr.

Römische Kolonisation von 218/200 bis 157 v. Chr.

und Vibo Valentia. Im Unterschied zu den Bürgerkolonien am Meer wurden sie mit mehr Siedlern, insgesamt 7700 Familien, und größeren Landlosen ausgestattet. Damit war die Neukolonisation in Süditalien abgeschlossen, und sie verlagerte sich seit 190 nach Norden. An den Küsten der Adria und Etruriens wurden noch jeweils zwei römische Bürgerkolonien angelegt: Potentia und Pisaurum (184) sowie Saturnia

(183) und Graviscae (181), aber das Schwergewicht der Kolonisation und Landverteilung lag eindeutig in der Poebene. Hier wurden die großen latinischen Kolonien Bononia (187), das heutige Bologna, und Aquileia (181) mit insgesamt 6600 Siedlerstellen gegründet, daneben im Jahre 183 die römischen Bürgerkolonien Parma und Mutina, das heutige Modena, mit jeweils 2000 Bauernstellen. Diese Serie von Neugründungen fand im Jahre 177 mit der auf ligurischem Gebiet angelegten römischen Bürgerkolonie Luna, für die ebenfalls 2000 Siedlerstellen veranschlagt wurden, ihren Abschluß. Damals gab es schon deutliche Anzeichen dafür, daß die Kolonisation aus Mangel an Menschen, nicht aus Mangel an Land an ihre Grenze gelangt war. Die geplante Kolonie, für die im Jahre 182 Pisa Land zur Verfügung zu stellen versprach, ist anscheinend nicht mehr zustande gekommen. Nachdem die Unterwerfung der Kelten und Ligurer abgeschlossen war, konnte dann noch einmal zur Belohnung der Soldaten viel Land verteilt werden. Das Agrargesetz bedachte, vielleicht zum ersten Mal überhaupt, die latinischen Bundesgenossen, die in der in Norditalien operierenden Armee gedient hatten, mit einem Anteil von drei Morgen. Derartige Landzuweisungen haben jedoch vermutlich nicht zu einer Massenansiedlung geführt. Drei Morgen reichten zur Versorgung einer kleinen Familie nicht aus, und die zehn Morgen, die an Legionäre ausgegeben wurden, bildeten eine sehr bescheidene Existenzgrundlage, die nicht zu vergleichen ist mit der großzügigen Ausstattung der Siedler in den norditalischen Kolonien.

Mit der Anlage neuer Kolonien und der Viritanassignation an demobilisierte Soldaten – d.h. die Übertragung von Bauernstellen für jeden Mann der entlassenen Truppen – erschöpften sich die Landzuweisungen freilich nicht. Mehrere der älteren Kolonien hatten, vor allem im Zweiten Punischen Krieg, so hohe Verluste erlitten, daß sie durch Entsendung von Neusiedlern wieder lebensfähig gemacht werden mußten. Dies gilt vor allem für Cremona und Placentia, die im Jahre 190 zur endgültigen Stabilisierung insgesamt 6000 neue Familien zugewiesen erhielten. Solche Nachdeduktionen von Siedlern erfolgten auch nach Venusia (200), Narnia (199) und Cosa (197), dorthin nicht weniger als 1000 Familien, sowie nach den neugegründeten Kolonien der Nachkriegszeit: Neusiedler erhielten Buxentum und Sipontum (186), und im Jahre 169 mußten noch einmal 1500 Familien in den entlegenen, erst zwölf Jahre zuvor gegründeten Außenposten

Aquileia geschickt werden. Daß unsere Überlieferung über die Kolonisationsbewegung des frühen zweiten Jahrhunderts im übrigen nicht lückenlos ist, beweist eine zufällig erhaltene Inschrift, die zeigt, daß damals auch die alte latinische Kolonie Cales Verstärkung erhielt. Geht man von den erhaltenen, freilich unvollständigen Zahlen aus, so fanden in den Neugründungen etwa 23 500 Siedlerfamilien Platz. Die Gesamtzahl der nachdeduzierten Kolonisten ist unbekannt, allein für die vier Kolonien Cosa, Cremona, Placentia und Aquileia waren es 8500. Von der Viritanassignation an Veteranen zogen noch mehr Begünstigte Nutzen. Dieses Siedlungsprogramm war wohlgemerkt nicht als Sozialprogramm zur Retablierung des Bauerntums konzipiert, sondern diente der Belohnung für geleisteten Militärdienst und der Absicherung der römischen Herrschaft in Süd- und Norditalien. Aber es muß sich auch im Sinne einer Stärkung des Bauerntums ausgewirkt haben. Allerdings traten mit der intensiven Kolonisation neue Probleme auf, die gewiß nicht vorhergesehen worden waren. Das Siedlungsprogramm erwies sich als so umfangreich, daß die Volkskraft der nach dem Zweiten Punischen Krieg sich wieder regenerierenden römischen Bürgerschaft zu gering war. Zwar war es von alters her üblich, daß sich an der Anlage neuer latinischer Kolonien nicht nur Römer, sondern auch Latiner aus älteren Gemeinden beteiligten. Aber das reichte im zweiten Jahrhundert offenbar nicht aus. Als die Kolonie Cosa verstärkt werden sollte, mußte der Senat sich wegen des Mangels an Interessenten an die italischen Bundesgenossen mit der öffentlichen Aufforderung wenden, sich in die Liste der Siedler eintragen zu lassen. Nur diejenigen wurden ausgeschlossen, die im Zweiten Punischen Krieg von Rom abgefallen waren. Mit der Aufnahme in eine latinische Kolonie war für italische Bundesgenossen zugleich eine Statuserhöhung verbunden. Sie wurden Bürger einer latinischen Gemeinde, und damit gewannen sie ein potentielles römisches Bürgerrecht, das bei einer Übersiedlung nach Rom aktualisiert, also in Geltung gebracht werden konnte. Latiner konnten ohne vorherige Aktualisierung dieses potentiellen römischen Bürgerrechts nicht als Siedler in römischen Kolonien Aufnahme finden. Der Senat nahm den Zwischenfall, daß sich Herniker aus Ferentinum, die das latinische Bürgerrecht besaßen, in die Liste der für die römischen Kolonien Puteoli, Salernum und Buxentum vorgesehenen Siedler hatten eintragen lassen, zum Anlaß, dieses Prinzip erneut einzuschärfen. Es war also gewiß ein besonders gelagerter Einzelfall, daß der aus dem bruttischen Rudiae stammende Dichter Ennius in einer der beiden neuen römischen Kolonien Potentia oder Pisaurum Bürgerrecht und Landlos erhielt. Doch ist nicht zu verkennen, daß damals Wanderbewegungen ausgelöst wurden, die auf legale und illegale Weise die Exklusivität des römischen Bürgerrechts aushöhlten und damit zugleich das römische Bundesgenossensystem ins Wanken brachten. Im Jahre 187 wurden Gesandte latinischer Gemeinden in Rom vorstellig und machten geltend, daß eine große Zahl ihrer Bürger nach Rom gezogen sei und sich dort als römische Bürger habe registrieren lassen. Das war nicht illegal, aber es bedeutete, daß die betroffenen Gemeinden nicht mehr in der Lage waren, die vertragsgemäß vorgesehenen Kontingente zu den Heeresaufgeboten zu stellen. Der Senat ordnete eine Untersuchung unter der Vorgabe an, daß die betreffenden Personen, sofern sie nach dem Stichjahr 204 noch in den Bürgerlisten ihrer Gemeinden verzeichnet waren, zur Rückkehr gezwungen werden sollten. Nach erfolgter Untersuchung wurden angeblich 12 000 Personen ausgewiesen. Damit war das alte Prinzip der Freizügigkeit im vorliegenden Fall praktisch außer Kraft gesetzt, aber der Wanderbewegung kein haltbarer Riegel auf Dauer vorgeschoben worden. Neun Jahre nach dem erwähnten Zwischenfall erschienen wiederum Gesandte latinischer Gemeinden und klagten, daß die Abwanderung nach Rom sie binnen kurzem außerstande setzen werde, ihren vertraglichen Verpflichtungen zur Stellung von Truppenkontingenten nachzukommen. Ähnliches geschah bei den italischen Bundesgenossen. Gesandte der Paeligner und Samniten führten darüber Beschwerde, daß sie 4000 Familien durch Abwanderung nach Fregellae, einer Gemeinde latinischer Rechtsstellung, verloren hätten und sie deswegen nicht mehr in der Lage seien, die geforderten Truppenkontingente zu stellen. Das Ziel der Abwanderung war auch hier, durch Umzug nach Rom das römische Bürgerrecht zu erwerben und in Rom zu leben oder Anteil an der privilegierten römischen Land- und Beuteverteilung zu gewinnen. Dieses Ziel wurde teilweise auch unter Umgehung der inzwischen verfügten restriktiven Bestimmung verfolgt, daß Latiner nur dann durch Umzug nach Rom das römische Bürgerrecht erhalten könnten, wenn sie Nachkommen in ihrer Heimatgemeinde zurückließen. Die Folge war, daß Väter römischen Strohmännern ihre Kinder mit der Auflage verkauften, daß sie dann in Rom freigelassen und so römische Bürger würden. Kinderlose fanden einen anderen Ausweg. Sie ließen sich, gegen Bezahlung versteht sich, von Römern adoptieren. Die Gesandten, die den Senat auf diese Mißbräuche aufmerksam machten, fanden Gehör: Die Abgewanderten sollten zurückgeschickt und die Gesetzeslücken geschlossen werden, die zur Abwanderung genutzt werden konnten. Aber damit war der Wanderbewegung, wie sich zeigen sollte, kein Ende gesetzt. Der Attraktivität der Großstadt mit ihrem Bauboom, ihren Abwechslungen und dem privilegierten Status der römischen Bürger ließ sich mit gelegentlichen Ausweisungen und verschärften Gesetzesbestimmungen nicht mehr beikommen. Darin aber lag eine schleichende Bedrohung des römischen Bundesgenossensystems, das darauf beruhte, daß die einzelnen Gemeinden in der Lage blieben, nach der einmal festgesetzten Quote Zuzug zum römischen Heeresaufgebot zu leisten. Rom selbst war in anderer Weise, und zwar durch die Kolonisation, von den Problemen der Bevölkerungsverschiebungen betroffen. An der Gründung der großen latinischen Siedlungskolonien in Süd- und Norditalien waren in erheblichem Umfang Römer beteiligt, die auf diese Weise Bürger einer latinischen Gemeinde wurden und nicht mehr zum Kriegsdienst im römischen Bürgeraufgebot herangezogen werden konnten. Dies war wohl der Grund, warum der Senat im Unterschied zu früher, als römische Bürgerkolonien nur kleine, am Meer angelegte Stützpunkte waren, in Norditalien auch große Siedlungskolonien in dieser und nicht in der latinischen Rechtsform anlegen ließ.

Obwohl also nach dem Jahr 200 im Zuge der Kolonisation und der Landverteilung viel zur Stärkung des Bauerntums geschehen war, zeigten sich doch bei genauerem Hinsehen die ersten Krisensymptome: Die Bevölkerungsbewegungen gefährdeten die mit der Heeresverfassung eng verknüpfte politische Struktur Italiens, und mit gutem Grund darf vermutet werden, daß der bereits wirkende Sog der entstehenden Großstadt Rom auch die Wirksamkeit der großzügigen Landverteilungen zwar nicht aufhob, aber doch beeinträchtigte. Das Milizsystem hielt der starken Belastung noch stand, kam aber, wie oben dargelegt wurde, nicht mehr ohne die Aushilfen und Improvisationen aus, die der Notwendigkeit eines mehrjährigen Dienstes in Übersee geschuldet wurden. In dieser Hinsicht trat im zweiten Drittel des zweiten Jahrhunderts eine signifikante Verschlechterung ein. Die Gründe liegen in der Einstellung der Kolonisation und dann in dem

Die Krise der Heeres- und Agrarverfassung

zwanzigjährigen Krieg, der im Jahre 154 ausbrach und erst mit der Einnahme des Widerstandszentrums Numantia im Jahre 133 sein Ende fand. Was die Beendigung der Kolonisation in Italien anbelangt, so ist zu bedenken, daß sie mit der Sicherung der römischen Herrschaft über ganz Italien bis zum Alpenrand ihren funktionellen Zweck erreicht hatte. Sie fortzuführen war unmöglich, weil mit der Befriedung Italiens die Möglichkeit, durch Krieg und Annexionen Land zur Neuverteilung an Siedler zu gewinnen, an ihr Ende gelangt war. Hinzu kommt, daß während des ersten Drittels des zweiten Jahrhunderts zwar kein Mangel an Land zur freien Disposition, wohl aber an Menschen für das weitgespannte Kolonisationsprogramm bestanden hatte. Als um das Jahr 190 aus sicherheitspolitischen Gründen der Schwerpunkt der Kolonisation in die Poebene verlegt wurde, ist über das in Süditalien unverteilt gebliebene Staatsland auf andere Weise verfügt worden. Im Jahre 180 ließ der Senat die soeben unterworfenen ligurischen Apuaner auf Staatskosten nach Samnium in das Gebiet des *ager Taurasinus* umsiedeln und angeblich rund 40 000 Familien Land zuweisen. Der im Zweiten Punischen Krieg eingezogene *ager Campanus*, etwa 500 km² fruchtbaren Ackerlandes, wurde nach einer komplizierten Feststellung der Rechts- und Eigentumsverhältnisse, die sich bis zum Jahr 165 hinzog, an die einheimische bäuerliche Bevölkerung verpachtet und stellte seitdem eine wichtige Einnahmequelle des römischen Staates dar. Alle verbleibenden Areale wurden zwischen 180 und 170 gegen Zahlung einer Gebühr zur privaten Besitzergreifung (*occupatio*) freigegeben. Das hieß, daß das betreffende Land (*ager occupatorius*) im Obereigentum des Staates verblieb, seiner Rechtsnatur nach also *ager publicus* war, aber zugleich als registrierter Privatbesitz auf Staatsland gegen Ansprüche Dritter Rechtsschutz genoß. Kleinbauern waren es nicht, die in Süditalien die Chance der Okkupation wahrnahmen. Dazu fehlten ihnen die notwendigen Investitions- und Betriebsmittel, und sofern sie Bedarf an Siedlungsland hatten, konnten sie es zu besseren, ihren Verhältnissen angemesseneren Bedingungen bei einer Beteiligung an dem staatlichen Kolonisationsprogramm finden. Denn dabei erhielten sie das Land in der besten Rechtsform zu Privateigentum und wohl auch eine Beihilfe zur Erstausstattung ihres Hofes. Für die Okkupation von Staatsland wurde von vornherein ein Personenkreis ins Auge gefaßt, der über große Investitions- und Betriebsmittel, Geld, Sklaven und Vieh, verfügte, um auf großen Arealen eine marktorientierte Landwirtschaft zu betreiben. Als Nutznießer kamen vor allem Senatoren und der Kreis von Unternehmern in Frage, der durch das Geschäft mit dem Staat zu großem Vermögen gekommen war. Deswegen wurden die Obergrenzen bei der Freigabe der Okkupation auch sehr großzügig bemessen. Bis zu 500 Morgen Akkerland durften okkupiert sowie bis zu 100 Stück Großvieh und 500 Stück Kleinvieh, gemeint sind Schafe, auf dem in Süditalien reichlich vorhandenen Weideland gehalten werden. Daß überhaupt Obergrenzen gesetzt wurden, geschah im Interesse einer Erhaltung von Chancengleichheit und Solidarität. Jeder Angehörige der politisch und ökonomisch führenden Klasse sollte innerhalb festgeschriebener Grenzen die Chance des Zugriffs auf Staatsland haben, und es sollte, anders ausgedrückt, verhindert werden, daß die Reichsten den weniger Reichen diese Chancen verkürzten. So gesehen war das Gesetz über die Begrenzung der Okkupation ein Pendant zu den gleichzeitigen Gesetzen, die das Ausspielen des Reichtums zur Aushebelung von Standessolidarität im allgemeinen und von Chancengleichheit bei Wahlen im besonderen einzudämmen suchten. Weite Teile Süditaliens wurden so zum gelobten Land eines Agrarkapitalismus, und damit traten dort Verhältnisse ein, die dem Rückgriff des Staates auf diese großen Areale des noch in seinem Eigentum stehenden Landes Schranken setzten, die sich als unüberwindlich erweisen sollten. Jedenfalls fanden im zweiten Drittel des zweiten Jahrhunderts weder Koloniegründungen noch Viritanassignationen in Italien mehr statt. Damit war die Hauptquelle versiegt, aus der das Bauerntum neue Kräfte ziehen konnte.

Dieses Versiegen der Kolonisation zeitigte zusammen mit den neuartigen Belastungen, die der Dauerkrieg in Spanien der bäuerlichen Bevölkerung auferlegte, eine deutliche Wendung zum Schlechteren, die sich rein quantitativ im Rückgang der in den Zensuslisten registrierten Bürger von 337 022 Köpfen im Jahre 164/63 auf 317 933 im Jahre 136/35 niederschlug. Dies lag nicht an einer im Vergleich zum vorangegangenen Drittel des Jahrhunderts höheren Rekrutierungsquote. Im Gegenteil: Sie war eher niedriger. In der Zeit zwischen 167 und 133 standen durchschnittlich nur noch sieben bis acht Legionen unter Waffen. Hinter dieser Zahl verbergen sich Spitzenwerte in den Jahren 148–146, als wegen der gleichzeitigen Kriege in Spanien, Nordafrika, Makedonien und Griechenland zehn und zwölf Legionen mo-

Die Krise der Heeres- und Agrarverfassung 199

bilisiert waren, und ein Minimum von vier Legionen in den Jahren 160–157. Was diese Zahlen nicht verraten, sind die hohen Verluste, die der spanische Krieg kostete, und die demotivierende Wirkung, die er auf die Bereitschaft ausübte, den Kriegsdienst abzuleisten.

Der Vernichtungskrieg auf der iberischen Halbinsel, der im Westen gegen die Lusitaner und im Norden gegen die Keltiberer auch unter Mißachtung des Völkerrechts geführt wurde, brachte den Römern hohe Verluste und wenig Beute. Sie konnten des Widerstandes um so weniger Herr werden, als ihre Gegner sich unter Ausnutzung der geographischen Natur des Landes der Taktik des Guerilakrieges bedienten und dieser vor allem in der Gestalt des lusitanischen Freiheitshelden Viriathus einen genialen Führer besaß. Auch auf diesem Schauplatz zeigte sich ebenso wie auf dem Balkan und in Nordafrika die zunehmende Brutalisierung der römischen Politik, mit der auf Widerstände und Schwierigkeiten reagiert wurde. Der Senat war nicht mehr wie in der frühen Phase der römischen Herrschaft in Spanien bereit, durch Verhandlungen das Ziel einer friedlichen Beherrschung zu erreichen, und setzte ganz auf die gewaltsame Brechung des Widerstands. Damit hatte er letzten Endes Erfolg. Nach vielen, zum Teil katastrophalen Niederlagen konnten die Römer ihres Hauptgegners Viriathus nur Herr werden, indem sie ihn im Jahre 139 ermorden ließen, und das letzte Widerstandszentrum, das im nördlichen Zentralspanien am Zusammenfluß von Duero, Merdancho und Tera gelegene Numantia, zerstörte im Jahre 133 der jüngere Scipio Africanus, nachdem noch wenige Jahre zuvor eine römische Armee von den Numantinern zur Kapitulation gezwungen worden war.

Für diesen Sieg, der weite Strecken des Landes zur Einöde gemacht hatte, zahlte Rom einen hohen Preis. Obwohl über die 20 Kriegsjahre jeweils nur drei oder vier Legionen zusammen mit bundesgenössischen Kontingenten in der entsprechenden Stärke in Spanien eingesetzt waren, mußten wegen der Verluste häufig Verstärkungen nachgeschickt werden. Beispielsweise betrugen die Verluste schon im ersten Kriegsjahr nicht weniger als ein Drittel der 30000 Mann, die damals in Spanien standen, und so mußte der Konsul, der im darauffolgenden Jahr den Oberbefehl auf dem spanischen Kriegsschauplatz übernahm, 8500 Mann Ersatz mitnehmen. Wieder ein Jahr später konnte der notwendige Ersatz nur nach mühsamer Überwindung einer verbreiteten Verweigerungshaltung beschafft werden. In den Jahren 148 und 146 gingen weitere Verstärkungen nach Spanien, zuletzt 10000 Fußsoldaten und 1300 Reiter. Dann veranlaßten die verlustreichen Kämpfe mit Viriathus den Senat im Jahre 145 zur Entsendung einer neuen Armee. Aber da nicht gewagt werden konnte, die gerade aus Nordafrika, Makedonien und Griechenland zurückgekehrten Soldaten nach Spanien zu schicken, wurden zwei reine Rekrutenlegionen, zusammen mit bundesgenössischen Einheiten 15 000 Mann und 2000 Reiter, neu ausgehoben. Drei Jahre später mußte Fabius Maximus mit zwei neuen Legionen und Bundesgenossen in einer Gesamtstärke von 18 000 Mann und 1600 Reitern nach Spanien gehen, und als im Jahre 140 allen Soldaten, die mindestens sechs Jahre Kriegsdienst in Spanien geleistet hatten, die Entlassung gewährt werden mußte, wurden als Ersatz wiederum reine Rekrutenlegionen zusammengestellt. Das alte Rekrutierungssystem, das eine Durchmischung von erfahrenen Veteranen und erstmalig Einberufenen vorsah, konnte offenbar nicht mehr aufrechterhalten werden. Als der jüngere Scipio Africanus in der Schlußphase des Krieges den Oberbefehl gegen Numantia übernahm, verweigerte ihm der Senat die Erlaubnis zu Neuaushebungen. Er mußte sich damit begnügen, auf der Grundlage seiner privaten Patronatsbeziehungen 4000 Mann zusammenzubringen.

Der spanische Kriegsschauplatz war der Schrecken der römischen Soldaten. Dort eingesetzt zu werden bedeutete langen Kriegsdienst, Entbehrungen und ein unverhältnismäßig hohes Risiko für Leben und Gesundheit. So kann es nicht Wunder nehmen, daß die Moral der eingesetzten Mannschaften und die Bereitschaft, die Last des Kriegsdienstes zu tragen, an den Rand des Zusammenbruchs gerieten. Schon im Jahre 151 konnten bei den Aushebungen die Stellen der höheren Offiziere, der Militärtribune und der Legaten, wegen der Verweigerungshaltung zunächst nicht besetzt werden, und auch die ausgehobenen Rekruten suchten sich dem verhaßten Dienst zu entziehen, indem sie in Massen Gründe für eine Dienstbefreiung vorbrachten. Als die Konsuln Lucius Licinius Lucullus und Aulus Postumius Albinus sich weigerten, den Gesuchen stattzugeben, wurden sie von den Volkstribunen in Beugehaft genommen. Dies war das erste Anzeichen der Spaltung, die die Belastungen des spanischen Krieges auch in der regierenden Klasse auslösen sollten. Jedenfalls mußten damals die Aushebungen abgebrochen und an ihrer Stelle ein Losverfahren bei der Rekrutierung der notwendigen Verstärkungen angewendet werden.

Einige Zeit später, im Jahre 140, versuchte der Volkstribun Tiberius Claudius Asellus den Konsul Quintus Servilius Caepio am Aufbruch nach Spanien zu hindern, und dieser mußte sich unter Mißachtung des tribunizischen Vetos gewaltsam den Weg bahnen. Desertionen und Befehlsverweigerungen rissen ein. Im Jahre 138 statuierten die Konsuln Publius Cornelius Scipio Nasica und Decimus Iunius Brutus öffentlich ein Exempel an Deserteuren und wurden von den Volkstribunen Sextus Licinius und Gaius Curiatius gefangengesetzt, als sie sich weigerten, die geforderten Ausnahmen bei der Rekrutierung zuzulassen. Der militärische Wert der in Spanien eingesetzten Verbände sank auf ein sehr niedriges Niveau, und erst dem jüngeren Scipio Africanus gelang es, die Grundlagen für seinen siegreichen Feldzug mit der Wiederherstellung der militärischen Disziplin zu legen.

Zum Verfall von Disziplin und Moral der Truppe trug auch der Umstand bei, daß der verlustreiche und endlos erscheinende Krieg ohne Gewinn nennenswerter Beute geführt wurde und die Veteranen nicht wie in den beiden vorangegangenen Generationen mit einer Belohnung in Gestalt einer Landzuweisung rechnen konnten. Was der Staat nach dem Ende der Kolonisation noch an Landreserven besaß, hatte er, soweit sie nicht wie der *ager Campanus* verpachtet wurden, zur Okkupation freigegeben. Auf diesen vornehmlich in Süditalien gelegenen Arealen aber hatte sich längst wieder eine feste Besitzstruktur gebildet. Das betreffende Land war zumindest mit stillschweigender staatlicher Duldung in den freien Verkehr gekommen. Es war vererbt, als Mitgift vergeben, veräußert und beliehen worden. Im Endergebnis war eine Besitzkonzentration entstanden, die die bei der Freigabe der Okkupation fixierte Obergrenze weit überstieg. Dies brachte eine aristokratische Gruppierung um den jüngeren Scipio Africanus auf den Gedanken, unter Rückgriff auf die alte Okkupationsregelung alles Land zurückzufordern, das sich über die darin festgesetzte Obergrenze in privatem Besitz befand, und so ein Objekt für neue Viritanassignationen in Italien zu gewinnen. Im Jahre 140, als die altgedienten Soldaten in Spanien entlassen werden mußten und unter Schwierigkeiten neue Rekrutenlegionen mobilisiert wurden, schlug der Konsul Gaius Laelius, ein enger Freund Scipios, ein entsprechendes Agrargesetz vor. Nach strenger Rechtsauslegung war der Staat zweifellos berechtigt, von seinem Eigentum Gebrauch zu machen, aber die Frage, ob die Exekutierung des strengen Rechts in diesem Fall nicht größtem Unrecht gleichkam, lag zumindest vom Standpunkt der aktuellen Besitzer des fraglichen Staatslandes nahe. Wenigstens waren die mächtigen Interessenten um Argumente nicht verlegen. Da wohl kein Besitzer von Staatsland damit gerechnet hatte, daß der Staat einmal sein Eigentumsrecht realisieren würde, war auf dieser Bodenkategorie eine eigentumsähnliche Struktur entstanden. Es waren Veränderungen eingetreten und Investitionen getätigt worden, und es wurde deutlich, daß partielle Enteignungen zu einem Rattenschwanz von Prozessen und Entschädigungsforderungen führen würden. Hinzu kam, daß ein Teil des fraglichen Landes römischen Bundesgenossen von Staats wegen überlassen worden war und bei einer Rückforderung des überlassenen Landes Konflikte mit den Bundesgenossen absehbar waren. Jedenfalls konnten die Betroffenen das Prinzip des Vertrauensschutzes zu ihren Gunsten geltend machen. Nach zwei Generationen der Besitzveränderungen auf dem *ager occupatorius* warf schließlich auch die Unterscheidung von Privateigentum und Besitz auf Staatsland bei Fehlen beweiskräftiger Dokumente und eines entsprechenden Katasters diffizile Probleme auf. Angesichts dieser Schwierigkeiten ist es immerhin verständlich, daß Laelius mit der ihn stützenden Gruppierung vor dem Widerstand der einflußreichen Interessenten zurückwich und dafür laut Cicero mit dem – durchaus ambivalenten – Ehrennamen des Verständigen (*sapiens*) ausgezeichnet wurde. Aber sieben Jahre später wollte ein anderer, Tiberius Sempronius Gracchus, das Projekt der Agrarreform auf Biegen und Brechen durchsetzen. Damit löste er einen Konflikt aus, in dem die angestaute Reformbedürftigkeit des römischen Staates ebenso ans Tageslicht trat wie seine Unfähigkeit zur friedlichen Lösung der aufgeworfenen Sachprobleme.

Die gracchischen Reformversuche

Auch hinter Tiberius Gracchus stand eine mächtige Gruppierung der Nobilität. Ihre führenden Männer waren sein Schwiegervater Appius Claudius Pulcher, die beiden aus einer berühmten Juristenfamilie stammenden Brüder Publius Mucius Scaevola und Publius Licinius Crassus Dives Mucianus, der durch Adoption in das Licinische Geschlecht gelangt war. Sie alle waren von den Vätern her politische Bun-

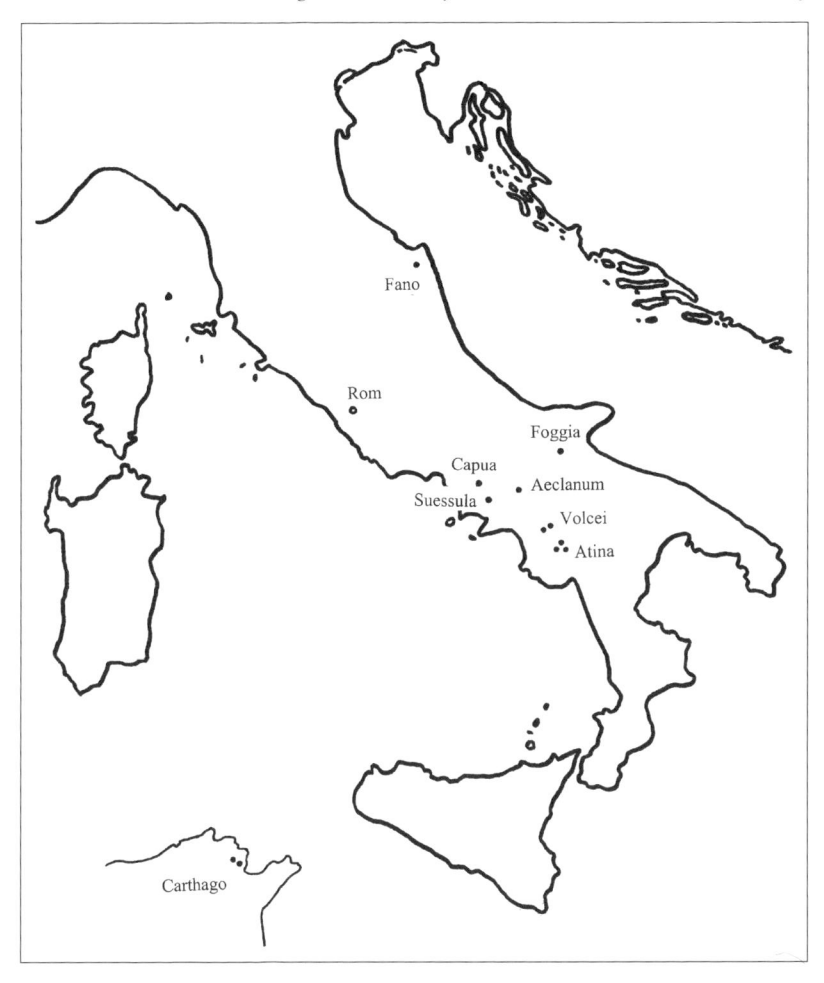

Verteilung der in Italien gefundenen Grenzsteine der gracchischen Ackerkommission

desgenossen und Gegner der Scipionen. Auch der gleichnamige Vater des Tiberius Sempronius Gracchus hatte dieser Gruppierung nahegestanden. Zu ihr gehörte noch Quintus Caecilius Metellus Macedonicus, der freilich den Plan einer Agrarreform ablehnte. Im Jahre 134/33 schien die Gelegenheit günstig, das von Gaius Laelius vorgeschlagene, aber zurückgezogene Projekt erneut auf die politische Tagesordnung zu setzen. Der Führer der gegnerischen Partei stand vor Numantia und war der politischen Bühne in der Hauptstadt fern, und Publius

Mucius Scaevola, dem für das Jahr 133 gewählten Konsul, fiel die Leitung der politischen Geschäfte in Rom zu. Konsul und Volkstribun konnten, so schien es, ungestört zusammenwirken, um die Agrarreform im zweiten Anlauf durchzusetzen und Popularität beim Volk zu gewinnen. Auch sonst schienen die äußeren Umstände für den Plan günstig zu sein. Das Verteilungsobjekt, um das es ging, lag vor allem in Süditalien, wie aus der Verteilungskarte der von der gracchischen Landverteilungskommission gesetzten Grenzsteine unschwer abzulesen ist (die einzige Ausnahme stellt der Grenzstein im *ager Gallicus* an der nördlichen Adria dar: dort gab es offenbar auch nach der von Gaius Flaminius im Jahre 232 initiierten Viritanassignation Reste von unverteiltem Staatsland).

Süditalien war aber eine Gegend mit weiten Flächen, auf denen Sklaven die Herden ihrer Herren weideten, und welche Gefahr in der Zusammenballung unbeaufsichtigter Hirtensklaven lag, trat damals zutage, als der Sklavenaufstand in Sizilien unter Aufbietung regulärer Truppen niedergeschlagen werden mußte. Es war das Ziel der Agrarreform, die in weiten Strecken Süditaliens vernichtete kleinbäuerliche Struktur und damit die Sicherheit auf dem flachen Land wiederherzustellen. Eine Durchmischung von kleinen Bauernhöfen und Gütern mittlerer Größe, wie sie damals in Campanien aufkamen und sich nach Mittelitalien ausbreiteten, stellte eine ökonomische sinnvolle Symbiose dar, in der auch die überschüssige Arbeitskraft der kleinen Höfe eine nützliche Verwendung finden konnte. Nicht umsonst hat schon Cato in seinem Werk über die Landwirtschaft geraten, beim Kauf eines Gutes darauf zu sehen, daß in der Nähe freie Arbeiter für die Zeiten erhöhten Arbeitsanfalls, also vor allem Aussaat und Ernte, rekrutiert werden könnten. Tiberius Gracchus hat das Sklavenproblem ebenso zum Angelpunkt seiner Propaganda gemacht wie die alteingewurzelte Vorstellung, daß aus dem Bauernstand die besten Soldaten hervorgingen und dessen Förderung zugleich eine Verbesserung der abnehmenden Schlagkraft des römischen Heeres bedeuten würde. Es war der Glaubenssatz des römischen Milizsystems, daß auf einem gesunden Bauerntum die militärische Leistungsfähigkeit Roms beruhe, und als der ältere Cato die Landwirtschaft als die Erwerbsquelle pries, die allen anderen vorzuziehen sei, da begann er mit der Feststellung: «Aber die Ackerbauern haben die tapfersten Männer und wackersten Soldaten zu Söhnen» (Cato, *Über die Landwirtschaft* 1,1,4). Auch die-

Statue eines Volksredners aus Umbrien (etruskisch um 100 v. Chr.), sog. *Arringatore*

sen Gesichtspunkt hat Tiberius Gracchus zu einem Hauptthema seiner mit großer Leidenschaft vorgetragenen Reden gemacht, und in einer zeichnete er das Schreckensbild des entwurzelten Soldaten, der nicht weiß, wofür er kämpft:

«Die wilden Tiere, die Italien beweiden, haben Ruhestatt und Unterschlupf, aber die für Italien kämpfen und sterben, haben teil an Luft und Licht und sonst an nichts, ohne Haus und Hof irren sie mit ihren Kindern und Frauen umher, die Feldherren lügen, wenn sie vor der Schlacht die Soldaten aufrufen, zum Schutz ihrer Gräber und Heiligtümer die Feinde abzuwehren; denn keiner von ihnen hat einen väterlichen Altar, keiner einen Grabhügel der Vorfahren, nein: für Wohlleben und Reichtum anderer kämpfen und sterben sie, Herren der Erde heißen sie und haben nicht eine Scholle zu eigen» (Plutarch, *Tiberius Gracchus* 9,5 f.).

Man hat gesagt, daß in diesen Worten das Ethos des Urhebers der römischen Revolution ebenso deutlich anklingt wie die nach beiden Seiten aufreizende Demagogie seiner Mittel (F. Leo). Insbesondere verstand es Tiberius Gracchus meisterhaft, das Mittel der Übertreibung zu handhaben. Die jungen Rekruten, die für den spanischen Krieg ausgehoben wurden, kämpften gewiß nicht für Haus und Hof, aber sie stammten doch immer noch aus bäuerlichen Familien, die in einer der Vermögensklassen der Zensuslisten registriert waren. Auf der anderen Seite überzeichnete Tiberius Gracchus auch, wie ein antiker Berichterstatter, der ihm und seiner Sache wohlgesinnt war, einmal gesagt hat, die segensreichen Wirkungen der von ihm geplanten Reform auf die Wehrkraft Roms. Die Größe des in Süditalien realisierbaren Verteilungsobjekts ist nicht überliefert, und wir sind auf eine grobe Schätzung angewiesen, und diese geht von ungefähr 160 000 Morgen aus. Wenn sie annähernd das Richtige trifft, hätten im Höchstfall etwa 15 000 Kleinbauernstellen geschaffen werden können. Dies alles hätte an die Ergebnisse der Landverteilungen, die im ersten Jahrzehnt des zweiten Jahrhunderts in Süditalien vorgenommen worden waren, nicht im entferntesten herangereicht – damals waren etwa 600 000 Morgen an ca. 53 000 Empfänger ausgegeben worden. Von der Größe der Verteilungsobjekts einmal abgesehen ist es generell fraglich, ob mit der Schaffung neuer Kleinbauernstellen das Rekrutierungsproblem auf Dauer hätte gelöst werden können. Seine Ursache lag darin, daß Rom seine Kriege nicht mehr in Italien zu führen hatte, sondern zu einer starken und dauernden militärischen Präsenz in Übersee genötigt war. Dieser Situation konnte das bäuerliche Milizsystem gar nicht gewachsen sein, und diesem Strukturproblem war mit der Verteilung der letzten Reserven an Staatsland nicht beizukommen.

Wie sein Vorgänger war auch Tiberius Gracchus mit der Protest- und Verweigerungshaltung der Altbesitzer konfrontiert. Auch sie übertrieben das Unrecht und die Unbilligkeit der ihnen drohenden partiellen Enteignung, aber ganz von der Hand zu weisen waren ihre Argumente nicht, und da sie ihrer Herkunft nach zur gesellschaftlichen und politischen Elite gehörten, fanden ihre Klagen naturgemäß beim Senat, dem kollektiven Regierungsorgan des römischen Staates, einen starken Widerhall. Das war ja der Grund, warum Gaius Laelius das Projekt einer Agrarreform wieder zurückgezogen hatte. Die Reformer um Tiberius Gracchus scheinen die Einwände der Altbesitzer denn auch soweit wie möglich berücksichtigt zu haben. Ein novellierter Gesetzesantrag, bei dessen Formulierung die juristisch gebildeten Hintermänner, insbesondere der Konsul Publius Mucius Scaevola, die Federführung innehatten, enthielt Bestimmungen, die sowohl den Interessen der Altbesitzer entgegenkamen als auch der Gefahr vorbeugen sollten, daß sich das verteilte Land doch wieder in der Hand der Großgrundbesitzer ansammelte. Einmal wurden die künftigen Siedlerstellen, die im Obereigentum des Staates bleiben sollten, mit einem Verkaufsverbot belegt, zum anderen wurde den Altbesitzern das Zugeständnis gemacht, daß sie bis zu 1000 Morgen Ackerland – 500 für sich und je 250 für zwei Söhne – in der besten Rechtsform als frei verfügbares Eigentum behalten dürften. Darüber hinaus wurde ihnen eine Entschädigung für die Investitionen zugesagt, die sie auf dem zur Einziehung bestimmten Land getätigt hatten.

Diese Zugeständnisse fruchteten jedoch nichts. Die Altbesitzer ließen nicht ab von ihrem Widerstand, und der Kreis der Reformer konnte die Mehrheit des Senats nicht für sich gewinnen. Das hielt Tiberius Gracchus nicht davon ab, den Gesetzesvorschlag vor die Volksversammlung zu bringen und damit die Auseinandersetzung um die Agrarreform zu einer politischen Machtprobe zwischen Senat und Volkstribun zu machen. Durch den Widerstand erbittert, den er von seiten der Altbesitzer fand, beging er den Fehler, den Passus über die vorgesehenen Entschädigungen aus seinem Gesetzesantrag zu streichen. Damit fachte er den Widerstand nur noch mehr an. Verhandlungen mit dem Senat führten zu nichts, und so brachte er gegen den Willen des Senats sein Gesetz zur Abstimmung vor das Volk. Das war nach dem Buchstaben des Hortensischen Gesetzes, das den Beschlüssen der Versammlung der Plebs bindende Kraft für den Gesamtstaat zuerkannt hatte, gewiß nicht verboten, widersprach aber dem Wesen des politischen Systems, das darauf beruhte, daß die Initiativen der Magistrate in den Gesamtwillen der politischen Klasse, der seinen Ausdruck im Senat fand, eingebunden blieben. Was die Volkstribune anbelangt, so bedeutete dies, daß sie von ihrem Recht der Gesetzgebungsinitiative nur in enger Abstimmung mit dem Senat Gebrauch zu machen pflegten. Von dieser ungeschriebenen Regel ging Tiberius Gracchus ab. Ja, er ging noch weiter, als der Senat zur letzten Möglichkeit griff, die ihm das politische System an die Hand gab, um eine von ihm abgelehnte magistratische Initiative zu blockieren. Der Senat gewann in der Person des Marcus Octavius einen Kollegen des Tiberius Gracchus für einen Einspruch gegen den Gesetzesantrag. Da nach dem Kollegialitätsprinzip das Veto den Antrag aufhob, war die Gesetzesinitiative von Rechts wegen schon gescheitert. Aber Tiberius Gracchus wollte sich nicht geschlagen geben. Da seine flehentlichen Bitten nichts bewirkten und auch die wieder aufgenommenen Verhandlungen mit dem Senat ergebnislos blieben, entschloß er sich zu dem Schritt, dem die eigentlich systemsprengende Kraft innewohnte. Er appellierte in einer emotionsgeladenen Atmosphäre an das Prinzip der Volkssouveränität und argumentierte, daß ein Volkstribun, der sich gegen die Interessen des Volkes stelle, sein Amt verwirkt habe. Dann setzte die Volksversammlung auf seinen Antrag Marcus Octavius ab.

Damit war die Auseinandersetzung um das Agrargesetz endgültig zu einer Machtfrage eskaliert, in der es um den Bestand der traditionellen politischen Ordnung ging. Offenbar haben auch die erfahrenen Politiker, die hinter dem Projekt der Agrarreform standen, Tiberius Gracchus nicht von dieser gefährlichen Eskalierung des Konflikts abhalten können. Überhaupt drängt sich der Eindruck auf, daß der Volkstribun im Zuge der Auseinandersetzungen sich vom Werkzeug einer einflußreichen Fraktion zum charismatischen Führer einer Volksbewegung entwickelte, der über alle wohlfeilen Bedenken hinwegschritt und bereit war, alle Brücken hinter sich abzubrechen, zu siegen oder unterzugehen. Tiberius Gracchus glaubte unbedingt an die Notwendigkeit und Nützlichkeit des Reformprojekts. Aber er sah wohl auch angesichts der Beschädigung, die sein Ruf in dem verhängnisvollen spanischen Krieg erlitten hatte, keinen anderen Weg, als seine Karriere durch einen spektakulären politischen Erfolg zu fördern. Im Jahre 137 hatte er als Quaestor des Konsuls Gaius Hostilius Mancinus mit den Numantinern den Vertrag über die Kapitulation der eingeschlossenen römischen Armee ausgehandelt und sie so vor der Vernichtung bewahrt. Diesen Vertrag hatte der Senat wegen der Zugeständnisse, die er den Numantinern machte, verworfen und Hostilius Mancinus als den für den Vertragsabschluß Verantwortlichen den Numantinern zur Auslieferung angeboten. Tiberius Gracchus entging dieser Demütigung nur knapp – angeblich weil sein Schwager, der jüngere Scipio Africanus, sich für ihn verwandte. Diese Vorgänge hatten ihn gezeichnet, ein neues Scheitern wollte er unbedingt vermeiden. So setzte er bei der Agrargesetzgebung alles auf eine Karte und richtete damit eine persönliche und eine politische Katastrophe an. Selbst der Historiker Sallust, der die Nobilität der späten römischen Republik mit höchst kritischen Augen betrachtete, lehnte sein und seines Bruders Vorgehen mit Rücksicht auf die verheerenden politischen Folgen ab: «Und allerdings bewiesen die Gracchen in ihrem Verlangen, um jeden Preis zu siegen, nicht genügend Mäßigung» (Sallust, *Iugurtha* 42,2).

Nach der Absetzung des Octavius wurde das Agrargesetz ohne weiteres angenommen. Zu seiner praktischen Durchführung wurde eine Landverteilungskommission ins Leben gerufen, die den Makel hatte, eine Familienkommission zu sein. Ihr gehörten der Urheber des Gesetzes, sein Schwiegervater Appius Claudius Pulcher und der seines Bruders Gaius, Publius Licinius Crassus Mucianus, an. Als sie an die Arbeit ging, begannen die Schwierigkeiten. Eine Prozeßlawine kam über die Frage ins Rollen, wo Staatsland begann und wo Privatland aufhörte, und damit drohte die Landverteilung auf unabsehbare Zeit verschleppt zu werden. Um das zu vermeiden, verschaffte Tiberius Gracchus der Landverteilungskommission auch die Befugnis, über die rechtliche Qualität strittigen Landes eine unanfechtbare Entscheidung zu fällen. Es versteht sich von selbst, daß nicht nur dezidierte Gegner der Agrarreform die Kommission ihrer Verfechter nicht als unabhängige richterliche Instanz anerkennen mochten. Weiterhin mußte alles okkupierte Staatsland, soweit es die gesetzlichen Obergrenzen überstieg, eingezogen, parzelliert und an Siedler verteilt werden. Zur Vorbereitung waren außerdem, da Kataster nicht vorhanden waren, umfangreiche Landvermessungen vorzunehmen, und schließlich ergab sich auch die Notwendigkeit, die Siedler für den Neuanfang mit den notwendigen Betriebs- und Subsistenzmitteln auszustatten. Es wurde also Geld gebraucht. Für die finanzielle Ausstattung der Kommission aber war der Senat zuständig, und der verweigerte die benötigten Mittel. Zufällig starb damals König Attalos III. von Pergamon. Dieser hatte dem römischen Staat seinen Königsschatz und das Königsland seines Reiches testamentarisch vermacht. Tiberius Gracchus ergriff die Gelegenheit und erwirkte, ohne den Senat zu fragen, ein Gesetz, das die Annahme der Erbschaft und ihre Verwendung für die Zwecke der Agrarreform anordnete. Das war ein doppelter Eingriff in Kompetenzen, die dem Senat zugewachsen waren: über Finanzierungs- und außenpolitische Fragen zu disponieren, und damit trat eine weitere Eskalation im politischen Konflikt zwischen Senat und Volkstribunat ein. Aber Tiberius Gracchus konnte nicht anders, als die Regierungsgewalt in dem Maße zu okkupieren, wie es für die Realisierung der Agrarreform, mit der er sein politisches Schicksal verknüpft hatte, notwendig erschien. Weil die Landverteilung hinter den geweckten Erwartungen zurückblieb, war er angeblich sogar gezwungen, als Kompensation Geld aus der attalidischen Erbschaft zu verteilen.

Sowenig die Agrarreform vorankam, so durchschlagend waren die politischen Nebenwirkungen seiner Methode zu ihrer Durchsetzung. Es handelte sich um nichts Geringeres als um eine Machtverlagerung vom Senat zur Person des Volkstribunen, der mit Hilfe der Volksversammlung Regierungsfunktionen an sich zog. Um der Sache willen, um die es ihm ging, aber auch im Interesse seiner Zukunft mußte er sich um eine weitere Amtsperiode bewerben. Um aber gewählt zu werden, mußte er weitere Wohltaten und Reformen in Aussicht stellen. Eine Wiederwahl zum Volkstribun war zwar nicht gesetzlich verboten, aber sie war in der ungeschriebenen Verfassung der römischen Republik auch nicht vorgesehen. In der hysterisch aufgeladenen Atmosphäre und unter den tumultuarischen Umständen, unter denen seine Bewerbung stattfand, interpretierten seine Gegner die erneute Kandidatur als einen Versuch zur Gewinnung der Alleinherrschaft. Es kam zu heftigen Wahlunruhen, und als der Konsul Publius Mucius Scaevola sich billigerweise weigerte, gegen seinen Verbündeten einzuschreiten, griff die Mehrheit der Senatoren unter Führung des amtlosen Publius Cornelius Scipio Nasica zur nackten Eigengewalt: Tiberius Gracchus und viele seiner Anhänger aus dem Volk wurden erschlagen, andere, die von der Gewalt verschont geblieben waren, mußten sich vor einem vom Senat eingesetzten Sondergericht verantworten. Tiberius Gracchus war ein charismatischer Führer, der es verstanden hatte, eine zahlreiche Anhängerschaft um sich zu sammeln, die bereit war, für ihn durchs Feuer zu gehen. Als der ihm persönlich eng verbundene Philosoph Gaius Blossius aus Cumae vor dem Sondergericht zur Untersuchung der gracchischen Umtriebe gefragt wurde, ob er seinem Idol auch dann gefolgt wäre, wenn von ihm verlangt worden wäre, das Kapitol anzuzünden, gab er zur Antwort: «Niemals hätte er das gewollt, aber wenn er es gewollt hätte, hätte ich es getan.» Doch alle diese Bereitschaft zu bedingungsloser Gefolgschaft hatte Tiberius Gracchus in eine politische Sackgasse und in persönliche Katastrophen gelenkt. Es ist viel Wahres an dem harten Urteil, das Theodor Mommsen über den Politiker mit den folgenden Worten gesprochen hat: Tiberius Gracchus war «ein leidlich fähiger, durchaus wohlmeinender, konservativ patriotischer Mann, der eben nicht wußte, was er begann, der im besten Glauben, das Volk zu rufen, den Pöbel beschwor und nach der Krone griff, ohne es selbst zu wissen, bis die unerbittliche Konsequenz der Dinge ihn unaufhaltsam drängte in die demagogisch-tyrannische Bahn, bis mit der Familienkommission, den Eingriffen in das öffentliche Kassenwesen, den durch Not und Verzweiflung erpreßten weiteren ‹Reformen›, der Leibwache von der Gosse und den Straßengefechten der bedauernswerte Usurpator Schritt für Schritt sich und anderen klarer hervortrat, bis endlich die entfesselten Geister der Revolution den unfähigen Beschwörer packten und verschlangen» (Th. Mommsen, *Römische Geschichte* II[9], 1903, 96). Aber dieses negative Urteil über die politische Rolle, die Tiberius Gracchus gespielt hat, entlastet seine Gegner nicht von ihrem Anteil an der Schuld für die Katastrophe des Jahres 133. Zwar wäre es unbillig, ihnen vorzuwerfen, daß sie sich nicht von der Notwendigkeit der gracchischen Agrarreform überzeugen ließen und sie zu verhindern suchten, aber es bleibt ein schwerer Vorwurf, daß sie zuletzt die Pandorabüchse von Gewalt und Gegengewalt öffneten und damit den verhängnisvollsten Schritt auf dem Weg zum Untergang der politischen Ordnung sich zuschulden kommen ließen, zu deren Erhaltung sie ihn vermeintlich taten.

Auch nach dem gewaltsamen Tod des Tiberius Gracchus blieb sein Agrargesetz formal in Kraft. An seiner Stelle trat sein Bruder Gaius in die Landverteilungskommission ein, und im Jahre 130 rückten, nachdem Appius Claudius Pulcher gestorben und Publius Licinius Crassus Mucianus in Kleinasien umgekommen war, zwei weitere prominente Parteigänger der Gracchen, Marcus Fulvius Flaccus und Gaius Papirius Carbo, nach. Aber große Erfolge waren der Kommission nicht beschieden. Als sie sich des heiklen Problems des Staatslandes annehmen wollte, das sich im Besitz von Bundesgenossen befand, wandten diese sich im Jahre 129 hilfesuchend an den jüngeren Scipio Africanus, und der setzte kurz vor seinem plötzlichen, zu Verdächtigungen Anlaß gebenden Tod durch, daß der Senat der Kommission die Judikationsbefugnis entzog und auf die Konsuln übertrug.

Damit kam die Arbeit der Kommission praktisch zum Erliegen. Wie an den Zensuszahlen abzulesen ist, war sie auch vorher wenig effektiv gewesen. Die Zahl der Registrierten stieg von 317 933 Köpfen im Jahre 136/35 auf 318 823 im Jahre 131/30. Aus dem Zuwachs von 890 Köpfen ist unter Berücksichtigung der seit dem Jahre 164/63 fallenden Kurve der demographischen Entwicklung errechnet worden, daß in der Zeit zwischen 133 und 131/30 ungefähr 3000 Bauernstellen geschaffen wurden. Aber wahrscheinlich greift diese Schätzung noch zu hoch, denn sie geht von der falschen Voraussetzung aus, daß jeder Registrierte ein Hofbesitzer war. Jedenfalls waren die Ergebnisse der Landverteilung viel zu kümmerlich, als daß sie eine Verbreiterung der Rekrutierungsbasis für das römische Heer hätten bewirken können. In dieser Hinsicht ist denn auch auf dem Weg weitergeschritten worden, der bereits in der Notzeit des Zweiten Punischen Krieges betreten worden war. Dieser Weg bestand in der Herabsetzung des Zensus der fünften Vermögensklasse. Während des Krieges gegen Hannibal war er von 11 000 auf 4000 Asse herabgesetzt worden, im Jahre 126/25 wurde er dann auf 1500 Asse gesenkt. Auf diese Weise konnten auch die erwachsenen Männer aller kleinen Häuslerfamilien erfaßt werden, und welche Wirkung das hatte, ist an den Zensuszahlen des Jahres 126/25 abzulesen. Die Zahl der Registrierten stieg von 318 823 (131/30) auf 394 736. Die Neufestsetzung des Mindestzensus erbrachte also einen Zuwachs von 75 913 Köpfen. Damit war der künftige Weg zu einer weiteren Verbreiterung der Rekrutierungsbasis vorgezeichnet: Der nächste Schritt sollte der Verzicht auf jede Vermögensqualifikation sein, so daß aus dem besitzlosen ländlichen Proletariat die Rekruten ausgehoben werden konnten.

Gerade weil die praktischen Wirkungen des gracchischen Agrargesetzes entgegen den angeheizten Erwartungen so gering waren, blieb das populäre Projekt einer Landverteilung auf der politischen Tagesordnung. Auch die Gegner der Gracchen nahmen das Thema auf. Der Senat entwickelte im Zuge einer Forcierung des italischen Straßenbaus ein Siedlungsprogramm, das als Gegenprojekt zum gracchischen konzipiert war. An den Straßen wurden Siedlungen von Straßenanrainern (*viasii vicani*) angelegt, und die Siedler erhielten Ackerland mit der Auflage, die entsprechenden Streckenabschnitte der Straßen instandzuhalten. Publius Popilius Laenas, ein prominenter Gegner der Gracchen, ließ als Konsul des Jahres 132 im Auftrag des Senats die große nach ihm benannte Straße von Capua nach Rhegium in einer Länge von insgesamt 321 römischen Meilen – das sind ca. 480 km – sowie eine weitere in Norditalien errichten, die von Ravenna nach Altinum führte und im folgenden Jahr von dem Praetor Titus Annius bis nach Aquileia fortgesetzt wurde. In einem der im lukanischen Streckenabschnitt der *via Popilia* angelegten Straßendörfer, in Forum Popilium, ist eine Bauinschrift gefunden worden, auf der sich Popilius Laenas rühmt, als erster mit der Ansiedlung bäuerlicher Siedler begonnen zu haben (A. Degrassi, *Inscriptiones Latinae liberae rei publicae* 454, Zeile 12–14): «Ebenso habe ich als erster bewirkt, daß vom Staatsland den Ackersleuten die Hirten weichen mußten.» Der stolze Erstheitsanspruch, der sich in diesen Worten zu erkennen gibt, richtete sich gegen die gracchische Landverteilungskommission, die zwar, nach der Zahl der gefundenen Grenzsteine zu urteilen, in Lukanien besonders aktiv geworden ist, aber wegen der Schwierigkeiten, auf die ihre Methode der Einziehung und Umverteilung von okkupiertem Staatsland stieß, nicht recht vorankam. Demgegenüber hatte Popilius Laenas rechtlich und praktisch leichtes Spiel mit der Verteilung von unverkoppeltem Weideland an bäuerliche Siedler, und in diesem Fall hatten die Ansiedlungen noch den zusätzlichen Vorteil, daß sie eine klar definierte Funktion erfüllten und somit in einem auf der Hand liegenden öffentlichen Interesse lagen. Die gracchische Seite lernte von diesem Vorbild, das ihre Gegner gaben. Einer ihrer Führer, Marcus Fulvius Flaccus, der als Konsul des Jahres 125 dem Senat in Rom Schwierigkeiten bereitete, wurde nach Norditalien geschickt und beauftragt, der verbündeten griechischen Stadt Massalia Hilfe gegen die Ligurer zu leisten. Er erbaute eine von Dertona nach Westen führende Straße, die *via Fulvia*, und legte an dieser Strecke die Straßendörfer Hasta, Valentia, Potentia und Pollentia an. Was auf der Grundlage des gracchischen Agrargesetzes nicht recht vorankam, die Verteilung von Land an bäuerliche Siedler, das bereitete im Rahmen des Straßenbauprogramms offenbar keine Schwierigkeiten.

Derselbe Fulvius Flaccus hatte, bevor ihn der Senat nach Norditalien abschob, das fundamentale Thema der politischen Struktur Italiens auf die politische Tagesordnung gesetzt. Im Laufe des zweiten Jahrhunderts war allmählich deutlich geworden, daß sich in einer in Bewegung geratenen Gesellschaft die Differenzierung zwischen Römern, Latinern und Italikern innerhalb des römischen Bundesgenossensystems zu überleben begann. Schon im ersten Drittel des Jahrhunderts war es den Bundesgenossen wegen der starken Abwanderung nach Rom vielfach unmöglich geworden, ihrer Verpflichtung zur Stellung von Truppenkontingenten nachzukommen. Der Senat hatte auf das Problem von Zeit zu Zeit mit Fremdenausweisungen reagiert, aber es damit nicht aus der Welt geschafft. Für seine zweite Amtsperiode hatte Tiberius Gracchus angeblich mit dem Gedanken einer radikalen Flurbereinigung der politischen Struktur Italiens mittels der Bürgerrechtsverleihung an die Bundesgenossen gespielt, und seitdem war ein Ereignis eingetreten, das der gracchischen Reformpartei diesen Plan noch dringlicher erscheinen ließ. Im Jahre 129 hatten die Klagen von Bundesgenossen, die von einer Aufteilung des ihnen überlassenen römischen Staatslandes bedroht waren, die Wirkung gehabt, daß der Landverteilungskommission die Judikationsbefugnis entzogen worden und die Landverteilung zum Stillstand gekommen war. Dieser Hinderungsgrund hing also mit der überkommenen politischen Struktur zusammen, und es lag auf der Hand, daß er in einem einheitlichen, ganz Italien umfassenden römischen Bürgergebiet gar nicht hätte eintreten können. Nachdem im Jahre 126 der Senat wiederum, dieses Mal sogar auf der Grundlage eines von dem Volkstribunen Marcus Iunius Pennus eingebrachten Gesetzes, zu dem Mittel der Fremdenausweisung gegriffen hatte, schritt Fulvius Flaccus in seinem Konsulatsjahr zum Generalangriff. Er legte einen Gesetzesantrag vor, der den latinischen und italischen Bundesgenossen das römische Bürgerrecht zusicherte – und scheiterte an der römischen Volksversammlung, die nicht gewillt war, ihr Privileg mit den anderen zu teilen. Sofort zeigte sich, wie explosiv inzwischen die Stimmung der Bundesgenossen geworden war. Mehrere Gemeinden verschworen sich gegen Rom. Die latinische Stadt Fregellae erhob sich und wurde, auf sich allein gestellt, zur Übergabe gezwungen und zerstört. Auf ihrem Territorium ließ der Senat in Anknüpfung an die frühere Praxis aus der Zeit der Unterwerfung Italiens die römische Bürgerkolonie Fabrateria nova anlegen.

Nach dem Ende des Tiberius Gracchus war der Problemstau, vor dem Rom und Italien standen, alles andere als geringer geworden. Die gracchische Partei stand für einen neuen Anlauf zu Reformen bereit und hatte auch einiges versucht, um ihre Ausgangsposition zu verbessern. Gaius Papirius Carbo setzte in seinem Tribunatsjahr 131 ein Gesetz durch, das die geheime Abstimmung in der Volksversammlung auch bei Gesetzesvorlagen anordnete und damit die Stimmabgabe der Kontrolle der aristokratischen Patrone entzog. Aber er scheiterte mit einem zweiten Gesetzesantrag, der einer Wiederwahl zum Volkstribunat die legale Grundlage geben sollte. Was der gracchischen Partei in dem Jahrzehnt nach Tiberius' Tod fehlte, war offenbar der herausragende, charismatische Führer. In der Person des zehn Jahre jüngeren Bruders Gaius wuchs er heran. Er war verständlicherweise nicht frei von dem leidenschaftlichen Wunsch, es den Mördern seines Bruders heimzuzahlen. Als politischer Redner und Demagoge kam er Tiberius mindestens gleich, als politischer Taktiker und Stratege war er ihm unendlich überlegen. Die Gegner der Gracchen ahnten, was sie erwartete. Der Senat suchte ihn in Sardinien festzuhalten, wo er sich als Quaestor des dort eine Armee kommandierenden Konsuls bewährt hatte. Aber er ignorierte die Weisung zu bleiben und bewarb sich in Rom um den Volkstribunat des Jahres 124/123.

Das Reformprogramm, das Gaius Gracchus in Angriff nahm, stellt den großangelegten Versuch dar, den römischen Staat aus der Sackgasse herauszuführen, in die ihn die einseitige weltpolitische Orientierung der vom Senat verfolgten Politik geführt hatte. Aber mit diesem sachlichen Aspekt waren von vornherein Machtfragen auf das engste verknüpft. Gaius Gracchus wußte sehr wohl, daß er zur Fortsetzung der von seinem Bruder initiierten Reformpolitik einer breiteren Unterstützung bedurfte, als sie sein Bruder gefunden hatte. Deshalb verband er die sachlichen Anliegen, die er verfolgte, notwendigerweise mit der Begünstigung der Interessen mehrerer gesellschaftlicher Gruppierungen, um sich zur Durchsetzung des Programms auf eine breite Anhängerschaft stützen zu können. Dies war

Denar des Jahres 63 v. Chr.: römischer Bürger bei der geheimen Stimmabgabe
(das Stimmtäfelchen trägt die Abkürzung V für *uti rogas*, zu deutsch:
wie du beantragst. Es handelt sich also um eine Ja-Stimme.)

bitter notwendig. Denn das gesamte Unternehmen stand den Umständen entsprechend unter einem denkbar ungünstigen Stern. Die Atmosphäre zwischen der Reformpartei und der Senatsmehrheit war aufgrund der Vorgeschichte so vergiftet, daß eine Zusammenarbeit zwischen Volkstribun und der regierenden Körperschaft nicht einmal in Ansätzen zustande kam. Gaius Gracchus mußte darangehen, seine Reformen in einer scharfen Frontstellung gegen den Senat durchzusetzen. Der Gedanke, daß es auf die Dauer nicht genüge, den Senat zeitweise aus der politischen Führung zu verdrängen und die Durchsetzung einer Politik gegen den Senat einen Umsturz des politischen Systems erforderlich mache, kam ihm offenbar nicht. Eine derartige Absicht unterstellte ihm Theodor Mommsen, als er schrieb: «Daß nun Gaius Gracchus keineswegs, wie viele gutmütige Leute in alter und neuer Zeit gemeint haben, die römische Republik auf neue demokratische Basen stellen, sondern sie vielmehr abschaffen und in der Form eines durch stehende Wiederwahl lebenslänglich und durch unbedingte Beherrschung der formell souveränen Comitien absolut gemachten Amtes, eines unumschränkten Volkstribunats auf Lebenszeit, anstatt der Republik die Tyrannis, das heißt nach heutigem Sprachgebrauch die nicht feudalistische und nicht theokratische, die napoleonisch absolute Monarchie einführen wollte, das offenbar die sempronische Verfassung selbst mit voller Deutlichkeit einem jeden, der Augen hat und haben will» (Th. Mommsen, *Römische Geschichte* II[9], 1903, 115). Dies sind Einschätzungen, die die Gedankenwelt ihres Urhebers, aber nicht dessen, dem sie gelten, widerspiegeln. Gaius Gracchus hat nicht im entferntesten an einen politischen Systemwechsel gedacht, sondern er glaubte, sein Reformprogramm durch Gewinnung eines weiten Kreises von Nutznießern und mittels der Gewinnung von Mehrheiten in der Volksversammlung durchsetzen zu können. Er kam damit wesentlich weiter als sein Bruder. Doch sollte er an dem Dilemma scheitern, daß von der Basis des Volkstribunats aus die Verdrängung des Senats von der politischen Führung nur so lange dauern konnte, wie er und seine Anhänger Mehrheiten in der Volksversammlung gewannen.

Gaius war von dem Verlangen getrieben, den Tod seines Bruders zu rächen, und er stand damit in völliger Übereinstimmung mit den damaligen Normen der Privatmoral. Aber Gaius gab diesem Impuls aus politischer Rücksicht letztlich nicht nach, und darin wurde er von seiner Mutter Cornelia, der jüngsten Tochter des älteren Scipio Africanus, unterstützt, die ihm mit folgenden Worten ins Gewissen redete:

«Du wirst sagen, es sei schön, sich an den Feinden zu rächen. Da ist niemand, dem das größer und schöner dünkt als mir, aber sofern man es ohne Schaden des Staates erreichen kann. Weil aber das nicht geschehen kann, ist es viel besser, daß unsere Feinde nicht zugrunde gehen und, wie sie leben, weiterleben, als daß der Staat zerrüttet und zugrunde gerichtet werde» (F 1 bei *Cornelius Nepos* nach der Übersetzung von F. Leo).

Jedenfalls wird es Cornelia zugeschrieben, daß ihr Sohn von dem Gesetzesvorhaben Abstand nahm, das einen abgesetzten Magistrat mit dem Verbot belegte, sich noch einmal um ein Amt zu bewerben. Das richtete sich einzig und allein gegen Marcus Octavius und hatte darüber hinaus keinen erkennbaren politischen Zweck. Doch wo es um die Absicherung der Reformer vor persönlicher und politischer Gefährdung ging, blieb er hart. Eines seiner Gesetze stellte die kapitale Verurteilung eines Bürgers durch ein Gericht unter Strafe, das nicht vom Volk eingesetzt war (*lex Sempronia de capite civis*). Das Gesetz bedrohte alle Machenschaften von Senatoren, die das Ziel verfolgten, römische Bürger vor Gericht zu Fall zu bringen, mit einem kapitalen Verfahren. Gaius reagierte damit auf das Sondergericht, mit dem der Senat nach Tiberius' gewaltsamem Tod dessen Anhänger verfolgt hatte. Das neue Gesetz gab zugleich die Grundlage ab für ein Verfahren gegen Publius Popilius Laenas, der als Konsul das gerichtliche Vorgehen gegen Tiberius' Anhänger betrieben hatte. Popilius Laenas zog es vor, nicht zu warten, bis an ihm ein Exempel statuiert wurde, sondern entzog sich einer Verurteilung durch Selbstverbannung. Dem Schutz und der politischen Bewegungsfreiheit der Reformer diente auch das

Gesetz, das die Wiederwahl zum Volkstribunat legalisierte (*lex de tribunis plebi reficiendis*). Das Gesetz, das den seinerzeit gescheiterten Vorstoß des Gaius Papirius Carbo zum Erfolg führte, war eine Reaktion darauf, daß Tiberius an dem Versuch einer Wiederwahl gescheitert war und dabei den Tod gefunden hatte.

Was die Gerichtsverfassung anbelangt, so blieb Gaius Gracchus nicht bei dem Verbot einer politischen Strafjustiz des Senats stehen, sondern schloß in seinem Richtergesetz (*lex iudiciaria*) die Senatoren von ihren traditionellen richterlichen Funktionen in straf- und zivilrechtlichen Verfahren generell aus. Darauf aber hatte ein Großteil ihres Einflusses und ihrer gesellschaftlichen Macht beruht, wie der Historiker Polybios in seiner Würdigung der politischen Ordnung Roms ausdrücklich hervorgehoben hat:

«Was aber die Hauptsache ist: aus den Reihen der Senatoren werden die Richter gewählt für fast alle öffentlichen und privaten Prozesse, soweit es sich um schwerwiegendere Fälle handelt. Da also alle Bürger sich der richterlichen Entscheidung der Senatoren anvertrauen müssen und angesichts der Ungewißheit des Ausgangs in Furcht leben, hüten sie sich wohl, den Wünschen des Senats Widerstand zu leisten und entgegenzuwirken» (*Polybios*, 6,17,7–8).

Diese Quelle der sozialen Macht des Senatorenstandes trocknete Gaius durch sein Richtergesetz aus, aber er konnte sein Vorgehen auch mit ernstzunehmenden sachlichen Argumenten rechtfertigen. Der Senatorenstand war zahlenmäßig viel zu schwach, um in einer Zeit, in der Rom zur Weltmacht herangewachsen war, neben den politischen, militärischen und administrativen Aufgaben auch noch die richterlichen Funktionen wahrzunehmen, und da der Versuch, die Sollstärke des Senats durch einen Pairsschub von 300 auf 600 heraufzusetzen, gescheitert war, erschien es sachlich angemessen, die überforderte Senatorenschaft zu entlasten. An ihre Stelle sollten Richter aus der ritterlichen Schatzungsklasse der Zensusordnung treten. In diesem Kontext vollzog sich damals die Absonderung der Senatoren von einem sich als solchen konstituierenden Ritterstand. Damit begonnen worden war schon im Jahre 129, als angeordnet wurde, daß die Senatoren das Staatspferd abzugeben hatten und nicht mehr in den ritterlichen Zenturien der Zenturiatskomitien ihre Stimmen abgeben durften. Das Richtergesetz des Gaius Gracchus führte die Konstituierung eines eigenen Ritterstandes weiter, indem er aus den ritterlichen Staatspferdinhabern die Richterliste für die öffentlichen Geschworenengerichte und für Privatrechtsfälle bildete. Aber wenn für diese Regelung auch die sachliche Notwendigkeit angeführt werden konnte, den für die Übernahme öffentlicher Funktionen in Frage kommenden Personenkreis auszuweiten, so ist doch begreiflich genug, daß die von der Neuregelung negativ betroffene Senatorenschaft darin alles andere als eine Verbesserung der Rechtspflege erblickte, sondern vor allem den Verlust gesellschaftlicher Macht beklagte und sich damit in einen Gegensatz zu dem neu entstehenden Ritterstand gebracht sah. Der Gaius Gracchus zugeschriebene Satz, er habe mit seinem Richtergesetz die Dolche auf das Forum geworfen, mit denen sich die beiden Stände zerfleischen würden, mag eine feindliche Überlieferung erfunden haben, aber wenn es eine Erfindung ist, so liegt doch in ihr ein wahrer und objektiver Kern.

Die gracchische Gesetzgebung griff noch in anderer Weise tief in die überkommene Stellung des Senats und der senatorischen Amtsträger ein. Das Gesetz über die konsularische Amtsgewalt (*lex de imperio consulari*) bestimmte, daß vom Senat vor den Konsulwahlen die Amtsbereiche der künftigen Amtsträger verbindlich festzulegen seien, und verfügte, daß gegen die betreffende Entscheidung keine tribunizische Interzession statthaft sein solle. Damit sollte der Grundsatz außer Kraft gesetzt werden, daß ein Volkstribun einen Senatsbeschluß oder eine magistratische Initiative durch sein Einschreiten – *intercessio* – verhindern konnte. Die Absicht des Gesetzes war, die Festlegung der Amtsbereiche der Einflußnahme der Gewählten zu entziehen und so eine Quelle der Korruption auszutrocknen. Schließlich brachte der mit Gaius Gracchus verbündete Volkstribun Manius Acilius Glabrio ein Gesetz über die Rückforderung erpreßter Gelder und geldwerter Leistungen ein (*lex repetundarum*, von *repetere*, zu deutsch zurückfordern), mit dem das ältere schiedsgerichtliche Verfahren in ein Strafverfahren umgewandelt und in Übereinstimmung mit dem Richtergesetz Senatoren und ihre Verwandten von der Richterliste ausgeschlossen wurden. Diese beiden Gesetze setzten zwar die alte Linie des Kampfes gegen Korruption und Mißbrauch der Amtsgewalt fort, wurden aber unter den Umständen ihres Zustandekommens von der senatorischen Mehrheit als gegen den eigenen Stand gerichtet abgelehnt. Vor allem das Repetundengesetz, das Angehörige des Ritterstandes zu Richtern über senatorische Amtsträger in politisch heiklen Verfahren machte, galt als eine gefährliche Neuerung, die dem Senatorenstand das ständische Recht nahm, über seine Angehörigen selbst zu Gericht zu sitzen.

Auf die Dauer gesehen gewann der Gegensatz zwischen Senatoren und Ritterstand auch dadurch an Schärfe, daß Gaius Gracchus die Einziehung der Steuern und Abgaben in der neu konstituierten Provinz Asia ritterlichen Steuerpächtern überwies (*lex de provincia Asia*). Von den etwa 200 Mio. Sesterzen, die der römische Staat vor der Neuordnung des Ostens durch Pompeius im Jahre 63 einnahm, stammte der Löwenanteil aus der Provinz Asia. Nach dem Gesetz des Gaius Gracchus konkurrierten römische Steuerpachtgesellschaften alle fünf Jahre in einem Auktionsverfahren um den Zuschlag des Einziehungsrechts. Die ihn erhalten hatten, zahlten dem Staat die gebotene Summe und zogen dann die Abgaben, insbesondere den Zehnten des Ernteertrags ein, um das eingesetzte Kapital mit einer angemessenen Verzinsung zurückzuerhalten und die Kosten des Abgabeneinzugs zu decken. Der römische Staat ersparte sich auf diese Weise den Aufbau einer kostspieligen Steuerverwaltung, und er erhielt den im Auktionsverfahren ermittelten Kapitalwert einer vierjährigen Steuererhebung im voraus ausbezahlt. Dabei ging es um Beträge in einer Größenordnung, die reiche Privatleute nur im Verbund gesellschaftlicher Zusammenschlüsse (*societates publicanorum*) aufbringen konnten. Es versteht sich von selbst, daß die großen Kapitalien, die bei diesem Geschäft ins Spiel kamen, um der größtmöglichen Gewinnmaximierung willen aufgebracht wurden. Die Provinzialen hatten in diesem System, das sowohl dem römischen Staat wie privaten Kapitaleignern Vorteile bot, im wortwörtlichen Sinn die Zeche zu zahlen. Die Steuerpacht von Asia konnte bei skrupellosem Vorgehen beim Einzug der Abgaben hohe Gewinne abwerfen. Damit war ein großer Anreiz für ausbeuterische und korrupte Praktiken gegeben, und wie sich zeigen sollte, konnte es geschehen, daß daraus Konflikte zwischen den Steuerpachtgesellschaften und den senatorischen Statthaltern erwuchsen, die den Mißbräuchen bei der Einziehung der Abgaben zu wehren suchten. Im Gefolge des gracchischen Gesetzes über die Steuerpacht brach ein wahrer Goldrausch aus. Als der Dichter Lucilius, ein wohlhabender römischer Ritter und Bruder eines Senators, das Maß seiner inneren Unabhängigkeit zum Ausdruck bringen wollte, da tat er es, indem er sich in zwei Versen von dem geschäftstüchtigen Treiben seiner Standesgenossen distanzierte (F 671 f. Marx in der Übersetzung von O. Weinreich):

Die gracchischen Reformversuche

«Nein. Steuerpächter Asiens werden, Weidegelder einkassier'n
Statt Lucil zu sein, das will ich nicht um alles Geld der Welt.»

Das Steuerpachtgesetz war ein weitreichender Eingriff in ein Politikfeld, das nach dem Herkommen ein Reservat des Senats war, und Gaius setzte damit die politische Linie der Konfrontation fort, die Tiberius vorgezeichnet hatte. Es sei noch einmal daran erinnert, daß dieser den pergamenischen Erbfall zum Anlaß genommen hatte, ein Gesetz einzubringen, das die Annahme der Erbschaft und die Verwendung des Königsschatzes für die Finanzierung der Agrarreform verfügte. Im Unterschied zum Königsschatz konnte der Erbschaftsanspruch auf das Königsland nicht sofort realisiert werden. Noch im Jahre 133 erhob sich Aristonikos, ein unehelicher Sohn Attalos' II., und beanspruchte unter dem Königsnamen Eumenes III. den pergamenischen Thron. Er gewann zwar nicht die Unterstützung der testamentarisch für frei erklärten griechischen Städte, wohl aber die nichtgriechische Landbevölkerung, die Sklaven und Teile der städtischen Unterschichten. Seine Erhebung nahm unter diesen Umständen sozialrevolutionäre Züge an. Aristonikos rief die Unfreien und Unterdrückten zum Befreiungskampf auf und stellte der herrschenden sozialen Ungleichheit die Utopie eines ‹Sonnenstaates› der Gerechtigkeit gegenüber. Der Aufstand nahm einen solchen Umfang an, daß weder die griechischen Städte noch die benachbarten Herrscher seiner Herr wurden. Die Losung vom Staat der Gerechtigkeit besaß auch für Intellektuelle eine große Anziehungskraft. Der stoische Philosoph Blossius aus Cumae, der Tiberius Gracchus sehr nahe gestanden hatte, schloß sich Aristonikos an. Aber die von ihm ausgelöste Bewegung war gar nicht im Sinne der gracchischen Reformpartei. Im Jahre 131 sicherte sich der Konsul Publius Licinius Crassus Mucianus, der Schwiegervater des Gaius Gracchus, in Auseinandersetzung mit seinem ebenfalls der gracchischen Partei angehörenden Kollegen den Auftrag, die Aufstandsbewegung des Aristonikos niederzuschlagen. Er wurde jedoch besiegt und geriet zu Beginn des Jahres 130 in Gefangenschaft, in der er den Tod fand. Seinem Nachfolger Marcus Perperna gelang es dann, Aristonikos einzuschließen und zur Kapitulation zu zwingen, aber bis zur vollständigen Befriedung des Landes dauerte es noch bis zum Jahr 129. Erst dann konnte Manius Aquillius der neuen Provinz ihre Statuten geben. An diesen Entwicklungsstand konnte Gaius Gracchus anknüpfen, und zwar verfolgte er mit seinem Steuerpachtgesetz eine doppelte Absicht: das Bündnis mit dem finanzorientierten Teil des entstehenden Ritterstandes so eng wie möglich zu gestalten und dem kostenträchtigsten Teil seines Reformprogramms die notwendige finanzielle Basis zu verschaffen. Daß dies auf Kosten der Untertanen der reichen neuen Provinz geschah, nahm er offensichtlich billigend in Kauf.

Der enorme Geldbedarf der Reformbewegung ergab sich aus drei Projekten: der Kolonisation und Landverteilung, der Einführung einer subventionierten Getreideversorgung für die stadtrömische Plebs sowie der Übernahme der Bekleidungskosten für die Armee. Das Militärgesetz des Gaius Gracchus (*lex militaris*) zog Konsequenzen aus der jüngst vorgenommenen Ausweitung der Rekrutierungsbasis. Es schärfte dementsprechend den Grundsatz ein, daß nur ausgehoben werden dürfe, wer das siebzehnte Lebensjahr vollendet hatte, und es trug dem Gesichtspunkt, daß nach der Herabsetzung des Mindestzensus auch die Angehörigen armer Schichten in der Armee dienen mußten, dadurch Rechnung, daß die Kosten der Bekleidung der Staatskasse zur Last fallen sollten. Der eigentliche Kern des Reformprogramms aber war die Wiederaufnahme der ins Stocken geratenen Landverteilung. An den Anfang der Realisierung kam die Novellierung des älteren Agrargesetzes (*lex agraria*) zu stehen. Ihr Zweck war zunächst, die Hindernisse zu beseitigen, die zu der faktischen Wirkungslosigkeit des Gesetzes beigetragen hatten, und dies geschah, indem die strittigen Areale, das Pachtland in Campanien und die den Bundesgenossen zur Nutzung überlassenen Ländereien von der Verteilung gesetzlich ausgenommen wurden. Nach der positiven Seite hin verfügte das Gesetz einen Landtausch, durch den zusammenhängende Landkomplexe für eine Wiederaufnahme der Kolonisation in Süditalien zusammengebracht werden sollten. Auf diese Weise wurden die Voraussetzungen für die Gründung der Kolonien Minervia/Scyllacium und Neptunia/Tarent geschaffen. In Ergänzung dazu ermächtigte ein Straßengesetz Gaius Gracchus dazu, sich auch seinerseits der von der gegnerischen Partei erfundenen und von Fulvius Flaccus aufgegriffenen Methode der Landverteilung mittels der Anlage von Straßendörfern zu bedienen. Folgte Gaius Gracchus hier älteren Vorbildern, so war er der erste, der für die Versorgungsprobleme der entstehenden Großstadt Rom eine Lösung auf Dauer zu finden suchte. Die Stadtbevölkerung betrug nach moderner Schätzung damals ungefähr eine Viertelmillion

Menschen, und sie ließ sich nicht mehr vollständig aus dem Umland ernähren. Dies gilt insbesondere für das Hauptnahrungsmittel Getreide. Es mußte aus weiter Entfernung eingeführt werden, in Anbetracht der Transportkosten nicht auf dem Land-, sondern auf dem Seeweg. Die Versorgung der Stadt privaten Importeuren zu überlassen und den Schwankungen des Getreidepreises auszusetzen, die durch Ernteertrag, Gefahren der Seefahrt und geschäftstüchtige Manipulationen entstanden, war eine Gefahr für den inneren Frieden der Stadt. Bisher hatte sich der Staat schlecht und recht damit geholfen, in Notfällen Getreide zu requirieren und nach Rom schaffen zu lassen. Durch eine zufällig erhaltene Inschrift sind wir beispielsweise davon unterrichtet, daß in der Zeit nach 153, wahrscheinlich im Jahr 129, der Ädil Quintus Caecilius Metellus beauftragt war, in Thessalien Getreide für die Versorgung der Stadt Rom zusammenzubringen. Die Städte Thessaliens lieferten, so erfahren wir, insgesamt 484 000 Scheffel und übernahmen den teuren Landtransport bis zu den Schiffen. In der Gracchenzeit hatte sich die Versorgungsproblematik durch das Zusammentreffen widriger Umstände wie der Kriege auf Sizilien (gegen die aufständischen Sklaven) und Sardinien sowie einer Heuschreckenplage in Nordafrika, wie es scheint, dramatisch zugespitzt. Gaius Gracchus versuchte nun, die Getreideversorgung auf eine gesicherte und bezahlbare Grundlage zu stellen, indem er durch sein Getreidegesetz *(lex frumentaria)* jedem Bürger der Stadt die Lieferung einer bestimmten Monatsration, wahrscheinlich fünf Scheffel *(modius)* à 8,75 Liter, zu einem subventionierten Preis garantierte. Er betrug 6 $^1/_3$ As anstelle von 16 As, d. h. etwa $^3/_8$ des Durchschnittspreises. Damit gewann Gaius Gracchus die Unterstützung der städtischen Plebs, zumal die notwendigen Infrastrukturmaßnahmen wie der Bau von Speichern und Straßen Menschen in Arbeit und Brot setzten. Dies war der Grund, warum das Getreidegesetz einer scharfen Kritik der Reformgegner ausgesetzt war. Obwohl Gaius Gracchus durch das Steuerpachtgesetz und durch die Einführung neuer Zölle für Finanzierungsmittel gesorgt hatte, beklagten sie, daß die subventionierte Getreideversorgung die Staatskasse erschöpfe, aber was sie vor allem meinten, war der Popularitätsgewinn, den das Gesetz Gaius Gracchus bei der städtischen Plebs einbrachte.

Zur Durchsetzung des gesamten Reformprogramms genügte eine Amtsperiode nicht, und Gaius hatte, nachdem er dafür die gesetzlichen Grundlagen gelegt hatte, keine Schwierigkeiten bei seiner Wiederwahl. Die zweite Amtsperiode war um so notwendiger, weil sich zeigte, daß auch die bisherigen Maßnahmen ergänzungsbedürftig waren. Das Kolonisationsprogramm, das auf der Grundlage des novellierten Agrargesetzes in Italien in die Wege geleitet worden war, litt an den langsamen Fortschritten, die es machte, und so kam Gaius Gracchus auf den zukunftsweisenden Gedanken einer außeritalischen Kolonisation. Einer der mit ihm verbündeten Volkstribune, Gaius Rubrius, brachte ein Gesetz ein, das die Deduktion einer Bürgerkolonie in das zerstörte Karthago vorsah. Diese Aufgabe wurde einer Dreierkommission übertragen, an deren Spitze Gaius Gracchus, der Urheber des Plans, stand. Hinzu kam das Bundesgenossenproblem, das bereits Fulvius Flaccus in seinem Konsulatsjahr hatte lösen wollen und an dem er gescheitert war. Gaius Gracchus war vorsichtig genug, nicht allen Bundesgenossen das volle römische Bürgerrecht zugänglich machen zu wollen. Dies war nur für die Latiner vorgesehen. Aber er war unvorsichtig genug, den Italikern das Stimmrecht in der Volksversammlung anzubieten. Obwohl es auf der Hand lag, daß dies für die Reformpartei eine Stabilisierung ihrer strategischen Mehrheit in der Volksversammlung bedeutet hätte, überforderte dieser Plan selbst seine Anhänger – von der Bürgerschaft ganz zu schweigen, die keine Neigung hatte, ihre Vorrechte, wie beispielsweise den Anspruch auf größere Beuteanteile, auf subventioniertes Getreide oder die Aussicht auf eine Siedlerstelle, mit anderen zu teilen. Einer seiner prominenten Parteigänger, Gaius Fannius, der mit seiner Unterstützung zum Konsul des Jahres 122 gewählt worden war, wechselte die Seite und exekutierte den Beschluß des Senats, der wieder einmal das Heil darin sah, alle Bundesgenossen aus der Stadt zu weisen und in sicherer Entfernung von der Abstimmung über das Gesetz zu halten. In der Volksversammlung hatte er es nicht schwer, mit dem Appell an den Eigennutz der römischen Bürger die Annahme des Gesetzes zu verhindern. Zu seiner eigenen Rechtfertigung mochte sich der Überläufer darauf berufen, daß ihm erst bei der Gelegenheit des Bundesgenossengesetzes klar geworden sei, daß der Kurs des Gaius Gracchus nicht auf eine Reform, sondern auf einen Umsturz der bestehenden Ordnung hinauslaufe. Jedenfalls schrieb er später in diesem Sinne in die Vorrede seines Geschichtswerks den Satz: «In unserem Leben haben wir vieles erfahren, was uns zunächst gut vorkam, sich später jedoch als schlecht erwies, und vieles war anders, als es zunächst den Anschein hatte» (F 1 Peter). Nachdem der Gesetzesantrag durchgefallen und der Bann der Unbesiegbarkeit der gracchischen Partei gebrochen war, begann auf breiter Front die Gegenoffensive der Senatsmehrheit. Während sich Gaius zur Vorbereitung der Koloniegründung in Nordafrika aufhielt, schlug der Volkstribun Marcus Livius Drusus mit Rückendeckung durch den Senat vor, in Italien zwölf Kolonien mit je 3000 Siedlern anzulegen. Damit verlor das nordafrikanische Projekt jede Attraktivität, denn wer wollte schon nach Übersee, wenn er Aussicht auf eine Bauernstelle in einer neu projektierten Kolonie Italiens hatte? Als Gaius aus Nordafrika zurückkehrte, bekam er den Stimmungsumschwung auf der Stelle zu spüren. Er bewarb sich um eine dritte Amtsperiode, aber er wurde nicht mehr gewählt. Zu Beginn des Jahres 121 nahm der Senat ein Vorzeichen, das die Auguren als Warnung vor dem Wiederaufbau der verfluchten Stätte des zerstörten Karthagos deuteten, zum Anlaß eines Gesetzesvorstoßes, der die Aufhebung der beschlossenen Kolonie Iunonia/Karthago zum Inhalt hatte. Gaius Gracchus und Fulvius Flaccus nahmen mit ihren Anhängern den Kampf um die Erhaltung der Kolonie auf. Es kam zu heftiger Agitation und Gegenagitation. Der Konflikt eskalierte so sehr, daß der Senat dem Konsul Vollmacht erteilte, alle Maßnahmen zum Schutz der bedrohten Ordnung zu ergreifen – dies war der Ursprung des vom Senat geübten spätrepublikanischen Notstandsrechts –, und Opimius traf seine Vorbereitungen zur Anwendung von Gewalt. Gaius Gracchus und Fulvius Flaccus besetzten in Erwartung der Konfrontation den Aventin, wo das Heiligtum der Plebejer lag. Als letzte Verhandlungen abgebrochen wurden, ließ der Konsul den Aventin erstürmen. Zusammen mit einer großen Zahl ihrer Anhänger fanden Gaius Gracchus und Fulvius Flaccus den Tod. Die Senatspartei triumphierte, und Lucius Opimius weihte zum Zeichen der wiederhergestellten Eintracht der Göttin Concordia einen Tempel – aber er sollte sich täuschen: Die Eintracht war verlorengegangen.

Die Gegner der Gracchen hatten mit den Mitteln der Demagogie und durch unbedachte Gewaltanwendung gesiegt, aber sie hatten keine konstruktive Anwort auf die Sachprobleme, die die gescheiterte Reformbewegung in Angriff genommen hatte. Das Projekt der Kolonie Iunonia/Karthago wurde liquidiert, aber auch von den zwölf Kolonien in Italien, die Livius Drusus vorgeschlagen hatte, war weiter nicht mehr die Rede. Die Agrargesetzgebung zwischen den Jahren 122 und 111 verfolgte nicht mehr das Ziel zusätzlicher Landverteilung, sondern lief letztlich darauf hinaus, die bestehenden Besitzverhältnisse rechtlich festzuschreiben und das Projekt der Agrarreform zu einem definitiven Ende zu bringen. Livius Drusus hatte bereits im Zuge seiner Gegendemagogie, mit der er Gaius Gracchus mit Erfolg das Wasser abgrub, durch Gesetz die Nutzungsgebühr aufgehoben, die die Neusiedler für die ihnen zugewiesenen Parzellen zu entrichten hatten. Unmittelbar nach dem gewaltsamen Ende des Gaius Gracchus beseitigte ein weiteres tribunizisches Gesetz das Verkaufsverbot, mit dem das gracchische Agrargesetz des Jahres 133 die Neusiedler belegt hatte, und erklärte ihren Besitz zu Eigentum nach bestem Recht. Die Siedler wurden damit den Altbesitzern von Staatsland gleichgestellt, die das nach dem gracchischen Agrargesetz regulierte Okkupationsland zu freiem Eigentum erhalten hatten. Das bedeutete, daß auch sie Hypotheken auf das ihnen zu Eigentum überlassene Land aufnehmen oder es verkaufen konnten. Tatsächlich scheint das in vielen Fällen auch geschehen zu sein. Dann folgte im Jahr 119 das Gesetz des Volkstribunen Spurius Thorius, das die ohnehin zur Untätigkeit verurteilte gracchische Landverteilungskommission auflöste. Als Ausgleich für die offiziell eingestellte Landreform sollten die Abgaben, die von unreguliertem Staatsland erhoben wurden, zur Verteilung an das Volk kommen, vermutlich in der Form von Subventionen für den niedrigen Getreidepreis in Rom. Damit war die Zeit reif für eine abschließende Regelung der Rechtsverhältnisse auf dem Land, das im Stichjahr 133 im Eigentum des Staates gestanden hatte. Das geschah in dem inschriftlich erhaltenen Agrargesetz des Jahres 111, das alle seit dem Stichjahr eingetretenen Änderungen der Rechtsverhältnisse festschrieb und darüber hinaus eine Neuregelung zugunsten der Kleinbesitzer von bisher nicht reguliertem Staatsland enthielt. Es verfügte, daß bis zu 30 Morgen Ackerland und die Haltung von 10 Stück Großvieh und 50 Stück Kleinvieh auf staatlichen Weidegründen frei von allen Abgaben bleiben sollten. Damit waren die künftigen Möglichkeiten legaler Landverteilung wenn nicht beseitigt, so doch außerordentlich erschwert. Zwar gab es noch Staatsland, aber große Teile waren vor dem Zugriff des staatlichen Eigentümers geschützt.

Die Gegner der Gracchen waren zwar im Zuge ihrer gegen Gaius

Gracchus gerichteten Demagogie Sturm gegen das Projekt der Kolonie Iunonia/Karthago gelaufen, aber das hinderte sie nicht daran, außerhalb Italiens Kolonien und Ansiedlungen anzulegen, wenn ihnen dies aus strategischen Gründen angezeigt erschien. Seit dem Jahre 125, als der Senat Fulvius Flaccus der von den ligurischen Salluviern bedrängten griechischen Stadt Massalia zu Hilfe geschickt hatte, war Rom militärisch jenseits der Alpen engagiert, um die Kommunikationslinien zu den spanischen Provinzen zu sichern. Im Jahre 122 legte der Prokonsul Gaius Sextius Calvinus im Gebiet der Salluvier die Garnisons- und Bäderstadt Aquae Sextiae an (Aix-en-Provence), und Gnaeus Domitius Ahenobarbus, der seit seinem Konsulat im Jahre 122 für mehrere Jahre im jenseitigen Gallien stand, schuf eine feste Landverbindung nach Spanien, indem er die *via Domitia* anlegen und in ihrem Verlauf zwei feste Straßensiedlungen in Forum Domitii und in der keltischen Stadt Narbo (Narbonne) errichten ließ. Im Jahre 118 wurde Narbo dann zu einer römischen Bürgerkolonie erhoben. Damals entstand auch zu einem nicht genau bekannten Zeitpunkt die Bürgerkolonie Dertona auf der italischen Seite der Westalpen. Und als im Zuge der Sicherung der Kommunikationswege nach Spanien Quintus Caecilius Metellus in den Jahren 123/22 die Balearen unterwarf, gründete er auf der Hauptinsel Mallorca zwei Siedlungen römischer Bürger in Palma und Pollentia. Alle diese Gründungen setzten die Tradition einer Kolonisation in strategischer Absicht fort und folgten insofern einer anderen Motivation als das gracchische Projekt der Kolonie Iunonia/Karthago. Sie waren nicht als eine soziale Maßnahme zur Abwehr einer voranschreitenden Verarmung der Bürgerschaft konzipiert, und erst recht ging es nicht um die Hebung der Wehrkraft Italiens.

Während das gracchische Kolonisationsgesetz sofort wieder aufgehoben und auch der Landverteilung in Italien ein Ende bereitet wurde, blieben die übrigen Reformgesetze, die Gaius Gracchus eingebracht hatte, ungeachtet der an ihnen geübten Kritik in Kraft. Die Gegner der Gracchen hatten sie vor allem unter dem machtpolitischen Gesichtspunkt bekämpft, daß sie eine große Klientel von Nutznießern der Reformen mobilisierten, und sie hatten nach dem gewaltsamen Ende des Reformers keine Schwierigkeiten, mit den Ergebnissen seiner Tätigkeit zu leben. Die Steuerpacht Asiens, die aus dem Ritterstand aufgestellte Richterliste, ja selbst die bitter beklagte Subventionierung des Getreidepreises in Rom blieben unangetastet. Aber darüber hinaus war jede Veränderung des Status quo im Interesse der vermeintlich wiederhergestellten Eintracht verpönt. Wie die Agrargesetze der nachgracchischen Zeit auf eine Zementierung der bestehenden Besitz- und Eigentumsverhältnisse hinausliefen, so verhinderte Gaius Marius als Volkstribun im Jahre 119 durch sein Veto ein Gesetz, das eine kostenlose Abgabe von Getreide in Rom vorsah. Dies war um so bemerkenswerter, als der junge Mann aus Arpinum, dem die ersten Schritte in der stadtrömischen Politik von der einflußreichen Familie der Meteller geebnet wurden, um der eigenen Profilierung willen sich nicht scheute, gegen den erklärten Willen seiner aristokratischen Förderer zu handeln, und ein Gesetz durchsetzte, das die Beeinflussung der Abstimmungen in der Volksversammlung und damit auch die dabei angewendeten korrupten Praktiken verhindern sollte. Aber eine kostenlose Getreideversorgung war nicht nur wegen der finanziellen Belastung der Staatskasse ein Tabu, sondern wurde vor allem deshalb bekämpft, weil die regierende Klasse sie als unzulässiges Mittel persönlicher Klientelbildung auf Kosten der Allgemeinheit verurteilte. Denn es lag auf der Hand, daß der Urheber eines solchen Frumentargesetzes sich die städtische Plebs verpflichtet hätte.

Der Weg in den Bürgerkrieg: Marius und Sulla

Als der jüngere Scipio Africanus im Jahre 142 nach Abschluß des Zensus das Schlußgebet sprach, soll er die traditionelle Bitte um Mehrung der Macht des römischen Volkes durch eine andere ersetzt haben: daß die Götter den römischen Staat in seinem Bestand gnädig bewahren möchten. Diese Überlieferung mag authentisch sein oder nicht, auf jeden Fall ist sie Ausdruck eines verbreiteten Gefühls, daß die Expansion nach Übersee Rom an die Grenzen seiner Kraft gebracht habe und daß es künftig um die Bewahrung des Erreichten, nicht um eine Erweiterung des Reiches gehen müsse. Aber auch dieses bescheiden erscheinende Ziel zehrte an den überforderten Kräften des italischen Wehrpotentials. Die römische Herrschaft in Spanien war um den Preis eines verheerenden zwanzigjährigen Krieges aufrechterhalten worden, und dann folgten zur Sicherung der Kommunikationslinien dorthin das militärische Engagement im jenseitigen Gallien, wo zwischen 125 und 114 die Grundlagen für eine neue Provinz gelegt wurden, sowie die Annexion der Balearen. Auf dem Balkan erforderte der Schutz Makedoniens und Griechenlands vor Thrakern, Illyrern und Kelten immer wieder den Einsatz starker Kräfte. Vor allem die Einfälle der keltischen Skordisker stellten Rom vor große Probleme. Im Jahre 114 erlitt ein römisches Heer unter dem Konsul Gaius Porcius Cato eine schwere Niederlage, und die Skordisker dehnten daraufhin ihre Plünderungszüge bis nach Delphi aus. Im folgenden Jahr wurde ein weiteres römisches Heer unter dem Konsul Gnaeus Papirius Carbo von einem wandernden germanischen Stammesverband bei Noreia im Stammesgebiet der Taurisker (im heutigen Kärnten) vernichtend geschlagen. In Kleinasien zog die durch die gracchische Reformpolitik eingeleitete Errichtung der Provinz Asia im Jahre 116 die Annexion von Großphrygien nach sich, und in Nordafrika brach das römische Herrschaftssystem, das auf der Provinz Africa und dem Klientelstaat des numidischen Königreichs beruhte, unter schwerer Rückwirkung auf den inneren Frieden in Rom in sich zusammen.

Das Reich des im Jahre 149 gestorbenen Königs Massinissa von Numidien war dem Brauch des Landes entsprechend seinen drei Söhnen zu gemeinsamer Herrschaft übertragen worden und hatte anläßlich der Errichtung der Provinz Africa aus der ‹Konkursmasse› des zerstörten Karthago Gebietserweiterungen erhalten. Nach dem Tod von zwei Brüdern fiel die Herrschaft an den überlebenden namens Micipsa, und dieser vererbte das Reich bei seinem Tod im Jahre 118 seinen beiden Söhnen Adherbal und Hiempsal sowie seinem adoptierten Neffen Iugurtha. Mit einer Herrschaft zu gemeinsamer Hand wollte sich Iugurtha aber nicht zufriedengeben. Er griff seine Brüder an, ließ Hiempsal töten und vertrieb Adherbal aus Numidien. Dieser wandte sich hilfesuchend an den Senat, der allen Grund hatte, als Garant der in Numidien getroffenen Nachfolgeregelung gegen Iugurtha einzuschreiten. Doch der numidische König setzte auf die persönlichen Beziehungen, die er seinerzeit als Führer eines Hilfskontingents im römischen Lager vor Numantia zu jungen Angehörigen der Nobilität geknüpft hatte, und mehr noch auf die Überredungskraft des Geldes. Er wurde nach Rom vorgeladen, aber nicht nur nicht bestraft, sondern er erhielt bei der vom Senat verfügten Reichsteilung auch noch den fruchtbaren Westteil, während Adherbal mit dem wenig ertragreichen Osten abgespeist wurde. Iugurtha glaubte nach dieser Erfahrung, weitergehen zu können, und griff im Jahre 112 Adherbal an.

Dieser suchte Zuflucht in Cirta, wo sich die dort lebenden römischen Geschäftsleute aktiv an der Verteidigung der Stadt beteiligten. Wiederum wurde der Senat um Hilfe angerufen, und dieses Mal schickte er eine aus prominenten Mitgliedern bestehende Gesandtschaft nach Nordafrika, an deren Spitze kein Geringerer als der *princeps senatus* Marcus Aemilius Scaurus (d. h. der Senator, der bei allen Beratungen als erster um seine Meinungsäußerung befragt wurde) stand. Aber die Gesandtschaft ließ sich von Iugurtha hinhalten und kehrte schließlich unverrichteterdinge wieder nach Rom zurück. Adherbal aber konnte schließlich der Belagerung nicht mehr standhalten und mußte kapitulieren. Er selbst und die männliche Bevölkerung von Cirta wurden getötet, sogar die römischen Kaufleute ließ Iugurtha das gleiche Schicksal erleiden. Damit hatte er freilich den Bogen überspannt. Ihm wurde der Krieg erklärt, doch der Konsul Lucius Calpurnius Bestia gewährte ihm, angeblich aufgrund von Bestechung, einen milden Frieden, der ihn im Besitz seines Reiches beließ.

Die Empörung, die darüber in Rom ausbrach, nutzte der Volkstribun Gaius Memmius. Er brachte die Angelegenheit vor die Volksversammlung, und diese bestellte Iugurtha zum Verhör nach Rom ein. Es war seine Absicht, das vermutete geheime Zusammenspiel zwischen Iugurtha und einflußreichen, den numidischen König deckenden Senatoren offenzulegen. Mit diesem Vorgehen war dem Senat nicht nur die politische Führung in einer auswärtigen Angelegenheit aus der Hand genommen, es waren auch Anstalten getroffen, prominente Angehörige des Senats auf die Anklagebank zu bringen. Iugurtha kam mit freiem Geleit nach Rom und setzte weiterhin auf seine Beziehungen und die Wirkung des Geldes. Er kaufte sich einen Kollegen des Memmius, und der interzedierte gegen eine Befragung des Königs vor versammeltem Volk. Iugurtha fühlte sich so sicher, daß er sich nicht scheute, einen numidischen Prinzen, den er als Thronprätendenten fürchtete, in Rom umbringen zu lassen. Daraufhin wurde ihm von neuem der Krieg erklärt. Beim Verlassen Roms soll er angeblich ausgerufen haben. «Oh käufliche Stadt, die einem schnellen Untergang anheimfallen wird, sobald sie einen Käufer gefunden hat.» Verständlicherweise hatten diese skandalösen Vorfälle ein innenpolitisches Nachspiel. Der Volkstribun Gaius Mamilius Limetanus ließ das Volk die Einsetzung eines Sondergerichts anordnen, und die dem Ritterstand angehörenden Richter statuierten ein Exempel an denen, die sie für schuldig an dem Desaster befanden, unter anderem an Lucius Opimius, der seinerzeit als Konsul Gaius Gracchus und seinen Anhang hatte ermorden lassen.

Der im Jahre 110 in Nordafrika wiederaufgenommene Krieg endete unglücklich. Der Legat Aulus Postumius Albinus benutzte die Abwesenheit des kommandierenden Konsuls, seines Bruders, der zur Abhaltung der Wahlen nach Rom gereist war, zu einem eigenmächtigen Angriff auf Iugurtha und erlitt eine katastrophale Niederlage. Daraufhin schloß er einen schmählichen Frieden, der wiederum Iugurtha ungestraft und im ungeschmälerten Besitz seines Reiches ließ. Der Senat verweigerte diesem Friedensschluß seine Zustimmung, und nun fiel der Oberbefehl auf dem nordafrikanischen Kriegsschauplatz an Quintus Caecilius Metellus, der sich als tüchtiger und unbestechlicher Feldherr erwies. Er stellte die heruntergekommene Disziplin der Armee wieder her und errang mehrere Erfolge, doch zog sich der Krieg wegen der geographischen Beschaffenheit des Landes und weil Iugurtha es verstand, mit dem Stamm der Gaetuler und seinem Schwiegervater, König Bocchus von Mauretanien, neue Verbündete zu gewinnen, auch weiterhin in die Länge. Gerade darin sah sein Legat Gaius Marius die Chance, an die Stelle seines Vorgesetzten zu rücken. Metellus hatte ihn wegen seiner militärischen Tüchtigkeit ungeachtet der Tatsache, daß der von seiner Familie geförderte *homo novus* als Volkstribun eine zweifelhafte Loyalität an den Tag gelegt hatte, zu seinem Legaten gemacht, und nun mußte er die Erfahrung machen, daß Marius ihm diesen Großmut mit einem Akt offener Illoyalität dankte. Marius begab sich gegen den Willen des Metellus nach Rom und bewarb sich um den Konsulat für das Jahr 107. Als ebenso unfairer wie erfolgreicher Kritiker seines Vorgesetzten wurde er mit Unterstützung der Steuerpächter und Geschäftsleute, die endlich wieder ungestört ihren Geschäften in Nordafrika nachgehen und ein Exempel an dem Mörder ihrer Kollegen statuiert sehen wollten, auch gewählt und erhielt den Oberbefehl gegen Iugurtha – zur Erbitterung des Mannes, der ihn gefördert und den Krieg schon halb gewonnen hatte. Auf zwei Feldzügen errang Marius bedeutende Erfolge, aber auch er konnte den Krieg nicht in einer offenen Entscheidungsschlacht gewinnen. Dies gelang erst in Verhandlungen mit König Bocchus, der fürchtete, in die Niederlage seines Schwiegersohnes hineingezogen zu werden. Er lieferte den zu ihm Geflüchteten aus und wurde dafür mit einer territorialen Vergrößerung seines Reiches belohnt. Den Erfolg des auf diese Weise beendeten Krieges schrieb sich Marius' Quaestor Lucius Cornelius Sulla zu, der die Verhandlungen mit Bocchus zu Ende geführt und Iugurtha gefangengenommen hatte.

Mit Recht ist gesagt worden, daß dieser elende Kolonialkrieg in der römischen Geschichte eine bloße Episode gewesen ist, aber um so verheerender waren seine innenpolitischen Auswirkungen. Die Bestechlichkeit und die Unfähigkeit des optimatischen Regimes – Optimaten, die ‹Besten›, nannte man die Verfechter der kollektiven Senatsherrschaft – waren der Öffentlichkeit geradezu vorgeführt worden, und der Senat hatte dabei die Kontrolle über die Bewältigung der internen Affären ebenso verloren wie die über den Krieg in Nordafrika. Eine Reihe prominenter Senatoren war dem Prozeßkrieg, den die Volkstribune Gaius Memmius und Gaius Mamilius ins Werk gesetzt hatten, zum Opfer gefallen, und Gaius Marius hatte in dieser Konstellation seine Chance gesehen, unter Mißachtung seiner Loyalitätspflicht seine Karriere mit popularem Rückenwind voranzubringen – unter Popularen verstand man diejenigen Angehörigen der Senatsaristokratie, die bereit waren, die Plebs für ihre Ziele zu instrumentalisieren, indem sie deren Interessen, soweit es ihnen nützlich erschien, vertraten. Daraus entsprang die Todfeindschaft mit den einflußreichen Metellern, die zu einer schweren Belastung der inneren Politik werden sollte. Aber zunächst schritt Marius von Erfolg zu Erfolg. Als Sieger über Iugurtha wurde er nach seiner Rückkehr aus Nordafrika sogleich zum Konsul für das Jahr 104 gewählt, und wiederum erhielt er ein Kommando auf einem Kriegsschauplatz, auf dem optimatische Feldherren seit Jahren kläglich versagt hatten. Im jenseitigen Gallien hatten sie mehrere katastrophale Niederlagen gegen einen Verbund wandernder germanischer und keltischer Stammeskrieger erlitten, die auf der Suche nach Land und mobiler Beute Mittel- und Westeuropa durchstreiften und dabei nördlich der Alpen mit den Römern zusammenstießen.

Den Kern dieses Stämmeverbunds bildeten die Kimbern, deren Heimat, wie die Römer in augusteischer Zeit in Erfahrung brachten, in Jütland lag. Warum Teile des Stammes abwanderten, ist nicht mehr mit Sicherheit auszumachen – antike Quellen machen Flutkatastrophen verantwortlich. Auf ihren Wanderungen schlossen sich den Kimbern Gruppen verschiedener anderer Stämme an, und zwar der Teutonen und Ambronen. Vermutlich war es das Ziel dieses wandernden Kriegerverbands, sich in den fluktuierenden Siedlungsverhältnissen West- und Mitteleuropas eine auf Raub und Kriegsdienst gegründete Existenz zu schaffen, wie es den Kelten auf ihren Wanderzügen in der Poebene, auf dem Balkan und in Kleinasien gelungen war. Mit den Kimbern und den in ihrem Gefolge mitziehenden Stammesgruppen stießen die Römer seit dem Jahre 113 in den Italien vorgelagerten Ländern wiederholt zusammen. Welchen Schrecken die scheinbar aus dem Nichts auftauchenden wilden Stammeskrieger in der mediterranen Welt verbreiteten, davon gibt die auf Augenzeugenberichte zurückgehende Schilderung in der Mariusbiographie des Plutarch einen anschaulichen Eindruck:

«Kaum war die Kunde von Iugurthas Gefangennahme nach Rom gelangt, da breiteten sich auch schon die Gerüchte über die Teutonen und Kimbern aus. Was über Größe und Stärke der heranziehenden Heere herumgetragen wurde, fand zunächst keinen Glauben. Später stellte sich heraus, daß die Vermutungen noch hinter der Wahrheit zurückgeblieben waren. Dreihunderttausend streitbare Männer zogen in Waffen heran, weit zahlreicher noch, so hieß es, seien die Frauen und Kinder, die dem Zug folgten. Die gewaltigen Menschenmassen waren auf der Suche nach Land, das sie ernähren, nach Städten, in denen sie seßhaft werden und leben könnten. Sie wollten es den Kelten gleichtun, die, wie sie gehört hatten, den fruchtbarsten Teil Italiens den Etruskern entrissen und selber in Besitz genommen hatten. Da sie mit anderen Völkern keine Verbindung gehabt hatten und aus weiter Ferne herangezogen kamen, wußte niemand, wer sie seien, aus welchem Himmelsstrich sie wie eine Wetterwolke über Gallien und Italien hereinstürzten. Die meisten Mutmaßungen gingen dahin, es handle sich um germanische Völkerschaften, die am Nordmeer wohnten, hatten sie doch deren hünenhafte Gestalt und leuchtend blaue Augen ... Ihr ungestümer, tollkühner Mut fegte jedes Hindernis hinweg, mit der zerstörenden Gewalt eines Feuerbrandes fielen sie in der Schlacht über ihre Feinde her. So wälzten sie sich heran, und niemand konnte ihren Vormarsch aufhalten. Was an ihrem Wege lag, fiel ihnen als sichere Beute zu ...» (Plutarch, *Marius* 11).

Schon im Jahre 113 hatten die Wanderkrieger den Römern, die von den Tauriskern zu Hilfe gerufen worden waren, die verheerende Niederlage bei Noreia zugefügt, aber diese erste feindliche Begegnung war zunächst ohne Folgen geblieben. Der befürchtete Einfall nach Italien blieb aus. Die Kimbern und Teutonen verschwanden für mehrere Jahre aus dem Gesichtskreis der Römer. Statt nach Italien zogen sie durch das nördliche Alpenvorland nach Westen. Im heutigen Südwestdeutschland schlossen sich ihnen die zum Stammesverband der keltischen Helvetier gehörenden Tiguriner und Tougener an; dann überschritten sie den Oberrhein und drangen in Gallien ein. Im Jahre 109

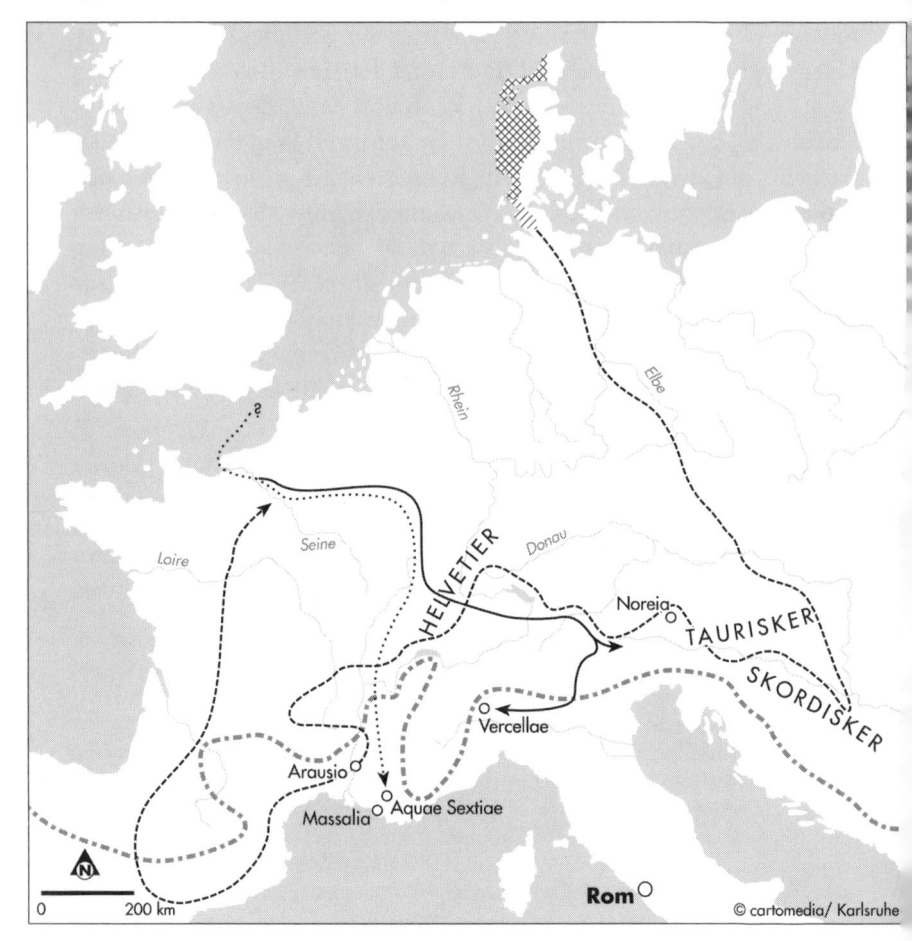

Die Wanderzüge der Kimbern und Teutonen

erschienen sie im Rhonetal, und hier trat ihnen ein römisches Heer unter dem Konsul Marcus Iunius Silanus entgegen. Nachdem dieser ihre Bitte, ihnen Land zuzuweisen, abgeschlagen hatte, kam es zur Schlacht, und wieder wurden die Römer geschlagen. Aber auch dieses Mal verfolgten die Sieger die Geschlagenen nicht, sondern wandten sich plündernd in das Innere Galliens. Ein Teil des marodierenden Stammesverbandes, die helvetischen Tiguriner, trennte sich von der Mehrzahl der anderen Krieger und fiel im Jahre 107 in den Westen der entstehenden römischen Provinz, in das Gebiet der Volcer bei Tolosa (Toulouse), ein. Es kam zu Kämpfen mit dem Konsul Lucius Cassius Longinus, dem der Schutz des südlichen Gallien anvertraut war, und dabei erlitten die Römer ihre dritte verheerende Niederlage. Der Konsul fiel, und sein Heer mußte sich der demütigenden Prozedur einer formellen Kapitulation unterziehen. Ein neues großes Heer wurde aufgestellt, und das Kommando teilte sich der Konsul des Jahres 105 Gnaeus Mallius mit seinem Vorgänger, dem Prokonsul Quintus Servilius Caepio. Zu koordinierten Operationen konnten sich die beiden Befehlshaber nicht zusammenfinden. Der adelsstolze Patrizier Servilius Caepio verachtete den plebejischen Konsul, und so erlitt das römische Heer bei Arausio, nicht zuletzt durch Caepios Schuld, die schlimmste Niederlage, die Rom seit der Schlacht bei Cannae hinnehmen mußte. Angeblich fielen auf römischer Seite nicht weniger als 80 000 Mann. Angesichts dieser Katastrophe richteten sich alle Hoffnungen auf den Sieger über Iugurtha. Für das Jahr 104 wurde Marius zum Konsul gewählt und erhielt das Kommando gegen die Kimbern und Teutonen.

Die katastrophalen Niederlagen gegen die Wanderkrieger des Nordens hatten eine ähnliche innenpolitische Wirkung wie das Versagen der Nobilität im Krieg gegen Iugurtha. Das Institut der politischen Gerichtsbarkeit wurde das Kampfinstrument, das die Popularen gegen die Optimaten einsetzten. Schon während des Iugurthinischen Krieges hatte der Sondergerichtshof, der auf Antrag des Volkstribunen Gaius Mamilius im Jahre 110 zur Untersuchung des Vorwurfs passiver Bestechung eingerichtet worden war, mehrere prominente Angehörige der Aristokratie zu Fall gebracht. Dies provozierte einen optimatischen Gegenangriff. Der Konsul des Jahres 106 Quintus Servilius Caepio brachte ein Gesetz ein, das die Richterliste aus Senatoren und Rittern zusammensetzte. Aber diese Regelung war nur von kurzer Dauer. Vermutlich war sie schon mit der von dem Urheber des Gesetzes verschuldeten Katastrophe von Arausio wieder hinfällig. Servilius Caepio wurde von der Volksversammlung auf Antrag des Volkstribunen Lucius Cassius Longinus abgesetzt, und ein zweites Gesetz, die *lex Cassia de senatu*, verfügte, daß ein vom Volk abgesetzter Magistrat oder Promagistrat seine Mitgliedschaft im Senat verliere. Ein Sondergericht wurde konstituiert, das den Verbleib des Goldschatzes von Tolosa untersuchen sollte, und angeklagt wurde Servilius Caepio. Er hatte während seines Kommandos in Gallien das Heiligtum der Stadt ausplündern lassen, und auf dem Transport nach Massalia war die Beute auf rätselhafte Weise verschwunden. Vor Gericht mußte er sich gegen die auf Unterschlagung lautende Anklage verteidigen. Ein anderer Volkstribun, Gnaeus Domitius Ahenobarbus, zog Marcus Iunius Silanus wegen der Niederlage, die er in Gallien gegen die Kimbern und Teutonen erlitten hatte, vor das Volksgericht, hatte jedoch mit seiner Anklage ebensowenig Erfolg wie mit der Anklage, die er aus persönlichen Gründen gegen den *princeps senatus* – den ersten auf der Senatorenliste – Aemilius Scaurus erhob. Er machte Scaurus zum Vorwurf, daß er nicht in das vornehme religiöse Sachverständigengremium der Auguren kooptiert worden war. Dies war auch der Grund, daß er ein Gesetz durchbrachte, wonach die Mitglieder der großen Priesterkollegien künftig nicht mehr durch Kooptation, sondern durch Volkswahl besetzt werden sollten. Persönliche und sachliche Motive durchdrangen sich bei allen diesen popularen Vorstößen zu einer undurchdringlichen Gemengelage. Der Volkstribun Lucius Marcius Philippus zog alle Register der Demagogie, um in der Tradition der Gracchen das Projekt einer Landverteilung wiederaufzunehmen. Von ihm stammt das Wort: «Es gibt in der ganzen Bürgerschaft nur noch 2000 Personen mit Vermögen.» Noch gelang es den Optimaten, das vorgeschlagene neue Agrargesetz zu verhindern. Aber es ist unübersehbar, daß sie in die Defensive geraten waren. Das höchste Amt war im Jahre 104 mit zwei Kandidaten der Popularen besetzt, mit Gaius Flavius Fimbria und Gaius Marius, und dieser bekleidete entgegen den gesetzlichen Bestimmungen fünfmal hintereinander bis zum Jahre 100 den Konsulat.

Marius übernahm im Jahre 104 den Oberbefehl gegen die Kimbern und Teutonen in Gallien. Da diese sich nach der römischen Niederlage bei Arausio teils in das Innere Galliens, teils in das nördliche Spanien wandten, gewann Marius zwei Jahre Zeit für seine Heeresreform, mit der er die Schlagkraft der römischen Armee wiederherstellte. Schon als Marius den Oberbefehl auf dem afrikanischen Kriegsschauplatz übernommen hatte, hatte er aus dem ländlichen Proletariat, aus Familien, die über keinen Landbesitz verfügten, Soldaten rekrutiert. Dies wiederholte er in größerem Maßstab, als er nach Gallien ging. Damit wies er einen Weg aus den Rekrutierungsschwierigkeiten, deren gefährliche innenpolitische Folgen sich freilich schnell zeigen sollten. Nicht nur die italischen, sondern auch die auswärtigen Bundesgenossen wurden zur Entsendung ihrer Kontingente aufgefordert. Nikomedes III., König des im nordwestlichen Kleinasien gelegenen Bithynien, lehnte ab und machte geltend, daß die Wehrfähigen seines Reiches von den römischen Steuerpächtern geraubt und in die Sklaverei verkauft worden seien. Das war zwar eine grobe Übertreibung, aber auch keine reine Erfindung. Jedenfalls wurde der Sache nachgegangen, und die auf Sizilien durchgeführten Untersuchungen ergaben, daß es dort eine große Zahl unrechtmäßig versklavter Menschen gab. Als die angeordnete Freilassung am Widerstand der Sklavenhalter zu scheitern drohte, kam es zu Sklavenaufständen, die von Sizilien auf Italien und Attika übersprangen. Das größte Ausmaß nahmen sie auf Sizilien an, und hier mußten sie wie schon zur Zeit des Tiberius Gracchus mit Waffengewalt niedergeschlagen werden.

Die von Marius in Gallien aufgestellte römische Armee wurde einheitlich bewaffnet und taktisch umorganisiert. Die alte Legion hatte in drei unterschiedlich bewaffneten Treffen gekämpft, die neue wurde in zehn einheitlich mit dem spanischen Kurzschwert und dem Wurfspeer, dem *pilum*, bewaffnete Kohorten gegliedert, die zugleich massive und bewegliche Glieder innerhalb des Großverbandes der Legion bildeten. Die Soldaten wurden – auch dies war eine Neuerung – nach dem Vorbild der Gladiatorenausbildung im Fechten geschult und im Gebrauch des technisch verbesserten Wurfspeers geübt. Schließlich gewöhnte Marius als erfahrener Truppenführer die Soldaten daran, auf dem Marsch große Lasten zu tragen und schwere Schanz- und Erdarbeiten zu verrichten. Auf diese Weise wurden die Beweglichkeit und die Leistungsfähigkeit der Armee gesteigert. Die römische Armee lernte, sich unabhängig von schwerfälligen Troßkolonnen zu bewegen und durch Errichtung von Lagern für größtmögliche Sicherheit auf dem Marsch in Feindesland zu sorgen. Für die Versorgung der an der unteren Rhone konzentrierten Truppen ließ Marius einen Kanal, die *fossa Mariana*, graben, der den vom Meer kommenden Versorgungsschiffen die gefährliche Fahrt durch die versandete Rhonemündung ersparte.

Als dann im Jahre 102 die Kimbern und Teutonen in der Absicht zurückkehrten, auf getrennten Wegen nach Oberitalien einzufallen, waren die Römer vorbereitet. Marius überließ seinem Kollegen Quintus Lutatius Catulus in Norditalien zwei Legionen; er selbst trat den Teutonen und Ambronen bei Aquae Sextiae entgegen und schlug sie vernichtend. Unterdessen konnte die Heeresgruppe des Catulus den Einbruch der Kimbern und Tiguriner in Norditalien nicht verhindern. Er wich auf die Polinie zurück und mußte die Transpadana den Invasoren im Winterhalbjahr 102/1 überlassen. Im folgenden Sommer zog dann Marius alle verfügbaren Truppen in Norditalien zusammen. Am 30. Juli 101 siegten beide Feldherren in der Entscheidungsschlacht bei Vercellae in der Nähe des heutigen Rovigo. Die Kimbern wurden vernichtet – angeblich wurden 100000 Menschen getötet oder versklavt –, und nur die Tiguriner entkamen über die Alpen. Noch auf dem Schlachtfeld soll zwischen Marius und Catulus der Streit darüber entbrannt sein, wer von beiden am meisten zum Sieg beigetragen habe. Catulus hat später seine Version auch literarisch, in einer autobiographischen Darstellung seines Konsulats, verbreitet. Dem Streit der beiden Feldherren lag gewiß die übliche Ruhmsucht der römischen Nobilität zugrunde, aber er hatte noch eine andere, eine politische Dimension, und diese war in dem Konflikt zwischen Optimaten und Popularen begründet.

Marius hatte sich auf die populare Opposition gestützt, um in das höchste Amt zu gelangen, und umgekehrt gewannen die Popularen in Rom durch das Bündnis mit Marius an Durchschlagskraft. Zum wichtigsten Exponenten dieses Bündnisses wurde Lucius Appuleius Saturninus. Im Jahre 104 war er als Quaestor in Ostia mit der Getreideversorgung der Stadt Rom betraut worden. Als er den auftretenden Problemen nicht gewachsen erschien, ersetzte ihn der Senat durch keinen Geringeren als den *princeps senatus* Aemilius Scaurus. Diese Demütigung machte ihn zum Feind der Optimaten. Er ließ sich zum Volkstribunen für das Jahr 103 wählen und ging daran, die populare Politik seiner Vorgänger energisch fortzusetzen. Eines seiner Gesetze konstituierte einen neuen mit Rittern besetzten Gerichtshof, der jede Minderung der Hoheit des römischen Volkes unter Strafe stellte und damit einem Straftatbestand galt, der zur gerichtlichen Verfolgung persönlicher und politischer Gegner geradezu einlud (*lex de maiestate*). Saturninus' Kollege Gaius Norbanus übernahm es denn auch, aufgrund dieses Gesetzes Servilius Caepio und Gnaeus Mallius wegen der von ihnen verschuldeten Niederlage von Arausio vor Gericht zu ziehen und unter tumultuarischen Umständen ihre Verurteilung durchzusetzen. Da half es den Optimaten auch nicht, daß Marcus Aemilius Scaurus versuchte, den Spieß umzudrehen, und ebenfalls die politische

Strafjustiz zur Bekämpfung des politischen Gegners benutzte. Er klagte Gaius Memmius und Flavius Fimbria, Marius' Kollegen im Jahre 104, wegen Erpressung von Provinzialen vor dem Repetundengericht an und scheiterte. Beide Angeklagten wurden freigesprochen. In der Sache ging es Appuleius Saturninus vor allem um die Wiederaufnahme der gracchischen Versorgungsgesetzgebung. Zwar scheiterte er mit der Vorlage eines neuen Frumentargesetzes zugunsten der stadtrömischen Plebs. Aber er hatte Erfolg mit seinem Agrargesetz, das er zugunsten der Veteranen des Iugurthinischen Krieges einbrachte. Danach wurde jeder einzelne auf das großzügigste mit 100 Morgen versorgt. Das Gesetz entsprach insofern einer Notwendigkeit, als Marius Besitzlose rekrutiert hatte, die nach geleistetem Kriegsdienst nicht auf den Bauernhof ihrer Familie zurückkehren konnten. Nun gewannen die Rekrutierten durch ihren Kriegsdienst einen Anspruch auf Versorgung, und das hieß Zuweisung von Land in einer Größenordnung, die eine Existenzgrundlage verbürgte. Im moralischen und politischen Sinn fiel damit dem Feldherrn, der die Soldaten in Dienst genommen hatte, die Pflicht zu, die Versorgung der Veteranen durchzusetzen, und dafür war er auf das Bündnis mit dem Volkstribunat angewiesen. Mit dieser Konstellation aber trat die von den Gracchen aufgeworfene Agrarfrage in die Phase einer gefährlichen Metamorphose ein. Die bewaffnete Macht wurde zum Hauptinteressenten einer Landverteilung und zugleich das schlagkräftige Instrument zu ihrer Durchsetzung. Die Feldherren der Republik gerieten in die Zwangslage, für die Veteranenversorgung einstehen zu müssen, aber zugleich gewannen sie die Macht, gegebenenfalls auch ohne Unterstützung durch den Volkstribunat dem Senat ihren Willen aufzwingen zu können. Die letzten Konsequenzen des damals eingeleiteten Prozesses, Bürgerkrieg, gewaltsame Enteignungen und die Alleinherrschaft des Siegers im Bürgerkrieg, lagen noch im verborgenen. Marius setzte noch auf den durch die jüngste Vergangenheit vorgezeichneten Weg, die Frage der Landverteilung mittels der tribunizischen Gesetzgebung zu lösen. Aber angesichts der völlig vergifteten innenpolitischen Atmosphäre war das nicht mehr ohne Konflikte und Gewaltanwendung möglich.

Die Reaktion der Optimaten auf die populären Erfolge des Jahres 103 ließ denn auch nicht auf sich warten. Als im folgenden Jahr Quintus Caecilius Metellus, Marius' Todfeind, die Zensur bekleidete, benutzte er das Amt zu dem Versuch, Appuleius Saturninus und seinen

Hauptverbündeten, Gaius Servilius Glaucia, aus dem Senat und damit aus der Politik zu entfernen. Das konnte er gegen den entschlossenen Widerstand der Betroffenen, die die Straße gegen den Zensor mobilisierten, nicht durchsetzen. Auch daß Marcus Antonius mit einem großen Militärkommando betraut wurde, bedeutete nicht, daß ein Gegengewicht gegen den popularen Konsul geschaffen worden wäre. Denn ein dezidierter Optimat war Antonius nur in der literarischen Fiktion Ciceros. Antonius erhielt zur Unterdrückung der Seeräuberplage im östlichen Mittelmeer ein prokonsulares Imperium mit dem Auftrag, gegen die Stützpunkte der Piraten an der pamphylischen und kilikischen Küste Kleinasiens vorzugehen.

Das Jahr 101 stand innenpolitisch ganz im Zeichen des Wahlkampfes. Marius und seine Verbündeten wollten nach der Vernichtung der Kimbern und Teutonen um jeden Preis die Schlüsselpositionen des Konsulats, des Volkstribunats und der Stadtpraetur in ihre Hand bringen. Denn für das folgende Jahr stand nichts Geringeres als die Versorgung der demobilisierten Soldaten des Marius auf der politischen Tagesordnung. Aus ebendiesem Grund aber wollten die Optimaten das verhindern. Unter Einsatz von Gewalt und Geld siegten die Popularen. Quintus Caecilius Metellus, der sich gegen Marius um den Konsulat bewarb, unterlag. Gewählt wurde Marius, und auch seine wichtigsten Verbündeten erreichten ihr Ziel. Servilius Glaucia wurde Stadtpraetor und Appuleius Saturninus zum zweitenmal Volkstribun. Einen unbequemen Mitbewerber um den Volkstribunat brachten die aus Marius' Veteranen mobilisierten Schlägerbanden um. Die beabsichtigte Wiederaufnahme der popularen Reformen stand somit von vornherein unter dem Unstern schärfster persönlicher Feindschaft und machtpolitischer Konfrontation, die auch diesmal keine konstruktive Lösung der aufgeworfenen Sachprobleme erlaubten.

Unter der üblich gewordenen Gewaltanwendung und heftigen Tumulten setzte Saturninus eine Reihe von Gesetzen durch, die die Themen der Landverteilung und Getreideversorgung mit dem Bundesgenossenproblem und der Reichspolitik verknüpften. Das Frumentargesetz verfügte eine radikale Reduzierung des Getreidepreises von $6\,^{1}/_{3}$ auf $^{5}/_{6}$ As pro Scheffel, der Antrag über die Anlage von Kolonien in Sizilien, Griechenland und Makedonien sowie in Nordafrika und Korsika sah unter anderem vor, daß der Goldschatz der tolosanischen Beute für die Finanzierung der Kolonisation verwendet werden solle, und es ermächtigte Marius, in jede der vorgesehenen Kolonien eine bestimmte Anzahl von bundesgenössischen Veteranen unter Verleihung des römischen Bürgerrechts aufzunehmen. Damit wurde Marius ein Recht zugestanden, das er bereits als siegreicher Feldherr aus eigener Machtvollkommenheit geübt hatte: Dem Aufgebot der umbrischen Stadt Cameria, das sich in der Schlacht von Vercellae durch Tapferkeit ausgezeichnet hatte, verlieh er insgesamt das römische Bürgerrecht. Ein Agrargesetz regelte die Verteilung des Landes, das Marius in der Poebene nach Besiegung der Kimbern für den römischen Staat eingezogen hatte. Dies alles war heftig umstritten, und so kam Saturninus auf den Gedanken, sein Agrargesetz dadurch vor der Gefahr einer Annullierung zu schützen, daß er eine Klausel hinzufügte, die alle Senatoren zwang, einen Eid auf das Gesetz abzulegen, und sie im Verweigerungsfalle mit dem Verlust ihres Senatssitzes bedrohte. Eine vergleichbare Eidesleistung wurde auch in einem umfangreichen Gesetz verlangt, das eine Fülle von Anordnungen für die östlichen Provinzen enthielt und vermutlich den Zweck verfolgte, den Popularen den Zugriff auf die Leitung der gegen die Seeräuber eingeleiteten Operationen zu verschaffen. In diesem Fall wurde der Eid von allen Magistraten verlangt. Der Rückgriff auf das religiöse, vorstaatliche Mittel individueller Selbstbindung erklärt sich aus der gewaltätigen Durchsetzung der hochumstrittenen Gesetzesvorhaben und ist für sich genommen ein alarmierendes Indiz für die schwindende Autorität der Gesetzgebung des Staates. Eine Garantie für die Dauer und Verbindlichkeit staatlicher Normsetzung außer dem durch Strafandrohung erzwungenen Eid schien es nicht mehr zu geben. Quintus Caecilius Metellus war der einzige, der so viel Charakter besaß, daß er sich der geforderten Eidesleistung durch Selbstverbannung entzog. Marius beging den schweren Fehler, daß er sich einerseits gegen die gesetzlich geforderte Eidesleistung aussprach, andererseits jedoch erklärte, sich dem Druck beugen zu müssen. Damit desavouierte er seine Verbündeten, die sich in seinem Interesse und in Absprache mit ihm bemühten, ihr Gesetzgebungsprogramm durchzusetzen. Aber es sollte noch schlimmer kommen. Zu ihrer persönlichen und zur Sicherung ihrer Reformgesetze bewarben sich Appuleius Saturninus und Servilius Glaucia um weitere Amtsperioden, der eine um ein drittes Tribunatsjahr, der andere um den Konsulat. Dabei kam es wieder zu heftigen gewalttätigen Ausschreitungen, bei denen ein optimatischer Gegenkandidat des Glaucia,

Lucius Memmius, ermordet wurde. Daraufhin rief der Senat den Notstand aus und beauftragte den Konsul Marius mit der Wiederherstellung der Ordnung. Marius wagte es in dieser Situation nicht, sich auf die Seite seiner Verbündeten zu stellen, und schritt mit militärischen Mitteln gegen sie ein. Glaucia und Saturninus besetzten mit ihrem Gefolge das Capitol, wurden zur Kapitulation gezwungen und wurden als Gefangene von fanatisierten Gegnern in der Kurie gesteinigt. Der Senat erklärte die Gesetze des Saturninus für fehlerhaft, da sie unter Anwendung von Gewalt zustande gekommen seien, und hob sie auf. Wie die Erklärung des Notstandes war auch die Aufhebung beschlossener Gesetze eine neue Funktion des Senats. Beides ergab sich aus dem Sieg über die populare Reformbewegung und war das Surrogat des verlorengegangenen Zusammenwirkens von Senat und Magistratur. Den Schlußstrich unter die Liquidierung des fehlgeschlagenen Reformversuchs zog im Jahre 98 die ehrenvolle Rückberufung ihres Hauptgegners, des Quintus Caecilius Metellus – dem in Unehren gescheiterten Marius blieb nichts anderes übrig, als nach dem Ende seiner Amtszeit die politische Szene Roms zu verlassen. Er ging auf Reisen, angeblich um ein Gelübde in Kleinasien einzulösen.

Wieder hatten die Optimaten sich behauptet, aber sie verstanden es auch dieses Mal nicht, ihren Sieg in konstruktiver Weise zu nutzen. Mit der Liquidierung ihrer Gegner waren die Sachprobleme nicht verschwunden, um die es diesen gegangen war. Das ganze Sinnen und Trachten der siegreichen Optimaten blieb darauf gerichtet, überfällige Reformen zu blockieren. Der Vorstoß, den der Volkstribun Sextus Titius nach der Aufhebung der Gesetze des Saturninus unternahm, um die Landverteilung an die Veteranen des Marius neu in Gang zu bringen, wurde abgewehrt. Selbst der Zusammenfassung mehrerer Materien in einem Gesetz, einer sogenannten *lex satura*, einer Gesetzestechnik, der sich Saturninus bedient hatte, schoben die Konsuln des Jahres 98 durch gesetzliches Verbot einen Riegel vor. Gegen die überlebenden Anhänger der Reformer wurde wieder ein steriler Prozeßkrieg geführt. Der Volkstribun Sextus Titius, der es gewagt hatte, die Agrarfrage wieder auf die Tagesordnung zu setzen, wurde unmittelbar nach Ablauf seines Amtsjahres nach dem Majestätsgesetz unter dem lächerlichen Vorwand, daß er ein Bild des geächteten Saturninus besitze, angeklagt und verurteilt. Ein anderer Parteigänger des Saturninus wurde verurteilt, nur weil er öffentlich dessen gewaltsames Ende beklagt hatte, und im Jahre 95 zogen die Optimaten Gaius Norbanus, der sich bei der Verfolgung der für die Niederlage von Arausio Verantwortlichen durch brutale Gewalttätigkeit hervorgetan hatte, wegen Verletzung der Hoheit des römischen Volkes vor Gericht, doch wurde er auf Verwenden des großen Redners Marcus Antonius, dem er in Kilikien als Quaestor gedient hatte, freigesprochen. Drei Jahre später erregte der Fall des Publius Rutilius Rufus einen schweren Justizskandal. Als Legat des Quintus Mucius Scaevola hatte er sich ebenso wie sein Vorgesetzter durch eine vorbildliche Verwaltung in der Provinz Asia ausgezeichnet. Insbesondere war er mit Erfolg den ausbeuterischen Praktiken der römischen Steuerpachtgesellschaften entgegengetreten. Um sich zu rächen, inszenierten die Steuerpächter gegen ihn ein Verfahren vor dem mit Rittern besetzten Repetundengericht, und das fand nichts dabei, das Recht zu beugen und ausgerechnet den Mann, der die Ausbeutung der Provinzialen verhindert hatte, wegen widerrechtlicher Erpressung zu verurteilen. Wegen des gleichen Delikts wurde von popularer Seite auch der *princeps senatus* Marcus Aemilius Scaurus vor Gericht gebracht, jedoch freigesprochen. Wiederum drehte er den Spieß um und erhob gegen seinen Ankläger eine Gegenklage. Aber mit diesem Gegenzug ließ er es nicht bewenden. Die ständige Instrumentalisierung der mit Rittern besetzten Geschworenengerichte zur Verfolgung von Angehörigen des Senatorenstandes veranlaßte ihn, das Problem an der Wurzel zu packen, und dazu gab die skandalöse Verurteilung des Rutilius Rufus den besten öffentlichkeitswirksamen Hintergrund. Aemilius Scaurus setzte sich mit Marcus Livius Drusus ins Benehmen, dem Sohn des gleichnamigen Volkstribuns, der im Jahre 122 durch sein demagogisches Geschick entscheidend zur Niederlage des Gaius Gracchus beigetragen hatte.

In der verfahrenen Situation des Jahres 92/91 war von vornherein klar, daß dem Senat die richterlichen Funktionen nur im Rahmen einer Reform zurückgewonnen werden konnten, die die verschiedenen ungelösten Sachprobleme in einen überzeugenden Lösungsvorschlag einband. Die bloße Abwehr aller Landverteilungsprojekte war um so weniger hinnehmbar, als die Entwicklung der Heeresverfassung die Versorgung der Veteranen dringlicher denn je gemacht hatte. Längst unhaltbar war auch die Aufrechterhaltung der obsolet gewordenen politischen Struktur Italiens. Im Jahre 95 hatten die Konsuln Lucius Licinius Crassus und Quintus Mucius Scaevola wieder einmal versucht, und zwar diesmal durch ein Gesetz, dem Eindringen nach Rom zugezogener Bundesgenossen in die Bürgerschaft einen Riegel vorzuschieben, und ihre Ausweisung aus der Stadt verfügt. Das erregte böses Blut bei den Bundesgenossen, und zwar nicht nur bei den von der Ausweisung unmittelbar betroffenen. Schon im Jahre 125, als der Vorstoß des Fulvius Flaccus gescheitert war, den Bundesgenossen die Wahl zwischen dem römischen Bürgerrecht und dem Provokationsrecht, d. h. dem Schutz vor willkürlichen Übergriffen römischer Magistrate, zu geben, war es zu Unruhen gekommen. Seitdem gab es unter ihnen eine starke Bewegung, die auf eine Aufnahme in die römische Bürgerschaft drängte, und geschürt worden war sie, als Marius und Saturninus die Versorgungsproblematik mit der Bürgerrechtsfrage verknüpft hatten. Deren Absicht war es gewesen, bundesgenössische Veteranen an der geplanten Kolonisation und Landverteilung zu beteiligen und ihnen im gleichen Zuge das römische Bürgerrecht zu verleihen. Die Katastrophe des Appuleius Saturninus hatte diesen Plan zunichte gemacht. Die Ausweisung der Bundesgenossen aus Rom, die die Konsuln im Jahre 95 vornahmen, bedeutete eine erneute Zurücksetzung; denn sie schloß die Betroffenen von den Arbeitsmöglichkeiten der Hauptstadt und von den subventionierten Getreidezuteilungen aus. Dieser neueste Affront war freilich nur der Anlaß zu einer weitverbreiteten Protesthaltung. Auch die Aristokratie und ‹der einfache Mann› der Bundesgenossen versprachen sich Vorteile von der Verleihung des römischen Bürgerrechts. Die Führungsschicht hätte Zugang zur politischen Klasse Roms oder Teilhabe an dem Einfluß und den einträglichen Geschäften des römischen Ritterstandes gewinnen können. Für die einzelnen Gemeinden wäre die Verpflichtung zur Stellung vertraglich festgelegter Truppenkontingente weggefallen, die angesichts der demographischen Entwicklung und der unkontrollierbaren Wanderbewegung kaum mehr zu erfüllen waren. Der Besitz des Bürgerrechts hätte den Bundesgenossen darüber hinaus Schutz vor magistratischen Willkürakten gemäß dem Provokationsrecht sowie gleichberechtigten Anteil an den Beute- und Landverteilungen gewährt. Sie hätten für den Empfang des römischen Bürgerrechts zwar ihre ohnehin geminderte Eigenstaatlichkeit, aber nicht ihr Selbstverwaltungsrecht preisgeben müssen; denn Rom hatte ja längst das allgemeine mit dem speziellen

Der Weg in den Bürgerkrieg: Marius und Sulla

Bürgerrecht der sich selbst verwaltenden römischen Kolonien und Munizipien vereinbar gemacht, und auf der anderen Seite hatte bei den Italikern die Angleichung an die politischen Institutionen des römischen Vorbildes schon große Fortschritte gemacht. Nur ein Gesichtspunkt schien bei einer Reihe von betroffenen Gemeinden gegen eine Aufnahme in den römischen Bürgerverband zu sprechen. Sofern sie römisches Staatsland zur Nutzung erhalten hatten, mußten sie fürchten, daß bei Verlust ihrer Eigenstaatlichkeit der geschützte Status dieses Landes zur Disposition gestellt wäre und zur Verteilungsmasse für eine wiederaufgenommene Landverteilung werden könnte. Aber diese Bedenken betraf keineswegs alle, sondern am ehesten die süditalischen Bundesgenossen. Aber davon abgesehen war die Zeit reif für eine Vereinheitlichung der politischen Struktur der italischen Halbinsel. Außerhalb Italiens wurde schon längst kein Unterschied mehr zwischen Römern, Latinern und Italikern gemacht. Im griechischen Osten hießen alle aus Italien stammenden Bildungsreisenden, Geschäftsleute und Angehörige des Personals der Steuerpachtgesellschaften schlicht und einfach *Römer*.

Vor diesem Hintergrund faßte Livius Drusus im Benehmen mit dem *princeps senatus* Aemilius Scaurus den Plan, die Rückübertragung der richterlichen Funktionen an den Senatorenstand mit einer generellen Bereinigung aller Problemfelder zu verbinden, die seit der Gracchenzeit auf die politische Tagesordnung gesetzt, aber ungelöst geblieben waren. Im optimatischen Interesse schnürte er ein Gesetzgebungsprogramm, das allen Gruppen zugleich entgegenkam und Zugeständnisse abverlangte: Den Rittern wurde der Verzicht auf die Richterstellen zugemutet, dafür sollten sie mit der Aufnahme von 300 Standesgenossen in den Senat entschädigt werden; die Senatoren sollten die richterlichen Funktionen zurückerhalten werden und dafür einen starken Pairsschub aus dem Ritterstand hinnehmen; den Bundesgenossen wurde das römische Bürgerrecht für die Aufgabe des geschützten Status angeboten, den das ihnen überlassene römische Staatsland bisher genossen hatte; den Altbürgern wurde zugemutet, gegenüber den Neubürgern in die Minderheit zu geraten, dafür sollten sie mit einer Wiederaufnahme der Landreform und einer Verbesserung der stadtrömischen Getreideversorgung entschädigt werden. Die beiden zuletzt genannten Reformen waren kostenintensiv. Livius Drusus wußte sich nicht anders als durch das bedenkliche Mittel einer

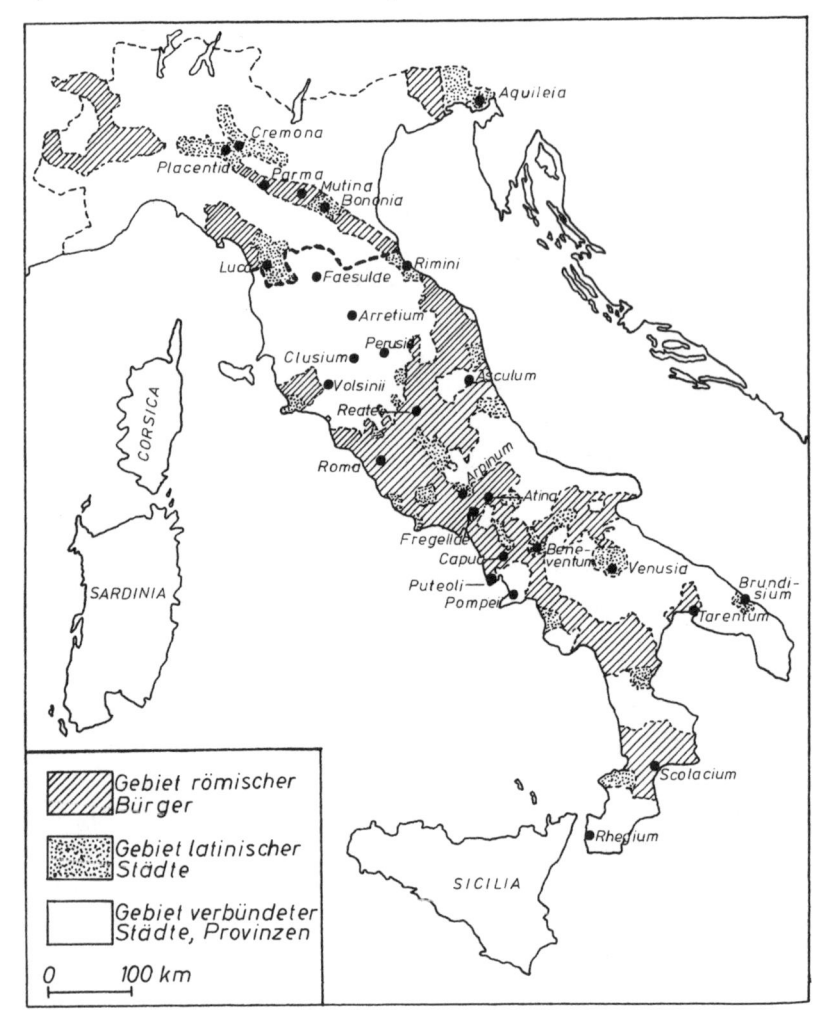

Italien vor dem Bundesgenossenkrieg

Münzverschlechterung zu helfen. Er brachte zusätzlich ein Gesetz ein, in dem bestimmt wurde, daß die Silberprägungen einen Kupferanteil von einem Achtel enthalten sollten.

Das Gesetzgebungsprogramm griff in allen wesentlichen Punkten auf die Reformvorstellungen des Gaius Gracchus zurück, denen damit von optimatischer Seite nachträglich die Anerkennung ihrer sachlichen Berechtigung und ihrer taktisch sinnvollen Verknüpfung zuteil wurde – ironischerweise von dem Sohn des Mannes, an dessen demagogischem Geschick Gaius Gracchus gescheitert war. Selbst die Vermehrung des Senats durch einen Pairsschub aus dem Ritterstand war aus dem Arsenal der gracchischen Reformpläne entlehnt. Livius Drusus mag sich ausgerechnet haben, daß die Verknüpfung von Zugeständnissen und Verzichtleistungen den Widerstreit der partikularen Interessen überwinden und die unter machtpolitischen Gesichtspunkten verhängnisvolle, weil jede Reform blockierende Spaltung der regierende Klasse in Optimaten und Populare aufheben könnte. Tatsächlich war es ein ingeniöser Plan, das optimatische Interesse mit dem von Haus aus popularen Programm zu verbinden und so mit dem Reformstau zugleich die Konfrontation zwischen Optimaten und Popularen aufzulösen und die Funktionsfähigkeit der überlieferten politischen Ordnung wiederherzustellen. Es war der erste und sollte der letzte Versuch bleiben, notwendige Reformen unter Appell an die politische Vernunft im Konsens und Kompromiß zu verwirklichen. Aber Livius Drusus scheiterte, und auch seine große Beredsamkeit nützte der Sache, die er vertrat, nichts. Er scheiterte an der Unfähigkeit zum Kompromiß und nicht zuletzt auch an der Torheit von Standesgenossen, die über der Verfolgung eigensüchtiger Vorteile nicht mehr in der Lage waren zu erkennen, welches ihr gemeinsames Standesinteresse war.

Die Ritter fürchteten, daß sie mit der Aufnahme von 300 prominenten Standesgenossen in den Senat einen schweren Substanzverlust erleiden könnten, und sie hatten sich schon so an die Macht gewöhnt, die ihnen der Gebrauch und der Mißbrauch der richterlichen Funktionen verschafften, daß sie ihren Einfluß einsetzten, um den Reformplan zu Fall zu bringen. Das Volk begrüßte die Gesetze über die Getreidesubventionierung und die Wiederaufnahme der Landverteilung, aber gegen den Plan einer Bürgerrechtsverleihung an die Bundesgenossen ließ sich leicht der Geist eigensüchtiger Besitzstandswahrung mobilisieren. Auch die Mehrheit der Senatoren mochte Bedenken angesichts der Gefahr unübersichtlicher Loyalitätsverhältnisse in der Volksversammlung empfinden, wenn die Neubürger die Altbürger majorisierten. Selbst vielen Bundesgenossen kamen wegen der geplanten Wiederaufnahme der Agrarreform Zweifel, nicht nur den süditalischen, sondern auch den etruskischen und umbrischen in Mittelitalien. Der Konsul Lucius Marcius Philippus ließ sich von den Rittern zum Sachwalter ihrer Interessen machen und führte den Widerstand gegen das Reformprojekt an. Die Gesetze über die Gerichte, die Landverteilung und die Getreidesubventionierung wurden, nach Lage der Dinge unter den üblichen tumultuarischen Umständen, zwar angenommen, aber dies geschah in einem summarischen Sammelverfahren, das gegen das Verbot einer *lex satura* (gemäß der *lex Didia Caecilia*) verstieß. In der Bürgerrechtsfrage, in der Livius Drusus engen Kontakt mit den Führern der Bundesgenossen hielt, versteifte sich der Widerstand, und es half dem Volkstribun auch nicht, daß er seinen Hauptgegner, den Konsul Marcius Philippus, vor Anschlagsplänen von deren Seite warnte. Die bereits verabschiedeten Gesetze hob der Senat wegen des Verstoßes gegen die *lex Didia Caecilia* wieder auf. Während Livius Drusus schon auf verlorenem Posten noch für die Annahme des Bürgerrechtsgesetzes kämpfte, wurde er von einem Unbekannten ermordet. Zwar wäre es eine Illusion, wenn man annähme, daß sein Agrargesetz für das schwierige Problem der Veteranenversorgung eine generelle Abhilfe hätte bringen können, doch war sein Gesetzgebungsprogramm die letzte Chance für das Senatsregiment, den Reformstau unter seiner Führung aufzulösen und die verlorengegangene innere Geschlossenheit in den großen, die Bürgerschaft bewegenden Fragen zurückzugewinnen und so die Grundbedingung seiner Existenz zu sichern. Diese Chance wurde verspielt. Die Republik trat in die Phase der sie zerstörenden Bürgerkriege ein.

Nach dem Scheitern des Bürgerrechtsgesetzes erhob sich ein großer Teil der italischen Bundesgenossen gegen Rom. Die Erhebung nahm ihren Ausgang von der picenischen Gemeinde Asculum, wo ein römischer Praetor wegen seines provozierenden Verhaltens erschlagen wurde, und griff schnell auf die Marser und Sabeller im Norden und auf die Samniten im Süden über. Dort breitete sich der Aufstand über Lukanien, Apulien und das südliche Campanien aus. Etrurien, Umbrien, das nördliche Campanien, die latinischen Kolonien und die griechischen Städte Süditaliens blieben Rom treu. Auf beiden Seiten wurden große Heere aufgestellt, und das erforderte auf seiten der Aufständischen den Aufbau einer organisatorischen Struktur, die die Mobilisierung der Wehrkraft, die Versorgung der Truppen mit Geld und Nachschub und die Koordinierung der militärischen Operationen auf den beiden getrennten Kriegsschauplätzen im Norden und Süden ermöglichte. Nach dem Vorbild Roms wurden von der Heeresver-

Denar der aufständischen Italiker, geprägt in Italia/Corfinium (91–88 v. Chr.):
Die Vs. zeigt den Gott Bacchus, auf der Rs. stößt der italische Stier
die römische Wölfin zu Boden.

sammlung zwei Konsuln gewählt und ein Senat gebildet, der in Corfinium – die Stadt erhielt den programmatischen Namen Italia – tagte. Die einzelnen Stämme der Aufständischen, zwölf an der Zahl, waren im Senat vertreten, und insofern wies die Organisation der Italiker Züge einer repräsentativen Verfassung auf. Dies kommt auch in den beiden Senatsausschüssen zum Ausdruck, die den Feldherren, Quintus Poppaedius Silo auf dem nördlichen und Gaius Papius Mutilus auf dem südlichen Kriegsschauplatz, beigegeben wurden. Beide Gremien wurden mit Repräsentanten der zwölf Stämme besetzt. Die Aufständischen waren den Römern anfangs nicht nur gewachsen, sondern waren sogar in der Lage, sie in ernste Schwierigkeiten zu bringen, so daß Rom genötigt war, auch verbündete Kontingente aus Spanien, Nordafrika und Kleinasien einzusetzen.

Nicht mit rein militärischen, sondern vor allem mit politischen Mitteln wurde Rom des Aufstandes schließlich Herr. Dazu trug entscheidend bei, daß die Ursache des Krieges das Scheitern der geplanten Aufnahme der Italiker in den römischen Bürgerverband war, und dementsprechend war ihr Kriegsziel genaugenommen nicht die Trennung von Rom, sondern die Integration in den römischen Bürgerverband. Die rudimentäre politische Organisation, die sich die Aufständischen gegeben hatten, war eher eine kriegsbedingte Notmaßnahme als Ausdruck des Willens zur Eigenstaatlichkeit. Mit Recht ist deshalb auch gesagt worden, daß die Italiker nicht für die Unabhängigkeit von Rom kämpften, sondern nur wegen der verweigerten Gleichberechtigung im römischen Staat einen rudimentären römischen Staat ohne Rom bildeten. Das aber hieß: Die römische Seite, die den Krieg militärisch nicht gewinnen konnte, war darauf verwiesen, den Italikern, die an ihrem ursprünglichen und eigentlichen Kriegsziel festhielten, politisch entgegenzukommen. Dies geschah in mehreren Schritten. Ein Gesetz des Volkstribunen Lucius Calpurnius Piso ermächtigte die Feldherren, bundesgenössische Einheiten, die sich auf römischer Seite bewährt hatten, mit dem Bürgerrecht zu belohnen. Davon ist auch Gebrauch gemacht worden. Eine erhaltene Inschrift bezeugt, daß Gnaeus Pompeius Strabo im Lager vor Asculum den Soldaten einer spanischen Reitereinheit das Bürgerrecht verlieh. Ein weiteres, spezielles Gesetz nahm die etruskische Gemeinde Tuder in die römische Bürgerschaft auf, und noch vor dem Ende des Jahres 90 brachte der Konsul Lucius Iulius Caesar ein Gesetz ein, das allen treu gebliebenen Bundesgenossen das Bürgerrecht verlieh. Auf diesem Wege ist dann fortgeschritten worden, indem den Aufständischen goldene Brücken gebaut wurden. Im Frühjahr verfügte das Gesetz der beiden Volkstribunen Marcus Plautius Silvanus und Gaius Papirius Carbo, daß alle, die die Waffen niederlegten und sich innerhalb von 60 Tagen beim Stadtpraetor in Rom meldeten, in die Bürgerliste eingetragen würden. Damit war im Norden die Kraft des Aufstandes gebrochen. Im Süden hatte jedoch die Dynamik des Krieges zu einem Wandel der Kriegsziele geführt. Die Samniten und ihre Verbündeten begannen noch einmal um die Wiederherstellung ihrer Unabhängigkeit zu kämpfen, und so ging der Krieg hier weiter bis zur Unterwerfung der Aufständischen im folgenden Jahr. Deshalb blieben sie nach ihrer Kapitulation als Unterworfene (*dediticii*) bis auf weiteres vom römischen Bürgerrecht ausgeschlossen. Im Norden wurde dagegen das römische Bürgergebiet bis zur Polinie ausgedehnt. Als Pompeius Strabo, Konsul des Jahres 89, vom nördlichen Kriegsschauplatz nach Rom zurückkehrte, brachte er ein Gesetz ein, das allen latinischen Gemeinden südlich des Flusses das römische Bürgerrecht verlieh, den nördlich dieser Linie gelegenen das latinische, sie den römischen Bürgern zivilrechtlich gleichstellte und ihren Magistraten das römische Bürgerrecht verschaffte.

Diese Vereinfachung der politischen Struktur bedeutete nicht, daß Italien ein Territorialstaat mit einer repräsentativen Verfassung geworden wäre. Alle politischen Organe, Magistrate, Senat und Volksversammlung, blieben auf den Stadtstaat bezogen, jedoch verfügte dieser Stadtstaat nun, sieht man von einigen, meist zeitlich begrenzten Enklaven ab, über ein geschlossenes Bürgergebiet, das von der Straße von Messina bis zum Po reichte. Die Zahl der in den Zensuslisten registrierten Bürger schnellte von 394000 auf 963000 empor, und ganz Italien war damit zu einem einheitlichen Rekrutierungsgebiet geworden. Die Vereinfachung der politischen Struktur des Landes zog in der Folgezeit auch eine Vereinheitlichung der munizipalen Gemeindeverfassung nach sich, an deren Spitze überall ein magistratisches Viermännerkollegium, die sogenannten *quattuorviri*, trat. Das Ergebnis des Bundesgenossenkriegs hatte freilich auch zur Folge, daß sich das längst vorhandene Mißverhältnis zwischen der Verfassung des Stadtstaates Rom und der Ausdehnung seines Territoriums weiter verschärfte. Völlig ungeklärt war, welche Auswirkungen die Aufnahme der Neubürger auf das innere Machtgefüge Roms haben würde, ob und in welchem Zeitraum die italischen Aristokratien Zugang zur regierenden Klasse Roms gewinnen und ob die Neubürger, die potentielle Majorität der Stimmberechtigten, eine Revolution der Mehrheitsverhältnisse in der römischen Volksversammlung bewirken würden. Die Unsicherheit war verständlicherweise groß. Der Senat handelte entsprechend dem Machtinstinkt und beabsichtigte, den Einfluß der Neubürger auf die Abstimmungen zu begrenzen. Darüber erhob sich ein neuer Streit, und dieser Streit verknüpfte sich mit anderen Problemfeldern der Politik und der Wirtschaft. Die Folge war ein Bürgerkrieg.

In der Stunde der höchsten Gefahr beim Ausbruch des Bundesgenossenkriegs hatten sich alle Angehörigen der regierenden Klasse, ob Optimaten oder Popularen, zur Abwehr des äußeren Feindes zusammengefunden. Selbst Marius hatte sich, ebenso wie sein ehemaliger Quaestor Lucius Cornelius Sulla, als Truppenführer zur Verfügung gestellt. Aber ein wirklicher Burgfriede kam auch während des Krieges nicht zustande. Nicht nur, daß Marius empört darüber war, daß der Senat kurz vor Kriegsausbruch Sulla zum eigentlichen Sieger über Iugurtha stilisieren ließ, indem er König Bocchus von Mauretanien autorisierte, eine Statuengruppe auf dem Kapitol zu weihen, die die Übergabe Iugurthas an Sulla darstellte: Noch im Jahre 90 brachte der Volkstribun Quintus Varius Hybrida ein Gesetz ein, das ein Sondergericht zur Abrechnung mit den Anhängern des Livius Drusus, des vermeintlich Schuldigen an der Erhebung der Bundesgenossen, einsetzte. Anklage wurde gegen den *princeps senatus* Aemilius Scaurus erhoben sowie gegen eine Reihe weiterer Angehöriger der Nobilität wie Marcus Antonius, Gaius Aurelius Cotta und Lucius Memmius. Das Sondergericht war mit Rittern besetzt, und die nahmen gerne die Gelegenheit zur Abrechnung mit ihren politischen Gegnern wahr. In Reaktion auf diesen Mißbrauch der Gerichtsbarkeit ließ die Gegenseite durch den Volkstribun Marcus Plautius Silvanus ein neues Richtergesetz beantragen. Danach wurden die Gerichte durch das Volk gewählt, und zwar aus Angehörigen des Senatoren- und Ritterstandes. Nach der Verleihung des Bürgerrechts an die Italiker folgten die Vorstöße, die darauf gerichtet waren, die politischen Konsequenzen der Bürgerrechtsverleihung, die Ausübung des Stimmrechts in der Volksversammlung, nach Möglichkeit gering zu halten. Beabsichtigt war, die Neubürger, die potentielle Mehrheit der Stimmberechtigten, in eine Minderheit der Stimmkörperschaften, acht von fünfunddreißig, einzuschreiben. Dies versuchte der für das Jahr 88 gewählte Volkstribun Publius Sulpicius Rufus, einer der Anhänger des Livius Drusus aus dem Kreis der Nobilität, mit allen Mitteln zu verhindern. Er schlug vor, die Neubürger auf alle fünfunddreißig Tribus zu verteilen. Zwar war dies ein Vorschlag der politischen Vernunft, wenn denn die Zuerkennung tatsächlicher Gleichberechtigung die sachlich notwendige Konsequenz aus der Bürgerrechtsverleihung war. Aber ohne mächtige Bundesgenossen hatte er keine Chance, gegen das kleinliche wahltaktische Kalkül seiner Gegner anzukommen. So verbündete er sich mit Gaius Marius, der seine Veteranen und Anhänger dem Volkstribunen zuführte, um selbst zum Ziel seiner Wünsche zu gelangen: Ein großes Militärkommando gegen einen mächtigen auswärtigen Feind sollte ihn zurück in den inneren Führungskreis des römischen Staates bringen.

Es handelte sich um das Kommando gegen König Mithradates VI. von Pontos, der im Jahre 88 in die Provinz Asia eingefallen war und Rom in kritischer Zeit von seiner wichtigsten Einnahmequelle abschnitt. Damit verschärfte sich die schwere Finanzkrise, die eine der unmittelbaren Folgen des Bundesgenossenkrieges war. Schon während des Krieges fielen die Einnahmen, die der Staat aus seinen Liegenschaften in Italien zog, weitgehend aus, nur aus dem *ager Campanus* flossen die Pachtgelder weiterhin in die Staatskasse. Den Einnahmeausfällen stand kriegsbedingt ein erhöhter Geldbedarf gegenüber. Für

Soldzahlungen, Kriegsmaterial und Nachschub wurde damals viel Geld ausgeprägt, und das bedeutete unter den gegebenen Umständen Münzverschlechterung und Neutarifierung des Wertverhältnisses von Silber- und Kupfergeld. Schon Livius Drusus hatte in Erwartung des erhöhten Geldbedarfs, den seine Versorgungsgesetze nach sich ziehen würden, ein Münzgesetz verabschieden lassen, das anordnete, den Silberprägungen unedles Metall beizumischen. Dann brachte während des Krieges der Volkstribun Gaius Papirius Carbo Arvina ein Gesetz ein, das das Gewicht der Kupfermünze, des As, von $^1/_{12}$ auf $^1/_{24}$ des römischen Pfunds herabsetzte. Damit war der Nominalwert des in großen Mengen umlaufenden Kupfergeldes um 100 % aufgewertet und der As zu einer reinen Kreditmünze geworden. Das Nachsehen bei dieser Währungsmanipulation hatten die Gläubiger. Denn der reale Wert der Kredite, die üblicherweise auf Beträge in Asses lauteten, war mit einem Schlage um 50 % abgewertet. Das kam den Schuldnern entgegen, die in den Nöten der Kriegszeit, als das normale Wirtschaftsleben stockte, dem Druck der Gläubiger nach Rückzahlung der Darlehen ausgesetzt waren. Neue Kredite waren bei dem hohen Bedarf des Staates an Zahlungsmitteln allenfalls zu Wucherzinsen aufzutreiben, und das verschärfte noch die ohnehin schon drückende Schuldenkrise. Als im Jahre 89 der Stadtpraetor Aulus Sempronius Asellio als zuständiger Gerichtsherr sich der Rechtsstreitigkeiten annehmen mußte, die diesen Problemen entsprangen, begrenzte er unter Rückgriff auf alte Wuchergesetze die Höhe des Zinssatzes und provozierte mit diesem gutgemeinten, aber den Verhältnissen wenig angemessenen Eingriff in den Geldmarkt einen Aufruhr der Gläubiger und Geldverleiher, der ihn das Leben kostete.

Mit dem Einfall des Königs Mithradates in die Provinz Asia verschlimmerte sich, wie gesagt, die schwelende Finanzkrise. Nicht nur war der Staat bis auf weiteres von seiner Haupteinnahmequelle aus den Provinzen abgeschnitten, sondern auch die Steuerpächter, ihre Bürgen und stillen Teilhaber (dazu gehörten auch Senatoren) sowie die Geldverleiher, die in das Steuerpachtgeschäft durch Kreditgewährung involviert waren, mußten ihr investiertes Geld erst einmal abschreiben. Cicero hat aus Anlaß einer späteren, ähnlich gelagerten, aber weniger dramatischen Krise die Verflechtung der öffentlichen und privaten Finanzinteressen mit den staatlichen Einnahmen aus der Provinz Asia in einer Rede an das Volk wie folgt beschrieben:

III. Die Krise der Republik und ihre Ursachen

«Die Steuereinnahmen aus den übrigen Provinzen sind so gering, ihr Bürger, daß sie uns kaum für den Schutz der Provinzen selbst genügen können. Asia dagegen ist so reich, daß es durch die Ergiebigkeit seiner Landwirtschaft, die Vielfalt seiner Erträge, die Größe seines Weidelandes und die Menge der für die Ausfuhr bestimmten Waren alle anderen Länder übertrifft. Ihr müßt daher diese Provinz, wenn ihr das, was den Nutzen für den Krieg und einen würdevollen Frieden begründet, behalten wollt, ihr Bürger, nicht nur vor Unheil bewahren, sondern sogar vor der bloßen Befürchtung eines Unheils bewahren. Denn sonst hat man den Schaden erst, wenn das Unheil eintritt. Doch bei den Steuereinnahmen bringt nicht erst der Eintritt eines Übels, sondern schon die bloße Befürchtung Verluste mit sich. Denn wenn die feindlichen Truppen nicht weit sind – es braucht noch gar kein Einfall stattgefunden haben –, so verläßt man gleichwohl die Herden, gibt die Feldarbeit auf und stellt die Handelsschiffahrt ein. Unter diesen Umständen lassen sich weder aus dem Hafenzoll noch aus dem Zehnten (des Ernteertrags) noch aus den Weidenutzungsgebühren Einnahmen erzielen. Daher gehen oft die Einnahmen eines ganzen Jahres verloren, wenn nur einmal das Gerücht einer Gefahr aufkommt oder ein Krieg auszubrechen scheint. Wie stellt ihr euch demnach die Stimmung derer vor, die uns Steuern zahlen oder die sie verwalten oder eintreiben, wenn sich zwei Könige (gemeint sind Mithradates VI. und Tigranes von Armenien) mit riesigen Heeren in unmittelbarer Nähe befinden, wenn ein Streifzug der Reiterei in kürzester Zeit das Steueraufkommen eines ganzen Jahres hinweggraffen kann, wenn die Steuerpächter glauben, daß ihre zahlreichen Bediensteten, die sie auf den Salzfeldern, auf den Ländereien, in den Häfen und an den Verkehrskontrollstellen beschäftigen, sich in großer Gefahr befinden? Glaubt ihr, aus alledem noch Nutzen ziehen zu können, es sei denn, ihr bewahrt diejenigen, die euch von Nutzen sind, nicht allein vor dem Unheil, sondern, wie ich schon sagte, auch vor dem Schreckbild eines Unheils? Und auch den Gesichtspunkt solltet ihr nicht geringachten, den ich mir an letzter Stelle vorgenommen hatte, als ich über die Beschaffenheit des Krieges zu sprechen begann: Er betrifft das Vermögen zahlreicher römischer Bürger. Ihr solltet darauf, wenn ihr vernünftig seid, sorgsam Bedacht nehmen. Denn erstens haben die Steuerpächter, hochangesehene und vermögende Leute, ihre Gelder und Mittel in dieser Provinz angelegt. Deren Interessen und Verhältnisse müssen um ihrer selbst willen eure Teilnahme erregen. Denn wenn uns die Steuereinnahmen stets als der Nerv des Staates gegolten haben, so dürfen wir mit Recht behaupten, daß der Stand, der sie verwaltet, die Stütze der übrigen Stände ist. Das sind zweitens Angehörige der übrigen Stände, tüchtige und regsame Leute. Sie treiben zum Teil selbst in Asien Geschäfte, und ihr müßt euch in ihrer Abwesenheit um sie kümmern, teils haben sie beträchtliche Kapitalien in dieser Provinz angelegt. Ihr seid es demnach eurer Menschlichkeit schuldig, eine große Zahl von Bürgern vor dem Unglück zu bewahren, und eurer Klugheit, einzusehen, daß die allgemeine Wohlfahrt nicht unabhängig von dem Unglück vieler Bürger bestehen kann. Denn einmal will es wenig heißen, daß ihr den Pächtern die verlorenen Steuern hernach durch euren Sieg wieder verschaffen könnt; denn den bisherigen Bewerbern (um den Zuschlag der Pacht) werden wegen der Verluste die Mittel zur Pacht und anderen aus Furcht die Bereitschaft dazu fehlen. Zum anderen, was uns eben dies Asien und eben dieser Mithradates zu Beginn des asiatischen Krieges (im Jahre 88) gezeigt haben, das müssen wir, durch Schaden klug geworden, jetzt unbedingt im Auge behalten. Denn wir wissen ja, daß, als in Asia sehr vielen Leuten große Vermögenswerte verlorengingen, in Rom der Zahlungsverkehr stockte und der Kredit zusammenbrach. Wenn nämlich in einem Staat viele Leute Geld und Vermögen

Der Weg in den Bürgerkrieg: Marius und Sulla 255

einbüßen, kann es nicht ausbleiben, daß sie andere mit in dasselbe Verderben ziehen: Bewahrt unser Gemeinwesen vor dieser Gefahr! Denn glaubt mir, was ihr ja selber seht: das Kredit- und Geldwesen, das in Rom, das hier auf dem Forum seine Stätte hat, ist mit den Kapitalien in Asia verflochten und davon abhängig. Jene Kapitalien können nicht zusammenbrechen, ohne daß der hiesige Geldmarkt, von derselben Bewegung erschüttert, in Verfall gerät» (Cicero, *Über den Oberbefehl des Gnaeus Pompeius* 14–17).

Wie Cicero andeutet, waren die Gefahren, die im Jahre 66 nach seiner Meinung den Steuereinnahmen, den Steuerpächtern, Geschäftsleuten und dem Kapitalmarkt drohten, zwanzig Jahre vorher, und zwar unter entsetzlichen Begleitumständen, Wirklichkeit geworden. Rom mußte unmittelbar nach Beendigung des Bundesgenossenkriegs ein Heer zur Rückeroberung nicht nur der Provinz Asia, sondern des gesamten griechischen Ostens entsenden. Mit dem Oberbefehl betraute der Senat Lucius Cornelius Sulla, einen der amtierenden Konsuln des Jahres 88. Sulla hatte sich bereits im Krieg gegen Iugurtha und gegen die Kimbern und Teutonen, zuletzt wieder im Kampf mit den aufständischen Samniten bewährt. Sachlich begründete Zweifel an seiner Beauftragung konnte es also nicht geben. Aber nun kam der Ehrgeiz des Marius ins Spiel, der den Oberbefehl für sich beanspruchte, um auf dem östlichen Kriegsschauplatz das Ansehen wiederzugewinnen, das er auf der politischen Bühne Roms im Jahre 100 verspielt hatte. Auf den Senat konnte er nicht zählen, und so schloß er sich mit dem Volkstribunen Sulpicius Rufus zusammen, der ebenfalls eines mächtigen Verbündeten bedurfte, um sein Gesetz zur Verteilung der Neubürger auf die 35 Abstimmungskörperschaften gegen den dezidierten Willen des Senats durchsetzen zu können. Obwohl Marius' politischer Ruf ruiniert war, konnte er noch immer eine bedeutende Anhängerschaft mobilisieren: die einflußreichen Steuerpächter und Geschäftsleute, die sich von dem großen Truppenführer einen schnellen Sieg über Mithradates versprachen, und nicht zuletzt seine Soldaten und Veteranen, die die Aussicht auf einen leichten Sieg und reiche Beute lockte. Aus ihnen rekrutierten sich die Knüppelgarden, die den Gesetzesanträgen des Volkstribunen handfesten Nachdruck verleihen und den Widerstand zum Schweigen bringen konnten. Das Gesetzgebungsprogramm selbst wurde im Interesse des Marius um den Antrag erweitert, Sulla den Oberbefehl gegen Mithradates zu entziehen und auf Marius zu übertragen. Damit verschärfte sich nicht nur der Konflikt mit dem Senat, Sulpicius Rufus machte sich auch Sulla zum Todfeind, und aus dieser Konstellation entstand ein Bürgerkrieg, der sich auf das engste mit dem auswärtigen gegen Mithradates von Pontos verflocht.

Sulpicius Rufus entstammte einer patrizischen Familie, und um Volkstribun werden zu können, unterzog er sich der altertümlichen Prozedur des Übertritts in den Stand der Plebejer. Als Gefolgsmann des Livius Drusus betrachtete er es nach dessen Tod als seine Pflicht, das Vermächtnis seines Vorbildes zu erfüllen. Das erste seiner Gesetze schuf die Voraussetzung für die Rückkehr der Anhänger des Livius Drusus, die nach der *lex Varia* des Jahres 90 in die Verbannung hatten gehen müssen, ein zweites, das politische Kernstück seines Programms, sorgte dafür, daß die Neubürger gleichmäßig auf die bestehenden fünfunddreißig Tribus verteilt wurden, und ein drittes setzte, um den Senat gefügig zu machen, die Senatoren unter den Druck einer einschneidenden Sanktion: Es bedrohte alle Senatoren, die mehr als 2000 Denare Schulden hatten und sie nicht begleichen konnten, mit dem Ausschluß aus dem Senat. Schließlich zahlte er seinem Verbündeten den vereinbarten Preis – ein tribunizisches Gesetz entzog Sulla den Oberbefehl gegen Mithradates und übertrug ihn auf Marius. Unter Gewaltanwendung wurden alle Gesetze durchgebracht, aber die Rechnung war ohne Sulla gemacht. Er ließ sich den Entzug des Oberkommandos nicht gefallen und appellierte an seine Armee in Campanien, ihm bei seinem Marsch auf Rom zu folgen und ihr eigenes Interesse und das ihres Feldherrn mit der Spitze des Schwertes zu verteidigen. Die höheren Offiziere verweigerten sich diesem Appell zum Bürgerkrieg, aber die Soldaten folgten ihm, um nicht die Aussicht auf Beute und Versorgung mit einer Bauernstelle zu verlieren. Die Armee Sullas erzwang sich mit Gewalt den Einmarsch in Rom, und der Konsul ging daran, mit seinen Feinden abzurechnen und die politische Ordnung, wie er sie verstand, wiederherzustellen. Marius und Sulpicius Rufus wurden mitsamt ihren Anhängern geächtet. Der Volkstribun wurde getötet, Marius gelang unter abenteuerlichen Umständen die Flucht nach Nordafrika, wo er bei seinen dort angesiedelten Veteranen in Sicherheit war. Die bereits verabschiedeten Gesetze des Sulpicius ließ Sulla als fehlerhaft, weil unter Gewaltanwendung zustande gekommen, kassieren. Vor seinem Aufbruch nach Osten traf er noch eine Reihe von Maßnahmen zur vorläufigen Stabilisierung der politischen Verhältnisse in Rom. Ein Gesetz beider Konsuln, die *lex Cor-*

nelia Pompeia, betraf den zusammengebrochen Kapitalmarkt und begrenzte in einer Zeit des knappen Geldes den Höchstzinssatz für Kredite auf 10 %. Ein weiteres, von ihm beantragtes Gesetz ordnete an, daß Volkstribune künftig Gesetzesanträge nur mit Autorisierung durch den Senat zur Abstimmung vor die Volksversammlung bringen durften. Angeblich war darin sogar verfügt, daß die Zenturiatkomitien, die von den Besitzenden dominiert wurden, und nicht mehr die Tributkomitien die ratifizierende Versammlung sein sollten. So wollte er für die Zeit seiner Abwesenheit einen Notdamm gegen populare Experimente errichten. Sulla leitete auch noch persönlich die Konsulwahlen für das Jahr 87. Das Ergebnis entsprach freilich nicht völlig seinem Wunsch. Zwar wurde in der Person des Gnaeus Octavius ein dezidierter Optimat gewählt, doch der andere designierte Konsul, Lucius Cornelius Cinna, machte aus seiner Sympathie für Marius und Sulpicius Rufus keinen Hehl. Sulla nahm jedoch die Wahl hin und beschränkte sich auf das Aushilfsmittel, Cinna einen feierlichen Eid auf das Versprechen abzunehmen, daß er nichts an der provisorischen Ordnung der Dinge ändern werde, die Sulla gegeben hatte. Danach verließ er Rom, um die Überfahrt seines aus sechs Legionen bestehenden Heeres nach Griechenland vorzubereiten. Während er in den folgenden Jahren im Osten Krieg gegen Mithradates führte, wurde die von ihm begründete vorläufige Ordnung unter bürgerkriegsähnlichen Wirren beseitigt. Bis zu seiner Rückkehr aus dem Osten im Jahre 83 war die Geschichte Roms auf zwei, sich feindlich gegenüberstehende Zentren verteilt, auf das populare Regime Cinnas in Italien und auf den Kriegsschauplatz im Osten, den Sulla zu einem Hort der Optimaten machte.

An dem Krieg, zu dem Sulla im Frühjahr 87 aufbrach, waren die römischen Legaten und Statthalter in ihrer Arroganz und Geldgier nicht unschuldig. König Mithradates VI. von Pontos, dem letzten großen Gegenspieler Roms in der hellenistischen Welt, war es gelungen, zu seinem im nordöstlichen Kleinasien gelegenen Reich seit dem Jahre 110 am Nordrand des Schwarzen Meeres auch das Bosporanische Reich zwischen den Halbinseln Krim und Kertsch zu gewinnen. Das Bosporanische Reich mit seinen griechischen Städten war nicht mehr in der Lage gewesen, sich ohne Unterstützung von außen dem Druck der Skythen aus dem Hinterland zu erwehren, und so riefen die Stadt Chersonesos, das spätere nach Kaiser Augustus benannte

Sebastopolis (Sewastopol), und der letzte Herrscher aus bosporanischer Dynastie, Pairisades V., den pontischen König zu Hilfe. Dieser schickte seinen Feldherrn Diophantos, der in mehreren Feldzügen zwischen 110 und 107 Chersonesos vor den Skythen schützte, im Westen der Krim die Stadt Eupatoria zu Ehren des Mithradates (er führte den Beinamen Eupator, d. h. der von einem edlen Vater Abstammende) gründete und im Osten die Städte Theodosia und Pantikapaion eroberte. Im Jahre 107 trat Mithradates offiziell die Nachfolge des letzten bosporanischen Herrschers an, eroberte Kleinarmenien und die durch ihren Reichtum an wertvollem Schiffsbauholz ausgezeichnete Landschaft Kolchis zwischen dem Nordosten Kleinasiens und dem Kaukasus. Nach Art hellenistischer Herrscher war Mithradates auf die Steigerung von Macht und Ehre fixiert, und das wichtigste Mittel zum Zweck waren kriegerische Erfolge und Expansion. Im Jahre 105 traf er mit König Nikomedes III., dem Herrscher Bithyniens, eine Vereinbarung, der zufolge beide Könige das zwischen ihren Reichen im Norden Kleinasiens gelegene Paphlagonien untereinander aufteilten und Mithradates sich Galatiens bemächtigte. Dann versuchte jeder von beiden, das im Osten gelegene Kappadokien unter seine Kontrolle zu bringen, indem er dort einen Strohmann als Herrscher einsetzte. Als Nikomedes den kürzeren zog, appellierte er an Rom. Der Senat befahl die Räumung Kappadokiens, und Mithradates hütete sich, Rom zu provozieren. Er gehorchte, und der kappadokische Adel wählte einen neuen König. Aber kurze Zeit später versuchte Mithradates erneut, und zwar mit Hilfe seines Schwiegersohnes, des Königs Tigranes II. von Armenien, sich Kappadokiens zu bemächtigen. Wieder wurde Rom angerufen, und wieder wich Mithradates vor der römischen Intervention zurück. Dieses Mal war es Sulla, dem als Propraetor in Kilikien im Jahre 96 die Aufgabe zufiel, im Auftrag des Senats den vertriebenen König Ariobarzanes nach Kappadokien zurückzuführen. Bei dieser Gelegenheit traf Sulla als erster Römer mit einem Abgesandten des Partherkönigs Arsakes, des Herrschers über das iranische Hochland und das Zweistromland, am oberen Euphrat zusammen. Aber im Jahre 92/91 geriet die Staatenwelt Kleinasiens erneut in Bewegung. König Tigranes von Armenien fiel in Kappadokien ein und setzte dort den pontischen Thronprätendenten Ariarathes wieder zum König ein. Mithradates selbst griff seinen westlichen Nachbarn, Nikomedes IV. von Bithynien, an und vertrieb ihn aus seinem Reich. Als seinen

Schützling inthronisierte er dort den jüngeren Bruder des vertriebenen Königs, Sokrates Chrestos. Wieder wurde von der unterlegenen Seite der Senat angerufen, und auch jetzt scheute Mithradates VI. einen kriegerischen Konflikt mit Rom. Eine römische Gesandtschaft unter Führung des Manius Aquillius führte die beiden legitimen Könige in ihre Reiche nach Bithynien und Kappadokien zurück. Aber weil Mithradates es abgelehnt hatte, die geforderten Entschädigungszahlungen zu leisten, ließ es Manius Aquillius nicht bei diesem Erfolg seiner Mission bewenden. Er hetzte Nikomedes IV. auf, in das Reich des pontischen Königs einzufallen, und verbot diesem, sich zu wehren. Ihm wurde bedeutet, daß jede Gewaltanwendung gegen den bithynischen König als gegen Rom gerichtet angesehen werde. Der Zweck dieses schandbaren Vorgehens war die Erpressung hoher Entschädigungszahlungen (an denen, wie üblich, die römischen Gesandten sich ihren Anteil zu sichern gedachten). In die Enge getrieben nahm Mithradates den ihm angedrohten Krieg mit Rom an.

Mithradates eroberte Kappadokien und fiel im Winter 89/88 in die Provinz Asia ein. Weite Teile des Landes fielen ihm zu; nur wenige Städte hielten Rom die Treue und leisteten den pontischen Invasoren Widerstand. Die Masse der Bevölkerung begrüßte den König als Befreier von der drückenden und ausbeuterischen Herrschaft Roms. Mithradates aber nutzte den aufgestauten Haß gegen die Steuerpächter und ihr Personal sowie gegen die römischen Geldverleiher und Geschäftsleute, die sich im Lande aufhielten, und erklärte sie alle im Frühjahr 88 für vogelfrei. Auf diesen sogenannten Blutbefehl von Ephesos hin tobte sich der Haß der Unterdrückten in einer beispiellosen Mordorgie aus. Angeblich fielen ihr 80 000 Menschen zum Opfer. Der Kalkül des Königs war, daß auf diese Weise alle Städte der Provinz, in denen die Bluttaten geschehen waren, aus Angst vor der Rache der Römer ihr Schicksal auf Gedeih und Verderb mit dem seinen verbinden mußten. Danach gewann die antirömische Stimmung auch in Makedonien und in weiten Teilen Griechenlands die Oberhand. Selbst Athen, das nach dem Dritten Makedonischen Krieg einer der Hauptnutznießer der römischen Politik gewesen war, ließ sich von dem peripatetischen Philosophen Athenion, den die Stadt als Gesandten in das Hauptquartier des Mithradates geschickt hatte, ebenso leichtsinnig wie bereitwillig auf die Seite des Königs ziehen. Aber der Versuch des zur Macht gelangten Philosophen, den Römern das strategisch wichtige Delos zu entreißen, scheiterte. Erst als Mithradates im Sommer 88 seinen Strategen Archelaos mit einer Flotte und einer Armee nach Griechenland schickte, änderte sich die Lage. Archelaos eroberte Delos, und wieder verlor eine große Zahl von Römern ihr Leben, angeblich 20000 Menschen. Dann brachte er in Athen einen anderen Philosophen, den Epikureer Aristion, an die Macht und errichtete im Piräus sein Hauptquartier.

Als Sulla im Frühjahr 87 mit fünf Legionen in Griechenland erschien, konzentrierten sich die Kampfhandlungen auf Athen. Sulla schloß die Stadt und den Piräus von der Landseite ein und erstürmte Athen nach langer Belagerung und wechselvollen Kämpfen am 1. März 86. Etwas später räumte die pontische Besatzung unter Führung des Archelaos auch den Piräus und vereinigte sich mit der großen Armee, die Mithradates auf dem Landweg nach Griechenland geschickt hatte. Im April oder Mai besiegte Sulla eine fünffache Übermacht bei Chaironeia in Böotien, und im Herbst vernichtete er bei Orchomenos, ebenfalls in Böotien, ein zweites pontisches Heer. Nicht durch den auswärtigen Gegner, sondern durch den politischen Umsturz in Rom geriet er dann in eine schwierige Lage. Im Jahr 87 waren Marius und Cinna durch Bürgerkrieg an die Macht gekommen, und das neue Regime schickte den Konsul des Jahres 86 Lucius Valerius Flaccus und den Legaten Gaius Flavius Fimbria mit einem Heer nach Griechenland. Dieses Heer nahm den Weg zu den Meerengen, um Mithradates in Kleinasien anzugreifen und so den Krieg zu beenden. Am Bosporus gerieten der Konsul und sein Legat in einen schweren Konflikt, in dessen Verlauf Fimbria die Soldaten auf seine Seite zog und seinen Vorgesetzten ermorden ließ. Dann setzte er im folgenden Jahr nach Kleinasien über, errang eine Reihe von Erfolgen, eroberte Bithynien und schloß Mithradates in Pitane ein. Sulla mußte befürchten, daß die von seinen Feinden in Rom auf den östlichen Kriegsschauplatz beorderte Armee den Krieg siegreich beendete, aber er wußte das zu verhindern. Sein Flottenkommandant Lucius Licinius Lucullus ließ Mithradates über das Meer entkommen. Der hatte es nun mit zwei rivalisierenden römischen Feldherren zu tun, und er nutzte diesen Vorteil zu dem Versuch, bei Verhandlungen den einen gegen den anderen auszuspielen. Noch im Winter 86/85 hatte Sulla in Griechenland Kontakt mit Mithradates' Strategen Archelaos aufgenommen. Sulla forderte die Rückgabe aller Eroberungen in

Kleinasien und in der Ägäis, Auslieferung der Gefangenen und Überläufer, die Übergabe von 70 Kriegsschiffen, die Übernahme der Besoldung und Verpflegung der Armee Sullas sowie eine Kriegsentschädigung in Höhe von 2000 Talenten (48 Mio. Sesterzen). Der römische Feldherr war auf die geforderten Lieferungen und Zahlungen dringend angewiesen. Auf Geld und Nachschub aus Italien konnte er seit dem Regimewechsel in Rom nicht mehr hoffen, und er hatte sich bisher nach dem Grundsatz über Wasser gehalten, daß der Krieg den Krieg ernähre. Bei der Erstürmung Athens war ihm unter anderem der Tempelschatz von Delos in die Hände gefallen, und er hatte sich auch nicht gescheut, die anderen großen Tempelschätze, die von Delphi, Olympia und Epidauros, mit Beschlag zu belegen. Aber die zusammengeraubten Schätze gingen zur Neige, und die Ressourcen Griechenlands waren erschöpft. Mithradates aber wollte sich auf Sullas Forderungen nicht einlassen und berief sich auf die besseren Bedingungen, die Fimbria ihm bei separaten Verhandlungen geboten hatte. So blieb Sulla nichts anderes übrig, als ebenfalls mit seiner Armee nach Kleinasien überzusetzen. Mithradates zog es daraufhin vor, in Dardanos den Frieden zu den Bedingungen Sullas zu schließen. Die folgende Konfrontation der beiden römischen Heere fand bei Pergamon statt und endete damit, daß die Soldaten Fimbrias zu Sulla überliefen. Fimbria selbst beging Selbstmord.

In der Folgezeit ordnete Sulla die Verhältnisse Kleinasiens und Griechenlands neu. In der Provinz Asia wurden die treu gebliebenen Gemeinden belohnt, über die anderen erging ein Strafgericht, obwohl das Friedensinstrument eine Amnestie vorsah. Sulla forderte von den unglücklichen Provinzialen eine Nachzahlung der Zölle und Abgaben für fünf Jahre und erlegte ihnen die ungeheure Strafsumme von 20 000 Talenten (480 Mio. Sesterzen) auf. Dazu mußten sie für die auf das großzügigste kalkulierte Besoldung, Bekleidung und Verpflegung der im Lande stationierten Armee aufkommen. Was die undisziplinierte Soldateska auf eigene Faust raubte und plünderte, entzieht sich jeder Berechnung. Es war Sullas Kalkül, die Soldaten schalten und walten zu lassen, um sie an seine Person zu binden, denn er brauchte sie als seine Bürgerkriegsarmee. Schon im Jahre 85 zog der Konsul Lucius Cornelius Cinna in Italien eine starke Armee zusammen, mit der er im Frühjahr des folgenden Jahres nach Griechenland übersetzen wollte, um Sulla mit Waffengewalt entgegenzutreten. Es drohte also ein Bürgerkrieg, und es war nur die Frage, ob er in Griechenland oder Italien auszufechten war. Sulla hatte im Frühjahr 87 Italien kaum verlassen, als Cinna trotz des Eides, den er geschworen hatte, die strittige Frage der Verteilung der Neubürger auf die Abstimmungskörperschaften wieder auf die politische Tagesordnung setzte. Darüber kam es zum Streit mit dem Mitkonsul Gnaeus Octavius, der unter den sattsam bekannten gewalttätigen Unruhen auf der Straße ausgetragen wurde. Cinna wurde zur Flucht gezwungen. Er ging nach Campanien und gewann dort die Truppen, die vor dem noch immer belagerten Nola standen. Vor allem strömten ihm die Neubürger, die in ihm den Vertreter ihrer Interessen sahen, in großer Zahl zu. Marius wurde aus Nordafrika zurückgerufen, er landete in Etrurien und bildete aus Neubürgern und zu den Waffen gerufenen Sklaven eine zweite Armee. Gemeinsam eroberten Cinna und Marius Rom und ließen sich für das Jahr 86 zu Konsuln wählen (Marius starb freilich schon kurz nach Amtsantritt am 13. Januar). Unmittelbar nach ihrem Einzug in der Stadt nahmen sie blutige Rache an ihren Gegnern. Ihr fielen der Konsul Octavius ebenso zum Opfer wie Marcus Antonius, Quintus Lutatius Catulus, der den Sieg über die Kimbern bei Vercellae miterrungen hatte, Publius Licinius Crassus und sein ältester Sohn sowie zwei Angehörige des Iulischen Geschlechts, Gaius und Lucius Caesar. Sulla wurde in Abwesenheit geächtet, sein Vermögen eingezogen und sein Haus in Rom demoliert. Cinna dispensierte die verfassungsmäßige Ordnung und übte, gestützt auf seine Anhängerschaft, zu der nicht zuletzt ein großer Teil der Neubürger gehörte, bis zu seinem Tod im Jahre 84 faktisch eine Alleinherrschaft aus, indem er ununterbrochen und ungewählt den Konsulat bekleidete und seinen jeweiligen Kollegen aus eigener Machtvollkommenheit selbst ernannte. Unter den Bedingungen des offenen oder latenten Bürgerkriegs, der die einvernehmliche Regelung strittiger Sachfragen nicht mehr zuließ, machte die Suspendierung der Verfassung, die dieser Konstellation überhaupt nicht gewachsen war, sogar einen guten Sinn. Selbst die schreckliche Liquidierung der politischen Gegner ging nicht ausschließlich auf die Rechnung blinder Rachgier, sondern unterlag insofern einem rationalen Kalkül, als sie darauf angelegt war, mit den Menschen auch die Möglichkeit eines erneuten Umsturzes zu vernichten. Vollständig gelang das freilich nicht. Die Ermordung prominenter Optimaten löste eine Fluchtbewegung aus. Viele Überlebende flüchteten sich nach Griechenland in das Feldlager Sullas und überließen Cinna bis auf weiteres das Feld. Das neue Regime ging sofort daran, die dringendsten Probleme zu lösen, und es hatte, befreit von den Methoden der Obstruktion, der die Verfassung der Republik einen so weiten Spielraum gab, damit auch Erfolg. Cinnas Mitkonsul Valerius Flaccus beantragte das radikale Gesetz zur Lösung der Schuldenkrise, und der Praetor Marius Gratidianus stellte die vielfach manipulierte Währung wieder auf eine solide Grundlage. Das Gesetz des Valerius Flaccus erließ den Schuldnern $^3/_4$ ihrer Schuld und ordnete die Tilgung der Restschuld an; Marius Gratidianus ließ Münzprüfstellen mit dem Ziel einrichten, die seit dem Tribunat des Livius Drusus emittierten minderwertigen Silbermünzen mit Kupferkern aus dem Verkehr zu ziehen und das für den Zahlungsverkehr unerläßliche Vertrauen in den Geldwert wiederherzustellen. Auch die Hauptstreitfrage der Verteilung der Neubürger und der Freigelassenen auf die Stimmkörperschaften wurde mit Erfolg angegangen. Ein Senatsbeschluß des Jahres 84 regelte ihre Einweisung in die 35 Tribus. Zu diesem Zeitpunkt hatte schon die Vorbereitung zum Kampf gegen Sulla begonnen. Cinna sammelte im Winter 85/84 ein großes Heer, mit dem er nach Griechenland übersetzen wollte. Doch Sullas Flotte sperrte ihm im Frühjahr die Überfahrt nach Epirus, so daß er nach Ancona zog, um von hier aus eine Landung im Norden zu versuchen. Dabei kam es zu Schwierigkeiten, und Cinna fand bei Soldatenunruhen den Tod.

So konnte Sulla die Initiative ergreifen. Nach umfangreichen Rüstungen landete er im Frühjahr 83 bei Brundisium in Italien. Bevor seine Soldaten an Bord gingen, nahm er ihnen den Eid ab, ihm im bevorstehenden Bürgerkrieg die Treue zu halten und in Italien auf das Plündern zu verzichten. Nach seiner Landung stellten sich die alten politischen Fronten sofort wieder her. Einige Angehörige der Nobilität, denen es gelungen war, während der Herrschaft der Popularen im Verborgenen zu leben, wie Quintus Caecilius Metellus, der Sohn des mit Marius bitter verfeindeten Metellus, oder Marcus Licinius Crassus, dessen Vater und älterer Bruder der Rachgier der Marianer zum Opfer gefallen waren, traten sofort auf die Seite Sullas. Vor allem der junge und ehrgeizige Gnaeus Pompeius, dessen Vater bei Ausbruch des Bürgerkriegs zwischen Gnaeus Octavius und Cinna mit der Verteidigung Roms beauftragt worden war, aber sich mit beiden Seiten auf undurchsichtige Weise in Verhandlungen eingelassen hatte, schloß sich Sulla an und mobilisierte aus den ehemaligen Soldaten seines Vaters und der großen Klientel, über die seine Familie im Picenum verfügte, eine Privatarmee, die er dem Vorkämpfer der Optimaten – der ihn bei ihrem Zusammentreffen als *Imperator* begrüßte – zur Verfügung stellte. In Campanien traf Sulla zuerst auf das Heer der Popularen. Er schlug den Konsul Gaius Norbanus und trat dann mit dessen Kollegen Lucius Cornelius Scipio in Verhandlungen über die Beilegung des Bürgerkriegs ein. Ein Vertrag wurde ausgehandelt, aber letztlich verweigerte der Konsul seine Zustimmung. Sulla ging jedoch von der Gültigkeit der paraphierten Vereinbarung aus, und es gelang ihm, die Soldaten Scipios auf seine Seite zu ziehen. Der Konsul verzichtete gegen Zusicherung freien Geleits auf sein Amt. Kaum in Freiheit legte er aber die Insignien des Amtes wieder an. Sulla erkannte weder den Rücktritt vom Vertrag noch den Widerruf des Amtsverzichts an und erklärte später das Datum, unter dem die Vereinbarung mit Scipio getroffen worden war, zum Stichtag, von dem an er jeden Widerstand gegen sich als gegen den Staat gerichtet und damit als todeswürdiges Verbrechen betrachtete. Im Jahre 82 rückte der Bürgerkrieg in die Nähe von Rom. Der im Alter von 26 oder 27 Jahren zum Konsul gewählte Sohn des Marius verlor vor Praeneste eine große Schlacht und gab daraufhin dem höchsten Magistrat in Rom, dem Praetor Lucius Brutus Damasippus, die Weisung, die Stadt zu räumen und vorher dort lebende Angehörige der Nobilität, die der Sympathien für die Gegenpartei verdächtigt wurden, umzubringen. Diesem letzten Wüten der in die Enge getriebenen Marianer fielen der *pontifex maximus* Quintus Mucius Scaevola, daneben unter anderem der Konsular Lucius Domitius Ahenobarbus, der Praetorier Gaius Papirius Carbo, ein Sohn des gleichnamigen Anhängers des Gaius Gracchus, der dann die Seiten gewechselt hatte, sowie Publius Antistius, der Schwiegervater des Gnaeus Pompeius, zum Opfer. Dem letzten Aufgebot der Marianer, das noch einmal starken Zuzug von Samniten und Lukanern erhalten hatte, trat Sulla am Collinischen Tor vor Rom entgegen und errang einen blutigen Sieg, der in einem Gemetzel der Gefangenen endete. Der in Praeneste eingeschlossene Marius beging Selbstmord, die Besatzung kapitulierte und wurde niedergemacht. Bis auf einige Widerstandsnester im Süden und in Etrurien war der Widerstand der Popularen auf der italischen Halbinsel niedergekämpft.

Denar des Jahres 54 v. Chr.: Die Rs. zeigt den Kopf des Lucius Cornelius Sulla, nach einer Ahnenmaske.

Der Staat des Diktators Sulla

Eine verfassungsmäßige Regierung gab es nach dem Ende des popularen Regimes nicht mehr. Deshalb wurde aus der Reihe der Patrizier im Senat ein ‹Zwischenkönig› (*interrex*) bestimmt, dem die Aufgabe zufiel, die Wahl von Konsuln vorzubereiten. Aber Sulla gab schriftlich zu verstehen, daß es zur Neuordnung des schwer erschütterten Staates einer diktatorischen Vollmacht bedürfe, und er ließ auch keinen Zweifel daran, daß er der geeignete Mann für eine solche Aufgabe sei. So ernannte der *interrex* Lucius Valerius Flaccus ihn auf Grund eines Spezialgesetzes zum Diktator. Das Gesetz bestimmte, daß alle Akte des Prokonsuls Sulla rechtens seien, und gab ihm das Recht, römische Bürger ohne Gerichtsurteil töten zu lassen sowie das Vermögen der Getöteten einzuziehen, darüber hinaus Land zu verteilen und Kolonien zu gründen oder aufzuheben, Königstitel zu vergeben und den Staat auf dem Wege der Gesetzgebung auf eine neue, stabile Grundlage zu stellen. Diese Neubelebung der Diktatur – seit dem Jahre 202 war nicht mehr auf sie zurückgegriffen worden – gab dem alten Ausnahmeamt einen neuen Sinn. Bis zum Ende des dritten Jahrhunderts war die Diktatur, von einigen kultisch bedingten Ausnahmefällen abgesehen, die Magistratur gewesen, die in kritischer militärischer Lage den Oberbefehl für sechs Monate, ursprünglich die Dauer eines Feldzugs im Sommerhalbjahr, in der Hand des Ernannten konzentrierte und ihm alle anderen Magistrate unterstellte. Seitdem Rom in die Dimensionen einer Weltmacht ohne ebenbürtige Gegner gerückt war, gab es für eine solche kurzfristige Konzentration des militärischen

Oberbefehls keinen Grund mehr. Erst die sich zum Bürgerkrieg steigernde Krise der Republik schuf die Voraussetzungen für eine neue Funktion des obsolet gewordenen Amtes: Es wurde zum Instrument der inneren Krisenbewältigung. Denn daß die Krise von der zerstrittenen politischen Klasse im friedlichen Einvernehmen nicht bewältigt werden konnte, hatte der Gang der römischen Geschichte seit der Gracchenzeit immer wieder unter Beweis gestellt. Aus diesem Grund hatte Cinna, als er und Marius als – vorläufige – Sieger aus dem zum Bürgerkrieg eskalierenden Konflikt hervorgegangen waren, die Verfassung suspendiert und den Konsulat zum Mittel einer auf Dauer angelegten, von Wahlergebnissen unabhängigen faktischen Alleinherrschaft gemacht. Sullas Ziel war nicht die zeitlich unbegrenzte Alleinherrschaft, sondern die Neufundierung eines von Optimaten getragenen Senatsregiments, und dazu benötigte er das auf den Zweck einer Krisenbewältigung zugeschnittene Amt einer um Sonderrechte erweiterten Diktatur, die ihrem Inhaber Handlungsvollmacht gab und ihn nicht den Einschränkungen der Kollegialität unterwarf. Die neue Zwecksetzung des Amtes machte die alte zeitliche Begrenzung auf sechs Monate gegenstandslos, und deshalb sollte das Ende der Diktatur eintreten, wenn Sulla nach eigenem Urteil sein in dem Amtstitel (*dictator rei publicae constituendae*) zum Ausdruck kommendes Ziel, die Wiederherstellung des Staates, erreicht hatte. Das Gesetz, das seine Sondervollmachten definierte, gab zugleich seinen bisherigen Handlungen und Verfügungen eine nachträgliche Rechtsgrundlage. Diese Bestimmung ergab sich aus dem Umstand, daß das populare Regime ihn geächtet und er so den Krieg gegen Mithradates ohne Mandat geführt und beendet hatte, um dann in Italien einen Bürgerkrieg zu führen. Deshalb hatte er schon in Griechenland immer wieder betont und es später in seinen Memoiren wiederholt, daß er im Besitz einer höheren Legitimität sei und diese in der Begünstigung aller seiner Unternehmungen durch göttliche Mächte gelegen habe. Erst der Sieg im Bürgerkrieg gab Gelegenheit, zu der in Anspruch genommenen Legitimität nachträglich allen seinen Handlungen die noch fehlende Legalität hinzuzufügen. Daß die *res publica* immer dort war, wo sein Lager aufschlug, war Sullas fester Glaube, den er aus Vorzeichen und Träumen ebenso nährte, wie er in seinen Siegen die Bestätigung seiner göttlichen Erwähltheit erblickte. Seine zur Schau getragene Selbstsicherheit übertrug sich auf seine Anhänger und Soldaten. Auf

diese Weise verstand er es, ein großes Kapital an Zutrauen zu seiner
Person und seinem ‹Glück› zu akkumulieren, so daß seine Umgebung
ihn sah, wie er gesehen werden wollte: in Griechenland als Schützling
der Venus/Aphrodite, der Stammutter der Römer, in Rom und Italien
als Liebling der Fortuna, der Göttin des glücklichen Gelingens, deren
altes Heiligtum in dem bis zuletzt umkämpften Praeneste er auf das
großartigste ausbauen ließ. Mit dem endgültigen Sieg über seine Feinde
war der Augenblick gekommen, der Gotterwähltheit des siegreichen
Feldherrn nicht nur die Indemnität für die Taten der Vergangenheit
hinzuzufügen, sondern auch den offiziellen Auftrag, den Sieg im Bürgerkrieg zu vollenden und mit der Neuordnung des Staates zu krönen.
Dies sollte auf dreierlei Weise geschehen. Der Teil der politischen
und gesellschaftlichen Elite, der die Sache des Marius und Cinna sich
zu eigen gemacht und auf der Seite seiner Feinde gestanden hatte,
wurde liquidiert. Die Massentötungen, denen nach dem Sieg am Collinischen Tor die Kriegsgefangenen, vor allem die Samniten, zum Opfer gefallen waren, wurden durch das Mittel der Ächtung gezielt auf
Angehörige der Oberschicht ausgedehnt. Ächtung bedeutete, daß die
von ihr Betroffenen straflos getötet werden durften und ihr mobiler
und immobiler Besitz an den Staat fiel. Hinzu kam die Enteignung
des Landes ganzer Gemeinden, die bis zuletzt auf der Seite der Verlierer ausgeharrt hatten. Auf diese Weise kam ein beträchtlicher Teil
der in Italien vorhandenen Vermögenswerte in die Dispositionsgewalt
Sullas, der damit die Möglichkeit zu einer gigantischen Umverteilung
der mobilen und immobilen Güter des Landes fand. Dies war das zweite Ziel, das er ins Auge faßte. Er wollte die Konzentration von Reichtum in der Hand seiner Anhänger, die dazu bestimmt waren, das wiederhergestellte Senatsregiment personell zu tragen, und er beabsichtigte eine Wiederaufnahme der Kolonisation zugunsten seiner
Soldaten, denen die Funktion zugedacht war, der neuen Ordnung als
Schutzgarde zu dienen. Diese Kolonisation konnte nicht mehr zu Lasten des besiegten äußeren Feindes, sondern mußte und sollte zu Lasten des Bürgerkriegsgegners gehen. Indem er das materielle Interesse
der Veteranen mit der von ihm gegebenen Ordnung verband, glaubte
er eine Gewähr für die Dauer seiner Reformen zu gewinnen. Mit
ihnen verfolgte er das eigentliche, das dritte Ziel, die erschütterte Senatsherrschaft auf eine feste gesetzliche Grundlage zu stellen und damit institutionelle Voraussetzungen der inneren Stabilität zu schaffen.

Der Bürgerkrieg war noch nicht ganz beendet, da begann schon das Grauen der Ächtungen, der sogenannten *Proskriptionen*. Das Gesetz, das die Vollmachten des Diktators Sulla umschrieb, gab ihm das Recht, Personen seiner Wahl zu ächten, und begrenzte es zugleich, indem diesem Recht als Enddatum der 1. Juni des Jahres 81 gesetzt wurde. Prinzipiell waren alle Angehörigen der politischen und gesellschaftlichen Elite gefährdet, soweit sie noch nach dem Abkommen, das Sulla im Jahre 83 mit dem Konsul Lucius Cornelius Scipio ausgehandelt hatte, auf der Seite seiner Feinde tatsächlich oder vermeintlich geblieben waren. Die Söhne und Enkel der Geächteten wurden für erbunfähig erklärt und von der Ämterlaufbahn ausgeschlossen. So sollte verhindert werden, daß die Nachkommen der Getöteten in die Lage kämen, die Ergebnisse der sullanischen Umwälzung wieder in Frage zu stellen. Die Veröffentlichung einer Proskriptionsliste sollte der ärgsten Willkür steuern, aber sie erfüllte diesen Zweck nur mit Einschränkungen. Sie wurde nämlich mehrfach erweitert, und unter dem Deckmantel der Abrechnung mit den prominenten Bürgerkriegsgegnern wurden mit Duldung des Diktators auch persönliche Rechnungen beglichen und geschahen mit großer krimineller Energie Morde aus gewöhnlicher Habgier. Die genaue Zahl der Opfer kennen wir nicht. Unsere Überlieferung spricht in abgerundeten Zahlen einerseits von 40 Senatoren und 1600 Rittern und andererseits von einer Gesamtzahl von 4700 Personen. Auf jeden Fall waren die Betroffenen Männer aus Familien, die über Besitz und Einfluß verfügten. Bei den Versteigerung ihres Eigentums kam so viel Land unter den Hammer, daß die Preise ins Bodenlose fielen. Auf diese Weise erhielten die Nutznießer und Handlanger des staatlich sanktionierten Mordens die Möglichkeit, große Vermögenswerte und gewaltigen Landbesitz an sich zu reißen. Einer der erfolgreichsten war Marcus Licinius Crassus, später der Verbündete des Pompeius und des Gaius Iulius Caesar. Er wurde in der Zeit der Proskriptionen einer der reichsten Römer, und von ihm wird die Äußerung kolportiert, daß niemand für reich gelten könne, der nicht von den Erträgen seines Vermögens eine Armee unterhalten könne. Das Ausmaß an menschlicher Gemeinheit, das mit der von Sulla angeordneten Vernichtung von Menschenleben und der Liquidierung des Besitzes der Betroffenen verbunden war, können wir noch an einem berühmt-berüchtigten Einzelfall ermessen, der dank des Mutes eines jungen Anwalts – keines anderen als Marcus Tullius Cicero – ein gerichtliches Nachspiel hatte. Der Gutsbesitzer Sextus Roscius aus Ameria (im südlichen Umbrien) wurde von zwei mit ihm verfeindeten Angehörigen seiner Sippe ermordet, und sie verabredeten mit einem einflußreichen Günstling Sullas, dem Freigelassenen Chrysogonus, einen Plan, der sie gemeinsam in den Besitz der Güter des Ermordeten bringen sollte. Chrysogonus setzte Sextus Roscius nachträglich und nach Ablauf der gesetzlichen Frist auf die Proskriptionsliste, und als der Sohn des Ermordeten sich in das Haus einer einflußreichen Dame in Rom, der Caecilia Metella, flüchtete, besaßen die Mörder die Unverschämtheit, ihn wegen Vatermordes anzuklagen. Cicero übernahm die Verteidigung des jungen Mannes und schildert in seiner veröffentlichten Rede den Sachverhalt wie folgt:

«Vier Tage nach diesen Ereignissen (sc. dem Mord und der Überbringung der Nachricht nach Ameria) wird die Sache dem Chrysogonus im Lager des Lucius Sulla vor Volaterrae (wo die Marianer sich noch immer hatten halten können) hinterbracht. Man weist auf die Größe des Vermögens hin; man erwähnt die Qualität seines Landbesitzes – der ältere Roscius hinterließ nämlich dreizehn Güter, die fast sämtlich an den Tiber grenzen – und die Hilflosigkeit und Verlassenheit des Sohnes; sie legen dar, daß Sextus Roscius, der Vater des Angeklagten, ein so angesehener und beliebter Mann, ohne Schwierigkeiten umgebracht worden sei: da könne man mit ganz leichter Mühe auch diesen unvorsichtigen, unerfahrenen und in Rom ganz unbekannten Menschen aus dem Weg räumen. Sie versprachen hierzu ihre Dienste. Ich will euch nicht länger hinhalten, ihr Richter: Der Pakt wurde geschlossen. Als man der Ächtungen mit keinem Wort mehr gedachte, als auch die zurückkehrten, die sich zuvor gefürchtet hatten, und schon glaubten, alle Gefahr überstanden zu haben, da trägt man den Namen des (ermordeten) Sextus Roscius in die Listen der Geächteten ein, eines Mannes, der sich mit größtem Eifer für die Nobilität eingesetzt hatte. Chrysogonus wird Käufer des (versteigerten) Besitzes; drei, und zwar die allerbesten, Güter werden (einem der Mörder: Roscius) Capito zu eigen gegeben, und er besitzt sie bis auf den heutigen Tag; auf alle übrigen Reichtümer stürzt sich (der andere Mörder) Titus Roscius hier, wie er selbst zugibt» (Cicero, *Rede für Sextus Roscius aus Ameria* 20–21).

Dies war ein besonders krasser Fall, der von hoher krimineller Energie zeugte, und Cicero erreichte den Freispruch des Angeklagten. Aber fest steht auch, daß durch eine staatlich sanktionierte Mordaktion großen Stils eine Umschichtung und Akkumulierung großer Vermögenswerte in der Hand der Parteigänger und der Günstlinge des Diktators Sulla stattfand. Ein Teil der Güter konnte mangels Angebot nicht versteigert werden. Sie verblieben nominell im Eigentum des Staates und sind von Anhängern Sullas einfach okkupiert worden. Von einem gewissen Gaius Valgius behauptete Cicero beispielsweise, daß er sich in den

Zeiten der Proskriptionen durch Okkupation in den Besitz des Territoriums der samnitischen Hirpiner gesetzt habe.

Teile der konfiszierten Güter wurden möglicherweise auch für die von Sulla vorgenommene Kolonisation verwendet, aber sehr viele können es nicht gewesen sein. Für den Zweck der Kolonisation wurden große zusammenhängende Areale auf den Gemarkungen bereits bestehender Gemeinden benötigt; denn Sulla war daran gelegen, seine Veteranen legionsweise über Italien auf feste Städte zu verteilen. Dafür boten sich solche Gemeinden an, die bis zuletzt auf der Seite der Besiegten gestanden hatten und gewaltsam eingenommen oder zur Kapitulation gezwungen worden waren. Unter Sullas Kommando standen zuletzt 20 oder 23 Legionen, das sind nach Abzug der Verluste, die die Einheiten in den vorausgegangenen Kämpfen erlitten hatten, schätzungsweise 70–80000 Mann. Sie wurden in geschlossenen Verbänden in 20 oder 23 Städten angesiedelt und die betroffenen Gemeinden zu Kolonien erklärt. Das war ein Rückgriff auf eine alte Praxis, mit der Rom seine Herrschaft über das nichtrömische Italien zementiert hatte. Unter den Bedingungen eines gewonnenen Bürgerkriegs änderte sich die Funktion der neuerrichteten Kolonien. Sie sollten das Instrument sein, mit dem die siegreiche Bürgerkriegspartei ihre Herrschaft über die Unterlegenen sicherte. Von den 20 oder 23 Städten, in die sullanische Kolonien deduziert wurden, sind nicht alle, aber doch ein erheblicher Teil identifiziert worden. Es sind Praeneste in der Nähe von Rom, Arretium, Faesulae, Clusium und möglicherweise Florentia (Florenz) in Etrurien, Spoletium in Umbrien, Pompeii, Urbana/Capua und Nola in Campanien, Interamna Praetuttiorum im Picenum und vielleicht auch Venusia im Grenzgebiet zwischen Apulien und Samnium. Der aus Venusia stammende Dichter Horaz erinnerte sich noch Jahrzehnte nach seiner Schulzeit an die Demütigungen, die er als Sohn eines Freigelassenen von den Söhnen der dort angesiedelten Zenturionen hatte hinnehmen müssen:

«Mager war des Vaters Ackergut, doch mochte er mich nicht in Flavius' Knabenschule schicken, wohin die stolzen Sprößlinge stolzer Zenturionen gingen, Griffelkasten und Schreibtafel am linken Arm befestigt, acht Asse Schulgeld an den Iden zahlend ... (Horaz, Satiren 1,6,71–75).

Das Zusammenleben der sullanischen Kolonisten mit den Altbürgern litt nicht nur unter der Arroganz der Sieger. Die einen hatten Land an die anderen abtreten müssen, und die Kolonisten genossen offenbar längere Zeit besondere Vorrechte bei den Wahlen zu den städtischen Ämtern. Auf Konflikte zwischen beiden Bevölkerungsgruppen spielt Cicero in einer Rede an, die er im Jahre 63 für Publius Cornelius Sulla, einen Verwandten des Diktators, hielt. Dieser hatte eine Veteranenkolonie nach Pompeii deduziert und später als Patron der Kolonie Streitigkeiten zwischen beiden Gruppen geschlichtet. Nicht überall verliefen jedoch die Auseinandersetzungen friedlich. Im Jahre 78 griff die Landbevölkerung die in Faesulae angesiedelten Veteranen tätlich an, und dafür gab es handfeste Gründe. Die Anlage der Kolonien ging zu Lasten der Altbürger der betroffenen Gemeinden, und wenn sie ihr Land nicht abgeben mußten wie beispielsweise in Volaterra oder Arretium, blieb ihnen nur der prekäre, dem Eigentumsrecht des Staates gegenüber ungeschützte Status von Landbesitzern auf Widerruf. Die Landgüter der Kolonisten wurden unter Rückgriff auf die einschlägige Bestimmung des gracchischen Agrargesetzes mit einem Verkaufsverbot belegt. So sollte der Ansiedlungszweck, die Beherrschung Italiens durch die Nutznießer der sullanischen Umwälzung, auf Dauer gesichert werden. Freilich zeigte sich nach Sullas Tod verhältnismäßig schnell, daß dem Prozeß der Veränderung auch mit gesetzlichen Verkaufsverboten nicht beizukommen war. Viele der Veteranen, so erfahren wir, gerieten aus welchen Gründen auch immer in Schulden und fanden Mittel und Wege, das ihnen zugewiesene Land wieder zu veräußern. Im Jahre 64 konstatierte Cicero aus gegebenem Anlaß, daß die Gemarkung von Praeneste in die Hände weniger Grundbesitzer gelangt war. Aber das konnte Sulla nicht voraussehen. Er wird geglaubt haben, an den Nutznießern der Besitzumwälzung die treuesten Garanten ihrer Dauer und damit auch der von ihm begründeten politischen Ordnung zu haben.

Sullas politische Vorstellungen waren am Ideal einer sich selbst tragenden, stabilen Senatsherrschaft orientiert, und nichts lag ihm ferner als der Gedanke, die Diktatur als Mittel zur Errichtung einer persönlichen Alleinherrschaft zu benutzen. Vielmehr waren die Sondervollmachten, die ihm verliehen worden waren, dazu bestimmt, alle Krisenherde zu beseitigen, die seit der Gracchenzeit das kollektive Regiment der Nobilität in Frage gestellt hatten. Um dieses Ziel zu erreichen, übernahm er wesentliche Teile aus dem Reformkonzept, das Livius Drusus im optimatischen Interesse vergeblich hatte durchsetzen wollen. Den Senat brachte er auf 600 Mitglieder, das Doppelte seiner traditionellen Sollstärke, und gab ihm das Monopol der richterlichen Funktionen zurück. Das bedeutete, daß er den Senat, der wegen der hohen blutigen Verluste infolge von Krieg und Proskriptionen auf einen Bruchteil seiner früheren Mitglieder reduziert war, durch einen großzügigen Pairsschub aus dem Ritterstand ergänzen mußte und dabei eine Auswahl nach dem Gesichtspunkt der Zuverlässigkeit im Sinne der siegreichen Bürgerkriegspartei traf. Was die Bürgerrechtsfrage anbelangt, änderte er an der von ihm ursprünglich bekämpften Verteilung der Neubürger auf alle 35 Abstimmungskörperschaften im Prinzip nichts mehr, wenngleich er einzelnen Gemeinden, die bis zuletzt gegen ihn gekämpft hatten, das römische Bürgerrecht strafweise zunächst wieder entzog. Offenbar war er realistisch genug, die konfliktbeseitigende Wirkung anzuerkennen, die auf die Dauer von der Gleichberechtigung aller Bürger in dieser Frage ausgehen mußte. Insofern folgte er auch in diesem Punkte dem Konzept des Livius Drusus, dem es ebenso um die Beseitigung des Gegensatzes zwischen römischen Bürgern und italischen Bundesgenossen wie zwischen dem Senatoren- und dem Ritterstand gegangen war. Der eigentlich originelle Beitrag Sullas lag wie schon im Jahre 88 auch diesmal wieder in der ausgeklügelten Entmachtung des Volkstribunats. Das Amt wurde zwar nicht abgeschafft, es sollte aber auf keinen Fall mehr dazu dienen, Träger und Instrument einer gegen die Senatsmehrheit gerichteten und auf die Volksversammlung gestützten Politik zu sein. Deswegen wurde noch einmal gesetzlich verfügt, daß ein Volkstribun nur mit Autorisierung durch den Senat Gesetzesanträge zur Abstimmung vor die Volksversammlung bringen dürfe. Auch das Interzessionsrecht wurde, so hat es den Anschein, Beschränkungen unterworfen. Gegen Senatsbeschlüsse oder gegen magistratische Akte, die der Senat autorisiert hatte, zu interzedieren war verboten. Um politisch ehrgeizige und talentierte Bewerber vom Volkstribunat fernzuhalten, bestimmte das Gesetz weiterhin, daß, wer dieses Amtes innegehabt habe, automatisch von der weiteren Ämterlaufbahn ausgeschlossen sei. Die unmittelbare Wirkung dieser Bestimmung war daran abzulesen, daß zunächst die informellen Volksversammlungen (*contiones*) verschwanden. Sie hatten den großen Volkstribunen von Tiberius Gracchus bis Sulpicius Rufus dazu gedient, für ihre Reformanliegen zu werben und in der Auseinandersetzung mit ihren Gegnern alle Register ihrer rhetorischen Kunst zu ziehen. Damit war es nun bis auf weiteres vorbei. Das Forum sollte nicht länger der Platz sein, auf dem mit Leidenschaft und Demagogie um die großen Fragen der Politik gekämpft wurde. Dies war ein tiefer Eingriff in die überlieferte Verfassung, auch wenn es Sulla nicht wagte, das durch die Tradition geheiligte Amt des Volkstribunen, nach römischem Selbstverständnis das Palladium der Bürgerfreiheit, abzuschaffen. Am Ende der sogenannten Ständekämpfe war der Volkstribunat, der die Plebejer vor magistratischer Willkür schützte und ihre politische Gleichberechtigung durchgesetzt hatte, in den Grundriß einer politischen Verfassung integriert worden, die auf die Führungsrolle einer patrizisch-plebejischen Aristokratie zugeschnitten war. Das gesellschaftliche Fundament dieser politischen Verfassung war eine aus patrizischen und plebejischen Familien gebildete Aristokratie, und es war der mit dem Schluß der Ständekämpfe erreichte Konsens der regierenden Klasse, der die Inkorporierung des Volkstribunats in das politische System möglich und sinnvoll gemacht hatte. Aber wie sich gezeigt hatte, taugte dieses System nicht zur friedlichen Austragung schwerwiegender politischer Konflikte. Die aus dem Geist der griechischen Staatstheorie geborene Idee, daß die Vorzüglichkeit der römischen Verfassung auf einem harmonischen Zusammenwirken monarchischer (Magistratur), aristokratischer (Senat) und demokratischer (Volksversammlung) Elemente beruhe und darin die Garantie ihrer Stabilität liege, hatte die Wirklichkeit, kurze Zeit nachdem Polybios dieses Theorem entwickelt hatte, Lügen gestraft. Nicht die Institutionen waren der Garant der Stabilität gewesen, sondern der prekäre Konsens der regierenden Klasse angesichts äußerer Herausforderungen hatte ein politisches System am Leben gehalten, das die beste Handhabe dazu bot, sein Funktionieren bei ernsten Konflikten über Sach- und Machtfragen zu sistieren, und ihre gewaltsame Austragung anstelle des Ausgleichs und des Kompromisses begünstigte. Von seinem Standpunkt aus hatte Sulla recht, den Volkstribunat zu entmachten. Denn die Erfahrung hatte gezeigt, daß der tiefreichende Dissens über die Bewältigung der inneren Probleme, die das Entstehen einer römischen Weltherrschaft hervorrief, eine Sprengkraft besaß, der die gewachsene politische Ordnung nicht gewachsen war. Die Methoden der tribunizischen Politik hatten auch unter optimatischem Vorzeichen, wie der Tribunat des Livius Drusus lehrte, zu demselben Dilemma von Gewalt und Gegengewalt wie unter dem popularen der Gracchen oder des Appuleius Saturninus geführt. In jedem Fall war unter dem Druck strittiger Sach- und Machtfragen der Volkstribunat zum Träger sowohl einer gegen die Senatsmehrheit gerichteten Politik als auch einer optimatischen Gegenstrategie geworden. Hinzu kommt, daß Sulla durch persönliche Erfahrungen gegen den Volkstribunat sensibilisiert worden war. Es war Sulpicius Rufus gewesen, der ihm in der politischen Konstellation des Jahres 88 durch seine Gesetzesinitiative das Oberkommando gegen König Mithradates entzogen und ihn zum ersten Marsch auf Rom provoziert hatte. Also war es von Sullas Standpunkt nur konsequent, wenn er dem Amt die Möglichkeit einer eigenständigen, auf die Volksversammlung gestützten Politik nahm und es auf die Funktionen beschränkte, die es für das Leben der Bürger unverzichtbar und für die Politik zum Instrument einer wiederhergestellten Senatsherrschaft machten. Sulla machte den Volkstribunat durch zwingende Rechtsvorschrift zum verlängerten Arm der Senatsmehrheit im Gesetzgebungsverfahren und beließ dem Amt das Recht, mit Autorisierung durch den Senat gegen unerwünschte magistratische Akte zu interzedieren. Völlig unbeschnitten blieb das Recht der Volkstribune, dem einzelnen Bürger gegen magistratische Entscheidungen und Maßnahmen Hilfe zu leisten (*ius auxilii*). In der Praxis hieß das, daß die Volkstribune weiterhin auf Anruf einer Prozeßpartei durch ihr Veto die Dekrete der Gerichtsmagistrate kassieren und damit eine Revision des dem betreffenden Verfahren vor dem Richter zugrundegelegten Prozeßprogramms veranlassen konnten.

Ein weitere Belastung, von der Sulla die Politik befreien wollte, war die Instrumentalisierung der Justiz zu politischen Zwecken. Seit der Gracchenzeit waren die Gerichte zum zweiten Schauplatz geworden, auf dem der Kampf gegen den Senat geführt wurde. Um diese Arena zu schließen, hatten schon Aemilius Scaurus und Livius Drusus den Plan verfolgt, dem Ritterstand die richterlichen Funktionen wieder zu entziehen und den Senatoren zurückzugeben. Damit sollte die Polarisierung der beiden Stände, aus denen sich die gesellschaftliche Elite zusammensetzte, aufgehoben und dem Senat eine Quelle der informellen Macht wiedergewonnen werden. In diesem Zusammenhang ging Sulla auch daran, den gesamten Bereich der öffentlichen Strafrechtspflege, der seit dem zweiten Jahrhundert in Bewegung geraten war, zusammenfassend zu ordnen. Zum besseren Verständnis der sullanischen Gerichtsreform ist es notwendig, auf die Geschichte der Entwicklung der Strafgerichtsbarkeit kurz einzugehen.

Bis zum Ende des dritten Jahrhunderts und noch darüber hinaus gab es für öffentliche Straftatbestände wie Hoch- und Landesverrat die als Gericht fungierende Volksversammlung und für gewöhnliche Straftaten wie Mord oder Totschlag das private Strafverfahren. In diesem Verfahren hatte der Geschädigte, im Falle eines Tötungsdelikts der nächste männliche Verwandte des Getöteten, als Ankläger den Beschuldigten nach den Vorschriften des Zwölftafelgesetzes vor den Praetor zu laden und ihn förmlich zu befragen, ob er gestehe oder leugne. Gestand er, wurde er dem Geschädigten addiziert, d. h. zugesprochen, und diesem oblag es dann, die gesetzlich festgesetzte Strafe zu vollziehen oder vollziehen zu lassen. Noch zur Zeit des Hannibalkrieges, so erfahren wir, befanden sich zahlreiche Verurteilte zusammen mit zahlungsunfähigen Schuldnern in Privathaft. Dieses altertümliche System konnte bei zunehmender Ausdehnung der Stadt und des Bürgergebiets die öffentliche Sicherheit nicht mehr garantieren, und ebensowenig eignete sich das schwerfällige Instrument des Volksgerichts für die zunehmende Zahl der politischen Strafverfahren in einer Zeit, in der die regierende Klasse ihre Konflikte zu einem guten Teil vor Gericht ausfocht. Deswegen wurden im zweiten Jahrhundert Sondergerichte mit senatorischen Geschworenen für politisch relevante Straftatbestände eingesetzt, und zwar sowohl durch Plebiszite als auch durch Senatsbeschlüsse. Für die Aburteilung gemeiner Verbrecher wurde in Rom eine Dreimännerkommission zur Bekämpfung der Kriminalität, die *tresviri capitales*, als Hilfsorgan des Stadtpraetors geschaffen. Die von ihnen geleitete Verfolgung von Straftätern diente der Aufrechterhaltung der öffentlichen Sicherheit in den unübersichtlichen Verhältnissen einer expandierenden antiken Großstadt und verdrängte allmählich das ältere, private Strafverfahren des Zwölftafelgesetzes. Die Vorladung eines Straftäters wurde Aufgabe des Staates, und zur Anklageerhebung war nicht nur der Geschädigte, sondern jeder unbescholtene Bürger berechtigt (dies ist das Prinzip der Popularklage). Den ersten ständigen Gerichtshof in politischen Angelegenheiten schuf im Jahre 149 das Gesetz des Volkstribunen Lucius Calpurnius Piso, das den Provinzialen die Möglichkeit einräumte, unter Vermittlung eines römischen Patrons Schadensersatzverfahren wegen Erpressung von Abgaben und Leistungen gegen römische Statthalter anzustrengen. Durch die *lex Acilia* des Jahres 122 wurde das Schadenersatzverfahren in ein Strafverfahren umgewandelt, so daß ein Angeklagter im Falle der Verurteilung das Doppelte des verursachten Schadens zu zahlen hatte. Gaius Gracchus verbot die Konstituierung von Strafgerichten durch den Senat und rekrutierte die Richter für straf- und zivilrechtliche Fälle aus dem entstehenden Ritterstand. Auf diese Weise schuf er die Voraussetzungen für ein System von ständigen Gerichtshöfen (*quaestiones perpetuae*). Aus der Zeit um 100 ist ein Richter eines solchen Gerichthofs, der für die Verfolgung von Giftmorden zuständig war (*quaestio perpetua de veneficis*), inschriftlich bezeugt, und ebenso gab es wahrscheinlich einen besonderen Gerichtshof, der andere Tötungsarten und bewaffneten Landfriedensbruch ahndete (*quaestio inter sicarios*). Auch für politische Strafsachen gab es schon in vorsullanischer Zeit neben dem Repetundengericht noch andere ständige Gerichtshöfe. Im Jahre 115 war Marius vor einem solchen Gericht wegen Wahlbestechung angeklagt (*quaestio de ambitu*), und bezeugt ist noch ein weiterer, vor den Fälle von Unterschlagung und Entwendung öffentlicher Gelder gebracht wurden (*quaestio peculatus*).

Dies war die Ausgangslage, die der Diktator Sulla vorfand, als er die Richterstellen den Senatoren zurückgab. Er nahm die Gelegenheit wahr, die Zahl der Gerichte und auch der Gerichtsherren, der Praetoren, entsprechend den gewachsenen Bedürfnissen zu erhöhen. Es gab künftig acht anstelle von sechs Praetoren, und sie alle fungierten während ihres Amtsjahres als reguläre Gerichtsherren in Rom. Zu den bereits genannten ständigen Gerichtshöfen traten drei neue hinzu: Einer war für Fälschungsdelikte wie Falschmünzerei und Testamentfälschungen zuständig (*quaestio de falsis*), ein anderer für ehrabschneidende Beleidigungsdelikte (*quaestio de iniuriis*) und der dritte für politische Vergehen von Magistraten gegen den Staat (*quaestio maiestatis*). Die betreffenden Tatbestände waren, soweit das möglich war, aus bereits vorliegenden gesetzlichen Bestimmungen übernommen, und dabei wurde besonders darauf geachtet, daß die senatorischen Richter das jurisdiktionelle Instrumentarium in die Hand bekamen, mit dessen Hilfe sie die politisch relevanten Verstöße gegen die öffentliche Ordnung ahnden konnten. So war der Gerichtshof, dem die Verfolgung der Tötungsdelikte oblag (*quaestio de sicariis et veneficis*), insbesondere auch für die Ahndung des bewaffneten Landfriedensbruchs zuständig; denn Sullas Richtergesetz stellte zur Wahrung des Landfriedens das Tragen von Waffen ausdrücklich unter Strafe. Der Majestätsgerichtshof, den der Volkstribun Appuleius Saturninus im Jahre 103 als einen außerordentlichen zur Verfolgung der an der Niederlage von Arausio Schuldigen konstituiert hatte, wurde von Sulla als ein ständiger neu geschaffen. Zuständig wurde dieser Gerichtshof für die Amtsvergehen römischer Magistrate und Promagistrate gegen die staatliche Ordnung, und hier spielte das Problem der eigenmächtigen und willkürlichen Amtsführung, die sich Provinzstatthalter zuschulden kommen ließen, eine herausragende Rolle. Ihnen wurde bei Androhung von Strafe verboten, ihre Provinz eigenmächtig zu verlassen, ein Heer über die Provinzgrenzen zu führen, ohne Autorisierung Krieg zu führen und in eines der Königreiche an der Peripherie des Reiches einzurücken. Daneben war festgelegt, daß sie innerhalb von 30 Tagen nach dem Eintreffen ihres Nachfolgers ihre Provinz zu verlassen hatten und ihre Amtsgewalt erst beim Überschreiten der durch das Pomerium gebildete Stadtgrenze Roms erlosch. Auf diese Weise sollte der Eigenmächtigkeit und Selbstherrlichkeit der in ihren Provinzen wie souveräne Herrscher schaltenden Statthalter vorgebeugt und ihre Unterordnung unter die durch den Senat repräsentierte *res publica* sichergestellt werden. Wie aus einer 1970 entdeckten Inschrift aus dem Jahre 100 hervorgeht, knüpfte Sulla damit an Vorgängergesetze an. Das betreffende Gesetz des Jahres 100 hatte bereits festgelegt, daß Provinzstatthalter ihr Imperium bis zur Rückkehr nach Rom behielten, und gemäß einer älteren *lex Porcia* war es ihnen nicht gestattet, die Grenzen der ihnen zugewiesenen Provinz ohne Autorisierung durch Senat oder Volk zu verlassen. Es versteht sich von selbst, daß Sulla auch den Tatbestand der Wahlbestechung (*ambitus*) in Anknüpfung an die älteren einschlägigen Gesetze definierte, und Gleiches gilt auch für die in der Tradition der Gesetzgebung des zweiten Jahrhunderts stehenden Gesetze zur Regelung des Tafel- und Grabluxus sowie zur Normierung der Privatmoral.

Was die künftige Ergänzung des Senats anbelangt, so bestimmte Sulla, daß jährlich anstelle von zwölf Quaestoren zwanzig gewählt und in den Senat eintreten sollten. Das Amt des Zensors, zu dessen Aufgaben nicht zuletzt die Neukonstituierung der Senatsliste gehört hatte, wurde suspendiert. Dies geschah unter anderem in Hinblick darauf, daß es gerade bei der Ausübung dieser zensorischen Funktion nicht selten zu Friktionen und Konflikten gekommen war, wenn ein Zensor seine Amtsgewalt dazu gebrauchen wollte, politische Gegner aus dem Senat auszustoßen oder sie nicht in die Senatsliste aufzunehmen. Offenbar war es Sullas Absicht, erkennbare Konfliktquellen zu beseitigen und einen selbsttätigen Mechanismus der Senatsergänzung einzuführen. Dieser Mechanismus war ganz auf die Methode der Volkswahl gestellt, wie sie für die Besetzung der politischen Ämter seit langem üblich war. Was die Priesterämter anbelangt, hob Sulla die von popularer Seite eingeführte Volkswahl wieder auf und kehrte zu dem alten System der Kooptation für die von ihm vergrößerten Priesterkollegien zurück.

Nachdem die Gesetze des Diktators Sulla von der Volksversammlung ratifiziert worden waren, trat er von dem Ausnahmeamt der Diktatur zurück und bekleidete, um den Übergang in die Normalität der von ihm begründeten Ordnung überzuleiten, im Jahre 80 noch einmal das reguläre kollegiale Oberamt des Konsulats. Dann trat er ins Privatleben zurück und überließ dem restituierten Senatsregiment das Feld. Er tat es in der Erwartung, daß dieses Gremium, wieder in den Sattel gehoben, schon aus eigener Kraft werde reiten können. Er sollte sich jedoch täuschen. Er hatte kaum für immer die Augen geschlossen, als die Aushöhlung seines Werkes ihren Anfang nahm.

IV. DER UNTERGANG DER REPUBLIK

Niemals in der langen Geschichte der Republik schien das Senatsregiment institutionell so gesichert zu sein, wie es durch die Gesetzgebung Sullas geschehen war, und doch waren nach zehn Jahren die institutionellen Grundlagen der von ihm errichteten Ordnung wieder zerstört. Einer der Gründe war, daß seine Proskriptionen und Enteignungen Italien eine schwere Hypothek an Not und Erbitterung aufgeladen und damit einen gefährlichen Zündstoff aufgehäuft hatten, der leicht in Brand gesetzt werden konnte, wenn sich denn, um im Bild zu bleiben, ein Brandstifter fand. Wie sich zeigen sollte, kamen die ersten aus seinem eigenen Lager. Zu verwundern ist dies nicht. Die von ihm ins Werk gesetzte soziale und politische Umwälzung hatte eine große Zahl von Glücksrittern und Opportunisten in seine Anhängerschaft geführt, und das Beispiel, das er gegeben hatte, verwies gerade nicht auf die seiner Ordnung adäquate Unterwerfung des einzelnen unter die Standessolidarität. Die von Sulla an die Macht gebrachte politische Klasse war weit entfernt von dem Ethos innerer Geschlossenheit und vom Geist der Gesetzlichkeit. Im allgemeinen wurde die Standessolidarität dem persönlichen Ehrgeiz geopfert, und niemals herrschten Habgier und Korruption im gleichen Maß wie in der Generation nach Sulla. So urteilten schon die Zeitgenossen, die sich über die Wirkungen, die von Sullas Werk auf den Fortgang der römischen Geschichte ausgingen, Rechenschaft zu geben versuchten. Dies taten sie unabhängig davon, ob sie persönlich eher einem optimatischen oder einem popularen Standpunkt zuneigten. Als Cicero im Jahre 44 auf die Behandlung der Bundesgenossen durch Rom zu sprechen kam, da betonte er, daß mit den brutalen Praktiken, mit denen Sulla seinen Sieg im Bürgerkrieg befleckt hatte, ein einschneidender Wandel zum Schlechteren eingetreten sei:

«Sukzessive sind wir von dieser Gewohnheit und diesen Grundsätzen (im Umgang mit den Bundesgenossen) schon vorher abgewichen, nach Sullas Sieg (im Bürgerkrieg) aber haben wir sie gänzlich preisgegeben. Hörte es doch auf, daß irgend etwas gegenüber unseren Bundesgenossen unbillig erschien, seitdem gegenüber Bürgern eine solche

Grausamkeit in Erscheinung getreten war. Also folgte einer ehrenhaften Sache ein unehrenhafter Sieg. Denn er wagte es, bei aufgerichteter Auktionslanze, als er auf dem Forum die Güter ehrenwerter, begüterter Männer, jedenfalls aber von römischen Bürgern, versteigern ließ, das Wort auszusprechen, er verkaufe seine Beute» (Cicero, *Vom angemessenen Verhalten* 2,27).

Wenige Jahre später beschrieb der Historiker Sallust die Demoralisierung, die Sullas Methoden bei hochgestellten Anhängern ebenso wie bei den Soldaten seiner Armee bewirkt hatten, mit folgenden Worten: «Aber nachdem Sulla mit Waffengewalt sich des Staates bemächtigt und für gute Anfänge ein schlechtes Ende gefunden hatte, da begannen alle zu rauben und zu plündern, der eine begehrte ein Haus, andere Ländereien, und die Sieger kannten kein Maß und keine Schranke und begingen scheußliche Verbrechen an ihren Mitbürgern. Hinzu kam, daß Sulla das Heer, das er in Asien befehligt hatte, gegen die Sitte der Vorfahren mit Luxus und übergroßer Freigebigkeit verwöhnte, um sich seiner Treue zu versichern. Die Lieblichkeit des Landes mit seinen Vergnügungen hatte im Müßiggang mit Leichtigkeit den kriegerischen Sinn der Soldaten verweichlicht: Dort gewöhnte sich das Heer des römischen Volkes zum ersten Mal daran, zu lieben und zu zechen, Standbilder, Gemälde, Gefäße aus getriebenem Metall zu bewundern und für sich und den Staat zu rauben, die Heiligtümer auszuplündern, alles Göttliche und Menschliche zu besudeln. Nachdem aber diese Soldaten den Sieg (im Bürgerkrieg) errungen hatten, ließen sie den Besiegten nichts mehr übrig. Das Glück untergräbt schon die Moral der Weisen, geschweige denn daß jene Leute in ihrer Verderbtheit maßvoll im Sieg hätten sein können» (Sallust, *Catilina* 11,4–7).

Sullas Konzept mag in der Sache noch so konsequent durchdacht gewesen sein, doch hatte er eine in Sieger und Besiegte tief gespaltene Gesellschaft zurückgelassen. Die Nachkommen der Proskribierten, die ihr väterliches Erbe und die Aussicht auf eine politische Karriere verloren hatten, und die ihnen in Treuepflicht Verbundenen wünschten nichts sehnlicher als den Sturz des verhaßten Systems, das sie ins Elend gestürzt hatte, und Gleiches galt für andere Teile der Gesellschaft: für die Einwohner der Gemeinden, denen das römische Bürgerrecht wieder aberkannt worden war, die einen Teil ihres Landes abgeben mußten oder das, was ihr Eigentum gewesen war, nur noch in der geminderten Rechtsstellung des Prekärbesitzes behalten hatten, ebenso für die Transpadaner, die sich mit dem minderen Status des latinischen Bürgerrechts zufriedengeben mußten. Auf der anderen Seite standen die Nutznießer der sullanischen Umwälzung, die hochgestellten Anhänger Sullas, die sich, um ihren Ehrgeiz zu befriedigen, nicht scheuten, das Potential an Unzufriedenheit auch um den Preis der Gefährdung der sullanischen Ordnung auszubeuten. Hinzu kamen die außenpolitischen Herausforderungen, denen offenbar nur mit außerordentlichen Kommandos, die das Gleichgewicht von Macht und Einfluß innerhalb der Aristokratie empfindlich störten, beizukommen war. Das von Sulla besiegte populare Regime Cinnas hatte eine Zufluchtstätte in Spanien gefunden, wo es Quintus Sertorius gelungen war, eine Gegenregierung zu gründen. Über das ganze Mittelmeer breitete sich die Seeräuberplage aus, und der Expansionsdrang Mithradates' VI., den Sulla im Besitz seines Reiches hatte lassen müssen, machte Rom erneut zu schaffen. Alle diese Probleme bildeten den Hintergrund des märchenhaften Aufstiegs, den der Sullaner Gnaeus Pompeius, und zwar außerhalb der vorgeschriebenen Ämterlaufbahn, nahm. Pompeius war es denn auch, der die wichtigsten institutionellen Sicherungen des wiederhergestellten Senatsregimes zum Einsturz brachte, indem er die Entmachtung des Volkstribunats und das senatorische Richterprivileg aufhob. Pompeius' Aufstieg machte auch deutlich, daß Sulla für das Hauptproblem, an dem die späte Republik krankte, keine Lösung gefunden hatte: für die Versorgung der Soldaten nach absolviertem Kriegsdienst. Sulla hatte lediglich auf Kosten enteigneter Bürger für seine Veteranen gesorgt, aber das war nur möglich auf Grund der Ausnahmesituation eines Bürgerkriegs. Trotzdem sollte sich zeigen, daß Sulla ein gefährliches Vorbild gegeben hatte. Italien stand seitdem unter der latenten Drohung neuer Umwälzungen der Besitzverhältnisse. Bei jeder Demobilisierung konnte aus der Drohung Realität werden.

Während auf der einen Seite das kollektive Regiment des Senats angesichts ungelöster Probleme durch den Ehrgeiz und das persönliche Machtstreben einzelner Angehöriger der Aristokratie herausgefordert wurde, begann auf der anderen Seite in der Nobilität und im Ritterstand eine Erosion der Bereitschaft, ganz in den Aufgaben des öffentlichen Lebens (wozu auch die Steuerpacht zu zählen ist) aufzugehen. Schon im zweiten Jahrhundert begegneten einzelne Stimmen, die ein Leben der Muße, des Genusses und der griechischen Bildung den Zumutungen und Gefährdungen des Politik oder den Zwängen der Geschäfte den Vorzug gaben. Nicht wenige werden dem Treiben auf dem Forum ähnlich distanziert gegenübergestanden haben wie der Satirendichter Gaius Lucilius (ca. 160–102), der dem Ritterstand angehörte und Bruder eines Senators war. Er wählte den Standpunkt des distanzierten Beobachters und schrieb (Verse 1228 ff. in der Ausgabe von J. Vahlen und in der Übersetzung von Th. Mommsen):

«Jetzt aber am Fest- und Werkeltag
Den ganzen lieben langen Tag
Auf dem Markte von früh bis spat
Drängen die Bürger und die vom Rat
Und weichen und wanken nicht von der Statt.
Ein Handwerk einzig und allein
Betreiben alle insgemein,
Den anderen zu prellen mit Verstand
Im Lügen zu haben die Vorderhand
Und zu werden im Schmeicheln und Heucheln gewandt.
All' untereinandern belauern sie sich,
Als läge jeder mit jedem im Krieg.»

Der Ausbruch des Bürgerkriegs zwischen Marianern und Sullanern machte alles viel schlimmer. Zur unterliegenden Partei zu gehören wurde lebensgefährlich. So begann der Rückzug aus der Politik, für den das Beispiel des Titus Pomponius Atticus, des besten Freundes Ciceros, stehen möge. Verschwägert mit dem Volkstribun Publius Sulpicius Rufus und ihm auch politisch nahestehend, zog er aus dessen Katastrophe die Konsequenz und begab sich nach Athen, wo er seinen Studien und Geschäften nachging. Auch nach seiner Rückkehr nach Rom hielt er sich von der aktiven Teilnahme an der Politik fern, aber unterhielt als reicher Geschäftsmann gute Kontakte zu allen Seiten (in Ciceros Korrespondenz wird er als wohlunterrichteter Beobachter der politischen Szene kenntlich) und überlebte so alle Katastrophen, unter denen die Republik Stück für Stück zusammenbrach. Aber auch prominente Senatoren zogen sich von der Politik zurück. Im Jahre 60 hatte Cicero Anlaß, darüber zu klagen, daß Männer wie Quintus Hortensius Hortalus oder Quintus Lutatius Catulus, die auf Grund ihres Ranges und ihrer Erfahrung zur Führung des Staates berufen waren, die *res publica* im Stich ließen und ein Leben auf dem Lande bei ihren Fischteichen vorzögen. Dem Senat, der Korporation also, der Sulla die Macht im Staat zurückgeben wollte, fehlte es an Substanz, Geschlossenheit und Durchsetzungswillen. Dies alles aber wäre notwendig gewesen, damit er mit den äußeren und inneren Herausforderungen, die auf ihn zukamen, hätte fertig werden können.

Der Aufstieg des Pompeius

Zum ersten Mal wurde die sullanische Ordnung im Jahre 78 von einem Sullaner in Frage gestellt. Marcus Aemilius Lepidus stammte aus einer alten patrizischen Familie. Sein Großvater war ein geachtetes Mitglied der Nobilität gewesen, und er selbst hatte sich im Bürgerkrieg Sulla angeschlossen und war einer der Nutznießer der von diesem in Szene gesetzten Umwälzung. Noch zu Sullas Lebzeiten war er zum Konsul des Jahres 78 gewählt worden, doch kaum war Sulla gestorben, erwies er sich im Amt als unzuverlässiger Parteigänger. Er war persönlich mit seinem Kollegen Quintus Lutatius Catulus verfeindet, und dies war der Grund, daß er Kontakt mit den Volkstribunen aufnahm, die nach Lage der Dinge die natürlichen Sachwalter aller Unzufriedenen und Gegner der sullanischen Ordnung waren. Zwar lehnte er es zunächst ab, sich für die Wiederherstellung der alten Rechte des Volkstribunats einzusetzen, aber er versprach, sich der Sache der Enteigneten und Entrechteten anzunehmen sowie dafür zu sorgen, daß die subventionierte Getreideversorgung in Rom, die Sulla abgeschafft hatte, wiederaufgenommen würde. Etwa zur gleichen Zeit hatten sich in Etrurien die Enteigneten gegen die dort angesiedelten Veteranen Sullas erhoben. Mit der Niederwerfung des Aufstandes wurden beide Konsuln betraut. Als die Ruhe wiederhergestellt war, blieb Lepidus in Etrurien, sammelte die Unzufriedenen um sich und forderte nun seinerseits, daß die Volkstribune ihre alten Rechte zurückerhielten. Zugleich ließ er durch seinen Legaten Marcus Iunius Brutus, den Vater des späteren Caesarmörders, die ihm zugesprochene Provinz *Gallia cisalpina* in Besitz nehmen. Von dieser Machtbasis im Norden Italiens aus drohte Lepidus mit einem neuen Marsch auf Rom – dieses Mal war der Sturz der gerade etablierten sullanischen Ordnung das Ziel.

Das folgende Jahr begann ohne Konsuln. Lepidus hatte es verstanden, die Konsulwahlen zu hintertreiben. Deshalb mußte der Senat, als Lepidus sich mit seinem Heer der Stadt näherte, den Notstand ausrufen und Quintus Lutatius Catulus als Prokonsul mit der Verteidigung Roms beauftragen. Zur Niederwerfung des Brutus in Norditalien wurde dem jungen Privatier Gnaeus Pompeius ein außerordentliches propraetorisches Imperium verliehen – also ein Sonderkommando, zu dessen Erfüllung er mit den Amtsvollmachten eines Praetors ausgestattet wurde. Catulus schlug vor Rom die bis zur Milvischen Brücke vorgestoßenen Truppen des Lepidus zurück, und Pompeius schloß Brutus in Mutina (Modena) ein, zwang ihn zur Kapitulation und ließ ihn als manifesten Aufrührer hinrichten. Dann wandte er sich nach Süden und schlug bei Cosa an der etrurischen Küste die von Rom zurückweichende Armee des Lepidus. Dieser entkam nach Sardinien, die Reste seiner Truppen flohen nach Spanien, wo sie sich mit der Armee des Sertorius vereinten. Ein neuer Bürgerkrieg war also notwendig geworden, damit der Sturz der sullanischen Ordnung, kaum daß sie in Kraft getreten war, noch einmal verhindert wurde, aber eine Beendigung der Auseinandersetzungen war damit noch nicht erreicht. Der Bürgerkrieg fand seine Fortsetzung in Spanien. Dort hatte Quintus Sertorius, der von dem populären Regime im Jahre 83 als Statthalter des Diesseitigen Spanien eingesetzt und zwei Jahre später von dem Sullaner Gaius Annius vertrieben worden war, als Führer aufständischer Lusitaner und Keltiberer die Kontrolle über das Land gewonnen und eine Gegenregierung gebildet. Bei ihm fanden sich die Überlebenden der unterlegenen Bürgerkriegsparteien, des Cinna und des Lepidus, nach und nach ein, und aus ihnen bildete er einen aus 300 Mitgliedern bestehenden Senat. Die Statthalter, die das von Sulla an die Macht gebrachte Regime in das Diesseitige und Jenseitige Spanien entsandte, Marcus Domitius Calvinus und Quintus Caecilius Metellus, kamen gegen die Guerillataktik des Sertorius nicht an. In dieser Zwangslage erinnerte sich der Senat des jungen Pompeius. Jenem eröffnete sich damit die Möglichkeit, seine Karriere nach dem Gesetz fortzusetzen, unter dem er angetreten war: Im Jahre 83 kämpfte er mit einer Privatarmee an der Seite Sullas, nach dessen Sieg erhielt er, ohne je ein Amt bekleidet zu haben, das erste außerordentliche Imperium und eroberte im Auftrag Sullas zuerst Sizilien und anschließend im Jahr 81/80 auch Nordafrika, und dann wagte er einen Akt offener Gehorsamsverweigerung: Gestützt auf seine Soldaten lehnte er es ab, seinem Nachfolger seine vier Legionen zu übergeben, und ertrotzte sich die Zuerkennung eines Triumphes unter Hinweis darauf, daß er in Nordafrika einen auswärtigen Feind, den numidischen Usurpator Hierbas, besiegt hatte. Das war ein unerhörter Vorgang. Denn unabhängig davon, daß die Besiegung des Hierbas nur eine Episode in einem Bürgerkrieg war, war der Triumph bis dahin den Inhabern einer regulären Amtsgewalt vorbehalten. Dem älteren Scipio Africanus war im Jahre 206 die Ehre des Triumphes verweigert worden, weil er seine Siege in Spanien als ein mit außerordentlichem Imperium ausgestatteter Privatmann errungen hatte. Sulla aber gab seinem Günstling nach, und so feierte Pompeius am 12. März 79 seinen ersten Triumph. Dann erwies sich Pompeius dem optimatischen Regime in der Krise des Jahres 78/77 wieder als unentbehrlich, und unmittelbar danach beauftragte der Senat den eigenen Bedenken zum Trotz den immer noch amtlosen Pompeius mit der Niederwerfung des Sertorius in Spanien.

Aber selbst Pompeius gelangen in Spanien keine schnellen Erfolge. In den Jahren 76 und 75 mußte er sogar Niederlagen hinnehmen. Zwar errang er zusammen mit Quintus Caecilius Metellus in der Nähe von Sagunt einen Sieg, aber als Sertorius daraufhin zur Taktik des Guerillakriegs zurückkehrte, wurde er seines Gegners nicht mehr Herr. Er forderte Verstärkungen und Geldmittel, und als sie ihm bewilligt worden waren, begann er mit einer systematischen Kriegführung, die seine eigentliche Stärke war. Seit dem Jahre 74 eroberte er einen befestigten Platz nach dem anderen und entzog auf diese Weise Sertorius allmählich die Operationsbasis. Darüber kam es in dessen Lager zu schweren Konflikten, in deren Verlauf er von Marcus Perperna, der sich als einer der Anhänger des Lepidus zu ihm geflüchtet hatte, im Jahre 72 ermordet wurde. Der Rest war für Pompeius militärische Routine. Perperna wurde besiegt und hingerichtet. Nachdem die letzten Widerstandsnester, darunter das zäh verteidigte Calagurris im Norden von Osca, gefallen waren, reorganisierte Pompeius die spanischen Provinzen, verhängte Strafen und belohnte auf Grund einer gesetzlichen Ermächtigung, der konsularischen *lex Gellia Cornelia*, verdiente Fremde mit dem römischen Bürgerrecht. Auf dem Rückmarsch nach Italien errichtete er auf dem Col Perthus in den Pyrenäen ein imposantes Siegesdenkmal, auf dem er sich rühmte, zwischen den Alpen und dem Atlantik sage und schreibe 876 Städte eingenommen zu haben. Als Patron einer ausgebreiteten spanischen Klientel kehrte er nach Italien zurück, und hier erreichte ihn sofort der Auftrag, in die Kämpfe gegen die Sklaven des Spartacus einzugreifen.

Ausgebrochen war der sogenannte Spartacusaufstand im Jahre 73 in den kampanischen Gladiatorenkasernen, wo Sklaven und Freie für die öffentlichen Schaukämpfe in Rom ausgebildet und trainiert wurden. Die Erhebung sprang auf das offene Land über. Den Aufständischen liefen Massen der in elenden Verhältnissen lebenden Landwirtschaftssklaven zu, und auch aus der freien Bevölkerung schlossen sich ihnen Opfer des Bürgerkriegs und der Enteignungen an. Unter kampferfahrenen Führern, dem aus Thrakien stammenden Spartacus sowie den Galliern Krixos und Oinomaos, entstand aus dem zusammengewürfelten Haufen eine schlagkräftige Armee, gegen die ein regelrechter Krieg geführt werden mußte. Nach anfänglichen Niederlagen wurde der Praetor Marcus Licinius Crassus, einer der Hauptnutznießer der von Sulla ins Werk gesetzten Besitzumwälzung, mit der Führung des Krieges betraut. Er rekrutierte ein großes Heer von insgesamt 8 Legionen und besiegte nach wechselvollen Kämpfen im Jahre 71 die Aufständischen in Süditalien. Es wird berichtet, daß er 6000 der in Gefangenschaft geratenen Sklaven entlang der *via Appia* kreuzigen ließ. Pompeius blieb nur noch die Aufgabe, die nach Norditalien entkommenen Gruppen, angeblich 5000 Mann, zu vernichten. Dann feierte er in Rom, auch diesmal ohne dem Senat anzugehören, als einfaches Mitglied des Ritterstandes seinen zweiten Triumph, dem Namen nach über die besiegten Lusitaner und Keltiberer, in Wahrheit wieder über die unterlegene Bürgerkriegspartei.

Pompeius verbündete sich mit Crassus und bewarb sich mit ihm um den Konsulat für das Jahr 70. Dafür fehlten ihm die gesetzlichen Voraussetzungen. Sulla hatte in seinem die Ämterlaufbahn regulierenden Gesetz (*lex Cornelia annalis*) sowohl ein Mindestalter für den Konsulat, das vollendete 43. Lebensjahr, als auch die vorherige Bekleidung der niedrigeren Ämter, Quaestur, Ädilität und Praetur, vorgeschrieben. Pompeius erfüllte keine der beiden Voraussetzungen. Aber das hinderte ihn nicht daran, seine ungesetzliche Wahl unter Anschluß an die verbreitete Unzufriedenheit mit der sullanischen Ordnung zu betreiben, und Crassus folgte ihm mit dieser Taktik. Im einzelnen sah ihr Wahlprogramm die Wiederherstellung der alten Rechte des Volkstribunats und der Zensur, eine Reform der Richterliste, die auch den Ritterstand wieder zum Zuge kommen ließ, und die Restitution der Anhänger des Lepidus vor.

Der Kernpunkt war die Wiederherstellung des Volkstribunats. Schon unmittelbar nach der Niederlage des Lepidus hatte im Jahre 76 der Volkstribun Lucius Sicinius eine entsprechende Forderung erhoben, doch wurde er von dem Konsul Gaius Scribonius zurückgewiesen. Aber einig war sich die Nobilität in diesem Punkt nicht. Einer der

Der Aufstieg des Pompeius 287

Konsuln des folgenden Jahres, Gaius Aurelius Cotta, brachte ein Gesetz ein, das immerhin die Disqualifizierung der Volkstribune für die höhere Ämterlaufbahn wieder aufhob. Dann trat im Jahre 74 der Volkstribun Lucius Quinctius erneut für die volle Wiederherstellung des Amtes ein, doch scheiterte er an dem Widerstand, den einer der einflußreichsten Optimaten, Lucius Licinius Lucullus, dem Vorhaben leistete. Aber im folgenden Jahr setzte der Volkstribun Gaius Licinius Macer die Agitation für die Restitution des Volkstribunats fort und rechnete dabei auf die Unterstützung des Pompeius, dessen Rückkehr aus Spanien unmittelbar bevorstand. Denn es war abzusehen, daß dieser seinen Führungsanspruch gegenüber der Senatsmehrheit allenfalls mit Hilfe des wiederhergestellten Volkstribunats – so wie es Gaius Marius getan hatte – würde durchsetzen können. Ebenfalls im Jahr 73 führte ein Gesetz der Konsuln Marcus Terentius Lucullus und Gaius Cassius Longinus die Subventionierung der Getreideversorgung in Rom wieder ein – wenn auch nur für einen Teil der Plebs. Insgesamt 40000 Empfangsberechtigte erhielten pro Monat 5 Scheffel (*modius*) zu 8,75 l. zu einem niedrigen Preis ($^5/_6$ As pro Scheffel). Das Gesetz sah vor, daß das benötigte Getreide zu Lasten der Staatskasse in Sizilien aufgekauft wurde. Damit war der erste Schritt auf dem Wege zur Rückkehr zu dem von Sulla beseitigten Versorgungssystem getan. Dann nahm im nächsten Jahr der aus Pompeius' Heimat, dem Picenum, stammende Volkstribun Marcus Lollius Palicanus die Agitation des Licinius Macer für die vollständige Restituierung des Tribunats in Absprache mit seinem Patron wieder auf, der zusammen mit Crassus die Durchsetzung dieses Anliegens zum Hauptpunkt des gemeinsamen Wahlprogramms machte.

Pompeius wurde mit Crassus als Kollegen zum Konsul des Jahres 70 gewählt, und bei seinem ersten öffentlichen Auftreten als designierter Amtsinhaber bekannte er sich sogleich zur Wiederherstellung des Volkstribunats und zur Reform der Gerichte. Cicero hat die Szene in einer Gerichtsrede des Jahres 70 so geschildert:

«Sobald Pompeius selbst als designierter Konsul vor der Stadt eine Volksversammlung abhielt und dabei darlegte, daß er die tribunizische Gewalt wiederherstellen werde, da geschah das unter Lärmen und beifälligem Gemurmel der Versammlung. Und als er in der Versammlung sagte, die Provinzen seien ausgeplündert, die betreffenden Urteile der Gerichte aber seien eine Schande und er werde sich darum kümmern und Abhilfe schaffen, da hat das römische Volk nicht durch Lärmen, sondern mit lauten Begeisterungsstürmen seinen Willen zu erkennen gegeben» (Cicero, *Gegen Verres* 1,45).

Durch konsularisches Gesetz wurden die Restriktionen, die Sulla dem Volkstribunat auferlegt hatte, allesamt aufgehoben. Ein neues Richtergesetz, das der Praetor Lucius Aurelius Cotta in Absprache mit den Konsuln einbrachte, vergrößerte die Richterliste und setzte sie neu zusammen. Sie bestand demnach zu je einem Drittel aus Senatoren, Rittern und sogenannten Aerartribunen, Angehörigen einer Schatzungsklasse, die unmittelbar nach den Rittern rangierte. Auch die Zensur wurde erneuert, und die ersten Zensoren, Gnaeus Lentulus und Lucius Gellius, trugen bei der Volkszählung 910 000 Bürger in die Schatzungslisten ein und entfernten 41 Senatoren aus dem Senat. Schließlich brachte einer der Volkstribunen namens Plautius (der Vorname ist nicht überliefert) ein Gesetz ein, das die in der Verbannung lebenden Anhänger des Lepidus restituierte, sowie ein Agrargesetz, dessen Inhalt im einzelnen nicht bekannt ist, von dem aber angenommen werden darf, daß es zugunsten der Versorgungsansprüche der Veteranen des Pompeius konzipiert war. So wurde unter der Ägide der ehemaligen Sullaner Pompeius und Crassus eine Konstellation wiederhergestellt, die das Bündnis zwischen dem Feldherrn Marius und den Volkstribunen Appuleius Saturninus und Sulpicius Rufus ermöglicht hatte.

Knapp zwanzig Jahre nach dem ersten Konsulat des Pompeius verfaßte Cicero am Vorabend eines neuen Bürgerkriegs sein Werk über die Gesetze, mit dem er einen Beitrag zur Stabilisierung der Republik in einer Zeit ihrer Gefährdung leisten wollte. Damals blickte er auf die Erfahrungen zurück, die die Nobilität mit dem von Pompeius wiederhergestellten Volkstribunat gemacht hatte, und im dritten Buch seines Werkes, das den Entwurf einer am Herkommen orientierten schriftlichen Verfassung des römischen Staates enthält, nahm er die Gelegenheit zu einer kritischen Betrachtung der Rolle wahr, die der Volkstribunat in der politischen Ordnung der Republik spielte. Das Werk ist in Dialogform abgefaßt, und an der Unterredung nehmen Cicero als Hauptsprecher, sein Bruder Quintus und sein Freund Atticus teil:

«Quintus: ‹Aber, bei Herkules, ich frage mich, mein Bruder, was du von der tribunizischen Gewalt denkst. Mir nämlich erscheint sie verderblich, denn sie ist in Aufruhr und für den Aufruhr entstanden. Wenn wir uns zunächst ihres Ursprungs erinnern wollen, so sehen wir, daß sie in bürgerkriegsähnlichen Zuständen unter Besetzung und Belagerung von Plätzen in der Stadt gezeugt worden ist ... Was hat dann der

Tribunat des Tiberius Gracchus den Optimaten an Rechten gelassen? Gleichwohl hat schon fünf Jahre zuvor der Volkstribun Gaius Curiatius, eine ganz elende und niedrige Kreatur, die Konsuln Decimus Brutus und Publius Scipio – was für herausragende Männer – in Ketten geworfen, was vorher noch nie vorgekommen war. Und hat nicht der Tribunat des Gaius Gracchus mit den Dolchen, die er nach seinen eigenen Worten mitten auf das Forum geworfen hatte, damit sich die Bürger untereinander zerfleischten, die gesamte Ordnung des Staates zerrüttet? Was soll ich noch von Saturninus, Sulpicius und den übrigen sprechen? Von ihnen konnte sich der Staat nur mit dem Schwert befreien ... Deshalb stimme ich wenigstens in diesem Punkte Sulla mit Nachdruck zu, daß er den Volkstribunen mit seinem Gesetz die Fähigkeit, Unrecht zu tun, genommen und ihnen nur das Recht, Hilfe zu leisten, gelassen hat, und unseren Pompeius bedenke ich in allen anderen Belangen mit dem reichsten und höchsten Lob, aber was die tribunizische Gewalt betrifft, schweige ich. Denn ich möchte nicht tadeln, und loben kann ich nicht.› Marcus: ‹Die Mängel des Tribunats durchschaust du mit allem Scharfsinn, Quintus, doch ist es bei jeder Anklage unbillig, die Vorzüge auszulassen und nur die Fehler und Nachteile einseitig auszuwählen und aufzuzählen. Denn auf diese Weise läßt sich auch der Konsulat kritisieren, wenn man die Verfehlungen von Konsuln, die ich hier nicht aufzählen will, im einzelnen sammelt. Ich will nämlich frei heraussagen, daß in jeder Amtsgewalt etwas Schlechtes liegt, aber daß wir das Positive, das in ihr erstrebt wird, nicht haben können ohne das Negative. (Doch du magst einwenden:) ‹Die Amtsgewalt der Volkstribunen ist zu groß.› Wer wollte das bestreiten? Doch ist die ungebundene Gewalt der Volksmenge viel wilder und heftiger, und doch ist sie, weil sie einen Anführer hat, zuweilen gemäßigter, als wenn sie keinen hätte. Denn der Anführer bedenkt, daß er auf eigene Gefahr sich vorwagt, während das Ungestüm der Masse keine Rücksicht auf die eigene Gefahr kennt. (Wieder magst du einwenden:) ‹Aber manchmal wird die Masse auch aufgehetzt.› Und oft auch besänftigt. Denn welches Tribunenkollegium ist so von allen guten Geistern verlassen, daß auch nicht einer von zehn bei Verstand ist? Ja, sogar Tiberius Gracchus hat der interzedierende Kollege, der nicht nur übergangen, sondern sogar abgesetzt worden war, zu Fall gebracht. Denn was hat ihn sonst vernichtet, als daß er dem interzedierenden Kollegen die Amtsgewalt aberkennen ließ? Doch betrachte einmal die Klugheit unserer Vorfahren von dieser Seite: Als der Plebs dieses Amt von den Patriziern zugestanden worden war, fielen die Waffen, wurde der Aufruhr gelöscht, wurde das Mittel gefunden, durch das die Masse des niederen Volkes der herrschenden Klasse gleichzukommen wähnte, und allein darin lag die Rettung des Staates. (Du magst wieder einwenden:) ‹Und doch gab es die beiden Gracchen.› Doch auch wenn du noch so viele aufzählst: Wenn jeweils zehn gewählt werden, wirst du im Verlauf der Geschichte immer einige verderbenstiftende Tribune finden, leichtfertige, die nicht gutgesinnt sind, vielleicht noch mehr, und doch bleibt der höchste Stand (durch die Existenz des Volkstribunats) von Mißgunst frei, und die Masse läßt sich nicht mehr auf gefahrbringende Kämpfe für ihre Rechte ein. Deshalb hätte man entweder die Könige nicht vertreiben dürfen oder man hätte dem Volk wirklich und nicht nur dem Namen nach die Freiheit geben müssen. Sie ist ihm jedoch mit der Einschränkung gegeben worden, daß es durch viele vorzügliche Einrichtungen dazu gebracht wird, sich der Autorität des führenden Standes zu fügen ... Wenn du aber in Hinblick auf den Volkstribunat Pompeius nicht so recht zustimmen kannst, so scheinst du mir den folgenden Gesichtspunkt nicht hinreichend zu berücksichtigen: Er mußte nicht nur darauf sehen, was das beste sei, sondern auch auf das Notwendige. Er spürte nämlich, daß man dieser unserer Bürgerschaft die tribunizische Gewalt nicht schuldig bleiben konnte. Denn da sie unser Volk so sehr erstrebt hatte, als sie noch unbekannt war, wie sollte es sie dann entbehren können, nachdem es sie kennengelernt hatte? Es ist aber ein Erfordernis der politischen Klugheit, daß man eine Sache, die nicht verderblich und zugleich so populär ist, daß man ihr keinen Widerstand entgegensetzen kann, nicht zum Verderben einem Populären überlassen darf.» (Cicero, *Über die Gesetze* 3, 19–26).

Offensichtlich hat Cicero sich Mühe gegeben, Pompeius mit allen Argumenten zu verteidigen, die er finden konnte, und er hat dabei die das Volk integrierende und den aristokratischen Charakter der Republik stabilisierende Funktion des Volkstribunats gegenüber den Momenten ihrer Gefährdung auf das stärkste zur Geltung gebracht. Aber zum Schluß läuft die Verteidigung des Pompeius auf den Gesichtspunkt der politischen Opportunität hinaus: daß es klüger gewesen sei, den Volkstribunat wiederherzustellen als das Unvermeidliche einem verantwortungslosen Demagogen zu überlassen. Überzeugen ließen sich die beiden Mitunterredner nicht. Quintus Cicero blieb bei seiner gegenteiligen Überzeugung, und Atticus stimmte diesem und nicht seinem Freund zu. Tatsächlich wurde in dieser Erörterung ein kritischer Punkt in der Verfassung der späten Republik berührt. Gerade Pompeius sollte mit Hilfe des in seine vollen Rechte wiedereingesetzten Volkstribunats eine Entwicklung einleiten, an der die Republik zugrunde ging. Der Volkstribunat wurde zum Erfüllungsgehilfen der großen Feldherren bei ihrem Bemühen, durch umfassende außerordentliche Kommandos ein Machtpotential anzusammeln, das dem kollektiven Regiment des Senats den Boden entzog. Nicht mit Absicht, wohl aber durch die Konsequenzen seines Tuns wurde Pompeius zu einem der Totengräber der Republik.

Es waren die ungelösten Probleme in der östlichen Mittelmeerwelt, die Pompeius die Möglichkeit gaben, zum mächtigsten Mann seiner Zeit aufzusteigen. Rom war seit der Jahrhundertwende in langwierige Kämpfe mit den Seeräubern verwickelt und geriet mit einem alten Gegner, Mithradates VI. von Pontos, in eine neue Konfrontation. Mit Hilfe des wiederhergestellten Volkstribunats verstand es Pompeius in dem einen wie in dem anderen Fall, sich als Retter in der Not zu präsentieren.

Die Plage der Piraterie war eine beständige Begleiterscheinung der antiken Seefahrt, solange wir sie zurückverfolgen können, aber ihre verheerendsten Ausmaße erreichte sie unter den Bedingungen, die im

Denar des Sextus Pompeius aus dem Jahre 44/43 v. Chr.:
Die Vs. zeigt den Kopf des Gnaeus Pompeius Magnus, die Rs. ein Kriegsschiff.

zweiten und frühen ersten Jahrhundert die römische Ostpolitik und die Konjunktur der Sklaverei geschaffen hatten. Am Niedergang der hellenistischen Reiche trug Rom gewiß nicht die alleinige, aber doch die Hauptschuld. Es hatte die makedonische Monarchie vernichtet, die seleukidische hinter das Taurosgebirge zurückgedrängt und darüber hinaus zur Zerrüttung aller Reiche durch Interventionen und Bevormundungen erheblich beigetragen. Rom hatte das Erbe der Attaliden und das der Ptolemäer in der Kyrenaika angetreten, und es hatte die See- und Handelsmacht Rhodos geschwächt, die die Seeräuberplage zwar nie verhindert, aber doch bis zu einem gewissen Grade eingeschränkt hatte. Seitdem das Seleukidenreich auch noch das Zweistromland verloren hatte (130/29), der jüdische Tempelstaat unter Führung der Hasmonäer begann, sich auf Kosten seiner ehemaligen seleukidischen Oberherren zu vergrößern und der Fluch blutiger dynastischer Konflikte die Macht der Monarchie untergrub, nisteten sich die Seeräuber vor allem in Schlupfwinkeln an der kilikischen Küste ein, dem Teil Kleinasiens, der den Seleukiden nach dem Frieden von Apameia geblieben war. Von Kilikien und von Kreta aus, ihrer zweiten Basis, machten die Piraten die Küsten des östlichen Mittelmeers unsicher. Dort waren die Küsten ebenso ihrem Zugriff ausgesetzt wie die Handelsschiffahrt. Eine wichtige Rolle spielte in der Geschichte der antiken Piraterie von alters her der Menschenraub, der hohe Gewinne durch Lösegeld oder durch Verkauf der Gefangenen in die Sklaverei erbrachte. Was diesen Punkt anbelangt, so trug die wirtschaftliche Entwicklung Roms erheblich zur Konjunktur des Seeraubs bei. Der Siegeszug der Geldwirtschaft, die Bildung großer Vermögen und die Entstehung eines für den Markt produzierenden Großgrundbesitzes bewirkten eine Nachfrage nach Sklaven, die, von Kriegen abgesehen, vor allem durch Menschenraub gedeckt wurde. Es wird berichtet, daß die Seeräuber ihre menschliche Fracht ganz offen im Freihafen von Delos anboten und Kaufleute aus Italien ihre wichtigsten Kunden waren. Über diesem Treiben ging die Sicherheit der Lebensverhältnisse, die in der Antike ohnehin nie dem modernen Standard zivilisierter Länder entsprach, gänzlich verloren. Seefahrt und Handel waren einem unerträglichen Risiko unterworfen, und wohin der ungebremste Zufluß versklavter Menschen nach Italien führte, war unschwer an den Sklavenkriegen seit dem letzten Drittel des zweiten Jahrhunderts abzulesen. Der Senat hatte die östliche Mittelmeerwelt nach der Errichtung der Provinzen Macedonia und Asia weitgehend sich selbst überlassen, und erst während der Kimbernkriege raffte er sich zu einem Vorgehen gegen die Piraterie auf. Die Erfahrung der Sklavenerhebungen, die damals Sizilien, Süditalien und Attika erschütterten, mag dazu ebenso beigetragen haben wie die Klagen über die schweren Störungen von Handel und Wandel.

Im Jahre 102 verlieh der Senat Marcus Antonius, dem Großvater des Triumvirn, ein prokonsulares Imperium mit der Zweckbestimmung, die Piratennester an der kilikischen und pamphylischen Küste auszuheben und der Seeräuberei so eine ihrer Hauptbasen zu entziehen. Nach regionalen Erfolgen, die allenfalls eine zeitlich begrenzte Wirkung zeitigten, kehrte Antonius schon im Jahre 100 nach Rom zurück. Der großangelegte Plan, der damals von populärer Seite verfolgt wurde, der Piraterie unter Aufbietung aller Ressourcen der römischen Bundesgenossen im Osten ein Ende zu bereiten, kam wegen der Katastrophe der Popularen im siebten Konsulat des Marius über das Stadium der Vorbereitungen nicht hinaus. Während des Krieges gegen Mithradates und der Bürgerkriegswirren in Rom gelang es den Seeräubern, ihren Aktionsradius über das östliche Mittelmeer hinaus bis in den Westen auszudehnen. Selbst Küstenplätze in Sizilien und Italien waren vor den Überfällen der Piratenflotten nicht mehr sicher. Die Gegenmaßnahmen waren in der Regel rein defensiv und wurden oft genug vernachlässigt. Wir erfahren aus einer Anklagerede, die Cicero im Jahre 70 gegen einen wegen Erpressung angeklagten Statthalter von Sizilien verfaßte, daß es zu dessen Aufgaben gehörte, die Selbstverteidigungskräfte seiner Provinz zur Abwehr der Piraten zu organisieren. In diesem Fall konnte Cicero den Nachweis führen, daß der Statthalter diesen Auftrag zur Selbstbereicherung mißbraucht und sich um den Schutz der Insel nicht gekümmert hatte. Einzelne Offensiven blieben regional oder zeitlich begrenzt und hatten deshalb auch keinen durchschlagenden Erfolg. In den Jahren 78–76 eroberte Publius Servilius von der Basis der pamphylischen Küste aus Stützpunkte der Seeräuber in den unzugänglichen Regionen des Isaurischen Gebirges und nahm daraufhin den Siegesbeinamen Isauricus an. Dann erhielt der Praetor Marcus Antonius im Jahre 74 wie schon sein Vater im Jahre 102 ein prokonsularisches Imperium gegen die Seeräuber, und dieses Mal umfaßte es den gesamten Küstensaum des Mittelmeeres in einer Tiefe von 75 km. Aber trotz großer und belastender Rüstungsanstrengungen konnte Antonius der organisierten Piraterie nicht Herr werden. Ja, er erlitt vor der Küste Kretas in einer förmlichen Seeschlacht eine Niederlage. Mit seinem Tod im Jahre 71 wurde das ganze Unternehmen wieder abgebrochen. Immerhin wurden zwei Konsequenzen aus dem desolaten Zustand gezogen, in den die Seeräuberplage die Mittelmeerwelt versetzt hatte, indem zwei Problemzonen im Osten unter direkte römische Kontrolle gestellt wurden: Die Kyrenaika war schon im Jahre 96 von ihrem letzten Herrscher aus dem Hause der Ptolemäer den Römern vererbt worden, aber Rom machte von diesem Erbfall erst im Zuge des Versuchs einer systematischen Bekämpfung der Piraterie im Jahre 74 Gebrauch. Die Unterwerfung der gegenüberliegenden Insel Kreta, einer der Hauptbasen des Seeraubs im östlichen Mittelmeer, nahm fünf Jahre später Quintus Caecilius Metellus mit einem Aufgebot von drei Legionen in Angriff, und nach erfolgter Unterwerfung wurde die Insel im Jahre 67 ebenfalls als römische Provinz organisiert.

In diesen Stand des Kampfes gegen die Piraterie schaltete sich im Jahre 67 Pompeius ein. Sein Konsulat hatte insofern nicht alle seine Erwartungen erfüllt, als das wohl mit ihm abgesprochene Agrargesetz des Volkstribunen Plautius das schwierige Problem der Veteranenversorgung nicht gelöst hatte. Seitdem war es still um ihn geworden, zumal er ausdrücklich auf die Zuweisung einer konsularischen Provinz außerhalb Roms verzichtet hatte. So nahm er die Gelegenheit, die ihm die stockende Bekämpfung der Seeräuberplage bot, zum willkommenen Anlaß, den Stillstand seiner Karriere durch die Übernahme einer neuen spektakulären Aufgabe zu durchbrechen und die zweite

Phase seines Aufstiegs wieder mit einem außerordentlichen Kommando einzuleiten. Einer seiner Gefolgsleute, der Volkstribun Aulus Gabinius, wurde dazu ausersehen, ein Gesetz einzubringen, das, ohne den Namen Pompeius zu erwähnen, ein umfassendes Imperium nach dem Vorbild des dem jüngeren Marcus Antonius verliehenen schuf. Es war jedoch ein offenes Geheimnis, daß dieses Kommando für Pompeius bestimmt war. Daß er bei den Optimaten auf Widerstand stieß, war angesichts seines Werdegangs, der sich so wenig in die von Sulla neu normierte Ämterlaufbahn einfügte, nicht verwunderlich. Velleius Paterculus, ein Historiker der frühen Kaiserzeit, hat die Situation des Jahres 67 mit folgenden Worten geschildert:

«Die Person des Gnaeus Pompeius hatte die Aufmerksamkeit des ganzen Erdkreises auf sich gezogen und wurde in allem für mehr als ein Bürger (unter Bürgern) angesehen. Obwohl er gerade als Konsul in höchst lobenswerter Weise einen Eid darauf abgelegt hatte, daß er auf Grund dieser Amtsgewalt in keine (auswärtige) Provinz gehen werde, und sich auch daran gehalten hatte, so brachte doch zwei Jahre später Aulus Gabinius ein Gesetz folgenden Inhalts ein: Da die Seeräuber in den Dimensionen eines Krieges und nicht von Plünderungszügen den ganzen Erdkreis schon mit Kriegsflotten und nicht mehr nur mit verstohlenen Unternehmungen in Schrecken versetzten, solle Gnaeus Pompeius zu ihrer Unterdrückung geschickt werden, und es solle ihm ein Imperium in allen Provinzen zustehen, das dem aller Prokonsuln gleich sei von der Küste bis zum 50. Meilenstein. Durch diesen Beschluß wurde einem einzelnen eine Befehlsgewalt beinahe über den ganzen Erdkreis übertragen. Doch war das Gleiche schon vorher für die Praetur des Marcus Antonius beschlossen worden. Aber wie bisweilen die Person einer guten Sache schadet, so mehrt oder mindert sie auch das Ressentiment. Bei Antonius hatte man die Sache hingenommen. Denn selten neidet man Auszeichnungen denen, deren Macht man nicht fürchtet. Dagegen schreckt man bei denen vor außerordentlichen Kommandos zurück, die sie offensichtlich nach eigenem Gutdünken niederlegen oder weiterführen werden und die ihre Grenzen nur in ihren Absichten finden» (*Velleius Paterculus* 2,31).

Die heftige Ablehnung der Optimaten konkretisierte sich in dem Veto des Volkstribuns Lucius Trebellius gegen den Gesetzesantrag des Gabinius. Dieser antwortete mit dem Antrag, den widerspenstigen Kollegen abzusetzen. Damit drohte die Wiederholung der Konstellation, die den Bruch zwischen der Senatsmehrheit und Tiberius Gracchus unheilbar gemacht hatte. Zum Äußersten wollte es jedoch Trebellius nicht kommen lassen und zog sein Veto während der Abstimmung über den Absetzungsantrag zurück. Danach wurde das Gesetz über das außerordentliche Kommando gegen die Seeräuber unter tumultuarischen Umständen durchgepeitscht. Pompeius hielt sich mit affektierter Zurückhaltung ganz im Hintergrund und legte die Attitüde an den

Tage, die ihm zur zweiten Natur werden sollte: Er verbarg seinen brennenden Ehrgeiz unter der offen zur Schau gestellten Mäßigung (*moderatio*), damit es den Anschein habe, daß ihm die Stellung des ersten Mannes im Staat auf Initiative anderer zuerkannt werde. Während der Abstimmung über das Gesetz verließ er Rom. Danach kam er zurück und ließ sich in das neu geschaffene außerordentliche Amt wählen.

Die ihm übertragene Aufgabe entsprach vollkommen seinen spezifischen Fähigkeiten. Pompeius war ein Meister der Organisation und der systematischen Kriegführung, und auf beides kam es in diesem Fall an. Das Gesetz des Gabinius unterstellte dem Oberbefehlshaber 15 Legaten mit propraetorischem Imperium und zwei Quaestoren. Dann wurde die Zahl der Legaten noch weiter, auf 24, erhöht. Mit Hilfe dieser Unterführer wurden reichsweit alle notwendigen Mittel mobilisiert und 500 Kriegsschiffe, 120000 Soldaten zu Fuß sowie 5000 Reiter in Dienst gestellt. Pompeius eröffnete die Operationen, indem er im Westen die Gewässer um Sizilien, Nordafrika und Sardinien von Piraten säuberte. Dann schritt er systematisch von Westen nach Osten fort, errang in der Ägäis bei Korukesion einen Sieg in förmlicher Seeschlacht und nahm dann den Seeräubern ihre eigentliche Basis an der Südküste Kleinasiens. Dies alles gelang nach entsprechenden Vorbereitungen in der unglaublich kurzen Zeit von drei Monaten. Pompeius war bei seinem Vorgehen klug genug, die Piraten nicht zum Äußersten zu treiben und ihnen einen Ausweg zu lassen. Wer sich rechtzeitig ergab, behielt Leben und persönliche Freiheit. Im Osten Kilikiens siedelte Pompeius angeblich 20000 der ehemaligen Piraten in den Städten Mallos, Adana und in Soloi an, das ihm zu Ehren in Pompeiopolis, das heißt Pompeiusstadt, umbenannt wurde. So legte er in Kilikien die ersten Grundlagen für eine Klientel, die wenige Jahre später alle Herrscher, Städte und Stämme des hellenistischen Ostens umfassen sollte. Pompeius kümmerte sich nicht darum, daß Kilikien nominell noch zu dem in rapidem Verfall begriffenen Seleukidenreich gehörte. Faktisch wurde Kilikien damals größtenteils von König Tigranes II. von Armenien, dem Schwiegersohn und Verbündeten Mithradates' VI., kontrolliert. Indem Pompeius hier Fuß faßte und Winterquartiere bezog, brachte er sich in eine günstige Stellung für das nächste große ihm vorschwebende Kommando: den Oberbefehl zur Beendigung des sich in die Länge ziehenden Dritten Mithradatischen Krieges. Seinen Gefolgsleuten in Rom blieb es überlassen, dafür zu sorgen, daß das neue das alte außerordentliche Kommando ablöste.

Der hellenistische Osten war seit Sullas Feldzug gegen Mithradates nicht mehr zur Ruhe gekommen. Nach dem Friedensschluß von Dardanos (85) rüstete der pontische König wieder auf, um seine Herrschaft über das Bosporanische Reich und über die Landschaft Kolchis östlich des Schwarzen Meeres wiederherzustellen. Dies nahm der Propraetor der Provinz Asia, Lucius Licinius Murena, im Jahre 83/82 zum Anlaß, zu Plünderungszügen in das Reich des Mithradates einzufallen. Dieser appellierte an Sulla und setzte sich gegen Murena erfolgreich zur Wehr. Schließlich setzte ein Machtspruch des Diktators Sulla diesen Verwicklungen, die man den Zweiten Mithradatischen Krieg nennt, auf der Grundlage des Status quo ein Ende. Als König Nikomedes IV. von Bithynien im Jahre 75 starb und sein Reich testamentarisch den Römern vermachte, war dies für Mithradates der Grund, einen neuen Waffengang mit Rom zu wagen. Er sah sich nach Verbündeten um und fand sie in seinem Schwiegersohn Tigranes II. von Armenien, in den Seeräubern, mit denen er gegen Rom kooperierte, und in der populären Gegenregierung in Spanien. Ihr Führer Quintus Sertorius scheute sich nicht, dem äußeren Feind römische Offiziere als Berater nach Kleinasien zu schicken. Der Senat beauftragte Lucius Licinius Lucullus mit der Kriegführung gegen Mithradates und wies ihm in seinem Konsulatsjahr 74 als Operationsbasis zunächst Kleinasien zu. Im nächsten Jahr vereinte er als Prokonsul praktisch ganz Kleinasien, Kilikien, Bithynien, Pontus und die alte Provinz Asia unter seinem Kommando. Lucullus vertrieb Mithradates aus Kleinasien und errang über ihn und seinen Schwiegersohn am 5. Oktober 69 in Armenien den glänzenden Sieg bei Tigranokerta. Aber damit war der Krieg noch nicht beendet. Als Lucullus im folgenden Jahr einen Vorstoß in das armenische Hochland unternahm, meuterten die Soldaten, und er mußte den Rückmarsch antreten. In Rom war Lucullus ohnehin in das Kreuzfeuer der Kritik geraten. Sie ging vor allem von den Steuerpächtern und Geschäftsleuten aus, die mit der von ihm getroffenen Schuldenregulierung in der Provinz Asia unzufrieden waren. Die Kritik zeige Wirkung: Schon im Jahre 69 wurde ihm die Provinz Asia entzogen, dann auch Kilikien (68) und schließlich auf Antrag des Volkstribunen Aulus Gabinius im Jahre 67 das Kommando in Bithynien und Pontos. Dies geschah zu einem Zeitpunkt, als die Soldaten, denen die Volksversammlung teilweise den Abschied gewährt hatte, ihrem Feldherrn große Schwierigkeiten machten und einer seiner Unterfeldherren, Gaius Triarius, bei Zela eine empfindliche Niederlage erlitt. In Kilikien und Bithynien waren Lucullus' Nachfolger, Quintus Marcius Rex und Manius Acilius Glabrio, der Lage nicht gewachsen und wagten nicht, gegen Mithradates etwas Entscheidendes zu unternehmen. Vielmehr gelang es diesem, wieder von seinem Reich Besitz zu ergreifen. Der Krieg kehrte zu seiner Ausgangsposition zurück, und selbst die Provinz Asia erschien von neuem bedroht. In dieser Lage fiel die Agitation der Steuerpächter und Geschäftsleute, die für ihre Investitionen fürchteten, auf fruchtbaren Boden. Pompeius befand sich ohnehin in unmittelbarer Nähe des Kriegsschauplatzes, und niemand konnte ernsthaft bestreiten, daß er der richtige Mann war, um den Krieg im Osten endlich siegreich zu beenden. So fiel denn dieses Mal der Widerstand des harten optimatischen Kerns der Nobilität gegen die erneute Übertragung eines außerordentlichen Kommandos an Pompeius eher schwach aus. Im Grunde wurde er vor allem von Quintus Lutatius Catulus und Quintus Hortensius getragen, die es ablehnten, ihre prinzipielle Gegnerschaft gegen die Übertragung großer außerordentlicher Kommandos dem Gesichtspunkt der Opportunität zu opfern. Den Antrag, Pompeius in Erweiterung der *lex Gabinia* des Vorjahres auch die Provinzen Bithynia und Pontus sowie den Oberbefehl gegen Mithradates zu übertragen, stellte der Volkstribun Gaius Manilius, und er fand nach Lage der Dinge viele Befürworter, unter anderen auch den Praetor Marcus Tullius Cicero, dessen Rede für den Oberbefehl des Pompeius erhalten ist. Das Gesetz des Manilius wurde angenommen, und Pompeius zeigte sich der neuen Aufgabe vollkommen gewachsen. Er vertrieb Mithradates aus Kleinasien und verfolgte ihn bis an den Rand des Kaukasus (im Jahre 63 beging der König in seinem Bosporanischen Reich, wohin er sich geflüchtet hatte, bedrängt von seinen abtrünnigen Söhnen Selbstmord), zwang dessen Verbündeten, Tigranes von Armenien, zur Unterwerfung und rückte im Jahre 64 in Syrien ein. Ebenso wie in Kilikien trat Rom hier in das Machtvakuum ein, das der Zusammenbruch des Seleukidenreichs und die Niederlage des armenischen Königs hinterlassen hatten. Pompeius krönte seine siegreichen Feldzüge mit der Konstituierung von drei Provinzen: *Bithynia et Pontus*, Syrien und Kilikien. Er sicherte sie durch einen Kranz von Klientelstaaten, deren Herrscher ihm als

IV. Der Untergang der Republik

Schutzherrn auch persönlich eng verbunden waren. In diesem Zusammenhang wurde er in den Thronstreit verwickelt, der damals in der jüdischen Königsdynastie der Hasmonäer zwischen den Brüdern Hyrkanos und Aristobulos ausgetragen wurde. Vor allem dem unglücklichen Taktieren des Aristobulos ist es zuzuschreiben, daß Pompeius Jerusalem erstürmen ließ und die römische Intervention zugunsten des Hyrkanos und des Antipatros, der bei diesem die Stellung eines Hausmeiers einnahm, den jüdischen Tempelstaat fast alle territorialen Gewinne der Hasmonäer und die Dynastie die Königswürde kostete. Hyrkanos blieb als Hohenpriester und Ethnarch (wörtlich: Erster des Volkes) nominell Herrscher des verkleinerten jüdischen Tempelstaates, die Macht ging an Antipatros als Vertrauensmann der Römer über. So wichtig diese Vorgänge auch für die bewegte Geschichte des jüdischen Volkes waren, sie waren im Rahmen der Neuordnung des Ostens, die Pompeius vornahm, nur ein Teilaspekt unter vielen. Insgesamt entstand damals, in Abgrenzung zum Partherreich entlang des oberen Euphrats, in Kleinasien und im Vorderen Orient ein römisches Herrschaftssystem, das auf dem Nebeneinander von direkter Provinzialverwaltung und abhängigen Königen und Dynasten bestand. Diese Abhängigkeit von Rom trug ein Doppelgesicht. Sie galt einerseits der römischen Ordnungsmacht und andererseits dem Mann, der sie begründet hatte und repräsentierte, also Pompeius. Alle Herrscher waren Teil seiner Klientel. Er vertrat ihre Interessen gegenüber Senat und Volk, und umgekehrt waren sie ihm zu Treue und Gefolgschaft verpflichtet. Die Regelungen, mit denen er ihren Rang und ihre Stellung im Rahmen des römischen Herrschaftssystems festgelegt hatte, hatten sie mit wertvollen Geschenken und hohen Geldzahlungen honorieren müssen. Pompeius und seine Helfer wurden auf diese Weise steinreich, und die Autorität, die er bei seiner auswärtigen Klientel genoß, oder, wie Cicero es ausdrückte, seine *auctoritas apud exteras nationes* (Autorität bei auswärtigen Völkern) wurde auch in den Verwicklungen der römischen Innenpolitik zu einem bedeutenden Machtfaktor.

Die Errichtung neuer Provinzen im griechischen Osten, die auf eine lange Tradition der Geldwirtschaft und der fiskalischen Ausbeutung zurückblickten, brachte der römischen Staatskasse eine gewaltige Steigerung der jährlichen Einnahmen. Pompeius rühmte sich, daß aus den von ihm eroberten Ländern dem Staat jährlich 85 Mio. Denare zuflös-

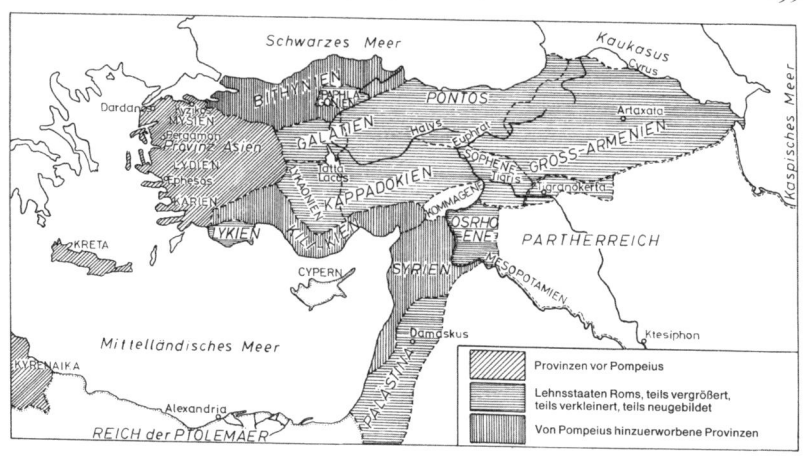

Der hellenistische Osten nach der Neuordnung durch Pompeius

sen und damit die regulären Staatseinnahmen von 50 auf 135 Mio. angestiegen seien. Hinzu kamen die einmaligen Gewinne aus der Beute und aus den Zahlungen, die von Königen, Dynasten und Gemeinden an Pompeius und seine Unterfeldherren geleistet wurden. Davon fiel zwar nur ein Teil dem Staat zu, gleichwohl handelte es sich um ungeheure Summen. Pompeius gab an, daß er Geld und Edelmetall im Wert von 20000 Talenten, das sind 120 Mio. Denare, an die Staatskasse abgeliefert habe, davon 50 Mio. in der Form von Münzgeld. Über einen womöglich noch größeren Betrag verfügte er selbst. Von dem, was er für sich abzweigte, erhielten seine Helfer, Offiziere und Soldaten einen großzügig bemessenen Anteil. Er schenkte jedem seiner Legaten und Quaestoren, insgesamt 25 Personen, eine Mio. Denare, jedem Soldaten 1500, den Zenturionen wahrscheinlich 30000 und den Kriegstribunen 80000. Rechnet man die Legion mit einer Effektivstärke von 4000 Mann, 60 Zenturionen und 6 Kriegstribunen, dann sind für die 8 Legionen, aus denen sein Heer bestand, 71 Mio. Denare zusätzlich zu den 25 Mio., die seine hochgestellten Helfer erhielten, ausgegeben worden. Was in den Händen des siegreichen Feldherrn verblieb, wissen wir nicht. Nur so viel ist sicher, daß er als der reichste Römer seiner Zeit aus dem Osten zurückkehrte und in der Lage war, alle Welt mit seinen Wohltaten zu überschütten. Als er auf der Rückreise nach Italien in Rhodos und Athen Station machte, besuchte er die Vorlesungen berühmter Rhetoren und Philosophen – in Rhodos unter anderem den großen Philosophen und Universalgelehrten Poseidonios, der ihm später die Geschichte seiner Taten dedizierte – und hinterließ überall reiche Geschenke. In Rhodos erhielt jeder Lehrer, dessen Vorlesungen er hörte, ein Talent, das sind 6000 Drachmen, und der Stadt Athen, die sich noch immer nicht von den Folgen des Ersten Mithradatischen Krieges erholt hatte, schenkte er 50 Talente, das sind 300 000 Drachmen, für Restaurierungsarbeiten. Nach seiner Rückkehr errichtete er in Rom aus eigenen Mitteln das erste repräsentative, aus Stein errichtete Theater inmitten ausgedehnter Säulenhallen. Welche Summen er an den beiden Tagen seines aufwendig gefeierten Triumphs am 28. und 29. September 61 für die Bewirtungen und Belustigungen des Volkes ausgab, ist unbekannt. Auch die Heiligtümer erhielten der Sitte entsprechend einen Anteil von der Beute des siegreichen Feldherrn, der es nicht versäumte, auf Inschriften seiner Frömmigkeit und seinem Siegerstolz ein prahlerisches Denkmal zu setzten. Von einer dieser Inschriften – sie war möglicherweise an dem im Jahre 56 eingeweihten Tempel der Venus Victrix, der siegreichen Stammutter der Römer, angebracht – hat der griechische Historiker Diodor den Text bewahrt. Er lautet:

«Gnaeus Pompeius, Sohn des Gnaeus, Magnus, Imperator, hat die Küsten der Welt und alle Inseln innerhalb des Ozeans von der Seeräuberplage befreit, hat das vom Feind bedrängte Königreich des Ariobarzanes (d. h. Kappadokien), Galatien, die benachbarten Länder und die Provinzen Asia und Bithynia geschützt, hat Paphlagonien und Pontus, Armenien und Achaia (eine am Kaukasus gelegene Landschaft), ferner Iberien, Kolchis, Mesopotamien, Sophene und Gordyene in die römische Schutzherrschaft einbezogen, hat den Mederkönig Dareios, den Ibererkönig Artokes, den Judenkönig Aristobulos, den Nabatäerkönig Aretas, Syrien und Kilikien, Judäa, Arabien, die Kyrenaika, die Achäer, Jozyger, Soaner, Heniocher und die übrigen Stämme an der Küste des Schwarzen Meeres von Kolchis bis an die Maeotische See (das Asowsche Meer) und ihre Könige, neun an der Zahl, und alle Völker unterworfen, die zwischen dem Schwarzen und dem Roten Meer wohnen, und hat die Grenzen des Römischen Reiches bis an die Enden der Erde vorgeschoben, hat die Einkünfte Roms teils gerettet, teils vermehrt, hat Statuen und Abbilder der Götter sowie sonstigen Schmuck den Feinden abgenommen und der Göttin geweiht: 12 060 Goldstücke und 307 Talente Silber» (Diodor 40,1).

Der Selbstdarstellung diente auch der Bildschmuck, den Pompeius in der Umgebung des Tempels aufstellen ließ. Er bestand aus einer Statuengruppe, in deren Mitte Pompeius umgeben von den Personifikationen vierzehn unterworfener Völker stand. Bei seinem Triumphzug im September 61 stilisierte sich Pompeius als neuer Alexander, indem er sich im Mantel des großen Welteroberers (der angeblich im erbeuteten Königsschatz des Mithradates aufbewahrt worden war) den Römern präsentierte. So wollte er den Übergang der Weltherrschaft von den Makedonen auf die Römer aller Welt sichtbar vor Augen führen.

Aber für diesen Übergang stand nicht der Senat, die kollektive Führung des römischen Staates, die einst nach dem Ende der makedonischen Monarchie als eine Versammlung von Königen und rettenden Göttern bezeichnet worden war, sondern ein Feldherr der Republik, der durch seinen Kriegsruhm, seine Autorität, seinen Reichtum und seine ihm ergebene Armee in die Dimension eines hellenistischen Königs hineinwuchs und doch nur Inhaber eines Kommandos auf Zeit war. Pompeius sprengte mit seinem Prestige, seiner Klientel und seinen materiellen Mitteln die weitgespannten Grenzen aristokratischer Gleichheit, auf der die Existenz der traditionellen Republik beruhte, aber er war wohl weit entfernt davon zu erkennen, daß die Stellung, die er objektiv einnahm, mit dem kollektiven Senatsregiment, das wohl die Machtkonkurrenz der vielen, aber nicht das Machtmonopol des einen hinnehmen konnte, kaum vereinbar war. Was er wollte, war die freiwillige Anerkennung seiner Vorrangstellung, und er bildete sich ein, daß ihm eine solche Anerkennung auf Grund seiner überragenden Leistungen auch zustehe. Was er nicht hinreichend bedachte, waren die Gegenkräfte, die er wecken mußte, den unvermeidlichen Konkurrenzneid seiner Standesgenossen, aber auch das prinzipielle Mißtrauen des Kollektivs gegen jedwede das Durchschnittsmaß sprengende Akkumulierung von Macht und Ansehen. Was nach seiner Rückkehr von seiner Seite zunächst zu erwarten stand, waren Initiativen zur Versorgung seiner Soldaten und zur Ratifizierung der zahlreichen Verfügungen, die er im Osten getroffen hatte. Von der Durchsetzung dieser beiden Nahziele würde, darüber war sich jedermann im klaren, seine weitere politische Zukunft abhängen. Denn wenn er scheiterte, würde er den gerade gewonnenen Kredit und die darauf gegründete Macht wieder verlieren, und umgekehrt war abzusehen, daß ein Erfolg seine Stellung mit unabsehbaren Konsequenzen festigen und weiter stärken würde. Dies war der Grund, warum die politische Szene in Rom noch während Pompeius' Abwesenheit in einen Bannkreis von Erwartungen und Befürchtungen geriet, die sich an seine bevorstehende Rückkehr knüpften.

Die beiden Politiker, die während Pompeius' Abwesenheit versuchten, ein Gegengewicht persönlicher Macht zu schaffen, waren sein

Rivale Marcus Licinius Crassus, mit dem zusammen er im Jahre 70 den Konsulat bekleidet hatte, und Gaius Iulius Caesar, der als Angehöriger einer mit Gaius Marius verschwägerten patrizischen Familie der sullanischen Verfolgung der Anhänger des Marius und Cinna beinahe zum Opfer gefallen wäre. Der junge Caesar hatte sich nach Sullas Tod für die Wiederherstellung der Rechte des Volkstribunats eingesetzt, und er war dabei in enge Beziehungen zu Crassus getreten, der zusammen mit Pompeius in ihrem gemeinsamen Konsulat der entsprechenden Forderung zum Durchbruch verholfen hatte. Im Jahre 65 bekleidete Crassus die Zensur, und sein junger Verbündeter war Aedil. Damals versuchte Crassus politischen Gewinn aus zwei aktuellen Problemen für sich zu ziehen: aus der Zurücksetzung der Transpadaner im Norden Italiens, denen nach dem Bundesgenossenkrieg die volle bürgerliche Gleichberechtigung verweigert worden war, und aus der Frage, was mit dem reichen Ägypten geschehen solle, das der im Jahre 87 gestorbene König Ptolemaios X. Alexandros I. angeblich durch sein Testament den Römern vermacht hatte. Crassus plante, den Transpadanern das volle römische Bürgerrecht zu verleihen und so eine zahlreiche Klientel zu gewinnen, deren Dankbarkeit sich politisch instrumentalisieren ließ, und was Ägypten anbelangt, so ging das Gerücht, daß Caesar ein außerordentliches Kommando mit der Zweckbestimmung erhalten solle, das reiche Land für Rom einzuziehen. Crassus' Pläne scheiterten jedoch zunächst an seinem streng optimatisch gesinnten Kollegen Lutatius Catulus. Doch Crassus ließ nicht locker. Er unterstützte und finanzierte Lucius Sergius Catilina, einen ehemaligen Sullaner mit umstrittener Vergangenheit, im Wahlkampf um den Konsulat. Wiederum war geplant, in Rom eine Konstellation herbeizuführen, von der aus ein Gegengewicht gegen Pompeius geschaffen werden konnte, und diese Pläne nahmen konkrete Gestalt in Form eines Agrargesetzes an, dessen Ausführungsbestimmungen den Verbündeten eine große Machtstellung für mehrere Jahre sichern sollten. Doch die Wahl Catilinas scheiterte. Er hatte in der Nobilität einflußreiche Feinde, und diese einigten sich auf die Unterstützung eines unumstrittenen Kandidaten ohne nennenswerte Hausmacht, auf den als Gerichtsredner renommierten Marcus Tullius Cicero. Er wurde zusammen mit einem Verbündeten Catilinas, Gaius Antonius, zum Konsul für das Jahr 63 gewählt. Dennoch brachte der Volkstribun Publius Servilius Rullus das geplante Agrargesetz ein. Sein Antrag sah die Bildung einer Zehnerkommission mit weitgehenden Vollmachten vor, die sich auf Italien und das gesamte Provinzialreich bezogen. Ihr Auftrag war, Staatsland außerhalb Italiens, auch in den Provinzen, die einzurichten Pompeius in Begriff stand, zu verkaufen und mit dem Erlös Land in Italien zu erwerben. Diese Areale sollten dann zusammen mit der großen Staatsdomäne in Campanien an Veteranen und an bedürftige Plebejer verteilt werden. Der Kommission, für die eine Amtsdauer von fünf Jahren vorgesehen war, sollten auf jeden Fall Crassus und Caesar angehören, und damit die Verbündeten sicher sein konnten, daß die Kommission mit den Kandidaten ihrer Wahl besetzt wurde, war ein Wahlverfahren ausgeklügelt worden, das einer Minderheit der Wahlkörperschaften, 9 von insgesamt 35 Tribus, die notwendige Majorität verschaffte und so das Geschäft der Wahlsteuerung und -bestechung erleichterte. Dies alles war in durchsichtiger Weise darauf angelegt, Pompeius in der Gunst der Massen, ja sogar der Veteranen auszustechen, indem die einflußsichernde Versorgung mit Bauernstellen den Verbündeten in die Hände gespielt wurde. Dazu sollten nicht zuletzt auch die Ressourcen verwendet werden, die Pompeius gerade dem römischen Staat durch seine Feldzüge im Osten einbrachte. Es versteht sich von selbst, daß das Gesetz mit seinem popularen Inhalt und seinen machtpolitischen Zielsetzungen nicht die Billigung des Senats fand. Aber es war eine bemerkenswerte demagogische Leistung Ciceros, daß er mit seiner unvergleichlichen Kunst der Rede auch die Volksversammlung zu Beginn seines Amtsjahres dazu brachte, das Gesetz in Bausch und Bogen abzulehnen.

Die Verknüpfung eines Agrargesetzes mit einem umfassenden, außerordentlichen Imperium war eine aus der Machtrivalität geborene Neuerung. Bis dahin waren außerordentliche Kommandos, auch die des Pompeius, auf Grund militärischer Notwendigkeiten konzipiert und verliehen worden. Aber es war offensichtlich, daß sie erhebliche Konsequenzen für die Machtverteilung innerhalb der Aristokratie und regelmäßig auch eine Aktualisierung des ungelösten Problems der Veteranenversorgung nach sich zogen. Das Gesetz des Servilius Rullus schuf ohne militärische Notwendigkeit ein kollektives, außerordentliches Amt um der damit verbundenen Machtstellung willen, und es verfolgte das Ziel, der befürchteten Machtsteigerung des aus dem Osten zurückerwarteten siegreichen Feldherrn ein Gegengewicht entgegenzustellen und der Gruppe um Crassus und Caesar Macht und Einfluß zu sichern. Dies war der erste Versuch, ohne äußere Sachzwänge das Institut des außerordentlichen Imperiums ausschließlich für den innenpolitischen Machtgewinn zu instrumentalisieren. Weitere sollten folgen.

Das Scheitern Catilinas bei den Konsulwahlen des Jahres 64 hatte noch ein Nachspiel, das innerhalb der Geschichte Roms gewiß keine herausragende Bedeutung besitzt, aber doch dank der einzigartigen Dokumentation des Ereignisses einen aufschlußreichen Einblick in den inneren Zustand von Politik und Gesellschaft gewährt. Gemeint ist die sogenannte Catilinarische Verschwörung. Sie war die Reaktion auf das erneute Scheitern Catilinas bei den Konsulwahlen des Jahres 63. Nach dieser Wahlniederlage plante Catilina die gewaltsame Usurpation der Regierungsgewalt, und zu diesem Zweck mobilisierte er das bereitliegende Potential an Unzufriedenheit und Verzweiflung, das seit dem gewaltsamen Umsturz der Besitzverhältnisse durch Sulla in allen Schichten der Bürgerschaft Platz gegriffen hatte. Ehemalige Nutznießer dieses Umsturzes waren davon ebenso betroffen wie die damals Enteigneten, Angehörige der sogenannten guten Gesellschaft in gleicher Weise wie das Proletariat der Stadt und des flachen Landes. Große Teile der Gesellschaft waren in die Schuldenfalle geraten, der kleine Mann ebenso wie Angehörige der politischen Klasse, und unter diesen waren diejenigen, die im politischen Konkurrenzkampf gescheitert waren und keine Aussicht mehr hatten, die in Wahlkämpfen angehäuften riesigen Schulden durch ein einträgliches Provinzkommando tilgen zu können, leicht für eine politische Verzweiflungstat zu gewinnen. In seiner zweiten Rede gegen Catilina unterscheidet Cicero insgesamt sechs Gruppen, aus denen sich die Anhängerschaft Catilinas zusammensetzte: Da gab es die Reichen, deren Vermögen immer noch die Höhe ihrer Schulden überstieg, die aber nicht bereit waren, die Schulden durch den Verkauf ihrer Immobilien zu tilgen, dann die politisch gescheiterten, hochverschuldeten Aristokraten, deren letzte Hoffnung der politische Umsturz war; die Veteranen Sullas, die nicht verstanden hatten, ihre Siegesbeute festzuhalten, ferner verarmte Teile der Landbevölkerung; eine buntgemischte Gruppe von Bankrotteuren aus Stadt und Land, zudem verbrecherische Elemente und schließlich die *jeunesse dorée*. Das ist gewiß ein in polemischer Absicht überzeichnetes und unscharf abgegrenztes Bild, das aber immerhin eines erkennen läßt: Catilina gewann seine Anhängerschaft vor allem aus den wirtschaftlich und politisch Gescheiterten, und umgekehrt standen die Besitzenden und Erfolgreichen, nicht zuletzt die Angehörigen des ökonomisch wichtigen Ritterstandes, fest auf der Seite der durch den amtierenden Konsul Cicero repräsentierten Ordnung. Im Herbst war die Verschwörung so weit gediehen, daß ein ehemaliger sullanischer Offizier namens Gaius Manlius in Etrurien für Catilina eine Privatarmee rekrutierte. Als das in Rom bekannt wurde, veranlaßte Cicero den Senat, den Staatsnotstand mittels des *senatus consultum ultimum* auszurufen und den Magistraten alle Vollmachten zur Abwehr der Gefahr zu erteilen. Nach einem gescheiterten Mordanschlag auf seine Person provozierte Cicero am 8. November durch eine im Senat gehaltene Rede, die erste der vier Catilinarischen, Catilina zum Verlassen der Stadt. Er begab sich nach Etrurien in das Lager des Gaius Manlius, und daraufhin wurden beide zu Staatsfeinden erklärt. Zu Beginn des folgenden Jahres fielen sie in der Nähe von Pistoriae in einer regelrechten Feldschlacht.

So wenig Grund besteht, das von Cicero gezeichnete Bild des Verbrechers und Bankrotteurs Catilina für bare Münze zu nehmen, so sehr ist jedoch evident, daß Catilina kein sozialrevolutionäres Programm verfolgte und die schließlich ausgegebene Losung einer allgemeinen Schuldentilgung und der Befreiung der Sklaven nicht von dem Ziel der Schaffung einer besseren Gesellschaft bestimmt war, sondern das letzte Mittel der Verzweiflung war. Catilina bediente sich des vorhandenen Unruhepotentials, um das wahren zu können, was er als seinen Rang in der aristokratischen Gesellschaft (*dignitas*) betrachtete. Nirgends kommt dieser Hintergrund seiner Versschwörung so gut zum Ausdruck wie in dem Brief, den er aus dem Feldlager in Etrurien an Quintus Lutatius Catulus richtete. Der Historiker der Catilinarischen Verschwörung, Sallust, hat ihn im Wortlaut mitgeteilt:

«Lucius Catilina an Quintus Catulus. Deine außerordentliche, durch die Tat bewährte Treue, die ich in den vielen gegen mich gerichteten Verfahren dankbar erfahren habe, gibt mir das Zutrauen zu einer Empfehlung. Deshalb will ich auch keine Verteidigung meines jüngsten Entschlusses geben: Als Rechtfertigung will ich nur das Bewußtsein meiner Schuldlosigkeit anführen, das du bei Gott als ehrlich anerkennen mögest. Von Beleidigungen und Kränkungen angetrieben habe ich, weil ich der Früchte meiner Mühen und meines Einsatzes beraubt den mir zukommenden Rang nicht wahren konnte, die Sache der Unglücklichen und Verzweifelten mir nach meiner Gewohnheit als eine öffentliche Angelegenheit zu eigen gemacht, nicht weil ich meine auf den eigenen Namen gemachten Schulden aus meinen Besitzungen nicht begleichen könnte – auch die auf den Namen anderer aufgenommenen würde die Großzügigkeit Orestillas (mit ihr war Catilina verheiratet) aus ihren und ihrer Tochter Mitteln bezahlen können –, sondern weil ich Unwürdige mit Ehren ausgezeichnet und mich unter falschem Verdacht ausgestoßen fand. Deshalb bin ich den in Anbetracht meines Unglücks einigermaßen ehrenvollen Hoffnungen auf Bewahrung des mir verbliebenen Ranges gefolgt. – Ich wollte noch mehr schreiben, da erreicht mich die Nachricht, daß Gewalt gegen mich vorbereitet wird. So empfehle ich dir jetzt Orestilla und vertraue sie deiner bewährten Treue an. Schütze sie vor Beleidigungen, beschwöre ich dich bei deinen Kindern. Lebe wohl» (Sallust, *Catilina* 35).

Noch bevor Catilina sein gewaltsames Ende auf dem Schlachtfeld von Pistoriae gefunden hatte, war es Cicero gelungen, die Verschwörung in Rom zu unterdrücken. Von Gesandten der keltischen Allobroger bekam Cicero am 3. Dezember Beweise dafür in die Hand, daß mehrere Senatoren, darunter auch ein Magistrat, der Praetor Publius Cornelius Lentulus, Hochverrat begangen hatten und einen bewaffneten Aufstand in der Hauptstadt vorbereiteten. Er ließ die betreffenden Personen festnehmen, dem Senat vorführen und die Beweise vorlegen. Die Verhafteten gestanden, was sie nicht leugnen konnten, und der Senat stellte förmlich fest, daß sie sich feindlich gegenüber dem Staat verhalten hätten. In unübersichtlicher, bedrohlich erscheinender Lage befragte Cicero am 5. Dezember den Senat, was mit den Gefangenen geschehen solle. In der Debatte traten die zuerst befragten designierten Konsuln und die vierzehn anwesenden Konsulare für die Hinrichtung ein, stimmten aber dann dem Votum des designierten Praetors Gaius Iulius Caesar zu, der vor der Verhängung einer unwiderruflichen Strafe warnte und für lebenslängliche Haft plädierte. Erst die Rede des Marcus Porcius Cato, der als rangniedriger Senator später zu Wort kam, bewirkte einen erneuten Meinungsumschwung. Cicero ließ über Catos Votum für eine Hinrichtung abstimmen, und der Antrag wurde mit großer Mehrheit angenommen. Noch am selben Tag ließ Cicero die gefangenen Catilinarier exekutieren.

Cicero wurde als Retter des Staates mit einem Dankfest überschwenglich gefeiert und erlebte so den Höhepunkt seiner politischen Karriere. Aber die Hinrichtung der Catilinarier sollte bald Ursache seines tiefen Sturzes werden. Cicero war es, der die Verantwortung für die Tötung von Bürgern ohne Gerichtsurteil trug, und er war deshalb angreifbar geworden. Auch das Votum des Senats konnte ein solches Urteil nicht ersetzen; denn der Senat war kein Gericht. Der ausgerufene Notstand machte zwar die Tötung von Bürgern, die zu Staatsfeinden erklärt oder mit der Waffe in der Hand angetroffen worden waren, rechtlich unanfechtbar, und insofern waren Catilina und Manlius zu Recht getötet worden. Aber die fünf in Rom Hingerichteten waren weder zu Staatsfeinden erklärt worden noch waren sie bewaffnet, als sie festgenommen wurden, und auch ihr Geständnis machte ihre Tötung rechtlich nicht hieb- und stichfest. Im Konsulatsjahr Ciceros hatte auf Veranlassung Caesars ein merkwürdiges Verfahren vor dem antiquierten Volksgericht stattgefunden, in dem ein alter Senator namens Gaius Rabirius wegen seiner Beteiligung an der Exekutierung des Staatsnotstandes im Jahre 100 – dabei waren unter anderem Appuleius Saturninus und Servilius Glaucia zu Tode gekommen – zur Rechenschaft gezogen werden sollte. Er wurde zwar freigesprochen, aber das Verfahren war immerhin eine demonstrative Warnung vor einer exzessiven Anwendung des Notstandsrechts gewesen.

Die fünf Catilinarier waren erst wenige Tage tot, als die ersten Angriffe gegen Cicero wegen der Hinrichtung ohne Gerichtsurteil gerichtet wurden. Diese Angriffe gingen mit Unterstützung Caesars von einem Gefolgsmann des Pompeius, dem Volkstribun Quintus Caecilius Metellus Nepos, aus. Unmittelbar nach Antritt seines Amtes am 10. Dezember wollte er Pompeius, dessen Rückkehr aus dem Osten damals erwartet wurde, den Konsulat mit dem Auftrag verschaffen, die Erhebung Catilinas in Etrurien niederzuwerfen, und im Zusammenhang dieser Bemühungen richtete er öffentlich heftige Angriffe gegen Cicero. Aber Cato, der ebenfalls Volkstribun war, brachte die Initiative seines Kollegen für die irreguläre Wahl zu Fall, und als es daraufhin zu Unruhen in der Stadt kam, griff der Senat erneut zu dem Mittel des *senatus consultum ultimum* und suspendierte Metellus und vorübergehend auch Caesar – er bekleidete im Jahr 62 die Praetur – von ihren Ämtern. Der Senat stellte sich damals vor Cicero und faßte den förmlichen Beschluß, daß als Staatsfeind anzusehen sei, wer die Bestrafung der für die Hinrichtung der Catilinarier Verantwortlichen fordern würde. Fürs erste war Cicero mit dem Schrecken davongekommen. Aber wenige Jahre später sollte ihn doch die Nemesis für seinen Triumph am 5. Dezember erreichen.

Pompeius kehrte erst Ende des Jahres 62 nach Rom zurück. Entgegen verbreiteter Befürchtungen entließ er bei der Landung in Brundisium sein Heer. Pompeius war kein Sulla, und er kam nicht an der

Spitze einer Bürgerkriegsarmee. Nicht mit Gewalt, sondern im Einvernehmen mit dem Senat wollte er die Versorgung seiner Veteranen und die Ratifizierung seiner Maßnahmen im Osten erreichen. Das hatte er bereits im Frühjahr in seinem schriftlichen Rechenschaftsbericht an den Senat durchblicken lassen, und damit hatte er, wie wenigstens Cicero in seinem Brief an den siegreichen Feldherrn bemerkte, alle diejenigen vor den Kopf gestoßen, die angeblich auf einen neuen Umsturz der bestehenden Besitzverhältnisse hofften:

«Wenn du mit deiner Armee wohlauf bist, ist es gut. Dein offizielles Schreiben habe ich wie alle anderen mit unglaublicher Freude aufgenommen. Denn du hast uns eine so große Hoffnung auf inneren Frieden gegeben, wie ich sie schon immer, allein auf dich vertrauend, versprochen habe. Aber das sollst du wissen, daß deine alten Feinde, neuerdings deine Freunde, von deinem Schreiben völlig konsterniert und um ihre schönsten Erwartungen betrogen sind» (Cicero, *An seine Freunde* 5,7,1).

Pompeius hatte zudem seinen Legaten Metellus Nepos, der sich als Volkstribun für seine Wahl zum Konsul eingesetzt hatte und nach seiner Suspendierung zu seinem Feldherrn zurückgereist war, im Interesse eines Zusammengehens mit den Optimaten desavouiert. Er setzte im Sommer 62 die Wahl seines Kandidaten, Marcus Pupius Piso Calpurnianus, zum Konsul durch, aber sein erstes öffentliches Auftreten nach seiner Rückkehr war so nichtssagend, daß er es mit allen Seiten verdarb. Selbst sein Gefolgsmann Pupius Piso war von diesem Einstand schwer enttäuscht. Pompeius hatte den optimatischen Widerstand gegen seine politischen Hauptanliegen, die Versorgung der Veteranen und die Ratifizierung der im Osten getroffenen Verfügungen, offenbar unterschätzt. Im Jahre 61 erwartete er törichterweise von der Wirkung seines Triumphes, den er als eindrucksvolle Demonstration seiner Erfolge inszenierte, daß der ihm entgegengesetzte Widerstand zusammenbrechen und sich dann alles sozusagen von selbst regeln werde. Aber er täuschte sich. Seine optimatischen Gegner waren entschlossen, ihn scheitern zu lassen, um seiner systemsprengenden Sonderrolle ein Ende zu bereiten, und Pompeius machte es ihnen mit seinem politischen Ungeschick leicht. Einerseits suchte er die Verständigung mit dem Senat, andererseits brachte er gegen dessen Willen mit seinem Geld und seinem Einfluß Gefolgsleute, die sich als wenig brauchbar erwiesen, in magistratische Schlüsselstellungen – so den aus seiner Heimat, dem Picenum, stammenden Lucius Afranius in den Konsulat für das Jahr 60 und Lucius Flavius in den Volkstribunat.

Dieser schlug auftragsgemäß ein Agrargesetz vor, das nach Ciceros Zeugnis eine Neuauflage der gescheiterten *lex Plautia agraria* aus dem Konsulatsjahr des Pompeius (70) war. Es bestimmte, daß neu angekauftes Land in Italien an die Veteranen und an bedürftige Familienväter der städtischen Plebs verteilt und für die Finanzierung fünf Jahre lang die Einnahmen aus den neuen von Pompeius organisierten Provinzen reserviert werden sollten. Cicero war im Interesse der Eintracht aller Gutgesinnten für den Antrag und setzte sich lediglich für die Hinzufügung einer Bestimmung ein, die alle bestehenden Besitzverhältnisse auf dem in Italien gelegenen Staatsland ausdrücklich für unantastbar erklärte. Aber die Optimaten betrachteten den Gesetzesvorschlag unter dem machtpolitischen Gesichtspunkt, daß Pompeius, mit der Durchführung des Landverteilungsplans betraut, dadurch eine weitere Steigerung seiner Macht und seines Einflusses erfahren würde, und zogen alle Register der Obstruktion, die im politischen System der Republik mit stärkerer Durchschlagskraft ausgestattet war als die gesetzgeberische Initiative. Den Optimaten kam dabei zugute, daß sie in der Person des jungen Marcus Porcius Cato und in einem der beiden Konsuln, in Quintus Caecilius Metellus Celer, zwei zu jedem Widerstand entschlossene Vorkämpfer besaßen, gegen die weder Flavius noch Afranius ankamen. Da Pompeius vor dem einzig wirksamen Mittel gegen die legale Obstruktion, dem Einsatz von Gewalt, zurückschreckte und immer noch auf eine Verständigung mit dem Senat hoffte, veranlaßte er den Volkstribun Flavius, den Konsul Metellus Celer, den dieser in Beugehaft genommen hatte, wieder freizulassen. Als dann der Senat den Konsul wegen der im Jenseitigen Gallien drohenden Kriegsgefahr dorthin beorderte, sah Flavius in dieser Konstellation die Chance, sein Gesetz doch noch durchzusetzen. Er untersagte dem Konsul die Abreise nach Gallien und machte den Widerruf des Verbots von dessen Zustimmung zu seinem Agrargesetz abhängig. Aber damit gab er diesem nur die Möglichkeit, um so wirkungsvoller zu opponieren. Metellus Celer fügte sich dem Verbot, blieb in Rom, und das Gesetzgebungsverfahren wurde weiterhin blockiert.

Auf diese Weise scheiterte nicht nur das Agrargesetz des Flavius, auch die Anerkennung der Verfügungen, die Pompeius im Osten getroffen hatte, konnte in den Verhandlungen des Senats gegen die Methoden der Obstruktion nicht durchgesetzt werden. Lucullus zahlte Pompeius jetzt die Kränkung seiner Abberufung aus dem Osten heim.

Jede einzelne der Maßnahmen seines Feindes, die anders als die seinen ausgefallen war, sollte auf den Prüfstand kommen, und mit diesem Standpunkt setzte sich Lucullus im Senat durch. Pompeius hatte es also nichts eingebracht, daß er sich mit den Optimaten und dem Senat gutzustellen versuchte und auf Gewaltanwendung zur Durchsetzung seiner Ziele verzichtet hatte. Seine Gegner durchschauten die Schwäche seines Taktierens und setzten ihn mit ihren geschickten Manövern schachmatt. Der Feldherr der Republik, der auf den Spuren Alexanders des Großen wandelte, war dem politischen Kleinkrieg in Rom nicht gewachsen. Am Ende des Jahres 60 schien er politisch endgültig gescheitert zu sein. Doch es sollte anders kommen. Er ging ein Bündnis ein, das sich als der Anfang vom Ende der Republik herausstellte.

Caesar und der Erste Triumvirat

Als Gaius Asinius Pollio, der Freund und Förderer der großen augusteischen Dichter, daranging, die Geschichte des Untergangs der Republik zu schreiben, da wählte er das Jahr 60, in dem Quintus Caecilius Metellus Konsul war, zum Ausgangspunkt seiner Darstellung:

> «Den Streit der Bürger vom Konsul Metellus her,
> Des Krieges Ursach', seine Greuel und Wechselfälle,
> Des Kriegsglücks Launenspiel, die unheilvollen
> Verbindungen der Mächtigen, die Waffen
> Von ungesühntem Blut noch immer feucht,
> Ein Werk gefahrvoll tück'schen Würfelspiels,
> Behandelst du, durch Gluten schreitend,
> Die unter trügerischer Asche schwelen.»

Mit diesen Worten hat Horaz im Widmungsgedicht des zweiten Odenbuchs den Mut des Freundes gewürdigt, der es wagte, die Tragödie einer damals noch unbewältigten Katastrophe zu erzählen. Seinen Ausgang nahm das Verhängnis in den Augen des Historikers vom Jahre 60, als es dem Konsul Caecilius Metellus mit Catos Hilfe gelang, Pompeius politisch zu blockieren. Damit bewirkte er wider Willen, daß drei Mächtige, Pompeius, Crassus und Caesar, ihr unheilvolles Bündnis schlossen. Als dieses Bündnis zerbrach, begann ein neuer Bürgerkrieg, der im Untergang der Republik endete.

Die Schlüsselfigur dieser Katastrophe sollte Gaius Iulius Caesar, der jüngste im Bunde, werden. Seine Tante war die Ehefrau des Gaius

Marius geworden, und er selbst hatte die Tochter des mit Marius verbündeten Lucius Cornelius Cinna geheiratet. So war der junge Mann durch Familienbande auf das engste mit dem populären Regime der Marianer verbunden. Nach dessen Sturz verschmähte er den Weg des bequemen Opportunismus. Er weigerte sich, die Gunst des allmächtigen Diktators Sulla durch die Auflösung der politisch belastenden Ehe zu gewinnen, und geriet in Lebensgefahr. Doch besaß er, einer alten patrizischen Familie entstammend, genug einflußreiche Verbindungen, um mit dem Leben davonzukommen. Dann begann er unter Wahrung der alten Loyalitäten, die ihn den Optimaten verständlicherweise suspekt machte, in der Ämterlaufbahn aufzusteigen. In den 70er Jahren unterstützte er die Initiativen zur Wiederherstellung der alten Rechte des Volkstribunats, ebenso die Gesetzesanträge zur Verleihung der großen außerordentlichen Kommandos an Pompeius und gewann als Aedil im Jahre 65 durch verschwenderisch ausgestattete öffentliche Spiele und populäre Aktionen wie die Wiederaufrichtung der Siegesmonumente des Marius die Gunst der städtischen Plebs. Im selben Jahr machte er im Bündnis mit dem steinreichen, ehrgeizigen Crassus, der ihm seinen fürstlichen Aufwand finanzierte, den verfrühten und also vergeblichen Versuch, ein außerordentliches Kommando zu erhalten. Aber im Jahre 63 erzielte er mit der Wahl zum *pontifex maximus* (Oberpriester), die ihn zum Vorsteher der römischen Staatsreligion machte, einen großen Prestigeerfolg. Seinen optimatisch gesinnten Standesgenossen blieb er durch seine populären Aktivitäten freilich höchst verdächtig. Als er im Dezember 63 im Senat sein Votum gegen eine Hinrichtung der Catilinarier abgegeben hatte, wurde er sogar von jungen Angehörigen des Ritterstandes, die die Leibwache des Konsuls Cicero bildeten, mit dem Tode bedroht. Der Gegensatz zu den Optimaten verschärfte sich noch, als er Pompeius' unglückliche Versuche unterstützte, die Versorgung seiner Veteranen und die Ratifizierung seiner Verfügungen im Osten durchzusetzen, und der Senat ihn in diesem Zusammenhang zeitweilig von seinem Amt als Praetor suspendierte. Als Propraetor verwaltete er dann im Jahre 61 das Jenseitige Spanien und benutzte die Statthalterschaft in der üblich gewordenen Weise zu schamloser Bereicherung, um seine Schulden bezahlen und einen Grundstock für die Finanzierung des bevorstehenden Wahlkampfes – Caesar plante, sich im Jahre 60 um den Konsulat für das folgende Jahr zu bewerben – ansammeln zu können. Vorwand und

Rechtfertigung der Ausplünderung boten kriegerische Unternehmungen. Für die dabei errungenen Siege wurde ihm sogar ein Triumph bewilligt. Als er im Juni 60 dann vor der Stadt anlangte, mußte er sich auf der Stelle entscheiden, ob er sich vorschriftsgemäß persönlich zur Wahl stellen oder den Wahltag verstreichen lassen sollte, um anschließend seinen Triumph zu feiern. In diese Zwangslage brachte ihn sein erbittertster Gegner, Marcus Porcius Cato, indem er durch Dauerreden einen Senatsbeschluß verhinderte, der Caesar einen Dispens von der gesetzlich vorgeschriebenen Anwesenheit der Kandidaten bei den Wahlen verschafft hätte. Caesar verzichtete auf den Triumph und schloß ein Wahlbündnis mit dem Kandidaten, den Pompeius unterstützte. Die Senatsmehrheit hatte freilich schon ihre Gegenmaßnahmen getroffen. Sie hatte die von Gaius Gracchus stammende gesetzliche Vorschrift, daß der Senat den Amtsbereich der künftigen Konsuln bereits vor der Wahl festzulegen hatte, dazu benutzt, diesen eine unlukrative Verwaltungsaufgabe zuzuweisen: die Überprüfung und Regulierung aller im staatlichen Eigentum stehenden Bergweiden und Triftwege, und sie einigte sich auf die Unterstützung eines streng optimatisch gesinnten Gegenkandidaten, auf Marcus Calpurnius Bibulus. Die Entscheidung über die Provinzzuweisung mußte Caesar besonders hart treffen. Was er brauchte, war ein großes militärisches Kommando und eine Provinz, die er ausbeuten und ausplündern konnte, um die für die Bestechung der Wähler erneut aufgenommenen Schulden zurückzahlen und neues Kapital zur Sicherung seiner weiteren Karriere ansammeln zu können. Mit anderen Worten: Caesar war auf eine Revision der Provinzzuweisung angewiesen, und dieses Ziel verwies ihn wieder auf die populare Methode und auf Verbündete, deren Ehrgeiz und deren politische Ziele ebenfalls von der Senatsmehrheit blockiert wurden. Unter diesen Voraussetzungen und mit dieser Übereinstimmung der Interessen kam der Dreibund zwischen Pompeius, Caesar und seinem Finanzier Crassus zustande. Er war eine private Vereinbarung und stand unter der Generalklausel, daß keine der vertragschließenden Parteien gegen die Interessen der anderen handeln dürfe. Caesar fiel in diesem Bündnis naturgemäß die Schlüsselrolle zu, denn er hatte zwischen den alten Rivalen Pompeius und dem auf dessen Ruhm eifersüchtigen Crassus vermittelt, und ihm als Konsul sollte die Aufgabe zufallen, die politischen Ziele der Verbündeten gegen die Senatsmehrheit durchzusetzen.

Caesar war im Gegensatz zu Pompeius frei von allen legalistischen Bedenken. Er war entschlossen, die vereinbarten politischen Ziele auf jeden Fall durchzusetzen, wenn möglich im Einvernehmen mit dem Senat, wenn nicht, dann aber auch gegen ihn und unter Einsatz von Gewalt. Doch wäre es wohl ein Mißverständnis, diese Haltung auf ein Ressentiment gegen die Aristokratie zurückzuführen. Caesar war in ihren Reihen alles andere als ein Außenseiter, sondern er hatte sich ihre Verhaltensnormen und ihren Ehrenkodex, wenngleich in einer einseitigen Ausprägung, völlig zu eigen gemacht. Daß er in den Anfängen seiner Karriere seine Bindung an die unterlegene Bürgerkriegspartei des Marius und Cinna nicht verriet, entsprach sogar in besonderer Weise dem Stolz aristokratischer Traditionen und hat mit der treuen Bewahrung ererbter und erworbener Bindungen (*fides* und *pietas*) zu tun, die die Grundlage der auf Freundschafts- und Abhängigkeitsverhältnissen (*amicitia* und *clientela*) beruhenden politischen Wirkungsmöglichkeiten des einzelnen bildeten. Wie bei den meisten seiner Standesgenossen war auch bei Caesar der Erwerb von Ehre und Rang (*honor* und *dignitas*) das Hauptmotiv seines politischen Handelns. Er war nicht wie beispielsweise die großen Volkstribune von Tiberius Gracchus bis Sulpicius Rufus auf bestimmte Sachanliegen fixiert, aber auf die populare Spielart aristokratischer Politik war er auf Grund des Familienbündnisses mit den Marianern von Anfang an verwiesen. In das *juste milieu* der sullanischen Oligarchie war er nicht integriert, und erst recht hatte er mit dem harten Kern einer optimatischen Orthodoxie nichts zu schaffen, die auf die Herausforderung der außerordentlichen Karriere des Pompeius mit einer instinktiven Abwehrhaltung reagierte und im Interesse des Standes das Streben nach Ruhm, Ehre und Rang auf ein eher durchschnittliches Maß zu nivellieren trachtete. Vielmehr setzte sich in der Person Caesars das Motiv des Wetteifers, das Streben, der erste zu sein, das die Nobilität seit ihrer Entstehung verinnerlicht und zu ihren großen Leistungen befähigt hatte, geradezu absolut. Jedenfalls war es nicht ausbalanciert durch ein hinreichendes Maß jener Standessolidarität, die eine der Grundbedingungen der aristokratischen Republik war. Ehrgeiz und Ruhmesstreben hatten so sehr von ihm Besitz ergriffen, daß er einmal bei späterer Gelegenheit äußerte, Ruhm und Ehre gälten ihm mehr als sein Leben. Das war bei anderen nicht anders. Das Besondere seiner Persönlichkeit war, daß er die sich aus der Stärke seiner Motivation ergebende Bedenkenlosigkeit in der Wahl seiner Mittel mit ungewöhnlichen politischen und, wie sich zeigen sollte, auch militärischen Fähigkeiten verband. Das Zusammentreffen einer so außerordentlichen Begabung und einer, wie es einmal formuliert wurde, nonkonformistischen Persönlichkeit (A. Heuß) mit einer krisenhaft zugespitzten historischen Situation prägte die besondere Rolle, die Caesar in der römischen Geschichte spielte. Er war es, der letzten Endes der kranken Republik den Todesstoß versetzte und dafür mit seinem Leben büßte. Das war im Jahre 59 den Mitlebenden selbstverständlich noch verhüllt, und selbst nach seinem gewaltsamen Ende gab die Geschichte erst stückweise zu erkennen, welche Wirkungen von Caesar ausgingen. Immerhin kam Cicero im Jahre 43 mit einer durch prinzipielle Gegnerschaft geschärften Beobachtungsgabe dem Phänomen Caesar, dessen Genialität er bewunderte und dessen Politik er ablehnte, schon erstaunlich nahe. In einer seiner damals gehaltenen Reden vor dem Senat brachte er sein Urteil so auf den Punkt:

«Wenn es doch Gaius Caesar in seiner Jugend gelungen wäre, dem Senat und den optimatisch Gesinnten wert und teuer zu sein. Da er das zu erreichen vernachlässigt hatte, verschwendete er die ganze Kraft seines Genies, die bei ihm ganz außerordentlich war, in der Verantwortungslosigkeit populärer Aktionen. Da er also keinen Rückhalt am Senat und an den Optimaten hatte, bahnte er sich einen Weg zur Erweiterung seiner Macht, den der männliche Sinn (*virtus*) eines freien Volkes nicht zu ertragen vermochte» (Cicero, *Gegen Antonius* 5,49).

Im Jahre 59 war Caesar entschlossen, sich durchzusetzen, und er suchte zunächst das Einvernehmen mit dem Senat. Er legte ihm den Vorschlag eines Agrargesetzes zugunsten der Veteranen vor, das auf den Entwurf des Volkstribunen Flavius aus dem vorangehenden Jahr zurückgriff: In Italien sollte Land ohne Zwang und zum festgestellten Marktpreis aufgekauft und dafür die Geldmittel bestimmt werden, die Pompeius aus seiner Beute in die Staatskasse eingezahlt hatte, sowie die Einnahmen aus den neuen, von ihm konstituierten Provinzen. Für das noch im staatlichen Eigentum befindliche Land war vorgesehen, daß es unter Ausschluß der kampanischen Staatsdomäne nur insoweit in die Verteilungsmasse einbezogen wurde, wie es die Anerkennung bestehender Besitzansprüche erlaubte. Mit der Durchführung des weitläufigen Unternehmens sollte eine aus 20 Mitgliedern bestehende Kommission unter Leitung eines geschäftsführenden Fünferausschusses betraut werden. Obwohl der Gesetzesvorschlag also Einwände berücksichtigte, die im Vorjahr gegen den Plan des Flavius erhoben worden waren, leistete der Senat unter Führung Catos wiederum Widerstand. Daraufhin verzichtete Caesar auf das Einverständnis des Senats und legte das Gesetz der Volksversammlung zur Abstimmung vor. Caesars Mitkonsul – es war der Kandidat der Optimaten, Marcus Calpurnius Bibulus – versuchte daraufhin, den Antrag mit den üblichen Mitteln der Obstruktion zu Fall zu bringen, zunächst indem er die Tage, an denen Volksversammlungen anberaumt wurden, zu Feiertagen erklärte, an denen sie von Rechts wegen nicht stattfinden durften. Aber Caesar beachtete das nicht, und als sein Kollege dann sein Veto einlegte, wurden er und seine Freunde unter gewalttätigen Ausschreitungen vom Versammlungsplatz vertrieben. Danach wurde das Gesetz angenommen. Den Vorsitz in dem einflußreichen Fünferausschuß der Agrarkommission erhielten Crassus und Pompeius. Das Gesetz war unter Gewaltanwendung und unter Mißachtung des kollegialen Vetos zustande gekommen, und so war es von Anfang an von Kassation bedroht. Um dieser Gefahr vorzubeugen, ordnete das Gesetz nach dem Vorbild, das Appuleius Saturninus gegeben hatte, eine Eidesleistung aller Magistrate und Senatoren auf seine Einhaltung an.

Unmittelbar danach sicherte der Volkstribun Publius Vatinius, einer der Gefolgsleute des Pompeius, Caesar die vereinbarte Belohnung: Er erhielt durch ein Plebiszit das Diesseitige Gallien und das Illyricum, und zwar wurde ihm diese Provinz bis zum 1. März 55 zugesprochen. Damit bekam er die Italien beherrschende Schlüsselprovinz zusammen mit drei in Aquileia zum Schutz gegen Angriffe aus dem Balkanraum stationierten Legionen in die Hand, und zwar über das Ende seines Konsulats hinaus. Auf Veranlassung des Pompeius fügte der Senat, wenn auch widerstrebend, diesem Kommando noch ein zweites für das Jenseitige Gallien hinzu, um einem weiteren Plebiszit zuvorzukommen. Caesar gewann damit eine zusätzliche Legion und, wie noch zu zeigen sein wird, auch eine zusätzliche militärische Option für seine Statthalterschaft. Von taktischer Bedeutung für den Dreibund war zunächst, daß einer der Verbündeten über Soldaten im Norden Italiens verfügte. In den ersten vier Monaten seines Konsulats setzte Caesar noch die Annahme weiterer Gesetze durch. Eines erließ den Steuerpächtern der Provinz Asia gegen den Willen des Senats einen Teil der Pachtsumme und gewann den Verbündeten so die Unterstützung dieses einflußreichen und finanzkräftigen Teils des Ritterstandes, die sich in der Abtretung von Anteilscheinen der Steuerpachtgesellschaften niederschlug. Überhaupt sorgten die Verbündeten dafür, daß ihnen der Besitz der Regierungsgewalt materielle Vorteile einbrachte. Das Gesetz, daß die Verfügungen des Pompeius im Osten ratifizierte, zog nicht nur zahlreiche Bündnisverträge mit Herrschern und Gemeinden nach sich, sondern auch die Anerkennung Ptolemaios' XII. Auletes als König in Ägypten. Das entsprechende Gesetz des Volkstribunen Publius Vatinius verlieh ihm den Rang eines Freundes und Bundesgenossen des römischen Volkes. Das bedeutete römischerseits den Verzicht auf die Einziehung seines Reiches, das sein Vorgänger Ptolemaios X. Alexandros I. den Römern testamentarisch vermacht hatte, und dafür versprach der König Caesar und Pompeius die ungeheure Summe von 6000 Talenten, das sind 36 Mio. Denare. Im April/Mai wurde ein zweites Agrargesetz verabschiedet. Es griff auf die große Staatsdomäne in Campanien, den *ager Campanus* und den *ager Stellas*, zurück, die durch das Agrargesetz des Gaius Gracchus von der Landverteilung ausgenommen worden war, und bestimmte unter Festelegung eines Verkaufsverbots für die Dauer von 20 Jahren 20 000 bedürftige Familienväter mit drei oder mehr Kindern zu Nutznießern. Hinzu kam noch ein Repetundengesetz, das den betreffenden Straftatbestand präziser als bisher faßte und die Sanktionsdrohungen verschärfte. Man wird in der Annahme nicht fehlgehen, daß das Gesetz nicht zuletzt auch als eine potentielle Waffe zur Niederhaltung von Rivalen und politischen Feinden konzipiert war. Jedenfalls ist Caesars Repetundengesetz nur ein Glied in einer Kette vergleichbarer Gesetze, die alle nicht den Krebsschaden des Mißbrauchs der öffentlichen Gewalt zu privater Bereicherung beseitigten, wohl aber eine Funktion im politischen Kampf innerhalb der Aristokratie erfüllten.

Entsprechendes gilt auch für die beiden Agrargesetze Caesars. Moderne Historiker wie Matthias Gelzer haben ihnen eine herausragende sozialpolitische Bedeutung zugeschrieben. Aber abgesehen davon, daß die Befriedigung der damals gerade aktuellen Versorgungsansprüche keine generelle Lösung der sozialen Probleme Italiens bewirken konnte und es von vornherein absehbar war, daß die Frage der Veteranenversorgung sich in periodischen Abständen immer wieder neu stellen würde: Die Auseinandersetzung um die Agrargesetze ist vornehmlich unter machtpolitischen Gesichtspunkten geführt, und nicht zu Unrecht standen die Gegner des Triumvirats unter dem Eindruck, daß die

Verbündeten es darauf abgesehen hatten, sich eine Massenklientel zu sichern und so die Basis für eine weitere Steigerung ihrer Macht zu befestigen. Schon Anfang Mai vermutete Cicero, daß die mit Brachialgewalt durchgepeitschten Agrargesetze nur die Ausgangsstellung für weitergehende Pläne bereiten sollten, und nennt sie insofern in einem Atemzug mit der dynastischen Verheiratung der Tochter Caesars an Pompeius. Mit dieser Einschätzung stand er damals ebensowenig allein wie mit der Auffassung, daß Pompeius, den er in diesen Tagen gern mit dem exotisch klingenden Namen eines syrischen Dynasten, den dieser begünstigt hatte, als Sampsiceramus apostrophierte, der Drahtzieher und Nutznießer der von Caesar ins Werk gesetzten Gesetzgebung sei. In diesem Sinn schrieb er an seinen Freund Atticus:

«Ich bin ganz deiner Meinung: Sampsiceramus richtet Unheil an. Es gibt nichts, was man nicht fürchten müßte. Offensichtlich geht es um die Errichtung einer Tyrannis. Denn was soll diese plötzliche Verschwägerung, was die Aufteilung des *ager Campanus*, was diese Geldverschwendung bedeuten? Wenn das schon das eigentliche Ziel wäre, wäre es schon zu viel; aber es liegt in der Natur der Sache, daß dies das eigentliche Ziel nicht sein kann. Denn wie kann sie das um seiner selbst willen zufriedenstellen? Niemals wären sie so weitgegangen, wenn sie sich nicht ein Sprungbrett für andere verderbliche Pläne errichten wollten» (Cicero, An Atticus 2,17,1).

Diese Furcht vor einer systemsprengenden Machtzusammenballung erklärt den ebenso verzweifelten wie vergeblichen Widerstand, den die Optimaten unter Führung des jüngeren Cato und des Calpurnius Bibulus dem Vorgehen Caesars entgegensetzten. Gegen den von ihm praktizierten rücksichtslosen Gewalteinsatz wirkten weder das Veto des Kollegen noch die politische Instrumentalisierung der von den Göttern ausgehenden Warn- und Vorzeichen. Bibulus zog sich für die restlichen neun Monates seines Konsulats in sein Haus zurück und beschränkte seine amtliche Tätigkeit auf die Beobachtung der Himmelszeichen sowie auf die Abfassung von Edikten und Flugschriften. Man lebte, einem bitteren Witzwort zufolge, im Konsulatsjahr der Herren Iulius und Caesar. Der brutale Regierungsstil Caesars mobilisierte die Stimmung in Rom und Italien gegen die drei Machthaber. Es kam im Theater zu öffentlichen Demonstrationen des Unwillens. Pompeius war das alles unendlich peinlich, aber er konnte nicht zurück, er war im Schlepptau Caesars, denn schließlich hatte dieser ihn vor dem politischen Scheitern bewahrt. Die Stimmung der Öffentlichkeit schlug auch nicht um, als ein berufsmäßiger Denunziant namens

Vettius mehrere Optimaten einer (von ihm erfundenen) Verschwörung gegen Pompeius beschuldigte. Das war ein durchsichtiges Manöver, und Vettius wurde, bevor er über seine Hintermänner befragt werden konnte, von interessierter Seite umgebracht. Die Affäre blieb unaufgeklärt, und die Mörder wurden nicht zur Verantwortung gezogen. Im übrigen gelang es Bibulus trotz allem, die Konsulwahlen bis in den Oktober hinein zu verhindern, aber als sie dann doch noch stattfanden, konnten die Optimaten nicht verhindern, daß die drei Machthaber die Wahl ihrer Kandidaten durchsetzten. Die neuen Konsuln waren Lucius Calpurnius Piso, der neue Schwiegervater Caesars, und Pompeius' alter Gefolgsmann Aulus Gabinius.

Die politische Atmosphäre in Rom war gründlich vergiftet. Im Januar 58 setzten zwei optimatisch gesinnte Praetoren, Lucius Domitius Ahenobarbus und Gaius Memmius, es durch, daß im Senat über die Rechtmäßigkeit der Gesetze Caesars verhandelt wurde, und ein Volkstribun wollte ihm vor dem Volksgericht den Prozeß machen. Der Vorladung vor Gericht entzog er sich, indem er das Pomerium überschritt und damit sein Prokonsulat antrat. Durch andere Volkstribune ließ er in Rom erklären, daß ihm kein Prozeß gemacht werden könne, solange er sich in einer amtlichen Stellung befinde. Er mußte seitdem zusehen, daß er von einem in das andere Amt gelangte, wenn er nicht die Vernichtung seiner bürgerlichen Existenz und damit seiner politischen Stellung riskieren wollte. Deshalb war er auch auf die Fortdauer seines Bündnisses mit Crassus und Pompeius angewiesen. Mochte dieses Bündnis wegen der Methoden Caesars auch Pompeius noch so großes Unbehagen bereiten: Wegen der Gefährdung der Gesetze, die Caesar in seinem Interesse den Optimaten aufgezwungen hatte, saß er weiterhin mit ihm in einem Boot. Solange die gemeinsamen Interessen die Rivalität überwogen, mußten die Verbündeten alles tun, damit ihre Feinde nicht die Initiative gewannen, und sie waren deshalb bestrebt, möglichst viele Angehörige der politischen Klasse auf ihre Seite zu ziehen. Eine besondere Rolle spielte in diesem Zusammenhang Cicero, dessen Redegabe ihm ein nicht zu unterschätzendes politisches Gewicht gab, der aber andererseits wegen der Hinrichtung der Catilinarier seinen Gegnern bequeme Angriffsflächen bot. Die Verbündeten boten ihm zunächst die Mitgliedschaft in der Landverteilungskommission an, doch Cicero lehnte ab, weil er es mit der Gegenseite hielt und nicht fahnenflüchtig werden wollte. Doch hatte er sich durch seine vorangegangenen Versuche, zwischen Pompeius und dem Senat zu vermitteln, auch die Optimaten entfremdet und war allen mit dem Eigenlob lästig geworden, das er sich als Retter des Vaterlandes aus Furcht und schlechtem Gewissen bei jeder Gelegenheit selbst spendete. Vor allem hatte er sich einen jungen Aristokraten, Publius Claudius Pulcher, den Prototyp der römischen *jeunesse dorée*, zum Todfeind gemacht. Dieser hatte das vornehmen Damen vorbehaltene religiöse Fest der Guten Göttin profaniert und war wegen dieses pikanten Religionsfrevels im Jahre 61 angeklagt worden. In dem Prozeß hatte Cicero ihn schwer belastet und persönlich provoziert. Seitdem war Claudius entschlossen, Cicero an seiner verletzbaren Stelle zu treffen und die Hinrichtung der Catilinarier zum Vorwand seiner Rache zu nehmen. Zu diesem Zweck wollte er sich zum Volkstribun wählen lassen. Aber er war Patrizier, und es gelang ihm zunächst nicht, die sakralrechtlichen Hürden zu überwinden, die einem Übergang zur Plebs entgegenstanden. Aber als Cicero im Mai 59 die Unvorsichtigkeit beging, eine Verteidigungsrede vor Gericht zu einem öffentlichen Angriff gegen die Triumvirn zu benutzen, sorgte Caesar als *pontifex maximus* dafür, daß Claudius, der sich seitdem der plebejisch klingenden Namensform Clodius bediente, in den Plebejerstand versetzt wurde und sich zum Volkstribun für das folgende Jahr wählen lassen konnte. Clodius ließ keinen Zweifel daran, daß er mit Cicero abrechnen würde. Noch einmal versuchte Caesar, dem umworbenen Konsular goldene Brücken zu bauen, indem er ihm wiederholt eine Legatenstelle, entweder in Gallien oder ohne feste Verpflichtung (eine sogenannte freie Legatenstelle, *legatio libera*), anbot. Hätte Cicero angenommen, wäre er vor einer Verfolgung in Rom geschützt gewesen. Aber er lehnte ab, denn er hätte gegen seine Überzeugung handeln und mit den Optimaten brechen müssen, und beides wollte er nicht. Also wurde Clodius von den Verbündeten freie Hand gelassen. An Cicero sollte ein Exempel statuiert werden, damit allen klar werde, was es hieß, den Mächtigen nicht zu Willen zu sein. Um einer Verurteilung zu entgehen, verließ Cicero im März 58 Rom und ging ins Exil.

Vom gallischen Krieg zum Bürgerkrieg

Vor dem 1. März 59 hatte Caesar das Diesseitige Gallien und Illyricum als Provinz erhalten, und etwas später war das Jenseitige Gallien hinzugefügt worden. Er blieb jedoch wegen der angespannten politischen Lage während seines Konsulatsjahrs in Rom, und auch nach Ablauf der regulären Amtszeit blieb er noch drei Monate in unmittelbarer Nähe der Stadt, um die Zukunft des Dreibundes zu sichern. Dabei fiel dem Volkstribun Clodius eine Schlüsselrolle zu. Er setzte die gegen Cicero gerichteten Gesetze durch, ein erstes, das ohne Namensnennung und in allgemeiner Form jeden Magistrat, der ohne Gerichtsurteil römische Bürger töten ließ, mit der Todesstrafe bedrohte, dann, als Cicero das Weitere nicht abwartete und von sich aus in Verbannung ging, ein zweites, das die vorgesehene Strafe über ihn verhängte und ihn zwang, sein Exil außerhalb Italiens zu nehmen (Cicero ging nach Thessalonike). Weiterhin sorgte Clodius dafür, daß die Konsuln des Jahres 58 ebenfalls zwei große Militärprovinzen erhielten, Calpurnius Piso Makedonien und Aulus Gabinius zuerst Kilikien und dann durch ein zweites Plebiszit Syrien. Schließlich wurde der schärfste Gegner des Triumvirats, der jüngere Cato, mit dem Auftrag, die ptolemäische Sekundogenitur Zypern mitsamt dem Königsschatz für Rom einzuziehen – eine Nebenlinie des ptolemäischen Königshauses herrschte nämlich über Zypern –, aus dem politischen Zentrum entfernt. Dies war ganz im Sinne Caesars, und er ließ es sich nicht nehmen, von Gallien aus Clodius brieflich seine Genugtuung darüber zum Ausdruck zu bringen, daß nun auch Cato mit einem außerordentlichen Kommando betraut sei und er sich künftig nicht mehr auf seine prinzipielle Gegnerschaft gegen dieses Institut berufen könne.

Im März waren die politischen Weichen im Sinne der Triumvirn gestellt, und Caesar begab sich, alarmiert durch die Nachricht von der bevorstehenden Auswanderung der Helvetier, in das Jenseitige Gallien an den Genfer See, um einen Einmarsch der Auswanderer in die römische Provinz zu verhindern. Damit war von den möglichen Gefahren, die seine ausgedehnte Provinz – sie reichte von den Pyrenäen bis nach Dalmatien – bedrohten, die gallische im Westen aktuell geworden. Die Befürchtung, daß die Expansion des sich im Karpatenbogen bildenden Dakerreiches Norditalien und die dalmatische Küste in Mitleidenschaft ziehen würde, erwies sich als gegenstandslos, und so konnte Caesar die an der Nordostgrenze Italiens bei Aquileia zusammengezogenen drei Legionen nach Westen verlegen.

Die Situation im freien Gallien war durch fluktuierende Völkerbewegungen gekennzeichnet, die von dem expandierenden Dakerreich sowie von westwärts wandernden germanischen und keltischen Stammeskriegern ausgingen. Wie bereits zur Zeit der Kimbern und Teutonen war das Vorfeld der römischen Provinz von diesen Wanderbewegungen mitbetroffen. Ja, in dem Jahrzehnt vor Caesars Statthalterschaft waren die von Rom dort etablierten Machtverhältnisse zusammengebrochen. Die indirekte Kontrolle des Vorfeldes stand und fiel mit der Machtstellung, die Roms Hauptverbündeter, der Stamm der zwischen Saone und Loire siedelnden Haeduer, im mittleren Gallien einnahm. In den 70er Jahren konnte zwar mit römischer Hilfe verhindert werden, daß die im Zentralmassiv siedelnden Arverner, die alten Rivalen der Haeduer, sich wieder zur regionalen Vormacht aufschwangen, aber dann brachten die östlichen Nachbarn der Haeduer, die Sequaner, diesen mit Hilfe des von ihnen in Dienst genommenen germanischen Heerkönigs Ariovist im Jahre 61 die vernichtende Niederlage bei Admagetobriga bei. Zum Lohn für die geleisteten Dienste traten die Sequaner Ariovist und seinen Kriegern Land im heutigen Elsaß ab. Von gewaltsamer Landnahme aus dem Osten bedroht, hatten die Helvetier bereits ihren älteren Siedlungsraum im heutigen Südwestdeutschland geräumt und waren in das Schweizer Unterland gezogen. Wahrscheinlich waren sie von der germanischen Landnahme in ihrer Nachbarschaft in Mitleidenschaft gezogen und gerieten erneut in Bewegung. Unsicher wurden damals auch die Verhältnisse im Norden der römischen Provinz. Unmittelbar nach der Niederwerfung der Catilinarischen Verschwörung erhoben sich im Südwesten des Genfer Sees die Allobroger gegen die römische Herrschaft. Inwieweit sie in Verbindung mit ihren Stammesgenossen im freien Gallien standen, ist schwer zu sagen. Jedenfalls ist soviel deutlich, daß in diesen für uns kaum mehr durchschaubaren Wirren stammesübergreifende Absprachen adliger Gefolgschaftsführer ebenso eine wichtige Rolle gespielt haben wie die Rivalitäten des Adels innerhalb der einzelnen, locker gefügten Stammesverbände. Nach der Niederlage von Admagetobriga verlor Diviciacus, der Führer der sich an Rom anlehnenden Partei bei den Haeduern, seinen beherrschenden Einfluß an seinen Bruder Dumnorix, und dieser wiederum stand im Einvernehmen mit einem aus der ehemaligen Königsfamilie der Sequaner stammenden Adligen namens Casticus und dem vornehmen Helvetier Orgetorix. Diviciacus erschien im Jahre 61 hilfesuchend in Rom, aber der Senat, der in die Auseinandersetzungen mit Pompeius und dessen Anhängern verwickelt war, begnügte sich mit einem Beschluß, der es den amtierenden Statthaltern überließ, Maßnahmen zur Verteidigung der Haeduer zu treffen, «soweit er das zum Vorteil des (römischen) Staates tun könne» (Caesar, *Gallischer Krieg* 1,35,5). Einige Monate später gerieten die Helvetier in Bewegung und unternahmen Einfälle in die römische Provinz, so daß der Senat vorsorglich einen Beschluß über militärische Gegenmaßnahmen traf. Cicero berichtet darüber in einem Brief vom 15. März 60:

«Und in der Politik geht im Augenblick am meisten die Furcht vor einem Krieg in Gallien um. Denn die Haeduer, unsere Brüder, haben vor kurzem eine Schlacht mit bösem Ausgang geschlagen, und die Helvetier stehen ohne Zweifel unter Waffen und unternehmen Streifzüge in unsere Provinz. Der Senat hat beschlossen, daß die beiden Konsuln über die beiden gallischen Provinzen losen, daß Aushebungen stattfinden, daß Beurlaubungen aufgehoben und Gesandte mit Vollmachten geschickt werden, die die Stämme in Gallien aufsuchen und dafür sorgen sollen, daß sie sich nicht mit den Helvetiern verbünden» (Cicero, *An Atticus* 1,19,2).

Doch die Lage beruhigte sich wieder ohne Roms Zutun. Orgetorix wollte die Auswanderungspläne der Helvetier, wie es heißt, zur Gewinnung der Alleinherrschaft nutzen, aber seine Gegner brachten ihn zu Fall, und so wurde die Auswanderung zunächst verschoben. Im übrigen scheint die diplomatische Offensive, von der Cicero berichtet, ihre Wirkung nicht verfehlt zu haben. Selbst mit Ariovist wurden Beziehungen aufgenommen, und in Caesars Konsulatsjahr kam ein Beschluß zustande, der dem germanischen Heerkönig den Titel eines Freundes des römischen Volkes verlieh.

Aber als im Frühjahr 58 die Nachricht eintraf, daß die Helvetier im Begriff seien, ihr Land zu verlassen, traf Caesar sofort militärische Gegenmaßnahmen. Gesandte der Helvetier baten Caesar um die Erlaubnis, auf ihrem Marsch nach Westen das Gebiet der Allobroger durchqueren zu dürfen. Caesar vertröstete sie zunächst, holte in aller Eile Truppenverstärkungen aus Norditalien herbei und versperrte ihnen dann den Weg durch die Anlage eines 28,5 km langen Walls zwischen Jura und Genfer See. Daraufhin wählten die Helvetier im Ein-

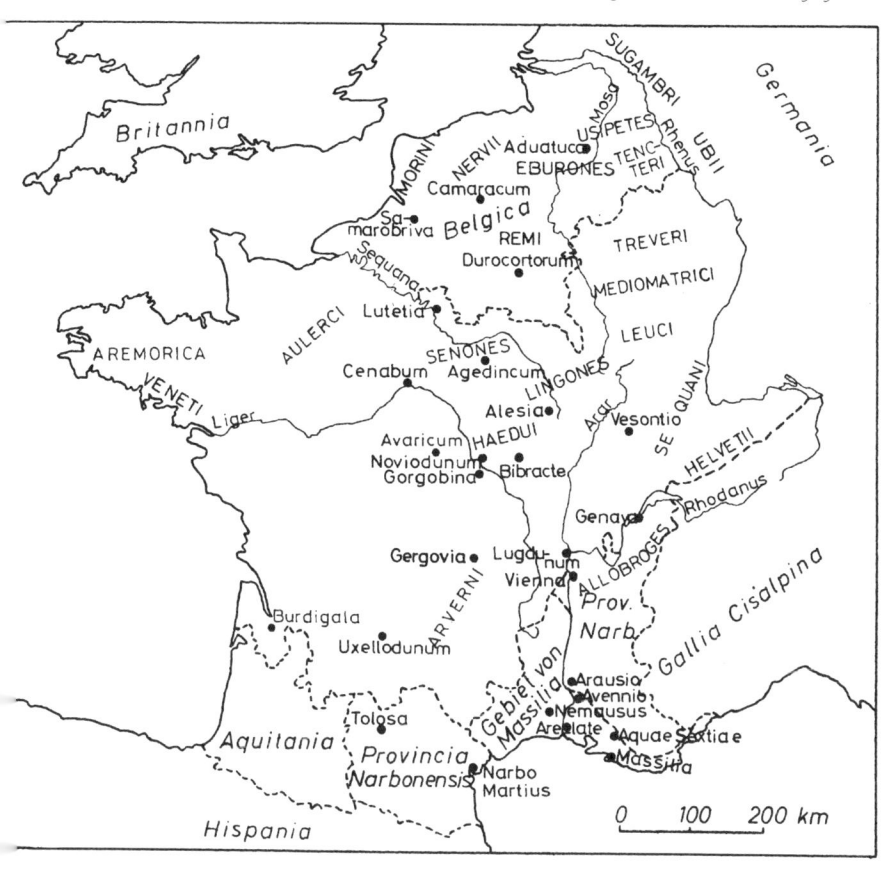

Gallien zur Zeit der Feldzüge Caesars

verständnis mit den Sequanern einen weiter nördlich gelegen Umweg über den Pas d'Ecluse, der die römische Provinz nicht berührte. Ihr Ziel war das Gebiet der Santonen nördlich der Garonnemündung. Obwohl die Helvetier sich somit in beträchtlicher Entfernung von der römischen Provinz bewegten, war Caesar entschlossen, sie zur Rückkehr zu zwingen. Er ließ in Norditalien zwei neue Legionen ausheben und verlegte sie zusammen mit den bei Aquileia stationierten in das Jenseitige Gallien, dann überschritt er die Grenzen seiner Provinz und begann die Helvetier zu verfolgen. Nach den gesetzlichen Bestimmungen war es zwar jedem Statthalter verboten, ohne Autorisierung durch Senat oder Volk außerhalb seiner Provinz Krieg zu führen, aber Caesar konnte sich immerhin auf die allgemeine Ermächtigung berufen, die der Senat im Jahre 61 im Interesse der bedrängten Haeduer gegeben hatte. Da diese aber durch den Helvetierzug nicht eigentlich bedroht waren, griff er zu ziemlich fadenscheinigen Argumenten, um zu behaupten, daß eine Niederlassung der Helvetier nördlich der Garonne eine Gefährdung der römischen Provinz darstelle. Er war eben von Anfang an zu einer militärischen Intervention im freien Gallien entschlossen, denn er wollte die Machtmittel in die Hand bekommen, auf die es, wie das Beispiel des Pompeius lehrte, in der Politik damals ankam: Geld und Soldaten. In der Nähe von Bibracte (einem auf dem Mont-Beuvray gelegenen Ort der Haeduer) stellte Caesar die Helvetier, zwang sie zur Kapitulation und zur Rückkehr in ihr verlassenes Siedlungsgebiet im Schweizer Unterland.

Mit diesem Erfolg wollte sich der römische Prokonsul indessen nicht zufriedengeben. Er suchte nach Gründen für die Unterwerfung des freien Galliens, und er fand sie in der Anwesenheit Ariovists und seiner Germanen. In seiner Darstellung des Gallischen Krieges hat Caesar die Tatsachen so zurechtgerückt, daß sich daraus eine Rechtfertigung für ein militärisches Eingreifen konstruieren ließ, für das es eigentlich keine andere Begründung als Caesars Willen zur Macht gab. Noch im Spätsommer 58 zog er ohne zwingenden Grund gegen Ariovist. Bei dem griechischen Historiker Cassius Dio ist überliefert, daß damals die höheren Offiziere seines Heeres ihm mit Gehorsamsverweigerung drohten, weil er aus persönlichem Ehrgeiz einen Krieg vom Zaun breche, der weder notwendig noch in Rom von Senat und Volk beschlossen worden sei. Diese Auffassung wurde verständlicherweise von seinen innenpolitischen Gegnern geteilt, und somit war er genötigt, die Tatsachen so zu arrangieren, daß seinem Entschluß zum Krieg gegen Ariovist und zur Unterwerfung Galliens die Gründe unterstellt werden konnten, die den allgemeinen Vorstellungen der Römer vom gerechten Krieg und von gerechter Herrschaft entsprachen. Ariovist hatte als Verbündeter der Sequaner diesen einen Sieg über die benachbarten Haeduer verschafft, und dafür waren er und seine Germanen mit Land im Oberelsaß belohnt worden. Caesar macht daraus die Unterwerfung der Sequaner und Haeduer, und er unterstellt, daß Ariovist im Begriff stehe, sich ganz Galliens zu bemächtigen. Er behauptet, daß nach seinem Sieg über die Helvetier «ganz Gallien» ihn zu Hilfe gegen Ariovist gerufen habe, aber tatsächlich waren es Diviciacus und seine prorömischen Parteigänger bei den Haeduern und Sequanern, die sich des römischen Prokonsuls gegen die mit ihnen rivalisierenden Adelsfaktionen bedienen wollten. Caesar war daran gelegen, die Gefahr zu überzeichnen, die «ganz Gallien» von den germanischen Invasoren drohte, und wie schon im Falle der Helvetier beschwor er die Erinnerung an die Zeit der Kimbern und Teutonen, die mehrere römische Heere vernichtet hatten und selbst Italien bedroht hatten. Deshalb waren es auch keine rechtlichen Bedenken, die seine Offiziere veranlaßten, ihm die Gefolgschaft zu verweigern: Es war in seiner Version nichts anderes als panische Furcht vor einem schrecklichen Feind. Auf diese Weise stilisierte Caesar seinen Krieg als einen im Interesse der Sicherheit der Provinz und Italiens geführten Präventivkrieg, und er knüpfte an die alte Rechtfertigung der römischen Herrschaft an, daß das Eintreten für bedrohte Bundesgenossen ihr Entstehungsgrund sei, indem er auf die flehentlichen Bitten «ganz Galliens» um römischen Schutz hinwies. Schließlich versäumte er in seiner Darstellung der Verhandlungen, die den Kampfhandlungen vorausgingen, auch nicht, darauf hinzuweisen, daß Ariovist nicht nur voller Trotz und Anmaßung auf die maßvollen Forderungen Caesars reagiert, sondern auch unmißverständlich seine Absicht zum Ausdruck gebracht habe, «ganz Gallien», nach Kriegsrecht zur Beute seiner Germanen zu machen. – Caesar bekam denn auch den Krieg, den er haben wollte. In der Nähe des heutigen Straßburg vernichtete er das Heer Ariovists, dieser selbst gehörte zu den wenigen, die über den Rhein entkamen.

Die Vorgeschichte des Feldzugs gegen Ariovist hatte Caesar so dargestellt, daß er sich zum Schutzherrn Galliens aufwerfen und den Rhein als Völkergrenze zwischen Galliern und Germanen postulieren konnte. Das waren politische Setzungen und keine Beschreibung der tatsächlichen Verhältnisse. Der Rhein bildete, wie schon der archäologische Befund anzunehmen nahelegt, keine Völkergrenze. Die gegenteilige Behauptung Caesars war Ausdruck seines Willens, den Fluß zur Grenze einer «ganz Gallien» umfassenden Provinz zu machen. Um seinen Anspruch zu untermauern, zog er sein Heer nicht in die Grenzen der alten Provinz zurück, sondern ließ es bei Vesontio (Besançon) im Territorium der Sequaner überwintern. Er selbst ging nach Norditalien in das Diesseitige Gallien, um seinen Pflichten als oberster Gerichtsherr zu genügen. Vor allem aber hob er hier zwei weitere neue

Legionen aus. Mit diesen Verstärkungen ging er im Frühjahr 57 mit dem festen Willen in das Jenseitige Gallien zurück, die Herrschaft Roms bis zum Kanal und zur Rheingrenze zu realisieren. Den erwünschten Anlaß gaben ihm die Verbindungen, die inzwischen eine Gruppierung des sequanischen Adels mit ihren kriegerischen Standesgenossen bei den Stämmen nördlich der Seine und Marne geknüpft hatte, um die Römer wieder aus dem freien Gallien zu vertreiben; denn verständlicherweise war den Sequanern nichts daran gelegen, die lästige Anwesenheit Ariovists mit der römischen Besatzung ihres Landes zu vertauschen. Über die vielschichtigen Motive der mit den Sequanern verbündeten Belger heißt es bei Caesar:

«Als Caesar, wie berichtet, sich im Diesseitigen Gallien aufhielt und das Heer in Winterquartieren lag, wurden ihm wiederholt Gerüchte zugetragen, und ebenso erhielt er von (seinem Legaten) Labienus brieflich die Nachricht, daß die Belger insgesamt – wie schon erwähnt, bewohnen sie den dritten (sc. den nördlichen) Teil Galliens – sich gegen das römische Volk verschworen und sich gegenseitig Geiseln stellten. Dies seien die Gründe für ihre Schwurgemeinschaft: Erstens fürchteten sie, daß nach der Befriedung ganz Galliens unser Heer gegen sie geführt werde; zweitens würden sie von manchen Galliern in Unruhe versetzt, teils von Leuten, die ebenso, wie sie nicht gewollt hatten, daß die Germanen sich weiterhin in Gallien aufhielten, darüber empört waren, daß das Heer des römischen Volkes in Gallien überwintere, teils von solchen, die leichtfertig und unbeständig auf Herrschaftsgewinn aus waren, von manchen anderen wiederum, die in Hinblick darauf, daß die Mächtigeren in Gallien, die über die Mittel zur Anwerbung von Kriegern verfügen, die Alleinherrschaft zu usurpieren pflegen, dies infolge der römischen Herrschaft weniger leicht erreichen konnten» (Caesar, *Gallischer Krieg* 2,1).

Da Caesar von der Fiktion ausging, daß «ganz Gallien» sich unter die römische Schutzherrschaft begeben hatte, interpretierte er die kriegerischen Vorbereitungen im Lande der Belger als Auflehnung gegen das römische Volk. In diesem Sinne rechtfertigte er die Invasion, die ihn im Sommer weit nach Norden führte. Was folgte, war ein achtjähriger Unterwerfungsfeldzug, den Caesar selbst in seinem Gallischen Krieg beschrieben hat (nur das letzte, das achte Buch stammt aus der Feder eines Offiziers seines Stabes namens Aulus Hirtius). Caesar präsentierte sich in diesem Werk als überlegener Feldherr, dessen Handeln von klaren Zielen und ebenso klarer Zweckrationalität bestimmt war, aber schon einer seiner Legaten, Gaius Asinius Pollio, der spätere Historiker des Bürgerkriegs, urteilte kritisch über die Zuverlässigkeit seiner Selbstdarstellung:

«Asinius Pollio ist der Auffassung, die Berichte Caesars seien zu wenig sorgfältig und keineswegs mit ungetrübter Wahrheitsliebe verfaßt, da er vielfach das, was andere taten, blindlings glaubte, und was er selbst tat, entweder bewußt oder auf Grund ungenauer Erinnerung verfälschte; und so meint er, sie hätten neu geschrieben und verbessert werden müssen» (Sueton, *Caesar* 56,4).

Die Einzelheiten der Feldzüge, für die Caesars Beschreibungen die schwer kontrollierbare und von den Interessen des Autors geprägte Hauptquelle sind, gehören der Militärgeschichte an und müssen hier auf sich beruhen. In den acht Sommerfeldzügen ging es darum, den immer wieder aufflammenden Widerstand der gallischen Stämme niederzukämpfen. Dabei kam es zu mehreren Krisen. Die dramatischste bewirkte im Jahre 52 der Aufstand des Arvernerfürsten Vercingetorix, der seinen Kulminationspunkt in und um das befestigte Alesia auf dem Mont Auxois bei Alise-Ste.-Reine fand. Hier war Caesar zugleich Belagerer und Belagerter: Er hielt Vercingetorix in Alesia eingeschlossen und hatte sich der Entsatzversuche von seiten der mit Vercingetorix verbündeten Gallier zu erwehren. Als diese Krise mit der Kapitulation und Gefangennahme des Vercingetorix überwunden war, konnte Gallien im wesentlichen und abgesehen von kleineren Erhebungen für befriedet gelten. Aber Gallien mußte nicht nur gegen den Unabhängigkeitswillen seiner Bewohner behauptet, es mußte auch nach außen gesichert werden. Zu diesem Zweck unternahm Caesar mehrere Expeditionen über den Rhein und über den Kanal nach Britannien. Im Spätsommer 55 ließ er, um Roms Macht zu demonstrieren, im Neuwieder Becken eine Brücke über den Rhein errichten und zog mit seinem Heer für achtzehn Tage hinüber in das rechtsrheinische Gebiet. Veranlaßt war dieser Rheinübergang durch den vorangegangenen Einfall der germanischen Usipeter und Tenkterer in das nördliche Gallien. Caesar hatte die Führer beider Stämme, die mit ihm verhandeln wollten, völkerrechtswidrig gefangengesetzt und dann die führerlosen Stammeskrieger überraschend angegriffen und vernichtet. Der folgende Rheinübergang diente der Abschreckung: Er sollte den rechtsrheinischen Germanen die römische Fähigkeit zu offensiven Strafaktionen demonstrieren. In einem ähnlichen Zusammenhang standen auch die beiden Invasionen Britanniens im Herbst 55 und im Sommer 54. Sie waren die Antwort auf die Unterstützung, die aufständische Kelten an der Kanalküste und in der Bretagne von ihren Stammesgenossen jenseits des Kanals erhalten hatten. Als Demonstrationen römischer Macht dienten sie dazu, die Nachbarn von Interventionen in das Gebiet des römischen Herrschaftsbereichs abzuschrecken.

So bedeutend die Folgen der Unterwerfung Galliens für die Romanisierung Westeuropas auch werden sollten, so problematisch wäre es, sie mit den Absichten und Zielen Caesars zu verwechseln. Ebensowenig ging es um die Sicherheit Italiens vor drohenden Invasionen. Caesar folgte dem Vorbild des Pompeius, der mit der Erweiterung des Reiches, wie es hieß, bis an die Grenzen der bewohnten Welt, ein ungeheueres Prestige, Reichtum und Macht erworben hatte und so zum mächtigsten Mann der römischen Welt geworden war. Der Königsweg zu diesem Ziel waren Krieg und Eroberung, und das Instrument bildete ein treuergebenes Heer, das auch in der innenpolitischen Auseinandersetzung als das letzte Mittel eingesetzt werden konnte. Caesar hatte die Lektion aus dem Lehrstück, das Marius, Sulla und Pompeius gegeben hatten, gut gelernt, und er folgte den daraus gezogenen Lehren mit kühler Zweckrationalität und rücksichtsloser Konsequenz, mochte diese auch in einem verbrecherischen, völkerrechtswidrigen Angriffskrieg bestehen, der Millionen Menschen Leben oder Freiheit kostete.

Schon im ersten Jahr seines Prokonsulats verstärkte er die vier Legionen, die er in den beiden Teilen seiner gallischen Provinz übernahm, um zwei weitere, und im folgenden Jahr kamen noch einmal zwei hinzu. Nachdem im Winter 54/53 die Eburonen unter Führung des Ambiorix anderthalb Legionen nahezu vollständig aufgerieben hatten, hob er in Norditalien drei Legionen aus, so daß er im Sommer 53 über insgesamt zehn verfügte. Diese Armee wurde unter seiner Führung in der harten Schule des Krieges zu einem unvergleichlich effektiven militärischen Machtinstrument, und Caesar tat alles, um sich der Anhänglichkeit seiner Soldaten zu versichern. Wie die meisten großen Feldherren verstand er sich hervorragend auf die Kunst der Menschenführung, aber zugleich band er die Soldaten auch durch Wohltaten und Versprechungen an seine Person. Nicht nur, daß er ihnen den Sold verdoppelte – anstelle von 75 erhielt jeder Legionär 150 Denare –, sie empfingen auch ihren Anteil an der rücksichtslosen Ausplünderung der materiellen und menschlichen Ressourcen des Landes. Caesars Biograph Sueton schreibt:

«Sooft genügend Getreide vorhanden war, verteilte er es unter sie auch ohne Rücksicht auf das festgelegte Maß, und gelegentlich schenkte er jedem einzelnen aus der Beute einen Sklaven» (Sueton, *Caesar* 26,3).

Der Krieg, den Caesar in Gallien führte, war ein gigantischer Raubzug, und Völkermord war ein häufig geübtes Mittel der Befriedung. Schon im Jahre 57 beantwortete Caesar in der Gegend des heutigen Namur einen angeblich heimtückischen Angriff der Atuatuker mit einem blutigen Gemetzel und der Versklavung von etwa 50 000 Menschen, die er zusammen mit ihrem Hab und Gut versteigern ließ: Die Sklavenhändler und Aufkäufer folgten den Heeren wie die Aasgeier. Ob die Gründe, mit denen er in diesem und in anderen Fällen sein brutales Vorgehen rechtfertigte, zutreffend sind oder nicht, ist schwer zu sagen. Es gab Kritiker, die ihm nicht glaubten und vor allem den Gebrauch registrierten, den er von den geraubten Reichtümern Galliens machte. Wiederum schreibt Sueton in seiner Biographie Caesars:

«In Gallien raubte er die mit (wertvollen) Weihgeschenken gefüllten Tempel und Heiligtümer aus, und des öfteren zerstörte er Städte eher um der Beute willen als wegen eines Vergehens. Daher kam es, daß er Gold in Überfluß hatte und das Pfund (327,5 gr) in Italien und in den Provinzen für 3000 Sesterzen verkaufen ließ» (Sueton, *Caesar* 54,2).

Das aber hieß: Es gab ein Überangebot von gemünztem und ungemünztem Gold, so daß der Marktpreis des römischen Pfundes von 4000 auf 3000 Sesterzen, also um 25 %, fiel.

Den Erlös seiner gigantischen Beute verwandte er nach eigenem Belieben. Es fiel nicht mehr ins Gewicht, daß Kriegsbeute prinzipiell dem Staat gehörte und der Feldherr verpflichtet war, einen beträchtlichen Teil des Erlöses an die Staatskasse abzuliefern (so wie es Pompeius getan hatte). Caesar verwandte das meiste für seine private Munifizenz, die ihren Schwerpunkt in Rom, dem Zentrum des politischen Lebens, fand. Neben öffentlichen Bewirtungen des Volkes, Zirkusspielen und Schaukämpfen ließ er bauen und begann mit der Errichtung eines neuen Forums, des *Forum Iulium*: Allein für den Aufkauf des teuren Baugrunds im Inneren der Stadt wendete er 100 Mio. Sesterzen auf. Aber auf Rom war seine Großzügigkeit nicht beschränkt. Er trat wie ein hellenistischer König auf und verpflichtete sich alle Welt durch seine reichen Geschenke. Der Bericht Suetons lautet:

«Mit nicht geringerem Eifer band er die Könige und die Provinzen der ganzen Welt an sich, indem er den einen Tausende von Gefangenen (als Sklaven) zum Geschenk anbot, anderen, wohin sie wollten, Hilfstruppen sandte, ohne Senat oder Volk zu fragen; darüber hinaus verschönerte er die wichtigsten Städte Italiens, Galliens und Spaniens, auch Asiens und Griechenlands durch großartige Bauwerke» (Sueton, *Caesar* 28,1).

IV. *Der Untergang der Republik*

Für Athen besitzen wir genauere Nachrichten. Zu Beginn des Jahres 50 schrieb Cicero seinem Freund Atticus, daß ein prominenter Bürger Athens, Herodes von Marathon, der im Jahre 60/59 eponymer Archon gewesen war, von Caesar die Summe von 50 Talenten, das sind 300 000 Drachmen, für seine Vaterstadt in Empfang genommen hatte. Caesar gab damit genausoviel wie Pompeius bei seiner Rückkehr aus dem Osten, und es versteht sich, daß dieser, wie Cicero bezeugt, die Gabe seines Verbündeten und Rivalen übel aufnahm. Caesar hatte noch andere Möglichkeiten der Geldanlage zu politischen Zwecken. Durch sein Geld und seine Gefälligkeiten band er einen großen Teil der politischen Klasse an seine Person, und auch damit machte er Pompeius ebenso unliebsame wie wirkungsvolle Konkurrenz. Wieder ist es sein Biograph Sueton, der von diesen Verhältnissen einen anschaulichen Eindruck vermittelt:

«Er hatte sich auch die ganze Umgebung des Pompeius, ferner einen großen Teil des Senats durch zinslose Darlehen oder solche mit sehr niedrigem Zinssatz verpflichtet, und er beschenkte Leute aus allen Ständen überreich, die auf seine Einladung oder von sich aus zu ihm kamen, dazu auch noch deren Freigelassene und Sklaven, je nachdem wie diese bei ihrem Herrn oder Patron in Gunst standen. Damals war er die einzige oder sicherste Zuflucht aller Angeklagten, Verschuldeten und Verschwender der *jeunesse dorée*, außer wenn sie zu schwer von Verbrechen, Schulden oder Ausschweifungen belastet waren, als daß er ihnen hätte helfen können. Solchen Leuten pflegte er zu sagen, was sie brauchten, sei ein Bürgerkrieg» (Sueton, *Caesar* 27,1–2).

Tatsächlich lief die Rivalität zwischen Caesar und Pompeius letzten Endes auf den Bürgerkrieg hinaus. Aber lange Jahre hielt die gemeinsame Gegnerschaft gegen die Optimaten die falschen Verbündeten noch zusammen. Während Caesar mit den Mitteln, die ihm der Raubkrieg in Gallien an die Hand gab, seinen Einfluß auf die stadtrömische Politik von außen aufrechtzuerhalten und zu stärken versuchte, blieb Pompeius mit dem Anspruch, die Rolle des führenden Staatsmannes zu spielen, auf der politischen Bühne in Rom präsent. Der Dritte im Bunde, Marcus Licinius Crassus, konnte ihm diese Rolle nicht streitig machen, und auch Caesar hütete sich im wohlverstandenen Eigeninteresse, Pompeius offen herauszufordern. Dennoch war dieser weit davon entfernt, in der Politik die beherrschende Rolle zu spielen. Das lag nicht nur an der fortdauernden Gegnerschaft des harten Kerns der Optimaten, die eine Vormachtstellung des Pompeius nach wie vor als unvereinbar mit dem kollektiven Senatsregiment betrachteten, sondern auch an der Rolle des Publius Clodius, der sich schon als Volkstribun des Jahres 58 keineswegs damit begnügte, als verlängerter Arm des Dreibundes zu fungieren. Vielmehr verfolgte er das Ziel, von der Basis des Volkstribunats aus sich als eine eigenständige politische Kraft zu etablieren. Diesem Zweck dienten vor allem zwei seiner Gesetze, die ihm die städtische Plebs verpflichteten und ihr eine feste Organisationsstruktur gaben: Das erste sicherte ihr zum ersten Mal in der Geschichte der Frumentargesetze eine kostenlose Getreideversorgung (die ca. $^1/_5$ der regulären Staatseinnahmen, 108 von 540 Mio. Sesterzen, verschlang), und das zweite, die lex Clodia de collegiis, hob das in der Krise des Jahres 63 erlassene Verbot der Nachbarschaftsvereine in Rom wieder auf und schuf die Grundlage dafür, daß die städtische Plebs leicht straßenweise für friedliche und gewalttätige politische Aktionen mobilisiert werden konnte. Auch nach Ablauf seiner Amtszeit erwies sich Clodius als ein Genie in der Inszenierung politischer Demonstrationen, und es ist sicher zutreffend, daß die von ihm «geförderten eigenständigen Organisations- und neuartigen Protestformen der städtischen Bevölkerung» (W. Nippel) es dem Senat außerordentlich erschwerten, der Straßenunruhen, in denen sich die politischen Auseinandersetzungen vorzugsweise vollzogen, durch Ausrufung des Notstandes Herr zu werden. Zunächst sahen die Optimaten aber überhaupt keinen Grund, gegen Clodius vorzugehen. Denn noch in seinem Tribunatsjahr griff er Pompeius und dessen Gefolgsmann, den Konsul Aulus Gabinius, heftig an, dann aber auch Caesar und den Dreibund, indem er forderte, alle Regelungen, die Caesar in seinem Konsulat durchgesetzt hatte, für ungültig zu erklären. Damit setzte er sich freilich nicht durch, wie denn überhaupt seinen Aktionen keine politischen Ziele zugrunde gelegen zu haben scheinen, die über die Verfolgung persönlicher Obsessionen und Geltungsansprüche hinausgingen. Obwohl er Cicero mit geradezu pathologischem Haß verfolgte, gelang es ihm nicht, dessen ehrenvolle Rückberufung zu verhindern. Am 4. September 57 fand dessen triumphaler Einzug in Rom statt. Zuletzt hatte Caesar seine Zustimmung zur Rückberufung des Mannes zu erkennen gegeben, dessen Einfluß auf Pompeius er mißtraute.

Zu dieser Zeit bahnte sich die erste Krise im Verhältnis der beiden mächtigsten Männer des Dreibundes an. Nach seinem Feldzug gegen die Belger im Norden Galliens versuchte Caesar mit Erfolg, seine militärischen Siege in einen politischen Gewinn umzusetzen. Auf seine

Siegesmeldungen hin beschloß der Senat ein Dankfest von 15 Tagen. Dies wurde als eine Art Indemnitätserklärung angesehen, mit der ihm die in seinem Konsulat begangenen Rechtsverstöße nachgesehen wurden. Pompeius fühlte sich herausgefordert und steuerte im Gegenzug zu dem sich abzeichnenden Machtgewinn seines Juniorpartners eine diktatorische Vollmacht an. Den Anlaß gab eine Hungerrevolte in Rom, die ihre Ursache in dem organisatorischen Unvermögen hatte, die kostenlose Getreideversorgung der Großstadt zu garantieren. Ein Gesetz der Konsuln Publius Cornelius Spinther und Quintus Caecilius Metellus, für das sich auch der gerade aus dem Exil zurückgekehrte Cicero zum Ärger der optimatischen Befürworter seiner Restitution öffentlich einsetzte, übertrug Pompeius für die Dauer von fünf Jahren ein außerordentliches prokonsulares Imperium mit der Verfügungsgewalt über alle Getreidevorräte des Reiches und unterstellte ihm zur organisatorischen Bewältigung der Getreidebeschaffung 15 Legaten. Aber damit war Pompeius' Ehrgeiz eigentlich noch nicht zufriedengestellt. Durch den Volkstribun Gaius Messius hatte er einen weitergehenden Vorschlag lancieren lassen, aber auch in diesem Fall desavouierte er seinen Gefolgsmann, als der Senat dem von Cicero befürworteten Gesetzesvorschlag der Konsuln den Vorzug gab. Was ursprünglich geplant war, teilte Cicero unmittelbar nach der betreffenden Senatssitzung seinem Freund Atticus mit:

«Einen zweiten Antrag brachte Messius ein, der ihm die Verfügung über alle Staatsgelder eingebracht hätte, dazu eine Flotte und ein Heer sowie ein Imperium, das dem der Provinzstatthalter übergeordnet sein sollte» (Cicero, *An Atticus* 4,1,7).

Wäre dieser Antrag Gesetz geworden, wäre Pompeius zum Herrn des Römischen Reiches aufgestiegen, und sein Imperium wäre auch dem Caesars übergeordnet gewesen.

Nicht offen, aber vorsichtig und verdeckt begann Pompeius gegen seinen Verbündeten in Gallien zu arbeiten. Das Gerücht ging um, daß er Caesars Siegesmeldungen ungern höre und daß er verlauten ließ, man müsse ihn möglichst bald ablösen. Einer seiner Gefolgsleute, der Volkstribun Publius Rutilius Lupus, richtete sogar einen Angriff gegen Caesars zweites Agrargesetz, das dem Staat die festen Einnahmen aus der Verpachtung des *ager Campanus* und *Stellas* entzogen hatte. Pompeius vermied es nach seiner Gewohnheit, sich in der Öffentlichkeit festzulegen, zumal er in der ägyptischen Frage, die in Caesars Konsulat gelöst erschien, in Bedrängnis geriet. Im Jahre 57 erschien König Ptolemaios, von den Alexandrinern aus seiner Hauptstadt vertrieben, in Rom und suchte Hilfe bei seinem Schutzherrn Pompeius. Der Aufenthalt des Königs in der Stadt war von Affären und Skandalen begleitet. Eine hundertköpfige Gesandtschaft aus Alexandrien, die seine Rückkehr verhindern sollte, räumte er teils durch Bestechung, teils durch gedungene Mörder aus dem Wege, und im Senat gab es Intrigen und Auseinandersetzungen um die Frage, wer denn den König in sein Reich zurückführen solle. Pompeius hätte die Aufgabe nur zu gerne übernommen, aber dem baute der Senat auf Grund eines Sibyllinischen Orakels durch den Beschluß vor, daß dies ohne Einsatz von Militär geschehen müsse. Nicht nur die Optimaten waren gegen ein neues außerordentliches Kommando für Pompeius, sondern auch Clodius, der mit den Mitteln des Straßenterrors den mächtigsten Mann zur Hilflosigkeit verurteilte. Es war Crassus, der als falscher Verbündeter im Hintergrund die Fäden zog: Er wollte verhindern, daß Pompeius mit der prestige- und gewinnträchtigen Aufgabe der Rückführung des ägyptischen Königs betraut wurde. Pompeius' Lage wurde so kritisch, daß er im März 56 vor dem Straßenterror aus Rom floh. Das Bündnis der drei Machthaber begann brüchig zu werden. Caesar machte zwar den Versuch, seinen Einfluß in Rom aufrechtzuerhalten, indem er Gefolgsleute für die Wahlen kandidieren ließ, doch zu Beginn des Jahres 56 erfuhr er, daß zwei seiner Leute bei der Wahl der Aedilen durchgefallen waren, auch Publius Vatinius, dem er sein außerordentliches Kommando zu verdanken hatte. Dagegen war einer seiner schärfsten Gegner, Gnaeus Domitius Calvinus, zum Praetor gewählt worden, und es stand zu erwarten, daß ein anderer prominenter Optimat, Lucius Domitius Ahenobarbus, der Schwager Catos, zum Konsul für das Jahr 55 designiert werden würde. Dessen Programm war die Abberufung Caesars von seinem Kommando, damit er für seine ungesetzlichen Taten vor Gericht gezogen werden konnte. Cicero folgte dem sich abzeichnenden politischen Trend und bezeichnete in einem Prozeß gegen Publius Vatinius dessen Gesetz über Caesars Imperium öffentlich als Mord am Vaterland. Caesar war alarmiert und unternahm den Versuch, sich das Kommando, dessen Endtermin der 1. März 55 war, verlängern zu lassen. Doch die von ihm beauftragten Volkstribune nahmen nach Sondierungsgesprächen von ihrem Vorhaben Abstand. Der Konsul Gnaeus Cornelius Lentulus Marcellinus hatte ihnen dringend abgeraten. Als am 10. April 56 Pompeius für die Getreideversorgung Roms 10 Mio. Denare aus der Staatskasse bewilligt werden mußten, brach im Senat ein Sturm gegen Caesars zweites Agrargesetz los, das den Staat um eine feste Einnahmequelle gebracht hatte. Cicero setzte sich an die Spitze der gegen Caesar gerichteten Politik und beantragte, daß der Senat über eine Rückübertragung des *ager Campanus* an den Staat beraten solle, und der Antrag wurde angenommen.

Caesar war von seinen Vertrauensleuten unverzüglich von der Gefahr unterrichtet worden, die seiner Stellung drohte, und er leitete, ohne zu zögern, seine Gegenmaßnahmen ein. Zunächst traf er sich in Ravenna mit Crassus, dann im April in Luca mit Pompeius. Dabei gelang ihm die diplomatische Meisterleistung, beide von der Notwendigkeit eines fortbestehenden Bündnisses zu überzeugen und auf ein Programm zur Abwehr des von den Gegnern ins Werk gesetzten Angriffs festzulegen. Um die Wahl des Domitius Ahenobarbus zu verhindern, sollten Crassus und Pompeius für das Jahr 55 zu Konsuln gewählt werden. Zur Verbesserung ihrer Wahlchancen wurde vereinbart, die Wahlen bis zum Anbruch des Winterhalbjahres zu verzögern, damit beurlaubte Soldaten Caesars an den Wahlen teilnehmen könnten. Weiterhin war vorgesehen, daß ihnen für die Dauer von fünf Jahren große Militärkommandos übertragen werden sollten, die demjenigen Caesars entsprachen. Dafür sicherten Pompeius und Crassus ihrem Partner zu, als Konsuln für eine entsprechende Verlängerung seines Imperiums in Gallien zu sorgen. Diese Verabredung, die auf Caesars Initiative zustande kam, hat die antike Überlieferung als «eine Verschwörung zur Verteilung der Herrschaft und zur Auflösung der verfassungsmäßigen Ordnung» bezeichnet (Plutarch, *Cato der Jüngere* 41,2). Pompeius und Crassus übernahmen es, den Senat auf die Pläne des erneuerten Machtkartells einzustimmen. Als der Senat am 15. Mai wieder zusammentrat, war keine Rede von der beabsichtigten Revision des zweiten caesarischen Agrargesetzes, vielmehr wurde beschlossen, die Besoldung der vier von Caesar eigenmächtig ausgehobenen Legionen auf die Staatskasse zu übernehmen und dem Prokonsul von Gallien zehn Legaten zuzubilligen. Als dann Anfang Juni über die Provinzen der Konsuln des Jahres 55 beraten wurde, fiel dem eingeschüchterten Cicero die demütigende Rolle zu, den Vorstoß seiner politischen Freunde zur Abberufung Caesars durch die Macht seiner

Redekunst abzuwehren. Er hatte zu berücksichtigen, daß Caesars Kommando im Diesseitigen Gallien und im Illyricum nach den Bestimmungen der *lex Vatinia* am 1. März 55 zu Ende war, während er im Jenseitigen Gallien in jedem Jahr zum 1. Januar abgelöst werden konnte, und daß im Senat drei Vorschläge zur Diskussion standen: Entweder sollte Caesar beide gallischen Provinzen den Konsuln des Jahres 55 übergeben oder zumindest eine der beiden Provinzen; für den letzteren Fall war beantragt worden, ihm entweder das Diesseitige Gallien und das Illyricum zu entziehen, damit nicht ein neuer Volksbeschluß dem Senat die Disposition über diese Provinzen über den 1. März 55 hinaus entziehe, oder aber das Jenseitige Gallien, das dann zum 1. Januar Lucius Domitius Ahenobarbus als dem Patron dieser Provinz von Großvaters Seite zufallen sollte. Dagegen machte Cicero in seiner Rede über die konsularischen Provinzen geltend, daß Caesar – dessen militärische Leistungen mit Lobeserhebungen bedacht werden – im Interesse der Sicherheit Italiens weiterhin im Besitz seines ungeschmälerten Kommandos bleiben müsse. Im Hinblick auf die besondere Situation, die die *lex Vatinia* mit der Fixierung des Endtermins auf den 1. März 55 geschaffen hatte, argumentierte Cicero, daß es gar nicht möglich sei, das Diesseitige Gallien und Illyricum einem der Konsuln des Jahres 55 zuzuweisen, da nach dem einschlägigen Gesetz des Gaius Gracchus über die konsularischen Provinzen ein Konsul bereits bei Amtsantritt zum 1. Januar über eine Provinz verfügen müsse. Angesichts der Machtverhältnisse hatte Ciceros Palinodie – mit diesem Wort bezeichnete er selbst, von schlechtem Gewissen geplagt, den Widerruf seiner gegen Caesar gerichteten Initiative – den Erfolg, daß Caesar im Besitz seines Kommandos in allen Teilen seiner Provinz blieb.

Die Konsulwahlen fanden erst im Januar 55 statt. In großer Zahl erschienen die beurlaubten Soldaten Caesars und vertrieben den mißliebigen Kandidaten Domitius Ahenobarbus mitsamt seinen Anhängern vom Marsfeld, wo die Wahl stattfand, und unter tumultuarischen Umständen wurden dann Pompeius und Crassus gewählt. Es war auch dafür gesorgt worden, daß die übrigen Ämter mit zuverlässigen Parteigängern besetzt wurden. Die Wahl Catos zum Praetor sollte durch massive Wahlbestechung verhindert werden. Als der Erfolg zweifelhaft erschien, verkündete Pompeius, der die Wahlleitung innehatte, er habe einen Donnerschlag gehört und brach unter Berufung auf dieses religiöse Mittel politischer Obstruktion den Wahlakt ab. Im zweiten Wahlgang erzielten dann die Verbündeten durch den Einsatz von Geld und Gewalt das erwünschte Ergebnis. Danach wurden die übrigen Vereinbarungen der Verbündeten durch Gesetze sanktioniert. Das Plebiszit des Volkstribunen Gaius Trebonius sicherte den beiden Konsuln die großen Militärprovinzen Spanien und Syrien mit dem unbeschränkten Recht, Truppen auszuheben, Krieg zu führen und Frieden zu schließen. Cato opponierte mit guten Gründen und großem Mut, aber er kam gegen die Methoden der Gewaltanwendung nicht an. Das Gesetz wurde bei heftigen Straßenkämpfen angenommen. Pompeius erhielt die beiden Spanien und Crassus Syrien. Dann sicherten beide Konsuln die Stellung ihres Verbündeten in Gallien durch ein Gesetz, das über Caesars Provinzen eine Beratungssperre bis zum 1. März 50 verhängte. Das bedeutete, daß über ihre Vergabe erst bei der Festlegung der konsularen Provinzen für das Jahr 49 entschieden werden durfte. Die Konsuln veranlaßten in der Routine der Amtsgeschäfte die Annahme einiger weniger Gesetze – eines richtete sich gegen den Mißstand der vereinsmäßig betriebenen Wahlbestechung, ein anderes galt einem neuen Ausleseverfahren bei der Konstituierung der ständigen Gerichtshöfe – und widmeten sich im übrigen den Vorbereitungen zur Übernahme ihrer Provinzen. Pompeius ließ das Diesseitige und Jenseitige Spanien durch Legaten verwalten und blieb auch nach Ablauf seines Amtsjahres in der unmittelbaren Nähe Roms. Ihm ging es um die Kontrolle der politischen Szene in Rom, und in der ihm übertragenen Verantwortung für die Getreideversorgung der Stadt hatte er eine wohlfeile Begründung für seine Entscheidung. Crassus hob noch während seines Konsulatsjahres Truppen aus, nachdem er zwei optimatisch gesinnte Volkstribunen, die ihm dies verboten und die Aufhebung der *lex Trebonia* betrieben, durch Drohung mit Gewalt zum Schweigen gebracht hatte. Dann brach er im November in seine Provinz nach Syrien auf, um hier zu einem Krieg gegen das Partherreich weiter zu rüsten. Zu seinem eigenen Unglück plante er, seine Verbündeten durch einen siegreichen Feldzug im Osten endlich einmal in den Schatten zu stellen. Ohne triftigen Grund griff er ein Reich an, dessen Ausdehnung – es erstreckte sich vom Zweistromland bis an die Grenzen Indiens und Afghanistans – und Hilfsquellen einen schnellen Sieg, geschweige denn eine Eroberung ausschlossen. Crassus scheiterte beim zweiten Anlauf, den er unternahm, schnell und vollständig. Im April 53 überschritt er mit 7 Legionen den Euphrat, und schon im Mai verlor er bei Carrhae Schlacht und Leben. Den Siegern fielen zahlreiche Gefangene und die Legionsadler in die Hände. Das römische Prestige war schwer angeschlagen, und die Grenzen des Römischen Reiches waren seitdem nicht mehr sicher vor Einfällen der Parther.

In Rom waren die Verbündeten einflußreich, aber allmächtig waren sie nicht. Cicero und viele seiner Gesinnungsfreunde lebten in dem Widerspruch zwischen ihrer optimatischen Abneigung gegen die Machthaber und der opportunistischen Rücksicht auf ihre Sicherheit und ihren Vorteil. In welche Rechtfertigungsnöte er gegenüber einem dezidierten Optimaten geriet, verrät einer der Briefe, die er im Jahre 54 an Publius Cornelius Lentulus Spinther richtete:

«Denn (auch wenn ich keine persönlichen Rücksichten zu nehmen hätte,) wäre ich der Auffassung, daß man eine so gewaltige Übermacht (wie die der drei Verbündeten) nicht bekämpfen und die Vorrangstellung der Machthaber, selbst wenn es möglich wäre, weder beseitigen noch auf seiner Überzeugung bestehen darf, nachdem nun einmal die Verhältnisse umgestürzt sind und die Gesinnung der Optimaten sich gewandelt hat, sondern daß man sich den Umständen zu fügen hat … Es ist wie beim Segeln: Die Kunst besteht darin, daß man sich nach Wind und Wetter richtet, auch wenn man so den Hafen nicht gleich erreicht. Aber wenn man durch Umsetzen der Segel ans Ziel kommen kann, dann wäre es Torheit, den einmal eingeschlagenen Kurs unter Gefahren beizubehalten und ihn nicht lieber zu ändern, um schließlich doch dahin zu gelangen, wohin man will» (Cicero, *An seine Freunde* 1,9,21).

Cicero war nach der Erfahrung des Exils ein gebranntes Kind und hatte ebenso seine Sicherheit wie seinen finanziellen Vorteil im Auge. Von Caesar nahm er zu Vorzugsbedingungen ein Darlehen in Höhe von 800 000 Sesterzen an. Aber so wie er dachten nicht alle, weder der Adressat des zitierten Briefes noch beispielsweise Lucius Domitius Ahenobarbus oder der jüngere Cato. Beide waren die schärfsten Gegner des «dreiköpfigen Ungeheuers», wie Roms großer Universalgelehrter Marcus Terentius Varro den Dreibund tituliert hatte, gingen keine Kompromisse ein und setzten sich bei den Wahlen dennoch durch: Der eine wurde für das Jahr 54 zum Konsul, der andere zum Praetor gewählt. Pompeius, der die Verbündeten in Rom repräsentierte, war weit davon entfernt, die Lage zu beherrschen. Im Jahre 54 brachen heftige Kämpfe um die Besetzung des Konsulats aus. Die vier Kandidaten, die aus verschiedenen Lagern kamen, blockierten sich gegenseitig. Durch die riesigen Darlehen, die sie für ihren Wahlkampf und die Bestechung der Wähler aufnahmen, stieg der Kapitalzins in

Rom von 4 auf 8 %, und zu guter Letzt wurden alle wegen Wahlbestechung angeklagt. So kam es, daß es zu Beginn des Jahres 53 weder Konsuln noch andere Magistrate außer den Volkstribunen gab. In der Zeit des Interregnums tauchten Pläne auf, einen Diktator zur Überwindung der Krise zu ernennen. Dahinter steckte Pompeius, der diese Pläne zugleich lancierte und verleugnete. Er veranlaßte Cicero, einen der Volkstribune, die einen entsprechenden Antrag vorbereiteten, entschieden abzumahnen, aber ein anderer Volkstribun, ein Vetter des Pompeius, hielt die Ankündigung aufrecht. Niemand nahm also die Dementis aus dem Mund des Pompeius ernst. Die Optimaten betrachteten seine Ambitionen weiterhin mit höchstem Mißtrauen, zumal er an der Verbindung mit Caesar festzuhalten schien. Caesar hatte im Winter 54/53 beim Aufstand der Eburonen anderthalb Legionen verloren, und Pompeius überließ ihm auf seine Bitten eine Legion, die gerade für ihn ausgehoben worden war. Pompeius' Einfluß reichte zwar aus, seinen Gefolgsmann Aulus Gabinius vor einer Verurteilung nach dem Majestätsgesetz zu bewahren, das Statthaltern das eigenmächtige Verlassen ihrer Provinz verbot – Gabinius hatte im Jahre 55 als Statthalter von Syrien in Pompeius' Auftrag Ptolemaios XII. nach Alexandrien zurückgeführt –, aber dieser Einfluß reichte nicht aus zu verhindern, daß er wegen passiver Bestechung – der König hatte ihm gewaltige Summen für die Rückführung gezahlt – verurteilt wurde. Die Seele der Opposition gegen Pompeius war noch immer der jüngere Cato, der diesem vorwarf, «durch Förderung der Anarchie nach der Alleinherrschaft zu streben» (Plutarch, *Cato der Jüngere* 45,7). Bis Juli blieb das Interregnum bestehen, die Republik schien unregierbar geworden zu sein.

In dieser Notlage kam dann doch eine Einigung zustande. Der Senat rief den Notstand aus und erteilte Pompeius Sondervollmachten zur Abhaltung von Wahlen. Die daraufhin gewählten Konsuln, Gnaeus Domitius Calvinus und Marcus Valerius Messalla, konnten jedoch der Unruhen in der Stadt nicht Herr werden. Insbesondere gelang es ihnen nicht, die Wahlen für das kommende Jahr zu organisieren. Am Ende ihres Amtsjahres gab es wiederum mit Ausnahme von Volkstribunen keine Magistrate. Einer der Kandidaten für den Konsulat, Titus Annius Milo, der sich in den Straßenkämpfen als Führer einer prooptimatischen Schlägertruppe hervorgetan hatte, rechnete nun darauf, mit Hilfe eines der patrizischen Zwischenkönige (*interreges*), denen in diesem Fall die Durchführung der Wahl oblag, in das höchste Amt zu gelangen. Aber Milo war Pompeius nicht genehm, und er ließ deshalb durch den Volkstribun Titus Munatius Plancus die Bestellung von *interreges* verhindern. Als es am 18. Januar 52 wieder einmal zu einem der gewalttätigen Zusammenstöße der Schlägertrupps des Milo und des Publius Clodius kam, wurde Clodius erschlagen. Daraufhin brachen heftige Straßenunruhen aus, so daß der Senat wieder den Notstand ausrief und in ganz Italien die wehrfähige Jugend mobilisieren ließ. Auch Norditalien, eine der Provinzen Caesars, war von dieser Anordnung betroffen, und Caesar nahm die Situation zum Anlaß, durch seine Mittelsmänner in Rom zu fordern, daß er und Pompeius gemeinsam den Konsulat bekleiden sollten, um Ruhe und Ordnung wiederherzustellen. Dazu kam es nicht; denn in dieser kritischen Lage kam es in Gallien zu der gefährlichen Erhebung des Vercingetorix, die Caesars Präsenz im Jenseitigen Gallien erforderte. Immerhin erkannte damals der harte Kern der Optimaten unter Führung Catos an, daß man sich mit Pompeius einigen müsse und könne. Tatsächlich hatte dieser immer schon zu erkennen gegeben, daß er die angestrebte Vorrangstellung lieber in Übereinstimmung mit den Optimaten und der Nobilität als gegen sie erreicht hätte. Er war gewiß ehrgeizig und undurchsichtig, aber auch unschlüssig und ungeschickt. Jedenfalls war er weit von dem konsequenten Durchsetzungswillen und der Sicherheit in der Wahl der Mittel entfernt, die Caesar auszeichneten. Und so setzte sich bei den Optimaten schließlich der Plan durch, Pompeius für ihre Zwecke zu benutzen, zunächst um die Ordnung in der Stadt wiederherzustellen, später dann um Caesar zu Fall zu bringen. Zwar sollte Pompeius nicht Diktator werden, aber man einigte sich darauf, daß er für mindestens zwei Monate zum Konsul ohne Kollegen bestellt wurde. Am 25. Februar wurde er gewählt, und zwei Tage später brachte er zwei Gesetze zur wirksameren Bekämpfung der den Landfrieden gefährdenden Gewalttätigkeit und der Wahlbestechung ein. Nach den Bestimmungen dieser Gesetze fand dann eine Reihe von Verfahren statt, unter anderem gegen Milo, den auch Ciceros Verteidigungsrede nicht vor dem Exil bewahren konnte. Was Caesar anbelangt, so unterstützte Pompeius zwar das Gesetz der zehn Volkstribune, das seinem alten Verbündeten das Privileg der Bewerbung um den Konsulat in Abwesenheit sicherte und ihn von der Befürchtung befreite, als amtloser Bewerber in Rom von seinen Feinden wegen der in seinem Konsulat begangenen Rechtsverstöße gerichtlich belangt zu werden. Dennoch ging der bestimmende Eindruck dahin, daß Pompeius sich für eine Festigung der Republik im Sinne der Optimaten hatte gewinnen lassen. Am 1. August ließ er seinen neuen Schwiegervater Quintus Caecilius Metellus Scipio – seine frühere Frau, die Tochter Caesars, war im Jahre 54 gestorben – zu seinem Kollegen wählen, und gemeinsam gingen die beiden Konsuln daran, die gefährdete Ordnung der Republik mit den Mitteln der Gesetzgebung zu stabilisieren. Zur Bekämpfung der unsäglichen Korruption, die sich aus der Prämierung der unter großem finanziellem Einsatz gewonnenen Wahlen mit der Zuweisung einträglicher Provinzen ergeben hatte, wurde gesetzlich verfügt, daß zwischen der Amtsführung in Rom und einer Statthalterschaft ein Zeitraum von mindestens fünf Jahren liegen müsse. Ein anderes Gesetz, die *lex Pompeia de iure magistratuum*, normierte das Amtsrecht neu und schärfte dabei wieder die alte Regel ein, daß Kandidaten sich persönlich zur Bewerbung in Rom einzufinden hätten. Das mußte naturgemäß Caesar alarmieren, und als seine Vertrauensleute in Rom bei Pompeius Gegenvorstellungen erhoben, ließ dieser von sich aus einen Passus, der besagte, daß Ausnahmen zulässig seien, wenn jemandem unter Namensnennung ein Dispens von der allgemeinen Regel erteilt sei, in den publizierten Gesetzestext einfügen. Die Rechtsverbindlichkeit dieses eigenmächtigen Zusatzes zum verabschiedeten Gesetz war indessen strittig, und so sollte auch dieses Gesetz in der Vorgeschichte des Bürgerkriegs zwischen Caesar und dem Senat noch eine wichtige Rolle spielen. Abgesehen davon bewirkte die Annäherung zwischen Pompeius und den Optimaten, daß ihm anstandslos die Verlängerung seines außerordentlichen Kommandos um fünf Jahre zusammen mit der Ermächtigung zur Rekrutierung von zwei neuen Legionen bewilligt wurde. Daraufhin richtete Caesar zu Beginn des Jahres 51 das Gesuch an den Senat, daß sein Kommando bis zum Antritt seines zweiten Konsulats im Jahre 48 verlängert werden möge. Caesar wollte also vermeiden, im Jahre 49 dem sich seinen Feinden annähernden Pompeius waffenlos und ohne Imperium gegenüberzustehen. Gerade das aber war das Ziel seiner Feinde. Der Konsul Marcus Claudius Marcellus nahm den Vorstoß Caesars zum Anlaß einer Gegenoffensive im April 51. Er beantragte im Senat die Ablösung Caesars und die Aufhebung des Privilegs der Bewerbung in Abwesenheit, und er forderte, daß den Kolonisten Caesars in Comum das römische Bürgerrecht, das dieser ihnen verliehen hatte, wieder entzogen würde. Zum ersten Mal wurde die Möglichkeit eines bewaffneten Konflikts am Horizont sichtbar, aber die Senatsmehrheit war noch nicht bereit, dem Konsul auf seinem Konfrontationskurs zu folgen. Seine Initiative verstieß ohnehin gegen die bis zum 1. März 50 laufende Beratungssperre, die das Gesetz der Konsuln Pompeius und Crassus für die Provinz Caesars verfügt hatte. Auch Pompeius war nicht für eine Änderung seines Gesetzes zu gewinnen, ließ aber später erkennen, daß er nach diesem Datum einen Beschluß des Senats über die Abberufung Caesars mittragen würde. Daraufhin wurden am 29. September 51 im Senat mehrere Beschlüsse gefaßt, die eine entsprechende Weichenstellung für die Zeit nach dem 1. März 50 vornehmen sollten.

Caesar reagierte auf die ihm drohende Gefahr, indem er sich für enorme Summen zwei Angehörige der Nobilität kaufte, die für das folgende Jahr in Schlüsselstellungen gewählt worden waren: den designierten Konsul Lucius Aemilius Paullus und den künftigen Volkstribun Gaius Scribonius Curio. Die Einkaufspreise waren nach der Ämterhierarchie gestaffelt: Der Konsul erhielt 9 Mio. Denare, während sich der rangniedrigere Volkstribun mit 2,5 Mio. zufriedengeben mußte. Doch war in seinem Fall das Geld am besten angelegt. Curio stammte aus einer Familie mit optimatischem Hintergrund – der Vater war ein erbitterter Gegner Caesars –, und der Sohn war zunächst der gleichen politischen Linie gefolgt. Aber er war hochverschuldet, und er brauchte das Geld Caesars. Als am 1. März 50 mit den Beratungen über die konsularen Provinzen begonnen wurde, schlug der streng optimatisch gesinnte Konsul Gaius Claudius Marcellus vor, Caesar sofort abzulösen. Curio interzedierte und erklärte sich in Abstimmung mit seinem Auftraggeber bereit, sein Veto unter der Bedingung zurückzuziehen, daß auch Pompeius auf Provinz und Heer verzichte. Obwohl die Rechtslage im Fall des Pompeius eine andere war – sein Kommando war in seinem dritten Konsulat um fünf Jahre verlängert worden –, neigte die Senatsmehrheit Curios Kompromißvorschlag zu. Aber verständlicherweise war Pompeius dagegen, und so wurde mit seiner Unterstützung von optimatischer Seite der Gegenvorschlag gemacht, daß Caesar sein Kommando erst am 13. November niederzulegen brauche. Dies war wiederum nicht im Sinne Caesars, denn es hätte bedeutet, daß er Pompeius, der weiterhin über Provinz und Heer verfügte, nicht mehr auf gleicher Ebene gegenübergestanden hätte. Also blockierte Curio auch diesen Vorschlag mit seinem Veto. Doch die Feinde Caesars waren nicht gewillt hinzunehmen, daß Caesar von seinem prokonsularen Imperium in den Konsulat wechselte und sich so der Anklage vor Gericht entzog. Der harte Kern seiner Feinde bestand aus den einflußreichen Familien der Meteller – eine wichtige Funktion für das Bündnis mit Pompeius hatte sein Schwiegervater Quintus Caecilius Metellus Scipio –, der Claudii Marcelli, der Cornelii Lentuli und der Gruppierung, die sich um den jüngeren Cato gebildet hatte. Sie bestand aus seinem Neffen Marcus Iunius Brutus, Lucius Domitius Ahenobarbus und Marcus Calpurnius Bibulus, dem Schwiegersohn Catos. Hinzu kam der mit allen verwandtschaftlich verbundene Appius Claudius Pulcher. Das Bündnis einigte der Wille, Caesar zu Fall zu bringen, aber im übrigen war es ein Bündnis unter Vorbehalten: «Pompeius spielte mit doppelten Karten. Er hoffte, sich der führenden Nobiles bedienen zu können, um Caesar zu vernichten und die führende Stellung zu erringen, ob es nun zum Krieg käme oder nicht. Sie ließen sich nicht täuschen, sie kannten Pompeius. Aber sie bildeten sich ein, daß Pompeius, geschwächt durch den Verlust seines Bundesgenossen und ohne Unterstützung der Öffentlichkeit, schließlich in ihre Gewalt käme und sich ihrer Führung unterordnen würde. Sie würden ihn stürzen, sollte er widerspenstig sein» (R. Syme).

Die neuen Verbündeten konnten wegen der erfolgreichen Gegenstrategie Curios Caesar nicht sofort stürzen, aber sie gingen daran, seine Position zu schwächen, wo es möglich war. Pompeius benutzte den Beschluß des Senats, nach dem sowohl er als auch Caesar eine Legion zur Verstärkung des Heeres in Syrien abgeben sollten, zu einer militärischen Schwächung seines Rivalen. Er hatte ihm im Jahre 53 in der durch den Aufstand der Eburonen ausgelösten Krise eine Legion überlassen und forderte nun auf Grund des Senatsbeschlusses diese als sein Kontingent für Syrien zurück. Da Caesar ebenfalls eine Legion abzugeben hatte, wurde sein Heer um insgesamt zwei Legionen verringert. Beide Einheiten wurden dann nicht nach Syrien verlegt, sondern standen in Campanien zur Disposition des Pompeius. In Rom selbst fungierte Appius Claudius Pulcher als Zensor, und er nutzte sein Amt, um unter Caesars Anhängern aufzuräumen. Er strich mehrere Senatoren aus der Senatsliste – unter anderem auch Sallust, der später ein bedeutender Historiker wurde –, und auch aus dem Ritterstand wurden viele entfernt, die Caesar verbunden waren. Im Dezember spitzte sich dann die Lage dramatisch zu, als Curio im Auftrag Caesars im Senat den Vorschlag einbrachte, daß beide Prokonsuln, Caesar und Pompeius, gleichzeitig von ihrem Kommando zurücktreten sollten. Obwohl Pompeius und seine Verbündeten strikt dagegen waren, wurde dieser Vorschlag mit der überwältigenden Mehrheit von 370 zu 22 Stimmen angenommen. Die Mehrheit wollte den drohenden Bürgerkrieg vermeiden und war bereit hinzunehmen, daß ein Prokonsul dem Senat, der die Regierung der Republik repräsentierte, die Bedingungen diktierte, unter denen er bereit war, sich ablösen zu lassen. Als aber dann das Gerücht aufkam, daß Caesar bereits im Anmarsch auf Rom sei, zog der Konsul Claudius Marcellus mit einer Reihe von Gesinnungsfreunden zum Haus des Pompeius und übertrug ihm ohne Autorisierung durch den Senat Vollmachten zum militärischen Schutz des Staates, das Kommando über die zwei für Syrien bestimmten Legionen und ermächtigte ihn, neue Truppen auszuheben. Pompeius akzeptierte. Curio, dessen Amtszeit zu Ende ging, verließ unter Protest Rom und begab sich unverzüglich nach Ravenna zu Caesar. Pompeius reiste zu den Legionen nach Kampanien und traf sich am 10. Dezember mit Cicero, der gerade von seiner Statthalterschaft in Kilikien zurückgekehrt war. Cicero gewann den Eindruck, daß mit dem Bürgerkrieg sicher zu rechnen sei. An seinen Freund Atticus schrieb er unmittelbar nach der Begegnung:

«Über die politische Lage äußerte sich Pompeius mir gegenüber so, als ob am Ausbruch eines Krieges nicht mehr zu zweifeln sei: kein Gedanke an eine Einigung; daß der andere (nämlich Caesar) ihm völlig entfremdet sei, habe er längst bemerkt, doch dafür jetzt den Beweis erhalten ...» (Cicero, *An Atticus* 7,4,2).

Um den Krieg zu vermeiden, machte Caesar einen weiteren Kompromißvorschlag: Er erklärte sich bereit, auf das Jenseitige Gallien sofort zu verzichten, wenn ihm das Diesseitige zusammen mit zwei Legionen bis zum Antritt seines Konsulats am 1. Januar 48 belassen würde. Auf diese Weise wollte er seinen Gegnern den Vorwand für neue Aushebungen nehmen und sich das Privileg der Bewerbung in Abwesenheit erhalten. Zugleich veröffentlichte der von ihm gekaufte Volkstribun Marcus Antonius, der ihm bereits in Gallien als Legat gedient hatte, bei seinem Amtsantritt im Dezember ein Edikt, in dem er die Verlegung der beiden in Campanien zurückgehaltenen Legionen nach Syrien forderte und Aushebungen in Italien untersagte. Caesars Gegner lehnten seinen Kompromißvorschlag in einer Weise ab, die eine scharfe Verurteilung des Dreibundes und die unmißverständliche Ablehnung weiterer Verhandlungen enthielt. Sie ließen ihn wissen, daß die Angelegenheiten des Staates nicht Gegenstand eines Privatvertrags sein könnten. Die Konsuln des Jahres 49, Gaius Claudius Marcellus und Lucius Cornelius Lentulus Crus, gehörten zum harten Kern der Optimaten, und dieser war entschlossen, Caesar auch um den Preis eines Bürgerkriegs politisch zu vernichten. Die Mehrheit des Senats wollte zwar den Frieden, aber sie erwies sich als schwankend und führerlos. Auch Caesar wünschte den Frieden, freilich nicht bedingungslos und nur unter der Voraussetzung, daß ihm der zweite Konsulat und damit die Fortsetzung seiner politischen Karriere gesichert blieben. Anderenfalls war er wie seine Feinde bereit, zum letzten Mittel des Krieges zu greifen. Mit welchen Gefühlen und Befürchtungen das neue Jahr erwartet wurde, darüber gibt ein Brief authentischen Aufschluß, den Cicero am 29. Dezember voller Verzweiflung und Ratlosigkeit an Atticus richtete:

«Und zugleich löse mir doch bitte das folgende hochpolitische Problem. Notwendigerweise muß dies eintreten: Entweder wird Caesar zur Bewerbung zugelassen, während er sein Heer dank des Senats oder der Volkstribunen behält, oder er wird dazu gebracht, Provinz und Heer zu übergeben und unter dieser Voraussetzung Konsul zu werden, oder aber die Wahlen werden, wenn er dazu nicht gebracht werden kann, ohne Zulassung seiner Kandidatur (in Abwesenheit) abgehalten, und zwar entweder mit seiner Duldung und unter der Voraussetzung, daß er seine Provinz behält, oder die Sache führt, wenn die Volkstribunen dies nicht zulassen und er dennoch ruhig bleibt, in ein Interregnum – oder es kommt, wenn er sein Heer heranführt, weil seine Kandidatur (in Abwesenheit) nicht zugelassen wird, zu einer bewaffneten Auseinandersetzung mit ihm: Dann aber beginnt er entweder mit den Feindseligkeiten, wenn wir noch nicht recht vorbereitet sind, oder erst dann, wenn seine Freunde bei den Wahlen (des Jahres 49) fordern, daß seine Kandidatur (in Abwesenheit) nach dem Gesetz (des Jahres 52) zugelassen wird, und damit keinen Erfolg haben – er wird dann aber entweder unter ebendiesem Vorwand zu den Waffen greifen, daß er nicht zugelassen wird, oder unter einem zusätzlichen, wenn vielleicht ein Volkstribun wegen Behinderung des Senats oder wegen Aufhetzung des Volkes gemaßregelt oder durch Senatsbeschluß in seiner Amtsführung eingeschränkt oder abgesetzt oder vertrieben wird beziehungsweise vorgibt, vertrieben worden zu sein, und Zuflucht bei ihm sucht – nach Ausbruch des Krieges aber wird Rom entweder gehalten oder er muß nach Räumung der Stadt von Nachschub und seinen übrigen Truppen abgeschnitten werden: Welches von diesen Übeln, von denen man eines gewiß auf sich nehmen muß, hälst du für das geringste?» (Cicero, *An Atticus* 7,9,2).

Wenige Tage später wußte man die Antwort. Der Friede hatte keine Chance. Caesar wählte den Krieg, als seine Gegner noch nicht gerüstet waren, und zwar mit der Begründung, daß ihm das Privileg des Volkes, sich in Abwesenheit zu bewerben, entzogen worden sei, und unter dem zusätzlichen Vorwand, daß die (von ihm gekauften) Volkstribune Marcus Antonius und Quintus Cassius Longinus sich zu ihm hätten flüchten müssen, und er führte den Krieg so, daß die gegnerische Partei Rom aufgeben mußte.

Der Ausbruch des Krieges kam Anfang Januar. In der Senatssitzung am ersten Tag des neuen Jahres ließ Caesar dem Senat ein Ultimatum stellen: Entweder würde ihm gestattet, seine Provinz bis zur erfolgten Wahl zu behalten oder beide Prokonsuln, er und Pompeius, legten gleichzeitig ihr Kommando nieder. Für den Fall der Ablehnung beider Vorschläge drohte er mit Krieg. (Er selbst hat in seiner Darstellung des Bürgerkriegs Inhalt und ultimative Form seiner betreffenden schriftlichen Botschaft verschwiegen, um sich der Öffentlichkeit als verfolgte Unschuld präsentieren zu können.) So wie die Dinge lagen, hatte er den Bogen endgültig überspannt. Auf Antrag Scipios beschloß der Senat mit überwältigender Mehrheit, daß Caesar bis zu einem bestimmten (in der Überlieferung nicht präzisierten) Termin Heer und Provinz abzugeben habe, anderenfalls er als Staatsfeind betrachtet und behandelt werde. Gegen diesen Beschluß interzedierten die beiden von Caesar gekauften Volkstribune. Als die Bemühungen scheiterten, sie zur Rücknahme ihres Vetos zu bewegen, wurde am 7. Januar der Staatsnotstand ausgerufen, die Magistrate mit den Maßnahmen zum Schutz des Staates betraut und die Neuverteilung der Provinzkommandos vorgenommen.

Schon als der Bürgerkrieg im Anzug war, aber auch noch in seiner Anfangsphase bis in den Sommer 49 hinein spaltete sich die politische Klasse Roms in drei Gruppierungen. Zwei ergriffen Partei, entweder für Caesar oder für die Regierung, während die dritte Gruppe neutral blieb. Von den ca. 250 Senatoren, die aus der Zeit um 50/49 namentlich bekannt sind, läßt sich noch die Parteistellung von 192 Personen feststellen. Von den zwölf Neutralen abgesehen, verteilt sich das Gros zu etwa gleichen Teilen auf die beiden Bürgerkriegsparteien – freilich so, daß die Mehrzahl der ranghöchsten Senatoren, der Konsulare und Praetorier, auf seiten der Partei stand, die im Jahre 49 die legale Regierungsgewalt repräsentierte. Aber in den unteren Rängen schlossen sich viele Caesar an. Für ihn machte es sich bezahlt, daß er in der Zeit seiner Statthalterschaft in Gallien alles getan hatte, was in seiner

Macht stand, um Angehörige des Senatoren- und Ritterstandes an sich zu binden, nicht zuletzt die Verschuldeten und Gestrauchelten – deshalb apostrophierte Ciceros Freund Atticus die Anhängerschaft Caesars mit bezeichnender Übertreibung als Unterwelt. Da Caesar zur Zeit des Kriegsausbruchs besser gerüstet war als seine Gegner, kamen ihm auch die opportunistischen Erwägungen derjenigen zugute, die nicht auf der Seite der Verlierer stehen wollten. Zu dieser Gruppe gehörten auch solche, die es vor der dramatischen Zuspitzung des Konflikts für besser gehalten hatten, unter optimatischer Fahne die Anfänge ihrer Karriere zu befördern. Zu ihnen gehörte Marcus Caelius, der Cicero nahestand und es übernommen hatte, diesen während seiner kilikischen Statthalterschaft im Jahre 51/50 über das politische Geschehen in Rom auf dem laufenden zu halten. Im Jahre 52 mußte er als Volkstribun noch von seinem Mentor davon abgehalten werden, sein Veto gegen das Plebiszit einzulegen, das Caesar das Privileg der Bewerbung in Abwesenheit verlieh. Als aber der Bürgerkrieg vor der Tür stand, vollzog er eine Wende und begründete sie Cicero gegenüber wie folgt:

«Ich denke, es entgeht dir nicht, daß man bei inneren Auseinandersetzungen auf der anständigeren Seite stehen muß, sobald es aber zu Krieg und Feldlager kommt, auf der stärkeren, und das für das beste zu halten ist, was sicherer ist. In dem gegenwärtigen Konflikt sehe ich, daß Gnaeus Pompeius den Senat und die Mitglieder der Gerichtshöfe auf seiner Seite haben, Caesar aber Zulauf von denen haben wird, die in Furcht und mit schlechten Zukunftsaussichten leben; ebenso (sehe ich), daß sein Heer unvergleichlich ist. Jedenfalls bleibt noch hinreichend Zeit, das Kräfteverhältnis zu bedenken und dann Partei zu ergreifen» (Cicero, *An seine Freunde* 8,14,3).

So wie Caelius dachten viele der Jüngeren.

Caesar eröffnete den Krieg in der Nacht vom 10. auf den 11. Januar 49, indem er den Rubico, den Grenzfluß seiner Provinz, überschritt und nach Mittelitalien einfiel. Es ist überliefert, daß er dabei den attischen Komödiendichter Menander mit den Worten: «Hoch fliege der Würfel», zitierte. Er wußte also, daß er Hasard spielte. Seine Gegner verfügten eindeutig über das größere Potential. Pompeius unterhielt in Spanien ein Heer von 7 Legionen mit zahlreichen Hilfstruppen, und er konnte im Osten als Patron von Königen, Dynasten und Gemeinden unschwer Geld, Schiffe und Truppen mobilisieren. Vor allem mußte Caesar befürchten, daß die Gegenseite, wenn ihr Zeit blieb, die begonnenen Aushebungen in Italien zu Ende zu bringen, die gesamte

Wehrkraft Italiens binnen kurzem gegen ihn ins Feld führen könnte. Seine einzige Chance war also ein rascher Angriff. Nur so konnte er seine strategische Lage verbessern. Er nutzte dabei den einzigen Vorteil, über den er verfügte: eine kriegerfahrene, ihm ergebene Streitmacht schnell von einer günstigen Position aus einsetzen zu können. Caesar verband seinen Vorstoß nach Italien mit neuen Verhandlungsvorschlägen, die am 23. Januar bei der aus Rom nach Teanum Sidicinum in Campanien geflohenen Regierung eintrafen. Darin erklärte er sich bereit, sich dem Senatsbeschluß über seine Ablösung zu fügen und sich unter Verzicht auf sein Privileg persönlich um den Konsulat zu bewerben. Als Gegenleistung forderte er die Aufhebung des gegen ihn gerichteten *senatus consultum ultimum*, die Einstellung der Aushebungen in Italien und vor allem, daß Pompeius in seine Provinz nach Spanien ging. Darauf wollten sich aber weder Pompeius noch der Senat einlassen; denn sie hätten Italien ihrem Gegner und seinen Soldaten preisgeben müssen. Wenige Wochen später zwang Caesar Lucius Domitius Ahenobarbus, der zu seinem Nachfolger im Jenseitigen Gallien bestimmt worden war, östlich von Rom in Corfinium zur Kapitulation. Domitius Ahenobarbus war einer seiner erbittertsten Feinde, doch Caesar ließ ihn mit 50 anderen Gefangenen aus dem Senatoren- und Ritterstand frei (die 31 frisch rekrutierten Kohorten, die ihm in Corfinium in die Hände gefallen waren, reihte er freilich in sein Heer ein). Der Gnadenakt von Corfinium – Ausdruck der politisch eingesetzten *clementia Caesaris*, der Milde Caesars, die noch sprichwörtlich werden sollte – war darauf angelegt, ihm den Beifall der Öffentlichkeit zu gewinnen und sie von der Furcht zu befreien, daß sich die Greuel der Sullanischen Zeit wiederholen würden. Damit hatte er auch Erfolg, und er versuchte, der Gegenpartei weiteren Abbruch zu tun, indem er um die Neutralität aller derjenigen, die nicht zum Kreis seiner erklärten Gegner gehörten, mit dem Argument warb, daß dem bewaffneten Konflikt ein Streit zwischen ihm und seinen persönlichen Feinden zugrunde liege, der gar nicht die *res publica* berühre. Aber was immer er sagen mochte: Die Gegenseite war die legale Regierung der *res publica*, und sie vertrat insofern die legitime Auffassung, daß es in dem Konflikt zwischen der *res publica* und dem unbotmäßigen Prokonsul, der einen Bürgerkrieg um der Aufrechterhaltung seines Ranges (*dignitas*) willen begonnen hatte, keine Neutralität geben könne. Den Feldzug in Italien mußte die Regierung freilich verloren geben.

Pompeius, die Konsuln und der ihnen folgende Teil des Senats setzten sich mit den zwei bei Capua stationierten, ursprünglich für Syrien bestimmten Legionen und mit den frisch rekrutierten Einheiten nach Brundisium ab. Caesars Bemühungen, entweder mit Pompeius doch noch zu einem Abkommen zu gelangen oder ihn in Brundisium zur Kapitulation zu zwingen, scheiterten. Pompeius überquerte mit der Regierung und dem Heer die Adria, um die Hilfsquellen des griechischen Ostens gegen Caesar zu mobilisieren. Caesar mußte zusehen, wie er sich in Rom mit dem dort verbliebenen Teil des Senats und der Magistrate arrangierte. Am 1. April beanspruchte er in Rom, den Staat zu führen, und verlangte von dem nur schwach besuchten Rumpfsenat, daß er ihn dabei unterstütze. Er ließ keinen Zweifel daran, daß er anderenfalls den Senatoren nicht lästig fallen wollte und die Staatsgeschäfte alleine führen werde. Er forderte die Bildung einer Senatsgesandtschaft, die mit der Gegenseite Friedensverhandlungen führen sollte, und er verlangte die Auslieferung des Reservestaatsschatzes, der im Saturntempel lagerte. Das wurde ihm verweigert. Daraufhin verschaffte er sich mit Gewalt den Zugang zu dem Schatz und ließ den sich widersetzenden Volkstribun Lucius Metellus sogar mit dem Tode bedrohen. Caesar eignete sich die im Saturntempel verwahrten 15000 Gold- und 30000 Silberbarren sowie die 30 Mio. Sesterzen Bargeld an – und verlor alle Sympathie in der Öffentlichkeit. Wenn es noch eines Beweises bedurft hätte, dann war er jetzt erbracht: Die Berufung Caesars darauf, daß er wegen der Verletzung der Rechte der Volkstribunen zu den Waffen gegriffen habe, war ein bloßer Vorwand.

Im übrigen machte Caesar seine Drohung vom 1. April 49 wahr. Er hat nie mehr aufgehört, den Staat alleine zu regieren. Das hieß zunächst, daß er alle Maßnahmen ergriff, um seine strategische Lage zu verbessern und der Gefahr eines Zweifrontenkrieges zu entgehen. Mit der ihm eigenen Klarheit entwickelte er nach dem gelungenen Abzug des Pompeius aus Brundisium den Plan seines weiteren Vorgehens:

«Obwohl Caesar es in Hinblick auf die Hoffnung, den Krieg (schnell) zu einem Ende zu bringen, für das beste hielt, eine Flotte zusammenzuziehen, das Meer zu überqueren und Pompeius zu folgen, bevor er durch die überseeischen Ressourcen an Stärke gewinne, fürchtete er gleichwohl Verzögerungen und zeitlichen Aufwand, weil Pompeius allen vorhandenen Schiffsraum requiriert und so die Möglichkeit beseitigt hatte, ihn zu verfolgen. So blieb nur möglich, aus den verhältnismäßig weit entfernten Regionen des (Diesseitigen) Gallien und des Picenum sowie der Straße von Messina Schiffe zu erwarten. Das erschien wegen der Jahreszeit (es war Winter) zu langwierig und mit

Hindernissen verbunden. Er wollte vermeiden, daß in der Zwischenzeit das alte Heer (des Pompeius) und seine beiden spanischen Provinzen, von denen die eine (das Diesseitige Spanien) ihm durch seine überaus großen Wohltaten verbunden war, gestärkt sowie Hilfstruppen und Reiterei rekrutiert würden und (von dort) ein Angriff auf Gallien und Italien während seiner Abwesenheit (im griechischen Osten) erfolge. Somit gab er fürs erste den Plan auf, Pompeius zu verfolgen, und beschloß, nach Spanien aufzubrechen. Den Magistraten in den (betreffenden) Munizipien erteilte er den Befehl, (in der Zwischenzeit) für Schiffe zu sorgen und sie nach Brundisium bringen zu lassen» (Caesar, *Bürgerkrieg* 1,29–30,1).

Caesar wandte sich also nach Spanien, schloß auf dem Wege das griechische Massalia ein, das sich als verbündete Gemeinde weigerte, dem Feind der Regierung Roms die Tore zu öffnen, und erst nach einer halbjährigen Belagerung im September kapitulierte, und er manövrierte in einem brillanten Feldzug von 40 Tagen die beiden Legaten des Pompeius, Lucius Afranius und Marcus Petreius, so vollständig aus, daß sie mit fünf Legionen bei Ilerda kapitulierten. Danach liefen die restlichen zwei, die unter dem Befehl des berühmten Universalgelehrten Marcus Terentius Varro standen, zu ihm über. Im September erhielt er die Nachricht, daß der Praetor Marcus Aemilius Lepidus, einer seiner Gefolgsleute, ihn auf Grund eines Spezialgesetzes zum Diktator zur Durchführung der Konsulwahlen für das Jahr 48 ernannt habe. Er entledigte sich dieser Aufgabe während eines elftägigen Aufenthaltes in Rom. Gewählt wurden er selbst und ein Parteigänger aus den Reihen der patrizischen Familien, Publius Servilius Isauricus. Dann legte er die Diktatur nieder und begab sich zu dem bei Brundisium zusammengezogenen Expeditionsheer, mit dem er nach Griechenland übersetzen wollte. Mit Beginn des Jahres 48 ging die reguläre oberste Gewalt auf ihn über, und damit hatte sich seine rechtliche Position erheblich verbessert. Die militärische Bilanz des Jahres war freilich zwiespältig. Neben dem großen Erfolg in Spanien gab es schwere Niederlagen, die seine Unterfeldherren auf anderen Kriegsschauplätzen erlitten hatten. An der dalmatischen Küste verlor Publius Cornelius Dolabella 40 Schiffe, und sein Legat Gaius Antonius wurde im Illyricum zur Kapitulation gezwungen. Einen noch schlimmeren Ausgang nahm die Expedition, die Gaius Curio in seinem Auftrag durchführte. Er eroberte zunächst Sizilien, landete dann in Nordafrika, um die Provinz für Caesar in Besitz zu nehmen, und fand mit zwei Legionen in einer Schlacht am Bagradas den Untergang.

Obwohl die Flotte der Republikaner das Meer beherrschte, wollte

Caesar so schnell wie möglich das Gesetz des Handelns an sich reißen. Am 4. Januar wagte er mit 20000 Mann die Überfahrt und landete an der epeirotischen Küste und machte Pompeius ein nochmaliges Friedensangebot, das ebensowenig wie die früheren angenommen wurde. Es gelang Caesar, Verstärkungen aus Italien nachzuziehen, und von April bis Juli kam es dann zu einem langwierigen Stellungskrieg um den wichtigen Hafen von Dyrrhachium (Durazzo). Pompeius hatte dort eine große Nachschubbasis angelegt. Caesar schloß die Stadt ein und versuchte, Pompeius, der mit dem Gros seines Heeres in unmittelbarer Nähe stand, zu blockieren. Dieser Kriegsplan scheiterte jedoch. Pompeius zwang Caesar, seine Blockadelinien immer weiter auszudehnen, und am 17. Juli gelang ihm der Ausbruch. Caesar mußte seine Operationsbasis an der Küste aufgeben und marschierte mit seinem Heer nach Thessalien. Pompeius folgte siegesgewiß, doch in der großen Entscheidungsschlacht von Pharsalos unterlag er, und sein Heer löste sich auf. Er selbst flüchtete nach Ägypten, wo Aulus Gabinius drei Legionen zum Schutz des von ihm wiedereingesetzten Königs zurückgelassen hatte, doch auf Veranlassung der ptolemäischen Regierung wurde Pompeius beim Betreten Alexandriens am 28. September ermordet. Ein großer Teil der Senatoren, die sich nach Ausbruch des Bürgerkriegs Pompeius und den Konsuln angeschlossen hatten, gab den Krieg verloren und zog sich ins Exil zurück oder suchte und fand die Gnade des Siegers. Aber der harte Kern der Feinde Caesars gab nicht auf und ging wie beispielsweise Caesars hartnäckigster Gegner, Marcus Porcius Cato, nach Nordafrika, um dort ein neues Widerstandszentrum aufzubauen.

Caesar war Pompeius nach Ägypten gefolgt, immer noch in der Hoffnung, mit seinem ehemaligen Verbündeten ein Abkommen zu schließen und so den Bürgerkrieg friedlich zu beenden. Aber er kam zu spät. Als er Anfang Oktober mit nur 3200 Legionären und 800 Reitern in Alexandrien landete, wurde ihm der Kopf des ermordeten Pompeius präsentiert. In der Stadt geriet er im Winter 48/47 in allergrößte Schwierigkeiten. Sie waren eine Folge des Thronstreites zwischen Ptolemaios XIII. und seiner Schwestergemahlin Kleopatra VII. Caesars Vermittlungsversuch mündete in eine bewaffnete Auseinandersetzung, bei der Caesar zusammen mit Kleopatra im Palastviertel der Stadt eingeschlossen wurde. Aus seiner verzweifelten Lage wurde er erst im März 47 durch ein Ersatzheer befreit, das der kleinasiatische

Dynast Mithradates von Pergamon ihm auf dem Landwege zuführte. Bei den Kämpfen in der Nähe von Alexandrien ertrank der junge König im Nil, und so gab Caesar die Königsherrschaft an Kleopatra, die sie an der Seite ihres erst elfjährigen Bruders Ptolemaios XIV. faktisch als Alleinherrscherin ausübte. Kleopatra war Caesars Geliebte geworden (nach seiner Abreise gebar sie ihm einen Sohn, den sie den kleinen Caesar, Kaisarion, nannte), und sie unternahmen gemeinsam auf dem Nil noch eine ausgedehnte Besichtigungsreise zu den Sehenswürdigkeiten Ägyptens, der Haupttouristenattraktion schon in damaliger Zeit, bevor Caesar im Juni das Land verließ. Er zog durch Palästina und Syrien nach Kleinasien, wo Pharnakes, der Sohn Mithradates' VI., von seinem Bosporanischen Reich aus eingefallen war, um die Länder seines Vaters wieder in Besitz zu nehmen. Caesar schlug ihn bei Zela in Kappadokien und kommentierte seinen Blitzsieg mit dem bekannten Satz: «Ich kam, ich sah, ich siegte» (*veni, vidi, vici*), traf dann Entscheidungen über regelungsbedürftige Fragen und landete endlich am 24. September in Tarent. In Rom erschien er Anfang Oktober – um sofort einen neuen Feldzug vorzubereiten, dieses Mal nach Nordafrika, wo tatsächlich ein neues republikanisches Widerstandszentrum entstanden war. Bei den Vorbereitungen zur Überfahrt nach Afrika kam es in Campanien zu einer Meuterei bei den dort zusammengezogenen Legionen. Die Soldaten forderten ihre Entlassung und die versprochenen Versorgungsleistungen. Beruhigungsversuche der Beauftragten, die Caesar schickte, blieben ohne Erfolg. Die Soldaten traten zu einem Marsch auf Rom an, und erst Caesar selbst gelang es auf dem Marsfeld, durch seine Autorität und sein Geschick in der Behandlung der Soldaten die Mehrheit von den Rädelsführern zu trennen und die Disziplin wiederherzustellen. Im Dezember setzte er mit sechs Legionen nach Nordafrika über und wurde zunächst in einen Stellungskrieg verwickelt, der ihn zeitweise vor ernste Versorgungsprobleme stellte. Aber er überwand die Anfangsschwierigkeiten, und am 6. April 46 fügte er dem von Metellus Scipio, dem Schwiegervater des Pompeius, geführten republikanischen Heer bei Thapsus eine vernichtende Niederlage zu. Am Ende des Kampfes richteten Caesars Soldaten unter den Geschlagenen ein Blutbad an und wandten ihre Waffen auch gegen die eigenen höheren Offiziere aus dem Senatoren- und Ritterstand. Es war ein Ausbruch der Wut der kleinen Leute, die den Krieg der Reichen und Mächtigen auszufechten hatten. Die alte punische Stadt Utica, ein mit Verteidigungsmitteln wohlversehenes Zentrum der Republikaner, kapitulierte. Dort beging Caesars alter Feind Marcus Porcius Cato, der es ablehnte, Caesars Gnade anzunehmen, Selbstmord. Sein Tod wurde zum Fanal des unbeugsamen Widerstands gegen die aufziehende Alleinherrschaft. Die stolzen Worte, mit denen er es von sich wies, Caesar die erwünschte Gelegenheit zur Demonstration seiner Milde, der sprichwörtlichen *clementia Caesaris*, zu geben, sind überliefert. Sie lauten:

«Wollte ich durch Caesars Gnade mein Leben retten, so brauchte ich nicht mehr zu tun, als selber zu ihm zu gehen. Aber ich mag dem Tyrannen für seine Mißachtung der Gesetze nicht auch noch Dank schuldig sein. Denn er mißachtet die Gesetze, wenn er als Herr und Gebieter Männer begnadigt, über die ihm keine Gewalt zusteht» (Plutarch, *Cato der Jüngere* 66).

Das Leben und Sterben des republikanischen Helden von Utica – nach dem Ort seines Todes erhielt Cato den Beinamen *Uticensis* – wurde zum Gegenstand literarischer Lobreden. Cicero und Brutus, der spätere Caesarmörder, griffen zur Feder, um Cato zu verherrlichen, und Caesar fühlte, daß er durch Catos Weigerung, seine Gnade anzunehmen, eine moralische Niederlage erlitten hatte. Der Stachel saß so tief, daß er mit seinem Anticato den Krieg gegen den Feind, der zu einer moralischen Autorität des Widerstandes geworden war, literarisch fortsetzte. Im übrigen fanden nicht alle Pompeianer in Nordafrika den Tod. Die Söhne des Pompeius, Gnaeus und Sextus, sowie Titus Labienus, Caesars begabtester Unterfeldherr in Gallien, der ihn zu Beginn des Bürgerkrieges verlassen hatte, entkamen mit zahlreichen Überlebenden nach Spanien und bildeten dort ein neues Widerstandszentrum. Es war keineswegs das einzige. Als sich zu Beginn des Jahres 46 Nachrichten über die anfänglichen Schwierigkeiten Caesars in Nordafrika verbreiteten, erhob sich ein in Tyrus lebender römischer Ritter namens Quintus Caecilius Bassus. Er hatte als Offizier im Heer des Pompeius gedient, und stiftete nun eine Meuterei unter den in Syrien stationierten, aus alten Soldaten des Pompeius bestehenden Soldaten an. Caesars Statthalter wurde getötet, und die Orientarmee gelangte wieder in die Hand seiner Feinde. Caesar selbst kehrte am 25. Juli nach Rom zurück und blieb bis Anfang November, dann mußte er wieder in den Krieg ziehen.

In Spanien hatten die Söhne des Pompeius solche Fortschritte gemacht, daß Caesars Unterfeldherr Gaius Didius ihrer nicht mehr Herr werden konnte. Caesar kam, und am 17. März 45 errang er in der Schlacht bei Munda einen mühsam erkämpften Sieg. Nur sein persönlicher Einsatz verhinderte die drohende Niederlage. Labienus und Gnaeus Pompeius fanden den Tod, der eine in der Schlacht, der andere auf der Flucht. Caesar hielt sich noch längere Zeit in Spanien und Gallien auf, legte Bürgerkolonien an und regelte die Rechtsverhältnisse zahlreicher Gemeinden. Erst am 3. Oktober traf er wieder in Rom ein. Er hatte alle Gegner besiegt, denen er im Kampf entgegengetreten war, aber den Bürgerkrieg beenden konnte er nicht. In Spanien gab Sextus Pompeius seine Sache noch nicht verloren, stellte sieben Legionen auf und gewann bis zum Sommer 44 den Süden und Südosten der iberischen Halbinsel zurück. Noch ernster gestaltete sich die Lage in Syrien. Zwar begann Caesars Unterfeldherr Gaius Antistius Vetus mit der Belagerung von Apameia, wo sich Caecilius Bassus verschanzt hatte, aber gegen Ende des Jahres schickte der Partherkönig, mit dem die Aufständischen in Verbindung getreten waren, seinen Sohn Pakoros mit einem großen Heer zum Entsatz der belagerten Stadt. Antistius Vetus mußte unter großen Verlusten die Belagerung aufgeben. Syrien und der Orient schienen verloren, und so plante Caesar zu Beginn des Jahres 44, selber mit einem großen Heer die Situation im Osten zu bereinigen, die Pompeianer niederzuwerfen und die mit der Niederlage von Carrhae verlorengegangene römische Suprematie gegenüber den Parthern wiederherzustellen. Dafür waren insgesamt 16 Legionen und 10 000 Reiter vorgesehen. Aber Caesar kam nicht mehr dazu, seine Pläne im Osten zu verwirklichen. Vor seiner Abreise fand er als Opfer einer Verschwörung in Rom sein Ende. Die Verschwörung war die Fortsetzung des Bürgerkriegs mit anderen Mitteln, und sie war die Antwort auf den Staat, den der Diktator Caesar anstelle der überlieferten Republik zu errichten im Begriffe war.

Der Staat des Diktators Caesar

Insgesamt hielt sich Caesar vom Ausbruch des Bürgerkrieges bis zu seiner Ermordung nur wenige Monate in Rom auf. Abgesehen von den wenigen Tagen im April und Dezember des Jahres 49 beschränkten sich seine Aufenthalte auf die Zeit von Anfang Oktober bis Anfang Dezember 47, vom 25. Juli bis Anfang November 46 und schließlich vom 3. Oktober 45 bis zum 15. März 44. Das ist zusammengerechnet etwas mehr als ein Jahr. Aber während dieser wenigen und zeitlich voneinander getrennten Aufenthalte entfaltete Caesar ein persönliches Regiment in der Stadt, das seinesgleichen suchte. Faßt man die Gesamtheit der vier Jahre zwischen 48 und 44 ins Auge, so entwickelte sich seine amtliche Stellung von der eines Konsuls zu der eines Diktators auf Lebenszeit. Zuletzt war Caesar in Besitz einer institutionell abgesicherten Alleinherrschaft, die sich sowohl auf den Binnenraum des römischen Staates wie auf das Untertanengebiet des Reiches erstreckte. Indem der Diktator auf Lebenszeit die Insignien des etruskisch-altrömischen Königtums anlegte und sich so der Öffentlichkeit präsentierte, gab er demonstrativ zu erkennen, daß er seine Stellung als die eines Königs nach einheimischer Tradition und in Anknüpfung an die monarchischen Ursprünge der Stadt betrachtet wissen wollte. Doch bis dahin war ein weiter Weg.

Die erste wichtige Maßnahme Caesars nach Ausbruch des Bürgerkriegs betraf die rechtliche Besserstellung der Transpadaner in Norditalien. Sie hatten während des Gallischen Krieges die Hauptlast der Aushebungen getragen, die Caesar vornahm, und dafür hatte er ihnen in Aussicht gestellt, daß auch sie wie die Gemeinden südlich des Po das römische Bürgerrecht erhalten sollten. Dies geschah am 11. März durch ein Gesetz, das der Praetor Lucius Roscius Fabatus im Auftrag Caesars einbrachte. Ergänzt wurde dieses Gesetz durch ein Plebiszit eines Volkstribuns namens Rubrius, das eine Gerichtsordnung für das neue Bürgergebiet in Kraft setzte. Auch Gades in Spanien (Cadiz) erhielt damals das versprochene Bürgerrecht, und Angehörige des Senatorenstandes, die auf Grund der politischen Strafverfahren im dritten Konsulat des Pompeius im Jahre 52 ins Exil hatten gehen müssen, wurden einzeln mittels Spezialgesetzen zurückgerufen. Damit sicherte sich Caesar eine dankbare zusätzliche Klientel. Dies war in der Bürgerkriegssituation des Jahres 49 der eigentliche Zweck der verschiedenen Maßnahmen, und es steht auf einem anderen Blatt, daß die Verleihung des Bürgerrechts an die Transpadaner den Schlußstein in der politisch-administrativen Vereinheitlichung Italiens setzte und insofern eine Bedeutung jenseits der Zwecke besitzt, die der aufrührerische Caesar im Bürgerkrieg verfolgte. Am Ende des Jahres sorgte dann Caesar in seiner ersten Diktatur für seine Wahl zum Konsul und erreichte damit das persönliche Ziel, um dessentwillen er den Bürgerkrieg begonnen hatte. Aber in den elf Tagen, die er sich deshalb im Dezember 49 in Rom aufhielt, nahm er auch die Gelegenheit wahr, einem ökonomischen Notstand zu steuern, den der Ausbruch des Krieges bewirkt hatte. Die kriegführenden Parteien hatten für ihre Rüstungen einen erheblichen Teil des umlaufenden Münzgeldes in Beschlag genommen, und wie immer in unsicheren Zeiten versuchten Gläubiger ihre Schuldtitel zu realisieren. Das führte angesichts der herrschenden Verschuldung bei Hoch und Niedrig ähnlich wie in der Zeit des Bundesgenossen- und des Ersten Mithradatischen Krieges zum Zusammenbruch des Kredits und des Geldverkehrs, und dies veranlaßte Caesar zu energischen Gegenmaßnahmen. Dazu schreibt sein Biograph Sueton:

«Bezüglich ausgeliehener Kapitalien zerstreute er die Erwartung einer Niederschlagung der Schulden, die häufig genährt wurde, und bestimmte schließlich, daß Schuldner ihre Gläubiger auf Grund einer Schätzung ihres Grundbesitzes nach dem Preis, zu dem sie ihn vor Ausbruch des Bürgerkriegs erworben hatten, Genüge leisten sollten; dabei sollte von der Schuldsumme abgezogen werden, was an Zinsen bereits gezahlt oder zur Schuld hinzuaddiert worden war. Unter dieser Auflage ging (den Gläubigern) im Durchschnitt ein Viertel ihres Guthabens verloren» (Sueton, *Caesar* 42,2).

Caesar hatte Schuldner mit Grundbesitz im Auge und regelte die Entschuldung in einer Zeit der Geldverknappung und des Preisverfalls von Land in der Weise, daß die Schuldner Grundbesitz zu geschätzten Vorkriegspreisen und mit den genannten zusätzlichen Abschlägen an ihre Gläubiger abtraten. Außerdem versuchte er der Hortung von Bargeld entgegenzuwirken, indem er den Besitz von mehr als 15 000 Denaren verbot. Dies alles waren Notmaßnahmen, die nach Lage der Dinge gerechtfertigt erscheinen mochten, aber verständlicherweise war keine der beiden Seiten, weder die Gläubiger noch die Schuldner, zufriedengestellt. Schon gar nicht war mit Caesars Maßnahmen den kleinen Leuten geholfen, die in Rom keinen Kredit hatten und ihre Mieten nicht mehr zahlen konnten. Dieses Problem veranlaßte im folgenden Jahr den Praetor Marcus Caelius Rufus während Caesars Abwesenheit zu einer Gesetzesinitiative zugunsten der Schuldner, die in schwere Unruhen mündete. Caelius' erster Gesetzesvorschlag ging dahin, daß alle Kredite erst in sechs Jahren fällig sein sollten. Als dies am Widerstand des Konsuls Publius Servilius Isauricus scheiterte, ging er weiter und brachte zwei Gesetzesanträge ein, die einen Schulden- und Mieterlaß zum Gegenstand hatten. Dies war nicht im Sinne Cae-

IV. Der Untergang der Republik

sars, der den Konflikt mit den Besitzenden vermeiden wollte. Seine Vertrauensleute in Rom leisteten den Gesetzesinitiativen Widerstand, und darüber brachen in der Stadt Straßenunruhen aus. Mittels des *senatus consultum ultimum* wurde der Staatsnotstand ausgerufen. Der Urheber der Unruhen kam zusammen mit seinem Verbündeten, dem aus dem Exil zurückgekehrten Titus Annius Milo, der im dritten Konsulatsjahr des Pompeius wegen Landfriedensbruch und Tötung des Publius Clodius verurteilt worden war, in Süditalien ums Leben. Aber in der Sache mußten Caesars Platzhalter dem Volk doch Zugeständnisse machen. Wie inschriftlich überliefert ist, wurden im Jahre 48 die Mieten erlassen.

Nach dem Untergang des Pompeius entfalteten Magistrate und Senat eine fieberhafte Aktivität, um auf den Sieger Ehrungen über Ehrungen zu häufen. Politisch bedeutsam war, daß ihm nach dem Vorbild der *lex Trebonia*, die im Jahre 55 die außerordentliche Kommandogewalt der Konsuln Crassus und Pompeius definiert hatte, die Entscheidung über Krieg und Frieden sowie das Recht übertragen wurde, den Konsulat fünf Jahre hintereinander zu bekleiden. Weiterhin legte ein spezielles Gesetz nach dem Vorbild der *lex Valeria* über die Diktatur Sullas die Entscheidung über das Schicksal der Besiegten in die Hände des Siegers. Und schließlich wurde beschlossen, die Wahlen der Obermagistrate bis zu seiner Rückkehr zu verschieben. Als sich aber abzeichnete, daß Caesar bis zum Ende des Jahres nicht wieder in Rom sein würde und somit die Gefahr eines Interregnums ohne Ausweg drohte, verfiel man auf folgende Ersatzlösung: Caesar wurde im September von dem in Rom anwesenden Konsul Publius Servilius Isauricus zum Diktator ernannt, und zu seinem Stellvertreter (*magister equitum*) wurde Marcus Antonius bestimmt. Dieser führte einen großen Teil der siegreichen Armee Caesars nach Italien zurück und übernahm während der Abwesenheit des Diktators in dessen Auftrag die Geschäfte. Schwierigkeiten bereitete ihm dabei ein anderer Anhänger Caesars, der Patrizier Publius Cornelius Dolabella (er war Ciceros Schwiegersohn). Dieser ließ sich nach dem Vorbild des Clodius von einem Plebejer adoptieren und zum Volkstribun für das Jahr 47 wählen. Kaum im Amt, nahm er die weiterschwelende Schuldenkrise zum Anlaß zu einer heftigen popularen Agitation. Er brachte Gesetze zur Annullierung von Schulden und Mieten ein und ging dabei weit über die Kompromißlinie, die Caesar in seiner ersten Diktatur gezogen hatte.

Caesars Stellvertreter leistete deshalb Widerstand, und es kam zu blutigen Straßenkämpfen. Am Ende rief der Senat erneut durch ein *senatus consultum ultimum* den Staatsnotstand aus, und Antonius stürmte mit seinen Truppen das Forum, ließ die Gesetzestafeln zertrümmern und einige der Rädelsführer der Gegenseite vom Tarpejischen Felsen stürzen. Darüber verlor der Stellvertreter bei der Plebs alle Sympathie, und auch die in Campanien auf ihre Landzuweisung wartenden Veteranen wurden unruhig. Als Caesar Anfang Oktober 47 nach Rom zurückkam, zeigte er Antonius offen seine Unzufriedenheit und stellte ihn zwei Jahre lang kalt. Umgekehrt wurde Dolabella insofern eine gewisse Rehabilitation zuteil, als Caesar für Rom einen Nachlaß der Jahresmiete in Höhe von 500 und in Italien von 125 Denaren anordnete. Gleich nach seiner Ankunft in Rom entledigte sich Caesar seiner Aufgabe als Wahldiktator. Für den Rest des Jahres 47 wurden zwei seiner Gefolgsleute, Quintus Fufius Calenus und Publius Vatinius, zu Konsuln bestimmt, für das folgende Jahr er selbst mit Marcus Aemilius Lepidus. Die Zahl der gewählten Praetoren wurde von acht auf zehn erhöht, und schließlich belohnte er zahlreiche Anhänger, indem er sie in den Senat aufnahm (und ihn damit auf die Stärke von 900 Köpfen brachte). Dann legte er die Diktatur nieder und bereitete seinen Feldzug in Nordafrika vor.

Als er nach siegreichem Feldzug am 25. Juli 46 wieder in Rom eintraf, hatte der Senat schon wieder neue Ehrungen und Vollmachten für den Sieger beschlossen. Am wichtigsten war die Übertragung der Diktatur auf zehn Jahre (die dann freilich in der Titulatur jahrweise gezählt wurde). Hinzu kamen die Aufsicht über die private Lebensführung (*cura morum*) und verschiedene andere Rechte: die Vollmacht, dem Volk auch außerordentliche Magistrate zur Wahl vorschlagen zu dürfen, das Recht, im Senat zwischen den Konsuln zu sitzen und als erster sein Votum abzugeben, bei allen Zirkusspielen das Eröffnungszeichen zu geben und am Iuppitertempel auf dem Kapitol seinen Namen anzubringen (obwohl es Lutatius Catulus war, dem als Restaurator des Tempels diese Ehre zustand). Im Tempel selbst wurde sein Triumphalwagen aufgestellt, und auf ihm stand seine Statue mit der Weltkugel zu ihren Füßen. Eine von ihm später wieder getilgte Inschrift bezeichnete ihn, den Abkömmling der Göttin Venus und des Trojaners Anchises, als Halbgott. Vom 20. September bis zum 1. Oktober 46 feierte er seinen Triumph über die besiegten Völker, und unter den prominenten Gefangenen befand sich auch der gallische Freiheitsheld Vercingetorix, der nach dem Schauspiel des Triumphzuges hingerichtet wurde. Der Größe der von Caesar errungenen Siege entsprach die Großartigkeit der verteilten Wohltaten. Jeder Soldat erhielt ein Geldgeschenk von 5000 Denaren, Zenturionen das Doppelte, Kriegstribunen das Vierfache, die städtische Plebs, insgesamt 320 000 Empfangsberechtigte, 100 Denare Bargeld sowie eine großzügig bemessene Öl- und Getreidespende. Das Volk von Rom wurde an 22 000 Tischen bewirtet, und dabei erhielt jeder auch eine Fleischportion, eine nach antiken Ernährungsgewohnheiten seltene, aber begehrte Zugabe. Ein Höhepunkt der aufwendigen Festlichkeiten war die Einweihung des Forum Iulium, an dessen Errichtung seit dem Jahre 54 unter ungeheuren Kosten gearbeitet worden war. Der vor der Schlacht von Pharsalos gelobte Tempel der Stammutter des Iulischen Geschlechts und der Römer, der Venus Genetrix, sollte den Mittelpunkt des Forums bilden. Vollendet wurde er erst nach Caesars Tod.

So üppig Caesar der Lohn seiner Leistungen und Erfolge in Gestalt von öffentlichen Ehrungen zugemessen wurde und so sehr er bemüht war, seine Popularität durch breitgestreute Wohltaten zu steigern: Es blieb eine offene Frage, zu welchem Endzweck er die gewonnene Machtstellung gebrauchen wollte. Soviel war klar, daß er seinen Sieg nicht zur Rache an seinen Feinden und zu einer sozialen Revolution gebrauchen wollte. Das Beispiel, das Sulla gegeben hatte, war verpönt, und zwar nicht nur deswegen, weil die Folgen seines Tuns gegen ihn sprachen, sondern auch weil Caesars Bürgerkrieg einen so ganz anderen Entstehungshintergrund hatte als der seines Antipoden. Caesar ging es anders als Sulla zunächst nur um die Wahrung seines Rangs und um sein politisches Überleben, nicht um eine wie auch immer beschaffene Wiederherstellung der *res publica*. Deshalb hätte er jederzeit einen Verhandlungsfrieden, der ihm Rang und Würde gesichert hätten, dem totalen Sieg vorgezogen, und deshalb war ihm so sehr an einer Politik der Versöhnung und an dem Verzicht auf Rache und Bestrafung gelegen. In Erscheinung trat dieses Konzept in den zahlreichen Begnadigungen, die er seinen Bürgerkriegsgegnern zuteil werden ließ. Zwar gab es einzelne Versuche von interessierter Seite, ihn zum exzessiven Gebrauch der ihm gegebenen gesetzlichen Ermächtigung zu verleiten, nach eigenem Belieben mit seinen besiegten Feinden zu verfahren, aber er widerstand solchen Versuchungen mit Leichtigkeit. Caesar wollte den Stand, dem er entstammte, nicht vernichten, sondern er wollte, daß seine Standesgenossen seinen Vorrang anerkannten. Aber genau an diesem Punkt wurde der Dissens zwischen ihm und seinen Gegnern unheilbar. Diese waren zwar bereit, eine diktatorische Vollmacht hinzunehmen, aber nur auf Zeit und unter der Voraussetzung, daß sie wie diejenige Sullas eine kommissarische war und dem Zweck diente, die aristokratische Republik mit dem Mittel der Gesetzgebung wiederherzustellen und zu stabilisieren. In einer Senatsrede brachte Cicero diese Vorstellung öffentlich zum Ausdruck, als er dem Diktator im September 46 für die Begnadigung des Marcus Claudius Marcellus dankte, der einer seiner unbeugsamsten Gegner gewesen war. Cicero nahm das Streben Caesars nach Ruhm und Ehre, eingestandenermaßen das ihn beherrschende Motiv, zum Anlaß, ihm die noch zu erbringende Leistung, durch die sein Ruhm erst auf Dauer gegründet sein würde, eindringlich vor Augen zu stellen:

«Alles mußt einzig und allein du, Gaius Caesar, wieder aufrichten, was notwendigerweise durch die Gewalt des Krieges, wie du siehst, am Boden liegt: Die Gerichte müssen (neu) konstituiert, der Kredit wiederhergestellt, die verderblichen Leidenschaften zurückgedrängt, für die Vermehrung des Volkes gesorgt, alles, was sich aufgelöst und schon verflüchtigt hat, durch strenge Gesetze neu befestigt werden» (Cicero, *Für Marcellus* 23).

Cicero beschwor in der Tradition der republikanischen Reformgesetzgebung die Wiederherstellung einer am Ideal der Vergangenheit ausgerichteten Lebensordnung, aber er blieb dabei nicht stehen, sondern er wies Caesar mit deutlichen Worten die Aufgabe einer Neukonstituierung der traditionellen Staatsordnung zu. Gerade darauf aber konnte und wollte sich Caesar keinesfalls einlassen, und zwar nicht nur deshalb nicht, weil der Bürgerkrieg weiterschwelte und neue Brandherde jederzeit aufbrechen konnten, sondern auch weil der Führungsanspruch eines einzelnen in unaufhebbarem Widerspruch zum kollektiven Regiment des Senats stand. Von seinem Führungsanspruch aber abzulassen ging Caesar gegen die Natur. Darin unterschied er sich von Sulla, und er hat dies auch in Äußerungen, die nicht für die Öffentlichkeit bestimmt waren, unmißverständlich zum Ausdruck gebracht. Er sagte, daß die *res publica*, an deren Idealbild seine Gegner hingen, ein Nichts sei, ein bloßes Wort ohne Substanz und Gestalt. Sulla bezeichnete er als einen Analphabeten, weil er die Diktatur niedergelegt habe, und er äußerte, die Leute müßten schon bedenken, was sie zu ihm sagten, und sie müßten seine Worte für Gesetze nehmen. Regieren und Durchgreifen, wie er es verstand, war nur möglich, wenn die Machtfrage entschieden war und es keinen Raum mehr für die Künste der Obstruktion gab, denen die Verfassung der Republik einen so weiten Spielraum einräumte. Im Grunde hatte er diese Einstellung schon zu Beginn des Bürgerkriegs dem renitenten Senat ins Stammbuch geschrieben, als er ihn aufforderte, mit ihm zusammen – gemeint war: unter seiner Führung – sich der Staatsgeschäfte anzunehmen:

«Er rief dazu auf und forderte, daß sie in Hinblick auf die von ihm dargelegten Gesichtspunkte politisch tätig würden und den Staat mit ihm zusammen regierten. Wenn sie sich aber aus Furcht (vor der gegnerischen Bürgerkriegspartei) verweigerten, wolle er ihnen nicht weiter zur Last fallen und die Lenkung des Staates selbst übernehmen» (Caesar, *Bürgerkrieg* 1,32,7).

Gehandelt hatte er nach dieser Maxime bereits in seinem ersten Konsulat, und in den langen Jahren seines Prokonsulats, in denen er in Gallien nach Belieben schalten und walten konnte, war er in seiner Haltung noch bestärkt worden. Caesar konnte und wollte sich nicht in das *juste milieu* senatorischer Standessolidarität einordnen, während seine Gegner sich am Ideal einer Regierung orientierten, die den politischen Kurs im Benehmen zwischen den Konsuln und den ranghöchsten Senatoren festlegte. Als Cicero zum Ausdruck bringen wollte, daß der Konsul Antonius nach Caesars Ermordung anfangs zu einem republikanischen Regierungsstil zurückgekehrt sei, charakterisierte er ihn so:

«Zu den politischen Beratungen, die er in seinem Hause abhielt, zog der Konsul Antonius die führenden Männer des Staates hinzu; dem Senat legte er dann die besten Vorschläge vor; und in Caesars Entwürfen (die nach einer vorangegangenen Grundsatzentscheidung Rechtskraft besitzen sollten) wurde damals (im Gegensatz zu später) nur gefunden, was ohnehin allen bekannt war ... Ja, er wollte, daß wir Servius Sulpicius zustimmten, daß nach den Iden des März (dem Tag der Ermordung Caesars) keine Tafel mit einem Dekret oder einer Vergünstigung Caesars mehr publiziert werden solle» (Cicero, *Gegen Antonius* 1,2).

Der Regierungsstil Caesars war das genaue Gegenteil. Der Diktator regierte aus dem Kabinett mit Hilfe von Männern, die tüchtige Werkzeuge waren, aber weder dem Senat angehörten noch ein eigenes Gewicht in der Politik besaßen. Ihren Prototyp verkörperten die in den Quellen immer wieder genannten Oppius und Balbus. Neben dem engeren Kreis bewährter Helfer standen eine umfangreiche, aus Sklaven und Freigelassenen bestehende Kanzlei und ein zahlreiches militärisches Hilfspersonal. Insgesamt bestanden der Regierungsstab und seine Hilfskräfte, die Caesar auch auf Reisen begleiteten, aus ca. 2000 Personen. Eine lebendige Schilderung der Invasion, die unter diesen Umständen ein Besuch des Diktators bedeutete, verdanken wir einem Brief, den Cicero im Dezember 45 an seinen Freund Atticus richtete:

«Was für ein beschwerlicher Gast, und doch hat es mich nicht gereut; er war nämlich ganz charmant. Doch als er am zweiten Tag der Saturnalien abends bei Philippus eintraf, war dessen Villa gleich so mit Soldaten überfüllt, daß im Speisezimmer, wo Caesar selbst speisen sollte, kaum noch Platz war. Es handelte sich nämlich um 2000 Mann. Ich war ganz aufgeregt, wie das am nächsten Tag (bei mir) gehen sollte. Und da war Barba Cassius behilflich und stellte mir Wachposten. Ein Feldlager wurde im Freien aufgeschlagen, meine Villa in Verteidigungszustand versetzt. Er blieb am dritten Tag der Saturnalien bis zur siebten Stunde (in seinem Kabinett) und ließ niemanden vor: Besprechung finanzieller Angelegenheiten, wie ich glaube, mit Balbus; dann machte er einen Spaziergang am Strand hierher. Nach der achten Stunde ging es ins Bad. Dort ließ er sich über Mamurra erzählen, ohne dabei die Miene zu verziehen. Dann ließ er sich salben und kam zu Tisch. Er wollte ein Vomitiv nehmen, und so aß und trank er unbeschwert und mit gutem Appetit ... Außerdem wurde sein Gefolge an drei Tischen üppig bewirtet. Selbst den weniger einflußreichen Freigelassenen und Sklaven fehlte es an nichts, den prominenteren habe ich einen exquisiten Empfang gegeben. Der Gast war freilich nicht so, daß man zu ihm sagen möchte: ‹Komm bitte wieder zu mir, wenn du in der Gegend bist›. In der Unterhaltung wurde nichts Politisches berührt, dafür viel Literarisches ...» (Cicero, *An Atticus* 13,52).

Cicero und Caesar gehörten zu den führenden Männern des Staates und obwohl beide in verschiedenen politischen Lagern standen, schätzten sie einander. Aber über Politik redete Caesar nicht mehr mit Cicero. Der Diktator arbeitete in seinem Kabinett mit Leuten, die weisungsgebunden, sachkundig und verschwiegen waren. Die alte politische Klasse hatte im neuen Zentrum der Macht ausgedient, der Senat hatte nichts mehr zu sagen, obwohl er ebenso wie die Volksversammlung als Institution erhalten blieb und aus seinen Reihen nach wie vor die Magistrate und die Statthalter der Provinzen rekrutiert wurden. Die hektische Regierungstätigkeit des Diktators sowie seine zahllosen Verfügungen über den Status und die territorialen Besitzverhältnisse von reichsangehörigen Dynasten und Gemeinden wurden in die übliche Form von Senatsbeschlüssen und Volksgesetzen gekleidet, aber das war bloße Fassade. Dahinter lag eine souveräne Mißachtung der Republik und ihrer Organe. Wie es dabei zuging, beschrieb Cicero im Herbst 46 nicht ohne Witz und Verbitterung einem seiner guten Bekannten:

«Glaubst du vielleicht, daß es nicht mehr so viele Senatsbeschlüsse geben werde, wenn ich mich in Neapel aufhalte? Wenn ich in Rom bin und mir auf dem Forum die Sohlen ablaufe, werden die Senatsbeschlüsse bei deinem Liebhaber, meinem guten Bekannten, ausgefertigt; und wenn es ihm in den Kram paßt, werde ich zu den Protokollzeugen gestellt, und ich höre dann, daß ein Senatsbeschluß, von dem es heißt, er sei auf meinen Antrag hin ergangen, nach Armenien und Syrien gelangt ist, bevor hier irgendeine Erwähnung der Angelegenheit erfolgt. Und glaube ja nicht, daß ich scherze. Du mußt nämlich wissen, daß mir von Königen am Rande der Welt Briefe zugegangen sind, in denen sie mir Dank sagen, weil ich sie mit meinen Anträgen zu Königen gemacht hätte – und dabei wußte ich nicht nur nicht, daß sie zu Königen erklärt worden waren, sondern nicht einmal, daß es sie überhaupt auf der Welt gibt» (Cicero, *An seine Freunde* 9,15,2 f.).

Durch formalrechtliche Bedenken ließ sich Caesar also nicht in seinem Tatendrang stören. In seinem Kabinett wurde ausgearbeitet, was er Senat oder Volk vorlegen oder eigenmächtig in der Form von Senatsbeschlüssen und Volksgesetzen verfügen wollte. Durch einen glücklichen Zufall der Überlieferung wissen wir, daß nach seinem Tod in seinem Kabinett ein ganzes Konvolut von Verfügungen und Beschlußentwürfen gefunden wurde, die den Status des jüdischen Tempelstaates und seines Hohenpriesters betrafen. Was davon rechtsgültig war oder nicht, war schwer zu sagen. Jedenfalls ließ der Konsul Marcus Antonius dann im April 44 nach Caesars Ermordung alles durch einen Senatsbeschluß nachträglich absegnen und rechtsverbindlich machen.

Caesars innere Reformen galten den längst erkannten, aber wegen des Machtkampfes innerhalb der regierenden Klasse ungelösten Problemfeldern der Politik. Was die Hauptstadt anbelangt, so ging er daran, die Belastungen der Staatskasse durch die kostenlose Getreideversorgung zu vermindern und der Gewalt der Straße den Nährboden zu entziehen. Er initiierte eine großangelegte überseeische Kolonisation in Spanien, Südgallien, Nordafrika und im griechischen Osten mit dem Ziel, die Zahl der Getreideempfänger in Rom von 320000 auf 150000 Personen herabzusetzen, und er verbot die Nachbarschaftsvereine, die der politisch motivierten Gewaltanwendung eine feste Organisationsstruktur verliehen hatten. Für die Kolonisation waren insbesondere die in Rom zahlreichen Freigelassenen vorgesehen – ihre Zahl war erheblich gewachsen, seit Clodius die kostenlose Getreideversorgung in der Hauptstadt eingeführt hatte: Die Besitzer von Sklaven hatten sie als Möglichkeit genutzt, mittels Freilassungen die Unterhaltungskosten für ihr menschliches Eigentum auf die Staatskasse ab-

Der Staat des Diktators Caesar 363

zuwälzen und sich vertraglich deren Dienstleistungen auch für die Zeit nach erfolgter Freilassung zu sichern. Es waren vor allem Freigelassene, die in die wiederaufgebauten Städte Karthago und Korinth deduziert wurden. Caesar verknüpfte in seinem Kolonisationsprogramm die beiden Gesichtspunkte der Versorgung Bedürftiger und der strategischen Herrschaftssicherung. Das erste Motiv stand bei der Gründung der Kolonien in Karthago und Korinth im Vordergrund, das zweite bei der Anlage von Lugdunum (Lyon) am Zusammenfluß von Rhone und Saone und von Raurica (Augst) am Hochrhein. Was Caesar plante, konnte er vielfach nicht mehr selbst vollenden. Die beiden zuletzt genannten Kolonien wurden nach seiner Ermordung von dem Statthalter Galliens, Lucius Munatius Plancus, deduziert, und das teilweise erhaltene Stadtrecht der Colonia Genetiva Iulia im spanischen Urso (Osuna) setzte der Konsul Marcus Antonius nach Caesars Entwurf ebenfalls erst nach den Iden des März in Kraft.

Nicht nur den Nährboden der politisch motivierten Gewalttätigkeit versuchte er trockenzulegen, sondern er beseitigte auch ihr Hauptbetätigungsfeld: Wahlen und Gesetzgebung schaffte er zwar nicht ab, aber er entzog sie dem politischen Konkurrenzkampf. Als Wahlleiter übte er den bestimmenden Einfluß auf die Wahl der Konsuln aus (zum Zuge kamen nur ausgewählte Gefolgsleute), und für die übrigen Magistrate, deren Zahl vermehrt wurde, erging die Bestimmung, daß jeweils die Hälfte auf seine Empfehlung gewählt werden mußte. In diesem Sinne richtete er an die Wahlkörperschaften der Tribus kurze Adressen nach folgendem Schema: «Ich empfehle euch den und den, damit er durch eure Wahl seine Würde erhalte». Vermutlich in der Absicht, die Richterbestechung zu bekämpfen, strich er die Aerartribunen, die als Angehörige einer unterhalb der ritterlichen stehenden Vermögensklasse der Gefahr der passiven Bestechung stärker ausgesetzt waren, aus der Richterliste, und er trug ganz im Sinne der Ermahnung, die Cicero in seiner Dankesrede für Claudius Marcellus vorgetragen hatte, für eine Verbesserung der Rechtspflege Sorge. Er plante sogar eine zusammenfassende Kodifikation des römischen Rechts und griff damit die Idee einer Organisation des unübersichtlich gewordenen Rechtsstoffes auf, die sich von der philosophischen Dialektik der Griechen das Mittel zu einer Verwissenschaftlichung und Systematisierung der empirischen Rechtskunde versprach. In diesem Sinne hatte Cicero eine programmatische Schrift verfaßt, und Pompeius hatte in seinem dritten Konsulat im Jahre 52 ebenfalls die Absicht gehabt, das Kodifikationsprogramm zu verwirklichen. Caesar knüpfte nicht nur in diesem Punkt an den Stand der Dinge an, den Pompeius geschaffen hatte. Er setzte dessen Normierung des Amtsrechtes mit dem Ziel fort, eine der Hauptgefahrenquellen zu beseitigen, die der politischen Ordnung von seiten der Verselbständigung der Promagistratur drohten. Darin ging er so weit, daß er eine Karriere wie die seine für die Zukunft unmöglich zu machen suchte, indem er den langjährigen außerordentlichen Kommandos durch ein spezielles Gesetz ein Ende bereitete:

«Weil er aber auf Grund seines langen Kommandos in Gallien in allzu starkem Maße zum Streben nach der Alleinherrschaft verführt worden war, beschränkte er die Statthalterschaften der Propraetoren auf ein Jahr, die der Prokonsuln auf zwei aufeinanderfolgende Jahre, und er legte fest, daß niemand irgendein Kommando für einen längeren Zeitraum innehaben dürfe» (*Cassius Dio* 43,25,3).

Auch an eine Verbesserung der Sicherheit auf dem Lande legte Caesar Hand an, indem er die Vorschrift erließ, daß die Besitzer großer Wanderherden mindestens zu einem Drittel Freigeborene aus der armen Landbevölkerung beschäftigten. Auf diese Weise wurde der Ausbreitung von Banden unbeaufsichtigter Hirtensklaven ein Riegel vorgeschoben und Arbeit für das ländliche Proletariat beschafft. Daneben gehen auf Caesar auch die ersten Anfänge einer staatlichen Bildungsförderung zurück. Er schenkte griechischen Ärzten und Lehrern der höheren Bildungsdisziplinen, Rhetoren und Philologen, das römische Bürgerrecht, wenn sie ihren dauernden Wohnsitz in Rom nahmen beziehungsweise beibehielten, und er plante nach dem Vorbild hellenistischer Könige die Gründung einer großen Bibliothek mit einer griechischen und einer lateinischen Abteilung. Seine dauerhafteste, bis in das sechzehnte Jahrhundert und teilweise darüber hinaus in Kraft gebliebene Maßnahme war die mit Hilfe griechischer Astronomen vorgenommene Kalenderreform, die das bürgerliche wieder mit dem astronomischen Jahr in Übereinstimmung brachte, «und zwar paßte er das Jahr an den Lauf der Sonne in der Weise an, daß es 365 Tage haben und unter Beseitigung des üblichen Schaltmonats alle vier Jahre ein zusätzlicher Tag eingeschoben werden sollte. Damit aber künftig vom 1. Januar (45) an die Zeitrechnung stimme, fügte er zwischen November und Dezember (46) zwei zusätzliche Schaltmonate ein; und so hatte das Jahr, in dem das angeordnet wurde, insgesamt 15 Monate unter Einschluß des Schaltmonats, der bereits gewohnheitsmäßig in das betreffende Jahr gefallen war» (Sueton, *Caesar* 40,1).

Überblickt man die Reformtätigkeit Caesars, die ihren Höhepunkt in der zweiten Hälfte des Jahres 46 fand, so entsprach sie einerseits den Forderungen, die Cicero in der im September gehaltenen Rede für Marcellus erhoben hatte, und lag andererseits durchaus auch auf der Linie der politischen Stabilisierungsbemühungen, die das wesentliche Motiv der Gesetzgebung seit Sulla waren und ihren letzten Höhepunkt im dritten Konsulatsjahr des Pompeius gefunden hatten. Die rechtliche und politische Einheit Italiens war vollendet worden. Caesar hatte die Schuldenkrise gemeistert und den Kredit wiederhergestellt. Darüber hinaus waren Maßnahmen zur Befriedung des Binnenraums der *res publica* in der Weise getroffen worden, daß die Wiederaufnahme der überseeischen Kolonisation mit der Verminderung des Gewaltpotentials in Rom und Italien Hand in Hand ging, und schließlich hatte Caesar auch dafür Sorge getragen, daß nicht länger außerordentliche, langfristige Kommandos einzelnen eine Macht in die Hände spielten, die es ihnen erlaubte, ihren politischen Führungsanspruch mit Gewalt durchzusetzen. Dies alles entsprach Reformvorstellungen, die mit dem Ziel entwickelt worden waren, die Republik wieder auf eine stabile Grundlage zu stellen. Aber unter den Bedingungen der Alleinherrschaft Caesars, für den die traditionelle *res publica* nach eigener Bekundung ohnehin nur ein Schatten ohne Substanz und Gestalt war, gewannen die endlich durchgesetzten Reformen einen ganz anderen Sinn als den einer Stabilisierung der aristokratischen Republik: Sie konnten sich nur als Stütze der Alleinherrschaft des Diktators Caesar auswirken. Denn Caesar betrachtete die Diktatur nicht als ein transitorisches Notstandsamt zur Stabilisierung der *res publica*, wie das Sulla verstanden oder Cicero im Schlußmythos seines Werkes über den römischen Staat gefordert hatte, sondern als Mittel einer auf Dauer angelegten integralen Herrschaft über Staat und Reich. Insofern dienten Caesars Reformen, die unter anderen Voraussetzungen auch die Zustimmung der dezidierten Verehrer der Republik gefunden hätten, gerade nicht dem Ziel, das diesen vorschwebte.

Die Lebenszeit, die Caesar noch blieb, war zu kurz bemessen, als daß seine Reformen eine Konsolidierung der Verhältnisse hätten bewirken können. Alles war noch im Fluß, als er ermordet wurde. Auch darf nicht verkannt werden, daß das strukturelle Kardinalproblem, an dem die späte Republik litt, die ungelösten Fragen von Heeresverfassung und Veteranenversorgung, im Grunde noch gar nicht in Angriff genommen war. Zwar hatte Caesar einige demobilisierte Einheiten auf südgallischem Boden in Narbo Martius (Narbonne) und Arelate (Arles) ansiedeln können, aber das Gros der Versorgungsberechtigten bestand auf einer Bauernstelle in Italien, und diese waren ohne Enteignungen nicht in hinreichender Zahl zu beschaffen. Davor aber schreckte Caesar mit gutem Grund zurück. Auch die in seinem ersten Konsulat in die Verteilungsmasse einbezogene Staatsdomäne in Campanien, die an bedürftige Familienväter mit drei Kindern vergeben werden sollte, war keineswegs unbesiedelt – hier hatten seit dem Hannibalkrieg die einheimischen Bauern den Boden als Staatspächter bebaut –, und möglicherweise waren die Begünstigten des zweiten Agrargesetzes des Jahres 59 nur anstelle der Staatskasse Nutznießer der Pachterträge auf Zeit geworden. Jedenfalls kam Caesar in der Zeit seiner Diktatur auf dieses Objekt zurück, als er seine Veteranen versorgen mußte. Herangezogen wurden auch die weitläufigen Güter des Pompeius und anderer nicht begnadigter Bürgerkriegsgegner, und wie im Jahre 59, als die Veteranen des Pompeius unterzubringen waren, gab es noch die Möglichkeit des Ankaufs von Land in Italien. Das alles war höchst umständlich, und an eine schnelle Ansiedlung der demobilisierten Soldaten war gar nicht zu denken. Es half auch nichts, daß bei der Vorbereitung der Landverteilung auf einzelne Eingriffe in bestehende Eigentumsverhältnisse im Widerspruch zur offiziellen Politik keineswegs verzichtet wurde. In den Wartestand versetzte Veteranen waren in Massen in Campanien konzentriert, und sie bildeten, wie die Zukunft lehren sollte, ein Unruhepotential, das leicht von interessierter Seite aktualisiert werden konnte. Abgesehen davon, daß die Versorgung der Veteranen Caesars noch im Gange war, als er ermordet wurde: Das generelle Problem, das die Versorgung der aus der besitzlosen Landbevölkerung rekrutierten Massenheere darstellte, hatte auch Caesar einer Lösung nicht nähergebracht.

Als erkennbar wurde, daß Caesar gewillt war, an der Alleinherrschaft festzuhalten, und alles zur ihrer Stabilisierung tat, griffen Resignation und Erbitterung um sich. Die Gegnerschaft beschränkte sich nicht auf die Angehörigen der besiegten Bürgerkriegspartei, sondern war auch unter denen anzutreffen, die sich ihm aus opportunistischen Erwägungen angeschlossen hatten. Schon als er sich nach dem Sieg bei Munda für einige Wochen im südlichen Gallien aufhielt, deutete Gaius Trebonius, einer seiner Generäle und später einer der Caesarmörder, bei einer Zusammenkunft mit Marcus Antonius an, daß mit dem Diktator bald ein Ende gemacht würde. Ein Konsular wie Cicero, der ein reflektiertes Verhältnis zum Idealbild der alten *res publica* unterhielt, zog sich nach Möglichkeit ganz aus der Öffentlichkeit zurück. Nachdem ihn Caesar im Herbst 47 begnadigt hatte, sah er keinen Sinn mehr darin, die Arbeit an dem im Jahre 52 begonnenen Werk über die Gesetze wiederaufzunehmen, mit dem er einen theoretischen Beitrag zu dem damals aktuellen Thema einer Stabilisierung der *res publica* hatte leisten wollen. Er füllte die Zeit seiner Muße mit Werken über die Geschichte der römischen Redekunst und über den besten Redner und wandte sich dann seit dem Winter 46/45 ganz der Philosophie zu, der er seit seinem Studium bei dem Schulhaupt der Akademie, Philon von Larisa, ein lebenslanges Interesse bewahrte. In schneller Folge schrieb er zur Zeit der Herrschaft Caesars philosophische Dialoge, in denen er die Lehren Epikurs und der Stoa darstellte und vom Standpunkt der Neuen Akademie einer kritischen Prüfung unterzog. Die Beschäftigung mit der Philosophie sollte ihm helfen, die Trauer und den Schmerz über den Verlust der geliebten Tochter und der *res publica*, die er damals verloren gab, zu bewältigen, aber er verfolgte mit seinem Werk zugleich ein öffentliches Anliegen: Der römischen Literatur und den Ausdruckmöglichkeiten der lateinischen Sprache wollte er eine neue Provinz erobern. Später, nach der Ermordung Caesars, behauptete er, daß er mit seinem philosophischen Werk die Tätigkeit des Staatsmannes mit anderen Mitteln, durch die Erziehung der zur politischen Führung bestimmten Jugend, weitergeführt habe. Aber soweit die Werke zur Zeit der Alleinherrschaft Caesars geschrieben wurden, bezeichnen sie den äußersten Gegenpol zum politischen Nerv seiner Existenz. Wenn er sich überhaupt noch einmal öffentlich zu Wort meldete, so geschah dies in einem kurzen Moment aufglimmender Hoffnung, als Caesar im September 46 Marcus Claudius Marcellus begnadigte, oder zum Schutz von Männern, die im Bürgerkrieg auf seiten der unterlegenen Partei gestanden hatten. In der *cause célèbre* des jüngeren Cato, der den Freitod gewählt hatte, um der Gnade Caesars zu entgehen, engagierte er sich mit einer Lobschrift, die auf eine immanente Kritik an dem Politiker Caesar hinauslief und diesen zu seinem Anticato provozierte. Caesar überspielte den sachlichen Gegensatz mit literarischen Komplimenten für Cicero, und gerne hätte er den berühmten Mann dazu gebracht, eine zur Veröffentlichung bestimmte politische Denkschrift an seine Adresse zu verfassen. Seine Vertrauensleute Oppius und Balbus verhandelten darüber mit Cicero, doch dieser entzog sich schließlich der Zumutung. In politischen Fragen gab es keine Verständigung mehr.

Der mit Opportunisten und Anhängern Caesars aufgefüllte Senat ließ es sich im Jahre 45 freilich nicht nehmen, den in Spanien siegreichen Diktator noch einmal mit einer Flut von Ehrungen und Sonderrechten zu überschütten. Ihm wurde unter anderem der Titel «Vater des Vaterlandes» zuerkannt, sein Geburtstag zu einem öffentlichen Feiertag erklärt und sein Geburtsmonat, der Quinctilis, nach seinem Gentilnamen in Juli umbenannt. Darüber hinaus wurde seine Person in eine göttliche Sphäre gerückt und damit Elemente des hellenistischen Herrscherkultes in das Rom der sterbenden Republik übertragen. Im Mai 45 beschloß der Senat, daß seine im Tempel der Capitolinischen Trias aufgestellte Statue bei den Zirkusprozessionen in der Reihe der Götterbilder mitzuführen sei. Eine andere Statue Caesars sollte mit der Aufschrift «Dem unbesiegten Gott» im Quirinustempel, eine weitere auf dem Kapitol neben denen der altrömischen Könige und des Lucius Brutus, des legendären Begründers der Republik, aufgestellt werden. Sein Haus sollte wie ein Tempel einen Giebel erhalten und damit als Wohnstätte einer Gottheit gekennzeichnet sein. Ja, der Senat faßte sogar den Beschluß, ihn als Gott gemeinsam mit *Clementia*, der vergöttlichten Personifikation seiner Milde, in einem eigenen Tempel zu verehren, und der wieder in der Gunst des Diktators stehende Marcus Antonius, der zum Konsul für das Jahr 44 designiert worden war, wurde zu seinem künftigen Opferpriester (*flamen*) bestimmt.

Einen sterblichen Menschen wie einen Gott zu verehren war die höchste Ehre, die im griechischen Osten eine politische Gemeinde zu vergeben hatte. Die allgemeine Voraussetzung dieses uns fremdartig anmutenden Brauchs lag in der Gottesvorstellung des antiken Polytheismus, daß jede Manifestation einer überwältigenden Macht, die Menschen in ihren Bann schlägt, als göttlich aufgefaßt werden konnte – ungewöhnliche Körpergröße, Schönheit und die wohltätige Kraft, die sich in der helfenden, rettenden Tat der Mächtigen, der Könige und Dynasten, offenbarte. Derartige Vorstellungen lagen an der Wurzel des hellenistischen Herrscherkultes, und schon seit dem zweiten Jahrhundert waren im griechischen Osten entsprechende Kulte auch den römischen Feldherren und Statthaltern gewidmet worden, zuerst Titus Quinctius Flamininus, dem Befreier Griechenlands von makedonischer Herrschaft. Auch kollektiv waren Rom und die Römer in die Rolle der Könige gerückt worden und hatten als gemeinsame «Retter» kultische Ehren empfangen. Als Caesar Pompeius geschlagen hatte, fiel ihm im Osten die Rolle des Repräsentanten Roms zu, und der Landtag der Provinz Asia bezeichnete ihn in einem Ehrendekret als «den auf Erden leibhaftig erschienenen Gott und Retter des Menschengeschlechts». Mit Caesar zog nun die kultische Verehrung der göttlichen Potenz eines sterblichen Menschen in den römischen Staatskult ein. Dafür war der Boden längst bereitet. Die große Zahl der aus dem griechischen Osten stammende Sklaven und Freigelassenen hatte bis zu einem gewissen Grad eine Hellenisierung der Mentalität in der städtischen Bevölkerung bewirkt, und so sind auf privater Ebene Kulte für Wohltäter wie der den Gracchen gewidmete schon seit dem ausgehenden zweiten Jahrhundert in Rom nachweisbar. Aber zwischen privater und staatlicher Verehrung eines Menschen bestand ein erheblicher Unterschied. Für überzeugte Republikaner war der ‹Gott Iulius› nur eines von vielen Indizien für die Entstehung einer Monarchie. Als Cicero davon erfuhr, daß der «unbesiegte Gott» Caesar zum Tempelgenossen des Quirinus erhoben worden war, entfuhr ihm die Bemerkung: «Als Tempelgenossen des Quirinus mag ich ihn lieber denn als den der Salus». Quirinus war der zum Gott erhobene mythische Stadtgründer Romulus, und den hatten der Legende nach die Senatoren zerrissen, als er sich zum Tyrannen aufwarf, Salus aber war die Göttin des Heils. Cicero wünschte also Caesar das Schicksal des Tyrannen, den Tod. Auch das Volk versagte dem neuen Gott seinen Beifall, als am 20. Juli 45 seine Statue anläßlich der ersten Wiederholung der Spiele zu Ehren seiner Siege in der Prozession der Götterbilder mitgeführt wurde. Als Caesar der Beschluß zu seiner Vergöttlichung auf dem Forum überbracht wurde, empfing er den Zug der Senatoren sitzend und unterließ es, vor ihnen aufzustehen. Das machte einen verheerenden Eindruck in der Öffentlichkeit und schien sich zu den tastenden Versuchen zu fügen, Caesar mit der Aura der königlichen Würde zu umgeben. Die institutionelle Grundlage seiner Alleinherrschaft war die Diktatur, und daß er sie nicht aufgeben würde, war klar, als ihm nach seiner Rückkehr aus Spanien das Recht, die

Diktatur lebenslänglich zu bekleiden, ausdrücklich zuerkannt wurde. Offiziell machte er von dem Titel zuerst am 15. Februar 44 Gebrauch, und an diesem Tag, dem Luperkalienfest, zeigte er sich in der Tracht der altrömischen Könige: Er trug den Goldenen Kranz und das Purpurgewand, und er saß auf dem goldenen Thronsessel, als der Konsul Marcus Antonius ihm das Diadem, das Symbol des hellenistischen Königtums, anbot und er die Annahme verweigerte. Der theatralischen Inszenierung waren anonyme Versuche vorausgegangen, ihn mit dem Königssymbol und dem Königsnamen öffentlich zu kennzeichnen. Eines Tages fand man die Caesarstatue auf der Rednertribüne mit einem Diadem geschmückt. Es gab keinen Beifall, und zwei Volkstribune ließen das Diadem abnehmen. Am 26. Januar 44 wurde er bei seiner Rückkehr von einer religiösen Zeremonie in den Albanerbergen aus der Menge heraus als König begrüßt. Als wiederum der Beifall ausblieb, äußerte er, sein Name sei Caesar und nicht Rex (dies ist im Lateinischen die Bezeichnung für König und zugleich der Beiname einer Familie der Nobilität). Wiederum griffen die beiden Volkstribunen, Gaius Epidius Marullus und Lucius Caesetius Flavus, ein und verhafteten den Führer der Clique, die Caesar mit dem Zuruf «König» begrüßt hatte, um ihn durch das Volksgericht aburteilen zu lassen. Das wiederum ging Caesar zu weit, und er mißbilligte das Verhalten der beiden. Diese antworteten mit einem Edikt, in dem sie der Öffentlichkeit bekanntgaben, daß die Freiheit ihrer Amtsführung bedroht sei. Caesar sah darin einen Angriff auf seinen Rang, und der Senat setzte die beiden ab und beschloß, Caesar möge sie aus der Senatsliste streichen. Als kurze Zeit später Caesar die Konsuln bis zum Jahr 42 im voraus designieren ließ, fanden sich Stimmen mit den Namen der beiden abgesetzten Volkstribunen. Dies war eine weitere Demonstration der sich im verborgenen ausbreitenden Opposition. Vermutlich war die Inszenierung des 15. Februar dazu gedacht, Klarheit in der Königsfrage zu schaffen. Caesar wies den Titel und das hellenistische Herrschersymbol zurück, aber als Diktator auf Lebenszeit präsentierte er sich im Ornat und mit den Symbolen des altrömischen Königtums. Sein Bild mit dem Goldenen Kranz erschien auch auf den seitdem geprägten Münzen, und damit übte er nach dem Vorbild hellenistischer Herrscher unmißverständlich ein Königsrecht aus.

Seit Beginn des Jahres 44 bereitete Caesar den geplanten Ostfeldzug vor. Die Rede war von einem neugefundenen Sibyllinischen Orakel,

Denar des Jahres 44 v. Chr.: Die Vs. bildet den Kopf Caesars mit dem Kranz der altrömischen Könige ab, die Rs. die Göttin Venus, die Stammutter des Iulischen Geschlechts, die auf der rechten Hand eine Victoriastatuette hält.

dem zufolge die Parther nur von einem König besiegt werden könnten. Gemunkelt wurde, ein Vetter des Diktators, Lucius Aurelius Cotta, werde als Mitglied des Gremiums der fünfzehn Orakeldeuter (*quindecimviri sacris faciundis*) am 15. März im Senat beantragen, den Diktator zum König zu erklären, freilich nur für das Reich und nicht für Rom und Italien. Angesichts der gewundenen Stellungnahme zur Königsfrage, die am 15. Februar in Szene gesetzt worden war, fand auch dieses Gerücht Glauben. Was in dieser Serie von Zwischenfällen und Gerüchten auf Kosten übereifriger Anhänger ging oder von Feinden zur Diskreditierung Caesars lanciert wurde, wird immer umstritten bleiben. Gewiß ist nur, daß er für das, was er war, und nicht für das, was er vielleicht wollte, von seinen Standesgenossen bitter gehaßt wurde. Er selbst hat sich darüber keine Illusionen gemacht. Kurz bevor er ermordet wurde, machte ihm Cicero einen Besuch, um für einen Freund zu bitten. Bei dieser Gelegenheit mußte er im Vorzimmer warten, und Caesar bemerkte zu seiner vertrauten Umgebung:

«Soll ich bezweifeln, daß ich tiefverhaßt bin, da Marcus Cicero dasitzen muß und mich nicht nach Belieben sprechen kann? Und wenn einer leicht zu gewinnen ist, dann ist er es. Doch zweifle ich nicht daran, daß er mich bitter haßt» (Cicero, *An Atticus* 14,1,2 und 2,1: Die Bemerkung wurde Cicero von einem Ohrenzeugen zugetragen).

Dies alles gehört zu den Hintergründen der Verschwörung gegen Caesar. Sie formierte sich notgedrungen im verborgenen. Insgesamt soll sie 60 Teilnehmer umfaßt haben, die sich aus beiden Bürgerkriegsparteien, Caesargegnern und Caesarianern, rekrutierten. Die führenden Köpfe waren Marcus Iunius Brutus und Gaius Cassius Longinus, beide ehemalige Gegner Caesars, die er begnadigt hatte, und im Jahre 44

Praetoren. Die Vorbereitungen zum Attentat mußten in aller Heimlichkeit stattfinden. Selbst Cicero war nicht eingeweiht worden. Obwohl Caesar genau wußte, daß er verhaßt war, verschmähte er alle Vorsichtsmaßnahmen. Als die Senatoren sich für seine Sicherheit verbürgt hatten, entließ er sogar seine spanische Leibwache. Die für ihn statt dessen beschlossene Leibwache aus Senatoren und Rittern nahm er nicht an, und von den Warnungen, die ihn kurz vor dem Attentat erreichten, zeigte er sich unbeeindruckt. Vielleicht war er wirklich davon überzeugt, daß an seiner Person der Friede hing und daß die anderen das ebenso wüßten wie er selbst und sich dieser Einsicht entsprechend verhalten würden. Wenigstens äußerte er sich in diesem Sinne kurz vor den Iden des März:

«Es liege nicht so sehr in seinem wie im Interesse des Staates, daß er unversehrt bleibe: Er selbst habe schon Macht und Ruhm im Überfluß erworben, der Staat aber werde, wenn ihm etwas zustoße, keinen inneren Frieden finden und unter erheblich schlechteren Bedingungen Bürgerkriege auf sich nehmen müssen» (Sueton, *Caesar* 86,2).

Er sollte recht behalten. Als er an den Iden des März trotz vielfacher Warnungen und ominöser Vorzeichen vor Beginn der Senatssitzung unter den Dolchen der Verschwörer starb, gab er nicht der wiederauflebenden Republik, sondern einer neuen Serie von Bürgerkriegen den Weg frei. Erst vierzehn Jahre später fanden sie ein Ende. Die Zeit der aristokratischen Republik war abgelaufen. In ihrer alten Form kehrte sie nie mehr zurück.

Als der Diktator gefallen war, begann das Totengericht sowie der Meinungskampf zwischen Republikanern und Caesarianern, welche politischen Folgerungen aus einem richtigen Urteil über Caesars Rolle und Stellung zu ziehen seien. Im Herbst 44 trug Cicero mit Gaius Matius, einem Freund Caesars aus dem Ritterstand, eine Meinungsverschiedenheit über die Frage aus, ob die Unterstützung, die dieser dem Adoptivsohn Caesars bei den Vorbereitungen der Spiele zu Ehren des Vaters geleistet hatte, mit dessen Bürgerpflichten vereinbar gewesen sei, und er kleidete seine Kritik an Matius' Verhalten in die höflich-urbane Form, die geeignet war, den Bruch der persönlichen Beziehungen zu vermeiden:

«Aber dir als einem gebildeten Manne wird es nicht entgangen sein, daß, wenn Caesar König gewesen ist – was ich allerdings meine –, man über deine Dienstleistung (für den Erben Caesars) in einem doppelten Sinn Stellung nehmen kann, entweder so, wie ich es tue, daß man deine Treue und Menschlichkeit loben müsse, weil du noch den

Der Staat des Diktators Caesar

Denar des Jahres 43/42 v. Chr.: Die Vs. zeigt den Kopf des Caesarmörders
Marcus Iunius Brutus, die Rs. unter Nennung der Iden des März (EID MART)
die Dolche und die Freiheitsmütze.

toten Freund liebst, oder so, wie es manche tun, daß die Freiheit des Vaterlandes dem
Leben des Freundes vorzuziehen sei» (Cicero, *An seine Freunde* 11,27,7).

Tatsächlich war Cicero der Meinung, daß Caesar die Republik zerstört
und eine Monarchie begründet hatte, und er war davon überzeugt, daß
seine Tötung gemäß der Maxime, die er an der zitierten Briefstelle
Ungenannten zuschreibt, gerechtfertigt gewesen sei. Sowohl brieflich
als auch an verschiedenen Stellen seiner Werke bezeichnete er Caesar
als einen König, und er hatte damit so unrecht nicht. Denn zum
Schluß hatte ja Caesar die diktatorische Ermächtigung auf Lebenszeit
mit der Tracht und den Symbolen des altrömischen Königtums verknüpft und so dem irritierten Publikum das Besondere seiner Stellung
vor Augen geführt. Wenn Caesar aber ein König gewesen war, dann
hatte Brutus das Gleiche wie sein legendärer Vorfahre getan: Er hatte
Rom von der verhaßten Königsherrschaft befreit.

Trotzdem war Cicero unbefangen genug, in Caesar das Genie zu
erkennen, das er tatsächlich war, aber er spürte genau, daß die fehlende
Bindung an die Werte der Gemeinschaft und die Absolutheit des persönlichen Geltungsanspruchs dieses Genie in einen unaufhebbaren
Gegensatz zur aristokratischen Republik gebracht hatten. Nach Caesars Tod ist er in Reden und philosophischen Schriften immer wieder
auf dieses Problem zurückgekommen:

«Am meisten aber werden sehr viele dazu gebracht, daß sie ein Vergessen der Gerechtigkeit befällt, wenn sie der Sucht nach den höchsten Amtsgewalten, nach Ehren und
Ruhm verfallen. Was nämlich bei Ennius steht: ‹Keine geheiligte Gemeinschaft, Treu
und Glauben kennt das Königtum›, das hat eine umfassendere Bedeutung. Denn was

so beschaffen ist, daß darin nicht mehrere herausragend sein können, da tritt in der Regel ein solcher Konkurrenzkampf ein, daß es höchst schwierig wird, die geheiligte Gemeinschaft zu wahren. Dies hat jüngst die Bindungslosigkeit eines Gaius Caesar deutlich gemacht, der alles göttliche und menschliche Recht wegen der Vorrangstellung umstürzte, die er sich mit irriger Vorstellung zurechtgelegt hatte. Das aber ist dabei das Ärgerliche, daß zumeist in den großangelegten Naturen und den glänzendsten Begabungen die Sucht nach Ehre, Herrschaft, Macht und Ruhm in Erscheinung tritt» (Cicero, *Vom angemessenen Verhalten* 1,26).

Für Cicero war Caesar ein König gewesen, «der mit dem Heer des römischen Volkes das römische Volk selbst unterjocht hatte» (a. a. O. 3,84), und er zögerte nicht, dieses Königtum mit dem Stigma des «Untergangs von Gesetzlichkeit und Freiheit» zu brandmarken (a. a. O. 3,83). Alles, was groß an Caesar war, diente, so ließ er sich vernehmen, nur der Etablierung der Unfreiheit:

«In Caesar waren Genie, Verstandes- und Erinnerungskraft, literarische Bildung, Umsicht, klares Planen und Fleiß; Kriegstaten vollbrachte er, die für den Staat zwar verhängnisvoll, aber doch (für sich genommen) groß waren; viele Jahre sann er auf die Gewinnung der Alleinherrschaft, und unter großen Mühen und Gefahren erreichte er, was er sich vorgenommen hatte; mit Spielen, Bauten, Spenden und Speisungen hatte er die unerfahrene Menge gezähmt, seine Parteigänger mit Belohnungen, seine Gegner mit dem Schein der Milde sich verpflichtet. Was weiter? Schon hatte er eine freie Bürgerschaft dazu gebracht, sich an die Unfreiheit zu gewöhnen» (*Gegen Antonius* 2,116).

Auf Grund dieser Einschätzung seiner Person und seiner Stellung war Caesar von einer Fronde aristokratischer Verschwörer getötet worden. Demgegenüber ist es unerheblich, daß sich, wie es zu gehen pflegt, bei dem einen oder anderen auch persönliche Gründe in das gemeinsame politische Motiv mischten. Die Verschwörer waren von der Idee der aristokratischen Freiheit geleitet, und sie verurteilten die Ablösung der Konkurrenz um die Macht durch das Machtmonopol des einen als den Untergang der allgemeinen Freiheit. Zweifellos ist diesem Standpunkt eine partielle Berechtigung nicht abzusprechen. Aber ein absolutes Recht im Sinne der moralisch-politischen Forderung, die Cicero erhob, besaßen sie gewiß nicht. Denn es ist nicht zu übersehen, daß das politische System der Republik unter den Bedingungen der Weltherrschaft seine Funktionsfähigkeit eingebüßt hatte und die Balance zwischen individuellem Ehrgeiz und Standessolidarität zerbrochen war, seit keine elementare Bedrohung von außen mehr dazu zwang, zusammenzuhalten und das aristokratische Streben nach Ruhm und Ehre in der Abwehr äußerer Feinde zu befriedigen. Unter diesen Um-

ständen setzte sich das Streben nach Ehre, Macht und Ruhm absolut.
Caesar war gewiß ein Extremfall, ein Ausnahmefall war er nicht.
Selbst Cicero bekannte sich mehr als einmal zu diesem Motiv, gelegentlich nicht ohne einen Anflug von Selbstironie wie in dem Brief an Lucceius, von dem er sich ein Geschichtswerk zu seinem höheren Ruhm erwartete:

«Und damit du dich nicht wunderst, daß wir dich jetzt so sehr und mit so vielen Worten (um das Geschichtswerk) bitten, da du mir doch schon oft deine Absicht angedeutet hast, die Pläne und Ereignisse unserer Zeit auf das sorgfältigste aufzuzeichnen: Jener leidenschaftliche Wunsch nach Ruhm, von dem wir eingangs gesprochen haben, spornt uns zur Eile an, weil wir darauf brennen, daß auch die anderen uns noch zu unseren Lebzeiten aus deinen Büchern kennenlernen und wir selbst lebend unser bißchen Ruhm genießen können» (Cicero, *An seine Freunde* 5,12,9).

Ciceros Ruhmesstreben hielt sich gewiß in den Grenzen aristokratischer Standessolidarität, aber für andere, die weitaus größere Machtmittel als er in die Wagschale werfen konnten, galt dies nicht, am allerwenigsten für Caesar, dem die Umstände und der eigene Wille die Machtmittel in die Hände gespielt hatten, Geld und Soldaten, mit denen er die reformunfähige Republik herausfordern und besiegen konnte. Er tat dies in der Verfolgung seines persönlichen Ehrgeizes, nicht um eines politischen Sachanliegens willen, und hier legte Cicero den Finger auf einen wunden Punkt. Aber als Caesar die Alleinherrschaft gewonnen hatte, ging er mit Energie und Erfolg Sachprobleme an, deren Lösung der Konkurrenzkampf um die Macht vorher verhindert hatte. Am Ausbruch des Bürgerkriegs trug er erhebliche Schuld, aber er hatte nicht unrecht mit dem Urteil, daß seine Alleinherrschaft das einzige Mittel war, ihn zu sistieren. Das konnten und wollten seine Gegner verständlicherweise so nicht sehen, aber die Entwicklung, die die Geschichte nahm, führte auf verschlungenem Weg und in modifizierter Form zu einem solchen Ausweg aus der Krise, die nur scheinbar ohne Alternative war. Im ersten Anlauf war die von ihm anvisierte Lösung gescheitert, und ein Mann wie Matius, der Caesar persönlich eng verbunden war, äußerte voller Verzweiflung: «Wenn er mit seinem Genie schon keinen Ausweg fand, wer soll ihn dann finden?», und vermutete, daß in spätestens drei Wochen Gallien unter Waffen stehen werde. So schnell kam der Krieg nicht, aber er kam. Matius' Äußerung über den Ausweg, den Caesar nicht fand, gibt freilich auch zu der Frage Anlaß, warum dies so war. Die

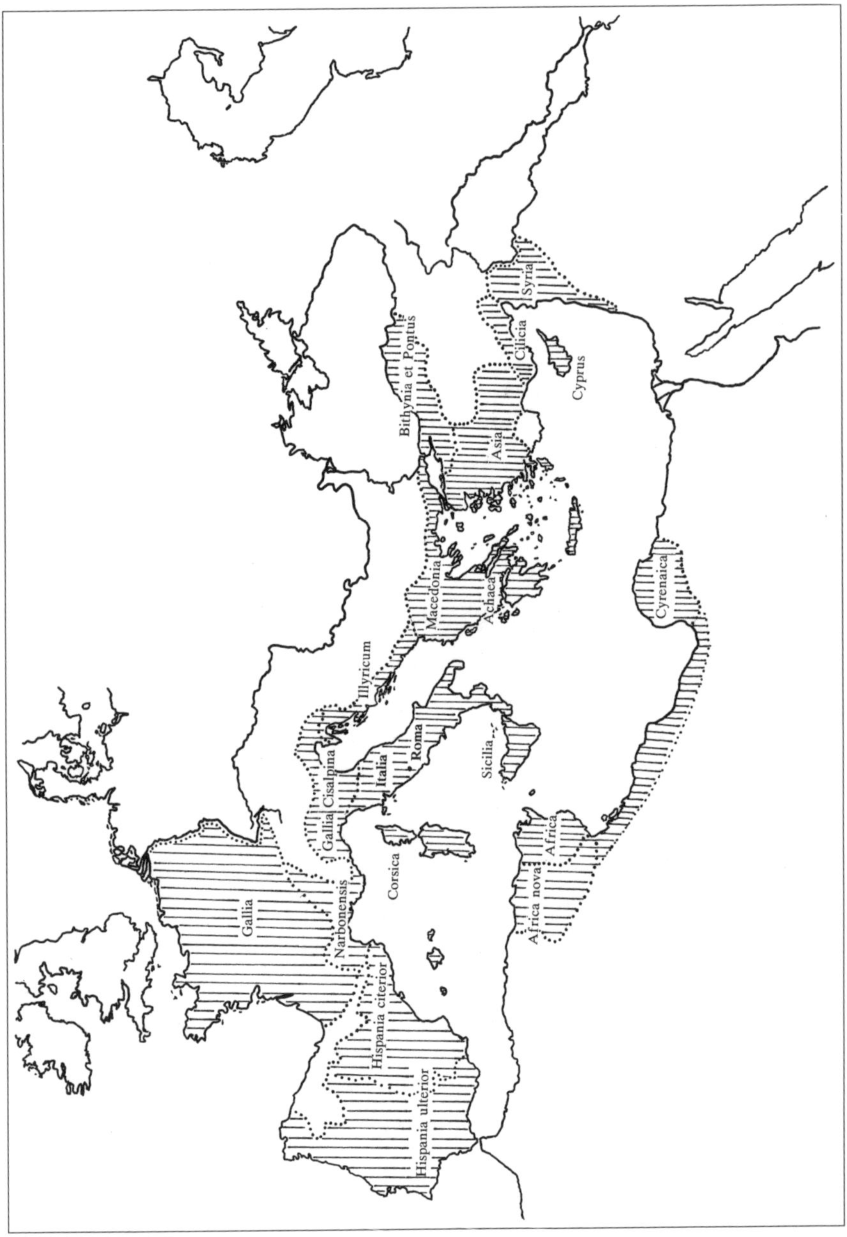

Das Römische Reich beim Tod Caesars (44 v. Chr.)

Antwort ist, daß seine offen zur Schau getragene Verachtung für die *res publica*, die eben doch mehr war als ein Schatten ohne Substanz und Gestalt, und seine Unfähigkeit, seine Vorrangstellung mit den Traditionen der Republik in Einklang zu bringen, seine Gegner und auch einen Teil seiner Anhänger zum Äußersten trieb. Ihre Verschwörung war nichts anderes als die Fortsetzung des Bürgerkriegs mit anderen Mitteln.

Der verlorene Kampf um die Republik

Die Verschwörer konnten den Diktator umbringen, aber Vorbereitungen zu einer Usurpation der Regierungsgewalt konnten sie keine treffen; denn das Gelingen des Attentats hing in hohem Maße von Verschwiegenheit und Geheimhaltung ab. Zwar wurde erwogen, nicht nur Caesar, sondern auch seinen Mitkonsul Marcus Antonius umzubringen, aber der Plan wurde verworfen. Obwohl Cicero dies als einen Fehler bezeichnet hat, gab es gute Gründe für diese Entscheidung. Antonius hatte zwar das politische Schlüsselamt des Konsulats inne, aber Caesars Stellvertreter, der *magister equitum* Marcus Aemilius Lepidus, war für die Attentäter unerreichbar. Als designierter Statthalter von Gallia Narbonenis und Hispania citerior hielt er sich mit den Truppen, die er in seine Provinz mitnehmen wollte, noch in unmittelbarer Nähe der Hauptstadt auf. So setzte sich die Meinung des Marcus Brutus durch, daß niemand außer dem Diktator umgebracht werden dürfe und allen Caesarianern die Zusicherung gegeben werden müsse, daß sie in Besitz der Vergünstigungen bleiben sollten, die sie Caesar verdankten. Brutus rechnete damit, daß die Anhänger Caesars sich unter dieser Voraussetzung mit den neuen Verhältnissen abfinden würden. Diese Rechnung ging nicht auf. Sie scheiterte an der feindseligen Haltung der städtischen Massen und der Soldaten, und es dauerte nicht lange, bis Marcus Antonius, der nach dem Attentat in Panik geflohen war und sich versteckt gehalten hatte, das Heft wieder in die Hand bekam. Cicero bekam schnell Anlaß zu seiner Klage, daß der Tyrann zwar tot sei, die Tyrannis aber lebe.

Die Verschwörer mußten sich unmittelbar nach der Tat angesichts der Haltung der Menge auf das Kapitol zurückziehen. Am Abend ließ Lepidus mit seinen Soldaten das Forum besetzen und rief in einer informellen Versammlung das Volk zur Rache an Caesars Mördern auf. In Campanien wurden die Veteranen Caesars mobilisiert, und schon in der Nacht vom 16. auf den 17. März kam es in den Straßen Roms zu Tumulten. Als es Tag wurde, hätte die Menge beinahe den Praetor Lucius Cornelius Cinna gelyncht, weil er nach Caesars Tod sein dem Diktator verdanktes Amt mit der Begründung niedergelegt hatte, daß Caesar ein Tyrann gewesen sei. Lepidus, der eben noch zur Rache für Caesar aufgerufen hatte, rettete ihm das Leben. Damit folgte er der Generallinie, über die sich inzwischen die Führer der Caesarianer auf einer Konferenz verständigt hatten. Dort hatte man sich darauf geeinigt, eine Konfrontation mit den Caesarmördern zu vermeiden. Der Grund für diese Taktik war die noch bestehende Unsicherheit über die Stärke des republikanischen Lagers. Speziell für den Konsul Antonius kam noch der andere Gesichtspunkt ins Spiel, daß er sich nicht von Lepidus, der im Unterschied zu ihm über Truppen verfügte, ins politische Schlepptau nehmen lassen wollte. Auf der Konferenz war somit beschlossen worden, das Angebot der Caesarmörder anzunehmen und in Verhandlungen mit ihnen unter der Bedingung einzutreten, daß alle Vergünstigungen Caesars Bestand haben sollten. In der am 17. März stattfindenden Senatssitzung warf dann Marcus Antonius die generelle Frage auf, was mit den Anordnungen des Diktators geschehen solle: Wenn Caesar ein Tyrann gewesen sei, dann seien sie von Rechts wegen hinfällig. Dies führe jedoch zu unhaltbaren Konsequenzen. Alle Magistraturen, auch die der Caesarmörder wären dann ungesetzlich, und alle Gesetze und Verfügungen des Diktators ungültig. Das hätte das absolute Chaos bedeutet. Wenn aber Caesar kein Tyrann gewesen sei, dann seien die Attentäter gemeine Mörder und verdienten die Strafe des Gesetzes. In dieser Situation setzte sich die Einsicht durch, daß man die Tatsachen, die Caesar geschaffen hatte, und auch die in seinem Kabinett ausgearbeiteten, aber noch nicht in Kraft gesetzten Entwürfe respektieren müsse. Den Ausweg aus der von Antonius kunstvoll gestellten Falle schien damals der Vorschlag Ciceros zu bieten, daß einerseits alle Verfügungen Caesars einschließlich der formal noch nicht in Kraft gesetzten gültig sein sollten und andererseits den Caesarmördern Amnestie, also Straffreiheit, zu gewähren sei. Damit aber war implizit Caesar vom Odium des Tyrannen befreit und zugleich die Befreiungstat als Mord qualifiziert. Die Folgen des Kompromisses zeigten sich drei Tage später bei der Leichenfeier

Caesars. Die Leichenrede hielt der Konsul Marcus Antonius. Nicht, daß er eine lange und kunstvolle Rede gehalten hätte. Er ließ das Senatsdekret verlesen, das die höchsten Ehren auf den Ermordeten gehäuft hatte, anschließend die Eide, mit dem die Senatoren sich für die persönliche Sicherheit Caesars verbürgt hatten, und fügte dem nur wenige Sätze hinzu. Antonius hielt sich stärker zurück als der große Demagoge, den Shakespeare in seinem *Julius Caesar* auf die Bühne bringt, aber in der Inszenierung des empörenden Kontrasts zwischen Ehrung und Ermordung des Wohltäters folgte der Dramatiker dem, was am 20. März 44 in Rom tatsächlich geschah. Das Ergebnis war ein Ausbruch des Volkszorns, und Antonius nutzte ihn, um die Caesarmörder aus dem Zentrum der Macht zu entfernen. Er ging nicht so weit, daß er das Tischtuch zwischen sich und ihnen zerschnitten hätte, und auch der Kompromiß vom 17. März, der den Attentätern wenigstens Straffreiheit sicherte, wurde nicht gebrochen. Aber die politischen Fronten waren nun geklärt. Die Caesarmörder hatten das Spiel verloren. Einer der Ihren, Decimus Brutus, der Caesar als Legat gedient hatte und von ihm vor seinem Tod noch zum Statthalter des Diesseitigen Gallien designiert worden war, schrieb unter dem Eindruck der dramatischen Ereignisse des 20. März einen Brief an Marcus Brutus und Gaius Cassius, der blitzartig die völlig veränderte Situation beleuchtet:

«Nehmt zur Kenntnis, in welcher Lage wir uns befinden. Gestern abend war Hirtius (er war einer der kompromißbereiten Caesarianer) bei mir; er zeigte, welcher Gesinnung Antonius ist, nämlich der schlimmsten und hinterhältigsten. Denn er sagte, er könne mir die Provinz (das Diesseitige Gallien) nicht geben und er meine, daß niemand von uns in der Stadt sicher sei: So erregt seien die Soldaten und das Volk. Daß beides unehrlich ist, werdet ihr merken, glaube ich, und daß vielmehr das die Wahrheit ist, was Hirtius darlegte: Antonius fürchte, daß ihnen keine Rolle mehr im Staat zu spielen bliebe, wenn wir auch nur eine kleine Stütze zur Wahrung unseres Ranges behielten.

Da wir uns in dieser Zwickmühle befinden, glaubte ich, eine Legatenstelle ohne Verpflichtung für mich und alle übrigen von uns fordern zu sollen, damit ein einigermaßen ehrenvoller Grund für eine Abreise gefunden wäre. Er versprach, das zu erreichen, aber ich glaube nicht, daß er Erfolg hat. So groß ist die Frechheit und die gegen uns gerichtete Verfolgungswut dieser Leute. Aber auch wenn sie gewähren sollten, worum wir bitten, so glaube ich, daß es dennoch etwas später dahin kommt, daß wir zu Staatsfeinden erklärt und geächtet werden.

Was also rätst du, fragst du? Man muß den Umständen Rechnung tragen, Italien verlassen, nach Rhodos oder sonstwohin gehen meiner Meinung nach. Wenn die Lage sich bessert, kehren wir nach Italien zurück. Wenn es so einigermaßen geht, leben wir im Exil; und wenn es ganz schlimm kommt, greifen wir zu den äußersten Mitteln.

Vielleicht wird einem von euch die Frage kommen, warum wir eigentlich eher auf die schlimmsten Umstände warten als jetzt etwas Konkretes planen sollen. Weil wir, wo wir auch Halt machen, niemanden haben außer Sextus Pompeius und Caecilius Bassus: Mir scheint, daß sie durch die Nachricht von Caesars Ermordung an Kraft gewinnen werden. Noch etwas Geduld, dann begeben wir uns zu ihnen, sobald wir wissen, wie stark sie sind. Wenn ihr wollt, daß ich für Cassius und dich mich verbürge, will ich das tun; Hirtius stellt nämlich diese Forderung.

Bitte, schreibt mir umgehend zurück; denn ich zweifle nicht, daß Hirtius mir in besagter Angelegenheit vor der vierten Stunde Nachricht geben wird. Schreibt mir, wo wir uns treffen können, wohin ich kommen soll.

Nach der letzten Unterhaltung mit Hirtius glaube ich, die Forderung erheben zu sollen, daß uns gestattet werde, uns mit einer von Staats wegen gestellten Leibwache in Rom aufzuhalten. Daß sie uns das zugestehen, glaube ich nicht; denn wir würden damit eine ihnen feindliche Stimmung bewirken. Doch glaube ich, auf keine Forderung, die ich für billig erachte, verzichten zu dürfen» (Cicero, *An seine Freunde* 11,19).

Tatsächlich konnten sich die Caesarmörder in Rom nicht mehr sehen lassen. Die beiden Praetoren Brutus und Cassius ließen sich schließlich von der Amtsführung in der Stadt befreien. Ein Senatsbeschluß, den Antonius am 5. Juni erwirkte, beauftragte sie mit der Beschaffung von Getreide in den Provinzen Asien und Sizilien. So hatte der Konsul von ihrer Seite zunächst nichts mehr zu befürchten. Das war für ihn um so wichtiger, weil seine Stellung im caesarischen Lager durch das Erscheinen von Caesars Adoptivsohn schwierig zu werden drohte.

Caesar besaß keinen Sohn, und so wollte er entsprechend den Gepflogenheiten der Nobilität seinen Großneffen Gaius Octavius, den Enkel seiner Schwester, zu seinem Erben machen und unter Umständen auch zu seinem Nachfolger aufbauen. So ließ er dem am 23. September 63 Geborenen sehr früh hohe öffentliche Ehrungen zuteil werden. Gaius Octavius wurde in das oberste Gremium der Staatsreligion, das der *pontifices,* und in den Uradel des Patriziats aufgenommen. Im Jahre 44 designierte ihn sein Großonkel sogar zu seinem Stellvertreter: Er sollte Lepidus im Amt des *magister equitum* ablösen. Aber mit der Ermordung des Diktators und der am 17. März folgenden Abschaffung der Diktatur war diese Designation gegenstandslos geworden. Um so wichtiger für seine Karriere war es, daß Caesar ihn in seinem Testament vom 13. September 45 zum Haupterben mit einem Anteil von drei Vierteln der Erbmasse einsetzte und ihm die Verpflichtung auferlegte, seinen Namen anzunehmen. In der aristokratischen Gesellschaft Roms vererbten sich auch Freundschafts- und Klientelbindungen vom Vater auf den Sohn, und so bedeutete es für die öffentliche

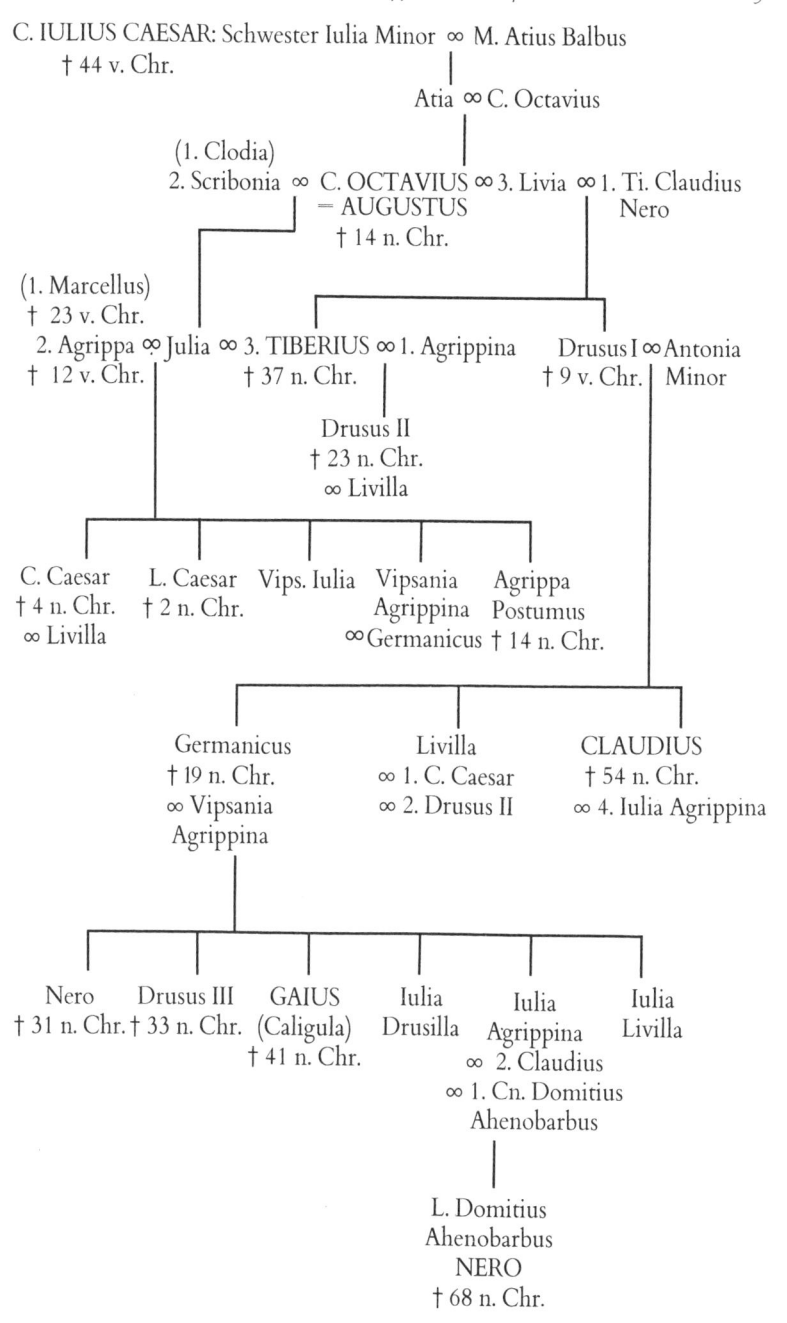

C. IULIUS CAESAR: Schwester Iulia Minor ∞ M. Atius Balbus
† 44 v. Chr.
                                         Atia ∞ C. Octavius

                (1. Clodia)
                2. Scribonia ∞ C. OCTAVIUS ∞ 3. Livia ∞ 1. Ti. Claudius
                              = AUGUSTUS   Nero
                              † 14 n. Chr.

(1. Marcellus)
† 23 v. Chr.
2. Agrippa ∞ Julia ∞ 3. TIBERIUS ∞ 1. Agrippina   Drusus I ∞ Antonia
† 12 v. Chr.   † 37 n. Chr.   † 9 v. Chr. Minor

                              Drusus II
                              † 23 n. Chr.
                              ∞ Livilla

C. Caesar   L. Caesar   Vips. Iulia   Vipsania   Agrippa
† 4 n. Chr. † 2 n. Chr.   Agrippina   Postumus
∞ Livilla   ∞ Germanicus † 14 n. Chr.

                Germanicus   Livilla   CLAUDIUS
                † 19 n. Chr.   ∞ 1. C. Caesar   † 54 n. Chr.
                ∞ Vipsania   ∞ 2. Drusus II   ∞ 4. Iulia Agrippina
                Agrippina

Nero   Drusus III   GAIUS   Iulia   Iulia   Iulia
† 31 n. Chr. † 33 n. Chr. (Caligula) Drusilla   Agrippina   Livilla
                         † 41 n. Chr.   ∞ 2. Claudius
                                                ∞ 1. Cn. Domitius
                                                  Ahenobarbus

                                           L. Domitius
                                           Ahenobarbus
                                           NERO
                                           † 68 n. Chr.

Stammtafel des Iulisch-Claudischen Hauses

Stellung des jungen Mannes Chance und Belastung zugleich, der Erbe des Diktators zu sein. Nahm er die Erbschaft an, besaß er auch ohne amtliche Stellung politisches Gewicht; denn alle Freunde und Anhänger mußten dann in ihm den natürlichen Sachwalter ihrer Interessen sehen, dem sie in Treuepflicht verbunden waren. Dies galt auch und vor allem für die Veteranen und Soldaten Caesars. Als Sohn und Erbe war er nicht nur verpflichtet, für die Freunde und Klienten einzutreten, sondern auch das Legat von 300 Sesterzen pro Kopf auszuzahlen, das sein Adoptivvater der städtischen Plebs vermacht hatte. Aber er hatte noch eine andere, politisch gefährliche Last auf sich zu nehmen: Nach den ungeschriebenen Gesetzen der gesellschaftlichen Moral war er als der nächste männliche Verwandte verpflichtet, den Tod des Vaters an seinen Mördern zu rächen. Ob der Achtzehnjährige dieser Last des ihm zugefallenen Erbes in der damaligen ungeklärten Lage gewachsen sein würde, war durchaus zweifelhaft. Seine Mutter und sein Stiefvater rieten ihm dringend von der Annahme der Erbschaft ab. Octavian (wie der junge Mann in Anknüpfung an die übliche Namensgebung für Adoptierte – Gaius Iulius Caesar Octavianus – genannt zu werden pflegt) entschied sich für die Annahme der Erbschaft. Im Mai erschien er in Rom und wurde, von den Vertrauten seines Vaters, Oppius und Balbus, beraten und von dessen Freunden unterstützt, zum gefährlichsten Rivalen des Antonius im caesarianischen Lager.

Dieser geriet zwischen zwei Feuer. Auf der einen Seite saß ihm der Erbe Caesars im Nacken, auf der anderen lauerten die Republikaner und Pompeianer, die alten Feinde Caesars, und die hielten ebenso wie Cicero wenig von Brutus' ohnehin gescheitertem Kurs eines friedlichen Ausgleichs zwischen den Parteien. Antonius lavierte zwischen beiden Seiten. Im April unterdrückte sein Kollege Publius Cornelius Dolabella caesarfreundliche Unruhen in Rom, und er selbst verweigerte Octavian die Herausgabe des mit Beschlag belegten Barvermögens Caesars, um ihn so an der schnellen Auszahlung des Legats an die städtische Plebs zu hindern. Er hintertrieb auch Octavians Plan, sich durch den öffentlichen Akt eines Kuriatgesetzes in das Iulische Geschlecht seines Vaters aufnehmen zu lassen, und er verhinderte, daß Caesar, wie es zu dessen Lebzeiten bereits beschlossen worden war, unter die Staatsgötter aufgenommen wurde. Er verhinderte auch, daß anläßlich der von dem jungen Octavian ausgerichteten Spiele zu Ehren der Siege Caesars, der *ludi victoriae Caesaris*, die dem Diktator verliehenen Insignien seiner königlichen Stellung, Thron und Goldener Kranz, aufgestellt wurden. Aber auf der anderen Seite suchte er sich auch gegenüber den Republikanern zu sichern. Es blieb in diesem Zusammenhang nicht bei der Verdrängung der Caesarmörder aus Rom, Antonius trug auch Sorge für seine politische Zukunft in unsicherer Zeit. Die Mittel dazu waren das außerordentliche Militärkommando und die Gewinnung der Veteranen in Campanien. Im Grunde genommen ging es um Sicherung der bestmöglichen Machtchancen in einem durch Caesars Kriege und Kriegsvorbereitungen übermilitarisierten Staat. Insgesamt standen 35 Legionen unter Waffen, von denen ein beträchtlicher Teil für den geplanten Krieg in Syrien und gegen die Parther bereits jenseits der Adria stationiert war. Die noch von Caesar herrührende Verteilung der Provinzen sah vor, daß eine Reihe von Provinzen an Mitglieder und Sympathisanten der Verschwörung ging: Asia an Gaius Trebonius, Africa an Quintus Cornificius und die strategisch wichtige Schlüsselprovinz Gallia cisalpina an Decimus Brutus. Auf der anderen Seite war den Konsuln Antonius und Dolabella Macedonia und Syria zugesprochen worden, wohin ein Großteil der zur Verfügung stehenden Truppen verlegt worden war. Caesars ehemaliger Stellvertreter, der *magister equitum* Marcus Aemilius Lepidus, hatte Gallia Narbonensis und das Diesseitige Spanien erhalten. Das von Caesar eroberte Gallien und das Jenseitige Spanien waren unsicheren Kandidaten, Lucius Munatius Plancus und Gaius Asinius Pollio, zugefallen. Beide hatten sich im Bürgerkrieg zwar Caesar angeschlossen, aber das war aus rein opportunistischen Erwägungen geschehen, und beide wären wohl bereit gewesen, sich für die Sache der Republik zu entscheiden, wenn sie die Gewähr hatten, am Ende auf der Seite der Gewinner zu stehen. Diese Verteilung der Provinzen war durch einen Senatsbeschluß vom 18. März bestätigt worden. Blieb sie in Kraft, so hätte Antonius die Kontrolle über Italien verloren, und dann war es nicht unwahrscheinlich, daß Decimus Brutus sie gewinnen würde. Eingeklemmt zwischen den Verschwörern, unsicheren Kandidaten und Caesars Erben versuchte er im Juni, einen Befreiungsschlag zu führen. Er ließ die Verfügungen Caesars durch ein Gesetz absichern, und baute der Gefahr richterlicher Verurteilung durch zwei weitere vor: Das eine veränderte die Zusammensetzung der Gerichtshöfe in der Weise, daß sie mit Richtern aus dem Kreis seiner Anhänger aufgefüllt wurden, das andere gestattete denen, die wegen der politischen Straftatbestände des Majestätsvergehens und der Gewaltanwendung verurteilt waren, den Appell an das Volk. Vor allem aber, und das war das Kernstück seiner politischen Offensive, peitschte er ein Gesetz durch, das ihm in Widerspruch zu Caesars Verfügung und dessen Gesetz über die konsularischen Provinzen das Diesseitige und das Jenseitige Gallien für die Dauer von fünf Jahren mit der Maßgabe zusprach, daß die in Makedonien stationierten Eliteeinheiten nach Gallien transferiert werden sollten. Antonius rechnete wohl damit, daß eine Situation eintreten könnte, in der der Kompromiß vom 17. März das Papier nicht mehr wert war, auf dem er stand, und er versuchte, sich in die bestmögliche Position zu bringen. Er sicherte sich die Stellung, die Caesar zur Zeit seiner gallischen Statthalterschaft eingenommen hatte, und schlug seinen potentiellen Gegnern in Rom die Waffe aus den Händen, mit der seinerzeit Caesar bedroht worden war, die Waffe der politischen Strafjustiz. Abgerundet wurde dieses Programm durch ein Agrargesetz beider Konsuln, das die Verteilung der nach Caesars Plänen trockengelegten Pomptinischen Sümpfe und anderen Staatslandes vorsah. Als Nutznießer waren wieder die Veteranen vorgesehen. Um sie hatte Antonius im Mai auf einer Reise nach Campanien besonders geworben, und mit ihrer Hilfe hatte er sein Gesetzgebungsprogramm in Rom durchgesetzt. Zusätzlich tat er alles, um Marcus Brutus und Gaius Cassius aus Italien zu entfernen, zunächst durch den bereits erwähnten Auftrag zur Getreidebeschaffung, später indem er ihnen für das folgende Jahr die militärisch unbedeutenden Provinzen Creta und Cyrenae zuweisen ließ.

Nicht die Caesarmörder wurden dem Konsul gefährlich, sondern der junge Erbe Caesars. Vom 20. bis 30. August richtete Octavian mit Hilfe von Freunden Caesars die Spiele zu dessen Ehren aus, und als während dieser Zeit ein Komet am Himmel erschien, wurde das von den Massen als ein sichtbares Zeichen der Vergottung Caesars aufgefaßt. Das bedeutete, daß Octavian der Sohn eines Gottes war, und er selbst zögerte nicht, aus dieser Erhöhung in die göttliche Sphäre Gewinn im Kampf um die Volksgunst zu ziehen. In seiner Autobiographie schrieb er später:

«Genau an den Tagen meiner Spiele wurde ein Gestirn mit einem Schweif sieben Tage lang am nördlichen Teil des Himmels gesehen. Es erschien um die elfte Stunde des Tages, war hell und für alle auf Erden sichtbar. Die Menge glaubte, durch dieses Gestirn

werde angezeigt, daß Caesars Seele unter die Wirkkräfte (*numina*) der unsterblichen Götter aufgenommen worden sei, weswegen dieses Himmelszeichen dem Abbild seines Kopfes, das wir bald darauf auf dem Forum weihten, hinzugefügt wurde.»
Der antike Gewährsmann, der dieses wörtliche Fragment aus der Autobiographie des Augustus bewahrt hat, fügt noch hinzu: «Dies sind seine für das Publikum bestimmten Worte; mit innerer Freunde aber interpretierte er (den am Himmel erschienenen) Caesar so: daß er für ihn und er in ihm geboren sei» (Plinius der Ältere, *Naturgeschichte* 2,94). Der Konsul legte dem jungen Mann Schwierigkeiten in den Weg, wo er konnte, aber er hatte wohl dessen starke Stellung bei der Plebs und bei den alten Soldaten Caesars nicht richtig eingeschätzt. Die Soldatenabordnungen erzwangen Versöhnungen, die jedoch nicht hielten. Die sich verschärfende Rivalität im caesarischen Lager ermutigte auch die republikanische Opposition, offen gegen Antonius aufzutreten. Zwar verließen Marcus Brutus und Gaius Cassius im August Italien, nachdem sie ein Manifest gegen ihn gerichtet hatten, und auch Cicero brach resigniert nach Athen auf, wo er seinen dort studierenden Sohn besuchen wollte. Aber als er erfuhr, daß am 1. August Lucius Calpurnius Piso, Caesars Schwiegervater, im Senat eine Rede gegen den Kurs des Konsuls gehalten hatte, unterbrach er seine Reise und kehrte um. Am 2. September hielt er seinerseits eine Rede gegen Antonius, und am 19. desselben Monats antwortete dieser mit einer scharfen Replik und kündigte seinem Kontrahenten öffentlich die Freundschaft auf. Cicero nahm den Fehdehandschuh auf und schrieb ein maßloses Pamphlet, das in das Corpus der gegen Antonius gerichteten *Philippischen Reden* Ciceros Aufnahme gefunden hat. So entstand eine Todfeindschaft, die beiden, besonders aber Cicero, jedes Augenmaß für die politischen Folgen ihrer persönlichen Fehde rauben sollte.

Der lachende Dritte war der junge Caesar. Er war entschlossen, den Weg des Hochverrats zu gehen, eine Privatarmee aufzustellen und sie dem Senat gegen Antonius zur Verfügung zu stellen. Als Gegenleistung verlangte er die Legalisierung seiner hochverräterischen Aktion in Gestalt der Zuerkennung einer außerordentlichen Kommandogewalt. Das Vorbild eines solchen Handels, der dem Amtsrecht der Republik hohnsprach, hatte der junge Pompeius gegeben, und Cicero war von Octavian die Rolle des Geburtshelfers zugedacht. Im Oktober warb er in Campanien Veteranen seines Vaters an, indem er jedem 500

Denare Handgeld gab. Er plante während der Abwesenheit des Konsuls einen Marsch auf Rom. Dieser war nach Brundisium gegangen, um die aus Makedonien nach Italien verlegten Legionen zu mustern, mit denen er seine Provinz in Besitz zu nehmen beabsichtigte. Am 10. November erschien Octavian tatsächlich in Rom, hielt dort eine Brandrede, in die er die provozierende Schwurformel einbaute: «So wahr es mir vergönnt sein möge, die Ehren meines Vaters zu erreichen», und trat eilends den Rückzug nach Norden an, als Antonius sich in Eilmärschen der Stadt näherte. Antonius traf am 28. November in Rom ein, regelte nur das Allernotwendigste und brach seinerseits nach Norden auf, als er erfuhr, daß Octavian zwei seiner auf dem Marsch nach Norditalien befindlichen Legionen durch ein Handgeld von 500 Denaren und das Versprechen von weiteren 5000 pro Mann zum Übertritt auf seine Seite gebracht hatte. Ihm blieb nur noch übrig, vor seinem Aufbruch Magistraten und Senatoren einen Treueid abzunehmen und seinen Soldaten die gleiche Summe zu versprechen wie sein Rivale. Was Octavian anbelangt, so erntete dieser jetzt die Früchte seiner früheren Wühlarbeit. Durch seine Emissäre hatte er Antonius' Legionen schon bearbeiten lassen, als sie noch in Epirus und Makedonien lagen. Die Folge war, daß sie sich bereits im Oktober bei der Landung in Brundisium aufrührerisch zeigten. Das Geldgeschenk des Konsuls in Höhe von 100 Denaren hatten sie bei dieser Gelegenheit hohnlachend zurückgewiesen: Schließlich bot Octavian weit mehr. Antonius hatte die Disziplin durch Hinrichtung der Rädelsführer notdürftig wiederhergestellt und ebenfalls eine höhere Summe versprochen. Aber er mußte erkennen, daß sein Rivale ihn im Wettlauf um die schwankende Gunst der Soldaten zu schlagen drohte, und so folgte er dessen Beispiel und stellte ebenfalls finanzielle Wechsel aus, die letzten Endes der Staat zu honorieren hatte. Auf diese Weise wurden die mobilisierten Heere in den Dienst ihrer legalen und illegalen Führer genommen, und niemals waren die Macht und die materiellen Gewinnaussichten der zu den Waffen gerufenen einfachen Leute größer als während der Agonie der Republik, als die Militärmacht des Staates sich in Privatarmeen aufzulösen drohte.

Cicero übernahm den Part, den der neunzehnjährige Octavian ihm in seinem Spiel um die Macht zugedacht hatte. Er vermittelte zum Jahreswechsel das unnatürliche Bündnis zwischen dem Senat und dem Erben Caesars, und er tat es, wie seine Briefe vom Spätherbst 44 bewei-

Der verlorene Kampf um die Republik

sen, wider sein besseres Wissen um die Unmöglichkeit, die Republik mit Hilfe eines Mannes zu retten, der wie kein anderer für die Sache Caesars stand. Als Cicero von der Eidesformel hörte, die Octavian in seiner Rede an das Volk von Rom gebraucht hatte, schrieb er Atticus: «Von so einem möchte ich nicht gerettet werden» (*An Atticus* 16,15,3). Auf die warnenden Vorstellungen seines Freundes antwortete er:

«Ich stimme dir voll und ganz zu, daß, wenn Octavian große Macht gewinnt, die Maßnahmen des Tyrannen (Caesar) eine weit stärkere Bestätigung finden würden, als es im Tempel der Tellus geschehen ist (dort hatte der Senat am 17. und 18. März die Rechtsgültigkeit der Verfügungen Caesars beschlossen), und daß dies zu Lasten des (Caesarmörders Marcus) Brutus gehen würde» (*An Atticus* 16,14,1).

Aber stärker als diese Einsicht waren der Haß gegen Antonius und die Vorstellung, die sich als Selbsttäuschung herausstellen sollte, er könne sich des unerfahrenen jungen Mannes zur Vernichtung des Antonius und dann der caesarischen Partei bedienen. Von der Richtigkeit seines Kurses konnte Cicero den Kopf der Caesarmörder, Marcus Brutus, niemals überzeugen, auch nicht in Zeiten seines scheinbaren Triumphes. Nachdem Brutus zusammen mit Cassius im Winter 44/43 den gesamten Osten des Römischen Reiches für die Sache der Republik gewonnen und das von Cicero geschmiedete Bündnis gegen Antonius einen Sieg in Norditalien errungen hatte, schrieb er ihm einen eindringlich warnenden Brief:

«… jetzt, Cicero, jetzt muß man darauf hinarbeiten, daß unsere Freude nicht vergeblich war, Antonius einen schweren Schlag versetzt zu haben, und daß nicht immer die Sorge, das jeweils nächste Übel auszurotten, die Ursache dafür ist, daß ein anderes neu entsteht, das schlimmer ist als das alte. Nichts mehr kann uns unerwartet oder mit unserer Duldung zustoßen, woran wir nicht alle schuld sein werden und vor allem du, dessen Einfluß nicht nur mit Duldung von Senat und Volk, sondern mit deren Wunsch so groß ist, wie der Einfluß eines einzelnen in einem freien Staat überhaupt sein kann. Ihn mußt du nicht nur durch rechte Gesinnung, sondern auch auf kluge Weise schützen. Klugheit sodann, die du in reichem Maße besitzest, vermißt man bei dir nicht – mit Ausnahme bei der Zuerkennung von Ehren. Alles andere ist so vorhanden, daß deine Vorzüge mit jedem der (großen) Alten verglichen werden können. Nur das eine, was einer dankbaren, großzügigen Gesinnung entspringt, (tadelt man,) eine vorsichtigere und maßvollere Großzügigkeit vermißt man. Denn nichts darf der Senat irgendeinem zugestehen, was Schlechtgesinnten Beispiel oder Schutz ist. Und so fürchte ich hinsichtlich des Konsulats, daß dein Caesar glaubt, durch deine Beschlüsse bereits höher gestiegen zu sein, als er von dort absteigen werde, wenn er erst einmal Konsul geworden ist. Wenn aber schon Antonius die von einem anderen (nämlich Caesar) hinterlassenen Mittel zur Alleinherrschaft als Gelegenheit nutzte, sich in ihren Besitz zu setzen: Welche Absicht wird dann deiner Meinung nach einer haben, wenn er auf Veranlassung nicht des Tyrannen, sondern des Senats selbst glaubt, alle beliebigen

Kommandos begehren zu dürfen? Deshalb werde ich erst dann deine glückliche Hand und deine Voraussicht loben, wenn es für mich ausgemacht zu sein beginnt, daß (der junge) Caesar mit den außerordentlichen Ehren, die er empfangen hat, sich begnügen wird. Du wirst sagen: ‹Also schiebst du mich als Angeklagten für eine fremde Schuld vor.› Anstandslos für eine fremde, wenn dafür hätte gesorgt werden können, daß sie gar nicht erst entstand. Wenn du nur meine Furcht in diesem Punkt sehen könntest» (Cicero, *An Marcus Brutus* 1,4 a,1–3).

Brutus sollte mit seinen Warnungen recht behalten, aber zunächst schien Cicero alles nach Wunsch zu gehen. Am 20. Dezember 44 hatte er davon Kenntnis erhalten, daß Decimus Brutus ein Edikt veröffentlich hatte, in dem er seine Absicht zum Ausdruck brachte, entgegen dem Gesetz das Diesseitige Gallien mit den dort stationierten Legionen nicht dem Konsul Antonius zu übergeben. Die an diesem Tag stattfindende Senatssitzung nutzte Cicero dazu, die Weichen für ein Bündnis zwischen dem Senat, dem rebellischen Statthalter und dem jungen Hochverräter zu stellen. Er gewann die Konsuln des Jahres 43, die gemäßigten Caesarianer Aulus Hirtius und Gaius Pansa, für seinen Kurs, und zu Beginn des neuen Jahres kam der Beschluß zustande, der Decimus Brutus für sein gesetzwidriges Verhalten belobigte und Octavians Hochverrat mit einem außerordentlichen Kommando und weiteren hohen Ehren belohnte. Er erhielt ein propraetorisches Imperium, das Recht, in der höchsten, der Rangklasse der Konsulare im Senat sein Votum abzugeben und sich vorzeitig um die Ämter des Staates bewerben zu dürfen sowie die Ehrung einer Reiterstatue. Ebenso honorierte der Senat den Wechsel, den Octavian ausgestellt hatte, und sagte zu, die 5000 Denare, die Octavian den Soldaten des Antonius für ihre Desertion versprochen hatte, auf die Staatskasse zu übernehmen und für ihre Belohnung mit Bauernhöfen Sorge zu tragen. Die Antonius treu gebliebenen Legionen wurden aufgefordert, sich dem Heer anzuschließen, das die Konsuln in Italien aufstellten, und der Senat stellte ihnen für den Fall des Übertritts Straffreiheit und gleiche Belohnungen wie den in den Dienst des Senats genommenen Soldaten in Aussicht. So setzte sich der von Octavian begonnene Wettlauf um die Gunst der Soldaten fort. Cicero war von Anfang an bereit, alle Verhandlungsbrücken abzubrechen, er wollte, daß der Senat Antonius zum Staatsfeind erklärte, und er wollte den Bürgerkrieg, um die Republik zu retten. Aber die Mehrheit des Senats zog, wenn es denn möglich war, einen friedlichen Ausgleich vor, und so hatte Cicero gegenüber dem Führer der Caesarianer im Senat, dem

Konsular Quintus Fufius Calenus, keinen leichten Stand bei seinen Versuchen, das Gremium auf Kriegskurs zu bringen. Seine Lage war um so schwieriger, als Antonius eine nicht ungeschickte Doppelstrategie betrieb. Er belagerte Decimus Brutus in Mutina, wo dieser sich mit vier Legionen verschanzt hatte, und machte dem Senat Verhandlungsangebote zur Beilegung des Konflikts. Unterdessen entfaltete er eine rege Propagandakampagne, in der er die Befürchtungen und Ressentiments der Soldaten schürte und Cicero und Octavian heftig angriff. Den jungen Caesar nannte er «einen Knaben, der alles dem großen Namen verdankt», den er trug, und doch seine Hand zur Vernichtung der Caesarianer bot. Antonius appellierte an die Gemeinsamkeit der in verfeindeten Lagern stehenden Veteranen und Soldaten Caesars und rief zum Frieden auf. Cicero hatte seine ganze unerschöpfliche Energie aufzubieten, um der Wirksamkeit dieser Propaganda zu begegnen und den Krieg gegen Antonius zu organisieren. Das bleibende Zeugnis seines unermüdlichen Kampfes sind seine veröffentlichten Reden gegen Antonius und sein ausgedehnter Briefwechsel mit den unzuverlässigen Statthaltern des Westens und den Caesarmördern im Osten. Im Frühjahr kam er dann dem Sieg scheinbar ganz nahe. Marcus Brutus und Gaius Cassius waren nicht in die ihnen zugewiesenen Provinzen Creta und Cyrenae gegangen, sondern nach Griechenland beziehungsweise nach Syrien. Dort hatten sie während der Wintermonate den ganzen Osten des Reiches für die Sache der Republik in Besitz genommen.

Den Anfang machte Marcus Brutus von Athen aus. Als Gaius Antonius gemäß der von seinem Bruder veranlaßten Regelung die Provinz Macedonia übernehmen wollte, weigerte sich sein Vorgänger, sie ihm zu überlassen, und übergab die Provinz mitsamt den dort noch stationierten Truppen an Brutus, und der Quaestor der Provinz Asia lieferte ihm den dort erhobenen Jahrestribut aus, insgesamt 16 000 Talente, das sind 96 Mio. Denare. Er nutzte das Geld für Rüstungen (unter anderem rekrutierte er unter der in Athen studierenden römischen Jugend einen Teil seines Offizierkorps) und gewann auch das Illyricum, wo Gaius Antonius in seine Hände fiel. Brutus besaß zwar ein propraetorisches Imperium, aber die eigenmächtige Inbesitznahme der beiden Balkanprovinzen war eine ungesetzliche Usurpation. Auch in diesem Fall setzte Cicero die nachträgliche Legalisierung durch. Auf seinen Antrag beschloß der Senat Mitte Februar, Brutus ein Kommando zum Zweck der Kriegsführung mit der Maßgabe zu erteilen, sich für ein Eingreifen in die Kampfhandlungen in Norditalien bereit zu halten. Brutus brachte binnen kurzem eine Bürgerkriegsarmee von acht Legionen zusammen. Innerhalb von drei Monaten waren die 96 Mio. Denare, die ihm übergeben worden waren, für Rüstungen, Soldzahlungen und Geldgeschenke an die Soldaten aufgebraucht. Unterdessen war es auch Cassius gelungen, in Syrien, wo er aus der Zeit seiner Statthalterschaft (53–51) die Verhältnisse gut kannte, Fuß zu fassen. Dort gewann er sowohl die Armee des Pompeianers Caecilius Bassus als auch die Legionen, die Caesar gegen diesen geschickt hatte. Gleiches geschah mit den vier Legionen, die Dolabella, der von Caesar zum Statthalter von Syrien bestimmt worden war, aus Ägypten in seine Provinz beordert hatte. Die Soldaten lehnten es ab, gegeneinander zu kämpfen, und Cassius gewann sie alle durch große Geldangebote für sich. Die dafür benötigten Summen konnten auch durch rücksichtslose Requirierungen nicht zusammengebracht werden, und so beschwor Cassius brieflich Cicero, den Senat zur Belohnung seiner Armee zu veranlassen.

In Italien begannen im März die Operationen zur Befreiung des von Antonius in Mutina belagerten Decimus Brutus. Dafür hatten die Konsuln umfangreiche Aushebungen vorgenommen, doch waren es die aus kampferfahrenen Soldaten Caesars bestehenden Einheiten Octavians, die den schlagkräftigen Kern des republikanischen Heeres ausmachten. Am 14. April kam es bei Forum Gallorum an der Via Aemilia zu einer großen Schlacht, in der Octavian und die Konsuln den Sieg davontrugen, und eine Woche später wurde Antonius in einer zweiten Schlacht zur Aufhebung der Belagerung von Mutina und zur Flucht gezwungen. Zwar waren beide Konsuln den Kampfhandlungen zum Opfer gefallen, doch schien der Krieg für die republikanische Seite so gut wie gewonnen. Erst jetzt folgte der Senat ohne Einschränkungen dem Konfrontationskurs Ciceros und erklärte Antonius und seine Anhänger zu Staatsfeinden. Ja, er ließ sich in der allgemeinen Siegeseuphorie zu Beschlüssen hinreißen, die selbst Cicero für unklug hielt, weil sie Octavian und die Veteranen gegen den Senat aufbringen mußten. Während Decimus Brutus ein Triumph gewährt wurde, mußte sich Octavian mit der geringeren Ehre des kleinen Triumphes, der sogenannten *ovatio*, bescheiden. Den Oberbefehl zur Beendigung des Krieges gab der Senat Decimus Brutus und unterstellte ihm Octavian, dem zu allem Überfluß zwei seiner Legionen entzogen werden sollten. Aber da die Soldaten sich weigerten, der Anordnung nachzukommen, wurde sie wieder zurückgenommen. Andere Beschlüsse verstärkten noch den Eindruck, daß Pompeianer und Caesarmörder die Stunde der Abrechnung für gekommen hielten. Cassius wurde beauftragt, die Acht gegen den zum Staatsfeind erklärten Dolabella, der auf dem Weg nach Syrien den Statthalter der Provinz Asia, Gaius Trebonius, einen der Caesarmörder, hatte umbringen lassen, zu vollstrecken – gegebenenfalls unter Mitwirkung des Marcus Brutus. Im Westen wurde Sextus Pompeius, der sich Massalias bemächtigt hatte, ein Flottekommando mit dem Auftrag übertragen, an der Vernichtung des Marcus Antonius mitzuwirken. Zur Verteidigung der Republik blieb, so schien es, keine andere Wahl, als das Mittel zu gebrauchen, das sie zerstörte: Der Senat legalisierte die usurpierte Gewalt, um sie gegen die legale in den Dienst der vermeintlich guten Sache zu nehmen.

Die Zurücksetzung, die Octavian nach dem Sieg bei Mutina erfuhr, und seine Unterstellung unter einen der Mörder seines Adoptivvaters gaben ihm Grund genug, sich aus der Kriegführung gegen Marcus Antonius zurückzuziehen. Daraufhin sah sich Decimus Brutus außerstande, sich mit seinen angeschlagenen und zum größten Teil unerfahrenen Legionen Antonius in Italien zu stellen. Dieser vereinte sich auf dem Marsch in das Jenseitige Gallien mit drei Veteranenlegionen, die für ihn in Italien ausgehoben worden waren, und entkam mit seinem Heer über die Alpen. Während sich Decimus Brutus an die Verfolgung machte, fiel in Italien dem jungen Caesar die politische Schlüsselrolle zu. Er gab sich keinen Illusionen darüber hin, welche Rolle ihm Cicero und die sich einer verfrühten Siegesstimmung hingebenden Republikaner zugedacht hatten. Cicero war wohl sogar so unvorsichtig gewesen, in privaten Gesprächen zum Ausdruck zu bringen, daß man sich des jungen Mannes bediente, um ihn fallenzulassen, wenn er seine Schuldigkeit getan hätte. Wie nicht anders zu erwarten war, wurde Octavian Ciceros Bonmot hinterbracht, und er war entschlossen, auf der Hut zu sein und sich nicht zum Werkzeug seiner falschen Verbündeten machen zu lassen. Decimus Brutus hatte Informationen, die ihm die Gefährlichkeit der Situation deutlich machten, und am 24. Mai schrieb er aus dem nordwestitalienischen Eporedia Cicero einen warnenden Brief:

«Was ich für mich nicht tue, das zwingen mich meine Liebe zu dir und deine Verdienste um mich zu tun, nämlich daß ich in Furcht bin. Obwohl es mir schon oft erzählt und von mir auch nicht auf die leichte Schulter genommen worden ist: Gerade eben erzählt es mir von neuem Labeo Sigulius, ein sich stets gleichbleibender Mann, er sei bei Caesar (Octavian) gewesen und man habe ausführlich über dich gesprochen. Caesar selbst hatte keine Klagen über dich – mit Ausnahme des Bonmots, das er dir zuschrieb: Man müsse den jungen Mann loben, auszeichnen – und in den Himmel befördern. Er werde es aber nicht dahin kommen lassen, daß er in den Himmel befördert werde ... Labeo wollte mich gar glauben machen, daß die Veteranen schlimme Reden führten und dir von ihnen Gefahr drohe, sie seien darüber empört, daß weder Caesar noch ich zu der Zehnerkommission (die der Senat am 27. April zur Überprüfung der Maßnahmen des Antonius und zur Rückforderung seiner Schenkungen eingesetzt hatte) gehörten und alles eurem Belieben anheimgestellt sei» (Cicero, *An seine Freunde* 11,20,1).

Cicero ging also auf dünnem Eis, und es dauerte nicht lange, bis er einbrach. Am 29. Mai vereinigte sich Antonius' Heer mit den sieben Legionen des Lepidus, der bis zuletzt eine zweideutige Rolle gespielt hatte, in der Nähe von Forum Iulii (Fréjus), und am 11. Juni folgte weiter nördlich in der Gegend des heutigen Grenoble die Vereinigung des Decimus Brutus mit den fünf Legionen des Munatius Plancus. Während sich beide Heere im südlichen Gallien gegenüberlagen, nutzte Octavian den Umstand, daß beide Konsuln gefallen waren und er als einziger in Italien über eine schlagkräftige Armee verfügte, zu einem Coup, der ihn in das Führungsamt der Republik bringen sollte. Im Juni verlangte er von Cicero, zusammen mit ihm den Konsulat zu bekleiden. Der Senat lehnte jedoch das Ansinnen ab. Daraufhin erschienen Ende Juli 400 Zenturionen und Soldaten und forderten in drohender Haltung für ihren neunzehnjährigen Anführer das höchste Staatsamt. Wieder lehnte der Senat ab. Octavian antwortete, indem er mit der Armee auf Rom marschierte. Der improvisierte Widerstand brach beim Erscheinen der bewaffneten Macht sofort zusammen. Am 19. August wurde der junge Caesar in irregulärer Wahl zusammen mit seinem Miterben Quintus Pedius zum Konsul gemacht. Er ließ sofort die Maske fallen und gab das Zeichen zur Abrechnung mit den Mördern seines Vaters und zur Verständigung mit Antonius und Lepidus. Die Beschlüsse, die beide zu Staatsfeinden erklärt hatten, wurden aufgehoben, und Octavian sorgte dafür, daß sein Mitkonsul durch Gesetz einen Sondergerichtshof zur Aburteilung der Caesarmörder schuf. Das in aller Eile anberaumte Verfahren sprach allen rechtlichen Erfordernissen hohn. Alle Angeklagten wurden in Abwesenheit verurteilt und

Der verlorene Kampf um die Republik

für vogelfrei erklärt, selbst Sextus Pompeius, der zur Zeit des Attentats gar nicht in Rom gewesen war. Wer eine amtliche Funktion innehatte, wie Marcus Brutus und Gaius Cassius im Osten sowie Decimus Brutus und Sextus Pompeius im Westen, hatte sie damit verwirkt. Wenig später zeigten sich die ersten praktischen Folgen. Munatius Plancus verließ im September Decimus Brutus und machte seinen Frieden mit den Caesarianern im Westen. Auf diese Weise rettete er im letzten Augenblick Leben und Karriere. Decimus Brutus mußte flüchten, seine Armee löste sich auf, und er selbst wurde in Norditalien auf dem Wege zu Marcus Brutus nach Makedonien getötet.

Octavian hatte mit seinem Coup die Weichen für ein neues Machtkartell der Caesarianer gestellt. Ciceros Politik war gescheitert. Als er dem neuen Konsul als letzter seine Aufwartung machen wollte, wurde er mit den Worten empfangen: «Sieh da, der letzte meiner Freunde!» Er erbat und erhielt den Dispens von der Pflicht, die Senatssitzungen zu besuchen, und er bedankte sich mit zwei Zeilen, den letzten, die von dem größten Redner und Schriftsteller der Republik auf uns gekommen sind: «Daß du mir Befreiung gewährst, freut mich doppelt; denn damit verzeihst du Vergangenes und gestattest Zukünftiges» (erhalten bei dem Grammatiker *Nonius* p. 436,17). Aber Cicero hatte keine Zukunft mehr. Als das neue Machtkartell der Caesarianer mit den blutigen Säuberungen begann, fiel er am 7. Dezember als eines der ersten Opfer.

Noch als Cicero im Sommer verzweifelt darum kämpfte, den jungen Caesar bei der Stange zu halten und doch noch im Westen einen Sieg zu erringen, gab es Momente, in denen er sich und anderen die Gefahr des Scheiterns eingestand. Mitte Juni gab er Marcus Brutus unter dem Eindruck von Lepidus' Verrat und Octavians Forderung nach dem Konsulat den folgenden aus Illusionen und realistischer Klarsicht eigentümlich gemischten Lagebericht:

«Der Krieg bei Mutina wurde so geführt, daß man an Caesar nichts zu kritisieren hatte, an Hirtius einiges. Das Kriegsglück war ‹schwankend in günstiger, gut in ungünstiger Lage›. Die Sache der Republik war siegreich, Antonius' Truppen niedergemacht, er selbst vertrieben. Von Decimus Brutus wurden danach so viele Fehler gemacht, daß uns irgendwie der Sieg aus den Händen glitt. Die Demoralisierten, Waffenlosen, Verwundeten wurden von unseren Feldherren nicht verfolgt, und Lepidus wurde Gelegenheit gegeben, daß wir seinen oft durchschauten Wankelmut in schlimmeren Umständen erfahren mußten. Die Heere des Brutus und des Plancus sind gut, aber unerfahren, die gallischen Hilfstruppen zahlreich und zuverlässig. Aber Caesar, der sich bisher durch meine Ratschläge lenken ließ, der selbst vorzügliche Anlagen besitzt und bewundernswerte Festigkeit zeigte, haben gewisse Leute durch schändliche Briefe und trügerische Zwischenträger zu der selbstgewissen Hoffnung auf den Konsulat verführt. Sobald ich das merkte, habe ich nicht aufgehört, ihn aus der Ferne brieflich zu ermahnen und seine hier anwesenden Mittelsmänner, die seiner Begehrlichkeit offenkundig Vorschub leisten, anzuklagen, und ich habe nicht gezögert, im Senat die Quellen der verbrecherischen Pläne aufzudecken. Doch ich erinnere mich an keine Gelegenheit, bei der Senat und Magistrate eine bessere Haltung an den Tag legten. Denn wenn es um die außerordentliche Ehrung eines mächtigen Mannes geht oder besser: des mächtigsten, da Macht gegenwärtig auf der Gewalt der Waffen beruht, ist es noch nie geschehen, daß nicht ein Volkstribun, ein anderer Magistrat oder ein amtloser Privatmann sich dafür eingesetzt hätte. Aber trotz dieser mannhaften Festigkeit herrscht Unruhe in der Bürgerschaft. Denn wir sind, Brutus, ein Spielball bald der Launen der Soldaten, bald der Zumutungen der Feldherren. Nicht Vernunft, weder Gesetz noch Herkommen noch Pflicht bedeuten etwas, nicht gesundes Urteil, nicht Ansehen bei den Mitbürgern, nicht Scheu vor der Nachwelt» (*An Brutus* 1,10,2–3).

Was wirklich zählte, waren, wie Cicero an anderer Stelle sagt, Geld und Waffen. Über beides verfügte die Republik in Italien und im Westen nicht mehr, sie war am Ende. Es ging künftig nur noch darum, wem die auf die Militärmacht gestützte Alleinherrschaft zufallen und welche Form sie annehmen würde.

V. AUGUSTUS, ÜBERWINDER UND VOLLENDER DER REPUBLIK

Der zweite Triumvirat und der Kampf um die Macht

Ende Oktober 43 trafen sich die drei Führer der Caesarianer, Antonius, Lepidus und Octavian, unter strengen Sicherheitsvorkehrungen (denn sie mißtrauten einander) auf einer Flußinsel in der Nähe von Bononia (Bologna) und verabredeten, vom Zwang der Verhältnisse aneinandergekettet, ein privates Bündnis zur gemeinsamen Beherrschung des Staates. Dieser Zweite Triumvirat war im Unterschied zum Ersten, den Caesar, Crassus und Pompeius vereinbart hatten, von vornherein als ein kollegiales Ausnahmeamt konzipiert. Der Umfang seiner Kompetenzen entsprach dem Ausmaß der ungelösten Probleme, denen sich die Verbündeten gegenübersahen. Zwar hatten sie im Westen die Oberhand behalten, aber der gesamte Osten des Reiches stand unter der Kontrolle der zum Krieg rüstenden Caesarmörder, und auch im Westen behauptete sich noch immer Sextus Pompeius mit seiner Flotte. Erste Priorität besaßen also die Notwendigkeiten der Kriegführung, und dazu gehörte nicht zuletzt der Zwang, die mobilisierten Massenheere bei Laune zu halten und für den Bürgerkrieg zu motivieren. Im buchstäblichen und im übertragenen Sinne verhandelten die drei Verbündeten unter der Aufsicht ihrer Soldaten, die endlich in den Genuß der ihnen zugesagten Belohnungen kommen und ihren Anspruch auf eine Versorgung mit Land gesichert sehen wollten. So waren ihre Führer die Gefangenen der Situation, die sie selbst mit ihrem Wettlauf um die Gunst der Bürgerkriegsarmeen herbeigeführt hatten. Sie mußten für die Auszahlung von 5000 Denaren an die Soldaten, denen sie versprochen waren, sorgen und Gewähr für Landzuweisungen nach Kriegsende geben. Mit vagen Versprechungen ließen sich die Soldaten nicht abspeisen, schon gar nicht mit dem ohnehin uneinlösbaren Wechsel auf einen Anteil am *ager Campanus*. Insgesamt hatte die ungeheure Zahl von 43 Legionen kurzfristig oder mittelfristig Anspruch auf eine Versorgung mit Land. 23 bestanden aus alten Soldaten Caesars (davon waren vier oder fünf wieder in Dienst gestellte Veteranenverbände), und 20 waren Rekrutenlegionen, die in der Bürgerkriegssituation des Jahres 43 neu aufgestellt worden waren. Was also für Rüstungen, Belohnungen, Sold und für die Befriedigung von Versorgungsansprüchen gebraucht wurde, waren Geld und Land. Ohne konfiskatorische Besteuerung, Raub und Enteignungen war dies alles im benötigten Umfang nicht zu beschaffen, und so beschlossen die Verbündeten, sich die gesetzlichen Vollmachten zur Errichtung eines Gewaltregimes geben zu lassen. Auf Verlangen ihrer mißtrauischen Soldaten besiegelten sie dieses Abkommen durch ein dynastisches Ehebündnis: Octavian mußte Antonius' Stieftochter Claudia heiraten.

Die Hauptpunkte der so zustande gekommenen Vereinbarung waren folgende: Unter dem Titel ‹Dreimännerkollegium zur Ordnung des Staates› (*tresviri rei publicae constituendae*) sollte eine kollegiale Notstandsdiktatur geschaffen werden: Am 27. November trat sie durch tribunizisches Gesetz, die *lex Titia*, für die Zeit bis zum 31. Dezember 38 in Kraft. Obwohl der Amtstitel eine entsprechende Vermutung nahelegt, war nicht die Neugestaltung der verfassungsmäßigen Ordnung der Zweck des Triumvirats, sondern die Vernichtung der Caesarmörder, die in den Augen der neuen Gewalthaber auch die Feinde des römischen Staates waren. Dazu wurden ihnen weitreichende Kompetenzen erteilt, die sich ebenso auf Rom und Italien wie auf das Untertanengebiet des Römischen Reiches erstreckten. In Anbetracht des bevorstehenden Krieges gegen die Caesarmörder wurde ihnen die Möglichkeit gegeben, dafür zu sorgen, daß sie während ihrer Abwesenheit vor einem erneuten Umschwung der Machtverhältnisse in Rom sicher waren. Das bedeutete nicht nur, daß sie wie der Diktator Caesar die regulären Oberämter für mehrere Jahre im voraus mit ihren Parteigängern besetzten und überhaupt bestimmenden Einfluß auf die formal weiterbestehenden Wahlen ausübten. Es hieß vor allem, daß sie nach dem Vorbild des Diktators Sulla ermächtigt wurden, ihre Gegner in Rom und Italien, die tatsächlichen und die vermeintlichen, liquidieren zu lassen. Weiterhin wurde festgelegt, daß sie das Recht erhielten, für die vorgesehenen Landverteilungen nach Kriegsende achtzehn Gemeinden mit großen, fruchtbaren Feldgemarkungen zu enteignen. Bei der Verteilung der Geschäftsbereiche der Triumvirn war vorgesehen, daß Antonius und Octavian den Krieg im Osten führen sollten und Lepidus in der Zeit ihrer Abwesenheit die Geschäfte in Rom zu führen hatte. Die Amtsgewalt der Triumvirn war der konsularischen formal gleichgestellt, aber im Gegensatz zu den Konsuln verfügte jeder der drei über Provinzen: Lepidus erhielt die beiden spanischen und die Gallia Narbonensis und Antonius entsprechend seines Gesetz aus dem Jahre 44 das Diesseitige und das von Caesar eroberte Jenseitige Gallien. Octavian mußte sich bis auf weiteres mit der Rolle des Iuniorpartners abfinden: Ihm wurden die beiden afrikanischen Provinzen, Africa und das aus dem von Caesar größtenteils annektierten Königreich Numidien gebildete Africa nova, sowie Sizilien und Sardinien zugesprochen, und er mußte erst versuchen, sich in ihren faktischen Besitz zu setzen. Im Falle der beiden großen Inseln scheiterte das an der Seeherrschaft des Sextus Pompeius. Wie sehr der junge Caesar trotz des gelungenen Coups vom August gegenüber Antonius ins Hintertreffen geraten war, wird auch daraus ersichtlich, daß er den gerade errungenen Konsulat an einen Gefolgsmann des Antonius, Publius Ventidius, abzugeben hatte. Was die Enteignung ganzer Gemeinden anbelangt, so wurde sie auf die Zeit nach dem Ende des Krieges gegen die Caesarmörder verschoben, aber mit den Proskriptionen nach dem Vorbild der Sullanischen begann man sofort. Angeblich fielen dieser blutigen Verfolgungswelle ca. 300 Senatoren und 2000 Ritter zum Opfer. Auch wem die Flucht gelang oder wer sich verstecken konnte, mußte den Triumvirn sein Vermögen überlassen. Denn darauf hatten es die Triumvirn im Interesse der Finanzierung ihrer Rüstungen besonders abgesehen. Aber trotz der riesigen Vermögenswerte, die ihnen bei ihrer Raub- und Mordaktion in die Hände fielen, blieb eine Finanzierungslücke von 200 Mio. Denaren. Zu ihrer Deckung ordneten die Verbündeten an, daß ein Halbjahreseinkommen aus Haus- und Landbesitz abgeführt werden mußte und alle Vermögen, deren Wert 100 000 Denare überstieg, mit einer Zwangsanleihe von 2 % belegt wurden. Hinzu kamen eine Sklavensteuer und die Wiedereinführung von Zöllen in Italien. Auf die ebenfalls vorgesehene Besteuerung des Eigenguts von 1400 vermögenden Frauen wurde freilich nach dem öffentlichen Protest der Betroffenen verzichtet.

Im Osten gab es zwar nicht das Grauen der Proskriptionen, aber auch dort trieben Brutus und Cassius mit rücksichtsloser Härte das für ihre Rüstungen benötigte Geld ein. Zwei unabhängige Staaten, die ihre Neutralität wahren wollten, die Seerepublik Rhodos und der Lykische Bund in Südkleinasien, wurden im Sommer 42 gezwungen, den beiden römischen Feldherren zu Willen zu sein. Rhodos wurde von Cassius mit Waffengewalt erobert, und dabei fielen ihm Geld und Edelmetall im Wert von 8000 Talenten, das sind 48 Mio. Denare, in die Hände. Dann vereinigten beide ihre Heere, insgesamt 19 Legionen und zahlreiche bundesgenössische Kontingente, und bezogen mit ihnen im Herbst gegenüber dem inzwischen übergesetzten Heer des Antonius und des Octavian eine feste Stellung bei Philippi in Makedonien, mit der sie die Verbindungswege zur Ägäis und zu den Meerengen im Osten beherrschten. Ihr Kriegsplan war, die kampferprobten, überlegenen Heere der Triumvirn von Nachschub abzuschneiden und so in ernste Schwierigkeiten zu bringen. Nach Anfangserfolgen gelang es jedoch Antonius, diesen Plan zu konterkarieren, indem er ihre Verbindung zum Meer bedrohte. So waren sie gezwungen, sich zur Entscheidungsschlacht zu stellen. Bei diesem ersten Zusammentreffen im Oktober siegten Antonius über Cassius (der sich im Glauben, daß alles verloren sei, das Leben nahm) und Brutus über Octavian. Wenige Wochen später, im November, kam es zur zweiten Schlacht bei Philippi, und dieses Mal errangen die Triumvirn einen vollständigen Sieg. Auch Brutus sah keinen anderen Ausweg mehr. Er nahm sich das Leben, um nicht in die Hand der Sieger zu fallen.

Was folgte, war der teils verdeckte, teils offene Kampf um die Alleinherrschaft. Der erste Akt fand unmittelbar nach der letzten, den Krieg entscheidenden Schlacht bei Philippi statt. Marcus Antonius und Octavian einigten sich darauf, ihren abwesenden Kollegen Lepidus aus dem inneren Kreis der Macht mit der Begründung auszuschließen, daß er sich in Italien nicht bewährt habe und er verdächtig sei, verräterische Kontakte zu Sextus Pompeius geknüpft zu haben. Es wurde beschlossen, daß Lepidus die beiden spanischen Provinzen an Octavian und die Gallia Narbonensis an Antonius abzugeben habe. Dafür wurde das Diesseitige Gallien, das bisher Antonius unterstellt war, entprovinzialisiert und dem älteren italischen Bürgergebiet zugeschlagen. Darüber hinaus wurde Antonius der gesamte griechische Osten jenseits der Adria zugesprochen. Ihm fiel die Aufgabe zu, hier die lokalen Verhältnisse neu zu ordnen und die finanziellen Mittel zu beschaffen, die für die bevorstehende Massenansiedlung der demobilisierten Verbände in Italien benötigt wurden.

Bei dieser schwierigen, konfliktträchtigen Aufgabenzuweisung konnte sich Octavian, der notwendige Enteignungen vorzunehmen hatte, nur Feinde machen. Darüber hinaus hatte er Sextus Pompeius zu bekämpfen, der verstärkt durch die Reste der Flotte der Caesarmörder das westliche Mittelmeer beherrschte, und er war zudem mit der unter diesen Umständen kaum lösbaren Aufgabe konfrontiert, die Getreideversorgung Roms aufrechtzuerhalten. Nach allgemeiner Erfahrung konnte damit gerechnet werden, daß er sich in den mannigfachen Schwierigkeiten verfangen und aufreiben würde. Antonius brauchte, so mochte es scheinen, nur zu warten, bis der junge Caesar am Ende sein würde.

Es sollte jedoch anders kommen. Wider Erwarten und mit viel Glück setzte sich Octavian im Westen durch, während Antonius Gallien einbüßte und zeitweise wegen des Einfalls der Parther im Jahre 40 auch fast den gesamten Orient und Kleinasien verlor. Als Octavian nach Italien zurückkam, mußten etwa 50–60000 demobilisierte Soldaten auf Bauernstellen untergebracht werden. Von den achtzehn ursprünglich zur Enteignung vorgemerkten Gemeinden wurden zwei am Meer in Süditalien gelegene, Vibo und Rhegium, wieder ausgenommen, damit die verzweifelten Bürger sie nicht Sextus Pompeius auslieferten. Die Enteignung traf folgende Städte (bei den mit einem Fragezeichen versehenen Namen handelt es sich um wahrscheinliche oder vermutete Fälle): Ancona, Aquinum(?), Ariminum, Asculum(?), Beneventum, Bononia, Capua, Concordia, Cremona, Firmum, Hadria(?), Hispellum, Luca, Nuceria, Pisaurum, Teanum, Tergeste(?) und Venusia. Da das konfiszierte Land nicht ausreiche, wurde teilweise noch Land benachbarter Gemeinden der Verteilungsmasse zugeschlagen. Dies galt beispielsweise für die Feldgemarkung von Mantua, in der der Dichter Vergil begütert war. Er hatte es allein den Beziehungen zu seinem Gönner Asinius Pollio zu verdanken, daß er letztlich von der Enteignung verschont blieb. Bei den Enteignungen und Vertreibungen ging es nicht ohne Gewalt und bewaffneten Widerstand ab. Der Konsul des Jahres 41, Lucius Antonius, der Bruder des Triumvirn, schüttete Öl ins Feuer und machte sich aus machtpolitischen Motiven die Interessen der von Enteignung Bedrohten zu eigen. Fulvia, die Ehefrau des Marcus Antonius, war in das Komplott gegen Octavian mitverwickelt. Inwieweit ihr Ehemann im geheimen die Fäden zog, ist unbekannt. Jedenfalls kam es zu einem neuen Bürgerkrieg in Italien. Octavian spielte noch einmal den Sachwalter der Soldaten Caesars und zwang im Februar 40 seine Gegner im umbrischen Perusia zur Kapitulation. An den prominenten Gefangenen wurde ein blutiges Strafgericht vollzogen, aber Octavian war vorsichtig genug, die Hauptschuldigen, Fulvia und Lucius Antonius, zu verschonen. Zu dem für ihn glücklichen Ausgang des Krieges hatte entscheidend beigetragen, daß die Truppenführer des Marcus Antonius in Gallien sich abwartend verhielten. Sein Legat Fufius Calenus, der für ihn die gallischen Provinzen verwaltete, starb in dieser kritischen Situation, und Heer und Provinzen des Antonius wurden Octavian in die Hände gespielt. Marcus Antonius geriet so in eine schwierige Lage. Im Osten mußte er dem Einfall der Parther begegnen, und im Westen war er mit dem Zusammenbruch seiner Machtstellung konfrontiert. Priorität besaß die Herausforderung im Westen. Antonius verbündete sich mit Sextus Pompeius und mit Gnaeus Domitius Ahenobarbus, der mit der Flotte der Caesarmörder auch nach der Doppelschlacht bei Philippi den Kampf gegen die Triumvirn in der Adria fortgesetzt hatte. Ebenso trat er in Verbindung mit Quintus Salvidienus Rufus, dem Octavian die Statthalterschaft in Gallien übertragen hatte. Dann landete er in Italien und begann mit der Belagerung von Brundisium. Aber die Soldaten weigerten sich, gegeneinander zu kämpfen, und zwangen so ihre Führer, einen Kompromiß einzugehen. Angesichts des Umstandes, daß Antonius im Osten den Parthern, die bis an die Westküste Kleinasiens vorgedrungen waren, entgegentreten mußte, fiel dieser in Brundisium abgeschlossene Kompromiß für Octavian außerordentlich günstig aus. Abgesehen von Nordafrika, das Lepidus, dem vernachlässigten Dritten im Bunde, zugewiesen wurde, erhielt Octavian den ganzen Westen, und Antonius lieferte ihm den verräterischen Salvidienus Rufus aus. Er verzichtete auf die gallischen Provinzen, bekam aber seine dort stationierten Legionen zurück und erhielt die Zusicherung weiterer Rekrutierungsmöglichkeiten in Italien. Schließlich erkannte Octavian die Amnestierung der mit Antonius verbündeten Republikaner an. Auch diesmal erfuhr das Abkommen seine Bekräftigung durch dynastische Ehebündnisse. Antonius heiratete Octavia, die Schwester des jungen Caesar, und dieser Scribonia, deren Vater auch der Schwiegervater des Sextus Pompeius war. Octavian lehnte es jedoch ab, diesen Rivalen im Westen in das Kompromißabkommen einzubeziehen. Pompeius verhängte über Italien eine Seeblockade, in Rom kam es zu Hungerunruhen, und Octavian sah ein, daß er einlenken mußte. Im

Frühsommer 39 schlossen Antonius, Octavian und Pompeius den Vertrag von Misenum. Er beließ Pompeius im Besitz von Sizilien, Sardinien und Korsika und sprach ihm im Osten zusätzlich die Peloponnes zu. Dafür verpflichtete er sich, die Blockade Italiens aufzuheben und die Getreidezufuhr nach Rom zu garantieren. Zahlreichen geächteten Republikanern wurde die Restituierung zugestanden. Sie konnten nach Italien zurückkehren, erfuhren Berücksichtigung bei den geplanten Ämterverteilungen und stärkten damit die Gefolgschaft des Antonius im Senat. Sextus Pompeius wurde der Konsulat für das Jahr 35 zugesagt.

Aber Octavian war entschlossen, Sextus Pompeius, den er als angeblichen Teilnehmer an der Verschwörung gegen Caesar schon im Jahre 44 hatte verurteilen lassen, nicht die Schlüsselstellung zu belassen, in die ihn der Vertrag von Misenum gebracht hatte. Er ließ sich von Scribonia wieder scheiden und heiratete die ihn faszinierende Livia, auf die ihr Ehemann, der zusammen mit den restituierten Republikanern gerade nach Rom zurückgekommene Tiberius Claudius Nero, förmlich Verzicht leistete. Sein wichtigster Helfer, der mit ihm seit früher Jugend befreundete Marcus Vipsanius Agrippa, schuf die Voraussetzungen, um gegen Pompeius erfolgreich Krieg führen zu können: Eine Flotte und eine Flottenbasis wurden gebaut. Agrippa ließ in Campanien einen geschützten Kriegshafen, den *portus Iulius*, durch Verbindung des Arverner- und des Lucrinersees anlegen. Antonius wollte vermitteln, denn es lag nicht in seinem Interesse, daß Octavian das kunstvoll austarierte Gleichgewicht durch die Beseitigung des Pompeius zu seinen Gunsten verschob, aber er brauchte wegen des geplanten Partherkriegs Verstärkungen aus Italien und war deshalb auf eine Verständigung mit Octavian angewiesen. In schwierigen Verhandlungen kam im Frühjahr 37 auf Vermittlung der Octavia in Tarent noch einmal eine Vereinbarung zwischen den beiden Rivalen zustande. Antonius überließ Octavian für den Seekrieg gegen Sextus Pompeius 120 Kriegsschiffe und erhielt dafür das – später gebrochene – Versprechen einer Verstärkung um 20 000 Mann. Pompeius verlor seine Priesterwürde, und die Anwartschaft auf den Konsulat wurde ihm wieder aberkannt. Außerdem einigten sich Octavian und Antonius auf die Verlängerung des Triumvirats bis zum 31. Dezember 33. Das Amt war von Rechts wegen bereits mit dem Ende des Jahres 38 abgelaufen. Es ist bezeichnend für die Verhältnisse, daß die Machthaber ungeachtet dessen ihre Amtsgewalt weitergeführt hatten, über ihre Verlängerung eine private Vereinbarung trafen und der Volksversammlung dann nur noch die Ratifizierung ihres Privatvertrags überließen.

Während Antonius im Jahre 36 seinen ersten, unglücklich verlaufenden Partherkrieg führte, wurde im Westen der See- und Landkrieg gegen Sextus Pompeius geführt. Er konzentrierte sich auf Sizilien, die Pompeius verbliebene Basis, nachdem Sardinien und Korsika Octavian in die Hände gespielt worden waren. Nach einigen Rückschlägen errang Agrippa im August und September die Seesiege von Mylai und Naulochos, und danach konnten die nach Sizilien übergesetzten Heere des Lepidus und des jungen Caesar die Insel erobern. Sextus Pompeius floh mit dem geretteten Teil seiner Flotte nach Osten. Dort bereitete er den Legaten des Antonius noch einige Schwierigkeiten, ehe er im Jahre 35 in Gefangenschaft geriet und in Milet hingerichtet wurde. Auf Sizilien hatte sich seine Landarmee teils Octavian, teils Lepidus ergeben. Als dieser Sizilien für sich forderte, brachte Octavian dessen Heer durch geschickte Agitation zum Übertritt auf seine Seite. Lepidus behielt zwar sein Leben und die Würde des *pontifex maximus*, des Vorstehers der Staatsreligion, aber die triumvirale Gewalt mußte er niederlegen. Der junge Caesar war nun der alleinige Herr des Westens, und er begann sofort mit einer sorgfältig inszenierten Propaganda, die dazu bestimmt war, in der Öffentlichkeit Hoffnung auf ein Ende des Krieges und des triumviralen Unrechtsregimes zu wecken. In einer programmatischen, auch als Flugschrift verbreiteten Rede rechtfertigte er die Skrupellosigkeit und Grausamkeit, die er im Verlauf seiner Karriere an den Tag gelegt hatte, mit dem Zwang der Umstände, und er erklärte die Bürgerkriege für beendet. Den Worten folgten Taten: Er erließ Steuerrückstände, lieferte die entlaufenen Sklaven, die im Heer und in der Flotte des Pompeius gedient hatten, ihren Herren zur Bestrafung aus oder ließ sie kreuzigen, wenn eine Rückerstattung nicht möglich war. 20 000 Soldaten empfingen ihren Abschied. Sie erhielten die versprochenen Bauernstellen. Dabei wurde die Methode gewalttätiger Enteignung bewußt vermieden. Octavian ließ den Soldaten angekauftes sowie an den Staat zurückfallendes Land zuweisen und das Bandenunwesen in Italien, eine der Nebenwirkungen der sozialen Verheerungen, die Proskriptionen, Enteignungen und Bürgerkrieg angerichtet hatten, durch den Konsular Gaius Calvisius Sabinus unterdrücken. Alle diese Maßnahmen galten der Wiederherstellung von Recht und Ordnung. Octavian ließ wissen, daß er gewillt sei, der Beseitigung der triumviralen Amtsgewalt und der Wiederherstellung der regulären Konsulatsverfassung nicht im Wege zu stehen. Er erklärte öffentlich, daß er seine Ausnahmegewalt niederlegen würde, wenn Antonius nach seiner Rückkehr aus dem Partherkrieg das Gleiche täte. Der Kampf um die Sympathien der öffentlichen Meinung war damit eröffnet, und es sollte nicht mehr lange bis zum Ausbruch des kalten Krieges zwischen den beiden übriggebliebenen Machthabern dauern.

Was Antonius anbelangt, so lag der Hauptgrund dafür, daß er im Westen allmählich ins Hintertreffen geraten war, in den Schwierigkeiten, die ihm der Panthereinfall des Jahres 40 und seine Nachwirkungen bereiteten. Es dauerte mehrere Jahre, bis die Parther wieder aus dem Reich verdrängt waren, und bis dahin, also bis zum Jahr 37, mußte er die Kompromisse mit Octavian eingehen, aus denen dieser seine Vorteile zog. Nachdem im Osten die territoriale Integrität des Reiches zurückgewonnen war, verfolgte Antonius zwei Ziele: Er wollte das angeschlagene römische Prestige durch ein offensives Vorgehen gegen die Parther wiederherstellen, und er beabsichtigte, das Verhältnis zwischen direkter und indirekter römischer Herrschaft, auf das bereits Pompeius seine Ordnung im Osten gegründet hatte, entsprechend den veränderten Verhältnissen neu auszutarieren. Für Asien sah er nur noch drei römische Provinzen vor: Asia, das alte Attalidenreich, im westlichen und Bithynien im nordwestlichen Kleinasien sowie Syrien. Kilikien und Pontus wurden entprovinzialisiert, und vier Klientelkönigen war die Aufgabe des Grenzschutzes in den Randzonen des römischen Herrschaftsbereichs zugedacht. Der pisidische Dynast Amyntas erhielt das Land vom Halys bis zur pamphylischen Küste im Süden, Archelaos, ein Sohn des Hohenpriesters der Muttergottheit von Komana, Kappadokien im Osten und Polemon, ein Sohn des Rhetors Zenon von Laodikeia, Kleinarmenien und Pontus im Nordosten Kleinasiens. In dem strategisch wichtigen Durchgangsland Palästina erfüllte Herodes als König der Juden die durch religiöse und ethnische Gegensätze schwierige Aufgabe der Herrschaftssicherung. Den Schlußstein in dieser neuen Ordnung bildete das Ptolemäerreich in Ägypten, mit dessen Königin Kleopatra VII. Antonius ein legendenumwobenes Liebesverhältnis unterhielt. Nach dem Vertrag von Tarent übertrug Antonius seiner Geliebten Gebiete im Libanon, in Palästina und Kilikien und empfing im Gegenzug finanzielle Unterstützung für Flottenbau und militärische Rüstungen gegen die Parther. Aber während Octavian im Jahre 36 Sizilien und Nordafrika gewann und sich der Rivalen im Westen, des Lepidus und des Sextus Pompeius, entledigen konnte, endete Antonius' erster Partherfeldzug in einem Fiasko. So war er mehr denn je auf Unterstützung durch die Herrscherin Ägyptens angewiesen. Seine Ehefrau, die Schwester Octavians, die dieser ihm mit nur 1200 anstelle der versprochenen 20 000 Legionäre schickte, sandte er zu ihrem Bruder zurück.

Trotz der ausbleibenden Verstärkungen aus Italien suchte Antonius in einem zweiten Partherfeldzug die Revanche, und dieses Mal errang er den ersehnten Erfolg. Er eroberte Armenien und inthronisierte dort seinen mit Kleopatra gezeugten Sohn Alexander Helios, der mit der Tochter des medischen Königs, eines Vasallen des parthischen Königs der Könige, verlobt wurde. Bei seiner Rückkehr im Jahre 34 inszenierte Antonius zusammen mit Kleopatra im Gymnasium von Alexandrien eine pompöse Siegesfeier, in deren Mittelpunkt die Demonstration einer dynastischen Herrschaftsordnung stand. Kleopatra erhielt den Titel einer Königin der Könige, und ihre Kinder wurden zu Unterkönigen ausgerufen. Kaisarion, der Sohn Caesars, wurde Mitregent, die beiden Söhne des Antonius, Alexander Helios und Ptolemaios Philadelphos, teilten sich die Herrschaft über Asien, der eine sollte König östlich des Euphrats, der andere westlich des Grenzflusses sein. Dem prahlerischen Anspruch entsprach die symbolische Zurschaustellung eines dynastischen Weltherrschaftsanspruchs in den Dimensionen des Alexanderreiches. In seiner Antoniusbiographie hat *Plutarch* die theatralische Inszenierung so beschrieben:

> «Zugleich ließ Antonius von seinen Kindern Alexander in medischer Tracht mit der aufrechten Tiara (der iranischen Herrscher) auftreten, Ptolemaios in Stiefeln, kurzem Mantel und diademgeschmücktem makedonischen Hut (dem Petasos). Dies war die Tracht der Nachfolgerkönige Alexanders des Großen, jenes die der persischen und armenischen Könige. Während die Kinder ihre Eltern begrüßten, umstand den einen eine armenische Leibwache, den anderen eine makedonische. Kleopatra aber trug damals wie auch sonst, wenn sie vor der Menge erschien, das heilige Gewand der Isis, und sie nahm den Titel einer Neuen Isis an» (54,5–6).

Antonius repräsentierte nicht nur Rom im griechischen Osten, er war auch selbst auf Grund seiner engen Verbindung mit der Ptolemäerin und über die Kinder, die er mit ihr hatte, Teil der dynastischen Herrschaftsordnung, deren Kernstück das Reich der Kleopatra war. Diese eigentümliche Zwitterstellung zwischen römischem Promagistrat und hellenistischem Herrscher, die sich sogar in der Münzprägung niederschlug, machte Antonius in Rom politisch angreifbar, und an diesem kritischen Punkt setzte die Propagandastrategie seines Rivalen an. Es war absehbar, daß der zwischen ihnen seit langem schwelende Konflikt mit dem Ende der gemeinsamen Amtsgewalt am 31. Dezember 33 offen ausbrechen mußte, und dafür suchte jeder von ihnen durch die Bearbeitung der öffentlichen Meinung eine überlegene Ausgangsposition zu gewinnen. Antonius verfügte nach seinem Erfolg gegen die Parther im Osten über Geld, Kriegsschiffe und eine starke Armee, und auch in Rom schien er zunächst im Vorteil zu sein. Nach der seinerzeit in Tarent getroffenen Vereinbarung war das reguläre Oberamt, der Konsulat, im Jahre 32 mit zwein seiner Anhänger besetzt. Auch im Senat verfügte er noch immer über einen starken Rückhalt, und nicht zuletzt galt ihm die Loyalität der im Bürgerkrieg unterlegenen Republikaner, die ihm ihre Restitution zu verdanken hatten. Als Antonius Kaisarion, den Sohn Caesars und Mitregenten Kleopatras, zum legitimen Erben des Diktators erklärte und damit an das Fundament der Machtstellung Octavians rührte, begann dieser mit seiner Gegenoffensive. Am 1. Januar 33, zu Beginn seines Konsulats, griff er Antonius in einer Grundsatzrede auf das heftigste an. Er bezeichnete ihn als einen aus der Art geschlagenen Römer und Sklaven einer orientalischen Königin, der Provinzen des römischen Volkes verschenke – er bezog sich auf die Überlassung der Kyrenaika und Zyperns, der alten Nebenländer der Ptolemäer, an Kleopatra und ihre Tochter Kleopatra Selene –, und er warf ihm die Absicht vor, die Freiheit des römischen Volkes zu vernichten und Rom unter das Joch der Königin zu bringen. Antonius antwortete, indem er Octavian mehrere Vertragsbrüche und die eigenmächtige Absetzung des Lepidus vorwarf. Er forderte die Ratifizierung der von ihm im Osten getroffenen Regelungen und verlangte die Wiederherstellung der Konsulatsverfassung. Zugleich begann er mit der Verlegung von Flotte und Heer nach Westen. Mit dem Ablauf der triumviralen Amtszeit am 31. Dezember 33 repräsentierten die beiden Konsuln Gaius Sosius und Gnaeus Domitius Ahenobarbus, beide Gefolgsleute des Antonius, die oberste Regierungsgewalt in Rom. Octavian war damit in der Stadt zu einem amtlosen Privatmann geworden. Gaius Sosius begann am 1. Januar 32 seine Amtsführung mit einer programmatischen, gegen Octavian gerichteten Senatsrede. Dieser hatte es vorgezogen, der Senatssitzung fernzubleiben. Auf der nächsten erschien er dann mit einer Gefolgschaft bewaffneter Veteranen und nahm, als sei er noch immer Inhaber der triumviralen Gewalt, zwischen beiden Konsuln Platz. Die beabsichtigte Einschüchterung gelang. Die Konsuln und mit ihnen eine große Zahl von Senatoren, angeblich dreihundert, flohen zu Antonius. Octavian ließ alle gehen, die dies wollten; denn dadurch trat eine Klärung der Fronten ein. Antonius begann, seine Streitkräfte erst in das westliche Kleinasien, dann nach Griechenland zu verlegen. Kleopatra begleitete ihn, und von Athen aus schickte er der Schwester Octavians den Scheidungsbrief.

In seinem Lager lösten die Scheidung und die Anwesenheit der Königin heftige Debatten aus. Die Propaganda Octavians, der den bevorstehenden Bürgerkrieg um die Alleinherrschaft zu einem auswärtigen Krieg gegen die ägyptische Königin stilisierte, begann erste Früchte zu tragen. Mit dem Übertritt des Lucius Munatius Plancus und seines Neffen Marcus Titius auf die Seite Octavians begann die Erosion der Anhängerschaft des Antonius. Munatius Plancus verriet Octavian Inhalt und Aufbewahrungsort des Testaments, das Antonius in Rom bei den Vestalischen Jungfrauen hatte hinterlegen lassen, und dieser erzwang die Herausgabe des Dokuments. Dann las er dem Senat vor, worauf es ihm ankam: daß sein Rivale in Alexandrien neben Kleopatra bestattet werden wollte und daß Kaisarion der wahre Sohn Caesars sei. Zur Demonstration seiner eigenen engen Verbundenheit mit Rom begann Octavian daraufhin mit der Errichtung seines monumentalen Grabmals auf dem Marsfeld. Antonius wurde die Anwartschaft auf den Konsulat des Jahres 31 ebenso aberkannt wie auch «jegliche sonstige Amtsgewalt». Trotzdem war sein Einfluß in Italien noch immer spürbar. Er ließ durch Agenten Geld verteilen, während sein Rivale dringend Geld brauchte und deshalb von der Bürgerschaft ein Viertel des Jahreseinkommens als Sonderabgabe verlangte. Vor allem fiel auch der Umstand für Octavian negativ ins Gewicht, daß er in Rom eigentlich ein amtloser Privatmann war und er somit auf einer höchst anfechtbaren Rechtsgrundlage agierte. Dies veranlaßte ihn zu dem ingeniösen Gedanken, die Ausrufung des militärischen Notstandes, des sogenannten *tumultus*, bei dem die ganze waffenfähige Mannschaft auf ihre militärischen Führer vereidigt wurde, zu einer Treuedemonstration für seine Person und zu der Forderung umzumünzen, daß er mit allen Vollmachten ausgestattet den Krieg gegen Kleopatra führen solle. Den Treueid auf seine Person leisteten auch die Notabeln der westlichen Provinzen, und Octavian wurde mit seiner Wahl zum Konsul für das Jahr 31 auch wieder Inhaber der höchsten Amtsgewalt.

Im Jahre 32 konzentrierte Antonius Heer und Flotte zwischen dem Golf von Ambrakia und der Hafenstadt Patras im Nordwesten der Peloponnes. Sein Plan war, noch im selben Jahr nach Italien überzusetzen und hier die Entscheidung des Krieges zu suchen. Aber die Jahreszeit war bereits zu weit fortgeschritten, und so verzichtete er auf die risikoreiche Überfahrt über die Adria. Im folgenden Jahr kam ihm sein Gegner zuvor, und dank der von Marcus Vipsanius Agrippa geleiteten Flottenoperationen gelang es, die Flotte und das Landheer des Antonius im Golf von Ambrakia bei Actium zu blockieren. Antonius entschloß sich schließlich zu einem Ausbruchsversuch. Die Flotte sollte den Blockadering durchbrechen und das Landheer im Hinterland wieder seine Manövrierfähigkeit gewinnen. Aber der Ausbruchsversuch endete in einer Katastrophe. In der am 2. September stattfindenden Seeschlacht von Actium siegte die von Agrippa befehligte Flotte, Antonius und Kleopatra gelang die Flucht, das Landheer ergab sich nach sieben Tagen auf dem Marsch nach Makedonien dem Sieger, der den Soldaten des Antonius zusicherte, nach ihrer Demobilisierung auch für ihre Ansiedlung in Italien zu sorgen. Actium wurde zum Symbol des Sieges und zum Gründungsmythos der im Kampf für Rom und Italien errungenen Alleinherrschaft. An der Stelle seines Lagers ließ Octavian ein Siegesdenkmal und eine neue Stadt, Nikopolis (zu deutsch: Siegesstadt), errichten, in der alle vier Jahre zu Ehren des Sieges von Actium prachtvolle Spiele stattfanden.

Tatsächlich war bei Actium die Entscheidung des Krieges gefallen. Antonius' Herrschaftsordnung brach Stück für Stück zusammen. Das Ende kam, als Octavian im Sommer 30 in Ägypten eindrang. Am 30. August fiel Alexandrien, und Antonius nahm sich das Leben. Kurze Zeit später folgte ihm Kleopatra in den Tod, um nicht auf dem Triumphzug des Siegers in Rom öffentlich zur Schau gestellt zu werden. In Ägypten trat Octavian die Nachfolge der Ptolemäer an. Er übernahm das administrative System und die Staatswirtschaft der Könige, die ihm reiche Erträge an Geld und Getreide sicherte, und setzte einen Vizekönig aus dem Ritterstand an die Spitze des Landes. Aber dies war und blieb ein Ausnahmefall. Für die künftige Stellung des

Siegers in Rom und im Untertanengebiet des Römischen Reiches war die ptolemäische Monarchie kein Vorbild. Octavian ging auch einen anderen Weg als sein Adoptivvater, indem er sich zum Ziel setzte, die Alleinherrschaft mit den Traditionen der Republik zu versöhnen. Die Bezeichnung Prinzipat, die sich römischem Sprachgebrauch entsprechend für die Monarchie des römischen Kaisertums eingebürgert hat, bringt genau diesen Aspekt der Anknüpfung des Neuen an das Alte zum Ausdruck.

Prinzipat und Republik: Rückblick und Ausblick

Im frühen zweiten Jahrhundert n. Chr. leitete Tacitus seine Darstellung der Geschichte Roms unter der julisch-claudischen Dynastie mit einem ebenso knappen wie souveränen Überblick über die innere Entwicklung der Stadt von der Königszeit bis zur Alleinherrschaft des mit dem Ehrennamen Augustus (der Erhabene) ausgezeichneten Octavian ein:

«Die Stadt Rom war anfangs in Besitz von Königen. Freiheit und Konsulat stiftete Lucius Brutus. Von Zeit zu Zeit griff man zu (dem Ausnahmeamt) der Diktatur. Das Amt der Zehnmänner (der *decemviri* des fünften Jahrhunderts) dauerte nicht länger als zwei Jahre, und auch die konsularische Gewalt der Militärtribunen währte nicht lange. Nicht Cinnas, nicht Sullas Gewaltherrschaft war dauerhaft, und die Macht eines Pompeius und eines Crassus ging schnell auf Caesar, die Waffengewalt eines Lepidus und eines Antonius auf Augustus über, der die Herrschaft (*imperium*) über das gesamte durch Bürgerkriege erschöpfte Gemeinwesen unter dem Namen des Ersten Bürgers (*princeps*) in seine Hand nahm» (*Annalen* 1,1,1).

Imperium und Prinzeps sind die Schlüsselworte, mit denen Tacitus die besondere Stellung umschreibt, die Augustus nach dem Sieg über seinen letzten Rivalen in Staat und Reich einnahm. Das eine bezeichnet die umfassende Amtsgewalt des höchsten Magistrats, das andere die informelle Führungsrolle, die ein durch Leistung und Prestige ausgezeichnetes Mitglied der Nobilität innerhalb seines Standes und damit in der *res publica* innehatte. Beide Begriffe entstammen der staatlichen und gesellschaftlichen Ordnung der Republik, aber bezogen auf die Stellung des Augustus bezeichnen sie – daran läßt Tacitus keinen Zweifel – etwas Neues, und zwar die Verstetigung einer Alleinherrschaft, die aus dem Zerfallsprozeß der Republik, aus dem raschen Wechsel der einander ablösenden Gewalthaber hervorging. Die Worte, mit denen Tacitus die prekäre Machtstellung dieser Gewalthaber umschreibt, gehören nicht der Sphäre der republikanischen Staatlichkeit an. Die Rede ist von Tyrannis (*dominatio*), Gewalt (*potentia*) und Waffen (*arma*), aber die Stellung des Augustus, der die dauerhafte Monarchie des römischen Kaisertums begründete, ist mit Begriffen umschrieben, die sich von den Institutionen der Republik herleiten. Augustus gründete die Monarchie auf die öffentlich-rechtliche Gewalt des außerordentlichen Imperiums der Republik, und er stilisierte seine Alleinherrschaft als einen Prinzipat, der auf der Anerkennung überragender Leistungen und Verdienste um den Staat beruhte. Die Alleinherrschaft des Augustus zog ihre Legitimität nicht nur aus der Überwindung des Bürgerkriegs und der Sicherung eines weltweiten Friedens, sondern auch aus der bewußten Anknüpfung an die Traditionen der Republik. Ja, das Neue trat mit dem Anspruch in Erscheinung, das Alte, die ideale (oder besser: die idealisierte) *res publica* der Vorfahren, wiederherzustellen. Diesem offiziösen Bild der Monarchie als der *res publica restituta* hat Tacitus mit Nachdruck widersprochen, und in Hinblick auf die realen Machtverhältnisse hatte er gewiß recht, als er in den *Annalen* 1,3,7 die republikanischen Formen des von Augustus etablierten Regimes für eine Fassade erklärte:

«Im Inneren war die Lage (beim Tod des ersten Prinzeps) ruhig, die Titel der Magistrate die gleichen (wie unter der Republik); die Jüngeren waren nach dem Sieg von Actium geboren, und auch die Älteren meistens erst zwischen den Bürgerkriegen: Wie viele gab es denn, die noch die Republik gesehen hatten?»

Der realistische, die Prätentionen des neuen Regimes entlarvende Blick des Historikers galt nicht nur dem ideologisch überhöhten Bild des augusteischen Prinzipats als einer *res publica restituta*, sondern auch der Idealisierung der alten, der republikanischen Ordnung. Tacitus verfiel nicht der Illusion mancher moderner Historiker, die noch der späten Republik ein Überlebensrecht und eine Überlebenschance zubilligen, sondern er war nüchtern genug, um zu erklären: «Es gab keine andere Rettung mehr für das durch Zwietracht zerrissene Gemeinwesen, als daß es von einem regiert wurde» (*Annalen* 1,9,4). Tatsächlich war in den blutigen Auseinandersetzungen eines ganzen Jahrhunderts der Beweis erbracht worden, daß die alte Ordnung ihre Funktionsfähigkeit eingebüßt hatte. Gewiß hatte der Prinzipat des Augustus der Nobilität den freien Wettbewerb um Macht und Ehre verkürzt, doch nach der Erfahrung der blutigen Bürgerkriege begannen auch die Überlebenden der alten politischen Klasse sich in die neuen Verhältnisse zu schicken. Auch in diesem Punkt bewahrte Tacitus den realistischen Blick eines Historikers, der die Dinge bei ihrem Namen nannte:

«Augustus' schärfste Gegner waren auf dem Schlachtfeld oder durch die Proskriptionen umgekommen, die übrigen Angehörigen der Nobilität aber wurden, je bereitwilliger sie zur Unterwerfung waren, durch Geld und Ehren emporgehoben und zogen, nachdem sie aus dem Umsturz (der politischen Ordnung) Gewinn gezogen hatten, die sichere Gegenwart der gefährlichen Vergangenheit vor» (Annalen 1,2,1).

Entsprechendes galt für alle Schichten der Gesellschaft, und es versteht sich von selbst, daß die mißhandelten und ausgebeuteten Provinzen des Reiches durch die von Augustus begründete Alleinherrschaft nur gewinnen konnten. Keiner der Untertanen wird der Republik nachgetrauert haben. Tacitus hat das knapp und nüchtern mit folgenden Worten konstatiert:

«Und auch die Provinzen waren jener neuen Ordnung nicht abgeneigt; denn es gab hier einen Unwillen gegen die Herrschaft von Senat und Volk wegen des Machtkampfes der Großen und der Habgier der Magistrate, nachdem sich die Hilfe der Gesetze, die durch Gewalt, Einflußnahme und zum Schluß durch die Macht des Geldes unwirksam gemacht worden waren, als kraftlos erwiesen hatte» (Annalen 1,2,2).

Die Herrschaft des Augustus sistierte wie die Caesars Gewalt und Bürgerkrieg, und sie überwand auch die gefährliche Blockierung notwendiger Reformen, aber es handelte sich nicht um eine Alleinherrschaft, die sich wie die Caesars unter Mißachtung der republikanischen Prägung von Staat und Gesellschaft als eine Diktatur in monarchischen Formen präsentierte. Sie beruhte gewiß ebenso wie die Macht seiner von Tacitus genannten ephemeren Vorläufer auf einer privaten Aneignung der militärischen Machtmittel des Staates, aber im Unterschied zu seinem Adoptivvater nahm er die Traditionen der Republik und die von ihr geprägte Mentalität der Führungsschicht ernst. In dieser Hinsicht zog er die Konsequenz aus Caesars Scheitern und entschied sich dafür, seine im Bürgerkrieg gewonnene überragende Macht in der öffentlich-rechtlichen Struktur des republikanischen Amtsrechts zu verankern. Noch bedeutsamer für die Akzeptanz seiner Herrschaft war der Entschluß, sie in Übereinstimmung mit den aus der Republik stammenden Prinzipien von Recht und Gesetz auszuüben sowie den Anschluß an das Ideal der «Sitte der Vorfahren» (mos maiorum) zu suchen. Ebenfalls aus der Tradition der Republik stammte das Leistungsethos der Nobilität, das aus den Verdiensten um die *res publica* den Anspruch auf öffentliche Anerkennung und eine informelle Führungsrolle ableitete. Was diesen Punkt anbelangt, war sich Augustus gewiß darüber im klaren, daß es entscheidend darauf ankam, das Verdikt zu vermeiden, das Cicero über Caesar gefällt hatte: daß er göttliches und menschliches Recht um einer Führungsstellung willen, die er sich mit irriger Vorstellung selbst zurechtgelegt hatte, mit Füßen trat (*Vom angemessenen Verhalten* 1,26). Wie der Rückbezug auf die Traditionen der Republik und der Nobilität in der Stellung und in der Regierung des Augustus in Erscheinung trat, soll Gegenstand der folgenden Betrachtung sein, die in der Verknüpfung eines Ausblicks mit einem Rückblick eine Bilanz aus dem Scheitern und dem Fortleben der Republik zu ziehen bestimmt ist.

Was die öffentlich-rechtlich Stellung des Augustus in der *res publica* anbelangt, so wurden die Grundlagen, auf denen in den folgenden Jahren weitergebaut wurde, am 13. und 16. Januar 27 gelegt. Am 13. verzichtete Octavian auf die integrale Ausnahmegewalt, die ihm für den Krieg gegen Kleopatra (in Wahrheit gegen seinen Rivalen Marcus Antonius) die Verfügungsgewalt über den Staat gegeben hatte, und empfing dafür unter anderem den Ehrennamen Augustus, der seine Person der göttlichen Sphäre annäherte. Das bedeutete zunächst das Wiederaufleben der Konsulatsverfassung, in der er in den folgenden Jahren jeweils eine der beiden Stellen innehatte. Zusätzlich empfing er am 16. Januar ein außerordentliches konsularisches Imperium für die Dauer von zehn Jahren (das später bis zu seinem Lebensende um Fünf- und Zehnjahresperioden verlängert wurde). Dieses Imperium bezog sich auf die spanischen und gallischen Provinzen sowie auf Syrien und sicherte ihm damit das Kommando über das Gros der Armee. Die übrigen, im wesentlichen die befriedeten Provinzen überließ er dem Senat zur Auslosung an Prokonsuln. Als Augustus später das südliche Spanien und die Narbonenis in Gallien als befriedete Provinzen an senatorische Prokonsuln abtrat, da übernahm er Militärprovinzen in anderen Teilen des Reiches. Die ständig wiederholte Besetzung einer der beiden Konsulstellen widersprach indessen dem Geist und dem Buchstaben des Amtsrechts, und es gab dagegen innerhalb der Nobilität, deren Chancen, das höchste Amt zu erreichen, entsprechend verkürzt waren, eine weitverzweigte Opposition, die den Nährboden für eine Verschwörung gegen Augustus bildete. Er lenkte rechtzeitig ein und verzichtete seit dem Jahre 23 auf den Konsulat. Dafür erhielt er über die ihm zuerkannten Militärprovinzen eine prokonsularische Gewalt, die in Hinblick auf die seiner senatorischen Kollegen in den befriedeten Provinzen des Reiches zu einer übergeordneten erklärt wurde. Auf diese Weise war seine Herrschaftsgewalt innerhalb des Reiches eher noch gestärkt worden. Für den Binnenbereich des römischen Staates empfing er als Ersatz für den aufgegebenen Konsulat die vom Amt gelöste tribunizische Gewalt auf Lebenszeit. Somit verfügte er auch in Rom über die entscheidenden Schlüsselfunktionen des tribunizischen Initiativ- und Vetorechts. Im Jahre 19 kamen dann noch die ebenfalls vom Amt gelösten Ehrenrechte des Konsulats hinzu. Sieht man von den weiteren Kompetenzen ab, die ihm vor allem zur Bewältigung gewisser innerstädtischer Aufgaben verliehen wurden, dann war dies die Summe der aus den republikanischen Ämtern abgeleiteten Amtsgewalten, auf denen das römische Kaisertum beruhte. Sie sind eine Fortbildung des Amtsrechts der späten Republik und machen insbesondere Gebrauch von der Trennung von Amt und Amtsgewalt, wie sie der Konstruktion der außerordentlichen Kommandos zugrunde lag. Auch die Kumulierung verschiedener Amtsgewalten hatte Anknüpfungspunkte in der Geschichte der späten Republik, und zwar vor allem in der amtlichen Stellung, die Pompeius zeitweise eingenommen hatte. In den Jahren 55 und 52 war er Konsul und zugleich Inhaber einer außerordentlichen konsularischen Gewalt (in den spanischen Provinzen) sowie eines übergeordneten Imperiums zur Sicherung der Getreideversorgung von Rom gewesen. Freilich besaß die Akkumulierung republikanischer Amtsgewalten in der Hand des Augustus eine neue Qualität: Sie bedeutete die endgültige Entmachtung der Ämter, denen in der machtpolitischen Auseinandersetzung der späten Republik eine Schlüsselfunktion zugekommen war: Gemeint sind Volkstribunat und Konsulat. Kein Konsul verfügte mehr über ein Militärkommando, und kein Volkstribun erlangte mehr die Fähigkeit zu selbständigem Gebrauch der Initiativ- und Vetorechte, die dem Amt formal eigneten. Der ehemals so mächtige Konsulat war auf bloße Routineaufgaben wie die Leitung von Senatssitzungen beschränkt, und auch hier kam die konkurrierende Amtsgewalt des Augustus nach dessen Belieben ins Spiel. Tacitus hatte also recht, als er sinngemäß feststellte, daß die Namen der republikanischen Ämter die gleichen geblieben waren, der eigentliche Kern ihrer Funktionen aber auf Augustus übergegangen war. Der Prinzeps selbst stellte freilich die Dinge in einem anderen Licht dar. Er legte Wert auf die Feststellung, daß er über kein Amt verfüge, das gegen die republikanische Tradition verstieß, und daß er keine größere Amtsgewalt besitze als diejenigen, die in den verschieden Ämtern seine Kollegen waren. Indem er sich so als Bewahrer der republikanischen Gleichheit gerierte, sah er von dem Umstand ab, daß er als einziger unter seinen senatorischen Standesgenossen mehrere, von der zeitlichen Begrenzung emanzipierte Amtsgewalten in seiner Hand vereinte.

Offizielle Rechtfertigung der außerordentlichen öffentlich-rechtlichen Stellung des Augustus waren die ungewöhnlichen Herausforderungen, denen auf der Grundlage der ordentlichen, zeitlich und sachlich begrenzten Ämter der Republik nicht beizukommen war. Diese Herausforderungen betrafen nicht nur die Sicherheitsprobleme des Reiches, sondern auch die der Hauptstadt und des römischen Staates. Augustus hatte für beide Bereiche kein fertiges Konzept, wohl aber einen sicheren Machtinstinkt, der ihn erkennen ließ, wo er anzusetzen hatte, um das Heft in der Hand zu behalten. Was die Stadt Rom anbelangt, so war es nicht genug, mit Polizei und Feuerwehr die öffentliche Sicherheit in der von Bandenkriminalität und Brandkatastrophen heimgesuchten Großstadt zu verbessern – dies geschah verhältnismäßig spät durch Schaffung von drei städtischen Polizeikohorten, den *cohortes urbanae*, und sieben Feuerwehreinheiten, den *cohortes vigilum* –, sondern vor allem belebte er in Anknüpfung an die populare Politik des Volkstribunen Publius Clodius die zunächst verbotenen Nachbarschaftsvereine und übernahm die Organisation, im Bedarfsfall auch die Finanzierung der Getreidebeschaffung für die städtische Plebs. Die Stadt Rom wurde in vierzehn Regionen mit insgesamt 265 Häuservierteln (deren Einrichtung sich bis zum Jahre 7 hinzog) gegliedert. Spezielle Magistrate beziehungsweise die Vorsteher der Häuserviertel, die *vicomagistri*, wurden mit der Aufsicht über die so gegliederte Stadt betraut. Den Vorstehern der Häuserviertel oblag auch der Kult der an den Straßenkreuzungen verehrten Gottheiten, der *Lares Compitales*, denen Statuen des *Genius Augusti*, seiner segenbringenden Kraft, beigesellt wurden. Auf diese Weise ging die Verbesserung der öffentlichen Sicherheit mit einem Loyalitätskult für den Prinzeps Hand in Hand. Das wichtigste Mittel zur Befriedung der städtischen Massen blieb indessen die kostenlose Verteilung von Getreide, dem damaligen Grundnahrungsmittel. Sie entstammte nicht eigentlich dem Geist sozialstaatlicher Verantwortung, sondern war von Anfang an ein Mittel zur politischen Mobilisierung der hauptstädtischen Bevölkerung. Unter fiskalischem und sicherheitspolitischem Gesichtspunkt war zuerst die subventionierte und dann die kostenlose Getreideversorgung hochumstritten, und Caesar hatte in der Zeit seiner Alleinherrschaft damit begonnen, die Zahl der Empfangsberechtigten drastisch, von 320000 auf 150000 Personen, zu senken. Aber dann war sie wieder angestiegen, und Augustus hatte alle Mühe, sie wieder zu verringern, zuerst auf 250000, dann im Jahre 2 auf 200000 Empfänger. Im Prinzip hielt er die kostenlose Getreideversorgung nicht nur für zu kostspielig, sondern geradezu für sozialschädlich. In diesem Sinne schrieb er, wie sein Biograph Sueton bezeugt, nach Überwindung der Hungerkrise des Jahres 6 n. Chr.:

«Als Augustus einmal bei einer großen Mißernte und ernsten Schwierigkeiten, der Getreideknappheit abzuhelfen, die zum Verkauf bestimmten Sklaven, die Gladiatorentrupps, alle Nichtbürger mit Ausnahme der Ärzte und Lehrer und auch Teile der (übrigen) Sklaven aus Rom hatte ausweisen lassen, da schrieb er, sobald die Versorgungslage sich gebessert hatte: Er habe einen Anlauf genommen, die staatlichen Getreidezuteilungen für immer abzuschaffen, weil im Vertrauen auf sie mit der Bebauung des Landes aufgehört werde; doch habe er darauf nicht bestanden, weil er es für gewiß halte, daß sie zur Gewinnung der Gunst der Massen auch wiedereingeführt werden könnten» (Sueton, *Augustus* 42,3).

Die kostenlose Getreideversorgung war von Publius Clodius zur Zeit der gewalttätigen Auseinandersetzungen in der Stadt um der Gewinnung der Volksgunst willen durchgesetzt worden: Im Zuge der inneren Befriedung behielt sie Augustus bei, um die städtischen Massen ruhigzustellen.

Das Hauptproblem, daß die sterbende Republik ihrem Überwinder hinterlassen hatte, war indessen die den Verhältnissen eines Weltreichs inadäquate Heeresverfassung. Sie erlaubte zwar die Mobilisierung von Massenheeren, belastete aber Staat und Gesellschaft in periodisch wiederkehrenden Abständen mit einem ungelösten Versorgungsproblem, das die Gefahr sozialer Revolutionen auf dem Lande endemisch machte. Solange Veteranenversorgung die Zuweisung von Bauernstellen in Italien bedeutete, drohten immer wieder Enteignungen und gewaltsame Besitzumwälzungen, wie sie unter dem Diktator Sulla und dem Regime der Triumvirn in Erscheinung getreten waren.

Octavian hatte sehr wohl erkannt, daß er sich von dem Stigma dieses Unrechtsregimes befreien mußte, wenn er für seine Alleinherrschaft eine breite öffentliche Zustimmung als Garant ihrer Dauer gewinnen wollte. Schon nach dem Sizilischen Krieg hatte er bei der Ansiedlung von 20 000 demobilisierten Soldaten einen ersten Anlauf zu einem Kurswechsel genommen. Als nach dem Actischen Krieg die Entlassung einer weitaus größeren Zahl von Soldaten anstand, erlaubte ihm die immense Beute, die ihm bei der Annexion des ptolemäischen Ägypten in die Hände fiel, den Ankauf des benötigten Landes, und er machte damals in einem spektakulären Akt deutlich, daß die Zeit der Rechts- und Eigentumsverletzungen der Vergangenheit angehörte. Im Jahre 28 erklärte er in einem Edikt alle Unrechtshandlungen der Triumviratszeit für ungültig, und in einer jüngst gefundenen Goldmünze dieses Jahres ließ er sich als Wiederhersteller der Rechte und der Gesetze des römischen Volkes feiern. Vermutlich war die deklaratorische Bedeutung des Edikts größer als seine praktische, denn das Übermaß des geschehenen Unrechts konnte ja gar nicht in angemessenem Umfang wiedergutgemacht werden. Aber um so wichtiger war es, daß Octavian sich für die Zukunft darauf verpflichtete, nach Recht und Gesetz zu verfahren. Damit unterstellte er sein künftiges Regiment den Prinzipien, die die Republik zwar entwickelt hatte, aber in der Zeit ihrer langdauernden Agonie nicht mehr durchzusetzen vermochte. Wenn Cicero immer wieder bewegte Klage über den Verlust der *res publica* geführt hatte, dann meinte er vor allem, daß Recht und Gesetz mit Füßen getreten wurden. Tatsächlich bedeutete unter diesen Umständen für die überwiegende Mehrheit der Bevölkerung die Wiederherstellung des Staates – in den Quellen der augusteischen Zeit begegnet die Formel *res publica restituta* – die Rückkehr von Recht und Gesetz unter dem Prinzeps Augustus. Was im Jahre 28 Deklaration und Programm war, konnte freilich auf Dauer nur dann Realität werden, wenn es gelang, das Kardinalproblem zu lösen, an dem die Republik gescheitert war: die Veteranen ohne Rechtsverletzungen zu versorgen und die Armee wieder in die staatliche Ordnung zu integrieren, damit sie nicht länger der Herr im Staat, sondern sein Werkzeug war. Nur so konnte der Krater geschlossen werden, aus dem das Unrecht der Enteignungen und Vertreibungen geflossen war.

    Augustus brauchte für die endgültige Lösung fast seine gesamte Regierungszeit. Die Einzelheiten gehören bereits zur Geschichte der

Aureus des Jahres 28 v. Chr.: Die Vs. bildet den Kopf Octavians mit Lorbeerkranz ab, die Rs. zeigt ihn als Konsul in der Toga und auf dem Amtssessel sitzend. Die Legende lautet in Übersetzung: *Die Gesetze und Rechte des römischen Volkes hat er wiederhergestellt.*

Kaiserzeit und können hier nicht im einzelnen verfolgt werden. Aber einige grundsätzliche Feststellungen sind im Zusammenhang dieses Ausblicks unerläßlich. Die entscheidende Voraussetzung der Lösung waren die Beseitigung aller rivalisierenden Heerführer und die faktische Monopolisierung des Heereskommandos. Damit fielen Heerespatronat und staatliche Verfügungsgewalt über die Armee wieder zusammen. Augustus gewann so die Möglichkeit zur Disziplinierung der Soldaten und zur Eliminierung der Armee aus dem Binnenraum der Politik. So kam es, daß aus dem großen Verderber der Disziplin nach dem Ende der Bürgerkriege ihr Wiederhersteller geworden ist. Bezeichnenderweise vermied er seitdem, wenn er zu den Soldaten sprach, die anbiedernde Anrede «Kameraden». Die Gewinnung der Alleinherrschaft war auch die Voraussetzung dafür, daß mit der Übermilitarisierung der Bürgerkriegszeit ein Ende gemacht und mit der Umwandlung der nach Bedarf in Dienst gestellten Milizheere in eine stehende Berufsarmee ein Anfang gemacht werden konnte. Die Berufsarmee brachte die Chance der Kalkulierbarkeit der Truppenstärke und der benötigten Geldmittel, und sie bot die Möglichkeit, den Konsequenzen zu entgehen, die sich aus den Neuaufstellungen und Entlassungen von Massenheeren ergaben und an denen die Republik gescheitert war. Zunächst war es notwendig, eine Truppenstärke zu kalkulieren, die für die Verteidigung und Arrondierung des Reiches zugleich hinreichend groß und aus den zur Verfügung stehenden knappen Ressourcen bezahlbar war. Die hierfür angestellten Berechnungen und Überlegungen kennen wir nicht, bekannt sind nur die Ergebnisse. Von den mehr als 60 Legionen, die insgesamt zur Zeit des Actischen Krieges mobilisiert worden waren, blieben 28 unter Waffen. Als im Jahre 9 n. Chr. in Germanien drei Legionen vernichtet wurden, ging die Heeresstärke auf 25 Legionen zurück. Dieser Kern der römischen Berufsarmee der Kaiserzeit wurde durch Hilfstruppen, die sogenannten Auxiliarverbände, ergänzt, die aus unterworfenen reichsangehörigen Völkerschaften in Spanien, Gallien, Raetien oder im Osten rekrutiert wurden. Hinzu kamen bei Bedarf Stammesaufgebote, die die Armee in ihren Operationsgebieten in Germanien oder auf dem Balkan unterstützten. Ihre Stärke unterlag großen Schwankungen. Zur Zeit des Pannonischen Aufstandes im Jahre 6 n. Chr. waren nicht weniger als 80 Einheiten im Einsatz. Zur stehenden Armee gehörten sie freilich nicht. Zu ihr zählten die in Rom und der näheren Umgebung stationierten Kohorten der Garde, der sogenannten Praetorianer, der Polizei- und Feuerwehrtruppe sowie die Flotte, die in Ravenna und Misenum (nördlich des Golfs von Neapel) stationiert war.

Die finanziellen Mittel, die für die stehende Armee aufgewendet werden mußten, können wir nicht genau beziffern. Wir kennen die Kopfstärke der Hilfstruppen nicht, und was die Legionen anbelangt, so können wir nur die Kosten für die Besoldung der Mannschaften – der einfache Soldat empfing 900 Sesterzen im Jahr – auf etwa 140 Mio. Sesterzen geschätzt werden. Aber da die Besoldung nach den Rangstufen der militärischen Hierarchie hochdifferenziert war, ist dieser Betrag auch nur als ein Bruchteil der laufenden Kosten für den Unterhalt der Legionen anzusehen. Gedeckt wurden die Kosten für Armee und Flotte aus der Besteuerung der Untertanen. Das Steuereinkommen reichte aber nicht für die Finanzierung der Veteranenversorgung aus, die durch die Zuweisung von Bauernstellen gewährt wurde. Da unter den neuen Verhältnissen Enteignungen zur Beschaffung des notwendigen Landes verpönt waren, mußten bei den Massenentlassungen nach dem Actischen Krieg und denen des Jahres 14 enorme Summen für den Landankauf mobilisiert werden. Ermöglicht wurde das durch die in Ägypten anfallende Beute und durch die riesigen Beträge, die aus Erbschaften in die Privatkasse des Augustus flossen – aus seinem Testament wissen wir, daß allein in den letzten zwanzig

Jahren seines Lebens 1,4 Milliarden Sesterzen aus dieser Quelle in seine Privatschatulle gelangten. In seinem *Tatenbericht* spricht er mit Stolz davon, daß er für die oben erwähnten Massenentlassungen insgesamt 860 Mio. aufwendete und so jede Verletzung von Eigentumsrechten vermieden wurde:

«Den Gemeinden habe ich Geld für das Land gegeben, das ich in meinem vierten Konsulat (das ist das Jahr 29) und später im Konsulat des Marcus Crassus und Gnaeus Lentulus Augur (14) den Soldaten angewiesen habe. Der Betrag, den ich für Land in Italien bezahlte, belief sich auf ungefähr 600 Mio. und auf ungefähr 260 Mio. Sesterzen, die ich für Ländereien in den Provinzen ausgab. Dies tat ich als erster von allen, die Kolonien in Italien oder in den Provinzen gründeten, soweit die Erinnerung zurückreicht» (*Tatenbericht* 16).

Aber diese ebenso aufwendige wie kostspielige Methode konnte nicht unbegrenzt angewendet werden, und man brauchte es auch nicht. Mit der Entstehung der Berufsarmee änderte sich der Modus der Einstellung und der Entlassung von Soldaten in der Weise, daß beides zu einem kontinuierlichen Prozeß und die Zahl der jeweils Betroffenen überschaubar wurde. Wichtig war in diesem Zusammenhang die Festlegung der Dienstzeiten, nach deren Absolvierung die ehrenvoll Entlassenen Anspruch auf eine Versorgungsleistung hatten. Diese Festlegung erfolgte im Jahre 13: Die Regelzeit belief sich für Praetorianer auf zwölf und für Legionäre auf sechzehn Jahre. Als dann in den Jahren 7, 6, 4, 3 und 2 Entlassungen anstanden, erhielten die Soldaten nicht mehr eine Bauernstelle, sondern eine Geldabfindung. Aber damit war die Staatskasse überfordert und Augustus zahlte aus seinem Privatvermögen einen Zuschuß von insgesamt 400 Mio. Sesterzen. Angenommen wurden auch Finanzierungsbeihilfen von Klientelkönigen und Gemeinden, doch duldete Augustus als Patron seiner Soldaten keine Spenden von Privatpersonen. Die schwelende Finanzkrise fand dann ihr Ende im Jahre 6 n. Chr. Mit Hilfe einer Anschubfinanzierung, die Augustus in Höhe von 170 Mio. Sesterzen aus seinem Privatvermögen leistete, wurde eine Militärpensionskasse gegründet und auf eine von wohlhabenden Bürgern erhobene Erbschaftssteuer von 5 % sowie auf eine Verkaufssteuer von 1 % fundiert. Zugleich wurden die regulären Dienstzeiten auf sechzehn (für Praetorianer) und zwanzig Jahre (für Legionäre) heraufgesetzt. Damit waren gewiß nicht alle Schwierigkeiten beseitigt. Dennoch ist klar, daß Augustus eine epochale Reform gelungen war, die die Heeresverfassung an die Bedürfnisse eines ausgedehnten Weltreichs anpaßte und das Versorgungsproblem in einer Weise regelte, die der Gefahr von Enteignungen und Rechtsverletzungen endgültig einen Riegel vorschob.

Bezeichnenderweise wurde die Rückkehr zu einer auf Recht und Gesetz gegründeten *res publica* nur möglich durch die Errichtung einer Alleinherrschaft, die dem selbstzerstörerischen Machtkampf der späten Republik ein Ende setzte. Nachdem die Machtfrage gelöst war, tat Augustus alles, um die neue Ordnung in der Tradition der alten zu verankern. Er legte den größten Wert darauf, daß der Senat als der Mittelpunkt der erneuerten *res publica* seine alte Würde zurückgewann, und es war sein Stolz, daß unter ihm jene Einigkeit zwischen Senat und Volk wiederhergestellt erschien, die seit der Gracchenzeit verlorengegangen war. Als ihm Senat und Volk gemeinsam im Jahre 2 den Ehrentitel eines Vaters des Vaterlandes antrugen, antwortete er der Adresse, die ihm bei dieser Gelegenheit dargebracht wurde, mit sichtlich bewegten Worten: «Da nun alle meine Wünsche in Erfüllung gegangen sind, Senatoren, worum kann ich die unsterblichen Götter noch bitten, als daß es mir vergönnt sein möge, diese eure Einigkeit bis zum letzten Tag meines Lebens bewahrt zu sehen» (Sueton, *Augustus* 58,2). Augustus brachte die verlorene innere Eintracht zurück, indem er der in der resignierenden Nobilität verbreiteten Einsicht, daß es ohne die Alleinherrschaft des einen keine Rettung des Staates gebe, durch Respektierung der Formen und der Ideale der Republik entgegenkam. Wer weder in der Lage noch daran interessiert war, zu dem mörderischen Spiel des Kampfes um die Macht zurückzukehren und hinter der Fassade der wiederhergestellten *res publica* die tatsächlichen Machtverhältnisse wahrzunehmen, sah in der Gegenwart die Wiederkehr jener idealisierten Vergangenheit, an der die ganz anders gearteten Verhältnisse der späten Republik gemessen wurden. In diesem Punkt trafen sich, wie zahlreiche Äußerungen und nicht zuletzt das Zeugnis der augusteischen Dichtung belegen, die Politik des Augustus und das allgemeine Zeitbewußtsein. Der Historiker Livius, der nach der Schlacht von Actium damit begann, das Heldenepos der großen Zeit der Republik zu schreiben, sah sich wie andere auch an einer Zeitenwende angelangt, an der Rom aus der Depression der Bürgerkriegszeit zu einem neuen, besseren Leben erwachte, und er erbaute sich und seine Leser mit der Erinnerung an Roms große Vergangenheit. Ein anderer Historiker, Velleius Paterculus, ging weiter und malte das offiziöse Bild der erneuerten Republik in den Farben einer hymnischen Überhöhung:

«Beendet wurden im zwanzigsten Jahr (gemeint ist das Jahr 30) die Bürgerkriege, zurückgerufen wurde der Friede, eingeschläfert überall das Wüten der Waffen, den Gesetzen die bindende Kraft zurückerstattet, den Gerichten die Autorität, dem Senat die Hoheit, die Autorität der höchsten Magistrate auf das ursprüngliche Maß zurückgeführt; lediglich zu den acht Praetoren wurden zwei neue hinzugewählt. Indem jene altehrwürdige Form des Staates wieder ins Leben zurückgerufen wurde, kehrte den Feldern die Bebauung zurück, den Heiligtümern die Verehrung der Götter, den Menschen die Sicherheit (der Lebensverhältnisse), jedem einzelnen der ungefährdete Besitz seines Eigentums; die Gesetze wurden mit Nutzen verbessert, neue zum allgemeinen Besten eingebracht. Der Senat wurde ohne Härte, aber nicht ohne Strenge neu zusammengesetzt. Die führenden Männer des Staates, die Triumphe und höchste Ehren gewonnen hatten, wurden durch die Ermahnung des Prinzeps zur Ausschmückung der Stadt veranlaßt» (*Velleius Paterculus* 2,89,3–4).

In der Tradition der Republik standen insbesondere die inneren Reformen, die Augustus geradezu als eine Rückkehr zur Ordnung und zur Sitte der Vorfahren (*mos maiorum*) inszenierte. Er knüpfte an jene verbreitete Deutung der römischen Geschichte an, die besagte, daß Roms Aufstieg zur Weltherrschaft durch die vorbildliche Tüchtigkeit (*virtus*) der Vorfahren bewirkt worden sei und dann ein moralischer Verfall zu innerer Zwietracht und Bürgerkrieg geführt habe. In der Triumviratszeit hatte sich dieses Krisenbewußtsein zu tiefster Depression verdichtet. In einem seiner Gedichte sprach Horaz damals davon, daß ein Fluch auf Rom laste, und alles Nachdenken über die letzten Ursachen der Katastrophe kehrte immer wieder zu einer religiösen und einer moralischen Deutung zurück: Die Verehrung der Götter war vernachlässigt worden, und dies bedeutete eine Störung des Götterfriedens, der die religiöse Voraussetzung für das Gedeihen des Staates war. Aber nicht nur den religiösen Pflichten war nicht nachgekommen worden. Auch die alten Tugenden der Vorfahren, die Rom groß gemacht hatten, waren preisgegeben, und an ihre Stelle waren die zerstörerischen Leidenschaften des Ehrgeizes und der Habsucht (*ambitio* und *avaritia*) getreten, die der Zwietracht und dem Bürgerkrieg den Boden bereitet hatten. Unter dem Eindruck des Bürgerkrieges und des Panthereinfalls im Jahre 40 hatte Horaz bereits der Befürchtung Ausdruck verliehen, daß das sich selbst zerfleischende Rom dem Ansturm der Barbaren erliegen werde. Die Heilmittel, die Augustus anwandte, die religiöse Restauration und die Reformgesetzgebung zur Wiederherstellung der guten alten Sitte, entstammten ebenso wie die zugrundeliegende Diagnose der Krankheit, an der Rom litt, dem politischen Denken und der politischen Praxis der Republik. Augustus' Erneuerung von 82 zerfallenen oder durch Brand zerstörten Tempeln und die Erneuerung alter Priesterschaften und Kultbräuche setzten die antiquarischen Forschungen des großen Gelehrten Marcus Terentius Varro über die Religion der Vorfahren ebenso voraus wie das Konzept Ciceros, der in seinem Werk über die Gesetze die Ordnung des römischen Staates auf das Fundament der gesetzlich fixierten Staatsreligion gestellt hatte. Aus der Vorstellung, daß die Staatsreligion die Grundlage der öffentlichen Ordnung bilde, wurde die praktische Nutzanwendung gezogen, daß die Politik der Umkehr bei den Göttern ansetzen müsse, wenn eine moralische Neuerung nach dem Vorbild der Vorfahren gelingen solle. Vor diesem Hintergrund wird es begreiflich, daß Augustus sein Programm der inneren Reformen im Jahre 28 mit der religiösen Restauration begann, um dann in einem zweiten Schritt zehn Jahre später die Gesetze zur politisch-moralischen Erneuerung folgen zu lassen. In seiner sechsten Römerode, die 29 oder 28 geschrieben wurde, hat Horaz diese Motivzusammenhänge entschlüsselt, die dem Reformdenken der Zeit und der Reformpolitik des Augustus zugrunde lagen. Ihr Vorbild war die normative Gesetzgebung der Republik, die sich nicht nur das Ziel gesetzt hatte, die gefährdete staatliche Ordnung zu stabilisieren, sondern auch die moralische Verfassung der Bürgerschaft zu verbessern. In die gleiche Richtung war das Wirken der Zensoren gegangen, die die Bürgerschaft und vor allem ihre Oberschicht mit Mahnungen, Rügen und Strafen an das Vorbild einer idealisierten Vergangenheit zu binden suchten.

Augustus knüpfte in diesem Punkt bewußt und dezidiert an die Tradition der Republik an, ja, er führte sie auf den Höhepunkt und zugleich an ihr Ende. Einen pragmatischen Anknüpfungspunkt der Reformgesetzgebung bildeten indessen die Wahlunruhen, die während seiner Abwesenheit in der Zeit zwischen 22 und 19 Rom erschüttert hatten. Augustus brachte nach seiner Rückkehr im Zuge der inneren Befriedung der Stadt ein Gesetz gegen die bekannten Mißbräuche bei der Wahlbewerbung ein, die *lex Iulia de ambitu*, und er fügte zwei weitere Gesetze hinzu, die in der Tradition der älteren Gesetzgebung zur Aufwandbeschränkung bei Banketten und bei der Errichtung repräsentativer Bauten standen. Eine umfassende Novellierung der republikanischen Richtergesetze stellten die *leges Iuliae iudiciorum et privatorum* dar, die unter anderem die Liste der Geschworenen- und Einzelrichter erweiterten und so für eine Verbesserung der ordentlichen Rechtspflege sorgten. Das Kernstück seiner Reformgesetzgebung des Jahres 18 galt indessen dem Versuch, eine restriktive Sexualmoral, den Schutz der Ehe und die Hebung der Geburtenrate durchzusetzen. Damit ist er, auf das Ganze gesehen, ebenso gescheitert wie seine republikanischen Vorgänger mit ihren Bemühungen, die Gesellschaft mit dem Mittel der Gesetzgebung moralisch zu bessern und auf die ungeschriebenen Normen des *mos maiorum* festzulegen. Und doch war gerade dieser Versuch besonders stark mit der ideologischen Ausrichtung der Politik am Ideal der Vergangenheit verknüpft. In seiner sechsten Römerode hatte Horaz das Thema des Verfalls der Ehemoral aufgegriffen, Cicero hatte im Jahre 46 in der Aufzählung der Themen einer künftigen Reformgesetzgebung die Hebung der Geburtenrate und die Zurückdrängung der verderblichen Leidenschaft genannt, und Augustus ließ es sich nicht verdrießen, bei der Vorbereitung der betreffenden Gesetze den Senatoren ganze Reden seiner Vorgänger vorzulesen:

«Sogar ganze Buchrollen las er dem Senat vor und machte sie oftmals dem Volk durch Edikt bekannt wie beispielsweise die Reden des Quintus Metellus (Zensor des Jahres 131) über die Hebung der Geburtenrate und Rutilius (Konsul des Jahres 105) über die Einhaltung des Maßes bei Hausbauten, um desto überzeugender demonstrieren zu können, daß beide Themen nicht erst von ihm ins Auge gefaßt, sondern schon bei den Alten Gegenstand der Besorgnis gewesen seien» (Sueton, *Augustus* 89,2).

Gegen erheblichen Widerstand setzte Augustus zwei in die private Lebenssphäre tief einschneidende Gesetze durch: Das eine machte Ehebruch und Unzucht sowie Kuppelei zu Straftatbeständen, für deren Aburteilung ein eigener Gerichtshof geschaffen wurde, und das andere, die *lex Iulia de maritandis ordinibus*, verpflichtete Angehörige der beiden oberen Stände innerhalb bestimmter Altersgrenzen zur Ehe beziehungsweise zur Kinderzeugung. Die Bestimmungen des Gesetzes sollten mit Vergünstigungen und Sanktionen durchgesetzt werden. Aber diese Mittel erwiesen sich als ungeeignet und taugten allenfalls dazu, den verhältnismäßig kleinen Kreis der Senatoren und einen Teil des Ritterstandes zu drangsalieren. Der Widerstand gegen das Ehegesetz hielt an, und im Jahre 9 n. Chr. wurde es nach neuen Gegendemonstrationen auf Antrag der Konsuln in der Weise novelliert, daß Änderungen und Milderungen der Sanktionen vorgenommen wurden. Aber einen vollständigen Rückzug trat Augustus nicht an. Vielmehr rechnete er es sich noch in seinem Tatenbericht als besonderes Verdienst an, durch seine Gesetze viel Vorbildliches aus der Zeit der Vorfahren wiederbelebt und selbst Vorbildliches der Nachwelt zur Nachahmung hinterlassen zu haben. Nach Abschluß seines Gesetzgebungswerkes demonstrierte Augustus in den grandiosen Saecularspielen, die er unter Assistenz des Marcus Vipsanius Agrippa, seines Schwiegersohns und wichtigsten Helfers, vom 31. Mai bis zum 3. Juni 17 in Szene setzte, der Öffentlichkeit den Sinngehalt seiner Politik der inneren Erneuerung. Ein Schlußstrich wurde unter die Epoche des moralischen Niedergangs gezogen, und eine neue Zeit nahm unter Opferhandlungen und Anrufung der Götter und Göttinnen ihren Anfang. Der Dichter Horaz verfaßte das von 27 Knaben und 27 Jungfrauen vorgetragene Kultlied, in dem die Rückkehr der alten Tugenden als Unterpfand einer glücklicheren Zeit besungen wird (Verse 57–60 in der Übersetzung von H. Färber):

> «Und schon wagt auch Frieden und Treu und Ehre
> Und der Vorzeit Zucht und vergeßne Tugend
> Sich zurück; glückspendend erscheint mit vollem
> Horne der Segen.»

Augustus gehörte von Haus aus nicht dem innersten Kreis der Nobilität an. Um so stärker verinnerlichte er das Leistungsethos der alten politischen Klasse der Republik. In seinem Tatenbericht hat er seine ganze Laufbahn als eine ununterbrochene Kette von Verdiensten um die *res publica* stilisiert, deren Lohn die Ehrungen und die überragende Autorität einer informellen Führerstellung waren. Neben den finanziellen Aufwendungen für Bauwerke, städtische Plebs und Soldaten sind es vor allem die militärischen Verdienste und die Vergrößerung des Reiches, die Augustus als seine Ruhmestitel in Anspruch nimmt. Damit folgte er dem Ehrenkodex der republikanischen Nobilität. Insofern führt eine direkte Linie von den Grabinschriften der Scipionen bis zum Tatenbericht des Augustus. Aus dem Aufstieg der um das eigene Überleben kämpfenden Stadt am Tiber zu einem mediterranen Weltreich folgte die Privilegierung des militärischen Erfolgs. Im Krieg wurde der Ruhm erfochten, auf dem das Ansehen der Person und der Familie in der Öffentlichkeit vornehmlich beruhte. Mochte Cicero in seinem Werk *Über angemessenes Verhalten (De officiis)* auch vor den Gefahren einer Überschätzung des Kriegsruhmes warnen und im Lichte des Caesarerlebnisses versuchen, die Maßstäbe zurechtzurücken: Er selbst hat nicht gezögert, mit dem Pfund des bescheidenen Kriegsruhms, den die Operationen im Grenzgebirge zwischen Kilikien und Syrien ihm eingebracht hatten, zu seiner höheren Ehre zu wuchern, um die begehrte Ehre des Triumphes zu erlangen. Rom war überfüllt mit den Siegesmonumenten der Triumphatoren, und wenn die Feldherren und Staatsmänner der späten Republik zur Feder griffen, um ihre Taten ins rechte Licht zu setzen, dann ging es meist und dann so gut wie ausschließlich um Werke des Krieges. Caesars Commentarien sind das am besten bekannte Beispiel. Aber auch der Diktator Sulla gründete, wenn nicht alles täuscht, in seinem nur fragmentarisch erhaltenen autobiographischen Werk den Anspruch auf eine herausragende Stellung im Staat auf seine militärischen Verdienste. Caesar war so empört darüber, daß ihn seine Feinde um den Lohn seiner kriegerischen Leistungen in Gallien hatten bringen wollen, daß er auf dem Schlachtfeld von Pharsalos ausrief: «Das haben sie gewollt: Trotz solcher Großtaten wäre ich, Gaius Caesar, verurteilt worden, wenn ich nicht bei meinem Heer Hilfe gesucht hätte.» Gegen eine solche Berufung auf die Werke des Krieges wandte Cicero ein, daß sie einem Caesar nur dazu gedient hatten, mit dem Heer des römischen Volkes das römische Volk, das nicht nur selbst frei war, sondern den Völkern der Welt gebot, seiner Gewalt zu unterwerfen. Gleiches hatte Octavian auf seinem blutigen Weg zur Alleinherrschaft getan. Aber er hatte, wie er in seinem Tatenbericht behauptete, seine Verfügungsgewalt über den Staat am 13. Januar 27 in die Hände von Senat und Volk zurückgegeben, und er hatte sich bereit erklärt, das Kommando in den unbefriedeten oder durch äußere Feinde gefährdeten Provinzen zu übernehmen. Damit war er zum Herrn über Krieg und Frieden geworden, und er konnte die ungelösten Aufgaben der Sicherung und Arrondierung des Reiches in Angriff nehmen.

Der territoriale Bestand des Reiches war das Ergebnis der Bewältigung einzelner Herausforderungen, und die Folge dieser Entstehungsbedingungen war ein zwar ausgedehntes, aber unzusammenhängendes Territorium. Weder war Italien vor Angriffen aus dem Alpenraum geschützt, noch besaß das Reich verteidigungsfähige Grenzen. Zwischen der westlichen und der östlichen Reichshälfte klaffte die große Lücke des Balkanraums, der Nordwesten Spaniens war noch immer nicht unterworfen, die Rheingrenze war ungesichert, und im Osten sah sich Augustus der Forderung gegenüber, dem römischen Suprematieanspruch gegenüber dem Partherreich Geltung zu verschaffen. Indem Augustus in seiner langen Regierungszeit mit diplomatischen und vor allem mit militärischen Mitteln Abhilfe zu schaffen versuchte, wurde er zum Schöpfer des Römischen Reiches der Kaiserzeit, dessen Grenzen in Europa und Asien die drei großen Ströme Rhein, Donau und Euphrat bildeten. Augustus sah in seinen militärischen Erfolgen und in seinen Verdiensten um die Mehrung des Reiches zugleich die Legitimation seines Prinzipats, und darin folgte er dem Leistungsethos der republikanischen Nobilität. Aber für den Bestand seiner Alleinherrschaft war es unerläßlich, daß keine konkurrierenden Ansprüche von Standesgenossen sein Monopol wieder in Frage stellten. Als Marcus Licinius Crassus, ein Enkel des mit Caesar verbündeten Triumvirn, nach Actium als Prokonsul von Makedonien an der Spitze mehrerer Legionen den Einfall der germanischen Bastarner mit einer großangelegten Gegenoffensive beantwortete, wurde ihm zwar der Triumph bewilligt, aber Augustus vereitelte Crassus' Versuch, die Waffen des von ihm getöteten Anführers der Bastarner nach alter Sitte im Tempel des Iuppiter Feretrius niederzulegen. Er konnte nicht dulden, daß einer seiner Standesgenossen für seine Kriegstaten höhere Ehren als er selbst empfing. Im Jahre 19 feierte mit Lucius Cornelius Balbus zum letzten Mal ein siegreicher Feldherr, der nicht der Familie des Augustus angehörte, einen Triumph. Alle Siege, die seine Unterfeldherren errangen, waren Siege des Prinzeps. Obwohl Augustus persönlich über keine besonderen militärischen Fähigkeiten verfügte, stellte er sich bewußt in die Reihe der großen Feldherren der Republik. Das von ihm angelegte Forum, in dessen Mittelpunkt sich der vor der Schlacht von Philippi gelobte Tempel des rächenden Kriegsgottes, des Mars Ultor, erhob, war das steingewordene Monument seiner Selbststilisierung. Hier, vor dem Kultbild des Gottes, wurden die von den Parthern zurückgegebenen Feldzeichen aufbewahrt, die Augustus im Jahre 19 heimgebracht hatte, und hier gruppierten sich die Galerien der Ahnen des julischen Geschlechts und der großen Feldherren der Republik um die Quadriga des Augustus in der Mitte des Platzes. Mit Blick auf die Galerie der Feldherren schrieb sein Biograph Sueton:

«Nächst den Göttern erwies er die höchste Ehre den großen Heerführern, die des römischen Volkes Macht von der niedrigsten auf die höchste Stufe gebracht hatten. Darum stellte er die Monumente eines jeden von ihnen unter Beibehaltung der alten

Statue des Augustus von Primaporta (um 17 v. Chr.)

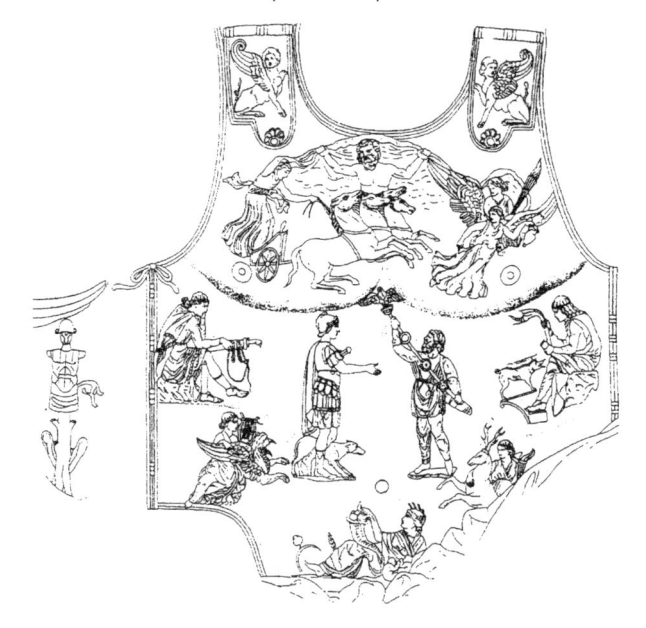

Umzeichnung des Panzerreliefs: Die Darstellung nimmt Bezug
auf die Rückgabe der an die Parther verlorenen Feldzeichen und die
Vorstellung der Wiederkehr einer segensreichen Friedenszeit.

Inschriften wieder her und stellte die Statuen aller im Schmuck der triumphatorischen Insignien in den beiden Portiken seines Forums auf, indem er durch Edikt bekanntgab: Es sei seine Absicht gewesen, daß an dem Musterbild jener großen Männer sowohl er selbst, solange er lebe, als auch die Führer des Staates in den kommenden Generationen gemessen werden könnten» (*Augustus* 31,5).

Tatsächlich setzte Augustus mit diesem Rückgriff auf die große militärische Tradition der Republik ebenso Maßstäbe für die von ihm begründete Monarchie des römischen Kaisertums wie mit der Bindung seiner Herrschaft an die Wiederherstellung von Recht und Gesetz. Die Sieghaftigkeit des römischen Kaisers, der die äußere Integrität des Reiches durch die Überlegenheit seiner Waffen schützt, und die Wahrung von Recht und Gesetz als Unterpfand des inneren Friedens wurden zu den Elementen der Kontinuität, die die Geschichte der Republik und die der Kaiserzeit bis hin zur Herrschaft des Kaisers Justinian (527– 565 n. Chr.) miteinander verbinden.

Augustus überwand die Republik, indem er an die Stelle der ineffektiv gewordenen Herrschaft von Senat und Volk unter Schonung

428   V. Augustus

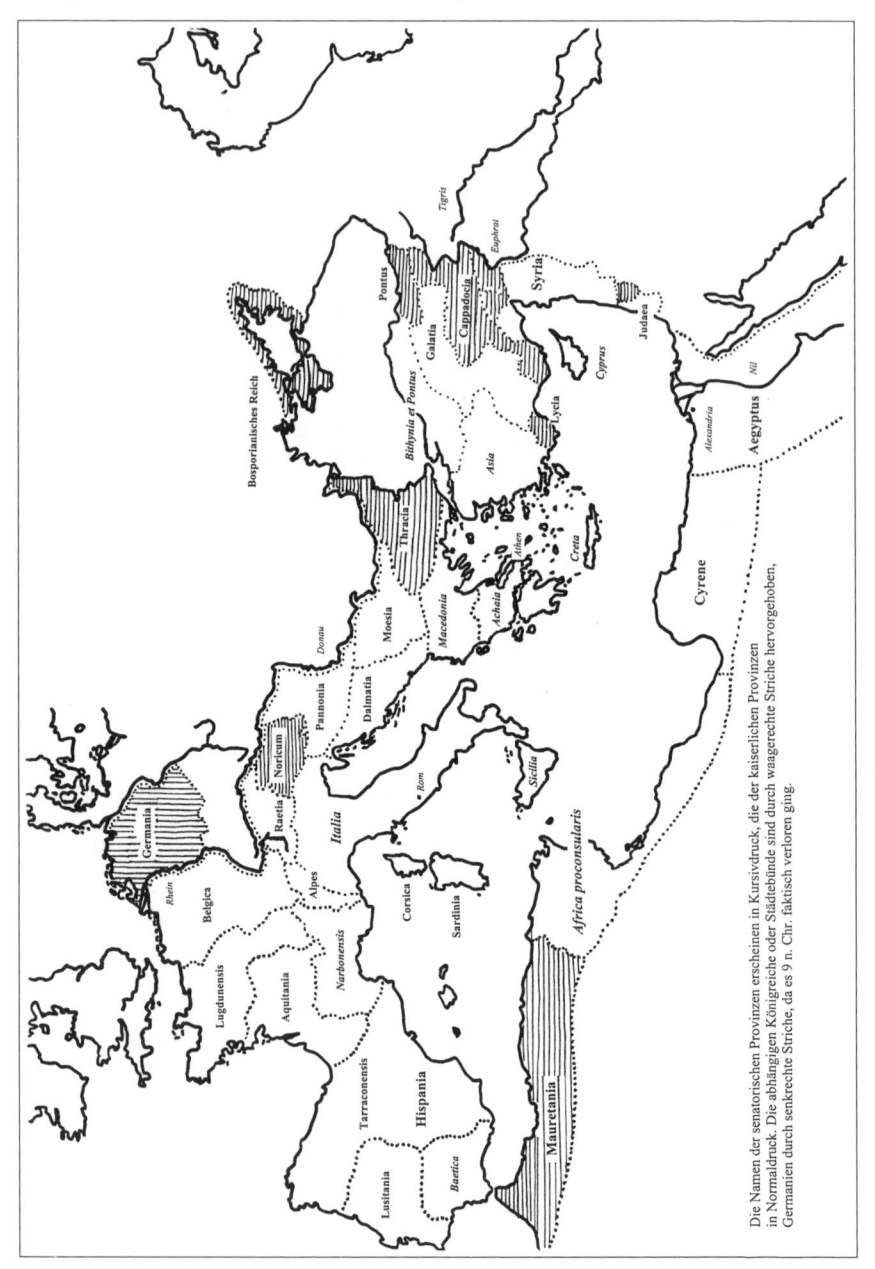

Die Namen der senatorischen Provinzen erscheinen in Kursivdruck, die der kaiserlichen Provinzen in Normaldruck. Die abhängigen Königreiche oder Städtebünde sind durch waagerechte Striche hervorgehoben, Germanien durch senkrechte Striche, da es 9 n. Chr. faktisch verloren ging.

Das Römische Reich beim Tod des Augustus (14 n. Chr.)

der gewachsenen republikanischen Formen des römischen Staates seine eigene setzte, und er wurde durch den Rückgriff auf ihre bewunderten Traditionen zu ihrem Vollender. Er war überzeugt, durch die Beseitigung des Konkurrenzkampfes der Mächtigen den römischen Staat in einen besseren Zustand versetzt zu haben, und in einem seiner Edikte sprach er die Erwartung aus, daß er die *res publica* auf ein sicheres Fundament gestellt habe, das ihr Dauer verleihen werde:

«So wahr es mir vergönnt sein möge, den Staat sicher auf seiner Grundlage zu verankern und daraus den Gewinn zu ziehen, den ich erstrebe: Urheber des besten Zustandes zu heißen und sterbend die Hoffnung mit ins Grab zu nehmen, daß die von mir gelegten Fundamente des Staates an ihrer Stelle bleiben werden» (Sueton, *Augustus* 28,2).

Gewiß konnte auch Augustus das Gesetz, unter dem alle Geschichte und alles menschliche Leben stehen, daß nichts so bleibt, wie es ist, nicht außer Kraft setzen. Aber soweit es menschenmöglich war, gelang es ihm, in Anknüpfung an die lebensfähigen Elemente der Republik eine neue Ordnung zu schaffen, die den Rahmen für die lange Dauer des römischen Kaiserreichs bildete.

ANHANG

ZEITTAFEL

um 625	Gründung der Stadt Rom (fiktives Datum der Varronischen Ära: 753)
509/08	Einweihung des Iuppitertempels auf dem Capitol
500–470	Begründung der Republik: Ersetzung des Königtums durch die zeitlich begrenzte Magistratur (fiktives Datum: 510)
vor 450	Einführung der Heeresversammlung (sog. Zenturiatkomitien)
um 450	Rechtskodifikation des Zwölftafelgesetzes
um 400	Keltische Landnahme in der Poebene
396	Eroberung der etruskischen Stadt Veji
18. 7. 390	Niederlage gegen die Kelten an der Allia (erstes authentisch überliefertes Datum der römischen Geschichte)
387	Einnahme Roms durch die Kelten
um 370	Neubegründung des Bundes zwischen Rom und den Latinern (sog. *foedus Cassianum*)
367/66	Beginn der Konsulatsverfassung: erstmalige Zulassung eines Plebejers zum höchsten Jahresamt (sog. Licinisch-Sextische Gesetze)
367–287	Entstehung der Verfassung der klassischen Republik und einer aus Patriziern und Plebejern bestehenden regierenden Klasse, der sog. Nobilität
347/46?	Erster römisch-karthagischer Vertrag
340–338	Unterwerfung der Latiner
340/39	Zweiter römisch-karthagischer Vertrag
326–291	Samnitenkriege (326–304: sog. Zweiter Samnitenkrieg; 300–291: sog. Dritter Samnitenkrieg gegen Samniten, Etrusker und Kelten)
287	Beschlüsse der Plebejerversammlung werden durch das Hortensische Gesetz gemeinverbindlich gemacht (Ende der sog. Ständekämpfe)
285–282	Krieg gegen Kelten und Etrusker
280–272	Krieg gegen König Pyrrhos, Samniten und Lukaner
264/63–241	Erster Punischer Krieg
237	Rom zwingt Karthago zur Räumung Sardiniens
227	Errichtung der ersten überseeischen Provinzen (Sizilien und Sardinien) unter Militärgouverneuren (Praetoren)
237–219	Errichtung eines karthagischen Herrschaftsgebiets auf der iberischen Halbinsel
226	Feldherrnvertrag mit Hasdrubal, der den Karthagern verbietet, den Ebro zu überschreiten
229/28	Erster Illyrischer Krieg

Zeittafel

225–222	Krieg gegen die Kelten der Poebene
219	Zweiter Illyrischer Krieg
218–201	Zweiter Punischer Krieg
216	Vernichtungsschlacht bei Cannae
215	Vertrag zwischen Hannibal und König Philipp V. von Makedonien
212/11–205	Sog. Erster Makedonischer Krieg
206	Räumung der iberischen Halbinsel durch die Karthager
202	Niederlage Hannibals bei Zama in Nordafrika
200–197	Zweiter Makedonischer Krieg
197	Errichtung von zwei römischen Provinzen auf der iberischen Halbinsel
191–188	Krieg mit König Antiochos III., Herrscher des Seleukidenreichs
171–168	Dritter Makedonischer Krieg und Vernichtung der makedonischen Monarchie
154–133	Krise der römischen Herrschaft: Kriege in Spanien
149–146	Dritter Punischer Krieg; Erhebung des Andriskos in Makedonien und sog. Achäischer Krieg
146	Zerstörung Karthagos und Korinths. Das karthagische Nordafrika sowie Makedonien und Teile Griechenlands werden römische Provinzen.
136–133	Erster Sizilischer Sklavenkrieg
133	Volkstribunat des Tiberius Gracchus und Beginn der inneren Konflikte
133–129	Errichtung der römischen Provinz Asia
123/22	Volkstribunat des Gaius Gracchus. Ausweitung der inneren Konflikte
112–105	Krieg mit König Iugurtha von Numidien
113–101	Kämpfe mit den Kimbern und Teutonen
102/01	Marius vernichtet die Kimbern und Teutonen in den Schlachten von Aquae Sextiae und Vercellae.
104–100	Zweiter Sizilischer Sklavenkrieg
100	6. Konsulat des Marius. Scheitern des Versuchs einer Wiederaufnahme der gracchischen Reformen
91	Volkstribunat des Marcus Livius Drusus. Scheitern seiner Reformpläne
91–88	Bundesgenossenkrieg und Verleihung des römischen Bürgerrechts an die Italiker
88	König Mithradates VI. von Pontos bemächtigt sich der Provinz Asia und fällt in Griechenland ein.
88	Volkstribunat des Publius Sulpicius Rufus. Erster Marsch Sullas auf Rom. Beginn der Militarisierung innerer Konflikte
87–85	Erster Mithradatischer Krieg: Sulla im Osten
83/82	Bürgerkrieg zwischen Sulla und der popularen Regierung
82/81	Sullas Diktatur zur Neuordnung des Staates
77–71	Krieg gegen die populare Gegenregierung in Spanien
74–64	Sog. Dritter Mithradatischer Krieg

73–71	Sklavenaufstände in Italien. Sog. Spartacuskrieg
70	Konsulat des Pompeius und Crassus: Beseitigung der Hauptpunkte der sullanischen Ordnung
67	Pompeius beseitigt die Seeräuberplage.
66–63	Pompeius beendet den Mithradatischen Krieg und ordnet den Osten neu: Errichtung der Provinzen Syrien, Kilikien sowie Bithynien.
63	Konsulat Ciceros: Unterdrückung der Catilinarischen Verschwörung
59	Erster Triumvirat und Konsulat Caesars
58–51	Eroberung Galliens durch Caesar
56	Erneuerung des Ersten Triumvirats
55	Zweiter Konsulat des Pompeius und Crassus
53	Niederlage und Tod des Crassus im Krieg gegen die Parther bei Carrhae
52	Dritter Konsulat des Pompeius. Versuch einer politischen Stabilisierung
49	Beginn des Bürgerkriegs zwischen Caesar und der Regierung
48	Pompeius' Niederlage bei Pharsalos und Ermordung in Ägypten
46	Niederlage der Republikaner bei Thapsus in Nordafrika
45	Niederlage der Pompeianer bei Munda in Spanien
46–44	Caesars Diktatur: Reformen und monarchische Umgestaltung des Staates
15. 3. 44	Ermordung Caesars
43	Bürgerkrieg zwischen Antonius und der von Cicero geführten Senatspartei
27. 11. 43	Abschluß des Zweiten Triumvirats zwischen Antonius, Lepidus und Octavian, dem Erben und Adoptivsohn Caesars
Oktober/November 42	Sieg der Triumvirn über die Caesarmörder Cassius und Brutus in der Doppelschlacht bei Philippi
33/32	Bruch zwischen Octavian und Antonius
2. 9. 31	Sieg Octavians in der Seeschlacht von Actium
30	Einnahme Alexandriens und Provinzialisierung Ägyptens
27–19	Begründung des Prinzipats durch Neubestimmung der öffentlich-rechtlichen Gewalt Octavians, der im Januar 27 mit dem Ehrennamen Augustus ausgezeichnet wird
27 v.–6 n. Chr.	Schaffung einer Berufsarmee und Regelung der Veteranenversorgung
27 v.–9 n. Chr.	Arrondierung des Römischen Reiches
20 v. Chr.	Rückgabe der von den Parthern erbeuteten römischen Feldzeichen
19/18 v. Chr.	Reformgesetzgebung des Augustus
31.5.–3. 6. 17 v. Chr.	Saecularfeier

HINWEISE ZUR FORSCHUNG
UND WISSENSCHAFTLICHEN LITERATUR

Es ist eine Binsenwahrheit, daß die Aussagemöglichkeiten des Historikers vom Umfang und vom Wert der Quellen, der schriftlichen und der monumentalen, die vergangene Epochen hinterlassen haben, abhängig sind. Aber wie man seit den Anfängen der modernen Geschichtswissenschaft um 1800 auch weiß, ist die Rekonstruktion der Vergangenheit etwas wesentlich anderes als die Addition der vorhandenen Quellen, die wegen ihrer Heterogenität, ihrer Zeit- und Interessengebundenheit, ihrer Lücken- und Fehlerhaftigkeit der Kritik und der Ergänzung bedürfen. Unter dem Einfluß der antiken Historiographie ist bis tief in das achtzehnte Jahrhundert hinein unter Geschichte vor allem Ereignisgeschichte, die Abfolge der ‹Begebenheiten› sowie die Ursachen und Wirkungen menschlichen Handelns, verstanden worden. Demgegenüber wurde das Ensemble der gesellschaftlichen Verhältnisse sowie der religiösen, kulturellen und politischen Grundlagen des Lebens eher vorausgesetzt als thematisiert, nicht zuletzt deshalb, weil den ‹Verhältnissen› oder nach heutigem Sprachgebrauch den ‹Strukturen› unterstellt wurde, daß sie im Unterschied zu den ‹Begebenheiten› der Veränderung alles Geschichtlichen entzogen seien. Mit dieser Gewißheit war es nach der Erfahrung der Französischen Revolution, die die gesellschaftliche und politische Ordnung des *Ancien Régime* umgestürzt hatte, endgültig vorbei. Die moderne Geschichtswissenschaft, auch die von der griechisch-römischen Antike, ist aus dieser Erfahrung entstanden, ja mehr noch: Für die Geschichte des frühen Rom ist die Entdeckung der grundlegenden Bedeutung der Agrarverfassung und ihrer Veränderungen durch Barthold Georg Niebuhr (1776–1831) auf das engste verknüpft mit den damals aktuellen Problemen der Bauernbefreiung in Schleswig-Holstein. Da in der Argumentation ihrer Gegner die Berufung auf das Schreckbild der vermeintlich alle Eigentumsverhältnisse mißachtenden *leges agrariae* im alten Rom eine gewisse Rolle spielte, setzte Niebuhr zu Beginn des neunzehnten Jahrhunderts in Kopenhagen zu einer gründlichen Klarstellung der historischen Verhältnisse an. Wie die erhaltenen Kopenhagener Manuskripte zeigen, kam er damit nicht zum Ziel, aber er legte in ihnen die Grundlagen zu seiner epochemachenden *Römischen Geschichte*, die aus einer Vorlesungsserie an der neugegründeten Berliner Universität im Wintersemester 1810/11 hervorging.

Das Werk ist auch in der zweiten Auflage nicht über die italische Phase der römischen Geschichte hinausgekommen, und seine damals außerordentliche Wirkung ging von der Entdeckung aus, daß die Agrarfrage das eigentliche Substrat der frührömischen Ständekämpfe bildete, von denen die antike Überlieferung so viel zu erzählen hatte. Seit Niebuhr ist es ein Axiom der modernen Geschichtswissenschaft, daß das Substrat der Lebensverhältnisse und die Begebenheiten in einen sinnvollen Rapport zu setzen sind und daß zur Rekonstruktion dieses die Geschichte als Ganzes ausmachenden Zusammenhangs nicht nur die Kritik der Quellen, sondern vor allem ein eminentes geschichtliches Anschauungsvermögen gehört. Mit Niebuhrs *Römischer Geschichte* war der Weg zu neuen Horizonten des historischen Verständnisses geöffnet und zugleich, wie sich sehr schnell zeigen sollte, der Weg zu einem fortdauernden Prozeß, in dem traditionelle Geschichtsbilder in Frage gestellt werden und das geschichtliche Forschen sich selbst korrigiert:

B. G. Niebuhr, *Römische Geschichte*, 2 Bde., Berlin 1811/12; 3 Bde., Berlin 1829–1832² (der 3. Band wurde postum herausgegeben).

Die Zusammenhänge, in die Niebuhrs epochemachender Neuansatz gehört, sind jetzt mustergültig ins Licht gesetzt worden von:

A. Heuß, *Barthold Georg Niebuhrs wissenschaftliche Anfänge. Untersuchungen und Mitteilungen über die Kopenhagener Manuscripte und zur europäischen Tradition der lex agraria (loi agraire)*, Abhandlungen der Akademie der Wissenschaften in Göttingen, Philologisch-historische Klasse, III. Folge 114, 1981.

Im Anhang des umfangreichen Werkes sind die wichtigsten Texte aus den Kopenhagener Manuskripten im Wortlaut ediert.

Es dauerte nicht viel länger als eine Generation, bis Niebuhrs *Römische Geschichte* dem Prozeß der Selbstkorrektur allen historischen Forschens zum Opfer gefallen war. Der erste wirkungsvolle Angriff ging von Joseph Rubino aus, einem Historiker, der heutzutage der Vergessenheit anheimgefallen ist:

J. Rubino, *Untersuchungen über römische Verfassung und Geschichte I. Über den Entwicklungsgang der römischen Verfassung bis zum Höhepunkte der Republik*, Kassel 1839 (mehr ist nicht erschienen).

Gegen Niebuhrs Versuch, auf der brüchigen Grundlage einer späten Überlieferung die Geschichte der Ständekämpfe zu rekonstruieren, privilegierte Rubino die Institutionen als Schlüssel zum Verständnis der frühen römischen Geschichte. Theodor Mommsen machte sich seine Position und seine Kritik an Niebuhr zu eigen, und er sprach geradezu von der «Wahnkritik» Niebuhrs. Der Nachweis, daß dieser auf den Sand einer legendären und unglaubwürdigen Überlieferung gebaut hatte, wurde von ihm dann im einzelnen geführt, in:

Th. Mommsen, *Römische Forschungen*, 2 Bde., Berlin 1864/79.

Ironischerweise hatte Niebuhr dem geschichtlichen Verständnis eine neue Dimension an einem Stück fiktiver Sozialgeschichte erschlossen, das in nachgracchischer Zeit durch eine Rückspiegelung der Auseinandersetzung um die Agrargesetze der späten Republik in die Frühzeit entstanden war.

Mommsens eigene *Römische Geschichte*, eines der herausragenden historiographischen Werke des neunzehnten Jahrhunderts, ging völlig andere Wege als Niebuhr:

Th. Mommsen, *Römische Geschichte*, 3 Bde., Leipzig 1854–1856, seither zahlreiche Nachdrucke, zuletzt dtv München 1976 als Nachdruck der 9. Auflage von 1902 (wieder aufgelegt 2001).

Es handelt sich um eine bis zum Jahr 45 herabgeführte Darstellung der Geschichte der römischen Republik (der viel später erschienene 5. Band über die Geschichte der römischen Provinzen in der Kaiserzeit hängt weder zeitlich noch sachlich mit den drei ersten Bänden zusammen). Obwohl das großartige Werk noch immer fasziniert und in vielen Einzelheiten Bestand hat, ist es doch, unnötig zu sagen, als Ganzes überholt. Das gilt nicht nur für gewisse anachronistische Vorstellungen wie die einer Einigung der italischen Nation durch Rom, sondern mehr noch für die Hegelschen Denkkategorien verpflichtete Gesamtkonzeption: daß in den Anfängen der römischen Geschichte eine Synthese aus Monarchie und Demokratie bestanden habe, diese dann von der aristokratischen, in oligarchische Erstarrung verfallenden Republik abgelöst worden sei und Caesar schließlich als Vollender der römischen Geschichte die ‹Entfremdung› von den Ursprüngen einer demokratischen Monarchie wieder aufgehoben habe. In dieser Konzeption sind die Person und die Rolle Caesars gründlich mißverstanden. Die Verherrlichung Caesars, der sachliche und stilistische Höhepunkt, mit dem das Werk endet, stellt eine starke Verzeichnung der historischen Verhältnisse dar.

Zu einem besseren Verständnis des Ranges und der Grenzen der Mommsenschen *Römischen Geschichte* können die folgenden Würdigungen verhelfen:
A. Heuß, *Theodor Mommsen und das neunzehnte Jahrhundert*, Kiel 1956, 58–98, und ders., *Theodor Mommsen als Geschichtsschreiber*, in: N. Hammerstein (Hrsg.), *Deutsche Geschichtswissenschaft um 1900*, Stuttgart 1988, 37–95 = ders., *Gesammelte Schriften* III, Stuttgart 1995, 1744–1802.

Seit Mommsens *Römischer Geschichte* ist eine nach Umfang und Niveau vergleichbare, ganz aus den Quellen gearbeitete Darstellung der Republik nicht mehr erschienen. Aber im Rahmen von Gesamtdarstellungen der römischen Geschichte ist die Republik immer berücksichtigt worden. Im deutschen Sprachraum stammt das herausragende Werk aus der Feder von
A. Heuß, *Römische Geschichte*, zuerst Braunschweig 1960, jetzt zu benutzen in der 6. Auflage von 1998, hrsg. von J. Bleicken, W. Dahlheim und H.-J. Gehrke.
Bei Heuß tritt die Tektonik der römischen Geschichte in vorbildlicher Klarheit zutage. Der letzte Abschnitt des Buches ist einem souveränen Überblick über die Forschung von der Renaissance bis zur Moderne gewidmet. Dieser Teil hat durch die Herausgeber der letzten Auflage eine Ergänzung für die Zeit zwischen 1960 und 1998 erfahren; für die Republik hat dies H.-J. Gehrke geleistet. Dem Interesse an einer möglichst umfassenden Übersicht über die moderne Forschung, ihre Tendenzen und Kontroversen, kommt am besten der in der Oldenbourg-Reihe «Grundriß der Geschichte» erschienene Band zur Republik entgegen. Er verbindet eine knappe Darstellung mit einer breiten, auf mehr als 1300 Titeln gestützten Präsentation der Quellen und der wissenschaftlichen Literatur. Auf dieses Werk sei deshalb für alle Einzelheiten verwiesen:
J. Bleicken, *Geschichte der römischen Republik*, München 1999⁵.

Daneben gibt es an handbucharthaltigen Darstellungen und Bibliographien keinen Mangel. Genannt sei nur das Wichtigste aus neuerer Zeit, an erster Stelle die zwischen 1989 und 1994 erschienenen einschlägigen Bände der Neuauflage der
Cambridge Ancient History VII 2: *The Rise of Rome to 220 B. C.*, ed. F. W. Walbank u. a.; VIII: *Rome and the Mediterranean to 133 B. C.*, ed. A. E. Astin u. a., sowie IX: *The Last Age of the Roman Republic, 146–43 B. C.*, ed. J. A. Crook u. a.; daneben
K. Christ, *Römische Geschichte. Einführung, Quellenkunde, Bibliographie*, Darmstadt 1980³ = unveränderter Nachdruck 1990; ders., *Römische Geschichte. Eine Bibliographie*, Darmstadt 1976; Nouvelle Clio: J. Heurgon, *Rome et la méditerranée jusqu'aux guerres puniques*, Paris 1969; C. Nicolet, *Rome et la conquête du monde méditerranéen I. Les structures de l'Italie romaine*, Paris 1977 und 1979², sowie II. *Génèse d'un empire*, Paris 1978, und A. Schiavone (Hrsg.), *Storia di Roma I. Roma in Italia*; II. *L'impero mediterraneo. La repubblica imperiale*, Turin 1988/90.

Die Quellenlage zu den Anfängen und der italischen Phase der römischen Geschichte ist vor allem deshalb so problematisch, weil eine römische Historiographie erst um das Jahr 200 mit dem in griechischer Sprache geschriebenen Werk des Senators Fabius Pictor einsetzte. Der Verfasser konzentrierte sich auf die legendären Ursprünge und die institutionellen Grundlagen des römischen Staates sowie auf die Geschichte seiner Zeit, und er überbrückte die lange Zeit zwischen ca. 450 und dem Ersten Punischen Krieg mit knappen Notizen. An dieser ungleichen Informationsdichte änderte sich bis zum Ende des zweiten Jahrhunderts nur wenig. Die Überfülle des Stoffes, mit der in augusteischer Zeit die Historiker Livius in der ersten Dekade seiner großen Geschichte Roms und Dionysios von Halikarnaß in seinen Römischen Altertümern für die Zeit von den Anfängen bis zu den Samnitenkriegen aufwarteten, ist im wesentlichen der Erfindungsgabe der sogenannten jüngeren Annalistik des ersten Jahrhunderts geschuldet, die die überlieferungsarmen Räume der römischen Geschichte in den Umrissen und Farben der erlebten Zeitgeschichte der späten Republik ausmalte. Am Beispiel der ersten Dekade des Livius ist dies vor einiger Zeit gut ins Licht gesetzt worden:

D. Gutberlet, *Die erste Dekade des Livius als Quelle zur gracchischen und sullanischen Zeit*, Hildesheim 1985.

Über die römische Geschichtsschreibung und die ihr gewidmete wissenschaftliche Literatur informiert zuverlässig

D. Flach, *Römische Geschichtsschreibung*, Darmstadt 1998[3].

Die Fragmente der verlorenen Werke der republikanischen Historiker werden gegenwärtig mit Übersetzung und Kommentar neu ediert. Erschienen ist vor kurzem der erste Band:

H. Beck – U. Walter, *Die frühen römischen Historiker I. Von Fabius Pictor bis Cn. Gellius*, Darmstadt 2001.

Neben monumentalen Überresten gibt es nur wenige Urkunden wie den ersten und zweiten römisch-karthagischen Vertrag sowie den Bündnisvertrag zwischen Rom und den Latinern, das sogenannte *foedus Cassianum*, Fragmente des Zwölftafelgesetzes und gewisse altertümliche Institutionen, die sich wie beispielsweise die sogenannten Kuriatkomitien bis in die Zeit der späten Republik erhielten, sowie vereinzelte Daten wie den Unglückstag, an dem die Schlacht an der Allia verlorenging. Abgesehen von diesen wenigen Anhaltspunkten ist die Frühzeit bis zum Ende des vierten Jahrhunderts eine besonders quellenarme und deshalb einer historischen Rekonstruktion große Schwierigkeiten bereitende Epoche der römischen Geschichte. Für ganz Vorsichtige unter den Historikern beginnt deshalb eine darstellbare Geschichte Roms erst mit dem Krieg gegen Pyrrhos. Diese Flucht vor den Schwierigkeiten, die die italische Phase der römischen Geschichte stellt, mag verständlich erscheinen, vertretbar ist sie nicht. Denn schließlich sind in den ‹dunklen Jahrhunderten› vor der Zeit um 300/290 die Grundlagen von Staat und Gesellschaft sowie der römischen Herrschaft über Italien gelegt worden.

Zum Forschungsstand sei auf den Oldenbourg Grundriß von J. Bleicken (s. o.) verwiesen sowie auf zwei Beiträge von

U. Walter, *Ein Kampf ums frühe Rom*, in: Geschichte in Wissenschaft und Unterricht 50, 1999, 664–677, und ders., *Der Aufstieg Roms*, in: E. Erdmann – U. Uffelmann (Hrsg.), *Das Altertum. Vom Alten Orient zur Spätantike*, Idstein 2001, 129–163.

Als kritische Bestandsaufnahme aus älterer Zeit bleibt grundlegend und wertvoll

K. J. Beloch, *Römische Geschichte bis zum Beginn der Punischen Kriege*, Berlin 1926.

Das Buch macht ernst mit der ernüchternden Erkenntnis, daß die annalistische Überlieferung weitgehend auf Sand gebaut ist und für eine Rekonstruktion der italischen Phase der römischen Geschichte nicht taugt (daß sie indessen für die Erforschung des Selbstverständnisses der Römer in der Zeit der späten Republik eine ergiebige Quelle ist, steht auf einem anderen Blatt), und es ist deshalb als eine Untersuchung angelegt, die aus dem Wust der Überlieferung tragfähige Bausteine für eine solche Rekonstruktion zu gewinnen sucht.

Die großen Fortschritte, die seit dem Erscheinen der Untersuchung Belochs die Archäologie bei Ausgrabungen in Rom und Latium gemacht hat, sind dem Historiker hochwillkommen, aber es darf nicht verschwiegen werden, daß sie vielfach zu einer problematischen Kontaminierung der Grabungsbefunde mit der fiktiven schriftlichen Überlieferung geführt haben. Dies gilt auch für das verdienstvolle, vor einigen Jahren erschienene Buch von

T. J. Cornell, *The Beginnings of Rome. Italy and Rome from the Bronze Age to the Punic Wars (c. 1000–264 B. C.)*, London-New York 1995.

Der Verfasser glaubt, daß unter der *narrative superstructure* der überlieferten Erzählungen eine Schicht von *structural facts* erkennbar sei. Was die Entdeckungen der Archäologie bei methodisch sorgfältiger Auswertung für eine historische Rekonstruktion beizutragen vermögen, wird deutlich in dem Buch von

F. Kolb, *Rom. Die Geschichte der Stadt in der Antike*, München 2002².

Einen Königsweg zur Erforschung des frühen Rom, der freilich ebenfalls methodische Umsicht erfordert, stellen die religiösen und politischen Institutionen sowie die Zeugnisse über Bewaffnung und Standesabzeichen dar. Genannt sei nur eine repräsentative Auswahl aus den einschlägigen Arbeiten:

A. Alföldi, *Der frührömische Reiteradel und seine Ehrenabzeichen*, Baden-Baden 1952; W. Kunkel, *Zum altrömischen Königtum* (1959), in: ders., *Kleine Schriften*, Weimar 1974, 345–366; D. Kienast, *Die politische Emanzipation der Plebs und die Entwicklung des Heerwesens im frühen Rom*, in: Bonner Jahrbücher 175, 1975, 83–112; J. Bleicken, *Zum Begriff der römischen Amtsgewalt: auspicium – potestas – imperium*, in: Nachrichten der Akademie der Wissenschaften in Göttingen, Philologisch-historische Klasse, 1981 Nr. 9 = ders., *Gesammelte Schriften* I, Stuttgart 1998, 301–344; A. Heuß, *Gedanken und Vermutungen zur frühen römischen Regierungsgewalt*, ebd. 1983, Nr. 10 = ders., *Gesammelte Schriften* II, Stuttgart 1995, 377–454, und J. Rüpke, *Domi Militiae. Die religiöse Konstruktion des Krieges in Rom*, Stuttgart 1990.

Von großem historischen Erkenntniswert sind auch die zivilrechtlichen Institutionen des römischen Rechts, deren älteste Schichten bis in die Frühzeit zurückführen, wie die folgende Studie in exemplarischer Weise zu zeigen vermag:

M. Kaser, *Eigentum und Besitz im älteren römischen Recht*, Weimar 1943; 1956².

Die wichtigsten Zeugnisse des frühen Rechts, die Fragmente des Zwölftafelgesetzes, liegen jetzt zusammen mit einem Kommentar in einer vorzüglichen neuen Edition vor: D. Flach, *Die Gesetze der frühen römischen Republik*. Text und Kommentar in Zusammenarbeit mit S. von der Lahr, Darmstadt 1994.

Das Buch durchmustert kritisch auch die große Zahl der fiktiven Gesetze, von denen die Überlieferung berichtet, bis zu den Licinisch-Sextischen des Jahres 367 und gibt einen instruktiven Abriß der Verfassungsentwicklung des frühen Rom. Zur Funktion von Recht und Gesetz in der nachfolgenden Geschichte der Republik existieren die grundlegende Studie von

J. Bleicken, *Lex publica. Recht und Gesetz in der römischen Republik*, Berlin-New York 1975.

Zur römischen Bundesgenossenorganisation in Italien ist heranzuziehen

Th. Hantos, *Das römische Bundesgenossensystem in Italien*, Vestigia 34, München 1983.

Zur patrizisch-plebejischen Aristokratie, der sogenannten Nobilität, sind in den beiden ersten Jahrzehnten des vorigen Jahrhunderts zwei grundlegende Bücher erschienen:

M. Gelzer, *Die Nobilität der römischen Republik*, Leipzig-Berlin 1912 = ders., *Kleine Schriften* I, Wiesbaden 1962, 17–135, und F. Münzer, *Römische Adelsparteien und Adelsfamilien*, Stuttgart 1920; Neudruck: Darmstadt 1963.

Vor einigen Jahren ist dem Entstehungsprozeß dieser Führungsschicht der Republik in einer wichtigen Untersuchung nachgegangen worden:

K.-J. Hölkeskamp, *Die Entstehung der Nobilität. Studien zur sozialen und politischen Geschichte der römischen Republik im 4. Jahrhundert v. Chr.*, Stuttgart 1987.

Zur kriegerischen Mentalität als einer Voraussetzung der römischen Expansion in Italien und im Mittelmeerraum ist zu verweisen auf die Studie von

W. V. Harris, *War and Imperialism in Republican Rome 327-70 B. C.*, Oxford 1979; 1991[2].

Für die zweite Phase der Geschichte der Republik, genauer: die Zeit vom Ersten Punischen Krieg bis zur Zerstörung von Karthago und Korinth (264–146), ist die Quellenlage weitaus besser als für die erste. Dies ist vor allem dem Geschichtswerk des in der Darstellung mehrfach erwähnten und zitierten griechischen Historikers Polybios zu verdanken. Das Werk ist zwar im Wortlaut nur teilweise erhalten, aber da es von späteren Historikern wie Livius oder Diodor benutzt worden ist, besitzen wir eine auf das zweite Jahrhundert zurückgehende wertvolle Darstellung der Zeit, in der Rom zur Weltherrschaft aufstieg.

Über die Geschichte Karthagos orientiert in umfassender Weise der im Handbuch der Altertumswissenschaft erschienene Band von

W. Huß, *Geschichte der Karthager*, München 1985, sowie ders., *Die Karthager*, München 1994[2].

Zum Charakter des karthagischen Staates und der karthagischen Reichsbildung ist jetzt heranzuziehen

W. Ameling, *Karthago. Studien zu Militär, Staat und Gesellschaft*, Vestigia 45, München 1993.

Das Buch rückt Staat und Reich näher an die Normalität der griechisch-römischen Welt heran, als es vorher zu geschehen pflegte. Insofern stellt das von Ameling gezeichnete Bild einen Gegenentwurf zu einer anderen wichtigen Studie dar:

A. Heuß, *Die Gestaltung des römischen und des karthagischen Staates bis zum Pyrrhoskrieg*, in: J. Vogt (Hrsg.), *Rom und Karthago*, Leipzig 1943, 83–138 = ders., *Gesammelte Schriften* II, Stuttgart 1995, 1010–1065.

Zu den bei Polybios in griechischer Übersetzung mitgeteilten römisch-karthagischen Verträgen ist eine umfangreiche Studie in italienischer Sprache vorgelegt worden:

B. Scardigli, *I trattati romano-cartaginesi*, Pisa 1991.

Der Verfasser dieses Buches hat seine Auffassung zu den beiden ersten Verträgen in der Festschrift für W. Huß dargelegt, die dieses Jahr in den Studia Phoenicia veröffentlicht wird:

K. Bringmann, *Überlegungen zur Datierung und zum politischen Hintergrund der beiden ersten römisch-karthagischen Verträge*.

Zur Entstehung des Ersten Punischen Krieges existiert eine umfangreiche, kontroverse Literatur, über die J. Bleicken in dem genannten Band des Oldenbourg Grundrisses umfassend orientiert. Zu diesem Problemkreis und zur politischen Seite der langjährigen militärischen Auseinandersetzung sei hier nur auf zwei wirklich förderliche Arbeiten hingewiesen:

A. Heuß, *Der Erste Punische Krieg und das Problem des römischen Imperialismus. Zur politischen Beurteilung des Krieges*, in: Historische Zeitschrift 169, 1949, 457–513 = *Libelli* 130, Darmstadt 1970[3] = *Gesammelte Schriften* II, Stuttgart 1995, 1066–1147, und E. Ruschenbusch, *Der Ausbruch des 1. Punischen Krieges*, Talanta 12/13, 1980/81, 55–76.

Zu den ebenso verwickelten Problemen, die der Ausbruch des Zweiten Punischen Krieges stellt, hat der Verfasser Stellung genommen:

K. Bringmann, *Der Ebrovertrag, Sagunt und der Weg in den Zweiten Punischen Krieg*, in: Klio 83, 2001, 369–376.

Richtungsweisend für das Verständnis der Zusammenhänge sind

W. Hoffmann, *Die römische Kriegserklärung im Jahre 218 v. Chr.*, in: Rheinisches Museum 94, 1951, 69–88 = K. Christ (Hrsg.), *Hannibal*, Wege der Forschung 371, Darmstadt 1974, 134–155, und E. Ruschenbusch, *Der Beginn des 2. Punischen Krieges*, in: Historia 27, 1978, 232 f.

Der Vertrag zwischen Hannibal und König Philipp V. von Makedonien ist nach seiner formalen und seiner inhaltlichen Seite vorzüglich in zwei älteren Aufsätzen erläutert worden:

E. Bickerman, *An Oath of Hannibal*, in: Transactions of the American Philological Society 75, 1944, 77–102, und ders., *Hannibal's Covenant*, in: American Journal of Philology 73, 1952, 1–23.

Über Hannibal und den Zweiten Punischen Krieg existiert eine überreiche Literatur, über die J. Bleicken am angegebenen Ort orientiert. Eine Auswahl wichtiger älterer Beiträge hat K. Christ in dem oben genannten Sammelband, Wege der Forschung 371, zusammengestellt. Eine neue Gesamtdarstellung und ergänzende Untersuchungen aus neuerer Zeit stammen aus der Feder von

J. Seibert, *Hannibal*, Darmstadt 1993, und dems., *Forschungen zu Hannibal*, Darmstadt 1993.

Zur Entstehung des Dritten Punischen Krieges, der mit der Vernichtung Karthagos endete, existiert die vorzügliche Studie von

W. Hoffmann, *Die römische Politik des 2. Jahrhunderts und das Ende Karthagos*, in: Historia 9, 1960, 309–344 = R. Klein, *Das Staatsdenken der Römer*, Wege der Forschung 46, Darmstadt 1966, 178–230.

Was die Geschichte der hellenistischen Welt anbelangt, so kann hier nur auf zwei neuere, gut orientierende Werke hingewiesen werden:

H.-J. Gehrke, *Geschichte des Hellenismus*, in: Oldenbourg Grundriß der Geschichte, München 1990, und E. Will, *Histoire politique du monde hellénistique (323–30 av. J.-C.)*, 2 Bde., Nancy 1966/67; 1979/82².

Quellensammlungen zum Thema «Rom und die griechische Welt» in deutscher und englischer Übersetzung enthalten

H. H. Schmitt, *Rom und die griechische Welt. Von der Frühzeit bis 133 v. Chr.* Antike Quellen in Übersetzung, Auditorium. Texte und Bilder für das Studium I, München 1992, und R. K. Sherk, *Rome and the Greek East to the Death of Augustus*, Translated Documents of Greece and Rome 4, Cambridge et al. 1984.

Aus der reichen Literatur zu Roms Auseinandersetzung mit der hellenistischen Staatenwelt können hier nur die wichtigsten zusammenfassenden Arbeiten genannt werden:

M. Holleaux, *Rome, la Grèce et les monarchies hellénistiques au IIIe siècle av. J.-C.*, Paris 1921; E. S. Gruen, *The Hellenistic World and the Coming of Rome*, 2 Bde., Berkeley-Los Angeles 1984 (als Paperback in einem Band 1986), und J.-L. Ferrary, *Philhellénisme et impérialisme. Aspects idéologiques de la conquête romaine du monde hellénistique, de la seconde guerre Macedoine à la guerre contre Mithridate*, Rom 1988.

Die letztgenannte, umfangreiche und detailgesättigte Studie bezieht ideologische und kulturelle Aspekte in die Analyse mit ein, insbesondere auch die Freiheitsideologie, derer sich Titus Flamininus in seiner griechischen Politik bediente.

Zur Struktur der sich im zweiten Jahrhundert ausbildenden direkten und indirekten Herrschaft Roms in der Mittelmeerwelt sei auf folgende Werke hingewiesen:

E. Badian, *Foreign Clientelae (264–70 B. C.)*, Oxford 1958; W. Dahlheim, *Gewalt und Herrschaft. Das provinziale Herrschaftssystem der römischen Republik*, Berlin–New York 1977; A. Lintott, *Imperium Romanum. Politics and Administration*, London-New York 1993, und R. Schulz, *Herrschaft und Regierung. Roms Regiment in den Provinzen in der Zeit der Republik*, Paderborn 1998.

Eine Gesamtdarstellung der Geschichte der späten Republik gibt unter Einschluß der Vorgeschichte seit dem Zweiten Punischen Krieg

K. Christ, *Krise und Untergang der römischen Republik*, Darmstadt 1979; 2000[4].

Das Buch enthält reiche Literaturangaben zu allen Aspekten und Themen der Geschichte dieser Zeit. Eine Reihe anregender Einzelbeiträge enthält die Aufsatzsammlung von

P. A. Brunt, *The Fall of the Roman Republic and Related Essays*, Oxford 1988.

Unter Rekurs auf den Begriff der Revolution ist das letzte Jahrhundert der Republik gedeutet worden von

A. Heuß, *Der Untergang der römischen Republik und das Problem der Revolution*, in: Historische Zeitschrift 182, 1956, 1–28 = *Gesammelte Schriften* II, Stuttgart 1995, 1164–1191.

Daran hat sich eine lebhafte Diskussion angeschlossen. Durchgesetzt hat sich der Revolutionsbegriff im vorgegebenen Zusammenhang jedoch nicht. Der Verfasser dieses Buches hat seine Auffassung in einem eigenen Beitrag dargelegt:

K. Bringmann, *Das Problem einer «Römischen Revolution»*, in: Geschichte in Wissenschaft und Unterricht 31, 1980, 354–377 = ders., *Ausgewählte Schriften*, Frankfurt 2001, 201–223.

Eher eingebürgert hat sich der Begriff der Krise. Auf ihn bezieht sich die Analyse der Epoche bei

Chr. Meier, *Res publica amissa. Eine Studie zu Verfassung und Geschichte der späten römischen Republik*, Wiesbaden 1966; Stuttgart 1980[2] mit einem ausführlichen Nachwort; 1997[3].

Inwieweit die dort verwendete plakative Charakterisierung der Epoche als einer Krise ohne Alternative zu modifizieren wäre, ergibt sich aus der oben gegebenen Darstellung.

Roms Begegnung mit der hellenistischen Welt hat viele Dimensionen, neben der politischen vor allem kulturelle und ökonomische. Eine wesentliche Objektivierung des kulturellen griechischen Einflusses auf Rom stellt die Entstehung der lateinischen Literatur seit der zweiten Hälfte des dritten Jahrhunderts dar. Noch immer ist die beste Gesamtdarstellung dieses Prozesses das Buch von

F. Leo, *Geschichte der römischen Literatur I. Die archaische Literatur* (mehr ist nicht erschienen), Berlin 1913 = Neudruck 1958.

Förderliche Hinweise auf neuere literarhistorische Forschungen enthält die knappe Darstellung von

E. Lefèvre, *Die Literatur der republikanischen Zeit*, in: F. Graf (Hrsg.), *Einleitung in die lateinische Philologie*, Stuttgart-Leipzig 1997, 165–191.

Die kulturelle Dimension der römisch-griechischen Beziehungen ist in neuerer Zeit auch Gegenstand spezifisch althistorischer Arbeiten geworden. Neben der bereits erwähnten, großangelegten Studie von Jean-Louis Ferrary ist zu verweisen auf die beiden Bücher von

E. S. Gruen, *Studies in Greek Culture and Roman Policy*, Leiden 1990, und ders., *Culture and National Identity in Republican Rome*, London 1993.

Dem hellenistischen Einfluß auf Kunst und Architektur ist ein umfangreiches Sammelwerk gewidmet worden:

P. Zanker (Hrsg.), *Hellenismus in Mittelitalien*, 2 Bde., Abhandlungen der Akademie der Wissenschaften in Göttingen, Philologisch-historische Klasse, III. Folge, Nr. 97, 1976.

In einer neuen Monographie zur römischen Geldwirtschaft wird der wichtige Nachweis geführt, daß in Rom bereits im zweiten Jahrhundert ein hoher Grad von Monetarisierung des Wirtschaftslebens erreicht war:

K. W. Harl, *Coinage in the Roman Economy 300 B. C. to A. D. 700*, Baltimore-London 1996.

Was die ökonomischen Folgen der römischen Weltpolitik anbelangt, so existiert eine reiche neuere Literatur, über die J. Bleicken im Oldenbourg Grundriß und mit Konzentration auf die jüngsten Beiträge H.-J. Gehrke (im Anhang zur 6. Auflage der *Römischen Geschichte* von A. Heuß, 626–628) unterrichten. Ergänzend sei besonders auf zwei ältere Werke hingewiesen:

T. S. Frank, *An Economic Survey of Ancient Rome I. Rome and Italy of the Republic*, Baltimore 1933 = Neudruck 1959 (wertvoll wegen der Mitteilung quantitativer Daten), und E. Badian, *Publicans and Sinners*, Dunedin 1972 = dt. *Zöllner und Sünder. Unternehmer im Dienst der römischen Republik*, Darmstadt 1997.

Eine nützliche Aufsatzsammlung mit einer ausführlichen Bibliographie ist vorgelegt worden von

H. Schneider (Hrsg.), *Zur Sozial- und Wirtschaftsgeschichte der späten römischen Republik*, Wege der Forschung 413, Darmstadt 1976.

Wichtiges Indiz des Krisenbewußtseins, das sich in Reaktion auf die inneren Rückwirkungen der Expansion bildete, sind die Bemühungen, das Sozialverhalten der regierenden Klasse mit dem Mittel der Gesetzgebung zu normieren. Diesem Phänomen sind insbesondere J. Bleicken in dem oben genannten Buch mit dem Titel *Lex publica* nachgegangen sowie

E. Baltrusch, *Regimen morum. Die Reglementierung des Privatlebens der Senatoren und Ritter in der römischen Republik und frühen Kaiserzeit*, Vestigia 41, München 1989.

Im Schnittpunkt der Kultur- und der Gesellschaftsgeschichte steht die Frage, ob und inwieweit die griechische Philosophie bei dem Bemühen um die Sicherung der herkömmlichen Standesmoral eine Rolle spielte. Ihr wird nachgegangen von

H.-J. Gehrke, *Römischer mos und griechische Ethik*, in: Historische Zeitschrift 258, 1994, 593–622.

Für die Zeit von den Gracchen bis zum ersten Konsulat des Pompeius und Crassus (133–70) besitzen wir keine zusammenhängende zeitgenössische historiographische Darstellung. Das Urteil, mit dem Theodor Mommsen in der *Römischen Geschichte* seine Würdigung des Polybios beendete, gilt heute so wie damals: «Seine Bücher sind wie die Sonne auf diesem Gebiet; wo sie anfangen, da heben sich die Nebelschleier, die noch die Samnitischen und den Pyrrhischen Krieg bedecken, und wo sie endigen, beginnt eine neue, womöglich noch lästigere Dämmerung.» Die vorhandene Quellengrundlage setzt sich aus einzelnen Notizen und Dokumenten sowie aus Darstellungen der späteren, meist kaiserzeitlichen Historiographie zusammen. Einen bequemen Überblick über dieses Material bietet die Quellensammlung von

A. H. J. Greenidge – A. M. Clay, *Sources for Roman History 133–70 B. C.*, Oxford 1960², rev. by E. W. Gray (seitdem mehrere Nachdrucke).

Bedauerlicherweise ist den in den Originalsprachen abgedruckten Quellentexten keine Übersetzung beigegeben.

Zu den Gracchen und den Voraussetzungen ihrer Reformbemühungen existiert eine umfangreiche, kontroverse Literatur, über die J. Bleicken und H.-J. Gehrke in den genannten Forschungsübersichten orientieren. Soviel ist sicher, daß der Ausgangspunkt der gracchischen Bewegung der Plan einer Wiederaufnahme der Landverteilung in Italien war, die mit dem Ende der Kolonisation um das Jahr 170 zum Erliegen gekommen war. Aber die Reformbewegung griff dann weiter aus und war von Anfang an mit politischen Machtfragen auf unheilvolle Weise verquickt. Zu dem genannten Ausgangspunkt, dem Volkstribunat des Tiberius Gracchus und seinen Voraussetzungen, gibt es die vorzügliche Einführung von

E. Badian, *Tiberius Gracchus and the Beginning of the Roman Revolution*, in: H. Temporini – W. Haase, Aufstieg und Niedergang der römischen Welt I 1, Berlin-New York 1972, 668–731.

Der Verfasser dieses Buches hat sich zu diesem Thema in zwei Beiträgen geäußert: K. Bringmann, *Das Licinisch-Sextische Ackergesetz und die gracchische Agrarreform*, in: J. Bleicken (Hrsg.), *Symposion für Alfred Heuß*, Frankfurter Althistorische Studien 12, Kallmünz 1986 = ders., *Ausgewählte Schriften*, Frankfurt 2001, 187–200, und ders., *Die Agrarreform des Tiberius Gracchus. Legende und Wirklichkeit*, Frankfurter Historische Vorträge 10, Stuttgart 1985 = *Ausgewählte Schriften*, 165–185.

Aus der Fülle der Literatur zu den beiden Gracchen nenne ich nur das durch seinen Informationswert ausgezeichnete solide Buch von

D. Stockton, *The Gracchi*, Oxford 1979.

Aus dem Umkreis der gracchischen Reformbewegungen stammen zwei inschriftlich weitgehend erhaltene Gesetzestexte, die *lex Acilia* und das Agrargesetz des Jahres 111. Beide sind mit Einleitung, Übersetzung und Kommentar herausgegeben worden:

W. Eder, *Das vorsullanische Repetundenverfahren*, München 1969 (mit dem Text der *lex Acilia*), und K. Johannsen, *Die lex agraria des Jahres 111 v. Chr. Text und Kommentar*, München 1970, sowie A. Lintott, *Judicial Reform and Land Reform in the Roman Republic*, Cambridge 1992.

Aus dem Kampf um die gracchischen Reformen ging die Spaltung der regierenden Klasse in Optimaten und Populare hervor. Zu beiden Gruppierungen, ihren Strategien und Zielsetzungen gibt es eine umfangreiche Literatur. Zur Orientierung genügt das Folgende:

H. Strasburger, s. v. *Optimates*, in: Realencyclopädie der classischen Altertumswissenschaft XVIII 1, 1939, 773–798; Chr. Meier, s. v. *Populares*, ebda. Suppl. X, 1965, 549–615; J. Martin, *Die Popularen in der Geschichte der späten Republik*, Freiburg i. Br. 1965; G. Doblhofer, *Die Popularen der Jahre 111–99 v. Chr.*, Wien-Köln 1990, sowie L. A. Burckhardt, *Politische Strategien der Optimaten in der späten römischen Republik*, Historia Einzelschriften 57, Stuttgart 1988.

Im engen Zusammenhang mit dieser Spaltung innerhalb der Nobilität ist die Rolle des Volkstribunats, der städtischen Plebs und der Gewalt als ein Mittel der Politik wieder stark in den Mittelpunkt des Interesses gerückt. Die Literatur bespricht im einzelnen J. Bleicken im Oldenbourg Grundriß (201 ff.). Dort sind auch die auf der

Hand liegenden Einwände gegen die in der neuesten Literatur zutagetretende Tendenz vorgebracht, auf die politischen Zustände der späten Republik in unreflektierter Weise den Begriff Demokratie anzuwenden. Auf drei Beiträge, die auf die oben genannten Aspekte eingehen, sei besonders hingewiesen:
L. Thommen, *Das Volkstribunat der späten römischen Republik*, Historia Einzelschriften 59, Stuttgart 1989; P. J. J. Vanderbroeck, *Popular Leadership and Collective Behaviour in the Late Roman Republic (ca. 80–50 B. C.)*, Amsterdam 1987, und W. Nippel, *Aufruhr und «Polizei» in der römischen Republik*, Stuttgart 1988 (vgl. hierzu die kritische Besprechung, die der Verfasser diesem Buch gewidmet hat, in: Göttingische Gelehrte Anzeigen 243, 1991, 172–184).

Zu den epochalen Wirkungen, die von der gracchischen Reformbewegung ausgegangen sind, gehören auch die Konstituierung und Politisierung des Ritterstandes. Dazu gibt es jetzt eine instruktive Abhandlung aus der Feder von
J. Bleicken, *Cicero und die Ritter*, Abhandlungen der Akademie der Wissenschaften in Göttingen, Philologisch-historische Klasse, III. Folge 1995, Nr. 213 (mit kritischer Einführung in den Forschungsstand).

Umstritten war seit Gaius Gracchus insbesondere die Rolle der Ritter als Richter, nicht zuletzt in den für politische Verfahren zuständigen Geschworenengerichten. Zu diesen und zu den politischen Prozessen der späten Republik sind heranzuziehen:
W. Kunkel, *Untersuchungen zur Entwicklung des römischen Kriminalverfahrens in vorsullanischer Zeit*, Abhandlungen der Bayerischen Akademie der Wissenschaften, Philologisch-historische Klasse, Neue Folge 56, 1962; ders., s. v. *Quaestio*, in: Realencyclopädie der classischen Altertumswissenschaft XXIV 1, 1963, 720–786; E. S. Gruen, *Roman Politics and the Criminal Courts, 149–78 B. C.*, Cambridge/Mass. 1968, und M. C. Alexander, *Trials in the Late Roman Republic, 149 B. C. to 50 B. C.*, Toronto 1990.

Den Problemen der Heeresverfassung und der Veteranenversorgung, die ganz wesentlich zur Militarisierung der Politik und damit zum Scheitern der Republik beigetragen haben, gehen unter anderem die folgenden Arbeiten nach:
P. A. Brunt, *Italian Manpower 225 B. C. – A. D. 14*, Oxford 1971; ders., *The Army and the Land in the Roman Revolution*, in: Journal of Roman Studies 52, 1962, 69–86 = *Die Beziehungen zwischen dem Heer und dem Land im Zeitalter der römischen Revolution*, in: H. Schneider (Hrsg.), *Zur Sozial- und Wirtschaftsgeschichte der römischen Republik*, Wege der Forschung 413, Darmstadt 1976, 124–174 (mit Ergänzungen); E. Erdmann, *Die Rolle des Heeres in der Zeit von Marius bis Caesar. Militärische und politische Probleme einer Berufsarmee*, Neustadt/Aisch 1972; E. Gabba, *Esercito e società nella tarda repubblica romana*, Florenz 1973 = *Republican Rome, the Army and the Allies*, Oxford 1976; H. Chr. Schneider, *Das Problem der Veteranenversorgung in der späteren römischen Republik*, Bonn 1977; L. De Blois, *The Roman Army and Politics in the First Century B. C.*, Amsterdam 1987, und für das dramatische letzte Jahr der Republik: H. Botermann, *Die Soldaten und die römische Politik in der Zeit von Caesars Tod bis zur Begründung des Zweiten Triumvirats*, Zetemata 56, München 1968.

Zum Bundesgenossenproblem und zur Vereinheitlichung Italiens als Ergebnis des Bundesgenossenkriegs sind die folgenden Arbeiten heranzuziehen:
E. Badian, *Roman Politics and the Italians (131–91 B. C.)*, in: Dialoghi di Archeologia 4/5, 1970/71, 373–421; P. A. Brunt, *Italian Aims at the Time of the Social War*, in: Journal of Roman Studies 55, 1965, 90–109; H. D. Meyer, *Die Organisation der Italiker*

im Bundesgenossenkrieg, in: Historia 7, 1959, 74–79; A. Keaveney, *Rome and the Unification of Italy*, London 1989, und U. Laffi, *Sull'organizzazione amministrativa dell' Italia dopo la guerra sociale*, in: *Akten des VI. Internationalen Kongresses für griechische und lateinische Epigraphik*, München 1972, 37–53.

Über die Protagonisten der spätrepublikanischen Geschichte von Marius bis Sulla und ihre politische Rolle existiert eine umfangreiche Literatur, aus der hier nur eine repräsentative Auswahl genannt werden kann:

R. J. Evans, *Gaius Marius. A Political Biography*, Pretoria 1994; J.-L. Ferrary, *Recherches sur la legislation de Saturninus et de Glaucia* I, in: Mélanges de l'Ecole Française de Rome 89, 1977, 619–660; II, in: ebd. 91, 1979, 85–134; E. Badian, *The Death of Saturninus*, in: Chiron 14, 1984, 101–147; U. Hackl, *Die Bedeutung der popularen Methode von den Gracchen bis Sulla im Spiegel der Gesetzgebung des jüngeren Livius Drusus*, in: Gymnasium 94, 1987, 109–127; A. Lintott, *The Tribunate of P. Sulpicius Rufus*, in: Classical Quarterly 21, 1971, 442–453; W. Dahlheim, *Der Staatsstreich des Konsuls Sulla und die römische Innenpolitik der achtziger Jahre*, in: J. Bleicken (Hrsg.), *Colloquium aus Anlaß des 80. Geburtstags von Alfred Heuß*, Frankfurter Althistorische Studien 13, Kallmünz 1993, 97–116.

Zu Sullas Persönlichkeit, seinem Reformwerk und seiner Stellung in der Geschichte der späten Republik ist auf die folgenden Werke aus neuerer Zeit zu verweisen:

E. Badian, *Lucius Sulla, the Deadly Reformer*, Sydney 1970; A. Keaveney, *Sulla, the Last Republican*, London 1982; Th. Hantos, *Res publica constituta. Die Verfassung des Diktators Sulla*, Stuttgart 1988, und H. Behr, *Die Selbstdarstellung Sullas. Ein aristokratischer Politiker zwischen persönlichem Führungsanspruch und Standessolidarität*, Frankfurt 1993; K. Christ, *Sulla. Eine römische Karriere*, München 2002.

Dem Thema der spätrepublikanischen Proskriptionen ist eine eigene Monographie gewidmet worden:

F. Hinard, *Les proscriptions de la Rome républicaine*, Rom 1985.

Zu Sertorius' Gegenregierung in Spanien ist jetzt heranzuziehen das Buch von

Ph. O. Spann, *Sertorius and the Legacy of Sulla*, Fayetteville 1987, sowie der historische Kommentar zu unserer Hauptquelle, der Sertoriusbiographie Plutarchs: Chr. F. Konrad, *Plutarch, Sertorius. A Historical Commentary*, Chapel Hill 1994.

Über die Auseinandersetzung zwischen Rom und König Mithradates VI. Eupator von Pontus orientiert

E. Olshausen, *Mithradates VI. und Rom*, in: H. Temporini – W. Haase (Hrsg.), Aufstieg und Niedergang der römischen Welt, Berlin-New York 806–815.

Für die letzte Generation der römischen Republik, die Zeit vom Tod Sullas bis zur Schlacht von Philippi besitzen wir dank des Oeuvres von Cicero, nicht zuletzt aufgrund des 804 Stücke umfassenden Briefcorpus, eine Quellengrundlage, die in der antiken Geschichte ihresgleichen sucht. Die Jahre 63, 59, 50/49 und 44/43 dürften zu den bestbekannten der Antike überhaupt gehören. Unter penibler Ausschöpfung der günstigen Quellenlage hat Matthias Gelzer eine Reihe von Artikeln und Biographien geschrieben, die die Grundlage unseres gesicherten Wissens bilden. Genannt seien

M. Gelzer, *Pompeius*, München 1949; 1959²; Neudruck 1984 mit Nachträgen; ders., *Caesar, der Politiker und Staatsmann*, Wiesbaden 1960⁶; ders., *Cicero. Ein biographischer Versuch*, Wiesbaden 1969, sowie ders., *Kleine Schriften* I–III, Wiesbaden 1962–1964.

Über die wichtigste Literatur zu diesem intensiv bearbeiteten Teil der römischen

Geschichte orientieren die bereits mehrfach erwähnten Forschungs- und Literaturberichte von Bleicken und Gehrke. Zu Caesar, der naturgemäß ganz im Mittelpunkt des Interesses steht, existiert ein sehr ausführlicher, ins Detail gehender Forschungsbericht:
H. Gesche, *Caesar*, Erträge der Forschung 51, Darmstadt 1967; 1980³.

Durch die Weite des Horizonts, der von der Antike bis zur Moderne reicht, und durch souveräne Gelehrsamkeit ist das Buch ausgezeichnet, das am besten über die zweitausendjährige Auseinandersetzung mit der Person und der Rolle Caesars unterrichtet:
K. Christ, *Caesar. Annäherungen an einen Diktator*, München 1994.

Ein bedeutendes Buch zur Geschichte der ausgehenden Republik, das im Widerspruch zu Mommsens Konzeption geschrieben worden ist, war seinerzeit
E. Meyer, *Caesars Monarchie und das Principat des Pompejus. Innere Geschichte Roms von 66 bis 44 v. Chr.*, Stuttgart-Berlin 1918; 1922³.

Es ist nicht nur die ausführlichste Darstellung der fraglichen Zeit, sondern deutet die beiden im Titel genannten Protagonisten in Hinblick auf die Lösung, die die Krise des römischen Staates durch den Prinzipat des Augustus erfahren hat. Daß diese Deutung zu kurzschlüssig ausgefallen ist und insbesondere die Stellung, die der Diktator Caesar in den Jahren 46–44 einnahm, nicht von dem angeblichen Vorbild der hellenistischen Monarchie her zu verstehen ist, ändert nichts an der wissenschaftsgeschichtlichen Bedeutung des Buches, mit dem das Deutungsmonopol Mommsens gebrochen wurde.

Freilich vollzieht die jüngste italienische Biographie Caesars, die neuerdings auch in einer deutschen Übersetzung vorliegt, zumindest im Titel eine Rückkehr zu dem überholten Konzept eines demokratischen Diktators:
L. Canfora, *Giulio Cesare. Il dittatore democratico*, Rom – Bari 1999 = dt. *Caesar. Der demokratische Diktator. Eine Biographie*, München 2001.

Daß Caesar tatsächlich seine integrale Diktatur, von der man den Begriff Demokratie besser fernhält, durch den Rückgriff auf monarchische Herrschaftszeichen, freilich nicht die des hellenistischen, sondern des etruskisch-altrömischen Königtums, zu legitimieren suchte, ist vor nunmehr 50 Jahren in einem brillanten Forschungsbeitrag dargetan worden:
K. Kraft, *Der goldene Kranz Caesars und der Kampf um die Entlarvung des Tyrannen*, Jahrbuch für Numismatik und Geldgeschichte 3/4, 1952/53, 7–97 = *Libelli*, Darmstadt 1969².

Den institutionellen und gesellschaftlichen Grundlagen der Herrschaft Caesars ist ein materialreiches Buch gewidmet worden, das im Widerspruch zu der geistvollen, aber nicht unumstrittenen Caesarbiographie von Chrstian Meier konzipiert ist:
M. Jehne, *Der Staat des Diktators Caesar*, Passauer Historische Forschungen 3, Köln – Wien 1986.

Im Zusammenhang mit Meiers Caesarbiographie sind wertvolle Arbeiten von zweien seiner Schüler entstanden, die sich auf das Schlüsselereignis beziehen, das der Republik den Todesstoß versetzte, den Bürgerkrieg und die Herrschaft Caesars:
K. Raaflaub, *Dignitatis contentio. Studien zur Motivation und politischen Taktik im Bürgerkrieg zwischen Caesar und Pompeius*, Vestigia 20, München 1974, und
H. Bruhns, *Caesar und die römische Oberschicht in den Jahren 49–44 v. Chr.* Hypomnemata 53, Göttingen 1978.

Die gute Quellenlage erlaubt eine sehr genaue Darstellung und Analyse des letzten

Kampfes für die Republik in den Jahren 44/43. Ausgeschöpft wurden diese Möglichkeiten in der oben genannten Studie von H. Botermann über die Rolle der Soldaten und jetzt vor allem von

U. Gotter, *Der Diktator ist tot! Politik in Rom zwischen den Iden des März und der Begründung des Zweiten Triumvirats,* Historia Einzelschriften 110, Stuttgart 1996.

Wie aus der Darstellung dieses Buches hervorgeht, ist der Verfasser nicht der Meinung, daß das Ende der Republik lediglich einem Betriebsunfall der Geschichte, den kontingenten Umständen des Kriegsausbruchs, geschuldet ist. Auf diesem grundverkehrten Einfall beruht indessen das im übrigen detailreiche und insofern verdienstvolle Buch von

E. S. Gruen, *The Last Generation of the Roman Republic,* Berkeley – Los Angeles 1974, als Paperback 1995.

Ebenso verkehrt erscheinen in Anbetracht der Reformunfähigkeit der Republik, die ihrer strukturellen Probleme nicht mehr Herr werden konnte, die Annahme ihrer Regenerationsfähigkeit und die These, daß Caesar der Alleinschuldige an ihrem Untergang ist. Dazu ist das Notwendige gesagt worden von

J. Bleicken, *Gedanken zum Untergang der römischen Republik,* Sitzungsberichte der Wissenschaftlichen Gesellschaft an der J. W. Goethe-Universität Frankfurt 33 Nr. 4, Stuttgart 1995 = ders., *Gesammelte Schriften* II, Stuttgart 1998, 683–704, und J. Deininger, *Zur Kontroverse über die Lebensfähigkeit der Republik in Rom,* in: P. Kneissel – V. Losemann (Hrsg.), *Imperium Romanum. Studien zu Geschichte und Rezeption,* Festschrift für Karl Christ, Stuttgart 1998, 123–136.

Octavian/Augustus ist in diesem Buch nur insoweit berücksichtigt, als er die Krise der Republik unter Rückgriff auf ihre Traditionen überwunden hat. Das heißt freilich nicht, daß Augustus die Republik wiederhergestellt hätte. In diesem Sinne äußerte sich freilich

H. Castritius, *Der römische Prinzipat als Republik,* Historische Studien 439, Husum 1982.

Dazu hat der Verfasser in der Festschrift für Jochen Bleicken Stellung bezogen:

K. Bringmann, *Von der res publica amissa zur res publica restituta. Zu zwei Schlagworten aus der Zeit zwischen Republik und Monarchie,* in: J. Spielvogel (Hrsg.), *Res publica reperta. Zur Verfassung und Gesellschaft der römischen Republik und des frühen Prinzipats,* Festschrift für J. Bleicken, Hermes Sonderband, Stuttgart 2002, 112–123.

Im übrigen liegen für Augustus und seine Zeit mehrere Gesamtdarstellungen aus jüngster Zeit vor, die ihn als die Schlüsselfigur des Übergangs von der Republik zur Kaiserzeit würdigen:

D. Kienast, *Augustus. Prinzeps und Monarch,* Darmstadt 1982; 1999^3; W. Eck, *Augustus und seine Zeit,* München 1998; J. Bleicken, *Augustus. Eine Biographie,* Berlin 1999, und K. Bringmann – Th. Schäfer, *Augustus und die Begründung des römischen Kaisertums,* Studienbücher Geschichte und Kultur der Alten Welt, Berlin 2002 (das Buch verbindet Darstellung und Präsentation der Hauptquellen).

BILD- UND KARTENNACHWEIS

S. 11 Aus F. Kolb. Rom. Die Geschichte der Stadt, Beck, München ²2002, S. 96
S. 20 DAI Rom, Foto: Schwanke, Inst. Neg.-Nr. 85.2081/82.
S. 24 Museo Archeologico Regionale di Palermo
S. 44 Peter Scholz, Frankfurt am Main
S. 46 Henrik Bollmann, Magdeburg
S. 48 Henrik Bollmann, Magdeburg
S. 65 Gallimard, Photothek
S. 77 Gallimard, Photothek
S. 126 Seminar für Griechische und Römische Geschichte, Abt. II, Frankfurt am Main
S. 130 cartomedia, Karlsruhe
S. 132 Nach Großer Historischer Weltatlas, 1. Teil: Vorgeschichte und Altertum, Bayerischer Schulbuchverlag, München ⁵1972, S. 42
S. 170 Seminar für Griechische und Römische Geschichte, Abt. II, Frankfurt am Main
S. 172 Seminar für Griechische und Römische Geschichte, Abt. II, Frankfurt am Main
S. 173 Seminar für Griechische und Römische Geschichte, Abt. II, Frankfurt am Main
S. 175 Seminar für Griechische und Römische Geschichte, Abt. II, Frankfurt am Main
S. 192 Peter Scholz, Frankfurt am Main
S. 203 Peter Scholz, Frankfurt am Main
S. 205 Soprintendenza archeologica per la Toscana-Firenze
S. 216 Seminar für Griechische und Römische Geschichte, Abt. II, Frankfurt am Main
S. 234 cartomedia, Karlsruhe
S. 246 aus K. Christ, Krise und Untergang der römischen Republik, WBG, Darmstadt 4., durchgesehene und aktualisierte Auflage 2000, Nr. 6
S. 249 Seminar für Griechische und Römische Geschichte, Abt. II, Frankfurt am Main
S. 265 Seminar für Griechische und Römische Geschichte, Abt. II, Frankfurt am Main
S. 291 Seminar für Griechische und Römische Geschichte, Abt. II, Frankfurt am Main
S. 299 aus K. Christ, Krise und Untergang, Nr. 8
S. 323 aus K. Christ, Krise und Untergang, Nr. 9
S. 371 Seminar für Griechische und Römische Geschichte, Abt. II, Frankfurt am Main
S. 373 Seminar für Griechische und Römische Geschichte, Abt. II, Frankfurt am Main
S. 376 Peter Scholz, Frankfurt am Main
S. 381 Aus K. Christ, Geschichte der römischen Kaiserzeit, Beck, München ³1995, S. 849
S. 416 Seminar für Griechische und Römische Geschichte, Abt. II, Frankfurt am Main
S. 426 AKG, Berlin
S. 427 Aus K. Bringmann/Th. Schäfer, Augustus und die Begründung des römischen Kaisertums, Akademie Verlag, Berlin 2002, S. 248
S. 428 Peter Scholz, Frankfurt am Main

ORTS- UND PERSONENREGISTER

(Rom wurde nicht aufgenommen.
Erwähnungen in den Quellen sind in Klammern aufgeführt)

Abrupolis (138)
Abruzzen 45
Abydos (125)
Accius, Lucius 161
Achaia (Kaukasus) (300)
Acilius Glabrio, Manius (Konsul 191) 129
Acilius Glabrio, Manius (Volkstribun 122) 219
Acilius Glabrio, Manius (Konsul 67) 297
Actium 407, 419, 425
Adana 295
Adherbal 229
Admagetobriga 321
Adria 22, 45–47, 56, 85, 92, 103 f., 111, 114, 192, 204, 348, 383, 398, 400, 407
Aemilius Lepidus, Marcus (Konsul 78) 283–285, 288,
Aemilius Lepidus, Marcus (Sohn des vorigen, Triumvir) 349, 357, 377 f., 380, 383, 392 f., 395, 397 f., 400, 402, 404 f., (408)
Aemilius Paullus, Lucius (Konsul II 216) 111 f.
Aemilius Paullus, Lucius (Konsul II 168) 139, 162, 177, 180
Aemilius Paullus, Lucius (Konsul 50) 341
Aemilius Scaurus, Marcus 230, 236, 238, 243, 245, 252, 274
Aeneas/Aeneias 158
Aesernia 47, 92, 100
Afghanistan 336
Afranius, Lucius 308 f., 349
Africa (römische Provinz) 149 f., 152, 229, 383, 397
Africa nova (römische Provinz) 397
Afrika 41, 120, (133), 148, 351
Ägäis 122, 133, 261, 295, 398
Agathokles 85–88, 91
ager Campanus 197, 201, 252, 316, 332, 334, 395

ager Gallicus 22, 46 f., 102, 118, 204
ager Stellas 316, 332
ager Taurasinus 197
Agis 127
Agrios (158)
Ägypten 85, 88, 99, 142, 302, 316, 350 f., 390, 403 f., 407, 414
Ainos 137
Akragas 84
Alba Fucens 45, 139
Alba Longa (36), (81)
Albanerberge 36, 370
Albanien 85
Alesia 327
Alexander der Große 39, 85, 88 f., 300, 310, (404)
Alexander Helios 404
Alexander I. von Epirus 39, 85, 88
Alexandreia Troas 128
Alexandrien 122, 142, 333, 338, 350 f., 404, 407
Alise-Ste.-Reine 327
Allia 22, 35, 163
Alpen (81), 102 f., 110, 150, 227, 232, 238, 285, 391
Altinum 213
Ambiorix 328
Ambrakia 407
Ameria 269
Amphipolis 140
Amyntas 403
Anchises (158), 357
Ancona 22, 84, 263, 399
Andriskos 144 f., 178
Anio 17, 18, 36
Annius, Gaius 284
Annius Milo, Titus 338 f., 356
Annius Rufus, Titus 213
Antigone 88
Antigonos Doson 104

Antigonos Gonatas 91
Antigonos Monophthalmos 88
Antiochos III. 54, 120, 122 f., 127–129, 133, 177 f., 180, 189
Antiochos IV. 54, 137, 142
Antipatros 298
Antistius, Publius 264
Antistius Vetus, Gaius 353
Antium 37, 39, 42, 49
Antonius, Gaius (Bruder des Triumvirn) 389
Antonius, Lucius (Bruder des Triumvirn) 399 f.
Antonius, Marcus (Konsul 99) 240, 243, 252, 262, 292
Antonius, Marcus (Enkel des vorigen, Triumvir) 343 f., 345, 356 f., 367 f., 370, 377–380, 388–392, 395–408, 411
Antonius Creticus, Marcus (Vater des vorigen, Sohn des Konsuls von 99) 293 f.
Antonius Hybrida, Gaius (Konsul 63) 302
Apameia 129, 137, (143), 291, 353
Apenninen 12, 47, 103, 150
Aphrodite (158), 168
Aphther 146
Apoll (113), 135, 138, 158
Apollonia 104 f., (114), 116, 124, 129
Appuleius Saturninus, Lucius 238–242, 244, 274, 277, 288 f., 307, 315
Apulien 45, 47, 85, 89, 111, 115, 117, 190 f., 248, 270
aqua Marcia 178
Aquae Sextiae/Aix-en-Provence 227
Aquileia 193 f., 213, 315, 321
Aquillius, Manius (Konsul 129) 221
Aquillius, Manius (Konsul 101) 259
Aquinum 399
Arabien (300)
Arausio 235 f., 238, 243, 277
Archelaos (Stratege Mithradates' VI.) 260
Archelaos (König von Kappadokien) 403
Archidamos II. 85
Archimedes 116
Arc-Tal 110
Ardea 37, 39
Arelate/Arles 366
Aretas (300)
Argos 91, 145
Ariarathes V. von Kappadokien 181
Ariarathes (kappadokischer Thronprätendent) 258
Aricia 42

Ariminium/Rimini 22, 47, 92, 102 f., 110 f., 399
Ariobarzanes von Kappadokien 258, (300)
Ariovist 321 f., 324–326
Aristion 260
Aristobulos 298, (300)
Aristodemos 21
Aristonikos 221
Aristoteles 24 f., 39, 159
Armenien 296, (300), (362), 404
Arpinum 50, (51), 55
Arretium/Arezzo 36, 47, 110, 270, 271
Arsakes 258
Artokes (300)
Asculum 248, 250, 399
Asia (römische Provinz) 220, 229, 252, 254 f., 261, 292, 296 f., (300), 315, 369, 380, 383, 389, 391, 403
Asien (125), 128 f., (133), 227, (254), (280), (329), 403, 425
Asinius Pollio, Gaius 310, 326, 383, 399
Athen 33, 122, 129, 141, 144, 166 f., 259, 260 f., 282, 299 f., 330, 385, 389
Athenaios (143)
Atilius Calatinus, Aulus 73
Atilius Regulus, Marcus 96 f.
Ätolien 136, (139), 140, 161, 162
Atta Clausus 18
Attalos I. von Pergamon 116, 121 f., 124, 167
Attalos II. von Pergamon 143, 221
Attalos III. von Pergamon 210
Atticus, s. Pomponius
Attika 124, 237, 292
Attis (143)
Augustus, s. Iulius Caesar Augustus
Aurelius Cotta, Gaius (Konsul 75) 252, 287
Aurelius Cotta, Lucius (Konsul 65) 288, 371
Ausculum 89
Avignon 109
Avle Vipinnas 20

Bagradas 349
Balbus, s. Cornelius
Balearen 40, 83, 227, 229
Balkan 90, 148, 199, 229, 233, 417
Barba Cassius (Vorname unbekannt) (361)
Bargylia 123, (125)
Barmokar (113)
Beneventum 47, 92, 399

Bibracte 324
Bithynia (300)
Bithynia et Pontus 297
Bithynien 120, 237, 259, 260, 296 f., 403
Blossius, Gaius 211, 221
Bocchus von Mauretanien 231, 232, 251
Bononia/Bologna 102, 193, 395, 399
Böotien 135 f., 260
Bosporus 122, 260
Bretagne 327
Britannien 327
Brundisium 92, 100, 263, 307, 348 f., 386, 400
Bruttium/Kalabrien 83–85, 115, 117
Brutus, s. Iunius
Buxentum 191, 193, 194
Byzanz 122

Cadiz 83
Caecilia Metella 269
Caecilius Bassus, Quintus 352 f., (380), 390
Caecilius Metellus Baliaricus, Quintus 223, 227
Caecilius Metellus Celer, Quintus (Konsul 60) 309 f.
Caecilius Metellus Creticus, Quintus 293
Caecilius Metellus Macedonicus, Quintus 145, 178, 203, (422)
Caecilius Metellus Nepos, Quintus (Konsul 57) 332
Caecilius Metellus Numidicus, Quintus 231, 239–242
Caecilius Metellus Pius, Quintus 263, 284 f.
Caecilius Metellus Pius Scipio, Quintus 340, 342, 345, 351
Caecilius Statius (Vorname unbekannt) 162
Caelius Rufus, Marcus 346, 355
Caelius Vibenna (19), 20
Caere 36 f., 50, 84
Caesar, s. Iulius
Caesetius Flavus, Lucius 370
Calagurris 285
Cales 45, 194
Calpurnius Bestia, Lucius 230
Calpurnius Bibulus, Marcus 312, 315, 317 f., 342
Calpurnius Piso Caesoninus, Lucius (Konsul 58) 318, 320, 385
Calpurnius Piso Frugi, Lucius (Volkstribun 149) 183, 275

Calpurnius Piso Frugi, Lucius (Volkstribun 89) 250
Calvisius Sabinus, Gaius 402
Camarinum 46, 78, (81)
Cameria 241
Campanien 13, 21, 35, 42,f., 45, 78, 89, 116, 190 f., 204, 222, 256, 262, 264, 270, 303, 316, 343, 347, 351, 366, 378, 383–385, 401
Cannae 111, 115 f., 159, 162 f., 174
Canusium 112
Capua 21, 42 f., 78 f., 89, 115–117, 213, 348, 399
Carrhae 337, 353
Carsioli 45
Cartagena 41, 83
Carteia/Algeciras 152
Cassius Dio Cocceianus 324, 364
Cassius Longinus, Gaius (Konsul 73) 287
Cassius Longinus, Gaius (Caesarmörder) 371, 379 f., 384 f., 387, 389–391, 393, 397 f.
Cassius Longinus, Lucius (Volkstribun 137) 185
Cassius Longinus, Lucius (Volkstribun 104) 235
Cassius Longinus, Quintus (Volkstribun 49) 345
Cassius Vecellinus, Spurius 37
Casticus 322
Castrum Novum 47
Castulo 106
Catilina, s. Sergius
Caudinische Pässe 43
Chaireas von Lakedaimon 163
Chaironeia 260
Chalkis 125, 145
Charondas 29
Chersones 131
Chersonesos/Sebastopolis/Sewastopol 257 f.
Chios 123
Chloros (143)
Chrysogonus 269
Cicero, s. Tullius
Cincius, Lucius (antiquarischer Schriftsteller) 37
Cincius Alimentus, Gaius (Volkstribun 204) 182
Cincius Alimentus, Lucius (Historiker) 164
Circei 37, 39
Cirta 230

Cisauna (73)
Claudia (Frau Octavians) 396
Claudius (römischer Kaiser) 19, 81
Claudius Asellus, Tiberius 201
Claudius Caecus, Appius 79–81, 90
Claudius Caudex, Appius 93–95
Claudius Marcellus, Gaius (Konsul 50) 341, 343
Claudius Marcellus, Gaius (Konsul 49) 344
Claudius Marcellus, Marcus (Konsul I 222) 116, 161
Claudius Marcellus, Marcus (Konsul I 166) 153, 185
Claudius Marcellus, Marcus (Konsul 51) 340, 359, 363, 365
Claudius Nero, Tiberius (Vater des Kaisers Tiberius) 401
Claudius Pulcher, Appius (Konsul 143) 202, 209, 212
Claudius Pulcher, Appius (Konsul 54) 342
Claudius (Clodius) Pulcher, Publius (Volkstribun 58) 319 f., 330 f., 339, 356, 362, 413 f.
Clusium 20, 36, 270
Col de Savine-Coche 110
Col Perthus 285
Comum 340
Concordia 225, 399
Copia 191
Cora 37
Corduba 152
Corfinium 249, 347
Cornelia (Mutter der Gracchen) 217
Cornelius, Marcus (182)
Cornelius Balbus d. Ä., Lucius 360, (361), 368, 382
Cornelius Balbus d. J., Lucius 425
Cornelius Cinna, Lucius (Konsul I 87) 257, 260–263, 266, 281, 284, 302, 311, 313, (408)
Cornelius Cinna, Lucius (Praetor 44) 378
Cornelius Dolabella, Publius 349, 356 f., 382 f., 390 f.
Cornelius Lentulus (Augur), Gnaeus (418)
Cornelius Lentulus Clodianus, Gnaeus 288
Cornelius Lentulus Crus, Lucius 344
Cornelius Lentulus Marcellinus, Gnaeus 333
Cornelius Lentulus Spinther, Publius 332, 337
Cornelius Lentulus Sura, Publius 306

Cornelius Nepos (Vorname unbekannt) 217
Cornelius Scipio, Gnaeus (Bruder des Publius, des Konsuls von 218) 109–111, 117
Cornelius Scipio, Lucius (Konsul 259) 73
Cornelius Scipio, Lucius (Sohn des Gnaeus) 74
Cornelius Scipio, Publius (Konsul 218) 109–111, 117
Cornelius Scipio Aemilianus (Africanus d. J.), Publius 148, 165 f., 180, 199–201, 209, 212, 228
Cornelius Scipio Africanus d. Ä., Publius 117–119, 129, 152, 189 f., 217, 285
Cornelius Scipio Asiagenes, Lucius (Konsul 190) 129
Cornelius Scipio Asiaticus, Lucius (Konsul 83) 264, 268
Cornelius Scipio Asina, Gnaeus 96
Cornelius Scipio Barbatus, Lucius (Konsul 298) 73
Cornelius Scipio Nasica Corculum, Publius 147
Cornelius Scipio Nasica Serapio, Publius (Konsul 138) 210, (289)
Cornelius Sulla, Lucius 232, 251, 255–258, 260–277, 279–289, 296, 304, 307, 311, 328, 356, 358 f., 365, 396, (408), 414, 424
Cornelius Sulla, Publius (Verwandter des vorigen) 271
Cornelius Tacitus, Publius 33, 81 f., 93, 408–410, 412
Cornificius, Quintus 383
Cortona 36
Coruncanius, Tiberius 77, 80
Cosa 47, 193 f., 284
Cremera 19
Cremona 103, 191, 193 f., 399
Creta (römische Provinz) 389
Croto 191
Crustumeria 35
Cumae 116
Curiatius, Gaius 201, (289)
Curius Dentatus, Manius 46, 78
Cyrenae (römische Provinz) 389

Dalmatien 320
Dardanellen 122
Dardanos 261, 296
Dareios (300)

Decius Mus, Publius (Konsul 340) (36), 78
Decius Mus, Publius (Sohn des vorigen, Konsul IV 295) 161
Decius Mus, Publius (Sohn des vorigen, Konsul 279) 89
Delos 141, 259–261, 292
Delphi 135, 138, (139), 229, 261
Demetrias 125, 128 f.
Demetrios Poliorketes 39, 88 f., 91, (113), 137
Demetrios von Pharos 104 f., (114)
Dertona 213, 227
Diaios 144 f.
Didius, Gaius 352
Dimale (114)
Diodor von Tauromenion 39, 153, 300
Diogenes von Babylon 166
Diokles von Peparethos 158, 163
Dionysios von Halikarnaß 38
Dionysios I. 84 f.
Dionysios II. 84
Diophantos 258
Diviciacus 321 f., 324
Domitius Ahenobarbus, Gnaeus (Konsul 122) 227
Domitius Ahenobarbus, Gnaeus (Volkstribun 104) 236
Domitius Ahenobarbus, Gnaeus (Konsul 32) 400, 405
Domitius Ahenobarbus, Lucius (Konsul 94) 264
Domitius Ahenobarbus, Lucius (Konsul 54) 318, 333–335, 337
Domitius Calvinus, Gnaeus (Konsul 53) 333, 338
Domitius Calvinus, Marcus (Praetor 80?) 284
Donau (138), 425
Drakon 28 f.
Drepanum 97
Duero 108, 192
Duilius, Gaius 96, 98
Dumnorix 321
Dyrrhachium / Durazzo 350

Ebro 106–108, 110
Eknomos 96
Elba 12
Elea/Velia 87
Elis 116
Elsass 321
Emporia 110, 146

Ennius, Quintus 112, 156, 161 f., 195, (373)
Ephesos 131, 259
Epidamnos 103, (114)
Epidauros 261
Epidius Marullus, Gaius 370
Epikur 367
Epirus 87, 102, 263, 386
Eporedia 391
Eratosthenes von Alexandrien 159
Eryx/Monte San Giuliano 97, 168
Etrurien (19), 36, 47, (81), 103, 110, 171, 192, 248, 262, 264, 270, 283, 305, 307
Euandros (139)
Euböa 125
Eumenes II. von Pergamon 129, 131, 137–140
Eumenes III., s. Andriskos, 221
Eupatoria 258
Euphrat 258, 298, 337, 404, 425
Euromos (125)
Europa (125), 128, 131, 425

Fabius Maximus Verrucosus (Cunctator), Quintus 111 f.
Fabius Maximus Rullianus, Quintus 78
Fabius Maximus Servilianus, Quintus 200
Fabius Pictor, Quintus 94, 102, 146, 159, 162, 164
Fabrateria 215
Fabricius Luscinus, Gaius 86
Faesulae 270, 271
Falerii 100
Fannius, Gaius 224
Ferentina 36
Fereninum 194
Festus, s. Pompeius
Ficulea 35
Fidente 35, 49
Firmum 47, 92, 399
Flamininus, s. Quinctius
Flaminius, Gaius 102 f., 110, 204
Flaubert, Gustave 101
Flavius, Gnaeus 80
Flavius, Lucius 308 f., 314 f.
Flavius Fimbria, Gaius (Konsul 104) 236, 239
Flavius Fimbria, Gaius (Sohn des vorigen) 260 f.
Florentia/Florenz 270
Formiae 51, 55
Fortuna 266

Orts- und Personenregister

Forum Domitii 227
Forum Gallorum 390
Forum Iulii/Fréjus 392
Forum Popilium 213
fossa Mariana 237
Fregellae 45, 195, 215
Fufius Calenus, Quintus 357, 389, 400
Fulvia (Frau des Triumvirn M. Antonius) 399 f.
Fulvius Curvus, Lucius 78
Fulvius Flaccus, Marcus (Konsul 264) 93
Fulvius Flaccus, Marcus (Konsul 125) 212–214, 222, 224 f., 227, 244
Fulvius Flaccus, Quintus (Praetor 182) 189
Fulvius Nobilior, Marcus (Konsul 189) 135, 161 f.
Fundi 51, 55

Gabinius, Aulus (Volkstribun 139) 185
Gabinius, Aulus (Konsul 58) 294–296, 318, 320, 331, 338, 350
Gades/Cadiz 354
Galatien 258, (300)
Gallia cisalpina 283
Gallia Narbonensis (89), 377, 383, 397 f., 411
Gallien 102, 227 f., 232–237, 309, 315, 319–321, 323–335, 339, 343, 345, 347, 352 f., 359 f., 363 f., 375, 379, 383 f., 388, 391 f., 397, 398–400, 417, 424
Garonne 323 f.
Gela 84
Gellius, Aulus (142)
Gellius, Lucius 288
Gelon von Syrakus 84
Genetiva Iulia 363
Genf 157
Genfer See 320–322
Genthios (139)
Genucius, Gnaeus (Konsul 363) 77
Genucius, Lucius (Konsul I 365) 77
Germanien 417
Giskon 117–119
Gordyene (300)
Graccurris 152
Graviscae 193
Griechenland 25, 29, 86, 88, 91, 103, 118, 122, 125–129, 133 f., 136–138, 143, 148, 162, 165, 178, 198 200, 229, 240, 259–263, 265 f., (329), 349, 369, 389, 406
Großphrygien 131, 229

Guadalquivir 105 f., 118, 150

Hadria 47, 84, 399
Halykos/Platani 84
Halys 403
Hamilkar Barkas 97, 101, 105–108
Hannibal (karth. Admiral) (99)
Hannibal (Sohn des Hamilkar Barkas) 103, 105, 107–120, 123 f., 128, 133, 146, 151, 167, 190 f., 212
Hanno (karth. Admiral) 94
Hanno (karth. Feldherr in Spanien) 110
Hanno (Unterfeldherr Hannibals) 115
Hasdrubal (Schwager von Hamilkar Barkas) 105–109, 146
Hasdrubal (Bruder Hannibals) 111, 117–118
Hasdrubal (Sohn des Giskon) 117–119
Hasmonäer 291, 298
Hasta 213
Helenos 91
Helike 105
Helios (158)
Hellespont 122
Hera (113)
Herakleia am Siris 86, 89
Herakles/Herkules (113), (288)
Herculaneum 42
Herodes 403
Herodes von Marathon 330
Hesiod von Askra 158
Hiemspal 229, 230
Hierbas 284
Hieron von Syrakus 21, 92 f., 95, (97), 107, 112, 115, 151
Himeras/Imera settentrionale 84
Hippias 9
Hipponion 86
Hirtius, Aulus 326, (379), 388, (393)
Hispania citerior 377
Hispallo 399
Horatius, Marcus 9
Horaz (Horatius Flaccus, Quintus) 47, 270, 310, 420–423
Hortensius, Quintus 68
Hortensius Hortalus, Quintus 282, 297
Hostilius Mancinus, Gaius 209
Hostilius Tubulus, Lucius 184
Huelva 106
Hyrkanos 298

Ianus 22

Iasos (125)
Iberien (300)
Ida (158), 167
Ilerda 349
Ilion 158
Illyricum/Illyrien 118, 133, 138, 315, 320, 335, 349, 389
Indien 89, 336
Interamna Liris 45
Interamna Praetuttiorum 270
Iolaos (113)
Ionisches Meer 56, 86
Ipsos 88
Ischia 12, 47 f., 55
Isère-Tal 110
Isis 404
Issa/Lissa 84, 104
Italia/Corfinium 249
Italica 152
Italien 6, 47–49, 51, 53, 71, 81–85, 87, 89, 91, 93 f., 96, 98, 100–102, 109 f., 112–115, (113), 117–119, 123, 127, (133), 134, 140 f., 149, 158, 164 f., 177–179, 186–188, 190 f., 196–198, 201, 206, 214 f., 224–227, 233, 237, 245, 250–252, 261–263, 265 f., 270 f., 279, 281, 285, 292, 299, 302 f., 309, 314–317, 320 f., 325, 328, (329), 335, 343, 346 f., 350, 354, 356 f., 365, 371, (379), 383 f., 386, 388, 390 f., 394, 396–404, 406 f., (418), 424
Iugurtha 229–233, 235, 251, 255
Iulius Caesar, Gaius (Bruder des Lucius, des Konsuls von 90) 262
Iulius Caesar, Gaius (der Diktator) 268, 302–304, 306 f., 310–341, 343–353, 354–377, 378–387, 389, 395–397, 399, 404–406, (408), 410 f.
Iulius Caesar, Lucius (Konsul 90) 250, 262
Iulius Caesar Augustus, Gaius (von Geburt Gaius Octavius, als Adoptivsohn des Diktators Caesar auch Octavian(us) genannt) 5, 154, 257, 380, 382, 384–393, 395, 408–424
Iunius Brutus, Decimus (Konsul 138) 161, 201, (289)
Iunius Brutus, Decimus (Caesarmörder) 379, 383, 388–393
Iunius Brutus, Lucius (legendärer Begründer der Republik) 368, (408)

Iunius Brutus, Marcus (Vater des gleichnamigen Caesarmörders) 283 f.
Iunius Brutus, Marcus (Caesarmörder) 342, 352, 371, 377, 379 f., 382, 384, 387–391, 393
Iunius Brutus Damasippus, Lucius 264
Iunius Pennus, Marcus 214
Iunius Silanus, Marcus 234, 236
Iuno 11
Iunonia/Karthago 225, 227
Iuppiter 11, 14, 23, 36, 178, 425
Iuventius Thalna, Publius 145

Jerusalem 298
Judäa (300)
Judas Makkabaios 143
Jura (Schweiz) 322
Justinian (oströmischer Kaiser) 427
Jütland 232

Kaisarion 351, 404–406
Kallikrates 140, 144
Kallinikos 139
Kamarina 84
Kantabrien (153)
Kap Farina 40, 41
Kap Mylai (Capo di Milazzo) 93, 96
Kap Sarpedon/Lisan el Kabbeh 130
Kappadokien 258, 259, 351, 403
Karien 123, 131, 137, 141
Karneades 166
Kärnten 229
Karthago 21, 39, 40–42, 51, 53, 83–85, 90–93, 95–97, 100, 106 f., 109, (113), 115, 117, 119–121, 123 f., 145–150, 155, 174, 177, 180, 224 f., 229, 363
Kassander 88
Katane 29
Kaukasus 258, 297
Kaulonia 92
Kaunos 141
Kelten 35, 38, 46 f., 78, 90 f., 101 f., 106 f., 110, 151, 191, 193, 229, 233, 327
Keltenland (in Norditalien) (113), 114
Kerkyra 104, (144)
Kertsch 257
Kilikien 243, 258, 291, 295–297, (300), 320, 343, 404, 424
Kimbern 232 f., 235–238, 240 f., 255, 262, 321, 325
Kios 122, (125)
Kirke (158)

Kleinarmenien 258, 403
Kleinasien 88 f., 122 f., 128, 131, 133, 137, 141, 180, 212, 229, 233, 237, 240, 242, 249, 258, 260 f., 291, 295–298, 351, 399, 400, 403, 406
Kleomachos aus Athen (113)
Kleomenes 127
Kleonymos 86
Kleopatra Selene 405
Kleopatra VII. 350 f., 403–407, 411
Koilesyrien 122, 142
Kolchis 258, 296, (300)
Komana 403
Korinth 84, 125, 145, 178, 363
Korinthischer Golf 103
Korkyra 86, 88 f.
Korsika 40, 96, 240, 242, 401 f.
Korukesion 295
Kreta 291, 293
Krim 257 f.
Kritolaos 166
Krixos 286
Kroton 84, 86 f., 92, 115, 118
Kurupedion 89, 129
Kyme/Cumae 12–14, 21
Kynoskephalai 125
Kyrenaika 85, 291, 293, (300), 405
Kyrmana 180
Kythereia (158)
Kyzikos 122

Labeo Sigulius (Vorname unbekannt) (392)
Labienus, Titus (326), 352 f.
Laelius, Gaius 201–203, 207
Lakinion/Capo delle Colonne 87
Lampsakos 128
Lanassa 88
Laodike 137
Laodikeia 141
Latinus/Latinos (158), 158
Latium 13, 19, 21, 35, 40 f., 45
Lavinium 39
Leonidas (165)
Libanon 122, 403
Licinius, Sextus (Volkstribun 138) 201
Licinius Calvus, Gaius 77
Licinius Crassus, Lucius (Konsul 95) 244
Licinius Crassus, Marcus (Triumvir) 263, 268, 286–288, 302–304, 310–313, 315, 318, 330, 333–336, 341, 356, 395, (408)

Licinius Crassus, Marcus (Enkel des vorigen, Konsul 30) 425
Licinius Crassus, Marcus (Konsul 14) (418)
Licinius Crassus, Publius (Vater des Triumvirn, Konsul 97) 262
Licinius Crassus Dives Mucianus, Publius 202, 209, 212, 221
Licinius Lucullus, Lucius (Konsul 151) 200
Licinius Lucullus, Lucius (Konsul 74) 260, 287, 296 f., 309 f.
Licinius Macer, Gaius 287
Licinius Murena, Lucius 296
Licinius Stolo, Gaius 64
Ligurien (113), 114, 118, 191
Ligustinus, Spurius 189
Lilybaeum 91, 97, 99
Lissos/Alessio 84, 104, 116
Liternum 191
Livia (Frau des Augustus) 401
Livius, Titus 37–39, 50, (51), 57, (58), 191, 419
Livius Andronicus, Lucius (?) 160 f.
Livius Drusus, Marcus (Volkstribun 122) 225 f.
Livius Drusus, Marcus (Volkstribun 91) 243, 245, 247 f., 251 f., 253, 256, 263, 271–274
Livius Salinator, Marcus 118
Lokris 145
Lokroi 29, 86 f., 89, 115, 118
Lollius Palicanus, Marcus 287
Longanos 93
Luca 334, 399
Lucceius, Lucius 375
Luceria 45
Lucilius, Gaius 220, 281
Lugdunum/Lyon 81, 363
Lukanien 45, 47, (73), (81), 83, 85 f., 91, 115, 117, 213, 248
Luna 193
Lutatius Catulus, Gaius (Konsul 242) 97
Lutatius Catulus, Quintus (Konsul 102) 237 f., 262
Lutatius Catulus, Quintus (Konsul 78) 282–284, 297, 302, 305, 357
Lydien 131
Lykaonien 131
Lykien 131, 137, 141
Lykiskos 140
Lykortas 140
Lysimacheia 122, 128

Lysimachos 88, 89

Mäander 131
Maccius Plautus, Titus 161 f.
Macedonia (römische Provinz) 145, 149–151, 292, 389
Macela (98)
Maeotische See/Asowsches Meer (300)
Magna Graecia/Großgriechenland 90, 91
Magna Mater 184
Magnesia am Sipylos 54, 120, 129, 131
Mago (Karthager im Kriegsrat Hannibals) (113)
Mago (Bruder Hannibals) 118
Makedonien 54, 89–91, 104 f., 113, 116, 121–126, 128, 133 f., 139–140, 143–145, 148, 177 f., 198, 200, 203, 229, 240, 259, 320, 384, 386, 393, 398, 407
Mallius Maximus, Gnaeus 235, 238
Mallorca 227
Mallos 295
Malta 96
Mamilius Limetanus, Gaius 230, 232, 235
Mamurra (Vorname unbekannt) (361)
Manilius, Gaius 297
Manlius, Gaius 305, 307
Manlius Vulso, Gnaeus 129, 177, 180
Manlius Vulso Longus, Lucius 96
Mantua 13, 399
Marcius Philippus, Lucius 236, 247 f.
Marcius Rex, Quintus 297
Marcius Rutilus, Gaius 77
Marius, Gaius 228, 231 f., 235–242, 251 f., 255–257, 262–266, 276, 287 f., 292, 310, 318, 328, 372, 375
Marius, Gaius (Sohn des vorigen) 264
Marius Gratidianus, Marcus 263
Marne 326
Maroneia 137
Mars 19, 22
Mars Ultor 425
Massalia/Marseille 106, 109, 213, 227, 236, 349, 391
Massinissa 119, 120, 146 f., 229
Mast(e)ia Tarseios 41, 83
Mastarna 19
Mater Matuta 18
Mediolanum/Mailand 102 f., 110
Megalopolis 140, 144
Megara 145
Memmius, Gaius (Volkstribun 111) 230, 232, 239, 242

Memmius, Gaius (Praetor 58) 318
Memmius, Lucius 252
Menalkidas 144 f.
Menander 346
Mengenes (143)
Mesopotamien (300)
Messenien 116, 136
Messana/Messina 84, 90–95, 251, (348)
Metapont 86
Metaurus 118
Micipsa 229
Milet 402
Milvische Brücke 284
Minerva 11, 160
Minerva/Scyllacium 222
Minturnae 47
Misenum 401, 417
Mithradates VI. von Pontos 252–261, 265, 274, 281, 290, 292, 295–297, 301
Mithradates von Pergamon 351
Moagetes von Kibyra 181
Mont Auxois 327
Mont Cenis 110
Montesqieu, Charles de Secondat de 5, 156 f.
Mucius Scaevola, Publius 184, 202, 203 f., 207, 210
Mucius Scaevola, Quintus 244, 264
Mummius, Lucius 145, 178
Munatius Plancus, Lucius 363, 383, 392 f., 406
Munatius Plancus Bursa, Titus 252
Munda 353, 367
Mutina/Modena 103, 193, 284, 389–391
Mylai 402
Myrina (125)
Myrkan (113)
Mysien 131

Nabis 127, 128
Naevius, Gnaeus 160, 161
Narbo Martius/Narbonne 227, 366
Narnia 45, 193
Naulochos 402
Neapel 37, 42, 43, 85, 89, 116, (362), 417
Nepete 37
Neptunia/Tarent 222
Neukarthago/Carthago Nova/Cartagena 105 f., 118, 150, 152, 177
Neuwieder Becken 327
Nikaia 125
Nikanor 124

Orts- und Personenregister

Nikomedes III. von Bithynien 237, 258
Nikomedes IV. von Bithynien 258, 259, 296
Nikopolis 407
Nola 42, 116, 262, 270
Nonius Marcellus (Vorname unbekannt) 393
Norba 37
Norbanus, Gaius 238, 243, 264
Noreia 229, 233
Nuceria 42, 399
Numantia 197, 199, 200, 203, 229
Numidien 146, 229, 397

Ocresia (19)
Octavia (Schwester des Octavian/Augustus) 401
Octavian(us), s. Iulius Caesar Augustus
Octavius, Gnaeus 257, 262 f.
Octavius, Marcus 208 f., 217
Odysseus (158)
Ogulnius, Gnaeus 69, 78
Ogulnius, Quintus 69, 77
Oinomaos 286
Olympia 261
Olympias 88
Opimius, Lucius 225, 231
Oppius, Gaius 360, 368, 382
Orchomenos 260
Orestilla 306
Orgetorix 322
Orikos 116
Oropos 144
Orvieto 13, 36, 46
Osca 285
Otranto 86
Ovinius (Vorname unbekannt) 69

Pacuvius, Marcus 161
Paistos/Paestum 21, 47
Pakoros 353
Palästina 122, 351, 403
Palma 227
Pandosia 86
Panormus/Palermo 97
Pansa, s. Vibius
Pantikapion 258
Paphlagonien 258, (300)
Papirius Carbo, Gaius (Volkstribun 131) 212, 215, 218
Papirius Carbo (Arvina), Gaius (Sohn des vorigen, Volkstribun 89, Praetor 83) 250, 253, 264
Papirius Carbo, Gnaeus (Konsul 113) 229
Papirius Cursor, Lucius 34, 67
Papius Mutilus, Gaius 249
Parisiades V. 258
Parma 193
Parther 337, 371, 383, 399 f., 403–405, 425
Pas d'Ecluse 323
Patras 407
Pedasa (125)
Pedius, Quintus 392
Pelagonia 140
Pella 140, 145
Peloponnes 127, 128, 136, 401, 407
Pergamon 116, (143), 261
Perikles 86
Perinthos (125)
Perperna, Marcus (Konsul 130) 221
Perperna Veiento, Marcus (Praetor 82?) 285
Perseus 53, 137, 138, 139, (142), 146, 162, 190
Perusia 36, 400
Pessinus 143
Petreius, Marcus 349
Pharnakes 351
Pharos (114)
Pharsalos 350, 358, 424
Philinos von Akragas 94, 163
Philipp V. von Makedonien 105, 112–114, 116 f., 121–125, 127–129, 131, 133, 137, 177, 190
Philippi 398, 400, 425
Philon von Larisa 367
Phokis 145
Phrygien 131, 181
Picenum 264, 270, 287, 308, (348)
Piemont 12
Piräus 260
Pisa 193
Pisaurum 192, 195, 399
Pistoriae 305, 306
Pitane 260
Placentia/Piacenza 103, 191, 193, 194
Plautius (Vorname unbekannt, Volkstribun 70 oder 69) 288, 293
Plautius, Gaius (Konsul 358) 77
Plautius, Gaius (Zensor 312) 79
Plautius Decianus, Gaius 78
Plautius Silvanus, Marcus 250, 252
Plinius Secundus d. Ä., Gaius 385

Plutarch 180, (206), 233, 334, 404
Po 251, 354
Poebene 12, 22, 102, 103, 108, 110, 191, 193, 197, 214, 233
Poetelius Libo Visolus, Gaius (Konsul 326) 34, 67
Poetelius Libo Visolus, Gaius (Diktator 313) 34, 67
Polemon 403
Pollentia (in Piemont) 214
Pollentia (auf Mallorca) 227
Polybios von Megalopolis 39, 53, 75, 90, 96, (98), 99, 101, 108, 113, 124, 125, 131, 133, 136, 140, 147, 159, 165, 166, 179, 273
Pompeii 42, 270, 271
Pompeius, Gnaeus (Sohn des Triumvirn) 352 f.
Pompeius, Sextus (Sohn des Triumvirn) 352 f., (380), 391, 393, 395, 397–404
Pompeius Festus, Sextus 13, 50
Pompeius Magnus, Gnaeus (Triumvir) 220, 263 f., 268, 281, 283–290, 293–295, 297–301, 303 f., 307–319, 322, 324–354, 356, 363 f., 366, 369, 385, 395, (408), 412
Pompeius Strabo, Gnaeus (Vater des Pompeius Magnus, Konsul 89) 250
Pomponius Atticus, Quintus 282, 288–290, 317, 330, 332, 343 f., 346, 361
Pomptinische Ebene 37, 42, 45
Pomptinische Sümpfe 384
pons Aemilius 178
Pontia 45
Pontus 296, (300), 403
Popil(l)ius Laenas, Gaius (Praetor 175) 142
Popil(l)ius Laenas, Marcus (Konsul I 359) 77
Popil(l)ius Laenas, Publius (Konsul 132) 213, 217
Poppaedius Silo, Quintus 249
Populonia 36
Porcius Cato, Gaius (Konsul 114) 229
Porcius Cato (Censorius), Marcus 141, 147, 162–167, 178, 180 f., 183–186, 189, 204
Porcius Cato (Uticensis), Marcus 306 f., 309 f., 312, 317, 320, 333–339, 342, 350, 352, 367
Porsenna 20

Porta Capena 73
Poseidonia 21
Poseidonios 300
Postumius Albinus, Aulus (Konsul 151) 164, 200
Postumius Albinus, Aulus (Legat 110) 231
Potentia 192, 195, 214
Praeneste (Palestrina) 12, 42, 77, 158, 264, 266, 270, 271
Prusias I. 120, (125)
Prusias II. von Bithynien 137
Pslachs/Falerii 20
Ptolemaios I. 85, 88 f.
Ptolemaios IV. 54, 122, 124
Ptolemaios X. Alexandros I. 302, 316
Ptolemaios XII. Auletes 316, 333
Ptolemaios XIII. 350
Ptolemaios XIV. 351
Ptolemaios Keraunos 89 f.
Ptolemaios Philadelphos 404
Publilius Philo, Quintus 66 f., 77
Pupius Piso Calpurnianus, Marcus 308
Puteoli 191, 194
Pydna 139, 142 f., 177
Pyrenäen 108, 150, 285, 320
Pyrgi 84
Pyrrhos I. 43, 47, 87–94, 148, 159

Quinctius, Lucius 287
Quinctius Flamininus, Titus 124–129, 133, 369
Quirinus 23, 369

Rabirius, Gaius 307
Raetien 417
Raphia 54
Raurica/Augst 363
Ravenna 213, 334, 343, 417
Rhegion/Rhegium 84, 86 f., 89–93, 215, 399
Rhein 325, 327, 425
Rhodos 121 f., 129, 131, 147, 291, 299 f., (379), 397 f.
Rhone 109, 237, 363
Rhonetal 234
Rio Tinto 106
Rom, Aventin 160, 225
Rom, Caelius Mons (19)
Rom, Cermalus 10
Rom, Collinisches Tor 264
Rom, Comitum 10
Rom, Forum Augustum 425, (427)

Rom, Forum Boarium 10f.
Rom, Forum Iulium 329, 358
Rom, Forum Romanum 10f., 86, 273, 357, 369, 377
Rom, Iuppitertempel 357
Rom, Kapitol 9–11, 242, 251, 357, 368, 377
Rom, Kurie 242
Rom, Marsfeld 26, 178, 335, 351, 406
Rom, Palatin 167
Rom, Pomerium 14, 26, 277, 318
Rom, Quirinustempel 368
Rom, Regia 10
Rom, Saturntempel 348
Rom, Servianische Mauer 37
Rom, Tarpejischer Felsen 357
Rom, Velia 10
Romulus (legendärer Gründer Roms) 13, 82, 158, 161, 369
Roscius, Sextus 269
Roscius, Titus (269)
Roscius Fabatus, Lucius 354
Rotes Meer (300)
Rovigo 238
Rubico 346
Rubrius (Vorname unbekannt, Volkstribun 49) 354
Rubrius, Gaius (Volkstribun 122) 224
Rudiae 161, 195
Rumelna/Rumele 13
Rusellae 36
Rutilius Lupus, Publius 332
Rutilius Rufus, Publius 243, (442)

Sagunt 107, 109, 285
Salernum 191, 194
Sallust (Sallustius Crispus, Gaius) 156f., 190, 209, 280, 305, 342
Salus 369
Salvidienus Rufus, Quintus 400
Samniten 21, 43, 45–47, 49, 56, 78f., 83, 89, 92, 100, 112, 248, 250, 255, 264
Samnium (45), 115, 117, 190f., 197, 270
Samos 122, 135
Samothrake 139
Sampsiceramus 317
Saône 363
Sardinien 40f., 83, 96, 101, 149f., 215, 223, 295, 397, 401f.
Sarpedon/Gjök-Su 130
Saticula 45
Satricum 18
Saturnia 192

Schwarzes Meer 257, 296, (300)
Scribonia (Frau des Octavian/Augustus) 400f.
Scribonius Curio, Gaius (Konsul 76) 286
Scribonius Curio, Gaius (Volkstribun 50) 341–343, 349
Segura 105
Seine 326
Seleukos I. 88, 129
Seleukos IV. 137
Sempronius Asellio, Aulus 253
Sempronius Gracchus, Gaius (Volkstribun 123, 122) 211, 215–227, 231, 243, 246f., 264, 276, (289), 316, 335
Sempronius Gracchus, Tiberius (Konsul 215, 213) 116
Sempronius Gracchus, Tiberius (Vater des Gaius und Tiberius, Konsul I 177) 152
Sempronius Gracchus, Tiberius (Sohn des vorigen, Volkstribun 133) 155, 202–204, 206–211, 214f., 218, 221, 237, 272, (289), 294
Sempronius Longus, Tiberius (Konsul 218) 109f.
Sena Gallica 47
Sentinum 46, 78, 161
Sergius Catilina, Lucius 302, 304–307
Sertorius, Quintus 281, 284f., 296
Servilius Caepio, Quintus (Konsul 140) 201
Servilius Caepio, Quintus (Konsul 106) 235, 238
Servilius Geminus, Gnaeus 110f.
Servilius Glaucia, Gaius 240f., 307
Servilius Rullus, Publius 302f.
Servilius Vatia Isauricus, Publius (Konsul 79) 293
Servilius Vatia Isauricus, Publius (Konsul 48) 349, 355f.
Servius ‚der Sohn' (50)
Servius Tullius, s. Tullius
Sevilla 152
Sextius Calvinus, Gaius 227
Sextius Lateranus, Lucius 63f., 77
Shakespeare 379
Sibylle von Kyme 158
Sicinius, Lucius 286
Sierra Almugrera 106
Signia 37
Sikyon 144
Silarus 91
Sinuessa 47

Sipontum 191, 193
Sizilien 21, 29, 78, 83–86, 90 f., 94–97, 99–102, 105, 110, 115 f., 121, 149–152, 159 f., 168, 181, 204, 237, 240, 284, 287, 292, 295, 349, 380, 397, 401 f., 404
Skerdilaidas 104 f.
Smyrna 128
Sokrates 166
Sokrates Chrestos 259
Soloi/Pompeiopolis 295
Solon 28 f.
Sophene (300)
Sora 45
Sosandros (143)
Sosius, Gaius 405
Sosylos von Lakedaimon 163
Spanien 41, 82 f., 105–107, 109 f., 117 f., 150, 152, 174, 176, 179, 181, 183, 188–190, 198–201, 227 f., 236, 249, 281, 284 f., 287, 296, 311, (329), 336, 346 f., 349, 352–354, 354, 362, 368 f., 383, 417, 424
Sparta 86, 116, 127 f., 136, 144 f.
Spartacus 285 f.
Spoletium 270
Strabon von Asameia 153
Straßburg 325
Suessa Aurunca 45
Suessa Pometia 37
Sueton (Suetonius Tranquillus, Gaius) 328–330, 355, 414, 425
Sulpicius Galba, Publius (Konsul II 200) 124
Sulpicius Galba, Servius (Praetor 151) 183
Sulpicius Rufus, Publius 252, 255–257, 272, 274, 282, 288 f., 313
Sulpicius Rufus, Servius (360)
Sutrium 37
Sveam/Suana 20
Sybaris 21
Syphax von Numidien 118
Syrakus 84–87, 90–93, 95, 99, 116, 151
Syrien 297, (300), 320, 336, 338, 342 f., 348, 351, 353, (362), 383, 389–391, 403, 411, 424
Syrte, Kleine 146

Tacitus, s. Cornelius
Tajo 108, (153)
Tarent 43, 85–87, 89, 92, 115, 117, 160, 351, 401, 403, 405
Tarentinischer Golf 87

Tarquinii 36 f.
Tarracina 9, 20, 37, 39, 42, 45, 49, 161
Tarraco 110
Tauromenion 95
Taurosgebirge 291
Teanum 399
Teanum Sidicianum 347
Telamon 103
Telegonos 158
Telmessos 131
Tempsa 191
Tera 192
Terentius Afer, Publius 162
Terentius Varro, Gaius (Konsul 216) 111 f.
Terentius Varro, Marcus (Roms bedeutendster Universalgelehrter) 10, 12, 337, 349, 421
Terentius Varro Lucullus, Marcus (Konsul 73) 287
Tergeste 399
Termesos 180
Teuta 103 f., 107
Teutonen 232 f., 235–237, 240, 255, 321, 325
Thapsus 351
Thasos (125)
Theben 145
Theodosia 258
Theophrast 40, 159
Theoxene 85
Thermopylen 129, (165)
Thessalien 124 f., 136, 139, 223, 350
Thessalonike 140, 320
Thorius, Spurius 226
Thrakien 89, 128, 138, 286
Thukydides 164
Thurioi 86 f.
Tiber 11 f., 30, 32, 64, 79, 84, 159, 178, (269), 423
Tibur 42
Ticinus/Ticino 110
Tigranes II. von Armenien (254), 258, 295–297
Tigranokerta 296
Timaios von Tauromenion 159, 163
Timoleon 84 f.
Titius, Sextus 242
Tivoli 13
Tolosa/Toulouse 235
Toskana 12
Traian (römischer Kaiser) 33
Tralleis 131

Orts- und Personenregister 463

Transpadana 238
Trasimenischer See 110f.
Trebellius, Lucius 294
Trebia 110
Trebonius, Gaius 336, 367, 383, 391
Triarius, Gaius 297
tribus Aemilia (51)
tribus Arnensis 35
tribus Cornelia (51)
tribus Falerna 43
tribus Maecia 42
tribus Oufentina 45
tribus Pomptina 37, 49
tribus Publilia 37, 49
tribus Quirina 80, 101
tribus Sabatina 35
tribus Scaeptia 42
tribus Stellatina 35
tribus Tromentina 35
tribus Velina 60, 101
Troas 167
Tuder 250
Tullius, Servius (legendärer König Roms) 19, 59
Tullius Cicero, Marcus 181, 202, 240, 253, 255, 269, 271, 279, 282, 287f., 290, 292f., 297f., 302–309, 311, 314, 317–320, 322, 330–344, 346, 352, 359–361, 363, 365–369, 371–378, 382, 385–394, 411, 415, 421–423
Tullius Cicero, Quintus (Bruder des vorigen) 288–290
Tusculum 13, 64, 78, 158, 164
Tyrus 352

Umbrien 46, 248, 269f.
Urbana/Capua 270
Urso/Osuna 363
Utica 100, (113), 118, 351

Vadimonischer See 47
Valentia 213f.
Valerius/Valesios, Publius 19, (19)
Valerius Corvus, Marcus 67, 79
Valerius Flaccus, Lucius (Zensor 184) 178
Valerius Flaccus, Lucius (Konsul 86) 260, 263
Valerius Flaccus, Lucius (Interrex 82) 265
Valerius Laevinus, Publius 89
Valerius Maximus, Marcus 66

Valerius Messalla, Manius 95
Valerius Messalla Rufus, Marcus 338
Valerius Tappo, Gaius (51)
Valgius, Gaius 269
Varius Hybrida, Quintus 251
Vatinius, Publius 315f., 333, 357
Veji 19, 22, 25, 32, 35f., 49
Velleius Paterculus, Gaius (?) 294, 419
Ventidius, Publius 397
Venus/Aphrodite 266, 300, 357, 358
Venusia 47, 193, 270, 399
Vercellae 241, 262
Vercingetorix 327, 339, 358
Vergil (Vergilius Maro, Publius) 399
Verres, Gaius 181
Vesontio/Besançon 325
Vettius, Lucius 318
Vetulonia 36
via Aemilia 390
via Appia 73, 286
via Domitia 227
via Flaminia 103
via Fulvia 213
via Popilia 213
Vibius Pansa, Gaius 388
Vibo Valentia 192, 399
Victoria 167
Vipsanius Agrippa, Marcus 401f., 407, 423
Viriathus 199f.
Viridumarus 161
Volsinii/Velznach 13, 20, 36, 46f., 56, 93
Volaterra 271
Voltumna 36
Volturnum 191
Vulci 19f., 47

Xanthippos 97
Xenophanes (113)

Zaleukos 29
Zama 119, 129
Zela 297, 351
Zenon von Laodikeia 403
Zeus (113)
Zeuxippos 136
Zeuxis 123
Zypern 320, 405

Römische Geschichte bei C.H.Beck
Eine Auswahl

Karl-Joachim Hölkeskamp/Elke Stein-Hölkeskamp (Hrsg.)
Von Romulus zu Augustus
Große Gestalten der römischen Republik
2000. 394 Seiten mit 4 Karten. Leinen

Hans-Joachim Gehrke
Kleine Geschichte der Antike
1999. 243 Seiten mit 124 Abblidungen, davon 61 in Farbe sowie 3 Pläne
und 2 farbige Karten als Vor- und Nachsatz. Gebunden

Jörg Rüpke
Die Religion der Römer
Eine Einführung
2001. 264 Seiten mit 23 Abbildungen. Broschiert

Alexander Demandt
Geschichte der Spätantike
Das Römische Reich von Diocletian bis Justinian 284–565 n. Chr.
1998. XXV, 515 Seiten mit 3 Karten. Leinen
(Beck's Historische Bibliothek)

Frank Kolb
Rom
Die Geschichte der Stadt in der Antike
2., überarbeitete Auflage. 2002.
783 Seiten mit 101 Abbildungen. Leinen
(Beck's Historische Bibliothek)

Karl Christ
Geschichte der römischen Kaiserzeit
4., durchgesehene und aktualisierte Auflage. 2002.
IX, 882 Seiten. Leinen
(Beck's Historische Bibliothek)